资政文库

世界产业结构变动趋势和
我国的战略抉择

∨∨∨ 卢中原 主编

人民出版社

目　录

第一章 总论:世界产业结构调整的
趋势、影响和我们的应对

第一节 当今世界产业结构调整升级的
基本趋势和特征

最近十多年来,在经济全球化不断加深的背景下,世界产业结构正在经历新一轮大规模的深刻调整。以信息技术为核心的新技术得到广泛采用,引领着产业结构向技术密集、知识密集、服务密集的方向升级;以放松管制、强化竞争、要素流动自由化为特征的制度创新,扩大了产业发展和全球转移的空间;以资源节约、环境友好为标准的可持续发展理念深入人心,对产业结构调整提出更高的社会责任要求。产业结构调整升级,对发达国家经济增长方式进一步优化作出重大贡献。其技术优势和产业竞争优势不断增强,资源消耗和污染排放相应减少,经济增长的科技含量和附加值持续提高。同时,产业全球转移对发展中国家转变粗放的经济增长方式,既带来难得的机遇,也带来不可忽视的挑战。

下面主要从世界三次产业构成、工业和服务业内部结构的变化等角度,来分析当今世界产业结构调整升级的基本趋势和特征。

一、世界三次产业构成变动的总趋势和全球工业化重心向东半球转移

无论按增加值比重还是按就业比重的变化衡量,世界三次产业构成变动的总趋势都继续表现为三次产业比重由高到低排序的逆转,即由"一、二、三"变为"三、二、一"的排序。20世纪60年代以来特别是最近十多年来,世界三次产业构成的这种变动趋势日渐强化,同时也有新的特点,即农业比重普遍持续下降,服务业比重普遍持续上升,发达国家工业比重下降,而发展中国家工业比重上升。1993—2003年,从GDP构成看,低收入国家的农业比重由37%下降到24%,工业比重由22%上升为27%,服务业比重由42%上升到49%;同期,日本的三次产业构成由2:41:57变为1:30:68;英国由2:33:65变为1:27:72(见图1—1)。尽管工业在全球GDP中的比重有升有降,但并未改变"服、工、农"的排序。全球三次产业就业构成也是如此。2001年,日本这一构成为4.9:30.5:63.9,英国为1.4:24.9:73.4,美国为2.4:22.4:75.2(见图1—2)。世界第二产业比重有升有降的变动过程,表明西方发达国家已经进入后工业化时期,发展中国家工业化进程加快,新兴工业化国家和地区的地位逐步上升。国际上有一种看法认为,全球工业化的重心正在由西半球转向东半球(包括东亚及东南亚的新兴工业化国家和地区)。据相关统计和联合国工业发展组织的预测,1970—1995年,发达国家制造业占全球的份额由86%降到76%,预计2005年进一步降为67.6%;而发展中国家所占份额,则从10.3%上升为21.3%,预计2005年将上升到30.6%,其中东亚与东南亚国家将占19.2%。

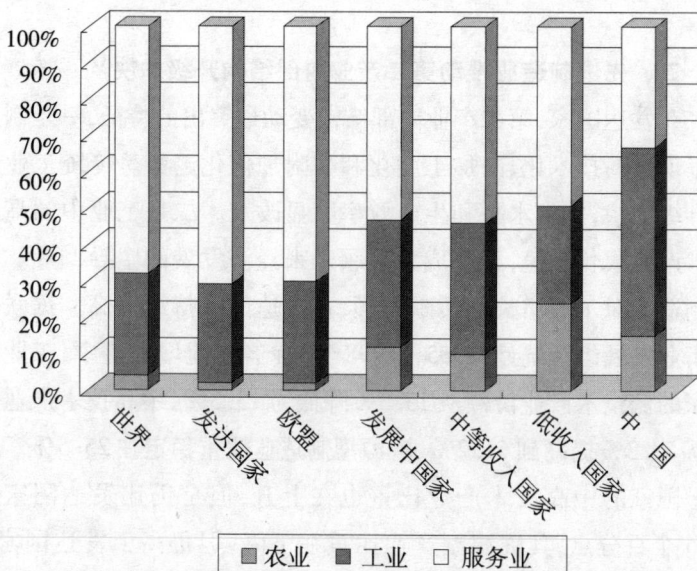

图1—1　世界产出构成:三次产业占GDP比重(2003年)

资料来源:世界银行《World Development Indicators》(2005).

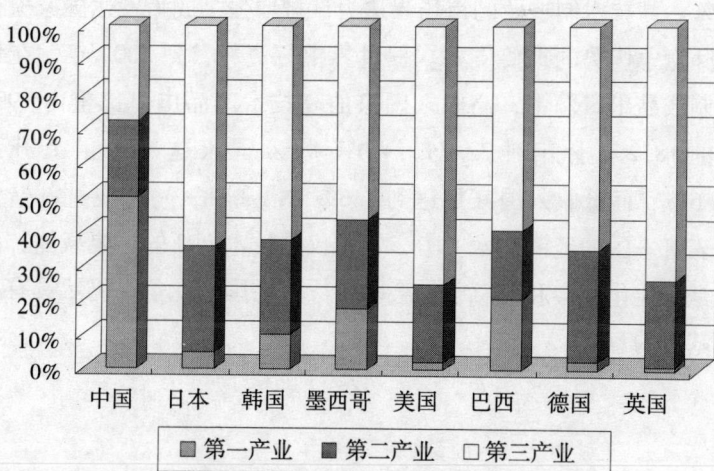

图1—2　世界按三次产业分的就业构成(2001年)

资料来源:世界银行数据库。

二、先进制造业推动第二产业内部结构升级加快

在发达国家,第二产业内部结构变动最突出的特征,一是制造业呈现出高技术化、高加工度化和高附加值化趋势。传统工业改造升级加快,技术水平和生产效率明显改观。二是工业中的高新技术产业成长迅速,日益成为引领未来经济发展的主导产业。先进制造业对工业增长的贡献份额,在发达国家持续提高。据联合国工业发展组织统计,1985—1998年,在制造业增加值中,工业化国家的低技术产业份额从15.3%降低为13.3%,中高技术产业份额从59.3%提高到61.2%,资源型制造业比重稳定在25.5%。发展中国家的中高技术产业比重也在上升,但是仍比发达国家低12.5个百分点,其资源型产业比重在下降,但仍高于发达国家8个百分点以上(见表1—1)。到2001年,美国、德国、日本的中高技术产业比重分别为63%、64%、66%,新加坡甚至高达80%。高技术制造业的市场渗透力日益增强,成为发达国家保持国际竞争优势的重要支柱。据世界银行资料,到2002年,在世界制成品出口额中,高收入国家的高技术产品出口比重由1990年的18.2%上升到22.7%,中等收入国家这一比重上升到18.6%,而低收入国家只达到8.6%(见图1—3)。先进制造业代表着一国的经济技术实力,它不仅是技术创新的主要载体,而且是工业化社会和信息化社会的桥梁,在国际竞争中仍然具有战略基石的意义。

表1—1 各国工业技术结构(不同技术水平产品占制造业增加值比重,%)

国家和地区	1985			1998		
	资源型	低技术	中高技术	资源型	低技术	中高技术
中国			49.0			51.0
世界	27.1	16.2	56.8	27.1	14.1	58.7
工业化国家	25.5	15.3	59.3	25.5	13.3	61.2
发展中国家	37.1	20.4	42.5	33.7	17.6	48.7
下中等收入国家	54.0	19.9	26.1	43.9	20.7	35.4
低收入国家	32.5	20.6	46.9	31.7	18.4	49.9
低收入国家①	52.4	21.3	26.4	47.6	27.0	25.4
最不发达国家	52.1	25.0	22.9	44.4	31.6	24.0

资料来源:联合国工发组织《Industrial Development Report》(2002/2003)。

注:①不包括中国和印度。

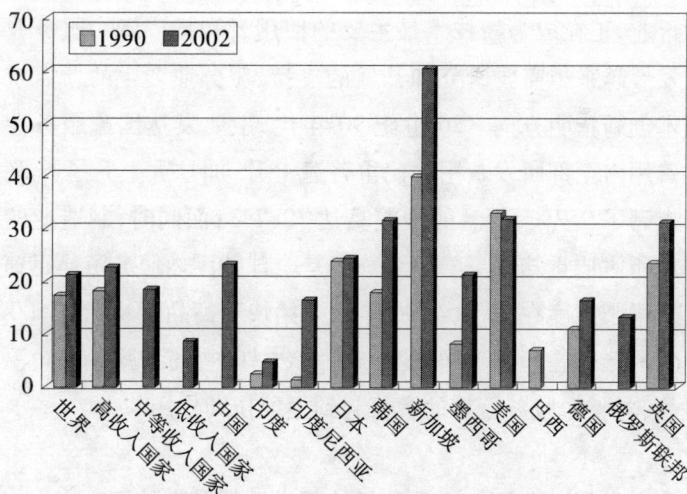

图1—3 各国高技术产品出口额占制成品出口额的比重(%)

资料来源:世界银行数据库。

三、服务业内部结构变动日趋技术密集化

在发达国家,以信息技术创新为动力的知识经济正在取代传统的工业经济,推动服务业向高附加值、知识技术密集型方向加快发展。一是以金融、保险、房地产和商务服务为主的现代服务业在经济中的比重上升最快,就业增加也最多。1987—1997 年,在经合组织(OECD)国家中,这四个服务行业在 GDP 中的平均比重从15.4% 上升到 17.6%,教育、卫生和社会服务业的增长位居第二。同期,主要发达国家的物流、餐饮、旅馆等传统服务业在整个经济中的比重普遍小幅下降,而商务类和教育福利类服务业大幅上升。二是服务业对技术创新和扩散的推动作用日益重要。服务业促进了多项技术之间的相互渗透和发展,例如物流业直接融合了运输工具、仓储管理和信息技术多个领域。特别是从事技术支持和服务的行业,正在成为新技术最主要的使用者和推广者。服务业自身的发展越来越需要研究和开发的支持,服务业产生的新需求又为技术创新指明方向。20 世纪 90 年代,主要发达国家服务业的研发费用占全部研发费用的比重普遍上升,加拿大上升了 6.3%,丹麦提高了 9.7%,荷兰的增幅高达 12.2%;而同时,制造业的研发费用所占比重却呈下降趋势。三是全球范围内服务贸易迅速成长。其增长速度在 20 世纪 90 年代开始快于商品贸易,到 2000 年服务贸易已经占世界 GDP 的 7%—8%,其中,商务服务业贸易增加最快,对整个服务贸易的增长起到主要拉动作用。

四、世界产业结构调整升级的基本动因及其特征

基本动因可以概括为以下几方面:一是技术进步的推动。从20 世纪 80 年代开始,以发达国家为中心,世界范围内正在兴起以

信息技术、新材料技术为主要标志的新技术革命浪潮,由此推动各国都把发展高新技术产业作为产业结构升级的战略性方向。二是国际分工的深化。价值链分工成为日益重要的国际分工新形式①,发达国家主导的国际生产网络逐渐成形。谁占领价值增值高端产业,谁就掌握国际竞争主导权。三是市场扩张的驱动。在经济全球化和新技术革命的推动下,原有的产业关联被打破,企业和居民的各种需求迅速增长,产业发展空间空前扩大,只有加快产业结构调整升级,才能更快、更好地满足多样化的市场需求,也才能为各个产业创造新的财富。四是降低成本的压力。发达国家的工资、地价等要素成本高昂,这就迫使它们集中发展先进制造业和现代服务业,把成本较高的传统产业向国外转移,进而使高技术含量、高附加值和知识密集的产业成为确保竞争优势的关键依托。五是社会责任的要求。在政府、非政府组织和公众的共同推动下,可持续发展、改善劳工条件、扩大当地就业以及同所在社区和谐相处等社会责任要求,对发达国家的产业结构调整产生越来越大的影响。符合这些要求的产业就会具有良好的成长前景,反之可能逐渐衰落。

---

① 价值链即企业创造价值过程各个环节的完整组合。创造价值活动包括设计、技术研发、生产作业、市场营销、提供服务和采购、人力资源管理等。价值链既存在于单个企业内部,也存在于上下游企业之间。据联合国工发组织研究,全球价值链主要有两种:一种是购买者拉动的价值链。大买主凭借其品牌和营销等方面的核心竞争力,强化协调并控制生产、设计和营销活动。这种价值链的典型是服装、食品、玩具等低技术的劳动密集产业。另一种是生产者拉动的价值链。主要制造商掌握关键技术和自有知识产权的技术,从而控制价值链的下游环节,这种链条一般存在于中高技术产业,如汽车、电子产品和通信等产业。

20世纪80年代以来,产品价值链分工逐渐成为国际分工的重要趋势,既存在于一国国内,也可以跨越国界,既涉及中间品的进口,加工成最终产品再出口和海外生产转口,又涉及服务业外包,从而形成了全球价值链分工。

在上述动因的影响下,发达国家的产业发展呈现一些新特征:一是产业集群成为区域经济发展的主导和国际竞争的基础①。突出表现为大量产业关联密切的企业和服务机构在一定区域内集聚发展,典型的例子有:意大利的特色产业区,集中了纺织、服装、制鞋、家具等传统行业;美国硅谷和印度班加罗尔软件产业区;以及日本大田、德国南部地区的资本技术密集型产业集群。二是产业融合正在成为经济增长的新动力。原有产业分工边界逐渐模糊,出现多元化经营以及新的产业形态。日本学者认为,产业融合正在信息通信、金融、能源和运输业之间加速进行,制造业的产业融合也将进一步发展。欧洲委员会的绿皮书指出,产业融合是指"产业联盟与合并、技术网络平台和市场三个角度的重合",这将为就业增加、经济增长、消费扩大和文化繁荣创造强有力的发动机。三是循环经济、生态产业方兴未艾。产业发展以节能降耗、减少排放、循环利用为特征,形成生态产业链和生态工业园,实现最佳生产,最适消费,最少废弃。20 世纪 90 年代以来,生态工业、生态农业、生态旅游业等迅速兴起。四是产业发展的开放性和互补性日益凸显。发达国家既是产业向外转移的主体,又是世界上最大规模的引资国。发达国家产业结构的变动对国际分工体系产生主导影响,同样也在这一体系中不断调整升级,其产业发展越来越依靠在全球范围内配置资源。

---

　　① 产业集群是指由与某一产业相关的企业及其他相应机构组成的有机整体,在一定区域内集中发展,包括上下游企业和相关的商会、协会、银行、研究机构与中介服务机构等。西方学者在 20 世纪 70 年代或更早的时间首先提出这一概念。1990 年,美国哈佛大学商学院教授迈克尔·波特在《国家竞争优势》一书中,用产业集群的分析方法研究一个国家或地区的竞争优势,从此这一概念被学术界普遍接受。

第二节 产业结构升级为发达国家优化
经济增长方式奠定了牢固基础

当今发达国家的产业结构调整升级,有力地促进了资源利用率和综合要素生产率的提高,污染排放和废弃物的减少,使其经济增长的集约程度和可持续性进一步增强。

一、各国经济增长的实践和理论更加重视技术进步、结构升级、可持续发展对优化增长方式的重要作用

纵观各国经济增长的历史经验,以及现代经济增长理论和模型的研究进展,可以把推动经济增长的众多因素归纳为三大类:第一类属于数量扩张因素,包括自然资源、劳动力和资本等生产要素投入数量的增加。第二类属于质量和效率因素,涵盖技术创新、人力资本积累、知识存量增加、产业结构升级、资源利用效率、环境质量以及综合要素生产率等。现代经济增长理论和模型特别强调科技进步、人力资本和要素使用效率对推动经济增长的决定性贡献。发展经济学则非常重视产业结构升级对发展中国家经济增长的重要意义。第三类属于制度政策因素,涉及财产权保护制度、市场竞争机制、企业家创新能力以及促进可持续发展的战略和政策等。发展经济学和制度经济学对这类因素进行了深入的研究。

经济增长方式的转变和优化,从广义的角度说,表现为质量效率因素和制度政策因素对经济增长的贡献超过数量扩张因素;从狭义的角度说,则主要表现为质量效率因素的贡献比数量扩张因素更大。经济增长方式的转变,在客观上也受到不同经济发展阶段的制约,在工业化加速阶段能源消耗强度比较高,随后会逐步下降(见图1—4、图1—5)。经济发展水平越高,经济增长越依赖于质量效率和制度政策两类因素的贡献。西方发达国家已经处于后工业化时期,经济增长方式已经完成由粗放型向集约型的转变(一般认为,这种转变的主要标志是综合要素生产率对经济增长的贡献率超过50%)。据世界银行计算,1960—1987年间,一些发达国家的综合要素生产率对经济增长的贡献率分别为:美国50%,日本59%,英国和法国为78%,德国87%。在实现集约式经济增长的发达国家,综合要素生产率对经济增长的贡献率,明显高于增加资本和劳动等生产要素投入的贡献程度;而且,综合要素生产率的增速也稳定在较高水平(见表1—2)。

表1—2　发达国家全要素生产率平均增长率

(1990—2003年,%)

英国	法国	美国	德国	加拿大	日本	意大利	OECD
1.6	1.4	1.2	1.2	0.9	0.7	0.6	1.2

来源:OECD Productivity Database (2006).

二、制造业高技术化和高度发达的现代服务业,为发达国家提高生产率和经济增长的集约程度作出了重大贡献

在发达国家产业结构升级过程中,制造业和服务业呈现出高技术含量、高知识密集度和高附加值的发展趋势,有力地促进了这些国家劳动生产率和综合要素生产率的全面提高。20世纪90年代,发达国家制造业劳动生产率以较大幅度上升,对全部产业(即包括三次产业)劳动生产率的提高起到主要带动作用。据日本有关统计资料,1995—1999年,主要发达国家制造业劳动生产率的增长率依次为:美国4.7%,日本4.1%,法国3.5%,德国3.1%;

能源强度

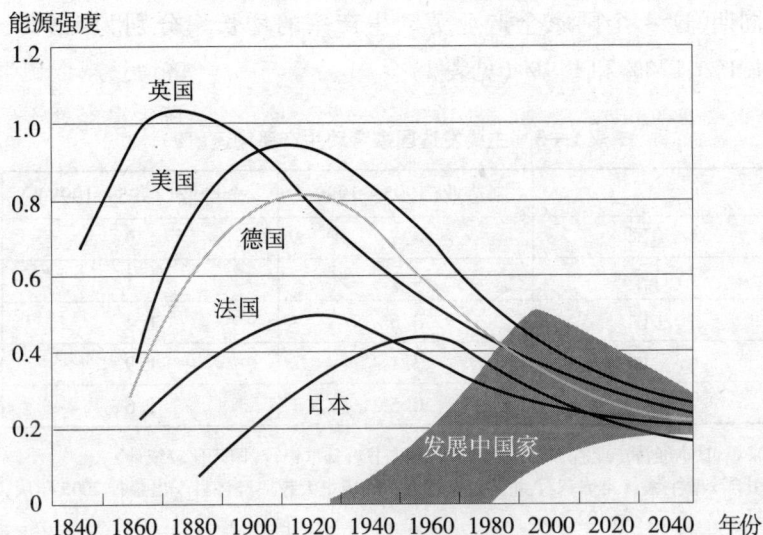

单位国内生产总值能源消耗（百万英热单位/美元）

图1—4、图1—5 一些国家能源消耗强度的阶段性变化曲线
能源消耗强度阶段性变化示意图

资料来源：DOE IEIA，2000，Skov，2000，DOC IBEA2001，National Academy of Engineering，1990.

转引自冯飞：《能源消费和经济增长的关系》，2005年12月打印稿。

同期,这 4 个国家全产业劳动生产率的增长率分别为 1.9%、1.1%、1.4% 和 1.9%(见表3)。

表1—3　主要发达国家劳动生产率增速(%)

	制造业(1995—1999)	全产业(1995—1998)
美国	4.7	1.9
日本	4.1	1.1
法国	3.5	1.4
德国	3.1	1.9
英国	0.5	1.6

来源:日本经济产业省《2001 年版通商白皮书》,日本银行《国际比较统计》。
引自李毅主编:《再炼基石:世界制造业变革的历史大势》,经济科学出版社 2005 年版,第 102 页。

　　最近几年来,服务业日益成为发达国家生产率提高的主要推动力量。20 世纪 90 年代高涨的技术投资在 2000 年锐减,但是 2000 年以来发达国家生产率的增速比 90 年代还要高。1989—2000 年,OECD 各国企业部门的劳动生产率年均增速为 1.8%,美国为 1.8%,日本为 1.3%;2001—2006 年,预计将分别提高为 1.9%、2.8% 和 1.9%(见表1—4)。麦肯锡全球研究所的最新报告指出,这主要得益于服务业的推动。2000—2003 年,对全球特别是发达国家生产率增长贡献最大的 5 个部门都在服务行业,其中包括零售、批发和金融部门。以往服务业大幅度提高生产率比制造业困难得多,但是目前这一情况正在改变,其重要原因在于现代信息技术在服务业普遍应用,同时服务业竞争加剧,内部结构重组也在加快。

表1—4 OECD 主要国家的企业劳动生产率增速(%)

	1979—1988	1989—2000	2001—2006
澳大利亚	1.6	2.1	0.7
加拿大	1.0	1.7	1.1
法国	2.4	1.6	1.5
德国	1.1	1.8	0.9
意大利	2.1	1.7	-0.2
日本	2.7	1.3	1.9
韩国	5.9	4.9	3.6
墨西哥		0.2	0.1
英国	2.4	2.2	1.9
美国	1.1	1.8	2.8
欧元区	2.0	1.6	0.6
OECD	1.8	1.8	1.9

来源:OECD Economic Outlook 78 database. 2001—2006 年为预测数。

三、循环经济的产业布局和集聚模式,推动了资源利用效率提高,减少了污染和废物排放

从能源利用效率看,发达国家普遍投入少,产出高。据世界银行 2005 年统计,按每 1 公斤油当量产出 GDP 来衡量能源利用效率,2002 年世界的平均水平为 4.6 美元,高收入国家为 5.2 美元,其中日本和欧盟高达 6.4 美元,中等收入国家和低收入国家都仅为 4.1 美元。能源消耗占国民总收入的比重,2003 年世界平均水平为 2.3%,高收入国家为 0.8%,其中欧盟仅为 0.1%,而中等收入国家高达 9%,低收入国家为 5.8%。从污染排放情况看,发达国家低于世界平均水平。据世界银行资料,二氧化碳和颗粒物排放造成的损害占国民总收入的比重,2003 年世界平均水平为

0.8%,高收入国家为0.6%,其中欧盟为0.4%,中等收入国家为2.1%,低收入国家为1.8%。从废弃物再利用情况看,据不完全统计,目前世界上主要发达国家每年再生资源回收价值达2500亿美元左右,且以15%—20%的速度增长。世界钢产量的45%、铜的62%、铝的22%、铅的40%、锌的30%、纸制品的35%,来源于再生资源的回收利用。

发达国家优化经济增长方式的过程,不仅是节能降耗和减少废弃的过程,也是财富节余和社会福利不断增进的过程。据世界银行计算,2003年世界各国净储蓄率(净国内储蓄占国民总收入的比重,相当于财富节余水平)平均为8.2%,调整后的净储蓄率(剔除资源消耗和污染损失等)上升为9.4%;高收入国家由6.1%上升为9.3%,其中欧盟由7.5%提高到11.6%;相反,中等收入国家却由17.8%下降为10.1%;低收入国家也由14.2%降到8.7%(见图1—6)。这说明,发达国家的产业结构升级和经济增长方式不断优化,明显提高了财富节余的真实价值和社会福利水平,而发展中国家产业结构不够合理,经济增长方式转变没有到位,其财富节余的真实价值和社会福利水平实际上要打很大的折扣。

第三节　产业全球转移是发达国家优化
经济增长方式的重要途径

在世界范围内,产业转移的一般趋势表现为,先转移轻纺工业等劳动密集型产业,进而转移重化工业等资本和技术密集型产业,发达国家是转移主体,发展中国家是主要承接者。20世纪60年代以来,世界性产业转移出现过三轮大规模浪潮。第一轮发生在

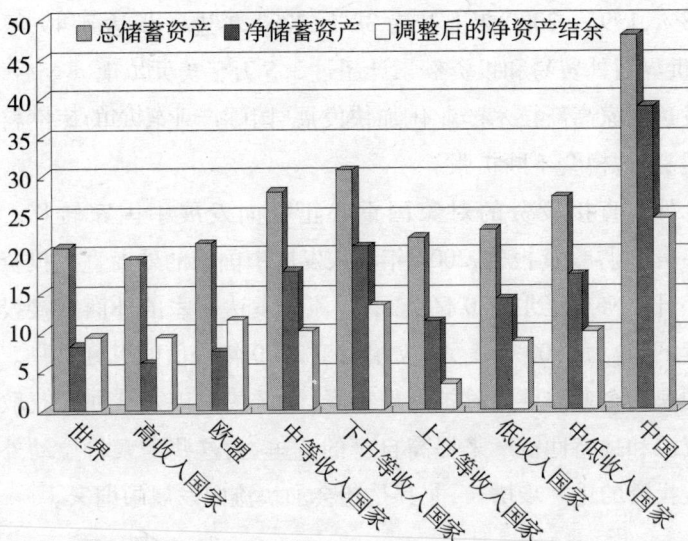

图1—6 各国真实资产结余水平(2003 年各类资产占国民总收入的比重,%)

资料来源:世界银行《2005 World Development Indicators》。

60—70 年代,发达国家开始发展以微电子技术为主的知识和技术密集型产业,而将汽车、钢铁、造船等资本密集型产业转移到新兴工业化国家和发展中国家。第二轮兴起于 80 年代以后,发达国家大力发展以信息技术、生物技术、新材料、新能源为主的高新技术产业,加快传统产业改造;同时把失去比较优势的传统产业和一部分低附加值的技术密集型产业转移到他国和地区,特别是亚洲"四小虎"和东盟国家。第三轮开始于 90 年代,至今仍在延续。这一轮产业全球转移呈现以下新特征:

一、产业全球转移的速度加快、规模扩大

世界对外贸易和投资总额的年均增长速度,1980—1985 年为

28.8%,1995—2000年上升为38%,2002年进一步达到40%;同年,世界对外贸易和投资额累计超过3.5万亿美元以上。今后,随着发达国家高新技术产业化加快发展,国际产业转移的速度将继续提高,规模会不断扩张。

外商直接投资的对象国重心正在向发展中国家转移。据2005年世界投资报告,2004年流入发展中国家的外商直接投资强劲上升40%,达到2330亿美元;而流入发达国家的外商直接投资继续下降,为3800亿美元,仅相当于2000年峰值的三分之一。发达国家的企业需要通过扩展新市场、降低成本以及从外国获取自然资源和战略性资产来提高自身的竞争力,这些因素将拉动外商直接投资的进一步增长,尤其是还会加快流向发展中国家。

二、国际分工体系高度专业化,产业链条全球配置,产业转移层次提高

当前,国际分工格局中出现"产品差别型分工"和"生产工序型分工"不断深化的新特点,加之区域竞争日趋激烈,产业转移正在同产业集群式发展密切结合。原来单个项目、企业或产业的转移日益转变为相关产业链的整体转移,以利于形成产业集群,提高规模效益和集聚效益,增强区域竞争优势。同时,劳动密集型产业向一些发达国家和比较发达国家转移,发展中国家对外直接投资也在加快增长,其重要原因就在于谋求产业集群式发展带来的经济效益。

技术、知识和资本密集型产业正在成为新一轮产业转移的重点领域。其中包括金融、保险和咨询等现代服务业以及信息、电子产业等先进制造业。在国外设立研发中心的跨国公司数量正在增多。经合组织2005年公布,匈牙利和爱尔兰两国的企业科研投入

中,高达70%来自跨国公司;在瑞典、西班牙和葡萄牙等国,这一比例超过了40%。另据统计,20世纪80年代以来,外国公司在美国投入的研发费用增长了3倍,多于美国公司在其他国家的研发投入。目前已有数百家跨国公司在中国设立了700多个研发机构。据2004年世界投资报告,外国直接投资的结构已向服务业明显倾斜。20世纪70年代初期,服务业投资仅占全世界外国直接投资存量的四分之一,1990年这一比例提高到接近一半,到2002年已上升为大约六成,估计为4万亿美元。同期,初级部门占全世界外国直接投资存量的比例由9%下降到6%,而制造业降幅更大,由42%降为34%。

发达国家转移传统产业,主要是为了获取区位优势和降低劳动力等要素成本。而转移部分高新技术产业,则以获取综合竞争优势为目的,因此更注重东道国的投资软硬环境,特别是信息基础设施、技术、人才、研发配套能力和体制条件等。美国、日本和欧盟等发达国家将重点发展知识密集型产业,因而将加快向新兴工业化国家和地区转移资本技术密集型产业,技术转移也可能比以往加速。

三、全球化分工基础上的区域性产业转移势头强劲

当今世界,区域经济一体化、集团化发展十分迅猛,其中投资便利化和自由化协定极大地促进了区域内资本流动和产业转移,而区域间的资本流动和产业转移规模则相形见绌。欧盟、北美、亚太经合组织(APEC)是国际产业转移势头最为强劲的经济区域。例如,欧盟三分之一的对外投资是在成员国之间进行的;北美自由贸易区内,美国对外投资的五分之一集中在加拿大,而加拿大对外投资有三分之一集中在美国。1991—2001年间,APEC成员国对

区域内的直接投资规模年均增长高达 15.24%。

四、产业转移方式多样化,证券投资和跨国并购等新方式相当活跃

国际产业转移原来主要依靠比较单一的直接投资办企业和股权安排方式,如独资、合资、合作等。近些年来,证券投资和跨国并购等间接投资方式异军突起,甚至日益成为产业转移的主要方式。1995—2001 年,证券投资规模在全球资本流动总额中所占比重由 22% 猛升到 75% 以上,跨国兼并金额由 2000 多亿美元增加到 3500 亿美元左右,年平均增长速度为 17.8%。这些新的产业转移方式还有继续上升的态势。直接投资和间接投资并驾齐驱的产业转移方式,对加速和扩大产业全球转移起到越来越大的作用。

五、跨国公司在产业转移中的主导作用更加突出

资源全球配置和产业转移的主要载体一直由跨国公司充当,现在跨国公司愈发渗透到全球生产、投资、贸易和消费各个环节,影响几乎遍及各国的所有产业领域。据联合国贸发会议统计,2002 年,在全球直接投资流量大幅度减少的情况下,跨国公司的全球外国直接投资存量则增加了 30%,创造了 3.4 万亿美元的附加值,约占全球 GDP 的十分之一;其全球销售额高达 18 万亿美元,是当年世界总出口额的 2.25 倍。目前,跨国公司已控制了全球产出的近 50%、世界贸易的 60% 和国际投资额的 90%,国际技术转让的 80% 和科研开发的 90% 是在跨国公司之间进行的。2002 年全球跨国公司总数基本维持在 1998 年水平,为 6.4 万家,但子公司则发展到 87 万家,在国外聘用人员达 5300 多万人。这

些子公司有51%分布在发展中国家,因此跨国公司的直接投资对发展中国家的产业结构和经济发展都有重大影响。

　　发达国家通过产业全球转移,特别是把高能耗、高污染、高成本的产业和低附加值的生产环节转移出去,国内集中发展低能耗、低排放、高附加值的产业,有力地推动了产业结构高级化进程,其产业整体竞争优势进一步加强,经济增长方式随之不断优化。在当今世界产业格局中,美国、西欧和日本等发达国家在基础科研、应用技术、新产品开发领域拥有领先优势,占据国际分工和产业价值链的高端。发展中国家在承接国际产业转移的过程中,工业化得到加速,产业结构逐步升级,某些领域如制造业的竞争力也在提升。但是总体上看,发展中国家产业结构层次和技术水平都比较低,主要从事低附加值的初级产品和一般工业产品生产,在国际分工和产业价值链中仍然处于低端。发展中国家如果应对失当,则有可能拉大同发达国家的结构差距和经济绩效差距。

第四节　发达国家产业结构调整升级的主要机制

一、企业仍然是产业结构调整升级的主体

　　发达国家产业结构调整升级依托于大中小企业的共同推动,全球产业价值链的形成也是大中小企业合理分工、配套协作的结果。大企业专注于研究开发、战略规划、市场营销和财务运作等核心业务,而把非核心业务向外发包,或将一些低附加值的生产环节转移出去,从而深化了制造业和服务业的全球分工体系。跨国公司尽管是国际产业转移的主导力量,但离不开大量中小企业的承接、配套和协作,因此中小企业起着产业结构调整的基本支撑作用。

　　企业是新技术的主要投资者、高新技术产业化过程的孕育者和推动者。工业化国家这种情况尤为突出。据联合国工发组织统计,1981—1997年,在经合组织国家的整个研发支出中,企业研发支出比重由66%上升为69%,高等教育机构所占比重保持在17%左右,而政府所占比重则由15%下降到11%。为降低技术创新的成本和风险,发达国家的企业倾向于合作开发新技术,主要采取两条合作途径:一是同一价值链的上下游企业之间加强合作,如制造商和零部件供应商合作开发新技术和新产品。二是国内外竞争者之间进行战略合作,如通过协议共同进行基础研究和商业化开发。在20世纪90年代,发达国家大约成立了6000多个企业战略联盟①,以分散风险,促进创新。

　　企业是改造传统产业和创新产业形态的发动机。由于制造业企业不断分离非核心业务,产生多样化的中间服务需求,相关服务领域的企业客户大量增加,许多新的服务企业本身就是从制造业分离出来的,这都催生了许多现代服务行业。循环经济模式由美国杜邦化学公司在20世纪80年代末进行了成功的实践,其经验成为生态产业链形成与发展的催化剂。

二、市场机制的基础作用更加牢固

　　世界产业结构调整和产业全球转移之所以一浪高过一浪,根

---

　　① 企业战略联盟是指一个企业为了实现自己的阶段性战略目标,与其他企业结成的一种优势互补、分工协作的利益共同体。既包括正式的合资企业,也包括松散的短期协议,例如两家或多家公司在一定时间内合作开发某种新产品或新技术。企业战略联盟的主要目标是迅速扩大市场份额,获取新技术,降低风险,形成竞争合力。战略联盟的形式多种多样,包括品牌联盟、市场共享联盟、销售联盟、投资联盟和研发联盟等。为促进技术创新,许多发达国家支持企业建立研究和开发联盟,例如对其不采取反垄断措施等。

本原因可以归结为市场配置资源的基础性作用得到不断强化。20世纪90年代以来,投资和贸易自由化势头日益趋强,生产要素的全球流动更加顺畅。美国相继放松了对生物技术、环境技术、制药和电信等领域的政府管制,鼓励加强竞争。发达国家纷纷放松管制,完善市场和投资环境。各种资源价格和利率、汇率、工资等要素价格的形成机制进一步市场化,能够更加灵敏地引导生产要素迅速配置到效率高的产业领域。私营企业部门获得更大的投资空间,主动参与经济增长和产业结构调整的积极性得到极大调动。据世界银行统计,在发达国家,对私营部门的国内贷款占GDP的比重远远高于发展中国家,而且上升幅度更大。1990—2003年,发达国家这一比重由125.8%上升到158.3%,而中等收入国家仅由43%上升到64.2%,低收入国家的水平更低,仅由22.3%提高为27%。2004年1月,发达国家开办一家企业平均只需27天,7道程序;中等收入国家则要经过51天和10道程序;而低收入国家平均要经过11道程序,耗时63天。最近,一些西方经济学家明确主张,进一步提高生产率并不仅仅依靠研发或信息技术的突破,真正的推动力量仍然是竞争、市场开放、放松管制和全球化等制度层面的因素。

三、政府的战略规划、标准制定和相关政策起到引导推动作用

在知识经济时代,高技术产业具有不完全竞争和高风险的特性,各国的技术和知识水平很不平衡,要素流动全球化可能使原有竞争优势很快丧失,因此产业结构调整既是市场自发调节的过程,也表现为国家战略自觉引导的结果。发达国家对产业结构调整并不采取放任不管的态度,而是以中长期战略规划和产业政策为导

向,运用经济手段和法律手段加以落实。西方学术界对产业政策
一直存在争论。以补贴和扶持特定部门为特征的产业政策被认为
具有歧视性,在理论上受到越来越多的批评,在实践上也受到限
制,而综合性的、普适性的产业政策正在得到普遍认可,特别是把
科技政策、竞争政策和产业政策结合起来,这已经成为发达国家产
业政策的新趋势。20世纪90年代中期以来,日本的经济结构调
整政策比以往更强调由市场去选择产业的发展方向,而政府则主
要为企业创造政策环境和社会基础条件。普适性的产业政策,不
仅重视发展具有更高科技含量和附加值的先进制造业,而且重视
改造传统工业,重视发展现代服务业;不仅强调发展高新技术产
业,而且强调创造更多的就业机会;其中关于技术、环境、质量和卫
生等标准,各个产业在发展中都必须严格遵循。

第五节　发达国家优化产业结构和经济
增长方式的主要政策措施

面对日趋加剧的国际竞争和资源环境压力,国外特别是发达
国家迅速采取一系列重大举措优化经济增长方式。这些举措大体
可以归结为三大方面:一是加大发展高科技的力度,抢占科技发展
的战略制高点,引领产业结构优化升级,不断强化本国产业在国际
生产分工体系中的高端地位,为提高本国经济增长的质量和效益
注入强大的科技动力;二是加大资源节约和环境保护的力度,进一
步增强经济发展的协调性和可持续性;三是加大制度创新的力度,
完善法律法规、市场机制、政府公共政策和社会协调机制,为优化
经济增长方式提供有力的体制保障。具体政策措施主要有:

一、制定中长期经济发展战略、科技发展规划和可持续发展规划

发达国家和不少发展中国家站在维护国家战略安全的高度,纷纷制定经济增长、科技发展和可持续发展的中长期规划,明确未来10到20年的主攻方向。日本制定了2006—2015年的"新经济增长战略",明确提出加强国际竞争力的国际产业战略和搞活地区经济战略,强调通过技术创新、服务业创新、经营能力创新和人力资本培养等政策,把日本变成世界的创新中心,提高生产效率,加大各个方面创新对日本经济增长的贡献。据日本经济产业省测算,2006—2015年日本GDP的年均增速将为2.3%,全要素生产率的年均增长率将达到1.3%,比1990—2002年的0.7%明显提高,主要是因为服务业与美国还有较大差距,因而具有很大发展潜力。"新经济增长战略"的各项主要政策对经济增长的贡献程度将分别为:服务业的贡献约0.4%,信息技术的贡献约0.4%,其他技术的贡献约0.2%,人力资本和基础设施的贡献约0.4%,国际产业战略的贡献约0.3%,金融和财政政策的贡献约0.2%。

俄罗斯2002年通过了《2010年和未来俄罗斯科技领域的基本发展政策》,确定了信息技术等未来科技发展的九个优先领域,同时推出总投资760亿卢布的"电子俄罗斯"专项计划。韩国2001年底颁布了《科学和技术基本规划》,确定了六个重点技术领域。2004年,韩国为摆脱近几年经济下滑态势,促进未来10年经济持续增长,又制定了"未来国家有望技术21项工程",以市场性、公共性和生活质量三项原则确定21项重点技术,动员全国力量实现国家扶持的重点技术目标。比利时政府2005年批准了第二个可持续发展规划(2004—2008年),确定六个优先发展领域和

31 项具体措施。优先发展领域包括:反贫困和反社会排斥、应对人口老化、公共健康、自然资源管理、使用洁净能源限制气候变化以及改善交通体系。具体措施主要有:营造人文环境、就近设立服务设施、强化责任意识、制定可持续产品政策、提供更环保的公共交通和运输工具,以及鼓励建造低能耗楼房等。埃及 2004 年制定了 2005—2017 年科技发展战略规划,政府科学研究投资占整个预算的比例将从 0.9% 上升为 1%,预计在 12 年后总投资额将达到85 亿美元。

二、制定资源节约和环境保护的具体计划

节约资源和保护环境,已成为各国优化增长方式的重点内容,制定相关计划也成为重要推进手段。巴西一直十分重视开发可再生能源,而且成效卓著。该国能源结构中,可再生能源的比例高达41%,而世界水平是 14%,甚至一些发达国家也仅达到 6%。2004年 3 月,巴西出台了可再生能源发电计划,进一步重点利用风能、生物质能和小水电站发电,来确保电力供应。北欧五国积极响应《京都议定书》规定的二氧化碳等温室气体排放标准,制订国家未来清洁能源计划,专门成立北欧能源研究组织,重点支持氢能和燃料电池的研发、生产和商业化应用。澳大利亚通过制定国家清洁生产计划,大力推进清洁生产,率先在汽车、印刷、玻璃和塑料等工业领域进行试点。韩国政府 2001 年制订了《新一代环境技术事业推进计划》,提出到 2010 年进入世界前 5 位环境技术先进国家的目标,拟投入 1 万亿韩元进行扶持。一期计划(2001—2003 年)在解决现实环境技术课题方面已取得初步成果;二期计划(2004—2007 年),重点是确保中长期战略性环境技术;2008 年起进入第三期计划,向确保未来型源泉技术进军。

三、完善促进科技进步和可持续发展的法律、强制性目标和标准

依法治理是发达国家行政的鲜明特点，在优化经济增长方式方面也表现得十分突出。德国1996年以来相继颁布《循环经济与废弃物管理法》和《再生能源促进法》，明确提出到2020年要使再生能源发电量占总发电量的20%。德国政府通过制定和改进建筑保温技术规范等措施，不断发掘建筑节能的潜力，例如规定建筑开发商必须出具"能耗证明"，才能出售和租赁住宅。欧盟25国中已经有16国以德国的再生能源法为依据，完善本国相关法律，推广再生能源。

资源紧缺的日本在20世纪90年代提出"环境立国"的口号，以《促进循环型社会形成基本法》和《促进资源有效利用法》为核心，集中制定了废弃物处理、再生资源利用、包装容器利用和家用电器循环利用等一系列法律法规，明确规定强制性标准。例如，空调、电视机、冰箱和洗衣机四种家用电器必须回收利用，回收利用率为：空调60%以上，电视机55%以上，冰箱和洗衣机50%以上。在规定时间内，生产企业若达不到上述标准将受到相应处罚。这些法律法规和强制性标准的实施，为发达国家建立节约型社会搭建起比较完善的依法治理框架，既可规范企业和消费者行为，又保证了中长期发展目标的权威性。同时，根据可持续发展的进展和面临的新问题，相关法律法规也在不断修订和补充之中。

四、积极探索科技创新和产业发展有机结合的机制，通过制度创新加快科技成果转化和技术商品产业化，提高增长的科技含量和附加值

(一)通过整合技术创新链条增强产业竞争力

20世纪80年代以来,美国和欧盟面对日本产业技术竞争优势的压力,纷纷调整政策,大力推进科技成果转化,提升产业技术水平。美国在继续保持基础研究领先的前提下,开始重视支持技术创新链的后续环节,即产品的制造、管理、销售过程的创新。例如,将国家实验室推到市场第一线,政府出资成立国家技术转让中心,在各地建立几十个科技成果推广中心,促进技术成果转让,鼓励私营企业与政府机构合作开发。欧盟积极采取创新联盟的组织形式,主要面向市场需求,促进产品价值形成过程各个环节的整体创新。截至2004年初,德国成立了96个重要的创新联盟,在地域分布上形成了23个各具特色的创新区域。这对提升产业核心技术水平、增强区域竞争优势起到了积极作用。而日本整合创新链的努力方向,则是向基础科研领域延伸,"从重视应用和开发的追赶型科技体制向重视创造性、基础性研究的体制转变",将1993年定为"基础研究振兴元年",增加基础科研投入,引入竞争机制,为保持产业技术领先地位提供原创性技术支持,努力甩掉"技术无偿占有者"的帽子。

(二)把扶持中小企业技术创新作为政策重点

中小企业是技术创新的重要来源,也是技术商品产业化最广泛的基础。例如,欧盟中小企业研发新成果是大企业的3—5倍,人均创新成果是大企业的2倍;德国2/3的专利技术是由中小企业研发并申请注册的。美国评定的20世纪最为重大的65项发明创新都是由中小企业和个人完成的。同时,风险过高、资金匮乏又是中小企业技术创新面临的世界性难题。因此,世界各国都十分重视加强财政资助和完善风险分散机制,对中小企业特别是科技型中小企业的技术创新给予大力支持。1999年,法国专门颁布

《促进研究及技术创新法》,采取减免税收、建立孵化器和启动基金、简化申报和审批手续等方法,鼓励科研和教育人员以专利发明入股创建技术创新型企业,并鼓励现有企业使用专利发明,促进科技成果转化。最近 20 年来,各国在这方面的主要做法有:政府专项资金和国家政策银行直接资助中小企业创新;健全多种类型的信贷担保机制和风险投资机制(北欧国家的风险投资基金由单一财政资金设立);商业银行、企业和私人资本联手支持研发活动;在证券市场设立中小企业创业板,并发展分散的场外股票交易市场,疏通中小企业进入和退出市场的通道;对技术创新投资实行税收减免等。此外,成立专门的中小企业创新服务机构,比较著名的有美国中小企业管理局。埃及政府 2005 年提出,各个研究机构都要成立"投资者办事处",以鼓励民间投资于技术创新,促进应用性研究产品的销售,并为工业领域出现的各种问题提供科学解决方案。

(三)实行严格的知识产权保护制度

法国的知识产权制度独具特色。1992 年,法国将本国 23 个与知识产权有关的单行法规整理成世界上第一部专门的《知识产权法典》。国际法律界普遍认为这是顺应现代经济科技发展的创新成果,对其他国家知识产权法的制定具有深远影响。法国政府与精品行业联合会联手打击假冒走私,强化知识产权保护力度。例如,法国海关拥有世界上独一无二的职权,可对身穿或携带法国高档名牌假冒产品的人课以重罚,罚款一般是真品价格的两倍,最高罚款可达 1500 万欧元。韩国、日本近年来把知识产权制度作为提高创新能力和技术竞争力的国家战略。韩国不断将本国知识产权相关法律提升到国际标准,因知识产权保护得力,1999 年韩文成为国际专利申请的可用语言之一,为韩国申请国际专利带来极大便利。据世界知识产权组织统计,2003 年韩国申请的国际专利数量已达 2947 件,位居世界第七。日本 2002 年以来确立了"知识财产立国"的经济振兴战略,包括制定《知识产权战略大纲》,通过《知识财产权基本法》,成立知识产权战略本部,并发布《知识产权推进计划》等。日本要求研发部门和文化产业生产高质量的知识财产,并使其产权得到迅速保护;改革知识财产的流通结构,实现世界最快的专利审查速度;打击模仿品和盗版,建立便捷的调查制度和取缔制度;加快实现知识财产的实用化和商品化,形成知识财产创造、保护、利用的良性循环。

五、完善支持科技创新和可持续发展的配套经济政策,形成协调一致的利益导向机制

(一)以前所未有的力度加大科技投入

发达国家和一些发展中国家正在以前所未有的力度加大科技投入。欧盟明确提出,到 2010 年要将成员国科研投入占 GDP 的比重由 2000 年的约 1.9% 提高到 3%。日本这一比重已连续 3 年保持在 3.35%,政府计划从 2006 年度起,在 5 年内向科技领域投资 25 万亿日元(约合 2126 亿美元),全力推进前沿科学领域的研究开发。英国制定了长达 10 年的科技创新投资框架计划,打算到 2014 年将这一比重提高到 2.5%。印度也设定科技投入新目标,提出到 2007 年科技投入至少翻一番,达到占 GDP 的 2%。韩国政府在 2006 年开始发行 2700 亿韩元(约 2.6 亿美元)国债,用于资助科技研发。

(二)重视综合运用财税、金融、价格等经济激励手段

为促进可持续发展,《里约宣言》和《21 世纪议程》要求各国政府要发挥价格、市场和经济政策的作用,把环境费用纳入生产者和消费者的决策过程中,得到许多国家的积极响应。德国实行市场刺激措施,用优惠贷款和补贴等方式扶持再生能源进入市场,政府承诺在20年内为再生能源电力提供一定补偿,并强制电力公司以固定价格收购再生能源。采用这种价格制度的国家再生能源费用低,成长快。巴西对再生能源发电计划投资额的七成给予优惠贷款支持,在项目开创期免收利息。澳大利亚实施了环境费和环境税、补贴和税收减免、押金返还制度以及可交易许可权等一系列经济措施①。例如,对进行清洁生产的企业减免排污费、提供无息贷款和财政补贴,并设立"清洁生产奖"。韩国20世纪90年代开始实行废弃物预付金制度(2002年改为废弃物再利用责任制),企业回收利用废旧品达标后,预付资金可返还,否则将课以罚款。韩国还规定,公共机构必须优先采购废弃物制造的产品,2002年品种扩大到230种。这不仅促进了废弃物的减少,还催生了一批新型废弃物利用企业。法国政府为鼓励国民节能,2006年出台了一项新规定:如果住房的能源消耗比国家平均标准低8%以上,房主可享受赋税减免。

瑞典的能源税体系(包括一般能源税和专项环境税)是该国

---

① 可交易许可权也称排污权交易制度,即通过有偿转让排污许可权(表现为许可证和排污指标)来激励企业治理污染的一种市场机制。这个概念最早由加拿大学者于20世纪60年代提出,其主要思路是,建立一个可以买卖排污权利的市场,排污较少的企业就能同那些排污较多的企业进行交易,从而获得资金甚至利润,这种市场机制比单纯的政府管理更能有效地刺激企业减少排污。美国在70年代首先把排污权交易制度应用于治理多种污染物。随后,德国、澳大利亚、英国、欧盟等发达国家和地区相继进行了实践。在对排污进行总量控制的前提下实行排污权交易,有利于节约治污成本,激励企业把排污量减到规定的标准之下,也促进了技术革新和能源效率提高。90年代,美国的脱硫设施价格降低了60%,而脱硫率却由70%—75%提高到90%—95%。我国在1993年开始在一些地区进行排污权交易试点。

达到能源和环境政策目标的重要手段。2004年,瑞典的能源税和环境税征收总量占该国全部税收收入的10%和国内生产总值的2.5%。为了增加可再生能源比例,提高能源使用效率,全面减少能源消耗和环境污染(特别是温室气体排放),瑞典不断完善能源税体系。2000年瑞典开始实行绿色税收转型,亦即对损害环境的活动提高税收而对劳动就业和收入实行减税。具体目标定为将在10年内增加300亿克朗的能源税和环境税收入,同时相应减少对就业和劳动所得的征税额。

（三）大力培养和积累科技人力资本

发达国家的人力资源开发政策都着眼于长期目标,以培养未来的科技劳动力为重点。美国劳工部预测,1998—2008年,美国需要高科技技能的工作岗位将增长51%,其增速是全美工作岗位增速的4倍。美国能源部于2003年年底宣布了为期20年的科技技能计划,确定了美国未来确保科技龙头地位的28项科技技能。日本强调,实现"知识财产立国"的关键要素是"科技人才确保",日本文部科学省2003年把"日本对科技人才的需求和培养"放在第一位。欧盟制定了科技人力资源战略,把培养能够创造新产品、新服务和新设施的人力资本作为欧盟经济战略的一个关键组成部分。

六、重视信息服务、公众参与和社会共识,形成切合实际的可持续发展模式

德国政府定期发布国家可持续发展战略进展报告,向社会披露相关信息,指明下一步可持续发展的重点。例如在2004年报告中,明确提出加快研发替代燃料和创新发动机驱动方式的政策导向,并要求尽快投入应用,以减少对传统燃料的消耗和依赖。澳大利亚把可持续发展政策建立在良好沟通、共同理解的基础上。尤其是在地方推进可持续发展时，强调要有专业人士介入，政府经常发布国家可持续发展的信息，加强监督、反馈、审核、处罚，督促政策执行，对地方政府、企业、公众的行为进行引导和约束。

巴西通过政府、企业和社会三方面的参与、合作，在综合开发利用垃圾方面创造了富有特色的循环经济发展模式，既保护环境，又创造新的财富，帮助解决失业和贫困问题。目前，巴西已有200多个城市实行垃圾分类收集，每个城市都建立了多个拾荒者合作社，全国有上千家利用回收垃圾做原料的中小企业，形成了循环经济的生产链，垃圾回收利用产业提供了约50万个就业岗位。拾荒者合作社实行民主管理，有固定的销售渠道，社员享有正规劳动者的社会保障，人均月收入可达200美元，相当于巴西最低工资水平的两倍，在合作社工作也使他们有一种社会归属感。巴西垃圾回收的循环经济模式成本低，而经济效益、环境效益和社会效益都比较高。据巴西有关行业协会统计，2004年巴西回收铝制易拉罐90亿个，回收率达到96%，高居世界第一；钢制易拉罐的回收率为88%，纸箱为79%，玻璃为47%，无菌包装纸盒为22%，塑料为21%，都居世界前列。

第六节　世界产业结构变动趋势的启示和我们的应对

纵观国际大势，发达国家正在从国家战略的高度加快产业升级和优化增长方式，确保其综合国力继续领先于世界。新兴工业化国家和其他发展中国家也在奋起直追，促进产业结构调整和增长方式转变，积极探索符合国情的可持续发展道路。同时，发展中国家和经济转轨国家转变增长方式的道路极不平坦，容易出现较大波折。早在20世纪60年代，苏联就率先提出转变增长方式的命题，但是实践效果并不理想，在70—80年代其综合要素生产率的增长明显回落甚至停滞；90年代以来，俄罗斯的全员劳动生产率一直在下降。新加坡70年代经济增长年均达到8%，资本增长率9.5%，而综合要素生产率增长却为0。这种高投资、低效率的经济快速增长曾被认为是不可持续的。当前，我国面临日益严峻的国际竞争和国际规则的压力，加快转变增长方式时不我待，尤其要注意吸取国际教训，尽可能使转变过程比较平稳。

我们要清醒地看到，世界产业结构调整趋势给我国产业结构升级和转变经济增长方式带来新的机遇和挑战。一方面，有利于我国继续发挥生产要素组合方面的比较优势（例如市场潜力大、人工成本低和居民储蓄率高）；有利于打破某些产业的瓶颈制约，实现某些领域和环节的跨越式发展；有利于促进我国增强产业竞争力；等等。另一方面，可能固化我国制造业低端分工地位；可能带来高能耗、高污染企业和产业；可能造成我国某些领域的技术依赖；可能产生某些行业的外国垄断；可能影响国家经济安全；等等。这些都需要我们通过完善政策和法规善加把握，妥为应对。

综上所述，世界产业结构调整趋势对我国加快产业结构调整和促进增长方式转变有以下几点启示：

一、注意吸取新的发展理念来培育新的增长点

例如，零排放、减量化、再利用、可循环等，不仅成为国际上新型的企业经营观念，而且逐步演化出以清洁生产和循环经济的新

型产业链。这对我们开辟新的增长路径有借鉴意义。应当注重综合运用法律手段、强制性规范和经济利益机制,使政府、企业、市场和社会公众形成合力,共同促进资源节约和环境友好的可持续发展。

二、注意通过制度创新促进科技成果商品化和产业化

特别要加强知识产权保护,这是促进自主科技创新的一项关键性激励制度,但也会加大自主创新的成本。因此,需要进一步完善既能与国际规则接轨、又适合国情的知识产权保护体系。此外,要加快完善资本市场、财税激励手段、政府采购制度和风险投资等机制,大力促进自主科技创新。

三、坚持以市场为基础、企业为主体、全面有序开放的结构调整机制

由于我国政府干预资源配置的惯性仍很强,因此必须反复强调产业结构调整升级的主体和动力是企业和市场,而不是政府及其行政干预。务必防止把加快产业结构调整当成政府干预经济的借口,尤其要防止一些政府部门、地方政府甚至长官意志来左右产业结构调整的过程。要适应我国改革开放不断深化的新趋势,注意把握国际上产业政策内容和作用的新变化,合理发挥我国产业政策的引导作用,避免损害市场机制。应当改变以行政审批、财政补贴和信贷扶持为特征的传统的产业政策,建立和完善普适性的、功能性的产业政策体系,综合运用技术政策、竞争政策、人力资源政策和节能环保政策,完善相关法律手段、强制性规范和激励机制,引导产业结构调整优化,提高各个产业的整体竞争力和经济效率。

四、不仅要促进产业间的结构优化，也要促进产业价值链各个环节的升级

随着经济全球化和价值链分工不断发展深化，产业内部的生产分工和贸易逐步代替产业间的生产分工和贸易，成为国际分工和贸易增长的主导力量，各国企业生产和对外贸易中普遍采用进口中间产品加工复出口，或者海外加工直接转口，纯粹的"本国产品"和一般贸易会越来越少。在这种新的国际产业分工和贸易格局下，产业结构优化不仅包括不同产业间的升级转换，例如由劳动密集型产业向资本密集、技术密集型产业的升级；而且还包含同一产业内部各个环节的转换，例如由劳动密集环节向资本密集和技术密集环节的升级。因此，一方面，我们要加快发展技术密集、附加值高的先进制造业和现代服务业，注重改造提升传统产业，积极发展为改造传统产业服务的第三产业以及为满足居民消费升级和改善生活质量所需要的各类服务业；另一方面，我们也要利用好国际产业转移层次提高和跨国公司加快业务外包的机遇，发挥劳动力资源、技术人才和基础设施方面的比较优势，促进国内同一产业内部和上下游产业间价值链的升级，提升不同增值环节的竞争力。

五、处理好扩大就业和提升国际分工地位的关系

我国不同地区的资源环境承载能力、人口分部状况、发展潜力和产业结构存在很大差异，既要承认我国处于工业化中期的阶段性特征和结构性特征，又要认清重化工业发展的区域差别，避免地区产业结构趋同。应当强调因地制宜，切实发挥各自比较优势，大力发展特色产业和特色经济，兼顾好扩大就业和提升国际分工地

位的目标,把发展劳动密集型、资本技术密集型和知识密集型产业协调起来。在资源富集和人口密集地区,发展劳动密集型产业和改造传统产业的任务更为迫切。而在资源环境承载能力较差,但是区位条件较好、技术力量比较雄厚和产业结构层次较高的地区,就应更加注重发展先进制造业、现代服务业和高技术产业,努力提升国际分工地位,占领国际分工高端,而不宜一味强调发展高能耗、高排污的重化工业。

六、注意培育各具特色的产业集群

不同地区要根据当地的区位优势、基础设施状况、人力资源、自然资源环境和科研力量等条件,营造适宜产业集群发展的配套环境,培育区域经济增长和竞争力的产业支撑。具有区域比较优势和低成本优势的地区,适宜发展包括传统产业在内的特色产业集群,而具有综合竞争优势的地区,应当努力完善体制政策环境,积极促进技术层次和附加值较高的产业集群不断发展壮大。

七、对承接国际产业转移要加强引导,趋利避害

我国主动参与经济全球化进程和承接国际产业转移,对外开放不断深化和扩大,国内产业结构调整的开放性特征也将日益凸显,我们应当努力使国际产业转移和外商投资成为促进国内产业调整升级的积极因素。按照提高对外开放水平、提高利用外资的质量和效益的要求,根据我国政府关于节能、降耗、减排的硬指标约束和区域经济协调发展的规划,进一步完善外商投资指导目录,对外商来华投资和国际产业向我国的转移,要加强产业导向和区域导向,包括促进加工贸易升级。应当鼓励承接研发中心、先进制

造业和现代服务业的转移,对高能耗、高污染产业的转移和外商进行房地产投机要严加控制,对外商并购我国企业则应具体分析,谨慎处理。

八、加快国内体制改革,善于运用新的国际规则

我国已经签署《京都议定书》,加入世贸组织的过渡期也基本结束,将会遇到国际规则越来越多的限制性要求,不能再用传统的手段保护国内产业。同时,我们面临一些新的发展机遇和空间,也可掌握一些新的调节机制。例如,我们可以利用国际上新兴的清洁发展机制①和排污权交易制度,引进发达国家的节能环保投资项目,促进国内节能降耗,发展环保产业和可再生能源。同时,又要注意防范发达国家只购买我国的减排指标而不提供节能环保技术,甚至趁机向我国转移高能耗、高排污的项目和企业。只有加快改革步伐,完善我国市场机制和企业制度,善于掌握国际上有关可持续发展的新制度安排,善于利用国际规则给发展中国家留下的回旋空间,才能抓住新的发展机遇,有效应对新的挑战,促进我国产业结构升级和增长方式转变。

---

①　清洁发展机制(CDM)是《京都议定书》规定的发达国家和发展中国家间进行跨界温室气体减排的一种合作机制。发达国家向发展中国家提供资金和技术,帮助发展中国家实现可持续发展;同时发达国家可以从发展中国家购买"可核证的排放削减量(CER)",以履行《京都议定书》规定的减排义务。联合国开发计划署驻华代表马励可透露,中国因气候变化造成的损失占整个 GDP 的 3%。目前,中国温室气体的排放占到发展中国家排放总量的 50%,占全球排放总量的 15%,到 2050 年,中国的能源消耗将占全球能源总消耗的 60% 左右。这对中国是一个很大的挑战。据中国再生能源专业委员会秘书长李俊峰估计,从整个中国而言,将有不少于 10 亿美元的减排贸易额。我国已经开始实施一些清洁发展项目。

主要参考文献:

1. 卢中原等:《英国、德国传统工业改造考察报告》,国务院研究室《研究报告》2000 年第 16 号;

2. 王慧炯、李泊溪:《经济全球化和世界产业结构调整及其对我国西部产业结构调整的启示》,国务院发展研究中心《调查研究报告》2001 年第 110 号;

3. 李善同、陈波:《世界服务业发展趋势》,国务院发展研究中心《调查研究报告》2001 年第 152 号;

4. 王前海:《现代服务业:21 世纪的朝阳》,载《中国信息报》2005 年 11 月 30 日;

5. 李毅主编:《再炼基石:世界制造业变革的历史大势》,经济科学出版社 2005 年 10 月;

6. 李佐军:《全球化背景下国际制造业的发展趋势及我国的对策》,国务院发展研究中心《调查研究报告》2005 年第 239 号;

7. 李佐军:《借鉴国外经验,走资源节约型工业化道路》,国务院发展研究中心《调查研究报告》2005 年第 258 号;

8. 李家祥、彭金荣:《关于我国经济增长方式转型比较研究的思考》,载《经济学动态》2000 年第 8 期;

9. 林建山:《21 世纪全球产业大趋势》,环球经济研究社 2001 年,转自 www. google. com;

10. 宋群:《"十一五"时期统筹我国产业结构升级与国际产业转移的建议》,载《经济研究参考》2005 年第 52 期;

11. 田春生:《经济增长方式的国际比较与中国的选择》,《经济活页文选》,2001 年第 11 期,中国财政经济出版社;

12. 陈柳钦:《产业发展的集群化、融合化和生态化分析》,转自 2005 年 10 月 11 日"学说连线",http://www.xslx.com;

13. 国家发改委宏观院对外经济研究所课题组:《21 世纪初国际经济格局的变动趋势及对中国经济的影响研究》,载《新华文摘》2001 年第 2 期;

14. 马云泽:《世界产业结构软化趋势及启示》,载《世界经济导刊》2005 年第 2 期;

15. 戴燕艳:《世界产业结构的发展趋势及启示》,载《国际经济合作》2002 年第 11 期;

16. 厉无畏:《把握国际产业发展三大趋势促进我国产业结构优化升级》,载《中国经济快讯周刊》2002 年第 12 期;

17. 联合国贸易和发展会议:《2004 年世界投资报告》;

18. 联合国贸易和发展会议:《2005 年世界投资报告》;

19. 联合国工业发展组织:《2002/2003 年工业发展报告》;

20. 世界银行:《东亚奇迹:经济增长和公共政策》,中国财政经济出版社 1995 年;

21. 世界银行:《2003 年世界发展指标》;

22. 世界银行:《2005 年绿色数据手册》;

23. The World Bank：World Development Indicators 2005;

24. The World Bank：World Development Report 2006;

25. The World Bank：Development Gateway Data and Statistics;

26. United Nations：Statistical Databases;

27. OECD Frequently Requested Statistics;

28. OECD Basic Structural Statistics;

29. Swedish Energy Agency：Energy in Sweden 2005;

30. Ministry of industry, employment and communication of Sweden：Taxation and the environment;

31. 日本经济产业省:《新经济增长战略》2006 年 6 月;

32. 中国科技信息研究所网站:2005 年全年有关国外科技发展和增长方式转变的全部政策和战略信息;

33. 卢中原:《瑞典的绿色税收转型及其启示》,国务院发展研究中心《调查研究报告择要》2006 年第 26 号(8 月 23 日)。

第二章 世界制造业发展趋势

第一节 发达国家制造业调整升级趋势和影响

一、制造业在国民生产总值中的比重日趋下降

近十几年来,发达国家产业结构变动中制造业在国民生产总值中所占的比重正日趋下降,而第三产业所占的比重正日趋上升。以美国为例,如图 2—1 所示,在 20 世纪 80 年代美国制造业占 GDP 的平均比重为 36%,20 世纪 90 年代为 31.29%,本世纪初为 26.1%;而 20 世纪 80 年代美国服务业占 GDP 的平均比重为 43%,20 世纪 90 年代为 49.14%,到本世纪初为 52.78%。美国产业结构的变动趋势代表了世界产业结构的基本走势。

出现这种情况主要有两个方面的原因:一是发达国家进入后工业化时代后,居民的消费结构发生了变化,消费者对物质产品的需求比重下降,而对服务的需求比重上升,消费需求呈现多样化、个性化的趋势特征,居民消费结构的变化,促使企业产品结构的升级。传统的制造业"以产品为中心",实行批量生产,这种生产方式逐渐不能满足消费者的需求,在竞争过程中,企业的生产模式逐渐转向"以顾客为中心",实行多样化生产,以满足市场个性化需求的需要。在企业产业结构调整过程中,逐渐形成了服务主导型的产业结构布局。另一个原因就是在经济信息化、全球化趋势下,产业结构调整步伐加快,新技术的出现孕育和培植着新的产业很

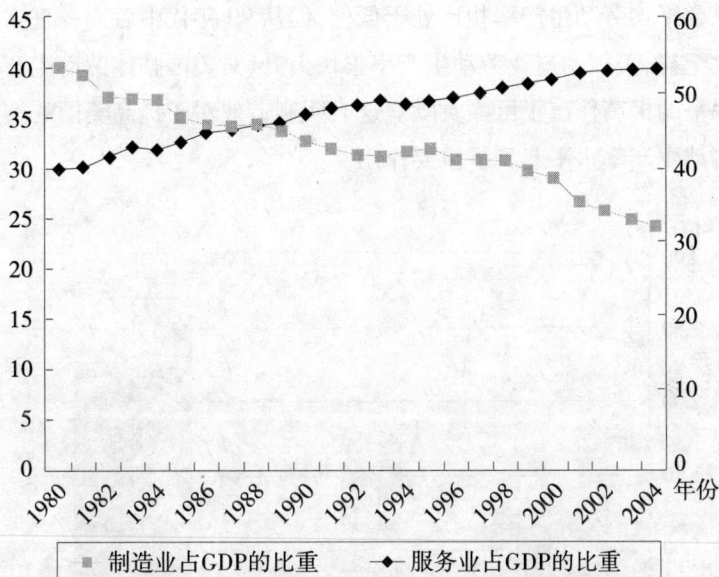

图 2—1　美国制造业和服务业占 GDP 的比重

资料来源：Department of Commerce（Bureau of Economic Analysis）．

快形成,从而使产业结构变动中的高技术影响日益凸现,也使经济发展水平相近的国家产业结构的变动日益趋同。20 世纪 80 年代以来,主要发达国家产业结构的调整都深受经济信息化、全球化的影响,从而加快了世界产业结构调整的步伐。

　　制造业在发达国家国民生产总值中所占的比重下降,并不意味着制造业对发达国家经济增长的贡献在下降。以美国为例,统计表明,制造业的劳动生产率增长在整个社会平均劳动生产率增长中处于领先地位。如图 2—2 所示,1980—1989 年,美国制造业平均劳动生产率与美国整体劳动生产率水平基本相当,到 90 年代初,美国处于产业结构调整变动期,美国制造业劳动生产率与美国社会平均劳动生产率相比处于低位,但从 90 年代中后期一直到本世纪初,美国制造业劳动生产率很快上升,对美国整体劳动生产率水平的提高作出了巨大贡献。这表明制造业对于提高美国的整体劳动生产率水平起到了重要作用。

（单位：%）

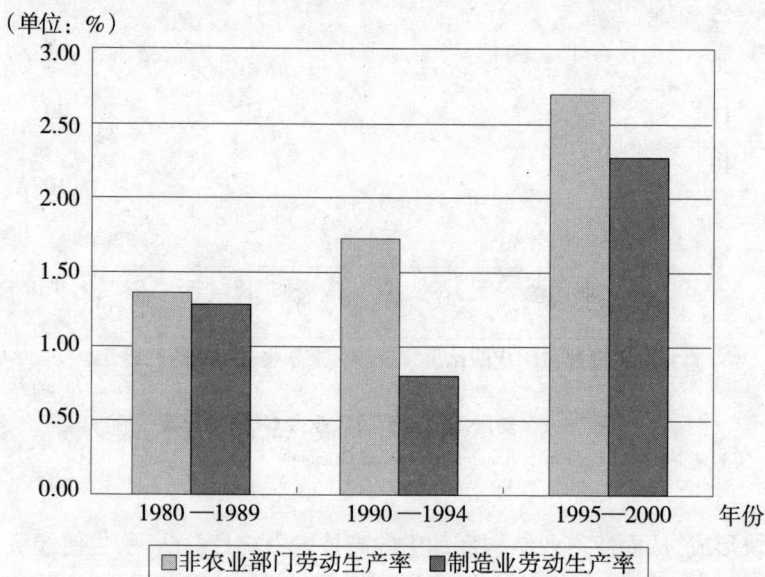

图 2—2　美国非农业部门和制造业部门劳动生产率

资料来源：Department of Commerce（Bureau of Economic Analysis）.

信息经济作为一种新的经济增长模式,并不是凭空产生的,它是在传统的工业经济的基础上发展起来的,制造业在传统的工业经济中的主导地位使制造业与工业经济之间存在着密切的联系,在新的经济增长模式下,制造业已成为沟通工业经济与信息经济的纽带,在国民经济中占有举足轻重的地位。制造业变革的浪潮成为推动新一轮经济结构调整的先锋和核心。高技术制造业在美国整个制造业中所占的比重逐年上升。高技术制造业增加值占整个制造业增加值的一半以上。1980年美国高技术制造业占整个制造业的比重为10.03%,到1998年美国高技术制造业占整个制造业的比重上升到16.60%。① 制造业内部变革包括了从技术设备、工艺过程、产品性质、经营方式等各个方面的变革,老产业通过更新、改造已今非昔比;新产业则从一开始就与高新技术产业的发展密切相关。从发达国家制造业发展的整体趋势来看,新型制造业正在逐步取代传统制造业的地位推动着世界产业结构大调整和产业结构高科技化的趋势。

二、制造业发展的全球化趋势在加强

制造业发展的全球化趋势包括生产全球化、销售全球化、融资全球化、服务全球化以及研发全球化。具体说来包括产品制造的全球化;价值链中与制造业相关的各个环节的全球化趋势;新一轮跨国并购浪潮的兴起以及资源在全世界范围内的自由流动和优化配置;跨国界信息基础设施的建设和维护;世界范围内制造体系的形成等。

制造业的全球化发展趋势与20世纪80年代以来经济全球化和区域集团化趋势密不可分。世贸组织成员国在不断增加,国际组织在推进国际贸易、国际投资、国际经济技术合作方面的作用在加大。从1980年到2002年,全球海外投资上升了10倍,全球海外投资总额累计达到了45170亿美元。投资的迅速上升和资本市场的快速发展促进了全球资本的自由流动,实现资源优化配置。由于发达国家劳动力成本较高,在国际竞争压力下,发达国家纷纷

----

① 资料来源:美国《科学工程指标(2002)》。

将本国劳动密集型产业外移到发展中国家或地区,同时迫于本国高环保标准的要求,将一些资源密集型产业也外移到发展中国家或地区。经济全球化的外部环境与各国提高本国产业竞争力的内在要求相结合,各国根据自身的比较优势和竞争优势不断调整产业结构,制造业出现了产业调整升级的高潮。

制造业发展的全球化趋势在很大程度上是由跨国公司推动的。跨国公司越来越关注于产品的研发、品牌经营和营销网络的建设,将制造活动尽可能以 OEM 方式外包给成本较低的发展中国家或地区。随着经济全球化发展趋势,发达国家制造业的国际分工正由垂直分工向水平分工、网络分工演进。与之相适应,制造业产业链细分趋势也很明显。发达国家凭借其技术优势,将低技术产业转移出去,即使在高技术领域,通过国际竞争也尽量占领高技术和高附加值环节,将低技术环节转移到国外,从而使产业链细分,在全球范围内组织生产。对发展中国家或地区而言,可能在绝大多数产业上没有竞争优势,但在某一个产业、某一个产品的某一个或几个环节上具有竞争优势,比如在一些资本和技术密集的产品链条上存在劳动密集型环节,这就使得跨国公司能够通过产业链细分,将生产链条上的这些生产环节转移到发展中国家或地区进行生产,从而可以降低生产成本,提高产品的竞争力。同时,跨国公司还在资金、技术、管理等方面深化国际分工,从而推动了制造业发展的全球化趋势。

三、制造业的发展与高技术产业的发展密切融合

发达国家制造业的发展经历了由劳动密集型、资源密集型到资源资本要素投入型,然后再到技术资本密集型和知识技术创新型的发展历程,由传统制造业发展到现代先进制造业,与高技术产

业的发展密不可分。与传统制造业相比,现代先进制造业不断地吸收信息技术以及现代管理技术等方面的高技术成果,并将这些先进制造技术应用于制造业产品的研发、生产、销售、管理等各个方面,实现了信息化、智能化、柔性化、生态化生产。信息化彻底改变了传统的业务流程和工作方法,改变了产业发展的技术环境、经营条件和商业模式。高技术通过对传统产业的更新改造,使其技术水平和生产效率发生根本改观,另一方面制造业中的高技术产业也在迅速增长。

（一）美国

从 20 世纪 80 年代至今, 在高技术革命的带动下, 美国的制造业重心已转向高新技术产业, 并以尖端技术对制造业进行了普遍改造。据美国国家科学基金会等资助的研究显示, 早在 1998 年, 计算机辅助设计和制造系统、计算机局域网、即时库存管理等技术在美国制造行业中的普及率均已超过 50%。到 20 世纪 90 年代后半期,航空航天、计算机与办公设备、电子通讯设备和医药制品这些高新技术产业的产值占到美国制造业产值的 17%。众所周知,90 年代是美国高新技术产业蓬勃发展的时期,研发比例大幅上升,在整个 90 年代,美国制造业在信息技术上投资数千亿美元,而在 90 年代后半期,美国制造业的研发投入比例增长幅度甚至超过了服务业,在工业界总研发投入中一度占据了 80% 的份额,成为美国产业结构调整的主要驱动力。高新技术与制造业的结合可以加快制造商与供应商信息交换的速度,高新技术企业的最新成果、最新先进设备可以很快应用到制造品的生产当中,最大限度地减少库存,缩短生产期限,利用 CAD/CAM、FMS(柔性制造系统)、CIMS(集成制造系统),制造商可以利用原有生产线生产出不同的产品,增加了生产的灵活性,更快、更好地满足顾客的需求。

美国先进制造业全国联合会(the National Coalition for Advanced Manufacturing, NACFAM)在 2001 年的报告中指出尽管有信息和通信技术的进步,要使美国制造业具有灵活性、有效性、响应度这样的能力,还必须充分发掘制造业和信息技术这种综合集成的全部潜力,而这一过程中的一个常常被忽视了的或被误解了的障碍就是缺乏互操作性软件(software interoperability),现在的软件和IT 系统还不能满足实现信息技术(IT)和制造业综合集成这一目标,因而美国投入大量人力财力来研究制造厂商软件系统的互用性。①

(二)日本

20 世纪 80 年代日本制造业曾经领先世界,从 90 年代开始,日本制造业发展受挫,不仅在汽车、半导体、集成电路等领域所占据的优势地位逐步让位于美国,而且还受到韩国等新兴工业国家的挑战。新时期日本仍然选定制造业为日本产业竞争优势所在,大力发展制造业,探求新技术,开发新产品,积极利用以信息技术、生物技术、新材料和新能源为核心的高科技革命改造传统制造业的生产方式和经营方式。将过去的流水作业改为"摆摊式"生产,以适应多品种、小批量、个性化的社会需求。制造业的发展与高技术产业的发展密切相关。通过网络订货,利用互联网组织生产、销售,大大提高企业的经营效率。面对激烈的市场竞争和新一轮产业结构调整,日本开始对曾以汽车、机械、家电、半导体等领域积累的"技术诀窍"而领先于世界的日本制造业作出调整。战略调整

---

① Exploiting E-Manufacturing: Interoperability of software Systems Used by U. S. Manufacturers Prepared by: National Coalition for Advanced Manufacturing (NACFAM)February 2001. 李毅主编:《再炼基石:世界制造业变革的历史大势》,经济科学出版社 2005 年版,第 85 页。

基于计算机辅助设计和辅助制造的设计开发能力,以其制造附加值高的独创性产品的生产开发能力作为今后维持国际竞争力的重要因素。探求先进制造技术,强化技术开发能力,在享有竞争优势的领域开发新技术、新产品,从而保持日本在这些领域的领先地位。日本的机器人技术是20世纪70年代才从美国引进的,但现在日本产业机器人的制造与应用都已领先于其他国家,目前日本正在着力研制非产业用机器人。

(三)德国

进入20世纪80年代,德国制造业在世界市场上的竞争力减退,面对全球竞争形势的变化,90年代德国出台了《制造业技术2000年框架方案》,大力推进制造业变革。德国制造业革新首先从促进传统产业的高科技化入手。德国企业生产技术革新主要体现在新产品的开发、生产和管理观念的转变上。由于新材料的密度小、性能高、可以节省资源同时降低能耗,因而企业在生产中利用新技术,采用新材料,使高能耗、高物耗产业向低能耗、低物耗产业转变,产品向小型化方向发展。例如,用碳纤维强化塑料做汽车壳体,重量只有钢的1/5,而其强度和刚度分别是钢材的7倍和3.5倍,并可省油20%。德国注重技术开发向生产领域的应用,鼓励短期有实用性的研究成果迅速转化为企业的生产力,鼓励技术创新。德国在汽车、化工、钢铁、建筑、机械工程、电气工程、精密仪器和光学仪器等部门加强了研发力量。这些部门承担了德国工业研究与开发支出总额的80%以上。研究机构的科研经费主要由企业提供。汽车制造业是德国制造业中实力最强的行业,其研发投入占整个德国工业界每年研发投入的1/4。在生产观念上,许多企业带头革新,优化生产过程,提高产品和服务的质量。例如,德国宝马公司提出汽车生产要将"动态的视觉吸引力、敏感的驾驶舒适度、蓬勃的生命力、休闲及个性"贯穿于产品设计与生产技术革新的全过程,适应市场需求的变化。革新的观念不仅局限于生产过程,还体现在管理过程中。德国公司历来受工会和雇主组织之间劳资协议的制约,不得随意增加工人的工作时间。在新的管理理念下,有些公司在必要时可以延长工人的工作时间并采取轮班制。管理人员在旺季增加工人的工作时间,再在生产淡季安排补休。新的管理方式更加灵活地适应了市场需求,提高了生产效率。

伴随着高技术的发展和激烈的国际竞争,发达国家为增强本国竞争力竞相发展新兴产业,在信息技术、生物技术、新材料等高技术领域展开了激烈竞争。在竞争最为激烈的信息技术领域,美国率先凭借其雄厚的基础研究实力,建立了以硅谷为中心的信息产业基地,成为信息社会的先驱。日本、欧洲以及一些新兴工业国家紧随其后创办了自己的"硅谷"。发达国家在新技术领域的激烈竞争和争相投资,使得一批新兴产业迅速成长起来,逐步成为新的经济增长点。随着新兴产业的发展,制造业掀起了革新的浪潮,制造业的不断创新为这些新兴产业的发展提供了必要的物质基础。例如,美国的"制造业企业几乎囊括了美国产业的全部研究和开发,因此提供了制造业内外所用的大部分技术创新。高技术制造业约占研究开发全部投资的 3/4,其他制造业占其余大部分"①。

---

① [美]迈克尔·德托佐斯等著:《美国制造业:如何从渐次衰落到重振雄风》,科学技术文献出版社 1989 年版,第 38 页。

第二节　发达国家促进制造业升级的
主要政策措施

一、制定产业政策,扶持和引导制造业升级

进入 20 世纪 90 年代,发达国家为了让信息技术带动制造业升级,纷纷制订各种计划促进传统制造业向现代先进制造业转变。各国在制定产业政策时都围绕全球化、信息化、技术革新、知识密集、需求个性化以及资源环境的约束这些当代制造业发展所面临的新的趋势特征来展开。

(一)美国

20 世纪 90 年代以来,美国经济基本上实现持续高增长,美国经济的良好表现与美国政府积极、适宜的宏观调控措施是分不开的。早在 20 世纪 80 年代,里根政府就推出半导体制造业技术倡议,由 14 家美国半导体厂家组成的企业集团,着力研究芯片的制作,推动美国制造技术的发展。到布什执政期间,继续推行技术研究向民用技术倾斜的政策,1990 年发起了"先进技术计划(ATP)"。到克林顿执政期间,美国政府加大对研究开发的投入,在科技战略上采取了一系列扶持科技创新的积极举措,1993 年实施"先进制造技术计划(AMT)",起草了题为"以科技推动美国的经济增长:一个增强经济实力的新方向"的备忘录。备忘录指出:"联邦政府在科技发展中的传统作用仅限于支持基础研究和国防部、国家航空与航天管理总署和其他机构从事的使命性研究。这一战略适用于上一代,却不适用于今天巨大的挑战要求。我们不能凭借偶然的运气将国防技术应用到民用部门。我们必须把目标直接对准那些新的挑战,集中精力抓住摆在我们面前的新机遇,承

认政府可以在资助私人公司方面发挥关键作用,并能从技术创新中获得收益。"美国政府提出永久性延长研究试验性开发的税收减免,刺激企业对新技术进行投资,同时放松政府管制,取消了《全国卫生研究机构合作与开发协议》中"合理定价"条款,鼓励全国卫生研究机构建立合作关系,进一步开放电信领域的竞争,联邦实验室以合作伙伴关系向私营部门开放,允许工业部门在与政府共同感兴趣的领域进行互补性合作研究,从而促进技术开发、扩散。鼓励小企业参与创新活动,提出了《小企业创新研究计划》,鼓励小企业参与联邦政府的研究开发并加快将研究技术推向市场。1997年又推出了"下一代制造行动纲要",同时创造了有利的宏观经济环境给予支持。

在这些积极有力的措施支持下,美国信息技术等新成果层出不穷。美国制造业在90年代实现复兴,尽管进入本世纪初,美国制造业日子不好过,产出下降、失业增加,但自2001年以来,制造业开始出现回暖现象,库存减少,新订单开始回升。在美国产业政策的扶持和引导下,在全球市场和信息技术带动下,美国制造业将加快结构调整的步伐,实现制造业的升级。

(二)日本

在20世纪80年代,日本制造"风靡世界"。制造业是日本经济的主体,其状况决定着整个日本经济的发展状况。90年代以来,日本经济长期低迷,出现了国内产业空洞化问题,日本政府面对新一轮产业竞争的特点,确立制造业在信息化发展中的基础地位,打造以新型制造业为基础的新经济。日本积极应用信息技术对传统制造业的技术工艺和经营管理进行了改造,重视研究开发新的制造工艺和新材料,大力发展应用技术,加大政府引导力度。日本政府将制造业视为"经济增长的牵引力,加工贸易立国、科学技术立国的基础",①1999年制定了制造业基础技术振兴法,把制造业发展纳入法制化轨道,加强对制造业发展的政策支持。在政府的支持下,日本制造业的发展还注重走出国门,大力开展与周边国家合作,将亚洲国家作为日本制造业发展的一个平台,充分利用亚洲各国制造业发展的优势,收缩日本制造业企业的经营战线,集中优势精力发挥自身特长,将制造业发展重点放在高技术生产环节,其他生产环节向外转移。事实表明,日本政府的做法取得了显著成效,日本以惊人的速度建立起自主的科学技术体系和世界一流的制造业,日本电子信息工业产值仅次于美国,日本的机器人制造业也处于世界领先地位。

(三)德国

德国是老牌制造业强国,制造业实力雄厚,排名世界前三名。进入20世纪90年代初,受世界先进制造业竞争加剧的影响,德国制造业一度滑坡。1992—2002年,德国制造业占全球的比例从10.3%下降到7.6%。受德国高税收、高工资和高福利政策的影响,德国企业结构僵化,劳动生产率增长速度缓慢,竞争力下降,制造业在研发方面的投资明显低于美国和日本。有关数据显示,90年代以来,德国的单位劳动成本上涨了22%,美国则下降了10%。② 为促进制造业升级,德国政府联袂企业界、科技界共同推出了一项战略计划——"制造2000计划"。该计划共资助资金4.5亿马克,重点扶持德国制造业的信息技术,研究通信技术、面向制造的高效的、可控的系统来促进制造业发展。由于与大企业

---

① 参见日本经济产业省关于《基于2001年制造业基础技术振兴法第8条的年度报告》,http://www.meti.go.jp.

② 参见滕藤、谷源洋主编:《1997—1998年世界经济形势分析与预测》,中国社会科学出版社1998年版,第96页。

相比,中小企业更为灵活,对技术创新反应灵敏,创新成本较低,在制度创新与技术创新方面具有优势。德国2/3的专利技术是中小企业研发并申请注册的。德国联邦经济与技术部设置了一个专职机构负责中小企业事务,制定特别的研发计划,为中小企业的技术研究与开发提供资助。德国政府还鼓励向中小型科技企业进行风险投资,充分利用信息技术和网络的优势,促进中小型企业与大型科研机构的合作,加快创新的速度和科研成果转化为现实生产力的速度。在德国有利的产业政策的扶持下,德国制造业重振雄风,出现较好的复苏势头,2004年德国机械制造业创下历史最高纪录,产值达1360亿欧元。

二、根据本国国情,寻找制造业发展的产业突破口

发达国家在促进本国制造业调整升级的过程中,不仅注重加强产业政策的扶持和技术革新,而且注重根据本国国情,积极寻找制造业发展的产业突破口。

(一)美国

美国拥有强大的制造业,20世纪80年代以来美国对信息技术等高技术产业的重视迎来了90年代美国的"新经济"时代,美国利用信息技术对传统制造业进行改造,产品的国际竞争力增强,电子信息、计算机、飞机发动机、测量仪器等高技术产品在国际市场上占有绝对优势,美国制造业的劳动生产率大幅提高,制造业对美国经济的贡献举足轻重,美国完成制造业升级和整个产业结构调整的步伐都很快,堪称楷模。但美国制造业在发展初期,优势地区是位于东北部的新英格兰地区和大西洋中部沿海的东部地区,中西部地区的制造业并不发达。随着交通运输条件的改善,尤其是水路和铁路的发展,东部地区制造业的优势逐渐转向中西部地

区。美国中西部地区制造业的发展主要集中在东部地区发展相对处于劣势的领域,如:食品、木材、造纸等行业,另外还有服装、家具、建筑材料、机械等地区性产品的生产。随着中西部地区制造业的兴起,美国制造业的整体实力水平得到大幅度提高。

(二)日本

在日本,鉴于传统产业趋向成熟,劳动力成本上升,国内制造业的生产成本处于上升态势,长期以来保持竞争优势的装配产业在国际市场的竞争压力下步履艰难。日本政府和企业意识到以装配产业为龙头的产业体系在国际市场上已经很难再振雄风,因而开始另寻带动日本制造业发展的突破口。日本制造业在发展过程中,虽然装配产业发展缓慢,甚至出现衰退,但零部件等中间产品的生产却发展迅速,这些企业利用日本传统制造业多年来积淀的比较优势,积极利用信息技术对传统制造业的制造工艺和生产经营方式进行改造,1996 年日本产业结构审议会的报告和 1997 年内阁会议确定的"行动计划",指出了医疗福利、信息技术、生物工程、环境和新能源等是日本 21 世纪初的新增长领域。日本制造企业根据自身的经营条件以及对未来市场需求的判断,或者选择在这些传统的优势领域继续加强投入力度,或者投身于新能源的开发与应用,或者适应国际环保呼声的高涨,从环境和商业前景两方面出发,打造绿色制造,结合自己的加工技术,扬长避短,努力将日本制造业向大型化、专业化、综合化和国际化方向发展,反映了日本企业在今后发展方向上的明智选择。

(三)德国

德国的工业化进程虽然比英国、美国要晚十几年的时间,但由于政府强有力的干预措施,德国工业化进程很快,在 19 世纪末就成为一个强大的工业化国家。近年来,德国通过资金、技术和优惠政策的支持,促进了老工业基地向现代制造业基地的成功转型。德国在积极引导制造业完成产业升级的过程中,注重因地制宜实现产业结构的多样化,使各地区根据本地区的特点形成了自己的优势行业,在产业结构调整过程中,拥有众多高校和科研机构的地区大力发展软件业;港口地区大力发展国际贸易;有些地区将本地区废弃的设施改造成博物馆、运动场,甚至开辟出旅游线路。在积极改造原有老工业基地的基础上,德国政府还着重扶持了生物、信息和环保等高技术产业的发展,鼓励创新,利用风险投资,扶持中小企业的发展,增强中小企业对市场反应的灵敏度,从而打造出传统产业与信息、生物等高新技术制造业相结合的新型制造业。

三、对传统制造业的生产方式、经营方式进行变革

自20世纪90年代起,由于种种原因,一些发达国家制造业生产经营状况普遍不好,各国对传统制造业进行改造时,都着力改造传统制造业的生产经营方式:将以技术为中心转变为以人为中心,更强调个性化;管理结构从金字塔式的多层次生产管理向扁平的网络结构转变;从以往传统的顺序工作方式向并行工作方式转变;从按功能划分部门的固定组织形式向动态的自主管理的小组工作组织形式转变;从符合性质量观向满意性质量关转变。在这种以小批量、多品种更加柔性化、智能化的生产经营方式下,企业生产经营状况逐渐改善,整个制造业开始复苏。

（一）美国

尽管自1945年以来,美国就一直推动着高科技革命,二战以后的大部分工业技术发明都是由美国人发明的,但进入20世纪七八十年代,美国制造业却大幅滑坡,相比之下,日本和欧洲制造业所占的市场份额在急剧上升。为了找出美国制造业衰退的症结所

在,美国麻省理工学院设立了工业生产率委员会,选择了汽车、化学品、民用飞机、计算机、半导体和复印机、消费类电子产品、机床、钢铁以及纺织品八个制造业部门,就这些部门的效率、产品质量、创新度、适应型及在其他方面的表现进行了调查研究,于1990年出版了研究报告《美国制造——如何从渐次衰落到重振雄风》,指出美国制造业节节败退的原因所在,并针对制造业存在的问题积极采取行动。针对制造业普遍存在的大规模生产体制进行变革,充分利用信息技术,将计算机联网,加大设备投资力度,实现制造业信息技术改造,美国制造业建立起了快速反应系统,将产业链上的所有参加者均通过计算机信息交换联系起来,以缩短对顾客需求的反应时间。同时美国还首次应用了计算机集成制造系统,将信息技术、现代管理技术和制造技术相结合,并应用于企业产品生命周期的各个阶段,达到人、经营和技术三要素的集成,提高了企业的市场反应能力和竞争能力。同时改革传统的组织管理模式,打破金字塔式的层级管理体制,精简机构、淘汰冗员,注重部门之间的沟通和协调,强调团队精神,满足变化多端的市场需求。

（二）日本

提高生产经营效率,在激烈竞争中能够获胜,是制造企业所面对的永恒主题。信息时代的到来为日本制造业传统生产方式、经营方式的变革提供了契机。互联网的出现使现代经济生活步入了信息化轨道。新兴产业不断涌现,"网络制造"悄然兴起。企业积极利用信息技术,适应多品种、小批量、个性化的社会需求,对传统的工业流水线进行改革,提高企业资源配置效率,从而提高生产率。较为典型的有:三洋电器公司将流水线改为"摆摊式"生产,即将生产原料放置在生产者周围,由生产者个人完成以往的多道工序,通过生产方式的改变使企业生产更加人性化;丰田公司对

"看版生产方式"进行电子化改造,从而提高了生产效率。日本企业不仅在本企业的生产方式上进行改革,大做文章充分利用信息技术提供的有利条件,而且在企业组织方面也进行变革,收缩多样化的经营战线,从不擅长经营的领域退出,或者进行企业重组,集中优势精力发挥自身的特长,使企业优势业务领域相对集中,从而提高经营绩效。典型的有:第一制药公司,在不动产管理上只保留了与医药品事业直接相关的部分,而对其他非主营业务进行了剥离,提高了企业效益;还有许多制药企业对研究机构和研究人员重新进行配置,在产品经营与开发上重点研究市场前景较好而自身又比较薄弱的项目。

(三)德国

20世纪80年代以来德国制造业竞争力的减退使德国意识到制造业必须作出大幅度调整改革,1995年,德国出台了《制造技术2000年框架方案》,促进制造业的调整升级。德国企业注重现有产品和生产技术以及生产过程的优化、产品、服务等质量的提高以及对新产品或劳务的开发,注重新技术对传统产业的改造,鼓励现有的制造业发挥优势,而不是搞突破性创新。加强企业在研发方面的投入,提高产品性能,同时在生产方面还注重用环保意识指导产品制造全过程。例如西门子公司在这方面就很有代表性。西门子公司制定了对公司的所有部门都具有约束力的《环境使命宣言》,《宣言》指出,公司的"全球业务涵盖了各种各样的工艺、产品和服务,公司关注对生命至关重要的自然资源的保护"。西门子认为:"经济、环境保护和社会责任在自由的世界市场中占有同样重要的地位。公司不论在哪里经营,我们都支持可持续发展所需知识的传播,包括管理和技术领域的知识。对我们来说,环境保护的可持续发展就是要悉心地使用自然资源,因此在产品和工艺开发的早期阶段就评估对环境可能造成的影响。我们的目标是避免任何污染或将污染降到最低限度,比法规要求更严格、更超前。"①为贯彻《宣言》精神,西门子公司还制定了相应的环境政策和环境原则,取得良好收效。

第三节　发展中国家和地区制造业变动趋势

一、制造业在发展中国家和地区经济中仍占主导地位
(一)制造业在发展中国家和地区经济中仍占主导地位

根据发达国家的经验,人均 GNP 为 1 万美元时,制造业比重不应低于 30%。② 现在许多发展中国家或地区的人均 GNP 还没有达到这个水平。与发达国家相比,发展中国家或地区制造业在 GDP 中所占的比重较高,制造业增长速度快,在出口中占有相当大的比重,因而制造业在国民经济中仍占主导地位。1998 年东亚地区制造业比重为 26%,比世界平均水平高出 5 个百分点。20 世纪 60 年代、70 年代、80 年代,韩国 GNP 的年平均增长率分别为 7.6%、7.3% 和 9.0%,同期制造业的年平均增长率分别为 15.2%、15.9% 和 12.1%,可见制造业的增长率几乎是 GNP 增长率的两倍,到 1999 年,韩国制造业的比重仍为 31%,比世界平均水平高出 10 个百分点,制造业在总出口中的比重也从 1964 年的 51.9% 上升到 1994 年的 96%。③ 我国台湾地区自工业化以来,制

---

① 参见李毅主编:《再炼基石:世界制造业变革的历史大势》,经济科学出版社 2005 年版,第 117—123 页。

② 参见李晓:《东亚区域产业循环与中国工业振兴》,吉林大学出版社 2000 年版,第 221 页。

③ 参见张东名著:《韩国产业政策研究》,经济日报出版社 2002 年版。

造业占 GDP 的比重也在不断上升,1951 年制造业占 GDP 的比重
为 14.82%,到 1986 年就上升到 39.69%,①1998 年制造业的比重
仍为 28%,比世界平均水平高出 7 个百分点。在出口产品中制造
业产品的出口比重达到 99%。在新加坡和我国香港地区,服务业
发展较快,产业结构已经向软化方向转变,新加坡制造业比重从
1980 年的 29% 下降到 2000 年的 25.9%,而香港地区制造业的比
重从 1980 年的 24% 下降到 1999 年的 6%。

（二）资本和技术密集型产业的地位在各发展中国家和地区
表现不一

从总体来看,在发展中国家或地区中,亚洲新兴工业化国家或
地区制造业的产业升级速度比较快,工业化程度相对要高一些。
目前,韩国和我国台湾地区电子信息技术产品均已处于生产首位,
尤其是半导体某些产品的生产已经达到世界先进水平。韩国和我
国台湾地区都比较重视重化工业的发展,20 世纪 80 年代以来,我
国台湾地区在大力发展高科技产业的同时,对传统产业的投入减
少,传统产业的发展在一定程度上受到影响,而韩国在大力发展高
科技产业的同时传统产业的发展并未受到影响。对新加坡和我国
香港而言,新加坡制造业内部结构调整种种工业尤其是电子设备
制造在制造业中所占的比重在不断提高,轻工业所占比重在下降。
在工业化进程中,资本技术密集型产业的地位在提升,产业升级步
伐加快,高技术、资本和知识密集型产业发展很快。其中,新加坡
和我国香港的技术水平不及我国台湾地区和韩国。

东盟国家制造业的发展速度比亚洲新兴工业化国家要慢,东

---

① 参见朱旭东、宋明岷著:《台湾制造业的发展及存在的问题》,载《亚太经
济》2000 年第 8 期。

盟国家的制造业仍以劳动密集型为主,资本和技术密集型产业并不占主体地位。如印度尼西亚、菲律宾、泰国的自然资源和劳动密集型产品在出口中仍占很大比重。印度尼西亚的石油蕴藏、林木资源、棕油产量比较丰富,因而生产的植物油脂类、矿产品类、木制品类商品在全球市场上出口竞争力较强。印度尼西亚、菲律宾和泰国的纺织品出口比重在这些国家的产品总出口中占据重要地位。进入20世纪80年代以后,各国制造业内部的生产结构与以前相比更趋多样化,包括了食品、烟草、木材加工、皮革、造纸、纺织、化工、石油制品、非金属制品、机械运输设备、汽车制造、电子、电机、半导体、资讯等行业。

二、发达国家制造业外移使发展中国家和地区的产业分工格局发生显著变化

由于发展中国家或地区的制造业与发达国家的制造业在自然资源、劳动力成本以及产业分工方面具有很强的互补性,这是由发展中国家或地区所处的工业化发展阶段所决定的,因而发达国家在制造业调整升级过程中,不断进行的制造业外移对发展中国家或地区的国际分工体系和产业内分工模式产生重要影响。

(一)发达国家制造业转移趋势

发达国家目前正在进行新一轮经济结构调整,技术含量比较低以及劳动密集型、资源密集型产品的生产逐渐向发展中国家或地区转移,同时20世纪90年代以来,全球新一轮并购浪潮的兴起,跨国公司在世界范围内组织生产将发展中国家或地区纳入发达国家的全球生产体系,随着越来越多的跨国公司将部分研发活动转移到投资对象国,国际产业转移的步伐在加快。其中来自美国和欧洲的产业转移,技术层次比较高。从20世纪60年代到90

年代,东亚是发达国家制造业转移的最大受益者,整个地区的制造业迅速崛起,其产值已占全球制造业产值的1/3,成为世界制造业的中心之一。虽然,近年来,有些国家和地区制造业所占比重在下降,但东亚仍是发达国家制造业转移的主要对象国。韩国三星、LG、美国的摩托罗拉、我国台湾地区的鸿基等跨国公司都将公司在亚太地区的总部或研发中心移至中国大陆。而在国际产业转移过程中,近年来出现了以电子信息产业为主的产业集聚特征。以中国为例,台商、摩托罗拉、东芝、三星等电子、电器公司在大陆投资主要集中在以上海为中心的长江中下游地区,其中上海被认为是半导体工业的重镇。①

(二)发达国家制造业转移对发展中国家和地区产业分工格局产生显著影响

随着经济全球化和世界产业结构高科技化的发展趋势,发达国家制造业转移从一定程度上促进了发展中国家或地区投资环境的改善,同时也使得各国之间的相互依赖性加强,技术更新速度加快,更新周期缩短,发展中国家或地区产业升级和产业结构调整的压力也在加大。发展中国家或地区在产业调整升级过程中,有的国家或地区出现了过于偏重高科技产业,而使传统产业的发展受到影响,甚至出现衰退的局面。例如,我国台湾地区在制造业调整升级过程中,就出现了过度向发展高科技产业倾斜而导致传统产业发展滞后。我国台湾地区投入资讯产业的科研经费占总科研经费的一半以上,而对传统产业投入相对较少。因而对于发展中国家或地区而言,在产业结构调整和技术升级过程中如何协调传统

---

① 参见李毅主编:《再炼基石:世界制造业变革的历史大势》,经济科学出版社2005年版,第162—163页。

产业与高科技产业的发展是一个不容忽视的问题。

另外,由于发达国家制造业转移的同质性,发达国家制造业转移引起了发展中国家或地区在一定程度上的竞争关系。发展中国家或地区在自然资源、人力资本以及巨大的消费市场和相应的工业生产的配套能力和政策环境方面的比较优势对引进外资来说大都具有竞争关系,生产的产品在国际市场上也存在竞争关系。例如韩国产业研究院(KIET)2002年发表的《韩中IT产业竞争关系分析》报告就已指出,2000年中国在该领域的世界市场占有率和IT产业产值已经超过韩国。并且韩国产业部分析认为,中国的手机、PDA技术与韩国的差距已经不远。[1] 但另一方面,这种竞争关系将有利于发展中国家或地区制造业产业结构升级和地区内制造业整体水平的提高,竞争关系的发展还可以促进发展中国家或地区之间的合作关系,区域经济一体化的步伐加快了。中国—东盟自由贸易区的建立就是一个很好的例子。中国—东盟自由贸易区的建立有利于双方实现优势互补,可以在更大范围内促进双边经贸交流和合作。

三、加快发展高附加值制造业,打造"新型制造业"

面对经济全球化和世界产业结构高科技化发展趋势,许多发展中国家或地区都努力促使制造业向高科技化、高附加值化方向发展。我国台湾地区经济研究院的资料显示,1981—1998年间,我国台湾地区产值增长较快的制造业行业依次为:高技术中资本密集行业、中技术中资本密集行业、高技术高资本密集行业、高技

---

① 参见李毅土编:《再炼基石:世界制造业变革的历史大势》,经济科学出版社2005年版,第164页。

术低资本密集行业、高资本中技术密集行业;增长下降的是低资本低技术密集行业和中资本低技术密集行业。到 20 世纪 90 年代末,我国台湾地区高技术密集产业所占的产值比重已超过 30%,高资本密集产业的产值比重近 40%,而劳动密集型产业的产值比重则下降至不到 30%。①

　　新加坡为推动制造业向高技术、高附加值方向发展,大力扶持已具优势的生物产业的发展。该领域的基础设施、融资环境等硬件设施与其他发展中国家或地区相比都具有优势。政府目前已拨出数十亿新元来推动该领域的发展。新加坡在 21 世纪发展战略中提出,到 2010 年以前,知识型制造业与出口服务业产值要达到新加坡 GDP 比重的 40%,其中知识型制造业占 25%,出口服务业占 15%。② 将新加坡建设成一个信息化、科技化和国际化的现代化国家。

　　东盟等国也将大力发展高附加值制造业作为今后经济发展的战略选择。菲律宾政府为鼓励电子信息技术的发展,制定了一系列优惠政策,如信息技术企业进口固定设备免缴关税、以毛收入的 5% 充缴所有国家和地方税、投资项目一定年限内免缴所得税等。而泰国也将信息技术产业及相关产业作为重点发展行业,在 2002—2007 年国家经济社会发展五年计划中,将国家科研经费年度预算从 1.6 亿美元增加到 4.4 亿美元,计划在 10 年内初步建立起从软件开发和销售到人力资源开发这样一个比较完整的信息产业体系。③

---

①　参见《社会主义学院学报》2002 年第 2 期。
②　参见《国际经济情势周报》2001 年总第 1399 期。
③　参见新华社:《TRIP/TDBS availability expires》,2002 年 3 月 31 日。

第四节　发展中国家和地区促进
制造业调整的政策措施

一、改造传统经济部门,促进制造业发展

对于发展中国家或地区而言,制造业是经济发展的主导产业,对经济增长具有重大贡献,发展中国家或地区的产业结构调整很大程度上体现着制造业调整升级的过程。制造业内部结构的调整和制造水平的不断提高带动着发展中国家或地区整体经济结构和经济增长水平的变化。

例如东盟各国在发展初期重视农业、矿业等基础工业的发展,但当经济发展到一定阶段之后,想要加快经济发展的步伐,与国际接轨,融入现代经济生活,就必须对传统经济部门进行改造,改变传统的经济结构和经济发展战略,增加投资,改变传统经济部门的落后生产条件,对农产品进行深加工,提高出口竞争力。从 20 世纪 50 年代后半期到 60 年代,东盟各国先后提出了进口替代的经济发展战略。菲律宾在 1950 年开始发展进口替代工业,泰国在 1954 年颁布了"鼓励工业发展法",推动国内外私人资本投资工业。印度尼西亚和马来西亚则分别在 1956 年开始实施五年建设计划,1957 年颁布《新工业法》,把工业建设作为经济发展的主要内容。① 进口替代战略的实施在初期确实提高了东盟四国的产品竞争力和经济增长率,但随着国内、国际环境的变化,这种发展战略逐渐不能满足经济进一步发展的需要,国内工

---

① 参见李毅主编:《再炼基石:世界制造业变革的历史大势》,经济科学出版社 2005 年版,第 139 页。

业竞争力很难在这种战略下得到进一步提高，在这种状况下，东盟各国开始进一步改造经济部门，改变以初级产品出口为主的出口结构，促进农业的多样化生产，改变现有产业结构，建立和完善自身的工业体系，吸引外资到本国办厂，推动工业品出口，同时还利用信贷、税收等杠杆积极支持金融、旅游、服务等第三产业的发展。进入20世纪80年代，面对国际市场的变化，东盟国家开始重点扶植重化工企业的发展，工业制成品出口正逐步取代初级产品的出口。

东盟制造业发展的轨迹很大程度上代表着其经济的发展轨迹，通过改变传统农业部门，大力发展劳动密型工业，发展出口加工工业，同时不失时机地发展国内资本、技术密集型工业，从而加快经济发展步伐，实现产业结构升级和经济稳定增长。

二、适时调整产业结构政策和经济发展战略，促进制造业发展

发展中国家或地区的经济发展起点都比较低，经济结构也比较落后，农业所占的比重较高。以韩国和我国台湾地区为例，在20世纪50年代，农业在其经济中的比重约占45%和36%，社会总劳动力的60%以上从事农业生产，工业在生产总值中的比重不足20%，且主要是轻纺工业。[1] 为了克服不利的自然条件以及历史遗留的经济结构的不合理问题，发展中国家或地区根据自己的情况制定了经济发展战略。

---

[1]　参见韩政涉、高连福等:《亚太地区的崛起》，重庆出版社1989年版，第98页。

　　例如，"亚洲四小龙"在经济起飞阶段实施了进口替代战略，走了一条从进口替代到出口替代再到出口导向型工业化发展的道路。早在20世纪60年代，面对低价出口初级产品和高价进口工业制成品的经济格局，"亚洲四小龙"选择了进口替代战略。但由于"亚洲四小龙"本国市场较小，在进口替代战略实施到一定阶段之后，就面临着进口资金短缺的问题，而此时一些主要的工业国正处于劳动密集型向资本技术密集型过渡的阶段，许多劳动密集型产业正逐步退出国际市场，"亚洲四小龙"抓住这个机会，将进口替代战略改为出口导向战略，利用已有的基础发展劳动密集型加工工业。这些加工工业的发展既为这些国家的工业化积累了资金又带动了整个经济的发展。例如，韩国在20世纪60年代至70年代初，为了大力促进出口，扶持劳动密集型轻工业，采取了出口补贴制度，减免出口商品生产企业的所得税、法人税和营业税，降低关税税率；为出口厂商提供各种出口信贷、外汇担保以及中长期出口工业设备贷款，建立出口工业基地等。同时还制定了许多法律，如《机械工业振兴法》、《石油化学扶植法》以及《钢铁工业扶植法》，为出口制造业的发展提供法律和制度上的保证。

　　在出口加工工业发展到一定阶段之后，由于其他发展中国家或地区的出口加工产品开始争夺"亚洲四小龙"的出口加工产品市场，这时"亚洲四小龙"又利用美、日等国转移部分重化工工业到发展中国家或地区的时机，将经济发展的重心移向重化工工业。例如，韩国1973年发表"重化工工业宣言"，把钢铁、造船、机械、化学、有色金属和电子产业作为战略产业，将重化工业化率从1971年的35.2%提高到1981年的51%；优先给予集中扶持产业和进入重化工业基地的企业提供长期低息外资、提供租税政策支持。我国台湾地区也在重点发展钢铁、造船、石化、核能等重化工工业部门;新加坡重点发展造船、石化工业;我国香港地区重点发展电子、化工、机械制造业。

进入 20 世纪 80 年代,随着西方国家贸易保护主义的抬头,"亚洲四小龙"发展面临着原料进口短缺的问题,同时长期注重重化工业发展的战略使得其经济结构不平衡加剧,因而此时新加坡、我国香港地区、韩国等国提出了"第二次工业革命"、"新科技升级"、"技术立国"的口号,大力发展高科技产业,以高科技产业带动出口,带动国内产业结构升级,实现经济高增长。例如,新加坡在 1990—1996 年为推动研发和创新阶段,于 1991 年制定了《国家科技计划》和《策略经济计划》,其后又陆续推出《IT2000》、《Manufacturing2000》、《International Business Hub 2000》等计划,鼓励企业创新,增加研发投入,尽快实现制造业升级。外向型经济的发展在增强"亚洲四小龙"经济实力的同时,也加大了其经济的对外依存度,因而调整产业结构和经济发展战略,促进制造业发展,增强经济发展的自主性仍然是目前"亚洲四小龙"制定经济政策的重心所在。

三、适时利用产业全球化过程中的历史机遇,实现产业升级

在全球化过程中跨国公司的迅速崛起对发展中国家或地区制造业的调整升级起了很重要的作用。许多发展中国家或地区的制造业正是利用了跨国公司的全球生产网络,将自身的比较优势转变为出口产品的竞争优势,将本土效率低下的内向型产业转变为具有国际竞争力的外向型产业。为了降低成本,抢夺市场,跨国公司在全球组织生产,发展中国家或地区的制造企业通过进入跨国公司的全球生产网络,获得自身发展所需要的资金、技术和管理经

验,从而提高了经济效益,而对发展中国家或地区而言,制造业对经济增长的贡献较大,制造业的发展加速了发展中国家或地区的产业升级。例如,早在 20 世纪六七十年代制造业全球化浪潮的兴起就带动了东亚、东盟等国制造业的调整升级,这些国家正是审时度势抓住了主要工业国家产业转移的历史机遇,实现产业升级。

20 世纪 80 年代以来,流向东盟、中国等地的跨国公司大多选择制造业作为投资对象,极大地促进了这些国家制造业的发展,从而进一步促进了这些国家的经济发展和就业增长。例如,在新加坡,制造业外国直接投资每增加 100 万新元,就可以推动新加坡国内总投资增加 384.71 万新元,推动就业增加 422 人。在我国香港地区,90 年代初外国直接投资主要集中在电子工业、电器、纺织、服装、化工等行业,进入我国台湾地区的外国直接投资也有 70%以上集中在制造业,制造业的发展对这些国家或地区的产业结构调整以及经济发展都起到举足轻重的作用。而近年来跨国公司对发展中国家或地区本土制造业的投资从劳动密集型和资源密集型向资本和技术密集型倾斜,这势必会促进发展中国家或地区制造业的技术升级和产业结构转型。例如在韩国,在 20 世纪 70 年代中期以前,韩国的外国直接投资主要投向纤维等劳动密集型行业;70 年代中期以后,对电子电器、化工等资本与技术密集型产业的投资迅速增长,特别是 1982—1988 年,外国直接投资进一步大幅度转向电子、电器、化工运输机械等资本与技术密集型部门。[1] 在我国台湾地区,进入 20 世纪 70 年代,外国直接投资有 46%集中

---

① 参见吴先明著:《跨国公司与东亚经济发展》,经济科学出版社 2001 年版。

在电子电器业,其次是化学、纺织及机械,这种状况一直到80年代末没有发生太大变化。①

第五节　世界制造业发展趋势的若干启示

一、加快企业创新和技术进步步伐,打造"新型制造业"

世界经济发展史表明,制造业是衡量国家综合实力和国际竞争力的重要标志。目前,先进制造业的核心技术仍然掌控在发达国家手里。"两头在外,中间在内"(市场和研发在国外,制造在国内)的发展模式只能是一种过渡模式。长期看,我国制造业的发展和经济的可持续发展都必须依靠制造业技术升级,成为世界产业链条的上游。目前我国制造业尤其是低端制造业发展很快,制造业总量在全球制造业中所占的比重在上升,1992年制造业总量在全球制造业中所占的比重为2.9%,到2002年上升到6.2%,居全球第四位。但制造业的整体水平、技术实力与发达国家相比还有很大差距。

从各国制造业和产业升级的历史经验来看,加快企业创新和技术进步的步伐,并不意味着可以忽视传统产业的发展,一个国家只有各种产业协调发展,才能从真正意义上获得可持续发展,传统产业的发展可以为高新技术产业的发展提供保障和市场需求,为高新技术的研制、开发和产业化需要提供能够满足其性能需要的生产装备。我国装备工业的综合实力只相当于美国50年代初、日本60年代初的水平,仅处于以机械化为主、单机自动化、刚性自动

---

① 参见李毅主编:《再炼基石:世界制造业变革的历史大势》,经济科学出版社2005年版,第149页。

化的阶段,数控机床拥有量仅占机床总量的 0.7% ,产品技术平均落后 15—20 年①。高新技术的发展已经受到传统产业这方面的极大制约,因而要努力突破这种制约,大力发展传统产业,加强高新技术产业对传统产业的更新改造。因为高技术产业的发展可以加快传统产业的升级和改造,劳动密集型制造业中也有高新技术。另外,从我国的国情出发,我国的工业化尚未完成,制造业特别是传统的加工制造业是我国国际竞争力的比较优势所在,我国企业在资本、技术密集型产业中并不占优势。传统产业的发展为解决我国劳动力就业问题提供了重要途径,社会主义新农村建设也离不开制造业的发展与繁荣。

打造"新型制造业",不仅意味着提高企业的技术和管理水平,还意味着企业的资源消耗要低,环境污染少,经济效益比较高,真正实现"绿色制造"。传统意义上以资源的高消耗、环境的高污染推动工业高速发展的经济增长模式已经不能适应现代经济发展的需要,况且按现有的资源产出率,我国资源总量无法支持 GDP 的持续高增长,因而要发展"循环经济",提高资源利用效率,发展高新技术产业,打造"新型制造业"。据估计,我国每年因资源浪费、环境污染、生态破坏而造成的经济损失至少为 4000 亿元。制造业的发展仍然为高消耗型的,如果按照这种增长模式,未来我国经济发展的资源将无以为继,环境污染会很严重,制造业的高速增长会付出沉重的代价。

二、进一步深化体制改革,为制造业发展创造良好的市场

---

① 周叔莲,王伟光:《论工业化与信息化的关系》,《中国社会科学院研究生院学报》2001 年第 2 期。

环境

目前我国重型制造业中国有成分较高,发展过程中包袱过重,因而要发展我国的重型制造业必须进一步深化体制改革,调整国有经济布局,增强国有经济发展的竞争性和灵活性,完善国有企业发展的体制环境。同时也要为非公有制经济的发展创造良好的市场环境。首先从政策上给予支持,废除各种从形式上或实质上歧视民营企业的政策和法规,为民营企业发展创造一个公平竞争的平台;对税法作出调整,从税收政策上对外企、国有企业和民营企业给予平等待遇,为我国制造业的发展提供一个宽松的政策环境。其次要大力发挥高校、科研机构的优势,加强基础研究和应用性研究,提高企业研发费用所占的比重,鼓励建立 R&D 企业联盟,积极参与研究与开发的全球化合作,避免在国内开发在国外已经比较成熟的产品和技术,加强国际合作,逐步建立适应制造业发展的科研开发网络体系,为企业技术革新提供支持。同时也要注重对引进技术的消化吸收,通过对引进技术的消化吸收,走出一条创新之路,在创新和技术升级的基础上再引起,从而形成技术进步的良性循环。

发达国家在几百年的经济发展过程中,建立起了一套完善的市场机制,包括完善的法律体系、公司制度、金融服务和资本市场,这些都是打造"新型制造业"发展国际化一流大型制造业所要求具备的客观环境基础。我国要促进制造业升级,加强高科技企业与传统制造业的合作与互动,就要加快体制创新,在企业经营、金融、贸易、投资以及资本市场发展方面加快建设步伐,推动政府与民间合作,尽快建立起有利于制造业发展的良好市场环境。

三、发展具有国际竞争力的大企业

进入 20 世纪 90 年代,全球并购浪潮兴起,在这些并购中制造业的并购格外引人注目。美国福特收购瑞典的沃尔沃的轿车业务,美国德尔菲汽车系统公司收购韩国的大生公司。据报道,荷兰VNU 正在以约 63 亿美元现金加股票方式收购美国医疗保健数据供货商 IMS Health,飞利浦电子以 2.8 亿美元的价格收购美国保健技术公司 Stentor,Concerto 软件公司斥资 10 亿美元现金收购竞争对手 Aspect 公司,卫星运营商 PanAmSat 也在寻求建立合资企业和收购规模较小的竞争对手发射的航天器。此外,各种形式的投标竞购正在展开。《世界投资报告》统计数据显示,在 2006 年全球跨国并购交易总额中,第一产业(初级产业)仅占 30%,其中95.6% 是矿业和石油天然气公司的并购;第二产业(制造业)则占了 40.6%。

　　从兼并方式来看,基本上是横向兼并,强强联合,行业集中成为新一轮并购的重要特征。兼并或者是为了在全球市场上抢占核心技术、人力资本和销售渠道等具有重要战略意义的资源,以期在未来激烈竞争中处于不败之地;或者是出于分散风险,提高预期收益的考虑,通过把资产分散在经济波动周期不同的国家、地区及行业,从而分散经营风险,获得稳定收益;高科技企业由于风险较大,也开始收购传统产业,降低风险,而传统产业通过与高科技企业合并可以提高经济效益。通过并购实现资源整合,是行业竞争布局更加合理化,不断提高企业的竞争力。

　　从我国台湾地区二十世纪五六十年代产业群的发展经验来看,通过自身生产要素的整合,充分利用廉价的劳动力,发展劳动密集型产业。在单个企业发展壮大的同时,鼓励整个产业群的建立,提高经济效益,积累大量资金,为进一步建立中游产业创造条件,逐步完成产业结构升级。进入 70 年代后期,随着产业结构的升级,劳动密集型产业向技术密集型产业转变,产业群中的单个厂商专长于整个生产流程中的某个阶段,通过分工协作完成整个生产过程。厂商、供应商、客户在合作过程中不断交流学习,交换着商业和技术信息,同时为了赶上发达国家的技术水平,还经常与美国硅谷之间进行着人才交流和技术转移,这种生产方式极大地提高了生产效率,提升了整个产业群的竞争优势。

一个国家制造业要强大,必须发展具有国际竞争力的大企业,进行跨国经营,在竞争激烈的国际市场上开拓市场,在全球建立研发中心、生产基地和销售网络。制造业跨国经营是一个国家制造业强大必然要经历的一个过程。目前我国的制造业与发达国家相比还有很大差距,因而要努力吸取发达国家的经验,促进同种产业或相关产业的制造企业在地理位置上的集聚,赢得竞争优势是现代制造业提升国家竞争力的重要一步。针对制造业国际化经营的发展方向,政府要制定相应的长远战略规划和产业发展政策,促进大中型企业完善跨国经营体系,为制造业企业的国际化经营创造较好的经营环境,以着眼于国际市场,发展资本市场,提高企业的管理水平、技术水平和创新能力,培养盈利前景较好,能够与国际大型跨国公司竞争的一流大型制造企业。

发展具有国际竞争力的大企业有利于推进专业化分工和社会协作。另外在发展国际化大企业的同时也需要形成一批专业化程度较高的中小企业,中小企业由于规模较小,资金、技术和人员相对集中,因而更容易引进先进技术以及对先进技术的吸收,适应市场能力强,柔韧性比较好,因而也更有利于创新,抓住产业链中的某些环节加以突破,逐步形成自己的比较优势和竞争优势。另外,当前市场上,顾客的需求呈现个性化、多元化的特点,产品的生命周期越来越短,但受传统的福特制大型加工制造业的影响,许多国内加工制造企业片面追求规模效益,脱离市场,导致许多产品结构趋同,社会产品相对过剩,造成资源浪费,削弱了我国企业的竞争力。只有中小企业与大企业相互支持、相互促进,才能形成合理的产业布局。

四、合理利用全球生产网络,抓住机遇,实现产业升级

目前,一些跨国公司将研发中心连同生产基地一起转移至我国。我们应该抓住世界性产业转移的机遇,促进制造业升级。世界制造业向我国转移,一方面是由于世界先进制造技术平台化、模块化的外推力;另一方面是我国廉价的土地和劳动力的吸引力以及潜在市场的吸引力。以 1998 年的数据为例,我国制造业的周平均工资为 30 美元,印度尼西亚为 31.7 美元,菲律宾为 47.4 美元,泰国为 58.3 美元,马来西亚为 77.9 美元,韩国为 243 美元,我国台湾地区为 328.9 美元,香港为 436.6 美元。[①] 我国仍然处在国际分工的底层。2003 年纺织品、服装、一般机电产品、鞋类、玩具、塑料制品等 7 类产品出口额在总出口额中所占的比重超过 70%。这种分工格局对我国来说,获得的经济利益较小,而且容易发生贸易摩擦,资源消耗大,还会影响环境治理。因而要积极发展装备制造业、高技术产业、信息产业、生物和材料产业,发挥制造业对整个产业升级的带动作用。目前世界制造业向我国转移主要集中在我国的沿海地区,而沿海地区在承接国际产业转移的同时也在向内陆地区进行产业转移。承接世界产业转移和沿海地区的产业转移一方面可以解决大量就业,缓解就业压力;另一方面也能够带来先进技术和管理经验, 还可以获得经济收益。一般来说这种产业转

---

① 参见谢伏瞻:《全球制造业的发展趋势与中国的选择》,载《理论前沿》2004 年第 1 期。

移所带来的产业升级主要分为三个层次：一是产业间升级，即由轻型制造业向重型制造业的转移，但具体落在哪个门类，发展多大规模需要进一步定位；二是产业内升级，即由中低技术劳动密集型制造业向高技术劳动密集型制造业转移；三是产业链升级，我国逐步应从零部件制造和组装环节向研发以及核心部件的制造环节转移。

主要参考文献：

1. Exploiting E-Manufacturing：Interoperability of software Systems Used by U. S. Manufacturers Prepared by：National Coalition for Advanced Manufacturing(NACFAM)February 2001.

2. James D. Adams, Roger Clemmons, Science and Industry：Tracing the Flow of Basic Research through Manufacturing and Trade, w12459, Aug 2006. http://www. nber. org.

3. Yosuke Okada, Competition and Productivity in Japanese Manufacturing Industries, w11540, August 2005, http://www. nber. org.

4. Douglas A. Irwin, Joseph H, Davis, Trade Disriptions and America's Early Industrialization, w9944, Sep 2003. http://www. nber. org.

5. Robert E Lipsey, Zadia Feliciano, Foreign Entry into U. S. Manufacturing by Takeovers and the Creation of New Firms, w9122, Aug 2002. http://www. nber. org.

6. Andrew B. Bernard, J. Bradford Jensen, The Deaths of Manufacturing Plants, w9026, Jun 2002. http://www. nber. org.

7. 美国商务部经济分析局：http://www. bea. gov.

8. 李毅主编:《再炼基石:世界制造业变革的历史大势》,经济科学出版社 2005 年版。

9.〔美〕迈克尔·德托佐斯等著:《美国制造业:如何从渐次衰落到重振雄风》,科学技术文献出版社 1989 年版。

10. 滕藤、谷源洋主编:《1997—1998 年世界经济形势分析与预测》,中国社会科学出版社 1998 年版。

11. 李晓:《东亚区域产业循环与中国工业振兴》,吉林大学出版社 2000 年版。

12. 张东名著:《韩国产业政策研究》,经济日报出版社 2002 年版。

13. 朱旭东、宋明岷著:《台湾制造业的发展及存在的问题》,载《亚太经济》2000 年第 8 期。

14.《社会主义学院学报》2002 年第 2 期。

15.《国际经济情势周报》2001 年总第 1399 期。

16. 新华社《TRIP/TDBS availability expires》2002 年 3 月 31 日。

17. 韩政涉、高连福等:《亚太地区的崛起》,重庆出版社 1989 年版。

18. 吴先明著:《跨国公司与东亚经济发展》,经济科学出版社 2001 年版。

19. 谢伏瞻:《全球制造业的发展趋势与中国的选择》,载《理论前沿》2004 年第 1 期。

第三章 世界服务业发展趋势

伴随着经济的发展和技术的进步,世界各国服务业产出和就业比重不断上升,内部结构不断演变,对于国民经济运行和发展的影响日益增大。中国正处于工业化和城市化快速发展时期,服务业能否快速健康发展,关系到全面建设小康社会的目标能否如期实现。研究世界服务业发展趋势,对于制定正确的产业结构调整战略和政策以引导服务业健康发展,具有重要的参考意义。

服务业是国民经济的庞大部门。按照联合国 1990 年修订的《国际产业标准分类》(ISIC),服务业覆盖 11 大类行业,24 小类行业;按照美、加、墨三国 1997 年提出的《北美产业分类体系》(NA-ICS),服务业覆盖 20 大类行业,53 个小类。研判服务业的发展趋势,必须首先明确服务业的内涵,划定服务业的外延。

服务业是一个内涵不断丰富、外延不断拓展的产业,它在概念上近乎第三产业,但又不完全等同于第三产业。国际上,不同的专家甚至同一专家在不同的场合对服务业和服务业覆盖行业范围的界定存在着程度不同的差异①。现阶段,一般而言,服务业包括以下行业部门:(1)运输、仓储和通信业;(2)批发、零售、餐饮和饭店业;(3)金融、保险、房地产及其租赁业、商务服

---

① 参见侯永志、陈波,《中国服务业的结构特征》,载李善同、华而诚主编:《21 世纪初的中国服务业》,经济科学出版社 2002 年版。

务业①;(4)文化②体育、卫生福利、教育和生活服务业;(5)公共服务业;等。这些行业,按其服务对象划分,可分为生产性服务业(主要对象是各类生产组织)和消费性服务业(主要对象是广大消费者);从时间和技术维度划分,可分为传统服务业(如餐饮、饭店业)、现代服务业(如金融、保险业)和新兴服务业(如电子商务、创意产业);按提供主体划分,可分为市场服务业(Market Service,由企业法人、非盈利机构和自然人提供)和政府服务业。

本章将以上述服务业的概念为前提,描述世界服务业的发展趋势和特点,总结世界主要国家和地区服务业发展的经验,提出促进中国服务业发展的政策建议。

第一节　世界服务业发展的趋势和特点

一、服务业在国民经济体系中的地位不断上升

服务业在国民经济中的地位大体上可以从这样四个方面来观察:(1)对国民产出的贡献;(2)对就业的贡献;(3)对产出和就业增长的贡献;(4)对生产率增长的贡献。

(一)服务业的产出贡献

就不同收入水平国家平均规律而言,服务业产出占国民总产

---

① 包括与企业经营有关的服务、研究开发和计算机服务等。与企业经营有关服务的包括专业服务业,如法律、会计和审计;营销服务业,如广告;技术服务业,如工程设计;租借服务业;员工服务业,如招聘和培训;经营服务业,如管理咨询等。

② 一般包括各类出版业和软件复制等。不同的是美国,将信息业作为一个大类,不仅包括了书报期刊、电影音像的制造和出版,还包括广播、通信业以及数据处理和信息服务等。并且,出版和复制不同,复制业属于制造业,而出版业属于信息业。

出的份额呈不断上升之势。从表3—1可以看出,1990—2004年,全世界平均,服务业产出份额由61%上升到68%,上升7个百分点;低收入国家平均,由42%上升到49%,上升7个百分点;下中等收入国家平均,由42%上升到46%,上升4个百分点;上中等收入国家平均,由51%上升到62%,上升11个百分点;高收入国家平均,由65%上升到72%,上升7个百分点。

表3—1　不同收入水平国家服务业的产出比重及其变化(%)

	1990	2004	变化幅度(百分点)
全世界	61	68	7
低收入国家	42	49	7
下中等收入国家	42	46	4
上中等收入国家	51	62	11
高收入国家	65	72	7
欧洲经济与货币联盟	63	71	8

数据来源:世界银行,《World Development Indicators 2006》。

　　具体到每个国家的层面上,不同的国家服务业产出份额似乎有不同的变动方向。不过,基本上可以作出这样的判断,即:发达国家变动方向的一致性较强,发展中国家变动方向的一致性较弱。

　　从表3—2可以看出,1990—2004年,若干典型发达国家的服务业产出份额均呈上升之势:澳大利亚由64%上升到71%,上升7个百分点;法国由70%上升到76%,上升6个百分点;德国由61%上升到70%,上升9个百分点;意大利由63%上升到70%,上升7个百分点;日本由58%上升到68%,上升10个百分点;英国由63%上升到73%,上升10个百分点;美国由70%上升到77%,上升7个百分点。

　　从表3—2还可以看出,同期,若干典型发展中国家的服务业产出份额呈现了不同的变动方向,有上升者,也有下降者:印度由41%上升到52%,上升11个百分点;墨西哥由64%上升到70%,上升6个百分点;而巴西由53%下降到50%,下降3个百分点;埃及由52%下降到48%,下降4个百分点;印度尼西亚由42%下降到41%,下降1个百分点。

　　发展中国家服务业产出份额之所以出现相反的变动方向,可能是因为,发展中国家的工业化尚未完成,制造业还有很大的增长空间,致使其产业结构变动具有较大的跳跃性。如:2003年巴西服务业产出份额曾经达到75%,比其2004年的水平高出25个百分点。

表3—2　若干典型国家服务业的产出份额及其变化

	1990	2004	变化幅度(百分点)
发达国家			
澳大利亚	64	71	7
法国	70	76	6
德国	61	70	9
意大利	63	70	7
日本	58	68	10
英国	63	73	10
美国	70	77	7
发展中国家			
巴西	53	50	−3
埃及	52	48	−4
印度	41	52	11
印度尼西亚	42	41	−1
墨西哥	64	70	6

数据来源:世界银行,《World Development Indicators 2006》。

(二)服务业的就业贡献

在对国民产出的贡献总体上不断增大的同时,服务业对就业的贡献也在不断增大。与产出份额的变动有所不同,无论是发达国家,还是发展中国家,其服务业就业所占的份额均呈上升之势。从表3—3可以看出,2000—2004年与1990—1992年相比,上中等收入国家男性服务业就业份额上升5个百分点,女性服务业就业份额上升1个百分点;高收入国家男性就业份额上升4个百分点,女性就业份额上升6个百分点;澳大利亚男性就业份额上升3个百分点,女性就业份额也上升2个百分点;法国男性就业份额上升6个百分点,女性就业份额上升3个百分点;意大利男性就业份额上升1个百分点,女性就业份额上升6个百分点;德国男性就业份额上升8个百分点,女性就业份额上升9个百分点;意大利男性就业份额上升1个百分点,女性就业份额上升6个百分点;日本男性就业份额上升7个百分点,女性就业份额上升12个百分点;英国男性就业份额上升9个百分点,女性就业份额上升7个百分点;美国男性就业份额上升3个百分点,女性就业份额也上升3个百分点;巴西男性就业份额上升6个百分点,女性就业份额也上升6个百分点;埃及男性就业份额上升9个百分点,女性就业份额上升25个百分点;菲律宾男性就业份额上升8个百分点,女性就业份额也上升8个百分点;印度尼西亚男性就业份额上升10个百分点,女性就业份额也上升10个百分点;墨西哥男性就业份额上升6个百分点,女性就业份额上升4个百分点。

表3—3　不同收入国家和若干典型国家服务业的就业比重及其变化

	男性		女性	
	1990—1992	2000—2004[①]	1990—1992	2000—2004[①]
上中等收入国家	46	51	70	71
高收入国家	56	60	77	83
发达国家				
澳大利亚	62	65	85	87
法国	58	64	83	86
德国	45	53	72	81
意大利	54	55	70	76
日本	39	46	72	84
英国	55	64	82	89
美国	62	65	85	88
发展中国家				
巴西	43	49	65	71
埃及	41	50	37	62
菲律宾	29	37	55	63
印度尼西亚	35	45	32	42
墨西哥	64	70	71	75

注：①法国为2000—2002年的数据

数据来源：世界银行，《World Development Indicators 2006》。

（三）服务业对产出和就业增长的贡献

在一些主要的发达国家,服务业不仅已经成为最重要的国民经济部门,而且已经成为经济和就业增长最重要的驱动因素。据测算,在1990年至2001年之间,服务业对经济合作与发展组织国家（OECD）增加值增长的贡献达2/3左右。其中,批发及零售业和商务服务业为GDP增长作出了显著的贡献:批发零售业为许多国家的产出增长作出了超过 1/4 的贡献,高者超过 1/3;商务服务业为许多国家的增长作出了超过 1/3 的贡献,高者甚至超过 2/3。

另外,据测算,在 20 世纪 90 年代,OECD 国家新增的就业机会大部分是由服务业创造的,其中商务服务业创造的就业岗位占大多数国家新增就业的 50% 以上,多数情况下,能够弥补制造业减少的就业岗位。在服务业诸部门中,就业增长最快的是批发及零售业和商务服务业。前者支持了东欧(匈牙利、波兰和斯洛伐克)、加拿大、丹麦、韩国、西班牙和英国 50% 以上的就业增长;后者是比利时、法国、意大利、荷兰、葡萄牙、芬兰、挪威、瑞典和日本等国就业增长的重要源泉。

(四)服务业对生产率增长的贡献

历史上,服务业曾经被认为是低生产率增长部门,但是,现在情况已经发生了变化。从图 3—1 可以看出,1995—2001 年,在许

(单位:%)

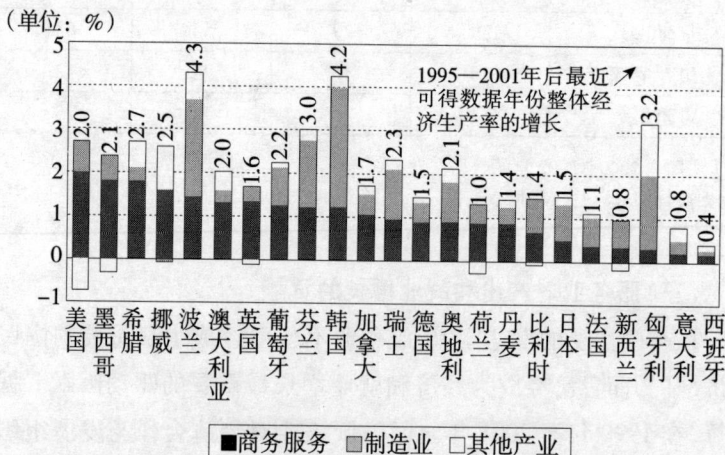

图3—1　劳动生产率增长的部门结构

资料来源:OECD Working Paper,DSTI/STP/TIP(2004)4/FINAL.

多 OECD 国家(包括德国、英国和美国),市场服务业对生产率增长作出了显著的贡献。虽然在 OECD 的新成员(包括匈牙利、韩国和波兰)中,制造业部门对生产率增长的贡献依然占有最高的份额,但是,在其他国家,全要素生产率的增长则主要由服务业部门驱动。

二、服务业的知识密集程度不断提高

虽然服务业的知识密集程度整体上不如制造业,但是,近年来,服务业知识密集程度不断提高却是一个不争的事实。可以从三个维度来观察服务业知识密集程度的变化:(1)传统的知识密集型部门(主要是金融保险、房地产和商务服务业)产出份额的变动;(2)新型服务业的发展;(3)服务业自身创新能力的增长。

(一)传统的知识密集型服务业的增长

由图3—2可以看出,在1980—2001年的二十余年中,OECD 国家以金融保险、商务服务为代表的知识密集型服务业的增加值占生产性服务业总增加值(Business Sector Service)的份额都有不同程度的上升:澳大利亚从1980—1990年间的平均50.5%上升到1990—2001年间的平均54.6%,上升4.1个百分点;加拿大从48.8%上升到54.3%,上升5.5个百分点;法国从56.4%上升到60.0%,上升3.6个百分点;德国从56.1%上升到61.6%,上升5.5个百分点;希腊从37.7%上升到43.5%,上升5.8个百分点;意大利从43.2%上升到50.1%,上升6.9个百分点;日本从49.4%上升到54.4%,上升5.0个百分点;韩国从34.5%上升到49.0%,上升14.5个百分点;墨西哥从23.6%上升到38.0%,上升14.4个百分点;葡萄牙从36.0%上升到42.9%,上升6.9个百分点;英国从48.0%上升到52.9%,上升4.9个百分点;美国从

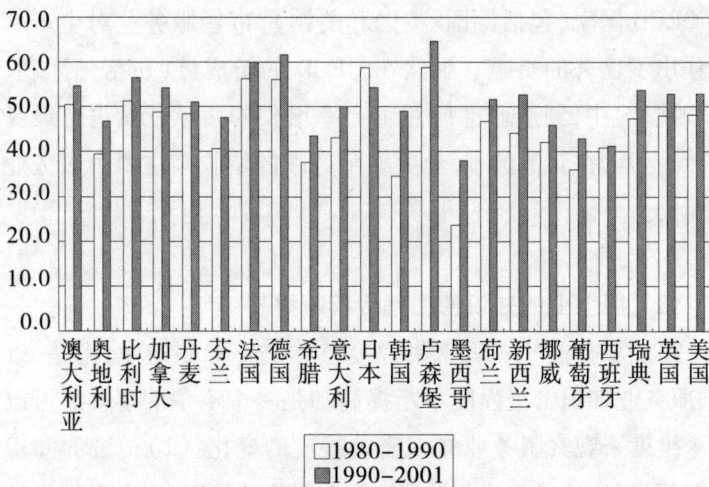

图 3—2　OECD 国家金融保险、房地产和商务服务业增加值占
生产性服务业总增加值的比重(%)

数据来源:OECD Working Paper,DSTI/DOC(2005)3.

48.3%上升到 53.0%,上升 4.7 个百分点。

与此同时,OECD 国家以上部门就业占生产性服务业总就业的份额也都有不同的上升。由图 3—3 可以看出,澳大利亚从 1980—1990 年间的平均 25.8%上升到 1990—2001 年间的平均 32.9%,上升 7.1 个百分点;加拿大从 29.0%上升到 35.7%,上升 6.7 个百分点;法国从 34.3%上升到 43.6%,上升 9.3 个百分点;德国从 27.3%上升到 38.5%,上升 11.2 个百分点;卢森堡从 33.8%上升到 51.9%,上升 18.1 个百分点;意大利从 23.5%上升到 35.7%,上升 12.2 个百分点;日本从 28.4%上升到 30.8%,上升 2.4 个百分点;韩国从 12.5%上升到 27.4%,上升 14.9 个百分点;瑞典从 26.6%上升到 38.7%,上升 12.1 个百分点;葡萄牙从 17.2%上升到 31.3%,上升 14.1 个百分点;英国从 32.4%上升到

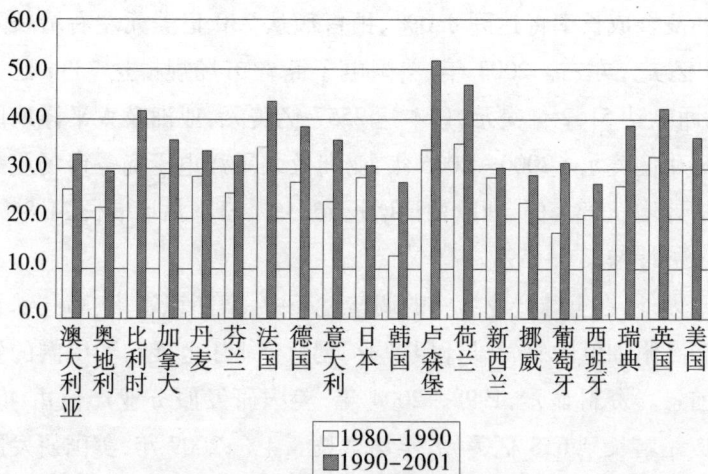

图3—3　**OECD**国家金融保险、房地产和商务服务业就业占
生产性服务业总就业的比重(%)

数据来源:OECD Working Paper,DSTI/DOC(2005)3.

42.1%,上升9.7个百分点;美国从29.9%上升到36.2%,上升
6.3个百分点。

(二)新的知识密集型服务业和服务业态的兴起

在全球技术革命的推动下,20世纪90年代以来,出现了一大
批以现代信息技术为基础的新型服务业(如:计算机和软件服务、
互联网信息服务和电信服务等),同时,也出现了一些基于信息技
术基础之上的新型业态(电子商务、电子银行等)。目前,这些知
识密集程度较高的行业或业态正以迅猛的速度发展。

有关资料显示,2004年,全球软件产业总规模达8862亿美
元,比2003年增长11.5%。2002—2008年,全球套装软件销售年
均复合成长率(Compound Annual Growth Rate)将达到6.9%,销售
额将从1700亿美元左右增长到2500亿美元左右。其中,亚太地

区的复合成长率将达到 8.0%,销售额从 230 亿美元左右增长到 360 亿美元左右。2003 年,美国电子商务市场规模达 7334 亿美元,西欧达 5162 亿美元,日本达 2557 亿美元,亚洲及太平洋地区达 870 亿美元。2000—2005 年,亚洲及太平洋电子商务市场业务量估计增长 93.5%,西欧估计增长 75.5%,日本估计增长 74.8%,美国估计增长 63.5%。

另外,在全球产业结构的调整过程中,高知识密集、高技术含量和高附加值的研发设计服务业、创意产业[①]也展示了广阔的发展前景。资料显示,1998—2004 年,美国研发服务业产值由 405 亿美元增长到 658 亿美元,年均增长 8.4%;2009 年,美国研发服务业产值预计将达到 1039 亿美元。1996—2002 年,英国研发服务业产值年均增长 18.2%,其中,2001 年增长率高达 41%。2005 年,美国的创意产业企业达 57.8 万家,占企业总数的 4.4%;就业人数 290 万,占就业总人口的 2.2%。2003 年,英国创意产业增加值达 565 亿英镑,占国民总增加值的 7.8%;1997—2003 年,创意产业增加值年均增长 6%,比同期整个经济的增长率高 3 个百分点。1997— 2004 年,英国创意产业就业人数从 150 万增长到 180 万,年均增长 3%,比同期全国的就业增长率高 2 个百分点。

(三)服务业创新能力的增长

从图 3—4 可以看出,与 1991 年相比,2001 年 OECD 国家服务业研发投入占商业性研发投入的比重都有不同程度的提升。目前,这一比重已达到 20% 上下的水平,在一些国家(如挪威、澳大利

---

① 关于创意产业,世界上并没有统一的定义。一般认为,创意产业覆盖广告、建筑设计、设计服务(包括时尚设计、工艺品设计)、互动休闲软件与计算机服务以及与文化消费相关的产业(包括表演艺术、视觉艺术、音乐、出版、电影等)等部门。

（单位：%）

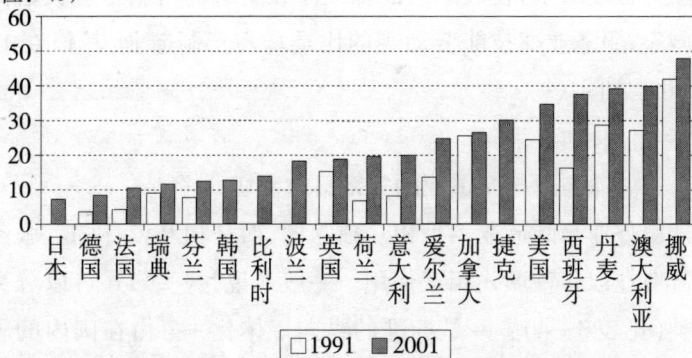

图3—4 OECD国家服务业研发投入占商业性研发投入的比重(%)

数据来源：OECD Working Paper, DSTI/DOC(2005)3.

亚、西班牙、丹麦和美国等)已超过30%。虽然个别国家的比重尚不足10%,但是,其比重的上升却是非常明显的,如日本和德国。

从图3—5可以看出,总体上说,服务业是高技能劳动者(以

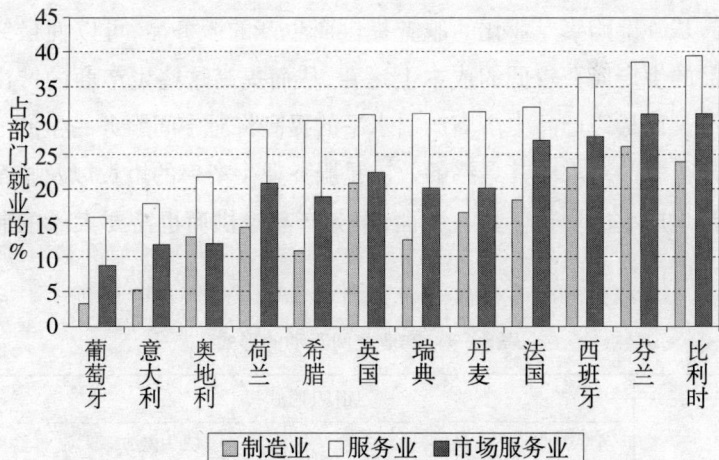

图3—5 OECD国家服务业高技能劳动者的比重(%)

数据来源：OECD Working Paper, DSTI/DOC(2005)3.

受教育程度衡量)比较集中的部门。在所有的可获得有关数据欧洲国家,服务业高技能劳动者的比重均高于制造业,其值在15%到40%之间。

三、服务业与制造业的关系日趋密切

服务业与制造业不是相互独立的,而是相互依存的。服务业与制造业以多种形式相互作用。一般地说,这些形式可以分为四大类(见表3—4):一是标准的纵向一体化——由在国内的子公司生产企业所需要的中间投入;二是跨国纵向一体化——由国外的子公司生产企业所需要的中间投入(通过直接投资和企业内贸易实现);三是在国内市场上购买企业所需要的国内生产者生产的中间投入——如通过企业活动在国内的外置化实现;四是在国际市场上购买企业所需要的中间投入——通过企业活动跨国的外置化或产业间、产业内贸易实现。

从外部购买专业化的服务提供商生产的服务品,可以使最终产品的生产商在较低的成本上运营,从而提高这些生产商的产出水平。而最终产品生产商产出水平的提高将对中间服务品生产上提出更多的需求。其最终的效应是服务业生产率的增长以及整个经济生产率的增长。另一方面,服务产品提供商也需要大量的制造业产品作为中间投入。

表3—4　产业之间互动的形式

	组织形式	
	一体化	购买
国内	标准的纵向一体化	国内市场购买中间投入品
国外	跨国纵向一体化	国际市场购买中间投入品

从图 3—6 可以看出，尽管制造业和服务业对于中间投入（包括制造品和服务品，下同）的依赖程度并不相同——在大多数情况下，制造业对中间投入的依赖程度高于服务业对中间投入的依赖程度——但是，两者对于中间投入的依赖程度都有增大的现象。

图 3—6 显示，在可获得相关数据的 OECD 国家中，中间投入对制造业总产出增长的贡献占 1/2 到 2/3，1990—2002 年之间中间投入对制造业总产出增长的贡献大于 1980—1990 年之间的贡献；中间投入对服务业总产出增长的贡献占 1/3 到 1/2，在奥地利、丹麦、芬兰和法国等国家，1990—2002 年之间中间投入对服务业总产出增长的贡献大于 1980—1990 年之间的贡献。

对 OECD 国家投入产出数据的有关分析表明，服务业越来越多地介入了中间产品的提供，对金融中介、交通、仓储和邮电通信等生产性服务业来说，尤其如此。从 OECD 有关国家的平均水平来看，在这些服务业部门的总产出中，有 45% 的部分用作其他部门的中间投入，交通和通信部门甚至有 50% 以上的产出用作中间投入。

种种迹象表明，服务业对于制造业乃至对于整个经济的重要性日益增长。以汽车生产为例：汽车生产商可以把物流等服务分包给专业化的服务产品提供商；与此同时，也可以把轮胎等许多部件的生产分包给零部件生产商，而零部件生产商又需要从服务产品提供商那里购买服务。这一过程，将使得服务深深地嵌入汽车的制造之中。

20 世纪 90 年代中期，服务业对制造业的直接和间接的贡献在可获得投入产出数据的 OECD 国家中，平均达 22% 左右。其

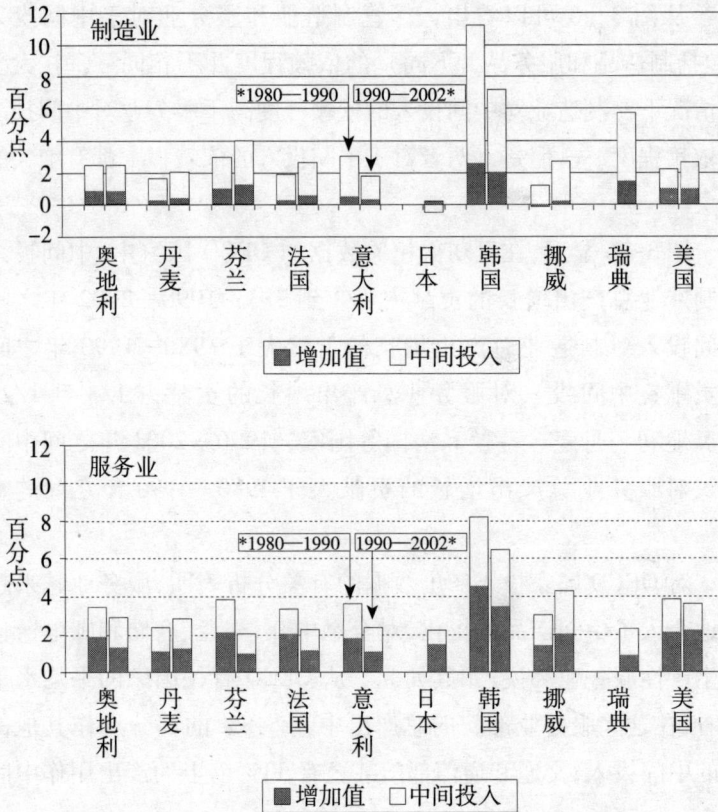

图3—6　增加值和中间投入对总产出增长的贡献
（1980—1990 年和 1990—2001 年）

资料来源:OECD Working Paper,DSTI/DOC(2005) 3.

中,日本的水平最高,美国的水平次之,德国和澳大利亚的水平也相当高。从图3—7可以看出,与上个世纪 70 年代相比,90 年代中期服务业对制造业的贡献显著增长,在一些国家如日本、法国和澳大利亚甚至成倍增长。

（单位：%）

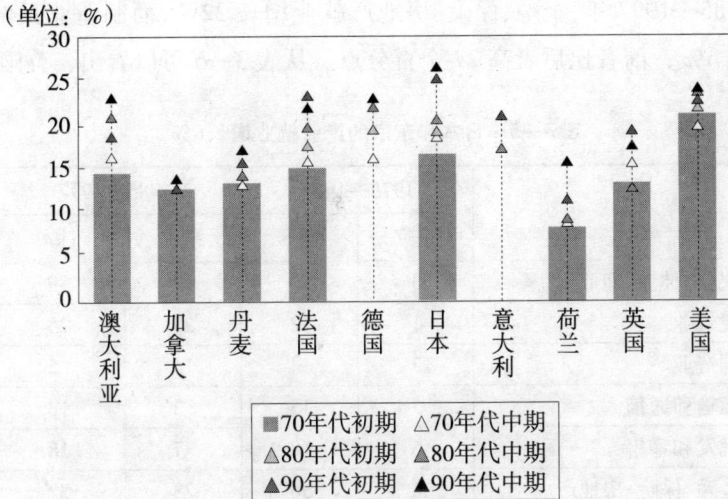

图 3—7　服务业增加值在制造业产品最终需求中的比重（％）

来源：OECD Working Paper，DSTI/DOC（2005）5.

四、生产性服务业的发展快于其他产业部门，在大城市经济中的地位突出

生产性服务是经济供给能力的一部分，影响着"经济根据环境变化作出的调整"，代表着一种"组织并决定经济有价交换"的机制，包括金融、法律以及一般的管理事务、创新、开发、设计、行政管理、人事、生产技术、维修、运输、通信、批发分销、广告、公司清洁服务、安全和仓储等。其主要组成部分是保险、银行、金融服务、房地产、法律服务、会计和专业协会。随着生产性服务业在生产过程中重要性的提高，生产性服务业逐渐成为世界经济中成长最快的行业。

从表 3—5 可以看出，日本 1975—1985 年，金融、保险、房地产就业增长 56%，而制造业只增长 4%，前者比后者高 52 个百分点；

1985—1997 年,金融、保险、房地产就业增长 32%,而制造业只增长 5%,前者比后者高 27 个百分点。从表3—6 可以看出,英国

表3—5　日本和东京的产业就业增长(%)

	1975—1985		1985—1997	
	东京	日本	东京	日本
农业、林业、渔业	3	10	19	39
建筑业	1	12	23	25
制造业	−12	4	15	5
运输和通信	5	15	3	18
批发和零售	6	18	7	18
金融、保险、房地产	−3	56	28	32

资料来源:丝奇雅·沙森 著,周振华等译,《全球城市——纽约、伦敦、东京》,上海社会科学院出版社 2005 年版。

表3—6　英国和伦敦的就业增长(%)

	1981—1991		1991—1996	
	伦敦	英国	伦敦	英国
农业	36	11	0	5
能源和水利	−37	37	81	−69
建筑业	−48	24	33	−21
制造业	−10	38	24	11
交通和通信	−14	0	0	9
银行、保险	36	57	36	48
公共行政和国防	2	2	44	−30
教育、医疗和其他	−1	11	−4	11

资料来源:同表3—5。

1981—1991 年,银行、保险就业增长 57%,而制造业只增长 24%,前者比后者高 33 个百分点;1991—1996 年,银行、保险就业增长 48%,而制造业下降 21%,前者与后者之差达 69 个百分点。从表 3—7 可以看出,美国 1977—1985 年,商务服务业就业增长 85%,而制造业就业下降 1%,前者与后者之差达 86 个百分点;1993—1996 年,商务服务业就业增长 23.9%,而制造业只增长 2.1%,前者比后者高 21.8 个百分点。从东京、伦敦和纽约三个大都市的就业增长,也可以看出同样的趋势。

表 3—7　美国和纽约的就业增长(%)

	1977—1985		1993—1996	
	纽约	美国	纽约	美国
所有的工业	11	25	3.3	7.8
建筑业	−30	25	−3.3	15.1
制造业	−22	−1	−12.9	2.1
运输业	−20	−20	14.2	7.7
批发业	14	23	−4.0	6.5
零售业	17	26	8.2	14.4
金融、保险、房地产	21	31	6.3	4.2
银行业	23	36	−20.1	−1.6
保险	−2	21	12.3	0.3
房地产	8	33	3.9	6.5
服务业	42	53	4.2	10.8
私人服务	−2	85	5.2	2.9
商务服务	42	85	9.3	23.9
法律服务	62	75	−2.6	0.3
其他	44	48	25.2	16.5

资料来源:同表 3—5。

目前,在主要的发达国家,生产性服务业增加值已占到全部服务业增加值的 50% 以上。1998 年,美国占 54.8%,欧盟占 52.3%,日本占 54.5%。

与消费性服务业只有毗邻消费者才能得到更快发展因而空间布局比较均匀不同,一般地说,生产性服务业都倾向于布局在大中城市,因而通常成为大中城市经济的重要支撑。1997 年,纽约生产性服务业就业人数占其服务业总就业的 27.5%,占其总就业的 15.5%。1999 年,伦敦生产性服务业就业人数占其服务业总就业的 30.8%,占其总就业的 25.1%。另外,从表 3—8 也可以看出,生产性服务业对于城市经济的重要性要大于其对于整体经济的重要性。表 3—8 显示,伦敦、纽约、东京的生产性服务业的就业比重,与全国平均数相比,至少要高 1/3,在多数情况下,要高一倍。

表 3—8　英国及伦敦、美国及纽约、日本及东京 20 世纪 80 年代和 90 年代若干生产性服务业的就业份额(%)

年份	城市/国家	银行和金融	保险	房地产	商务服务
1981	伦敦	4.5	1.9	0.6	8.1
	英国	2.1	1.1	0.3	4.3
1984	伦敦	4.8	1.7	1.0	10.2
	英国	2.4	1.1	0.6	5.0
1999	伦敦	8.4	—	2.2	—
	英国	3.4	1.0	2.5	12.0
1981	纽约	10.2	3.4	3.0	8.3
	美国	3.4	2.3	1.3	4.1
1985	纽约	10.7	3.2	3.1	9.4
	美国	3.5	2.2	1.4	5.3
1997	纽约	8.8	3.8	7.2	8.5

年份	城市/国家	银行和金融	保险	房地产	商务服务
	美国	3.4	2.2	1.3	7.6
1980	东京	24.2	—	1.8	—
	日本	8.0	—	0.7	—
1985	东京	4.2	—	1.9	—
	日本	3.0	—	0.8	—
1997	东京	5.7	—	2.5	—
	日本	3.9	—	—	—

资料来源:同表3—5。

五、全球服务贸易增长迅速

根据世界贸易组织的前身世界关贸总协定乌拉圭回合谈判达成的《服务贸易总协定》的定义,服务贸易是指"服务业提供者从一成员境内向其他成员境内的服务消费者提供服务并取得收入的过程"①。

传统上,大部分服务是不可贸易的。因为,大部分服务产品的交易只有买者和卖者同时在一个地点时,才能完成。不像物质产品,它们是不能跨国交易的。如理发这一服务,便是不能进行跨国贸易的。有些服务交易,虽然不需要买者和卖者离得很近,但是由于技术、习惯和风俗的限制,也需要买者和卖者面对面才能完成。这些服务主要集中在信息的交换、储存、加工和获取等方面。

这些服务产品过去之所以不可贸易,是因为:(1)有些信息产品不能储存(如音乐在录音装置发明之前就是如此),生产和消费

---

① 服务贸易一般有四种形式:一是跨境交付,即从一方境内向任一其他方提供跨境服务;二是境外消费,即在一方境内向任一其他方的入境消费者提供服务;三是商业存在,即一方通过在其他任一方境内设立经营实体(法人),而入境提供服务;四是自然人流动,即一方的自然人为了提供服务,临时入境其他任一方。

必须同时进行;(2)有些信息产品可以储存(如书中的文字、数据),但难以既迅速又经济地进行大批量的跨国处理;(3)有些信息产品必须由国内企业生产,因为它们"历来如此"。举例来说,会计服务、档案管理和建筑设计通常由国内法人和自然人提供;医疗服务、法律服务、金融服务通常需要生产者和消费者面对面才能进行。

随着信息和通信技术的进步,这种状况有了极大的改变。比如:所有的信息产品都可以进行数字化储存。而且,既便宜又迅速的传输使地球上不同地方的人能够同时进行数字信息的交换和多媒体交流。另外,随着人们越来越多地可以通过电子媒介获得以前只有面对面才能获得的服务,传统的风俗和习惯日趋瓦解。在商务服务领域,过去通常由国内企业提供的服务(如咨询服务)现在越来越多地由外国提供者提供。信息和通信技术可以将知识编码化、标准化和数字化,而知识的编码化、标准化和数字化又可以将更多的服务产品的生产细分成更小的环节,这些环节可以在成本最小、质量最高和规模效益最大的地方生产。这使得在一个地方生产某种服务,在另一地方同时地或异时地消费这种服务成为可能。新技术不仅使服务产品可贸易化,而且还可以使它们更容易在空间上重新布局。结果,出现了范围相当广泛的服务产品出口,从简单的低附加值的计算机数据录入到复杂的高附加值的建筑设计、金融分析、研究开发、软件设计等。

近年来,伴随着全球经济的增长,在信息和通信技术改革的推动下,全球服务贸易不断增长。2000—2005年,全球服务贸易出口年均增长10%,进口年均也增长10%。2005年,全球服务贸易进出口总额达47760亿美元,相当于全球货物贸易的23.2%。

当前,发达国家是服务贸易的主力军。2005年,服务贸易规模排在前五位的均是八国集团的成员,依次分别是美国、德国、英国、日本和法国,他们的服务贸易进出口总额占全球服务贸易总额的37.2%。在这些国家中,美国和英国是服务贸易顺差国,其他均为贸易逆差国(见表3—9)。可以说,美国和英国是当今世界上服务贸易竞争力最强的两个国家。

表3—9 近年来全球服务贸易的增长

	出口					进口				
	出口额(10亿美元)	年均增长率(%)				进口额(10亿美元)	年均增长率(%)			
	2005	2000—2005	2003	2004	2005	2005	2000—2005	2003	2004	2005
全世界	2415	10	15	19	11	2361	10	14	18	11
美国	353	5	5	11	10	289	7	8	15	10
加拿大	51	5	7	11	9	62	7	14	13	10
墨西哥	16	3	0	12	12	22	5	3	10	12
巴西	15	11	9	21	28	22	7	6	12	38
德国	143	12	20	15	7	199	8	19	13	4
英国	183	9	15	23	-1	150	9	13	20	4
法国	114	7	15	12	4	103	11	20	18	7
意大利	93	11	19	17	13	92	11	20	10	15
俄罗斯	24	20	20	25	20	38	18	16	23	15
日本	107	8	8	25	12	136	3	3	22	1
中国	81	22	18	34	—	85	19	19	31	—
印度	68	33	21	66	—	67	29	23	53	—

资料来源:世界贸易组织报告,《World Trade Report 2006》。

从表3—9还可以看出,近年来,一些发展中国家的服务贸易增长异常迅速,大有急起直追之势。如:2000—2005 年,印度服务贸易出口年均增长 33%,进口年均增长 29%;中国服务贸易出口年均增长 22%,进口年均增长 19%,远高于全球平均速度。

　　另外一个非常重要的趋势是,服务业外包在服务贸易中的地位日益突出。据联合国贸发会议等机构估计,2004 年全球外包服务市场规模达 3000 亿美元。2005 年,印度软件业 80% 的收入来自软件外包业务。目前,服务业外包业务涉及产品制造业、信息服务、人力资源管理、金融、保险及会计等领域。另据预测,未来几年,全球服务外包市场将以年均 30% 到 40% 的速度扩张,到 2010年,其总规模将达到 20 万亿美元。

六、服务业成为跨国投资的重要领域

　　伴随着对外直接投资的迅速增长,对外投资的产业领域也发生了显著变化。20 世纪 50 年代,对外直接投资主要集中在第一产业和资源密集型的制造业;60 和 70 年代,主要集中资本密集型的制造业;80 年代以来,随着新技术革命的蓬勃发展和由此而带来的全球性产业结构调整以及经济全球化的不断深入,服务业逐渐成为最重要的对外投资领域。

　　从表 3—10 可以看出,从发达国家流出的投资于服务业的对外直接投资的增长从 20 世纪 70 年代中期开始快于投资于第二产业的对外直接投资,1976—1980 年间年均快 6.3 个百分点,1981—1990 年间年均快 4.6 个百分点;流入发达国家服务业的对外直接投资的增长从 20 世纪 70 年代初期开始快于流入第二产业的对外直接投资,1971—1975 年间年均快 5.8 个百分点,1976—1980 年间年均快 4.9 个百分点,1981—1990 年间年均快 5.7 个百分点;流入发展中国家服务业的对外直接投资的增长从 20 世纪

表3—10　上世纪70和80年代全球对外直接投资部门结构的变化

	1971—1975	1976—1980	1981—1985	1986—1990	1981—1990	1970	1975	1980	1985	1990
	增长率(%)					比重(%)				
流出										
发达国家										
第一产业	14.0	8.7	5.5	6.8	6.2	22.7	25.3	18.5	18.5	11.2
第二产业	11.7	15.1	2.9	18.3	10.3	45.2	45.0	43.8	38.7	38.7
服务业	10.4	21.4	8.2	22.1	14.9	31.4	27.7	37.7	42.8	50.1
总计	11.7	15.7	5.5	18.3	11.7	100.0	100.0	100.0	100.0	100.0
流入										
发达国家										
第一产业	4.7	5.9	16.7	19.2	18.0	16.2	12.1	6.7	9.2	9.1
第二产业	10.7	13.4	5.7	17.6	11.5	60.2	56.5	55.2	46.2	42.5
服务业	16.5	18.3	13.0	21.6	17.2	23.7	31.4	38.1	44.5	48.4
总计	11.3	13.9	9.5	19.6	14.4	100.0	100.0	100.0	100.0	100.0
发展中国家										
第一产业		19.4	12.8	8.2	10.5	20.6	22.7	24.0	21.9	
第二产业		16.6	9.3	9.8	9.5	55.9	54.6	49.6	48.6	
服务业		16.3	14.9	12.8	13.8	23.5	22.7	26.4	29.5	
总计		17.1	11.4	10.2	10.8	100.0	100.0	100.0	100.0	

资料来源:世界贸易组织报告,《World Trade Report 1993》。

80年代初期开始快于流入第二产业的对外直接投资,1981—1990年间年均快4.3个百分点。其结果是,投资于服务业的对外直接投资比重不断提高。1970年时,发达国家流出的投资于服务业的对外直接投资的比重为31.4%,低于投资于第二产业的比重13.8个百分点;1985年时,投资于服务业的对外直接投资的比重为

42.8%，高于投资于第二产业的比重 4.1 个百分点；1990 年时，投资于服务业的对外直接投资的比重为 50.1%，占据了对外直接投资的一半以上，高于投资于第二产业的比重 11.4 个百分点。流入发达国家或发展中国家对外直接投资部门结构的变化也呈现了类似的趋势：投资于服务业的比重不断上升，投资于第二产业产业的比重不断下降。进入 90 年代以后，虽然有些年份的服务业对外直接投资比重有所下降，但是，服务业对外投资的比重在多数年份都是最高的。跨国并购的部门结构的变化反映了这一状况。从图 3—8 可以看出，1995 年之后，服务业的跨国并购所占的比重一直在保持在 50% 及以上，在最高年的 2000 年，甚至达 70% 以上。

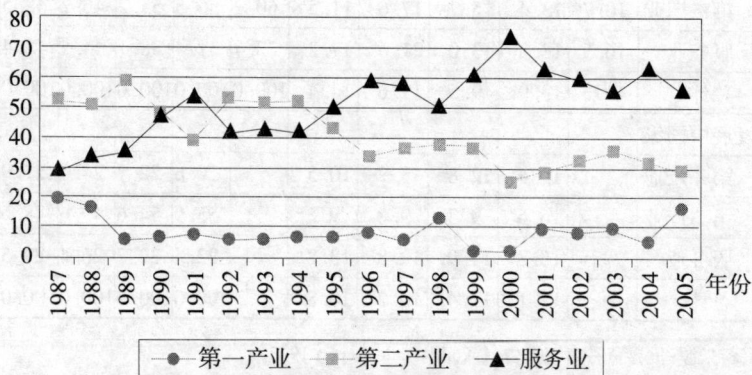

图 3—8　1987—2005 年跨国并购的部门结构（%）

资料来源：世界贸易组织报告，《World Trade Report 2006》。

第二节　世界主要国家和地区发展
服务业的政策措施

一、建立宽严有度的监管制度

服务业覆盖的行业相当宽泛,有些行业是充分竞争的(如旅店、餐饮业),有些行业网络特性很强因而是高度垄断的(如交通、通信);有些行业关系到消费者的健康和生命安全(如医疗卫生业),有些行业关系到国家的经济安全(如金融业)甚至关系到政治安全(如广播、电影电视业)、文化安全(如文化艺术业)和国家的未来(如教育事业)。总体上说,服务行业具有显著的外部性和突出的特殊性,即使是对那些竞争非常充分的产业,也有一定的依据进行监管。因此,与制造业相比,服务业从来都是受到更多管制的部门。虽然从 20 世纪七八十年代以来,在新自由主义的影响之下,放松管制似乎成为一种趋势。从 OECD 国家的情况看,在竞争性比较大的服务业部门,政府的管制也确实放松了许多,但是,在垄断性较强的服务业部门,政府的监管似乎没有明显的放松。可以说,建立监管适度的管制体系,是许多 OECD 国家服务业健康持续稳定发展的基本前提。

从图 3—9 可以看出,1975—1998 年,对公路货运业和航空客运业等竞争性强的行业进行高度监管的国家数量不断下降,而对之进行中度或低度监管的国家数量不断上升。在竞争充分或比较充分的行业中,航空客运业所受监管变化最为显著。1975 年之前,航空客运市场(包括国内和国际客运)被国有垄断公司统治,机票价格、航空线路等受到政府条例的严格控制。到 1998 年时,航空公司对国内和国际航线的选择已彻底自由化,且有权自行决定机票价格;在航空运输业中,国家资本的份额也大为减少。

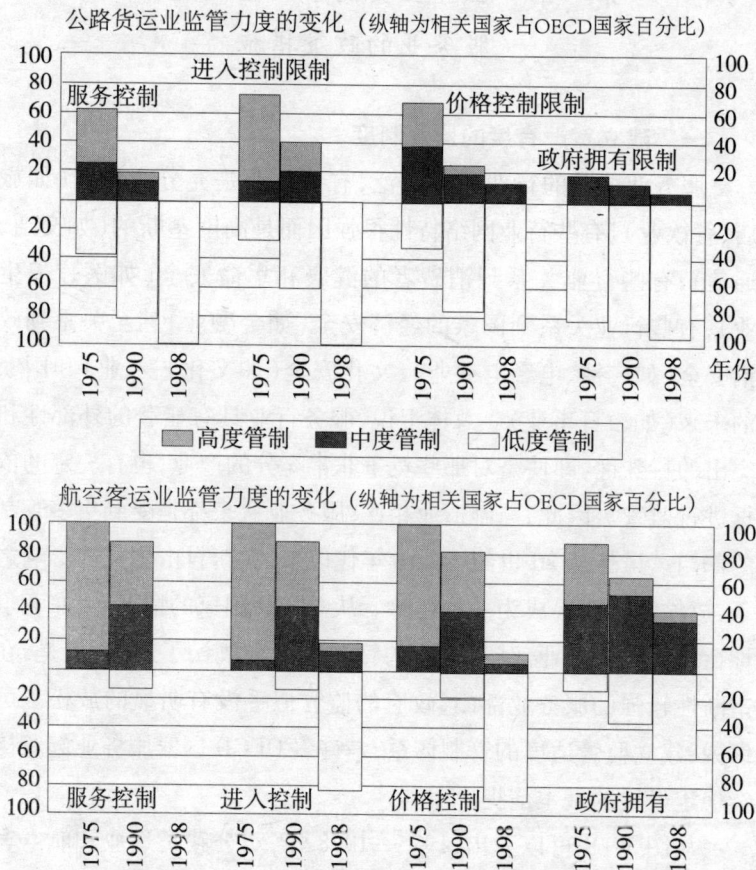

公路货运业监管力度的变化 (纵轴为相关国家占OECD国家百分比)

航空客运业监管力度的变化 (纵轴为相关国家占OECD国家百分比)

图3—9　OECD国家的监管改革(竞争性行业)

资料来源:OECD Economic Studies No. 32, 2001/I。

从图 3—10 则可以看出,1975—1998 年,虽然对电力、电信和铁路等等垄断性行业监管不断放松,但是,到 1998 年,无论是在产业纵向一体化、市场结构方面,还是在进入控制和政府拥有方面,

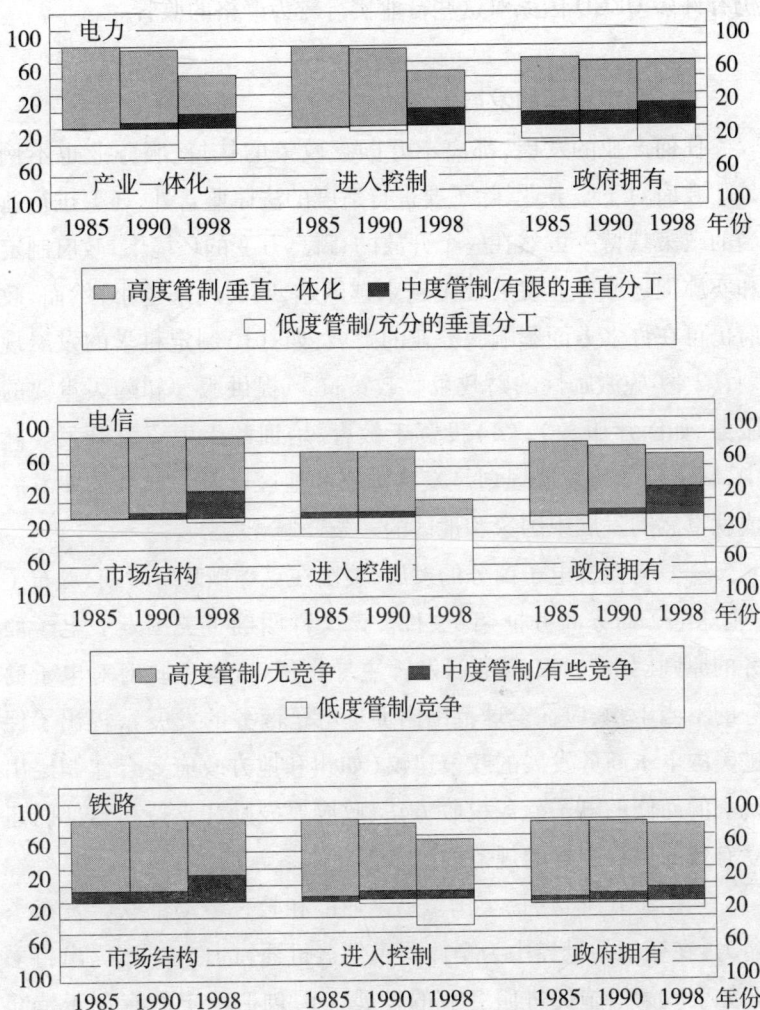

图3—10 OECD 国家的监管改革（非竞争性行业）

（纵轴为相关国家占 OECD 国家百分比）

资料来源：OECD Economic Studies No. 32, 2001/I。

仍有许多 OECD 国家对这些行业实行较为严格的监管。

二、制定科学的发展规划

任何产业的发展,都离不开国家政策的扶持,服务业也不例外。政府对于服务业,除了要进行适度的法律监管外,还要进行适当的政策扶持。虽然在一个开放的、瞬息万变的环境中,政府制定和实施促进服务业发展政策越来越困难,空间越来越小,然而,政府仍可在许多方面影响服务业的发展,如:(1)制定科学的发展规划;(2)实施激励性的财政税收政策;(3)提供服务和购买重要的服务(如医疗服务);(4)投资于教育、培训和人力资源开发。其中,制定科学的发展规划是发达国家和地区以及一些服务业发展成就卓然的发展中国家和地区的一条普遍经验:

——为促进电子商务的发展,美国在克林顿政府时期,颁布了"全球电子商务商务框架"文件。该文件明确了美国发展电子商务的原则(如应由私营部门发挥主导作用、应避免政府对电子商务的不当干预、应在全球范围内促进电子商务的发展),提出了促进美国电子商务发展的政策建议(如州和地方政府要合作制定出统一的简便的电子商务税收方法、政府要鼓励和支持私营部门建立有效的用户友好的规范的隐私管理体系等)。

——2001 年 2 月,英国贸易工业部和教育劳动部联合发布了名为《在变幻的世界中为全体国民创造机遇》的白皮书,提出将采取如下政策措施促进服务业的发展:(1)创造稳定的有利于持续增长的环境;(2)运用税收政策,鼓励企业增加研究与开发投入;(3)增加教育投资,改善通信、电子商务和交通运输基础设施;(4)促进本国企业与国际服务业优秀企业建立伙伴关系。

——为推动英国的研究与开发,近年来,英国系统地发布了一系列行动计划:2002 年 7 月,发布了《投资与创新》报告;2003 年 11 月,发布了《在全球经济下竞争:创新挑战》;2004 年 7 月,发布了《科学与创新投资框架 2004—2014》;2004 年 11 月,发布了《从知识中创造价值》的五年计划。这些文件规定了公共部门、私营部门和非盈利性机构对于创新投入的有关原则,确立了相关的利益分配机制,提出了减免研发活动税收的有关政策。

——为推动英国创意产业的发展,2005 年 6 月,英国政府提出了要把英国建设成为全球"创意中心"的战略;同年 11 月,英国文化传媒体育部发布了"创意经济计划"。

——2005 年 6 月,欧盟委员会公布了"欧盟信息社会 2010 发展规划'i2010'",明确提出了欧盟信息服务业的三个发展方向,即:(1)建立单一的欧洲信息空间,推进宽带网络发展;(2)缩小与主要竞争者的差距,取得信息技术研究和创新的领先地位;(3)扩大包容性,提供优质的公共服务。为实现上述目标,这一规划还提出了建设信息社会和媒体服务所需要的市场框架,制定和实施欧洲信息社会社会安全战略,加大对信息技术的投资力度,鼓励私人对信息技术研发的投资等一系列具体措施。

——2005 年 11 月,澳大利亚通信、信息技术和艺术部战略产业领导小组发布了《澳大利亚数字内容产业行动章程》,明确提出要建设一个可持续发展的具有国际竞争力的数字内容产业,到 2015 年,使这一产业产值由目前的 210 亿美元左右增长到 420 亿美元。

——2006 年 6 月,新加坡启动了"智慧国计划(iN2015)",提出要通过十年的努力,把新加坡建设成为"资讯科技无处不在的一个智慧的国家,一个全球化的城市";同时提出要重点发展网络服务、网络计算和公用运算、信息通信安全等信息服务产业,着重

实施数码交易所、集群计划、整合物流 IT 平台、网络服务解决方法
等战略性项目。

三、提供必要的政策激励和资金支持

要实现规划的目标,必须有必要的政策激励和资金支持。为
推动服务业的发展,许多国家和地区都制定和实施了内容不同的
政策,并投入了一定的资金发展战略性或基础性的服务业。

——为鼓励创新,美国的《国内税收法》规定,如果商业
公司和机构增加研发经费,那么,该公司或机构便可获得相当于
新增值 20% 的退税;如果个人从事的研发活动明确的商业化目
的且研究成果的确已商业化,那么,其研究投入也可以享受
20% 的退税。

同时,为确保美国在创新方面的全球领先地位,美国政府投入
了或准备投入巨额的预算资金支持研究与开发。资料显示,美国
2007 年度的研发预算达到 1372 亿美元,比 2006 年度增加 34 亿美
元,比 2001 年增长近 50%。

美国也非常重视版权保护,政府先后制定了《版权法》、《半导
体芯片保护法》、《跨世纪数字版权法》、《电子盗版禁止法》等一系
列版权保护法,形成了保护范围最广、规定最为详尽的法律体系。
严格的版权保护,激励了美国科学和技术的创新。

——为推动研究与开发,英国 2000 年制定了中小企业研发税
收减免措施,2002 年出台了大型公司研发税收减免措施;2005 年
发表了《支持创新增长:加大面向研发的税收优惠》,明确提出
把税收减免作为促进科学进步和技术创新、保持国际竞争力的重
要手段。资料显示,2003—2004 年度,英国有 5500 多家企业申
报了研发税收减免,其中,中小企业约 4500 家,大型企业约

1000 家。

——为打造亚洲乃至全球的"创新中心",2006 年 2 月,新加坡政府公布了"2010 年国家科技计划",提出未来五年,新加坡将在研发领域投入 135.5 亿新元(约 83 亿美元)。其中,50 亿将用来资助国立研究基金会的新增研究领域,10.5 亿将用来推广教育部的学术研究,75 亿将用来推进贸易与工业部的科学与科技计划。

——为发展物流业,法国中央政府要求地方政府支持配送中心的建设,并对物流基础设施的建设提供一定资助;一些地方政府采取了头五年免税和给予 20 个雇员每人 2 万法郎补贴的措施鼓励发展配送中心。

——为发展物流业,德国政府出资建设所有的运输基础设施,这方面的投资每年高达数百亿欧元。至 2008 年,德国政府将追加 20 亿欧元的投资,用于交通基础设施的扩建和改造。

四、注重人才的培养和引进

由于知识型服务业在服务业中的重要性与日俱增,服务业的发展越来越依靠人才的规模和素质。鉴于此,各国政府都非常注重人才的培养和引进,而且越是发达的国家,其对教育的重视程度越高:目前,财政性教育经费支出占国内生产总值的比重,世界平均水平为 4.9%,发达国家为 5.1%,欠发达国家位 4.1%。资料显示,2002 年,OECD 国家对教育机构的开支占 GDP 的比重平均为 6.1%。其中,美国为 7.2%,韩国为 7.0%,法国为 6.0%,英国和德国为 5.9%,日本为 4.7%。详见表 3—11。

表3—11　部分 OECD 国家教育经费占 GDP 的比重(%,2002年)

国家	教育经费占 GDP 的比重	国家	教育经费占 GDP 的比重
冰岛	7.4	法国	6.0
美国	7.2	澳大利亚	6.0
丹麦	7.1	英国	5.9
韩国	7.0	德国	5.9
挪威	6.9	日本	4.7

资料来源:《Education at a Glance 2005》,转引自《世界服务业重点行业发展动态2006—2007》,上海科学技术文献出版社2006年版,第254页。

各国或地区除重视普通教育外,还非常重视职业培训和专门人才的培养:

——近年来,美国政府用于就业培训的资金年均在120亿美元左右,还启动了一些培养高层次人才的计划,如:设立"总统青年研究奖",用以吸引优秀的人才到重要的研究开发领域之中。

——2003、2004年,德国连续两年开展了"职业教育攻势行动",将职业教育由传统的机电制造业领域扩展到纳米技术、光电技术、生物技术等高新技术技术制造业领域。2005年4月,德国还颁布了新的《联邦职业教育法》,进一步提高了职业教育的地位。

——新加坡投入巨资设立政府奖学金,并规定获政府奖学金资助的人才从海外回来后,必须在政府机构工作5年,以保证公务员队伍具有高水平的知识结构,从而保证公共服务的高水平。

——为推动"制造台湾"向"知识台湾"转型,2004年5月,我国台湾地区出台了《人才培训、人力派遣及物业管理服务业发展纲领和行动方案》,确定到2010年,为员工提供职业培训的企业比例达30%,比2000年提高16个百分点;劳动人员参加职业培训的比例达 30%，比 2001 年提高 17 个百分点；接受继续教育的人数占总就业人数的比重达 20%，比目前的水平提高 10 个百分点以上。

第三节　世界服务业发展趋势对我国服务业发展的启示

一、要高度重视服务业的发展

改革开放以来，中国的服务业得到了较大的发展。1978—2005 年，服务业增加值占国内生产总值的比重由 24.2% 上升到 39.9%，上升了 15.7 个百分点；就业人数占全部就业人数的比重由 12.2% 提高到 31.4%，提高了 19.2 个百分点。但是，中国的服务业发展依然相当不充分。目前中国已迈入中低收入国家的行列，然而，其服务业的产出比重不仅低于中低收入国家的平均水平，而且低于低收入国家的平均水平。根据世界银行《2006 年世界发展指数》的数据，2004 年，中国服务业的产出比重比中低收入国家平均水平低 5 个百分点，比低收入国家平均水平低 8 个百分点。[①] 在未来的发展中，中国必须加快服务业的发展。

首先，加快发展服务业，是社会和谐的需要。劳动力的充分就业是社会和谐的基石。中国人口多，就业压力大，在未来相当长的一段时期内，劳动力供大于求的矛盾仍将继续存在。据测算[②]，到 2010 年，中国劳动力总量将达到 8.3 亿人，城镇新增劳动力供给

---

① 可能由于统计口径调整方面的原因，与 2003 年不同，2004 年，低收入国家服务业产出比重高于中低收入国家。

② 参见:《劳动和社会保障事业发展"十一五"规划纲要(2006—2010 年)》。

5000万人,而从需求情况看,劳动力就业岗位只能新增4000万个,劳动力供求缺口1000万左右。服务业是吸纳就业能力较强的行业,加快发展服务业,有助于缓解全社会的就业压力。

其次,加快发展服务业,是经济结构优化和经济增长方式转变的需要。中国正致力于全面建设小康社会。全面建设小康社会的目标能否实现,关键决定于经济结构能否得到优化和增长方式能否真正转变。加快发展服务业,有助于经济结构的调整和增长方式的转变:(1)它有助于一、二、三次产业结构关系的合理化。根据目前的结构现状,一、二、三次产业结构关系调整的方向是,第一产业比重下降,第二产业先维持基本不变后逐步下降,第三产业比重上升。加快发展服务业符合这一方向。(2)它有助于第一、第二产业内部部门结构和组织结构的调整。如农业结构调整,既需要政策支持,又需要各种服务,如技术服务、信息服务、中介服务等。没有这些服务,农业产业结构调整不可能顺利进行。还如,在工业组织结构调整的过程中,将产生大量的"服务外置"①需求(如物流服务)。只有发展相应的服务业,才能满足这些需求。(3)它有助于为增长方式转变奠定技术基础。增长方式的转变需要以技术的不断进步为支撑。而服务业既是新技术的使用者,又是新技术的推广者;既是新技术的直接开发者,又是新技术开发的有力支持者;既会为新技术的开发指明方向,也会为各种创新思想相互激荡提供舞台,从而为技术的不断进步及其广泛应用提供不竭动力。

第三,加快发展服务业,是实现以人为本发展目的的需要。不

---

① 指企业为提高自身的专业化水平和核心竞争力,将企业内部提供服务的职能部门剥离,企业所需的原有这些部门提供的服务从企业之外购买。

断提高城乡居民的物质和文化生活水平,是发展的根本出发点和基本归宿。在温饱问题基本解决、人民生活水平总体上达到小康水平后,城乡居民的消费需求将发生新的变化,发展需求和享受需求将逐步替代生存需要而居于主导地位,人们对教育、文化、医疗保健、休闲以及住房、旅行等生活服务的需求将日益增长。满足人们的这些需求,需要发展教育、文化、医疗、房地产、交通运输等服务业。

二、要对服务业发展进行合理规制和科学引导

当前中国服务业的发展正面临前所未有的机遇。首先,中国经济已快速增长近 30 年,并将以较快的速度继续增长。经济的增长必然带来居民收入的增长,而居民收入的增长必然伴随着消费结构的升级,必然伴随着服务消费需求的增长。1990—2005 年,城市居民的医疗保健、交通通信和教育文化娱乐服务支出占整个消费支出的比重由 14.3% 提升到 39.3%,年均提升 1.3 个百分点。同期,农村居民的医疗保健、交通通信支出占整个消费支出的比重由 7.3% 提高到 19.4%,年均提高 0.8 个百分点。可以预期,随着时间的推移,城乡居民服务消费支出的比重还会上升。其次,中国正在快速推进工业化进程,制造业规模将继续扩大。制造业规模的扩大必然产生大量的对于生产性服务产品的需求。不仅如此,在信息和通信技术不断进步的推动下,中国制造业的生产组织形式也将发展变化,从而产生越来越多的服务外置需求。第三,中国正在加快推进城市化,城市人口比重将继续上升。城市居民比农村居民有着更多的服务需求,城市人口规模的扩大必然带来生活性服务产品需求的快速增长。第四,中国的服务市场日益开放,发达国家服务业向发展中国家转移的步伐加快。中国的服务业可

在这种背景下,通过学习发达国家服务业管理和经营的经验,不断积累自身发展所需要的知识。

然而,中国服务业发展也面临诸多制约和挑战。主要是:(1)垄断程度高,竞争远不够充分。虽经多年改革,但银行、保险、电信、民航、铁路、新闻出版、广播电视等,至今仍实行十分严格的市场准入限制,非国有经济和外资进入不易。(2)行业定性模糊,兴办主体角色混淆。在服务业领域,长期存在着政企不分、政事不分、营利性机构与非营利性机构不分的现象。许多本可以产业化经营、商业化运作的服务领域,却被当做公益性、福利性的社会事业来办。一些服务,具有很强的公共产品性质,本应以政府为主导力量举办,却过度市场化。认识上的不全面,导致了体制和政策设计的偏差,致使服务业发展一方面缺乏活力,另一方面又混乱失序,迟迟未能走上持续健康的轨道。(3)企业规模结构不合理,抵御风险能力弱。如:2004 年,在公路客运输业中,规模不足 100 人的企业占 69.2%,营业收入 5000 万元以上的企业只有 5.6%;在道路货物运业中,规模不足 100 人的企业占 91.3%,营业收入 5000 万元以上的企业只有 2.0%。在服务业对外开放逐步扩大的背景下,如果服务业资源不能迅速整合,中国的服务业企业将面临难以想象的生存压力。

克服制约,应对挑战,必须对服务业加以合理规制和科学引导。国际经验表明,合理规制是服务业快速健康发展的根本需要。服务业涵盖领域广泛,且内涵不断发生变化。对于不同类型的服务业,应该有不同的规制。对于竞争性比较强的服务业,要放松监管;对于垄断性比较强的服务业,要严格监管。

制订发展规划是引导服务业健康发展的重要手段。要制定服务业发展规划,包括服务业发展的总体规划、部门规划。同时,也制定区域服务业发展规划。如中心城市可从提高土地利用效益、完善城市功能和改善居民生活环境的目标出发,制定"退二进三"的产业发展规划。

三、要以功能引导性产业政策支持基础性、战略性和先导性服务业的发展

在现代经济社会中,服务业的发展,不仅涉及产出和就业的增长,不仅涉及居民服务消费需求的满足,不仅涉及经济效率的提高,而且涉及国家竞争力的提高、国民经济的安全运行,甚至涉及国家的政治和文化安全。正因为此,发达国家都高度重视金融产业、电信产业、教育事业、文化产业等基础性、战略性和先导性服务业的发展。中国的这些产业比较落后,难以适应日趋激烈的国际竞争的需要,必须加快发展。

加快基础性、战略性和先导性服务业的发展,必须制定切实有效的服务业产业政策。尽管产业政策的有效性备受争议,但是,产业政策依然是必要的,在发展中国家的发展中尤为必要。从理论上说,由于存在不确定性、信息不充分、外部性、规模经济等现象,有选择的干预可能是达到"动态进步"的必要手段。从经验上看,在发展的后起国家或地区中,虽然实施产业政策的国家未必是成功的,但是,那些发展成功的国家或地区大都是实施过甚至正在实施形式各异的产业政策。因此,中国非常有必要制定和实施服务业产业政策。

2001年12月国务院办公厅转发了原国家计委《关于"十五"期间加快发展服务业若干政策措施意见》。《意见》从优化服务业行业结构、加快企业改革和重组、放宽服务业市场准入等十二个方面,提出了服务业发展的要求或政策措施,对近年来服务业的发展起到了积极推动作用。现在中国经济社会发展已进入"十一五"时期,服务业开放的"人世承诺"业已全面履行,服务业发展既有着新的起点,也面临着新的环境,迫切需要制定符合服务业发展趋势、符合市场经济原则的、科学系统的、可操作性强的产业政策。这个政策应当明确基础性、战略性和先导性服务业的范畴,并具体化扶持这些产业发展的战略和措施。

与传统的产业政策主要通过部门倾斜性措施(如给优先发展产业以财政补贴、低息贷款,或赋予其垄断地位)实现政策目标不同,服务业产业政策应主要通过功能引导性措施实现政策目标,如:通过制定和实施严格的行业规范以及促进有序竞争,改进金融业的服务质量,提高金融业的竞争力;通过鼓励外溢效益大、示范效应强的技术创新活动,带动电信产业的快速发展;通过矫正市场失灵,确保教育事业和文化产业的健康发展。

四、要完善服务业发展所需要的基础设施,培养服务业发展所需要的人才

服务业基础设施具有很强的正的外部性,仅靠市场作用,服务业基础设施难以得到充分的发展,政府必须介入服务业基础设施的提供。政府可以通过多种途径奠定服务业发展的基础,如:修筑公路、铁路,布设电缆、光缆,兴办学校、医院,打造技术创新"平台",等等。在政府职能转变的过程中,政府要逐步把建立服务业基础设施作为重要的领域加以建设。

服务业,尤其是知识密集型的现代服务业(如综合物流、电子商务、电脑软件和信息技术、研究开发和技术测试服务、市场服务和公司管理服务等)的发展,需要大量的专门人才。长期以来,服务业人才的培养没有得到足够的重视,服务业人才短缺,高层次服

务人才尤其短缺。为适应服务业发展尤其是知识密集型服务业发展的需要,必须大力培养服务业发展所需要的各类人才,特别要加快培养信息服务、金融、保险、各类中介服务、服务业政策与管理以及国际服务贸易等方面的社会急需的人才。

主要参考文献:

1. 李善同、华而诚主编:《21 世纪初的中国服务业》,经济科学出版社 2002 年版。

2. 吉帕·维斯库斯等著,陈甬军译:《反垄断与管制经济学》,机械工业出版社 2004 年版。

3. 古广东:《服务业对外直接投资:一个国际比较》,载《亚太经济》2005 年第 1 期。

4. 上海市经济委员会、上海科学技术情报研究所编著:《世界服务业重点行业发展动态(2005—2006)》,上海科学技术文献出版社 2005 年版。

5. 丝奇雅·沙森 著,周振华等译:《全球城市——纽约、伦敦、东京》,上海社会科学院出版社 2005 年版。

6. 颜廷标著:《服务业发展比较研究》,中国社会科学出版社 2005 年版。

7. 上海市经济委员会、上海科学技术情报研究所编著:《世界服务业重点行业发展动态(2006—2007)》,上海科学技术文献出版社 2006 年版。

8. 威廉·拉佐尼克著,谢关平、高增安、杨萍译:《经济学手册》,人民邮电出版社 2006 年版。

9. World Trade Organization, "*World Trade Report* 1993".

10. United Nations Conference on Trade and Development,

"*World Investment Report* 1993".

11. "*The Implementation and the Effects of Regulatory Reform*: *Past Experience and Current Issues*", OECD Economic Studies No. 32, 2001/I.

12. Dani Rodrik, "*Industrial Policy for the Twenty-First Century*", http://www. ksg. harvard. edu/rodrik/.

13. "*Promoting Innovation in Service*", OECD Working Paper, DSTI/STP/TIP(2004)4/FINAL.

14. "*The Service Economy in OECD Countries*", OECD Working Paper, DSTI/DOC(2005)3.

15. "*Measuring the Interaction between Manufacturing andService*", OECD Working Paper, DSTI/DOC(2005)5.

16. World Trade Organization, "*World Trade Report* 2006".

17. United Nations Conference on Trade and Development, "*World Investment Report* 2006".

第四章　世界传统产业改造升级趋势

　　传统产业是一个相对概念,目前尚没有标准定义。美国对传统产业判断和划分标准是直观性的,官方习惯上将某个区域范围内较早出现的或历史上存在时间较长的产业称为传统产业。[①] 国内一些学者对传统产业的理解主要有:(1)从不同产业对比给出概念。北方交通大学的王稼琼等认为,传统产业是相对于信息产业、新材料产业等新兴工业而言的,主要包括钢铁、煤炭、电力、建筑、汽车、纺织、轻工、造船等工业。[②] 郑红认为传统产业是相对于新兴产业而言的,主要包括钢铁、煤炭、电力、建筑、汽车、纺织、造船业等产业。[③] (2)根据技术规范理论给出概念。台冰根据 Dosi 技术规范理论,把技术活动分为传统技术和高技术,把相应技术所支撑形成的产业称为相应的产业。因此,产业可以分为传统产业和高技术产业。使用传统技术规范来解决各种生产问题而形成的产业称为传统产业;而运用新的技术规范即高新技术解决生产中出现的、无法用传统技术解决的问题,由此而出现的新产业是高技

---

　　① 参见驻美国使馆经济处李云林:《美国联邦政府对传统产业改造的支持》。

　　② 参见王稼琼、绳丽惠等:《区域创新体系的功能与特征分析》,载《中国软科学》1999 年第 2 期。

　　③ 参见郑红:《科技产业化与经济增长》,博士论文,1998 年 10 月,第 129页。

术产业。[1]（3）根据产业特征给出概念。刘世锦等认为，传统产业是以传统技术进行生产和服务的产业，是指工业化过程中起支柱与基础作用的产业。主要包括传统工业、传统农业和传统服务业。从经济发展历史看，主要指工业经济时代的纺织、钢铁、机电、汽车、化工、建筑等产业。[2]

归纳以上对传统产业的理解，可以认为，传统产业一般指人类生产历史上出现较早并且至今仍然发挥重要作用的那些物质生产和服务行业，主要是传统农业、传统制造业和传统服务业。这些产业当前在各国的国计民生中仍然具有重要作用，提供着经济建设、人民生活所需的基本生产和生活资料。从科技进步的未来看，也不会很快消失。传统产业本身从来没有停止过发展，但不同国家、不同时期产业发展的科技条件、体制条件不同，造成了同类产品不同的生产特点以及不同的产业竞争力。这也表明，考察世界传统产业改造升级趋势，对我国经济发展，特别对我国传统产业改造升级具有重要借鉴意义。

根据前面对传统产业概念的讨论，结合可以找到的统计数据，本章将农业列为传统产业（其中现代农业部分无法进行统计区分）；将食品、饮料和烟草，纺织和服装，化学工业，机械和运输设备制造业列为传统制造业；由于从统计数据无法区分服务业中的传统服务业，因此不列传统服务业数据。依靠一些国家农业和传统制造业的数据，大体描述世界传统产业发展情况。

---

[1]　参见台冰：《发展高技术与改造传统产业关系的哲学思考》，载《高科技与产业化》2000 年第 4 期。

[2]　参见刘世锦：《中国"十五"产业发展大思路》，中国经济出版社 2000 年版，第 52—53 页。

第一节　主要发达国家传统产业的发展情况

一、美国

(一)传统产业发展概要

表4—1　1839—1940 年美国三次产业结构变动

三次产业结构		1839—1859	1869—1879	1889—1899	1919—1940
劳动力%	农　业	56.9	51.9	41.5	21.5
	制造业和采矿业	14.1	20.7	21.8	24.7
国民收入%	农　业	25.8	21.6	15.2	10.4
	制造业和采矿业	14	17.5	24.7	26.2

根据 H. N. 沙伊贝等著《近百年美国经济史》p34 表格整理。

表4—2　美国传统产业发展的有关数据

	1987 年	1995 年	2002 年	2003 年
农业增加值占国内生产总值的比例(%)	2.24	1.61	1.03	1.19
食品、饮料和烟草占制造业增加值的比例(%)	11.70	12.08	12.27	12.09
食品、饮料和烟草占 GDP 的比例(%)	2.37	2.28	1.85	1.81
纺织和服装业占制造业增加值的比例(%)	5.45	4.54	8.45	8.40
纺织和服装业占 GDP 的比例(%)	1.10	0.86	1.27	1.25
化学工业占制造业增加值的比例(%)	10.60	11.76	10.40	10.58
化学工业占 GDP 的比例(%)	2.15	2.22	1.57	1.58
机械和运输设备占制造业增加值的比例(%)	32.19	32.41	29.76	29.75
机械和运输设备占 GDP 的比例(%)	6.52	6.13	4.48	4.44

	1987 年	1995 年	2002 年	2003 年
制造业增加值占 GDP 的比例(%)	20.26	18.92	15.07	14.93
传统制造业占制造业比重(%)	59.93	60.80	60.87	60.81
传统产业占 GDP 比重(%)	14.38	13.11	10.21	10.27

数据来源:根据国研网数据库世界银行统计数据计算整理。

　　观察表 4—1、4—2 的数据,可以看到美国传统产业发展的一些特点。第一,在农业和制造业之间,首先是农业比重下降,制造业比重提高,反映了工业化推进对产业结构的影响;在工业化过程完成以后,农业、制造业等传统产业在国民经济中的比重持续降低,这从另一个角度反映了新兴产业对其国民经济发展的重要性在不断提高。第二,传统产业在其国民经济中仍然占据一定比重,2003 年传统产业(增加值)占美国 GDP 的比重仍然在 10% 以上,总量达 1 万多亿美元,仍然是相当可观的规模。第三,食品、轻纺、化工、机械(包括运输设备)等传统制造业在制造业中的比重比较稳定,而且略有提高,1987 年为 59.53%,2003 年为 60.81%,反映了新兴产业主要在制造业以外发展。

　　从 1984—2003 年美国非农从业人员的平均比重看,私人部门中(占全部非农从业人员的 83.4%),资源和矿业从业人员占0.6%;建筑业占 4.8%;制造业占 15.1%(吸纳就业多的主要是传统制造业)。从这些数据看,传统产业在美国劳动就业方面仍然发挥着重要作用。

　　综合看,美国的传统产业对其经济发展仍然起着重要的支撑作用,是其综合国力的重要基础。

(二)美国农业发展的基本情况

　　美国拥有世界上一流的农业,1999 年美国农业增加值为 873

亿美元,占国内生产总值的 1.24%。美国农业的主要特点是:

1. 农业生产能力自给有余,是世界上最大的农产品出口国(参见表 4—3)。1999 年美国农产品出口值为 491 亿美元,居世界农产品出口值首位。与其他贸易呈现逆差的情况相反,农产品贸易一直是顺差,而且顺差额也一直居世界第一。其农产品约有 1/5 用于出口,农场收入的 20%—30% 来自出口。

表 4—3　美国主要农产品生产在世界中的地位(1999 年)

农产品	产量(万吨)	在世界产量中的比重(%)
玉米	23970	40.96
小麦	6262	11.76
棉花	385	16.37
猪肉	876	13.38
牛肉	1202	17.00
牛奶	7387	19.88

资料来源:美国农业部。

2. 农业生产专业化程度高。主要表现在:第一,农业生产区域特点鲜明。拥有著名的玉米带、小麦带、奶牛带等专业生产区域。应该注意的是,区域专业化是在市场调节下逐渐形成的。第二,农业生产企业专业化程度高。在销售额低于 25 万美元的小家庭农场中,40% 以上的农场专门饲养肉牛,只生产一种产品的占 60%;在大型家庭农场中,也有 45% 的专门生产经济作物;在非家庭农场中将近 60% 的只生产一种产品。

3. 农业产业化程度高。美国农场规模较大,1999 年平均规模为 174 公顷,其中一些农场的土地可达上千公顷,年销售收入达几十万美元。在此基础上,形成了专业化大规模进行农业生产经营的特点。与此联系,美国拥有发达的农业产业体系,包括产前、产中和产后不同部分。从农业生产资料生产供应,到农产品储藏运输加工和销售等,此外还有众多农业生产科技服务组织。美国农业产业化经营组织形式主要有三种:一是农工综合企业;二是工商企业;三是农业合作社。在农业产业体系中,农场的农业生产活动只表现为其中的一个环节。美国将农业产业体系看做食物和纤维生产供应系统,1999 年这一系统实现的增加值达 15214 亿美元,占国内生产总值的 16.36%。

4. 以高度商业化的家庭农场为基础。美国于 1826 年制定了宅地法,为建立家庭农场制度奠定了法律基础。多年来家庭农场一直是美国农业生产的主体,占有绝大多数耕地,在农产品产量中也占绝大部分。随着经济发展,新的农场组织形式不断涌现,如公司农场。但在数量上、占有的资源方面以及农产品产量上,家庭农场仍然是主体。

20 世纪 90 年代中期以后,世界经济高速增长,而谷物和油料作物生产下降,促使美国农产品出口迅速增长。1996 年其农产品出口值达到了创纪录的 600 亿美元。1996 年以后,随着国际市场价格持续低迷,其大宗农产品出口值开始下降,1999 年美国农产品出口值比 1996 年减少 109 亿美元。

专栏4—1:美国农业产业化经营体系

1. 农工综合企业。农工综合体是把农业生产本身同农用生产资料的生产、供应,或农产品的加工、销售过程的若干环节,纳入一个统一的经营体内,融合为一个企业。综合体实行统一核算,形成完全垂直一体化的综合经营。在综合体一体化经营的基础上,几个相互连接的生产环节被置于单一所有权下,由同一个指挥中心管理和协调,实行类似流水作业的工作程序。

2. 工商企业。由私人工商企业与农场主签订合同,通过明确双方的责任与义务,以直接的业务往来向农场主提供服务,通过合同建立一种相对稳定的联系,从而把产供销统一起来,原有的工商企业和农场仍保持各自的独立地位不变。合同制在战后成为私人公司与农业结合的一种主导类型,在目前实现了一体化经营的农产品的产值里,合同制部分占75%。

3. 农业合作社。美国的农业合作社是在市场经济的条件下,单个农民出于自身产销利益的考虑,自发组织起来的互助合作经济组织。美国合作社主要有四种类型,分别是生产、销售、购买供应和服务合作社。农业合作社在美国农村几乎无处不在,它们在促进美国农业经济增长、提高农民收入方面发挥了很大的作用。

(三)美国制造业发展的基本情况

前面的数据表明,美国制造业中传统制造业占较大比重,而且比较稳定。因此,美国制造业的发展情况,在很大程度上也反映了其传统制造业的发展情况。自工业化以来,纺织、化工、钢铁、机械、汽车等制造业一直是美国经济的支柱。二战后的一个时期内,美国制造业在全球市场中拥有绝对优势,从化工、钢铁,到刮胡刀、洗碗机、汽车、飞机,所有机器加工制成品几乎无不带有"美国制造"的标签,此时美国制造业产品大约占到全球制造业份额的40%左右。随着日本、"亚洲四小龙"以及中、印制造业的崛起,美国在许多制造业领域渐渐失去了竞争力,与此同时,也悄悄地进行了一次又一次的转化和升级。

在此期间,美国各界对制造业的地位和作用有了更为深刻的认识,体会到无论什么时代,制造业都是一个创造财富、提供就业机会、促进创新的重要生产部门。为此,美国大力促进制造业的研发投入和创新,通过产业升级来推动制造业结构转型。1985 年,里根政府设立"产业竞争力委员会",重新强调制造业对美国的重要性。美国制造业十分重视研发投入,在美国研发投入中占据主导地位。1963—2003 年期间,制造业获得的专利数量占全美专利总量的 90%。与此同时,制造业保持了持续增长。20 世纪 80 年代,制造业年均增长率为 2.6%,至 90 年代跃升到 3.7%。1987—2005 年间,制造业生产能力增长了 94%。近年来,美国制造业进一步加大了科技投入,更加注重运用高新技术发展的成果。2002 年,制造业的研发活动占其全国研发活动的 71%,占全部研发经费的 66%;制造业成为信息技术的最大用户。在此背景下,美国制造业发展出现"高技术化"趋势。美国将制造业分成耐用品和非耐用品生产行业两大类,其中耐用品产业在产业分类中属高技术产业,1995—2000 年,耐用品制造业的年均增长率为 5.95%,而制造业的整体增长率为 3.80%。在耐用品制造业中,工业机器和设备、电子产品和设备以及汽车和设备所占比重位居前 3 位;1991—2000 年,工业机器和设备、电子产品和设备的年均增长率分别达到 10% 和 17.2%。总体看,在相关政策的支持下,美国制造业以信息技术的高速发展为契机重新获得了优势。

目前从产业组织结构和产品结构看,美国制造业主要包括两类:以汽车、飞机、计算机等高科技高附加值产品生产为主的大企业;以生产机械、电子部件等具有一定科技含量产品为主的中小企业。20世纪90年代后期以来,随着发展中国家工业化进程的加快,美国以传统技术、低附加值、劳动力密集型为主的传统制造业,开始大量向外转移;特别是2000年以后,受经济周期的影响,美国本土传统制造业的比较优势进一步丧失并加速转移。综合起来,美国制造业沿着改造升级的道路继续发展和保存下来,其中传统制造业很大部分通过改造升级获得新的发展空间,例如汽车、电子机械设备等;另一方面,充分利用发展中国家的低成本优势,将传统制造业向发展中国家转移,但设计和品牌等核心竞争力,仍然留在其国内,通过对制造业价值链高端的控制获取较高的利润。

目前制造业虽然在美国国民经济中所占比重下降,但仍占据重要地位。主要表现为:第一,制造业对经济增长仍然有较大贡献。1987—2005年,制造业对实际GDP增长的贡献率为15%,是所有行业中最高的。第二,创造了大量的就业岗位,尤其是技术密集型的工作岗位。2006年,制造业提供了超过2000万个就业岗位,其中,1420万个就业岗位直接与制造业相关,另外还有600万个就业岗位与制造业间接相关。同时,制造业的工资远高于其他行业。2004年制造业的年平均工资为65000美元,其他行业为53000美元。第三,制造业在美国出口中仍然是中坚力量。2005年,制造业的出口占全部出口的61%。制造业的贸易总额占制造业总产值的40%。

专栏4—2:传统产业"锈带"(Rust Belt)
　　　　　形成的主要原因

　　在制造业发展过程中,美国东北部地区出现了产业"锈带"。其发生、发展的基本过程是:美国工业化率先发生在其东北部地区(包括新英格兰、大西洋沿岸中部、五大湖沿岸等14个州)。主要由于这一区域集中了推进工业化的一系列重要条件。美国东北部地区的阿巴拉契亚山地拥有丰富的煤炭资源,数量大、质量好,是美国最大的煤炭集中分布区及焦煤产区;苏必利尔湖西部沿岸则蕴藏着丰富的铁矿;五大湖是美国内河运输网的主要组成部分,各湖之间有天然水道和运河相连,是联系煤铁区的重要交通线,这就为东北部煤铁资源开发提供了廉价的水陆运输条件;最后,东北部大西洋沿岸拥有纽约、费城、波士顿、巴尔的摩等重要港口,对外交通联系也十分便利。在市场配置资源的环境下,煤、铁等重要的工业原材料,与便利的运输条件、丰富的农产品等生活生产资料组合起来,在19世纪后期到20世纪前期美国加快工业化的历史背景下,必然成为工业和城市聚集的区域。出现了以匹兹堡为核心,包括底特律、克利夫兰、布法罗、巴尔的摩、费城在内的东北部钢铁工业基地,集中了全国约80%的钢铁生产能力。

随着石油、天然气资源的大规模开发利用,煤炭在能源、原材料消费中所占比重逐渐降低,化学工业原料也由煤炭转向以石油、天然气为主,使煤炭出现市场销售危机,导致煤炭工业严重萧条;第二,经过长期开采,煤铁资源趋于耗尽;第三,在东北部地区经济繁荣的时期,产业布局过度集中于大中城市及资源产地,带来人口过于集中,失业率升高,用地紧张、地价昂贵、交通拥挤、环境污染严重、基础设施发展滞后等一系列问题,从而使该区域的投资环境恶化,投资吸引力下降,资金、人才外流;第四,在主要依靠市场配置资源的工业化、城市化过程中,出现了聚集区域内产业结构比较单一,例如高度集中于采掘工业及原材料工业、机械制造业等,从而使区域经济应变能力较差,一旦主导产业部门受到市场冲击,区域经济很快就陷入整体困境;第五,太平洋战争和以后爆发的朝鲜战争、越南战争,出于战略考虑,美国将大部分国防工业布局在南部和太平洋沿岸,西部和南部经济占全美经济总量比重不断提高,特别随着军事工业的发展,新兴航空、电子、生物、计算机等技术密集型产业在西部地区获得巨大发展;第六,劳动力价格提高也是引起传统产业衰落的重要原因,美国制造业工资成本相对于其他国家较高,从1981、1984年小时工资成本对比的变化看,西德对美国从0.97:1降为0.75:1,法国对美国从0.75:1降为0.56:1,日本对美国从0.57:1降为0.5:1。

　　在这些因素的共同作用下,20世纪60至80年代,美国东北部地区以传统产业为主的加工制造业开始衰落。匹兹堡钢铁工业产品在全国市场的占有率由50年代的25%,下降到80年代的12.4%。波士顿地区90%的纺织工业企业倒闭或迁往其他地区。底特律汽车工业受到日本汽车工业的强烈冲击,出现较高的失业率。1995—2001年,美国GDP的地区平均分布为:新英格兰地区(6个州)占全美GDP的5.8%,中东地区(5个州加1特区)占18.8%,大湖区(5个州)占15.8%,平原地区(7个州)占6.6%,东南地区(12个州)占21.8%,西南地区(4个州)占10.3%,落基山地区(5个州)占3.1%,远西地区(6个州)占17.8%。

専栏4—3:美国钢铁工业的兴衰

　　美国钢铁工业在战后15年一直保持较强的竞争力,但到20世纪70年代其竞争优势就逐渐消失。除了生产成本上升较快外,设备改造滞后是主要原因。80年代初,美国钢铁业的主要竞争对手日本采用连铸技术的钢材产量达77%,当时欧共体也达45%。而美国的比重只有21%。20世纪90年代以来,美国经济保持了10年的增长,但是钢铁工业一直不景气,生产成本太高,无法与进口钢材的价格竞争。1998—2002年,已有30多家公司申请破产保护,数以万计的工人被解雇。2001年美国经济增长减慢后,钢材需求更是不振,钢产量比2000年下降了11.5%。2002年3月6日,美国第五大钢铁公司———国家钢铁集团因资不抵债(资产23亿美元,负债28亿美元),申请破产保护,8400名员工面临失业。

専栏4—4:美国汽车工业发展史

　　第一阶段:1900—1915年。1893年亨利·福特发明世界上第一辆以汽油为动力的汽车后7年,汽车开始大量生产。1909年福特汽车公司生产的福特T型汽车为汽车制造开创了新纪元,采用大量生产方式,改善T型汽车,同时降低价格,售价不足500美元,后降到300美元,美国一个普通工人用一年工资就可以购买到。1913年,福特公司首先在生产中使用流水线装配汽车,这给汽车工业带来革命性变化,美国随即出现了普及汽车的高潮。1916美国汽车销量首度突破100万辆。

第二阶段:1916—1929 年。汽车制造在这个时期日趋成熟。越来越多的中等阶层拥有汽车,而汽车的造型已经成为汽车制造过程中的一个重要步骤。通用汽车公司更率先成立艺术与色彩生产部门。在这个时期,富有人家流行汽车车身定做,即先购买某种汽车的机械部件,然后再另外设计定做车身。1925年美国第三大汽车制造厂商克莱斯勒汽车公司成立。在美国经济大萧条前夕的 1929 年,美国汽车销量冲破 500 万辆。

第三阶段:1930—1942 年,利用空气动力原理,汽车的引擎设计在这个时期出现长足的进步。然而,第二次世界大战让汽车制造厂商投入军事车辆及机械的制造,汽车外观并无明显演变,几乎无造型可言的吉普车的出现完全是基于实际的需要。

第四阶段:1946—1959 年,随着喷气飞机时代的来临,汽车造型也趋向更低、更长、更宽,并在车后加上大大的尾翘。1958年,美国汽车厂商专为纽约国际汽车展览设计了一款只有 1 辆的 Dual Ghia 100 原型汽车,具有 400 马力(294 千瓦),最高时速为 140 英里(224 公里),并配有当时车迷所梦想的盒式磁带汽车音响。

第五阶段:1960—1979 年,消费者抛弃以往强调越大越美的汽车造型,传统而保守的造型蔚然成风,以甲壳虫为代表的小型汽车大为流行。

第六阶段:1980—2000 年,从 80 年代起,美国汽车工业几乎难以招架日本汽车业的凌厉攻势,日本的本田、日产、三菱和富士公司相继在美国设厂。美国汽车工业为与日本汽车进行竞争,又不断推出新造型汽车,被称为小型箱式车(minivan)的客货两用轻型汽车一举成为最受家庭喜爱的车种,90 年代,多功能车又独领风骚，因为很多美国人喜欢有载货和越野功能而又可以做代步工具，驾驶它上下班的汽车。

从 20 世纪初到现在，美国汽车工业已超过了 100 多年的历史，在与同行的激烈竞争中不断创新发展，迎合消费者对汽车造型的性能的需求，主宰了世界汽车工业，美国成为名副其实的汽车工业大国。在这一过程中，美国通用汽车公司不仅成为世界最大的汽车公司，也成为世界上首屈一指的跨国集团（通用 1993 财政年度销售额为 1336 亿美元，约等于同年中国国民生产总值的 45%。它消耗了美国 10% 以上的钢铁、25% 以上的橡胶），直到今天仍没有第二家汽车公司可以取代它的霸主位置。

专栏 4—5：美国零售药店发展史

18 世纪，美国的药店与欧洲的药房相似，也只是销售药品。然而到 18 世纪末 19 世纪初，随着人口向西部迁移，处在美国西部地区的药店逐渐发展成为人们进行货物交易的场所。顾客在药店里用食品、动物毛皮、自制布匹以至于任何有用的商品来变换所需的药品，药剂师再将交换来的商品重新在药房销售。由于药店中商品琳琅满目，人们渐渐变得十分乐于光顾这里，女士到药店购买化妆品和香水，男士到药店购买香烟和洗涤用品，儿童到药店购买糖果和玩具，甚至冰激凌。19 世纪初，药店已逐渐发展成为美国小城镇的重要社交场所和社区健康中心。

1933年，美国的6家连锁药店联合发起成立了美国连锁药店协会(NACDS)。NACDS的成立旨在代表连锁药店与政府对话，敦促政府立法，促进医药连锁业的发展和繁荣。美国连锁药店公司(被NACDS定义为拥有4间以上药店的企业)出现在20世纪初。相对于独立药店而言，连锁药店的好处很快就被体现出来：连锁药店由于购买更多的商品而可以从供应商那里得到更优惠的价格，同时可以以较低的价格向顾客销售，从而能够比单个药店招揽到更多的生意。

随着消费者购买习惯的变化，美国医药零售业出现了新型商店的概念。20世纪50年代，美国西海岸的连锁店开始开办有25,000平方英尺面积的超级店；在底特律由4家店组成的REGAL DRUG连锁店开始进行每天打折的试点。后来REGAL DRUG连锁店改名为REVCO，REVCO成为在25年间开办了1500家药店的美国医药零售业的领导企业。

1999年，全美最大的三家连锁药店已拥有近11,000家门店。近年来，美国药品零售企业与生产商、批发商和物流配送公司逐渐形成了战略联盟，共同分享各种信息，他们以顾客为导向，寻求共同发展。同时，各种零售管理方式和电子技术也被应用到连锁药店中，如忠诚顾客计划、品类管理、电子数据管理、卫星通讯、物流配送系统等，这些先进管理和技术的应用大大提高了连锁药店的经营效率和效益。

二、日本

(一)传统产业发展概要

表4—4　1951—1968年日本的三次产业结构变动情况

三次产业结构		1952	1960	1968
国民收入%	农　　业	22.6	14.6	9.9
	制造业和采矿业	27.4	30.9	31.0

根据日本中央大学经济研究所编《战后日本经济》第44页表格编制。

表4—5　日本传统产业发展的有关数据

	1980年	1995年	2002年	2003年
农业增加值占国内生产总值的比例(%)	3.66	1.88	1.35	1.31
食品、饮料和烟草占制造业增加值的比例(%)	9.16	10.54	9.82	9.00
食品、饮料和烟草占GDP的比例(%)	2.60	2.44	2.01	1.88
纺织和服装业占制造业增加值的比例(%)	6.57	4.14	3.04	2.90
纺织和服装业占GDP的比例(%)	1.87	0.96	0.62	0.61
化学工业占制造业增加值的比例(%)	8.68	10.27	10.66	11.03
化学工业占GDP的比例(%)	2.47	2.37	2.18	2.30
机械和运输设备占制造业增加值的比例(%)	32.68	37.30	39.12	37.72
机械和运输设备占GDP的比例(%)	9.29	8.62	8.01	7.87
制造业增加值占GDP的比例(%)	28.41	23.12	20.48	20.87
传统制造业占制造业比重(%)	57.09	62.25	62.65	60.66
传统产业占GDP比重(%)	19.88	16.28	14.18	13.96

数据来源:根据国研网数据库世界银行统计数据计算整理,其中纺织和服装业占制造业增加值的比例、机械和运输设备占制造业增加值的比例2002、2003年的数据为2000、2001年的数据。

观察表4—4、4—5 的数据,可以看到日本传统产业发展的一些特点。第一,二战以后的经济恢复期,首先也表现出农业比重持续下降,而制造业比重持续提高的特点,反映了工业化加快推进时期的产业结构变化特点;但当其工业化过程结束,1980 年以后,农业、制造业等传统产业在国民经济中的比重持续降低,反映出后工业化时期传统产业已经失去了主导地位。第二,传统产业在其国民经济中仍然占据一定比重,2003 年传统产业(增加值)占日本GDP 的比重仍然在 10% 以上,总量达 5500 多亿美元(按照 2003 年汇率,相当于 4.6 万亿元人民币,仍然是相当可观的规模)。第三,食品、化工、机械(包括运输设备)等传统制造业在制造业中的比重比较稳定,而且略有提高,但轻纺工业占制造业的比重有一定的下降,反映了日本轻纺工业发展与美国有所不同。传统制造业占制造业比重的稳定,表明制造业结构变化不大。

(二)二战以后日本农业发展的基本情况

二战以后, 日本进行了土地改革。战前半封建的耕地所有关系发生了根本变化, 日本农民从地主制度下解放出来, 变成在自己拥有的土地上经营的自耕农。与此同时, 由于战争对经济造成了极大的破坏, 大量城市人口开始向农村倒流。战前日本农户大约为 550 万户, 1950 年则达到 618 万户。在耕地面积不能增加的前提下, 导致了平均耕种土地面积下降, 增加了很多零散的小农户。这一生产格局限制了农产品商品化的数量, 农产品商品率, 1936 年为 59.8% (此时有近半数的商品粮是作为地租米由地主销售的), 1951 年为 57.9%。在粮食供应紧张的局势下, 日本政府采取了强制性的粮食征购制度, 提高农产品商品化比率。

　　随着日本经济的恢复,大量农村劳动力开始向城市转移。农业就业人数由 1950 年的 1610 万人,减少到 1970 年的 933 万人,减少了 42%。与此同时,农业生产获得较快发展。以 1950—1952 年农业生产指数为 100,1972 年增加到 177.3。把二者结合起来,可以看到农业劳动生产率有更大幅度的提高。

　　从主要农产品生产情况看,由于日本国内对本国大米的偏好,对大米生产形成了有力拉动,促进了稻米产量持续增长。由 1950 年的 941 万吨增加到 1972 年的 1177 万吨,增长了 19.6%;自给率达到 100%。而谷物类、精饲料类的农产品,在进口冲击下,自给率则大幅度下降。其中小麦自给率由 1960 年的 39% 下降到 1972 年的 5%;大豆由 28% 下降到 4%;精饲料由 67% 下降到 36%。形成了口粮(大米)自给,饲料粮、原料粮主要依靠进口的农产品供求格局。1996 年日本的谷物自给率为 29%,1997 年下降到 28%。其中大米的自给率为 99%,小麦自给率为 9%,饲料用玉米全部依靠进口。

(三)二战以后日本制造业发展的基本情况

　　与美国相同,日本制造业结构中,传统制造业比重较大,而且比较稳定。因此,制造业发展的情况也可以大体反映传统制造业发展情况。二战以后,汲取战争的教训,在美国压力下,日本从 20 世纪 50 年代起,开始走和平发展经济的道路,迅速恢复了被战争破坏的制造业基础,并紧跟世界制造业技术进步,使"日本制造"独领世界市场风骚。

　　制造业是日本经济的支柱产业,其兴衰对日本整个经济的影响巨大。1981 年到 1985 年间,日本 GDP 年均增长 3.6%,制造业年均增长 5.1%,是该时期经济增长的主要支撑力量。随着工业化的完成,1986 年到 1990 年,制造业平均增长速度 (4.9%)

开始低于 GDP 增长速度（5.2%）。20 世纪 90 年代以后，随着日本经济陷入长期萧条，制造业发展进一步缓慢。1991 年到 1995 年，制造业仅增长 0.9%，低于 GDP 年均增长 1.5% 的水平。

表 4—6　日本制造业按增加值计算的结构（万亿日元,%）

	1991 年		1997 年	
	金额	比重	金额	比重
制造业	127.60	100%	138.37	100%
食品	12.64	9.90	12.56	9.08
纤维	2.38	1.86	1.83	1.32
造纸	3.24	2.54	3.11	2.25
化学	9.78	7.67	11.94	8.63
石油、煤制品	4.27	3.34	4.75	3.43
陶土（建材）	4.29	3.36	4.46	3.22
钢铁	7.12	5.58	8.25	5.97
非铁金属	2.35	1.84	2.71	1.96
金属制品	7.40	5.80	7.56	5.46
一般机械	17.09	13.39	14.62	10.57
电气机械	22.76	17.84	36.45	26.34
运输机械	12.11	9.49	11.08	8.01
精密机械	2.35	1.84	1.95	1.41
其他	19.84	15.55	17.09	12.35

资料来源：中国社会科学院日本研究所经济室丁敏《日本制造业的结构调整》。

制造业在日本就业中占有重要位置，1980 年和 1985 年，制造业在全部就业中的比重分别为 24.5% 和 25.2%，2001 年日本全部就业人口 6446 万人，其中，1321 万人在制造业就业，占

20.49%。

表4—7　日本制造业的就业结构(4人以上企业,万人,%)

	1990 年		1997 年	
	就业者	比重	就业者	比重
制造业	1117.3	100%	993.7	100%
食品	109	9.76	111.4	11.21
纤维₁	110.9	9.93	75.5	7.6
造纸	28.4	2.54	25.9	2.61
化学	40.1	3.59	38.3	3.85
石油、煤	3.3	0.30	3.2	0.32
陶土	45.9	4.11	40.8	4.11
钢铁	33.8	3.03	27.4	2.76
非铁金属	17	1.52	15.9	1.6
金属	84.7	7.58	78.8	7.93
机械₂	120	10.74	108.4	10.91
电气机械	194	17.36	168.7	16.98
运输机械	94.3	8.44	90.7	9.13
精密机械	25.1	2.25	19.1	1.92
其他₃	25.3	2.26	21.2	2.13

资料来源:同上。

　　制造业是支撑日本对外贸易的重要产业。日本 2000 年进口总额达 40.9 万亿日元,约占其 GDP 的 9%;出口总额 51 万亿日元,约占其 GDP 的 11%。一般机械、电气机械、运输机械是出口的三大主力,电气机械类占出口总额 26% 以上,排在第一位;一般机械出口占 21.48%,运输机械出口占 20.96%,三项出口占到全部出口的 70% 左右。

20世纪70年代的世界石油危机，对日本制造业结构产生了重要影响。推动制造业产品由"重厚长大"向"短小轻薄"结构转变，大量消耗石油的钢铁、石油化工等原材料工业在制造业中的比重下降，加工组装型产业的比重上升。80年代以来，日本劳动力价格不断上涨；与欧美之间的贸易摩擦加深，日元在国际汇率行情中长期处于升值趋势，且对美元汇率变动幅度较大；日本国内耐用消费品市场渐趋饱和。在上述各种因素影响下，制造业发展减慢，内部结构开始发生变化。食品、纤维、一般机械、运输机械的比重下降，电气机械、化工、钢铁等产业的比重上升。80年代初，食品业在制造业GDP中占15%，80年代末下降到10%，90年代降到9%；20世纪50到60年代，纤维产业曾经是日本经济增长的支柱产业，自80年代起，纤维产业在制造业中的比重迅速下降到3.6%，目前仅为1.3%。化学工业、钢铁工业的比重略有提高，电气机械制造业的比重则明显提高（参见表4—5）。

在制造业结构调整中，还包括了一些制造业向海外的转移。特别是进入90年代后，转移步伐加快，转移地域也从欧美扩大到东亚。在此过程中，日本制造业形成了以国内技术研发和品牌为核心（包括组装及销售），依托海外价格比较低廉的加工能力进行生产的模式。这一模式在对外贸易中有鲜明的表现。在进口结构中，原材料进口所占比重明显下降，成品进口特别是包括电气机械在内的机械进口比重大幅度增加，1981年，日本"成品进口率"只有24%，1998年，日本成品进口率已经高达62%。成品进口中的大部分来自日本企业的海外子公司，这种由日本企业组织海外生产，成品返销回日本的"逆进口"，在进口中的比率不断提高，90年代以来，纤维、家电、运输机械等产业的逆进口率均保持在两位数。

专栏4—6：日本大分县的传统产业

　　大分县在战前是以造酒、酿造、水泥、造船等产业支撑着地区经济，目前这些产业依然稳稳的扎下根基。该县的日田市一直作为杉树的生产地，从江户天领时代就开始依靠杉材的繁荣，到现在还在从事制造木材加工品和家具，大分县家具销售额的44%都是来自日田市。大分县的竹子产量为全国第一。竹制品制作从室町时代就开始了，现在竹制品从传统编织技术制作的花瓶、花篮，到餐桌道具、装饰品、民间传统玩具等接近3000种，年度销售额超过10亿日元。以优质水为条件的造酒业，在全县各地繁盛发展酿酒商数不胜数。特别是宇佐、日出地区的麦烧酒，这种酒柔滑的口感适合年轻人的口味，把原本印象并不好的烧酒变成了爽口的饮料，并带动了1984—1985年的烧酒热潮。大分的麦烧酒是日本全国知名品牌。该县的臼杵市有酱油、大酱、清酒、烧酒工厂，从很久以前就开始以酿造之乡闻名，大酱和酱油厂家的生产量在九州都名列前茅。该县的津久见市发现了45亿吨的石灰岩矿脉，而且拥有天然港口，水泥产业很兴盛。从工厂制造输出的水泥以及其他石灰岩制品，不仅仅是在全国销售，还出口东南亚、中东等国家，受到了好评。另外，日田的小鹿田烧等传统工业制品，县南的造船业等地方产业，为本地区提供了多种就业机会的同时也惠及地区经济。

三、英国、德国、法国的传统产业发展

（一）英国传统产业发展概要

表4—8 英国传统产业发展的有关数据

	1971 年	1985 年	1995 年	2001 年
农业增加值占国内生产总值的比例(%)	2.94	1.79	1.84	0.99
食品、饮料和烟草占制造业增加值的比例(%)	13.02	13.85	13.00	12.01
食品、饮料和烟草占 GDP 的比例(%)	4.13	3.32	2.84	2.09
纺织和服装业占制造业增加值的比例(%)	9.08	6.17	5.31	10.54
纺织和服装业占 GDP 的比例(%)	2.88	1.48	1.16	1.83
化学工业占制造业增加值的比例(%)	9.89	11.23	12.15	9.61
化学工业占 GDP 的比例(%)	3.13	2.69	2.66	1.67
机械和运输设备占制造业增加值的比例(%)	31.03	32.49	28.61	32.26
机械和运输设备占 GDP 的比例(%)	9.83	7.78	6.26	5.61
制造业增加值占 GDP 的比例(%)	31.69	23.95	21.87	17.38
传统制造业占制造业比重(%)	63.02	63.74	59.07	64.42
传统产业占 GDP 比重(%)	22.91	17.06	14.76	12.18

数据来源：根据国研网数据库世界银行统计数据计算整理。

观察表4—8 的数据，可以看到英国传统产业发展的一些特点。第一，英国是老牌资本主义国家，工业化、城市化完成得比较早，1971 年以后的数据主要反映其后工业化时期传统产业发展的特点。与美、日相同，其传统产业在国民经济中的比重也是持续下降的，支持经济发展的主导力量来自非传统产业。第二，传统产业在其国民经济中仍然占据一定比重，2001 年传统产业（增加值）占

英国 GDP 的比重仍然在 10% 以上。第三,食品、化工、机械(包括运输设备)等传统制造业在制造业中的比重比较稳定,而且略有提高,特别是轻纺工业占制造业的比重还有明显提高,反映了英国轻纺工业发展与美、日都有不同。英国传统制造业占制造业比重较高,反映其制造业结构偏于传统,是英国经济的特点之一。

(二)德国传统产业发展概要

表 4—9　德国传统产业发展的有关数据

	1971 年	1991 年	1998 年	2000 年	2003 年
农业增加值占国内生产总值的比例(%)	3.34	1.38	1.24	1.26	1.09
食品、饮料和烟草占制造业增加值的比例(%)			7.64	8.13	
食品、饮料和烟草占 GDP 的比例(%)			1.75	1.86	
纺织和服装业占制造业增加值的比例(%)			2.22	2.31	
纺织和服装业占 GDP 的比例(%)			0.51	0.53	
化学工业占制造业增加值的比例(%)			10.39	9.93	
化学工业占 GDP 的比例(%)			2.39	2.27	
机械和运输设备占制造业增加值的比例(%)			43.53	41.32	
机械和运输设备占 GDP 的比例(%)			9.99	9.43	
制造业增加值占 GDP 的比例(%)		27.81	22.95	22.82	22.47
传统制造业占制造业比重(%)			63.79	61.70	
传统产业占 GDP 比重(%)			15.88	15.34	

数据来源:根据国研网数据库世界银行统计数据计算整理。

表4—9 的数据不够完整,但也可以看出德国传统产业发展的一些特点。第一,农业增加值在 GDP 中的比重持续下降,与其他发达国家的特点相同。第二,传统产业在其国民经济中仍然占较大比重,2000 年传统产业(增加值)占德国 GDP 的 15.34%,高于美国、日本和英国。第三,食品、化工、机械(包括运输设备)等传统制造业在制造业中的比重比较高,但下降的趋势也比较明显。

(三)法国传统产业发展概要

表4—10　法国传统产业发展的有关数据

	1971 年	1985 年	1995 年	2001 年
农业增加值占国内生产总值的比例(%)	7.21	4.28	3.35	2.58
食品、饮料和烟草占制造业增加值的比例(%)	12.65	13.95	14.08	13.30
食品、饮料和烟草占 GDP 的比例(%)	4.43	4.01	3.47	2.87
纺织和服装业占制造业增加值的比例(%)	9.96	7.65	5.18	3
纺织和服装业占 GDP 的比例(%)	3.49	2.20	1.28	0.65
化学工业占制造业增加值的比例(%)	7.59	8.41	9.11	7.17
化学工业占 GDP 的比例(%)	2.66	2.42	2.25	1.54
机械和运输设备占制造业增加值的比例(%)	26.98	30.27	29.64	22.31
机械和运输设备占 GDP 的比例(%)	9.45	8.70	7.31	4.81
制造业增加值占 GDP 的比例(%)	35.01	28.76	24.66	21.54
传统制造业占制造业比重(%)	57.18	60.28	58.01	45.79
传统产业占 GDP 比重(%)	27.23	21.61	17.66	12.44

数据来源:根据国研网数据库世界银行统计数据计算整理。其中制造业增加值占 GDP 的比重以工业增加值占 GDP 的比重代替,二者差异很小;纺织和服装工业占制造业增加值的比重,缺 2003 年数据,按照比重变化的趋势推算出 2003 年的数据。

　　观察表4—10的数据,法国传统产业的数据比较全一些,其发展特点也表现得更为鲜明一些。第一,农业在法国经济中比重相对较大,与其资源禀赋情况有关。但比重下降的趋势也更为明显。表明这确实是工业化和城市化推进中的一个普遍特点。第二,20世纪70年代时,传统产业在其国民经济中仍然占据较大比重,此后到2003年一直快速下降,表明这一时期法国工业化活动仍在继续。第三,与其他发达国家比较,食品、化工、机械(包括运输设备)等传统制造业在制造业中的比重比较低,下降也比较明显,表明法国制造业结构调整力度比较大。第四,传统产业占GDP的比重在发达国家中偏低,但也保持在10%以上,表明传统产业在发达国家经济中仍然具有重要地位。

专栏4—7:法国农业的基本情况

　　法国是经济强国,也是农业发达国家。法国农业生产自然环境良好,法国农业耕地分布于北纬45度附近,气候条件好,雨水充沛,阳光充足,温度适宜,很适合种植北欧地区和地中海地区的农作物。2005年,法国农业就业人口为875200人,占全国就业人口比重的3.6%。

　　2004年,法国农业占地3220公顷,其中,法国农业可用土地面积(Lasurfaceagricole utile)约2950万公顷,人均约半公顷,占国土面积的53.7%;在农业可利用土地中,可耕地占62%,草地占34%,长期耕作地占4%。2003年,法国谷物播种面积890万公顷,人工草料种植面积300万公顷,油料作物生产面积190万公顷,年度收割的草料播种面积170万公顷,休闲农田130万公顷。此外,法国还有常年草场1000万公顷,葡萄园89万公顷。

　　法国是全球农作物生产大国,其中小麦、玉米等主要粮食生产居世界前5位。据联合国粮农组织统计,2004年,法国主要农产品产量:小麦3964.1万吨,玉米1574.3万吨,大麦1099.9万吨,土豆6900万吨,牛奶2420万吨,甜菜2941.9万吨,葡萄7800万吨,油菜子3961万吨,苹果2400万吨,新鲜蔬菜3000万吨,西红柿855万吨,猪肉2100万吨,牛肉1850万吨,鸡肉1200万吨,鸡蛋1010万吨。2003年,鱼产量643000吨,在欧盟居第三位,仅次于丹麦和西班牙。

　　专栏4—8:英国传统制造业的发展与衰落

　　英国是老牌资本主义国家,工业制造业发展较早,持续的时间也较长。从18世纪中叶开始,英国在煤铁资源优势基础上,形成了煤铁采掘及钢铁、机械、化工、纺织等传统工业部门,工业布局集中于密德兰、兰开夏、约克夏、南威尔士等煤炭、铁矿资源集中分布区,这些地区的煤炭储量约占全英煤炭总储量的85%以上,而且水陆交通优越,铁路网密集,拥有伦敦—格拉斯哥、伦敦—爱丁堡两条纵贯南北铁路干线及伦敦、利物浦、曼彻斯特等大型港口,先后形成了伯明翰、利物浦、曼彻斯特、谢菲尔德、纽卡斯尔、加的夫、伦敦等工业城市。工业的发展支持了英国经济的长期繁荣。进入20世纪50年代以后,随着市场需求的变化、技术进步和国际竞争的发展、资源潜力的耗尽、劳动成本的提高等多种原因,英国的纺织、煤炭、钢铁、机械等传统产业开始逐步衰退。其中煤炭开采业从 1960 年到 1995 年期间,在纽卡斯尔地区关闭了 98.4% 的煤矿;威尔士地区煤矿就业人数由 1921 年的 27.1 万减少到 80 年代的 2.5 万人。19 世纪 70 年代英国钢铁工业产量约占世界总产量的 50%,到 1970 年以后,谢菲尔德、斯青索普等钢铁工业基地的产量比 20 世纪 50 年代下降了 50% 左右。

四、主要发达国家传统产业发展情况的综合分析

从美、日、英、法、德主要传统产业的发展情况看,发达国家传统产业发展有以下主要特点:

第一,传统产业在国计民生中仍然扮演着重要角色,虽然比重下降,但从总量上看,还是不断有所扩大。

第二,传统产业的区域布局,包括在世界范围内的国际产业布局,主要受市场机制调节。决定布局变化的因素主要有区域资源禀赋(自然资源、劳动力资源等)、产业技术水平及竞争能力、投资发展环境等。一国传统产业发展的情况,与其资源禀赋条件、产业竞争优势等密切联系。例如美国、法国的农业;日本、德国的制造业等,都与特定的资源条件、产业技术水平及竞争能力的高低相联系。

第三,传统产业转型中会对地区经济发展、劳动就业等产生明显影响,对社会利益格局会形成一定冲击,也是政府发挥作用,缓解矛盾的重要方面。

第四,传统产业转型与新兴产业发展有密切联系。例如机械、汽车、电气等制造业,与信息、生物等新技术产业发展就存在密切

联系,既构成后者发展的基础,也受到后者发展的带动,二者之间有相互影响,相互促进的关系。

第二节 发达国家在农业和传统工业 发展中的主要政策

尽管市场在传统产业发展中发挥了基础性调节作用,但发达国家政府在传统产业发展中还是做了大量工作,采取了一系列措施,并取得积极成效。

一、美国政府在农业和传统工业方面的主要政策措施

(一)农业发展的主要政策措施

从 1933 年罗斯福政府开始,美国逐步形成了支持农产品价格,保证务农业收入增长的农业政策体系,主要包括三方面内容:

1. 发展农业生产、降低生产成本的政策。主要有:发展农业基础设施建设,政府支持农业地区发展交通运输、供电和通信事业;推动农业科技普及,政府在各地建立农业院校、农业试验站和农业技术推广站三级机构,推动农业生产技术提高,农户可以通过农业技术推广站获得有关市场、管理、气象、病虫害和技术方面的信息和指导;提供农业信贷和农产品保险,农业信用系统从政府获得低息贷款并提供给农户、为农场主提供短期优惠贷款、向受灾地区提供利率很低的紧急贷款等;政府为农业保险费用提供多至30%的补贴;采取税收优惠,农户可以在收益多的年份提前支付开支,收益少的年份提前出售农产品,以少缴所得税,此外,农户还享有资产"加速折旧"优惠;补贴农业生产投入,政府资助兴建和维护水利设施,提供价格低廉的农业用水,出资改造耕地等。

2. 保护农产品价格、增加务农收入的政策。为防止农产品价格大幅度下跌，美国政府成立了农产品信贷公司，实施农业价格支持计划，采取"直接收购"和"无追索权贷款"等政策。"直接收购"是农产品信贷公司以稳定务农收入为目的，以最低保证价格（即支持价格）从市场上收购剩余农产品；"无追索权贷款"是农户以农产品为担保向农产品信贷公司贷款，在贷款期限内（多为一年），如果农产品的市场销售额大于贷款，农户则直接归还贷款本息；反之，在贷款到期时，可以用担保的农产品来还本付息。为了稳定农产品价格，美国政府还采取了限制农业生产的三项政策，包括限耕、限售和休耕。限耕是限制农户某些农产品的最大生产面积；限售即"配额销售制"，根据每个农户的历史销售情况，确定其年度农产品销售配额，从而使有关产品的生产结构保持稳定，避免农户之间的恶性竞争；休耕则是把限制生产与水土保持相结合，保持土地生产能力。限耕和限售是强制性规定，农户必须严格执行。此外，随着 20 世纪 70 年代农产品出口的大量增长，美国政府在保护农产品价格的同时，出台了一些促进农产品生产的措施，包括1973 年制定的《农业和消费者保护法》、1977 年制定的《食品和农业法》，通过农产品信贷支持"农场主储备"，鼓励增加农产品生产。

3. 扩大需求的政策。在农产品生产规模不断扩大的背景下，美国政府为保护农户利益，推出了"食品券计划"，通过向低收入者发放只能购买食品的"食品券"、提供学校的免费午餐等措施，扩大国内对农产品的需求。此外，积极扩大农产品出口、限制其进口。根据 1954 年的《480 号公法》，推行"食品用于和平"计划。包括向第三世界国家赠送剩余农产品，或低价销售，取得的收入作为援助资金或美国驻该国机构的经费。但这项计划对一些发展中国家的农业产生了不良影响。20世纪60—70年代,美国政府一直通过出口补贴减少农产品库存,80年代以来,为了迫使其他国家(尤其是欧共体)减少出口补贴,美国政府通过提供"混合贷款"扩大出口。即将政府无息贷款与政府担保(或无担保)的商业贷款"混合"提供给美国农产品的买主,1981—1983年该项贷款金额由15亿美元迅速增加到48.7亿美元。此外,美国政府还实行农产品"目标价格"补贴出口,农产品出口如果低于"目标价格",所受损失可以从政府的"差额支付"中得到补偿。据联合国统计数据,美国在20世纪80年代对小麦的出口补贴率为5.4%,水稻为30%,烟草为23%。在进口方面,为了保护国内生产者,政府对某些农产品实行严格的进口配额限制,例如,规定每年进口的乳制品不得超过国内市场的2%。其他实行进口配额的农产品还有食糖、棉花和花生等。在牛肉贸易方面,美国政府要求主要对美出口国实行"自愿限制",否则将实施进口配额。

20世纪90年代以来,美国政府支持农业发展的政策重点转向生态农业、农业科技、信息管理与服务等方面。

在生态环境保护方面,政府利用各种媒体向农户宣传改进土地品质的方法;聘请水土保护人员为农民讲解新技术;提供免费技术服务及改进土壤、改善环境的资金。目前美国农业中已经广泛使用农业生物技术,具有耐除草剂、抗虫剂、杀虫剂等基因的改进农作物已占到全部农作物的67%,极大抵御了除草剂、抗虫剂、杀虫剂等化学品的使用,改善了生态环境。

在科技信息支持方面,政府允许农户使用GPS全球卫星定位系统辅助生产,目前有15%以上的农户将其应用于农业生产中。农户可以依据定位系统测得的有关土壤的技术数据对耕地"对症下药",有针对性地施肥、浇水,大大提高了整片土地的生产率。

目前以基因工程为核心和以全球定位系统为代表的高科技设备正在越来越多地支持其农业的发展。

在信贷支持方面,美国政府进一步增加了对农业的支持。成立了规模庞大的农业信贷体系,包括12家联邦土地银行及地方联邦土地银行会(向农场提供不动产抵押贷款)、12家联邦中间信贷银行(向农场提供中、短期贷款)、12家生产信贷公司以及由他们组成的地方生产协会(向农场提供生产贷款)、13家合作社银行(向合作社提供贷款)。此外,政府还通过"农产品信贷公司"提供农产品出口信贷担保。目前美国农业发展的资金约有40%是政府信贷。

在农业信息管理与服务方面,美国农业部设立了"经济研究所"、"农业合作局"、"食品安全和技术服务局"、"食品和农产品出口检验局"、"农产品贸易和销售信息中心"等部门,为农户提供有关市场信息、农产品政策、出口对象国贸易政策、环境、运输、检疫、卫生标准等多方面的信息,帮助农户扩大生产与出口。此外,农业部下属的"美国促进出口办公室"还负责向出口的农户提供关于农产品出口政策、国外农产品市场信息和资料的咨询,对世界各国市场准入状况进行分析,同时负责为农户出口牵线搭桥,使之与国外买主直接建立联系。

综合看,美国政府通过支农政策体系,有力地促进了其农业生产的发展,使美国成为世界第一农业大国。

(二)美国促进传统工业发展的有关政策措施

美国是典型的市场经济国家,其主流经济学派认为,政府在产业发展中的主要作用是创造平等竞争的经济和社会环境。包括运用财政和货币政策调节经济运行,抑制通货膨胀,实现充分就业,保持国际收支平衡,保证金融市场和银行系统稳定运行,提供良好的法律环境等。政府一般不应制定和运用产业政策鼓励或限制竞争性领域的产业发展。尽管如此,在美国经济发展史中还是不乏政府运用产业政策扶助和促进特定产业发展的案例。如 19 世纪美国西部开发时政府向私人铁路开发商赠送土地,鼓励铁路建设的发展;20 世纪 30 年代大萧条时,罗斯福政府通过新政保护和鼓励一些产业发展;20 世纪 60 年代,政府通过基金和贷款方式推动农村电力的发展;80 年代以来,在激烈的国际竞争中,为加强美国产业竞争力,政府对产业研究开发加大了投入,鼓励企业创新,提升传统产业的竞争能力。在扩大还是缩小政府在传统产业改造中的作用,存在不同意见。美国工会、民主党人和因产业政策受惠的私人公司主张扩大政府作用;而倾向于自由市场经济的共和党保守人士则反对扩大政府作用。近一段时期,由于美国制造业的失业率较高,国会中少数民主党人还提出对制造业实行税收优惠政策的动议。总体看,主张政府干预和支持产业发展的意见是非主流的。

美国政府没有专门负责传统产业改造的职能部门,政府支持传统产业改造的主要做法是:

1. 税收支持政策

抵减应税收入(Tax credit)是美国各级政府普遍采用的优惠政策,与传统工业相关的目标主要包括刺激投资、鼓励研发、促进就业、旧区改造等方面。在这些目标下,税收政策对传统工业发展发挥了积极作用。在鼓励投资方面,1961 年政府规定折旧额再投资可抵减应税收入,以后又扩大到企业投资的一定比例可抵减其应税收入。近年来,从供给学派的主张出发,小布什政府对企业实行了减税政策。减税后,企业投资的边际有效税率(Marginal Effective Tax Rate)从 27.6% 降到 23.4% ,其中公司类企业边际有效税率从31.9%降至26.3%,非公司类企业边际有效税率从20.8%降至18.9%。在鼓励研发方面,自1981年起,规定企业研发投入可抵减其联邦所得税应税收入(企业当年研发投入,高于前4年研发投入平均值的数额,按照一定比例抵减其应税收入)。在增加就业方面,1996年制定了小企业就业保障法,其中包括增加就业可以抵减应税收入的内容,规定企业每雇用一个联邦政府认定的待业人员,可相应减联邦所得税应税收入2400美元。1997年劳工部设立的福利转就业抵减应税收入计划(Welfare-to-Work Tax Credit,WtWTC),规定企业每雇用一个长期享受联邦政府补助的人员,可相应减联邦所得税应税收入8500美元。在旧区改造方面,政府通过抵税方式鼓励地方和私人参与废旧厂房和土地的清理平整,据美国政府估算,2001—2005年抵减应税收入大约吸引了70亿美元的私人投资,重建了1800个旧厂址。

2. 产业发展资助

政府部门通过合作、合同、直接拨款等方式向不同产业提供资助,1994年,此类资助在美国联邦预算列支达100多项,支出总额750亿美元。主要有:联邦研究开发资助,国防部每年的研究开发预算有几百亿美元,占联邦研发总预算的一半以上(2004财年该项预算为663亿美元,占联邦研发总预算的52.2%);能源部研发资金(80多亿美元,占联邦研发总预算近7%);联邦技术创新资助,主要由美国商务部掌握,向一些大企业提供技术资助,1990—1994年,通用汽车获技术资助1.11亿美元,通用电气获得2540万美元,杜邦公司获得1520万美元,花旗公司获得960万美元;商务部制造业扩展合作计划(Manufacturing Extension Partnership),用9500万美元资金建立和维持若干个扩展中心,资助中小制造企业采用先进制造技术;联邦产业发展资助,1997年,美国政府拨款

2 亿美元,支持三家美国汽车公司合作研发新一代汽车,预期将汽车燃料效率提高 3 倍、同时增强安全性和降低尾气排放,增强美国汽车产业的竞争力;联邦地区发展资助,通过设立社区发展金融机构(CDFI),为经济困难的社区和低收入者提供支持,包括金融援助、新兴市场抵税和技术援助等若干项目;美国商务部经济发展局还通过投资和贷款方式向高失业地区的地方政府、非盈利团体、私人公司提供资助,包括技术支持、工业园和港口等基础设施建设支持等,此外还向困难行业和企业提供出口支持。

3. 政府采购政策

政府采购是美国支持传统产业发展的重要手段。2001 年,美联邦政府采购总额为 2349 亿美元(国防部占 66.6%,能源部占 7.9%),涉及的行业中,制造业占比最大,达 36.3%;科技服务业占 27.8%;商业占 4.2%;信息产业占 3.7%;运输占 2.1%。

4. 政府信贷支持政策

美国政府通过提供政府贷款或贷款担保,支持有关产业和企业发展。如商务部向高失业或低收入的困难地区提供滚动贷款基金,帮助地区产业的发展;美国小企业局向小企业直接提供贷款或贷款担保,以及发展咨询和抗灾援助,1991—2000 年,共向 43.5 万个小企业提供了 946 亿美元的贷款;美国进出口银行(政策性银行,成立已有 60 多年)对出口企业提供低息贷款或贷款担保、出口保险等。由于政府贷款一般是政策性贷款,不良贷款比率较高。20 世纪 80 年代,美国商业贷款的不良贷款率约为 3%,而政府的平均不良贷款率为 8%,其中小企业局不良贷款率在 20% 以上。

5. 政府贸易支持政策

1988 年,美国国会通过了综合贸易和竞争法,设立了用于贸易报复的 301 条款、特别 301 和超级 301,授权对违反 WTO 规定的、侵犯美国知识产权的和屡次违反自由贸易规则的国家进行调查并采取反倾销、惩罚性关税等贸易制裁措施。此外,美国商务部还为出口提供咨询和市场服务,为地区或行业提供贸易战略并负责倾销和不公平贸易案的调查。

6. 折旧政策

加速折旧是美国联邦政府鼓励产业投资的重要手段。1946年以前,美国政府对固定资产采取线性折旧方式,此后开始采取加速折旧方式。1986 年在取消投资抵税办法的同时,增大了折旧的加速幅度。此外还缩短折旧年限鼓励产业投资。

7. 政府对经济特区发展进行支持

为了促进经济落后地区的产业发展,美国国会立法规定可在国内成立特许区(EZs)和创业区(ECs),规定特区和创业区的企业享受多种优惠政策。如,区内企业可发行免税债券,债息率可低于市场债券融资成本 1.5%—2.5%;企业为区内居民新增一个就业岗位可抵扣联邦所得税应税收入 3000 美元;区内机场、港口、水电热系统等基础设施建设可发行免税债券融资;联邦小企业局向区内小企业提供低息贷款等。

二、日本在农业和传统工业发展方面的政策措施

(一)日本的农业发展政策

面对比较薄弱的农业生产,日本采取了高度保护型的农业发展政策。在农村土地改革的基础上,1961 年日本颁布了农业基本法,通过数量限制(主要是大米)和高关税(其他农产品)等措施保护国内农产品市场;同时,通过政府收购稳定大米的市场价格。在WTO 农业谈判回合中,日本对农业高度保护的做法受到了很大冲

击,被迫逐步开放国内农产品市场;同时,长期的高度保护并没有改变日本农业基础薄弱,市场竞争力低下的问题,农业生产中普遍存在土地经营规模小、兼业农户多、青壮年农业劳动力减少等问题。为此,日本从1998年度开始实行"新的大米政策——水稻生产经营稳定对策"。其主要内容是:大米价格主要由国内市场的供求关系决定;以各品牌大米三年市场的平均价格作为基准价格,如果当年大米价格低于基准价格,政府对差额予以80%的补助。1999年日本颁布了新的食物、农业和农村基本法,政策重点有四个方面:第一,农地政策。促进农村土地流转与集中,扩大农户经营规模,执行有选择性扶持农民的政策,重点支持与培养有发展潜力专业农户和农业大户,促进扩大家庭农业经营规模和优化农业生产结构。第二,经营对策。以提高农业经营效率为目标,一方面培养拥有相当多的土地资源,而且具备很强市场经营能力农业法人;另一方面通过农村协作组织加强对农户的经营指导、培训农业经营人才、整合农协分支机构,降低生产流通成本,推广农业新技术,实施品牌化战略,鼓励不同产地之间展开竞争,引导农产品向质优价廉方向发展。第三,环境对策。推动生态农业的发展,追求经济、生态环境和社会综合效益的最大化,鼓励农户积极施用有机肥料,尽量不用或少用化肥,不使用化学农药防治作物病虫害,依靠保护病虫天敌或培育抗虫害作物新品种等防治病虫害;积极发展"四维农业",即"水稻—蘑菇—牛—蚯蚓"四位一体的农业生产体系,形成一个良性的农业循环系统。第四,地域资源保全对策。注意保护和合理利用地区土地、水源、人力、传统文化、历史遗址、自然景观、生态环境等各种资源,统筹发展农业生产、文化教育、社区建设、生态保护、城乡交流。2000年日本制定了《针对山区、半山区地区的直接支付制度》,对这些地区的农户进行直接补贴,拉平山区与平原地区农业生产成本差距,鼓励农民充分利用这些区域的土地,保证国内粮食等农产品的较高自给率。日本过度的农业保护政策,特别是对市场机制重视不够,导致其农业竞争力较弱,农产品国际贸易摩擦较多;为此提出的"新农业基本法"和一系列相关政策,是日本农业政策的历史性调整,目前看,其作用尚未明显表现,日本农产品的市场竞争力仍然较低,对进口的依赖程度较高。

(二)日本在传统工业方面的政策措施

日本是制造业强国,与美国不同,日本高度重视政府在工业发展中的作用。产业政策的概念首先产生于日本,在日本工业发展中发挥了重要作用。日本的产业政策主要包括两个方面:一是协调不同产业间关系的产业结构政策;二是协调企业之间关系的产业组织政策。

1945—1960 年的经济复兴时期,日本产业政策的重点是支持钢铁和煤炭这两个基础材料工业发展,通过这两个部门的增长,带动其他产业的发展,称之为倾斜式生产方式。主要通过原材料分配、复兴金融公库贷款、价格控制、差价补助金、进口物资的分配等直接控制手段实施,带有很强的计划经济色彩。

1960—1973 年的经济高速增长时期,日本产业政策的重点是推动产业结构的重化工业化。1963 年,日本政府发表了《关于产业结构的长期展望》。这一时期日本产业政策在目标、手段和功能上都开始向适应现代市场经济方向发展。主要包括:为适应贸易自由化和资本自由化建立产业新秩序的政策,核心是以建立新产业体制和进行以规模经济为目标的产业改组;调整设备投资的政策,主要是基于防止产能过剩目标,对钢铁、合成纤维、石油炼制、石油化工和纸浆等产业的设备投资进行干预,制定了最低投资规模等政策;制定调整中、小企业参与领域和促进中、小企业专业化与现代化的政策,1963 年颁布了《中、小企业现代化促进法》;继续推行产业扶持政策,在继续执行有关重点产业振兴临时措施法的基础上,对个别新兴的高新技术产业（如电子计算机、核电）专门采取措施予以扶持。

1973—1985 年的稳定增长时期,产业政策的重点是推动产业结构由重化工业转换为知识密集型的工业结构,围绕产业的知识密集型制定产业政策。主要包括调整长期萧条产业;调整引起国际间贸易摩擦的产业;提出综合能源对策(确保石油的稳定供应,节能对策以及替代石油的新能源开发利用政策);资助尖端技术领域的技术开发及扶植有关的产业;限制公害和扶持中小企业的政策等。

1985—1990 年的经济结构调整时期,产业政策的要点是对外实现"国际水平分工"、对内实现"知识融合化"。具体措施一是刺激国内需求,推进"内需扩大主导型"战略;二是鼓励对外投资;三是加强社会公共投资,提高国民福利水平。

20 世纪 90 年代之后,日本开始实施"创造性知识密集型"的产业政策。在"科学领先、技术救国"的方针下,调整产业结构、积极发展知识密集产业。同时,提出建设"生活大国"的目标,促进经济增长由出口主导型向内需主导型转变。这一时期,日本提出了"新技术立国"和"科学技术立国"的方针,但由于日本经济的长期萧条,使整个产业结构高度化的进程大大推迟。

日本产业政策促进产业结构调整的作用,也表现为对传统工业发展的支持和引导。第一,根据世界市场和经济结构的变化,提出工业制造业结构调整的目标,积极培育新的主导产业,扶持衰退产业转型,在很大程度上避免了产业衰退在特定地域的累积,支持了地区经济持续保持活力。日本通产省每 10 年发布一个通商产业展望,经济企划厅也发布相应的经济发展计划。1997 年 5 月,日本政府发表了《经济结构的变革和促进创造行动计划》,提出了到 2010 年的产业发展目标。第二,对煤炭、铝、合成纤维、船舶、化肥、石化等衰退产业转型进行扶持和引导。采取了课税特例、特定产业信用基金的债务保证、开发银行融资等措施,促进企业转型;对石油危机之后处于衰退的产业,采取了成立萧条卡特尔、缩小生产规模、停产转产、鼓励海外转移等措施。第三,促进大企业联合重组。通过推进贸易自由化,解禁持股公司、简化合并手续等,为大企业向优势领域转移和联合重组创造条件。目前日本汽车工业联合重组步伐明显加快,福特——马自达——三菱集团,本田——日野——大发集团,通用汽车公司——五十铃——铃木集团等开始形成。第四,支持中小企业发展。针对中小企业规模小、资金筹措、信息收集、技术开发等能力薄弱的情况,设计了各种各样的组合制度,鼓励同业者或处于相同立场的中小企业加强协作,提高产业组织化程度。同时,在所得税、固定资产税、印花税、事业税、不动产取得税等多项税收方面实行减免措施;中央和地方各级政府,以及中小企业团体中央会,对小企业发展活动提供各种补助。第五,通过金融系统支持工业制造业转型。政府扶助金融体系重组和处理不良债权,1999 年 3 月,向第一劝业、住友、三和、樱花、富士、东海、朝日、大和、日本兴业、三菱信托、信友信托、东洋信托、中央信托、三井信托、横滨等 15 家大银行注入 7 兆 4592 亿日元资金,目标是处理 9 兆 437 亿日元不良债权,增加对国内企业的信贷 6 兆 7110 亿日元。第六,建立中小企业政策金融体系,主要包括:中小企业高度化资金(中小企业事业团和都道府县对中小企业振兴组织提供长期、低利贷款,用于促进中小企业发展);支持中小企业设备现代化的贷款制度;中小企业素质强化资金补助制度等。
此外,为了确保中小企业的贷款,还由都道府县的信用保证协会
(全国共52家)为中小企业的银行贷款进行担保(共安排20兆日
元的特别信用保证金,帮助中小企业取得贷款,仅1998年10月至
1999年3月间,中小企业由此获得的贷款就达14兆4221亿日元,
有效地帮助了大批中小企业渡过了难关)。

专栏4—9:日本石川县运用高新技术保护和发展传统产业

　　石川县是日本主要传统产业区,该县经济主要依靠中小企业和传统产业。由于传统产业主要依靠手工作业,与大规模的现代化产业相比,成本较高,竞争较弱。如何利用高新技术解决传统产业中一些尚未解决的难题,提高产品的附加价值,不仅是提高产业竞争能力,也是维护、继承和发展传统工艺和文化的迫切需要。

　　石川县首先大力发挥该县工业试验场的作用,帮助传统产业研究开发新技术、新产品。漆器是该县的代表性传统产品。工业试验场根据蝴蝶在不同的光线下能够呈现不同颜色的现象,采用纳米技术开发出了一种新型纤维添加剂,使用添加了这种特殊纤维的漆生产的漆器,在不同的光线下能够呈现不同的色彩,非常美观,深受消费者青睐。而且这种漆器生产时不需要染色工艺,不仅降低了能源消耗和产业废弃物的排放,而且还便于生产作业,提高生产效率和经济效益。目前,这项技术不仅应用到了碗、盘、盆等传统漆器中,还被应用到首饰等装饰品以及高档豪华建筑工程之中,产生了非常好的经济和社会效益。

石川县还是日本三大著名的瓷都之一。该县生产的"五彩九谷烧"久负盛名。近年来,出于对餐具安全以及环保的需要,使用无铅釉彩成为世界瓷器业的趋势。该县工业试验场九谷烧技术中心和有关方面通力合作,研发出了无铅釉彩,同时,在红色的染料中添加采用纳米技术生产的金粉,很好地解决了无铅釉彩中红色染料缺乏透明性和光泽度的问题。

金箔业是石川县一项重要的传统产业,几乎占据了日本国内100%的市场份额。该县的箔一公司是日本金箔行业的一家龙头企业,该公司采用先进技术和传统手工操作相结合的方式,开发设计了很多对人体有益的新工艺、新产品,使该产品从首饰、摆设等工艺品,扩大到健康食品以及化妆品等行业。

维护和发展传统产业离不开当地政府的积极支持。石川县政府每年都要拨出10多亿日元预算来提高包括传统产业在内的当地中小企业的技术水平,使该县的传统产业不断发展成为当地重要的支柱产业之一。

三、英国、德国、法国在农业和传统工业发展方面的政策措施

(一)法国在农业发展方面的政策措施

1. 制定农村发展规划

2005年9月,法国公布了最新的农业发展规划。提出了发展多功能可持续农业;发展林业资源;均衡使用土地;保护和开发生态农业;农业培训等战略方针。还提出了支持落后地区农业发展的措施。

2. 财政对农业进行支持

2004 年,法国农业经营共获得 282 亿欧元的公共财政支持,其中,农业生产占 41%,农村社会保障与互助占 43%,教育与科研占 7%,农食品加工与林业占 4%。

3. 根据农村经济发展的要求,发展多种农业生产经营模式

包括有限责任农业经营体(以入股资金为纽带组成的农业联合体,一般只有一个经营者,其优点是可以吸收更多农业发展的资金)、农业共同经营组合(主要是父子模式,可以方便年轻人到农村安家落户,但对于血缘关系以外的人员到农村发展帮助不大)等,目前,在支持这些经营模式发展的基础上,法国政府也探讨建立其他的企业模式,创造一种新的合作伙伴机制,以包容农村多行业经营活动的特点。

(二)德国在农业发展方面的政策措施

德国的农业发展目标不仅是提供农产品,还包括保护自然物种的多样性、地下水、气候和土壤,美化乡村景观,为人们提供舒适的生活、休息场所等。其主要政策措施是:

1. 鼓励农地合并经营

1955 年制定了《农业法》,允许土地自由买卖和出租;之后又实施了《土地整治法》。此外还利用信贷、补贴等经济手段促进土地合并,出售土地的农民可获得奖金或贷款;土地出租超过 12 年,每公顷可获奖金 500 马克(1965 年开始执行)。在此背景下,德国的农场规模不断扩大,由 1949 年平均 8.06 公顷扩大到 2002 年 30 公顷以上,农场数量则从 165 万个减少到 50 万个。农业劳动生产率大大提高,粮食单位面积产量跃居欧盟第 5 位,粮食总产量跃居欧盟第二位。

2. 积极发展生态农业

重点是防止对农田的外源物质污染;保持天然生物品种特性,

保护风景名胜和自然景观。1998 年制定了《动物保护纲要》,禁止伤害动物或利用动物进行试验;建立了生态农业促进联合会,约定联合会成员不能在自己的土地上使用化肥、农药和除草剂;近年来,政府每年拨款 40 多亿欧元支持发展"工业作物"种植业(可以用来生产能源和化工原料替代品的经济作物);加强生态农业培训,包括使农民掌握一定的专业知识和生产技能,培养家庭农场经营者、农艺师和农业技术员,培养高级农业技术和管理人员等。目前,德国不同规模、不同类型的生态农场和村镇已发展到 8000 多个。是当今世界生态农业发展最快的国家之一。

3. 加大对农业的政策支持,努力维持农民的务农收入

德国是欧盟的主要成员国,2002 年欧盟的农业预算共支出 439 亿欧元,补给德国农业 80 亿欧元左右,当年德国农业预算支出约为 100 亿欧元,在这大约 180 亿欧元中,用于支持农民养老、医疗、失业保险等开支占了 66%。此外,政府还给农民提供各种补贴、津贴,据有关资料,2002 年,农民收入的 60% 左右是从欧盟、联邦和州政府得到的津贴、补贴。此外,德国各级政府还对农业基础设施建设给予大量资助,支持农村排水供水设施、道路、农田和林地建设。

4. 重视发展农业合作组织

德国是合作社的发祥地,1867 年制定了第一部《合作社法》,后来又多次修改完善。德国重视农业合作社的法制建设,注意形成民主、规范、科学的管理机制,保证了社员的权益,促进了各类农业合作社发展。合作社成为政府和农民对话的基本社会组织形态,参加合作社的农民,可以通过合作社共同使用大型农业机械、取得低息贷款、享受良种供应、病虫害防治、卫生防疫、机械维修技术培训、信息咨询等服务。20 世纪 70 年代以后,为了扩大影响

力,大多数农业合作社走上联合发展之路,成立了地区性合作社联盟、专业性合作社联盟和全国性合作社联盟,这些联盟在互通情报、控制市场方面具有重要作用。

5. 重视村镇发展规划

自 20 世纪 50 年代起,德国《土地整治法》要求制定联邦区域规划、州区域规划和村镇建设规划,在村镇建设中还要严格执行《建筑法》,建筑项目在欧盟范围内招标,中标项目要提供土地规划图、空间规划图、技术规划图,资金预算等资料,并举行听证会,充分听取当地居民意见。对保护自然生态,美化农村社区,改善农民生活发挥了重要作用。

6. 发展农村社会保障制度

建立了医疗护理保险、养老保险和事故保险,实行提前退休制度(鼓励中老年农民提前把农田交给年轻农民,中老年农民可以得到补偿金)。1995 年 1 月,开始为农民的妻子设立独立的社会保障,进一步完善了养老保险制度。

(三)法国用信息技术改造传统产业的主要做法

洛林是法国传统产业集中的地区,通过运用信息技术,成功地实现了转型。主要做法是:第一,制定"适应性计划",推动煤炭、冶金等传统产业结构调整,包括关闭矿井、企业,安排失业工人等;提出从重工业向精细、微型产业转变的发展目标,促进微电子、精密加工、汽车、机械、物流、服务业等加快发展。第二,依靠信息技术改造传统制造业,形成新的竞争力。例如,在汽车工业中广泛应用信息技术,从燃油、控制、底盘、车载系统以及行驶调度系统等全方位应用信息技术实现智能化,大大改进了汽车的品质和性能,提高了生产效率和市场竞争力。第三,加快信息化环境建设,为工业研发、生产、管理、流通等提供全方位的信息技术支持。提出了

"法国信息社会行动计划",建立开发平台支持信息技术开发应用。建立微电子等科技技能中心,为中小企业创造信息技术研发和应用平台。为了鼓励 IT 技术和应用的创新,将研发和科研开支抵扣应税额,对新企业的科技人员 5 年内实行所得税优惠。第四,政府设立技术创新署,支持技术创新活动,在中小企业中选择最有前途的项目予以资金支持。政府实施"信息传播计划",宣传、推广信息技术,免费为企业提供专家咨询,帮助企业分析应用信息技术利弊。此外还通过行业协会推广信息技术。

(四)德国在传统工业转型方面的主要做法

鲁尔区是德国煤炭和钢铁生产基地,自 20 世纪 60 年代起,受石油、天然气等新能源的冲击,煤矿和钢铁公司纷纷倒闭,大批工人失业。鲁尔区的转型首先从发展高等教育起步。1962 年在鲁尔区建立了波鸿鲁尔大学,之后,众多高校在多特蒙德、埃森等城市涌现。如今鲁尔区拥有 6 所综合性大学和 8 所专科院校,成为欧洲大学最密集的经济区。各个大学在不同工业领域与企业开展合作,尤其是高技术和通信产业。大学和研究机构联手成立"技术转化中心",为产业结构转型直接输送技术成果。第二,整合传统产业,推动企业转型。60 年代末,北威州政府出台了第一个产业结构调整方案"鲁尔发展纲要",将采煤业集中到盈利多、机械化水平高的大矿井。政府提供优惠政策和财政补贴,使煤矿生产技术和设备始终居世界领先水平。1957 年,鲁尔区有 140 个煤矿基地,2005 年只有 7 个,矿工人数由 47 万减少到 3.5 万,目前欧盟31% 的煤和 11% 的钢仍在鲁尔区生产。第三,积极培育新兴产业。通过制定长远发展目标,政策优惠,创造发展环境,培养人才资源,扶持中小企业等措施,支持电子信息等新兴产业发展。20世纪 90 年代初,曼内斯曼(主要生产石油管道等产品,是世界钢管生产最高品质的代名词,德国工业的缩影)开始涉足德国移动通信市场,并很快成为德国第二大电信企业。2000年,该公司被英国沃达丰公司收购,如今是德国移动通信市场两大主要运营商之一。第四,从矿区入手进行城市改造。实施这一计划后,绿地、居民中心、物流中心、工商业园区等大小100多个城市项目像拼图游戏一般散布在埃姆舍尔地区的17个大小城市。"国际建筑展览埃姆舍尔公园"项目在欧洲被视为工业基地稠密区城市建造和生态发展方面的一个重要模式。第五,充分发挥鲁尔区内不同优势,形成各具特色的优势行业,实现产业结构的多样化。多特蒙德依托众多的高校和科研机构,大力发展软件业;杜伊斯堡发挥港口优势,打造贸易中心,并建立了内陆船运博物馆;埃森市则凭借广阔的森林和湖泊,成为当地的休闲和服务中心。

德国也高度重视用信息技术改造传统工业。在信息技术研发应用方面注重与汽车、自动化控制、冶金、数控机床等产业的改造密切结合,从而全面提升了德国传统产业的竞争力,开拓了全球市场。蒂森克虏伯集团是德国著名的跨国公司,其钢铁制造厂为二战前后所建,设备比较陈旧,但该公司在工艺流程、过程控制、产品配方、信息采集、运行管理、市场销售、物流配送等多方面深入应用信息技术,生产出世界领先的高性能优质产品,高档汽车使用的钢材供不应求,这一半个多世纪的老企业在全球市场中形成了新的竞争力。

德国还成功地应用虚拟现实技术(起源于美国,风行于电影、电视等娱乐业)促进建筑、汽车、机械、制药等传统产业发展。其改造传统产业的作用主要体现在:用于产品设计以降低成本;用于产品演示,借多媒体效果吸引客户、争取订单;用于培训,在新生产设备投入使用之前,以"虚拟工厂"增加员工的操作熟练程度。

1991 年建筑设计开始最早应用虚拟现实技术,慕尼黑内梅切克公司研制出了由个人电脑、投影设备、立体眼镜和传感器组成的"虚拟设计"系统,它不仅可以让建筑师看到甚至"摸"到自己的设计成果,还能简化设计流程,缩短设计时间,方便随时修改;汽车业应用虚拟现实技术最广泛,奔驰、宝马、大众等都建立了虚拟现实开发中心,以"数字汽车"模型来代替木制或铁皮制的汽车模型,将新车型开发时间从一年以上缩短到 2 个月左右,开发成本最多可降低到原先的十分之一,此外,在汽车零部件设计、空气动力学试验和模拟撞车安全试验等方面,也使用了虚拟现实技术,成本降低达 40%。

四、发达国家在农业和传统工业方面政策措施的简要总结

第一,无论资源禀赋条件如何,发达国家无一例外地高度重视和扶持农业和农村发展。而且政府财政、低息贷款等在其中发挥着重要作用。

第二,对传统工业的支持,主要表现在解决其转型中的困难,例如对企业不良资产、失业工人等予以支持,对中小企业的发展,特别是技术创新予以扶助等。

第三,注重制定产业发展规划,指导产业结构调整升级,弥补市场在引导产业发展方面的不足。这方面日本、法国、德国等取得的效果比较明显。

第四,注意发挥新技术、新兴产业等对传统产业的带动作用,使传统产业改造升级与新经济紧密结合起来,形成了制造业新的竞争优势。

第三节　发展中国家农业和传统
工业发展的经验教训

一、印度

(一)印度农业和传统工业发展概要

表 4—11　印度传统产业发展的有关数据

	1975 年	1985 年	1995 年	2003 年
农业增加值占国内生产总值的比例(%)	41.31	33.72	28.24	22.83
食品、饮料和烟草占制造业增加值的比例(%)	10.84	11.60	10.10	11.29
食品、饮料和烟草占 GDP 的比例(%)	1.66	1.91	1.82	1.76
纺织和服装业占制造业增加值的比例(%)	19.45	14.98	11.17	27.07
纺织和服装业占 GDP 的比例(%)	2.98	2.46	2.02	4.22
化学工业占制造业增加值的比例(%)	15.06	15.11	20.16	9.05
化学工业占 GDP 的比例(%)	2.31	2.48	3.64	1.41
机械和运输设备占制造业增加值的比例(%)	22.71	25.37	25.28	18.40
机械和运输设备占 GDP 的比例(%)	3.48	4.17	4.56	2.87
制造业增加值占 GDP 的比例(%)	15.32	16.44	18.06	15.59
传统制造业占制造业比重(%)	68.06	67.05	66.71	65.81
传统产业占 GDP 比重(%)	51.74	44.74	40.29	33.09

数据来源:根据国研网数据库世界银行统计数据计算整理。

　　上表数据表现的印度传统产业发展特点是:第一,传统产业在印度国民经济中还居于支柱地位,2003 年在 GDP 中的比重仍然达到 33%;联系到印度近年来加快发展制造业的努力,预计制造业在 GDP 中的比重还会呈现上升趋势。第二,农业在 GDP 中的比重持续下降,表明其工业化活动不断推进。但农业占 GDP 的比重仍然较高,反映印度还处在工业化前期。第三,1995—2003 年,印度纺织服装业在制造业中的比重提高,而机械和运输设备的比重相对降低,表明印度制造业尚未充分发展,还处在劳动密集型产业发展时期。综合这些数据特点,可以认为印度尚处于传统工业在国民经济中地位不断提高,农业比重不断降低的工业化阶段,其现代软件和金融业的发展,主要建立在与国际相关产业和市场联系的基础上,并不是印度经济的主体。

（二）印度农业发展与农业政策

印度拥有良好的农业资源,耕地面积 1.43 亿公顷,居亚洲之首;人均耕地 0.16 公顷,约为我国的两倍;水资源丰富,全国 36% 的地区年降雨量 1500 毫米以上,其他地区的降水量也不低于 750 毫米;北方气温最低 15℃,南方气温高达 27℃,几乎没有霜期,全年均可生长农作物。印度农村人口占总人口的 80%,农业生产主要以个体农户为经营单位,平均经营土地规模为 1.68 公顷（1985/1986 年度）,农业基础设施薄弱,基本靠天吃饭,以传统的生产工具和手工劳动为主,85% 的耕地依靠人畜力耕作。在此背景下,印度农业资源优势长期得不到发挥,国内食品供应不足,部分粮食依赖进口。20 世纪 70 年代,印度开始了一项"绿色革命"行动,推广高产品种,加强农业基础设施,增加农业机械使用,改进农业生产技术,提高粮食单产。经过努力,取得了显著效果。1975 年以后,粮食基本自给,棉花开始大量出口。20 世纪 90 年代以后,印度将增加农产品出口作为重要目标,采取多方面措施予以支持。

印度政府支持农业发展的主要做法是:

1. 积极开展农业科技研究

由印度农业研究理事会(设有38个研究所,11个国家级研究中心,5个科研项目指导委员会)、地方农业科研系统等60多个研究机构组成农业科研系统,高等农业院校也承担大量的研究课题。科研经费的85%由政府财政预算拨付,1960—1986年期间,农业科研经费增加了89倍。各邦设立了农业科技推广站和种子公司,组织农民进行田间试验,然后逐步推广。

2. 保护农产品价格

1965年前,印度政府农产品价格政策的重点是保护城镇消费者利益,限制价格涨幅;随着农产品产量的增长,逐步转向保护农产品价格,由农产品价格委员会(1985年更名为"农产品成本和价格委员会")根据农产品成本、工农产品比价、作物之间的比价及供需状况、农民的合理利润等因素,向政府提出年度农产品支持价格,由政府在收获前公布。印度粮食公司负责按照支持价格收购农产品,并提供给各邦的粮食供应部门(平价粮店)按照较低价格售给消费者。差价部分由政府财政补贴。

3. 提供农业信贷

印度农村的资金融通,曾经以私人高利贷为主,1951年私人贷款占农民贷款总额的92.8%。印度政府通过发展农村信用社系统和支农的商业银行系统,逐步改变了这一情况。1970/1971年度,信贷合作社系统的贷款占农民贷款总额的20.1%,商业银行在农业贷款中的比重达到28.8%(1986年)。1988/1989年度,机构贷款占农民贷款总额的57.4%,有力地削弱了农村高利贷势力,支持了农民的资金需求。

4. 制定农村扶贫计划

针对农村贫困人口众多的问题(农村贫困线以下人口在总人口中的比重,1967/1968年度为56.5%),实施了一系列扶贫计划。

包括农村综合发展计划、就业计划、无地者就业保证计划、农村青年自营职业培训计划、农村妇女和儿童发展计划、干旱地区发展计划等,由政府出资改善贫困农民的生产条件,扶助其发展农村工副业扩大收入来源,取得了明显成效,1988/1989 年度贫困人口的比重降低到 28.4%。

5. 鼓励发展农业合作社

印度的农业合作社实行入社自愿,民主管理;理事会由社员大会选举产生,每届任期多为 5 年,社员大会通常每年召开一次,审议合作社的工作。有农产品生产、加工、销售等不同类型的合作社。政府对合作社十分重视,通过提供培训、资金补贴援助等措施,帮助合作社发展农产品生产、加工和销售。

（三）印度政府加快制造业发展的情况

印度的制造业正在加快发展。2003 年制造业增长 7.3%,2004 年增长 9.2%。2004 年植物纤维及纺织品的产量分别增长59.1% 和 30.8%。针对印度工业化和城市化水平低、软件和金融业对国内非农就业带动不明显的问题,印度政府注意借鉴中国模式发展制造业,重点支持轻纺、汽车等产业发展。但印度轻纺工业总体看水平不高,主要以分散到家庭加工为主。汽车工业在外资支持下取得较快发展,但对国内产业和就业带动不大。手机等电子信息产业也在外商投资背景下有所发展,但与印度国内制造业之间的联系薄弱。轻纺、汽车等产品出口增长很快,反映主要以加工贸易的模式发展,也表明印度国内市场空间不足。

在加快制造业发展方面,印度政府作了很大努力。2004 年 9月,辛格政府成立了"国家制造业竞争力委员会",进一步放开制造业领域对外资进入的限制,调低税率;通过关税等措施保护国内市场,在税收、电价方面实行优惠,对企业提供补贴,支持国内企业发展。此外,在 2005 财年预算中,辛格政府再次强调了在未来几年内强化国内基础设施建设的决心。

二、泰国
(一)农业及传统工业发展概要

表 4—12　泰国传统产业发展的有关数据

	1975 年	1984 年	1994 年	2002 年
农业增加值占国内生产总值的比例(%)	26.87	17.57	9.09	9.43
食品、饮料和烟草占制造业增加值的比例(%)	24.30	44.98	16.10	23.07
食品、饮料和烟草占 GDP 的比例(%)	4.53	10.30	4.76	7.77
纺织和服装业占制造业增加值的比例(%)	19.33	12.60	17.98	13.96
纺织和服装业占 GDP 的比例(%)	3.61	2.89	5.31	4.70
化学工业占制造业增加值的比例(%)	9.92	6.42	2.31	6.86
化学工业占 GDP 的比例(%)	1.85	1.47	0.68	2.31
机械和运输设备占制造业增加值的比例(%)	15.02	6.43	28.23	10.89
机械和运输设备占 GDP 的比例(%)	2.80	1.47	8.34	3.67
制造业增加值占 GDP 的比例(%)	18.66	22.91	29.55	33.69
传统制造业占制造业比重(%)	68.57	70.43	64.62	54.79
传统产业占 GDP 比重(%)	39.67	33.71	28.18	27.89

数据来源:根据国研网数据库世界银行统计数据计算整理。其中化学工业和机械运输设备占制造业增加值比重为 2001 年数据。

上表数据反映的泰国传统产业发展特点是:第一,传统产业在国民经济中还居于重要地位,2002 年在 GDP 中的比重仍然达到27.89%;另一方面,制造业增加值占 GDP 的比重持续提高,但传统制造业占制造业增加值的比重则降低,表明泰国仍然处于工业化过程中,但传统制造业对工业化的支撑力度趋于减弱。第二,农业在 GDP 中的比重持续下降,反映了工业化进程的一般特点。第三,泰国经济规模较小,产业结构完整度受到一定影响,外商投资对其产业结构变化易产生较大影响,特别在亚洲金融危机冲击下,其产业发展受到的影响较大。因此,泰国传统产业发展与工业化推进的关系不够典型。

(二)农业发展情况及相关政策

泰国农业资源丰富,享有"东南亚粮仓"的美名,大米、木薯的出口量均居世界第一位,橡胶居世界第三,玉米居世界第四。农产品出口占出口总值的 40% 左右。

泰国政府积极支持农业发展,主要措施有:

1. 支持农产品出口

在税率、劳动力和投资等领域颁布了一系列优惠政策;积极谋求与中国、美国、俄罗斯、印度、老挝和越南等国建立自由贸易区;加强与印尼、马来西亚等天然橡胶生产国的合作(泰国、印尼、马来西亚三国天然橡胶产量占世界的 77%),稳定国际市场橡胶价格。

2. 向农民提供优惠贷款

根据农户家庭的具体情况下调或免除其贷款利息;延长贷款期限;对从事食品加工的农户实行专门的税率优惠政策等。

(三)泰国传统工业发展情况

泰国工业在 20 世纪 60 年代早期开始起步,积极促进外商投资,对原材料和机器的进口实行减税政策。20 世纪 70 年代以后,政府制定了相关法律与政策,积极推动经济从进口替代型向出口导向型转变。自 1960 年开始,泰国经济长期保持了年均 10% 的增长速度,制造业占国内生产总值的比重也迅速提高。1998 年制造业就业占全部就业的 14.5%,出口占全部出口的 84%,是国民经济的支柱产业。

60 年代,发展最快的是石化行业;70 年代后期,在外商投资促进政策的作用下,外国直接投资推动了汽车、自动数据处理、集成电路等产业快速发展,此外,纺织服装、机械、钢铁、金属制品和非金属制品等产业也发展较快。目前,汽车及零配件、自动数据处理机和集成电路等在出口中占比较大(仅自动数据处理机和集成电路就占出口总额的 19%)。

三、巴西
(一)农业和传统工业发展概要

表 4—13　巴西传统产业发展的有关数据

	1965 年	1992 年	1995 年	2004 年
农业增加值占国内生产总值的比例(%)	18.71	7.72	9.01	10.37
食品、饮料和烟草占制造业增加值的比例(%)		16.19	16.60	
食品、饮料和烟草占 GDP 的比例(%)		3.99	3.92	
纺织和服装业占制造业增加值的比例(%)		9.82	7.20	
纺织和服装业占 GDP 的比例(%)		2.42	1.70	
化学工业占制造业增加值的比例(%)				
化学工业占 GDP 的比例(%)				
机械和运输设备占制造业增加值的比例(%)		26.27	27.19	
机械和运输设备占 GDP 的比例(%)		6.48	6.41	
制造业增加值占 GDP 的比例(%)	26.20	24.66	23.58	10.74
传统制造业占制造业比重(%)		52.27	51.00	
传统产业占 GDP 比重(%)	44.91	20.61	21.04	21.11

数据来源:根据国研网数据库世界银行统计数据计算整理。其中 1965 年、2004 年传统产业占 GDP 比重为农业增加值占 GDP 比重和制造业增加值占 GDP 比重之和。

巴西的数据缺失较多，特别是没有化学工业占制造业增加值比重的数据，其他传统制造业占制造业增加值比重也仅有 1992 和 1995 年的数据，因此，对巴西传统产业发展的反映不够充分。从表中数据看，巴西传统产业发展特点是：第一，农业在 GDP 中的比重持续下降，但 1995 年以后又开始提高，表明巴西工业化进程的推进有起伏，不够顺利；第二，制造业增加值占 GDP 的比重持续下降，表明工业对巴西经济发展的支持相对减弱；第三，传统制造业在制造业中占较大比重，但没有 2004 年数据，不能够对目前巴西制造业结构进行评价。综合看，传统产业在其国民经济中还居于重要地位。

(二)农业发展情况与农业政策

巴西二元经济特点突出，城乡差别相当大；贫困和营养不良的低收入者数量众多。巴西的土地资源、生物资源、水资源等都十分丰富，但农业资源利用率低，很多土地尚未开垦，粮食尚需进口。大豆、咖啡、可可农产品主要供出口。1992 年，巴西农林渔产品出口占总出口的 29%，是主要出口产品之一。巴西的农业经营是大庄园主和小农并存，土地占有极不均衡。良田大部分掌握在大庄园主手里，规模达几万、甚至几十万公顷；其经营的农场，以大豆、甘蔗、咖啡、可可等出口农产品为主；占农场总数 85% 的小农，则以木薯、黑豆种植为主，劳动生产率和收入都很低。此外，巴西还有 1200 万无地农民，多半处于赤贫状态。从 70 年代中期以来，为解决能源问题，巴西实施用甘蔗加工乙醇，取代汽油的计划，甘蔗的种植面积迅速扩大。巴西畜牧业、渔业、林业的生产能力较高，是世界主要的肉类、鱼类出口国，木材出口占拉丁美洲的 54%。

政府在支持农业发展方面的政策主要有:

1. 农业保护政策

包括:(1)信贷支持,政府根据上一年度的产值及土地面积,分别为农户、中等农场和大农场提供所需资金 100%、70% 和 55% 的贷款(利率也以 2—3 个百分点的台阶依次提高)。(2)农产品最低保证价格,由生产资助委员会制定,农业部和国家货币委员会审议,经总统批准后,在播种两个月后颁布。(3)农业保险制度,主要在较发达地区实行。由中央银行独家经营,其他银行代理,分备耕、种植、管理、销售四个阶段分别提供保险(与发放农业信贷同步进行),保险范围以生产成本为上限,同时要求农民必须与"巴西农牧业技术推广公司"签订技术合同,以确保农业贷款的回收。

2. 积极发展创汇农业

利用自己的比较优势调整农产品出口结构,输出优势农产品,换取比较便宜的小麦(近邻阿根廷和美国都是主要的粮食出口国)。

3. 增加农业投入,支持农业基础设施建设

包括仓储设施、公路和水利灌溉等多个方面。农业部每年都向仓储公司拨款(占部年度预算的 1%),联邦政府为修建乡间公路提供低息贷款,1985 年,投资 43 亿美元实施"东北部百万公顷灌溉计划"。

4. 注意发挥合作社作用

巴西农村合作社主要有供销、渔业和农村电气化等三种形式。供销合作社约有 1500 个,主要为农民供应生产资料,组织农产品仓储、运输、销售和出口等活动,同时还提供生产技术、市场信息、经营管理咨询、技术培训等服务;渔业合作社有近 30 个,帮助渔民

购置渔业机械设备等生产资料,发展渔产品的冷冻、加工、运输和销售,进行技术培训;农村电气化合作社有近 300 个,帮助集资修建供电设施,负责管理农用电的收费和征税,推动地区性的经济开发,改善农民的生产和生活条件。

5. 引进国外资金支持农业开发

在农业方面持开放的方针,大胆吸引外资。以色列在巴西东北部进行农业投资,发展灌溉工程;日本于 20 世纪 60—70 年代,对稀树林带进行了大规模的投资建设。

(三)巴西传统工业发展情况

巴西拥有较完整的工业体系,资本货物工业自给率达 80%以上。主要工业部门有钢铁、汽车、机械制造、石油、水泥、电力、采矿、建筑、纺织、轻工等;钢产量居世界第六位;汽车产量居世界第十位。20 世纪 90 年代以来,巴西的电子、通信工业发展迅速。有一千多家电器电子公司,年营业额为 120 亿美元,约占国内生产总值的 3%。巴西工业目前处调整时期,在"进口替代政策"之下,巴西政府曾经对工业实行保护主义政策,严格控制外国产品进入,导致了巴西工业效率和质量低下。1990 年科洛尔新政府执政之后,提出了一系列改革措施,包括取消非关税壁垒,逐步降低关税等等,一方面削减对巴西工业的保护,使之参与国际竞争,另一方面对国内企业进行调整,推行私有化,增强效率和质量。目前传统工业在巴西国民经济中仍然居于重要地位。

四、墨西哥

(一)农业和传统工业发展概要

表4—14　墨西哥传统产业发展的有关数据

	1975 年	1985 年	1995 年	2000 年
农业增加值占国内生产总值的比例(%)	11.81	10.07	5.67	4.17
食品、饮料和烟草占制造业增加值的比例(%)		19.68	26.19	25.36
食品、饮料和烟草占 GDP 的比例(%)		4.72	5.45	5.15
纺织和服装业占制造业增加值的比例(%)		6.11	4.17	3.92
纺织和服装业占 GDP 的比例(%)		1.47	0.87	0.80
化学工业占制造业增加值的比例(%)		17.61	16.54	15.36
化学工业占 GDP 的比例(%)		4.22	3.44	3.12
机械和运输设备占制造业增加值的比例(%)		21.84	22.62	27.07
机械和运输设备占 GDP 的比例(%)		5.24	4.71	5.50
制造业增加值占 GDP 的比例(%)	22.38	23.97	20.81	20.31
传统制造业占制造业比重(%)		65.25	69.52	71.72
传统产业占 GDP 比重(%)		25.71	20.14	18.74

数据来源:根据国研网数据库世界银行统计数据计算整理。

　　上表数据反映的墨西哥传统产业发展特点是:第一,2000年传统产业在 GDP 中的比重为18.74%,明显低于印度和泰国,表明墨西哥经济发展水平较高。但从占比看,传统产业在国民经济中仍居于重要地位。第二,农业在 GDP 中的比重持续下降,表现了墨西哥工业化的持续推进。从农业增加值在 GDP 中的比重看,已经接近发达国家。第三,传统制造业占制造业比重较高，而且呈现持续提高态势，表明墨西哥工业化仍在推进之中。第四，传统制造业中，机械和运输设备发展很快，而轻纺工业发展相对较慢。综合看，墨西哥目前仍在工业化过程中，传统产业对其国民经济发挥着重要支撑作用，也是经济增长的主要推动力量。

（二）墨西哥农业发展经历了明显曲折

墨西哥曾是拉丁美洲的农业大国，由于没有注意支持和保护农业，特别没有注意对国内农产品市场的保护，致使美国农牧产品大量进入其国内市场，其农业生产出现严重危机。当前墨西哥农业生产条件差、水土流失严重、大量农村人口背井离乡，农业投资逐年减少，农业生产资料供应不足，农业生产逐年下降。1995年墨西哥政府的农业预算占其预算总额的6.4%，2000年下降为4.8%，2001年降至2.9%。农产品出口下降，食品和农产品进口逐年增加。墨西哥享有"玉米故乡"之誉，但目前玉米产量却不能满足国内需求；1987年前大米可以自给，但现在80%的大米依赖进口。2008年墨对外贸易将全部实现自由化，即实行零关税。届时，将面对美国农产品进口的更为严重的冲击，对美国农产品的依赖度会越来越高。

针对这一形势，墨西哥政府开始实行鼓励发展农业的政策，尽一切努力保护本国的农业。在中部和西北部地区建立西红柿等蔬菜产区，而在南部热带水果生产带开展规模经营，形成产供销一条龙经营。目前这一战略已取得一定成效。但农业基础薄弱，竞争力低下的问题，仍然困扰着墨西哥经济。

（三）传统工业发展情况

墨西哥是较早全面实施进口替代工业政策的发展中国家，建立了规模庞大、体系完整、较为发达的制造业部门。20世纪80年代,墨西哥放弃了进口替代的工业发展模式,转向新自由主义的发展模式。墨西哥制造业开始了艰难的结构调整,呈现出外向化、与美国经济一体化和生产高度集中化等特点;它带来了工业制成品的出口繁荣及部分产业的快速发展,但同时也产生了一些新的问题。

汽车制造一直是墨西哥的支柱产业,1994 年加入北美自由贸易区并开放市场以来,开始由利用廉价劳动力生产廉价汽车,转为引入先进的生产线生产中高档汽车。诸如凯迪拉克、林肯和宝来等车型均在墨西哥生产。2004 年汽车产量为 150 万辆,2005 年为 160 万辆,规划到 2010 年达到 350 万辆的水平。此外,汽车零部件、电子、非金属矿和水泥生产也是经济增长的重要支持力量。

近年来,受劳动力成本上升和产业技术开发能力不足的制约,在国际竞争的冲击下,墨西哥传统产业出现衰退,2005 年 1 到 9 月份起工业产值仅增长了 1%。为此,墨西哥开始在光纤传导设备等高技术产品领域引进外资,地处西部墨美边境的哈利斯科州,开始以一种墨西哥硅谷的面貌出现在世人面前。但墨西哥能否由此替代传统工业在经济中的作用,还需要继续观察。一名美国官员认为,墨西哥制造业的状况反映该国缺乏创新精神和相关国家战略,把 90% 的产品出口到美国,主要依附于美国经济,必然出现当前的问题。

五、尼日利亚

这一部分在介绍尼日利亚情况时,也一并介绍非洲工农业的发展情况。

(一)尼日利亚农业、工业发展概要

表4—15　尼日利亚农业、工业的有关数据

	1965 年	1981 年	1996 年	2004 年
农业增加值占国内生产总值的比例(%)	54.90	26.91	30.70	16.61
食品、饮料和烟草占制造业增加值的比例(%)		21.47	30.27	
食品、饮料和烟草占 GDP 的比例(%)		1.97	1.46	
纺织和服装业占制造业增加值的比例(%)		13.25	11.09	
纺织和服装业占 GDP 的比例(%)		1.22	0.54	
化学工业占制造业增加值的比例(%)		12.94	25.71	
化学工业占 GDP 的比例(%)		1.19	1.24	
机械和运输设备占制造业增加值的比例(%)		13.27	7.73	
机械和运输设备占 GDP 的比例(%)		1.22	0.37	
制造业增加值占 GDP 的比例(%)	5.43	9.18	4.84	3.99
传统制造业占制造业比重(%)		60.93	74.79	
传统产业占 GDP 比重(%)	60.33	32.50	34.32	20.60

数据来源:根据国研网数据库世界银行统计数据计算整理。1965、2004 年传统产业占 GDP 比重为农业与制造业增加值占 GDP 的比重。

　　尼日利亚工业发展水平很低,非农产业主要是石油工业。从统计上看,不包括在制造业之中。因此,上表数据反映的尼日利亚农业、工业占 GDP 比重较低。观察表内指标,需要注意这样几点:第一,农业在 GDP 中的比重持续下降,2004 年农业增加值占 GDP 的比重为 16.61%,一方面表现了尼日利亚经济在石油资源支持下的发展,另一方面也与农业发展中存在的问题相关。其农业发展水平和农产品供给能力还不高。第二,工业基础薄弱。与发达国家不同,工业比重低反映的不是经济发展水平高,而是工业化程度低。尼日利亚经济高度依赖石油资源,国内工业制造业水平较

低。第三,制造业中传统制造业占比重很高,而且有提高的趋势,表明其工业发展处于起步阶段。综合看,尼日利亚从农业为主转为依靠石油资源为主,工业基础薄弱,农业仍然是主要传统产业,农业自身素质也不高。

(二)尼日利亚的农业发展情况

农业主产区集中在北部,以小农经济为主,粮食不能自给,需大量进口。20世纪70年代石油工业迅猛发展,农产品的出口的地位迅速下降,外汇的增加,为粮食等农产品进口提供了条件,与此同时,对农业发展的重视程度也降低了。多年来,政府对农业的财政支持不断减少;农业生产条件恶化,2820万公顷耕地中,水浇地面积仅有20多万公顷,部分地方由使用联合收割机退步为刀耕火种;由于缺乏资金,农业科技推广工作迟缓,品种更新非常缓慢,杂交品种应用极为有限;种子市场非常混乱,大量在市场上销售的种子既没有包装,也没有说明,质量没有任何保证;农村交通条件恶劣,运输成本高,缺少农产品流通企业,导致产地价格与销售地价格相差数倍;农村生态环境退化,大量树木被砍伐作薪柴,土地沙化现象在北部十分严重,对林业发展也造成重大威胁。土地投入不足,80%以上的土地严重缺氮(氮含量0.1%以下),75%以上的土地严重缺磷(磷含量10mg/kg以下),60%以上的土地中度或严重缺钾(钾含量25mg/kg以下)。农作物的产量低,质量差。据有关调查,尼农作物单位面积产量只有我国的三分之一到十分之一,大米品质很差。虽然奥巴桑乔1999年当选总统以来,制订了一系列促进农业生产的政策措施,并取得了初步成效,但是尼农业生产的落后局面并未得到根本改变。

(三)尼日利亚的工业发展情况

尼日利亚是非洲第一、世界第十大石油生产国,为石油输出国组织(欧佩克)成员国之一。20 世纪 70 年代石油工业崛起,并成为其国民经济的支柱产业。目前,石油工业增加值占 GDP 的20%—30%,石油出口占外汇收入的 95%,财政收入的 80% 来源于石油工业。非石油工业部门增加值占国内生产总值的 4%—5%,主要是纺织业和饮料业,此外还有一些汽车零部件加工、车辆装配、木材加工、水泥等工业,大多集中在首都拉各斯及其周围地区。基础设施年久失修,技术水平较低,多数工业制品仍依赖进口。

专栏 4—10:非洲农业发展的危机与主要原因

农业在非洲国家(南非和毛里求斯除外)占据着举足轻重的地位。平均看,大约占 GDP 的 1/3、出口的 1/2、就业人口的2/3。非洲的农业发展面临严重危机,1999 年非洲农业增长1.1%,2000 年仅增长 0.6%。肯尼亚、埃塞俄比亚、苏丹、索马里、乌干达、布隆迪、刚果(民)、安哥拉等 16 个国家严重缺粮,每年至少有 1/4 的粮食需要进口,1/3 的人口完全依赖粮食援助。由于贫困、饥饿、营养不良和疾病,非洲大陆的平均人口寿命已从 20 世纪 90 年代的 49 岁下降到目前的 45.5 岁,婴儿死亡率高达 10% 以上。

非洲农业危机持续的原因主要是:第一,非洲政府将工业化视为医治经济百病的灵丹妙药,长期实行进口替代的工业化发展战略。将农业置于为工业服务的次要地位,对农业的投资非常有限。许多非洲国家还把仅有的资金集中发展出口经济作物,使粮食生产长期处于停滞状态,形成了对国际市场的高度依赖。第二,长期压低农产品收购价格,以保证向城市居民提供低价粮食,换取他们对政权的支持;为工业提供廉价的原材料。第三,反对政府对农业发展的支持,强调以市场为中心调节农业生产,一些国家解散了农产品收购局,减少对粮食的补贴和对农业的投入。第四,相对不足的农业生产资源与快速增长的人口之间的矛盾,促使非洲国家采取缩短撂荒期等措施,导致耕地质量每况愈下,退化严重,陷入恶性循环。第五,政府形成了"种粮不如买粮"的思想,主要依靠进口,对国内粮食生产放任自流。第六,农业生产和管理方式落后。非洲大多数农作物生产以分散的小农经营为主,而且大多沿用原始传统的农业耕作方式,主要依靠简单的手工工具,农药、化肥、良种使用很少,农田水利设施很少,机械化水平很低。据联合国粮农组织统计,1998年非洲只有1252万公顷土地配有灌溉设施,仅占全非耕地面积的7%(世界平均水平为19.7%)。第七,非洲一直是世界上最为动荡的地区。大约1/5的非洲人生活在因冲突而卷入严重混乱的国家。战争破坏了生产力,严重干扰了农业生产。

专栏4—11:非洲制造业的发展及启示

　　非洲国家制造业增加值占 GDP 的平均比重,由 1985 的13.4%降低到1998 年的12.9%,制造业总体呈现负增长态势。这表明1950—1960 年非洲国家纷纷独立以后,政府热衷于发展工业的努力收到的成效并不显著。也引起人们对以下问题的思考:第一,在缺少必要的体制机制和基础设施支持的条件下,自由市场和供给学派的主张能为非洲制造业发展带来什么成效?

第二,不结合国情特点,照搬其他国家的制度或做法会有什么样结果? 第三,离开政府对产业发展的引导支持,仅仅靠市场力量,对工业化的起步是什么样结果? 第四,缺少支持经济活动的必要社会组织方式,对工业化的起步会有何种影响? 总之,非洲国家工业化在起步阶段的艰难徘徊,警醒人们从另一个角度思考工业化和经济发展的必要条件,加深对支持工业化成功起步的那些重要条件(例如符合国情特点的发展模式、体制模式的选择,基本经济制度的建立,社会的有组织性,基本生活条件的保障,政府对经济活动的有效组织,对国际市场和资源的合理利用等等)的认识。

第四节　对我国的启示和借鉴

综观发达国家和发展中国家传统产业的发展及相关政策,对我国主要有以下几点启示和借鉴:

一、农业在国民经济中具有重要基础性地位

发达国家和发展中国家农业发展的实践证明,无农不稳确实是一条真理。本章列举一些发展中国家,就有一些在这方面走了弯路,都努力采取了调整措施,例如印度、墨西哥、尼日利亚等,特别是非洲农业发展的教训十分深刻。正是由于农业出问题,吃饭保障不了,其经济社会的基本稳定也保障不了。政局不稳、社会动荡,不仅影响到农业发展,也制约了工业和整个国民经济的发展。从发达国家的农业发展看,无论农业资源条件如何,都努力保护本

国农业基础,无一个国家将农产品供给完全建立在依赖进口的模式上。这些对我国具有重要启示,作为 13 亿人口的大国,离开农业稳定这一前提,经济社会就会发生动荡,我国在国际经济中的地位也会不稳。因此,必须牢牢把握稳定农业生产这一原则。

二、传统工业是经济发展的重要基础

观察发达国家和发展中国家的经济发展历程,可以认为,传统工业的充分和高水平发展,是经济现代化的重要阶段,传统工业是国民经济的重要基础。那些传统工业发展水平较高的国家,经济进一步发展的潜力也较大;反之,传统工业发展不足,依靠与国际经济结合发展软件金融等产业(印度),过度依赖资源产品(尼日利亚),则表现出经济发展后劲不足。印度已经开始借鉴我国的工业化模式,注重促进传统工业发展,增加国内就业,扩大非农产业规模。非洲国家经济发展慢的重要原因,也是因为传统工业发展遇到多方面困难而停滞徘徊。从发达国家看,传统工业也是其国际竞争力的重要组成部分。在完成工业化以后,这些发达国家对传统工业发展保持高度重视,仍然予以多方面的支持。反映出传统工业在基本生产生活资料供给、就业、国防建设等多方面的重要地位。

三、传统产业发展必须处理好立足国内和对外开放的关系

只强调立足国内,实行高度贸易保护,封闭型的发展模式不可取,印度、巴西的曲折都说明了这一道理;离开国内产业发展,一味强调对外开放,将本国产业发展绑到发达国家的产业体系中,其模式也不可取,墨西哥的曲折说明了这一道路。只有将两个方面结合起来,形成相互促进的关系,才可以推动传统产业充分、高水平

发展。发达国家由于发展起步比较早,环境和条件不同,这方面遇到的问题不突出,而发展中国家的实践,为我们处理好立足国内与积极扩大对外开放的关系,提供了重要启示。也可以使我们对既要积极引进国外先进技术设备,又要注重消化吸收和创新的重大意义有进一步理解。

四、传统产业发展必须处理好市场与政府作用的关系

市场在传统产业发展方面具有重要作用,但也有一定局限性。与新兴产业比较起来,传统产业发展对政府作用的依赖程度更高一些。主要与传统产业的特点(例如农业)、市场在工业化起步阶段对资源配置的效率较低等相关。完全排斥政府在规划、支持、组织、引导传统产业发展方面的作用,实践证明效果不好。美国产业"锈带"的形成与日本产业结构调整推进比较顺畅,对地区经济发展的负面作用很小,就是很好的对比。印度、泰国、巴西、墨西哥等国在农业和传统工业发展方面,都比较注重发挥政府的作用,取得了明显成效;而非洲农业和传统工业发展的教训,则从反面说明片面依靠市场的结果。

五、要注意依靠高新技术推动传统产业改造升级

发达国家对传统产业的重视,主要表现在依靠信息、生物等新技术推动农业、传统工业改造升级方面。德国、法国、日本等在这些方面做法,值得我们借鉴。当然,我国目前仍处于传统产业进一步充分、高水平发展时期,推动传统产业改造升级的背景、环境、体制机制、资金和技术条件等都与发达国家有较大区别,必须结合我国当前经济发展的实际,合理借鉴发达国家的做法,将传统产业发展与新兴产业、新经济较好地结合起来。

主要参考文献：

1. 驻美国使馆经济处，李云林：《美国联邦政府对传统产业改造的支持》。

2. 王稼琼、绳丽惠等：《区域创新体系的功能与特征分析》，载《中国软科学》1999 年第 2 期。

3. 郑红：《科技产业化与经济增长》，博士论文，1998 年 10 月。

4. 台冰：《发展高技术与改造传统产业关系的哲学思考》，载《高科技与产业化》2000 年第 4 期。

5. 刘世锦著：《中国“十五”产业发展大思路》，中国经济出版社 2000 年版。

6. H. N. 沙伊贝等著：《近百年美国经济史》，中国社会科学出版社 1983 年版。

7. 日本中央大学经济研究所编：《战后日本经济》，中国社会科学出版社 1985 年版。

8.《美国的农业产业化体系》，新华网，时事报告（卜卫东编辑）。

9.《美国经济的现状和前景》，旧金山联邦储备银行研究部副主任 Mark Spiegel；国研网编译。

10.《美国汽车工业发展史》，中广网。

11. 朱丹：《美国零售药店发展史》，载《中国医药报》2000 年 4 月 8 日。

12. 郭庆婧：《美国以信息化重塑制造业霸主的地位》，载《人民邮电报》2006 年 6 月 13 日。

13.《美国制造业衰落了吗》，载《环球时报》2006 年 8 月

8 日。

14. 董书礼:《美国制造业:在创新中调整和发展》,载《求是》2006 年第 23 期。

15. 丁敏著:《日本产业结构研究》,世界知识出版社 2006 年版。

16. 乐绍延:《日本主要传统产业》,新华网。

17. 丁敏:《日本制造业的结构调整》,中国社会科学院日本研究所网页。

18.《反哺农业要汲取日本前车之鉴》,咸阳科技网(来源:中国经济时报)。

19.《日本产业政策和结构调整法制化的启示》,中国宏观经济信息网。

20.《德国农业和农村发展政策特点及其启示》,上海农业网。

21.《法国农业及农村商业发展概览》,goole 搜索。

22.《德、法用信息技术改造老工业基地经验介绍》,http://commerce. northeast. cn2006 年 6 月 12 日。

23. 陈勇:《德国用虚拟现实技术改造传统产业》,新华网。

24. 刘向:《国外自主创新:德国鲁尔区转型与创新之路》,新华网。

25. 周启澄:《从近 30 年来的变化看纺织工业的发展》,维普资讯。

26. 李诚固:《世界老工业基地衰退机制及改造途径研究》,维普资讯。

27.《印度农业概况》,goole 搜索。

28. 人民日报驻印度记者陈继辉:《印度欲作另一世界工厂借鉴中国模式发展制造业》,人民网。

29.《泰国提供优惠贷款促进农业和谐发展》,载《经济日报》2006 年 12 月 30 日。

30.《泰国制造业概况》,南博网 2001 年 11 月 20 日。

31.《巴西农业概况》,goole 搜索。

32.《巴西经济概况》,goole 搜索。

33. 宋心德:《综述:墨西哥农业面临严峻挑战》,新华网。

34.《经济观察:争夺制造业 中国墨西哥各有优势》,人民网 2006 年 5 月 18 日。

35. 驻墨西哥使馆经商参处:《墨西哥主要产业分析》,goole 搜索。

36.《尼日利亚概况》,goole 搜索。

37.《尼日利亚农业现状、存在问题及其原因分析》,商务部网站。

38. DesDa MeBraTu,王坚译:《非洲工业发展的挑战》,维普资讯。

39. 姚桂梅:《非洲农业危机的根源探析》,载《西亚非洲》2002 年第 3 期。

第五章　经济全球化背景下的产业升级

自 20 世纪 70 年代末以来,我国实行对外开放的基本国策,恰逢经济全球化快速推进的历史时期。由于我国坚持对外开放的正确战略,政策措施得力,从而令我国成为经济全球化最大的受益者之一。我国累计吸引外国直接投资已经达到 6700 多亿美元,外商投资企业带来的资金、技术、管理与国际营销渠道,不仅直接促进了我国的经济增长、就业与税收,而且大幅度提升了我国产业的国际竞争力,令我国在全球贸易体系中的地位迅速提升,从开放之初的第三十二位一跃成为世界第三位的贸易大国。目前,我国正处在转变经济增长方式的关键时期,全球产业转移也正蕴含着深刻的变化,因此,准确把握全球化的新机遇,在开放条件下推进我国产业结构升级,具有深远的战略意义。

第一节　全球化背景下产业升级的新含义

一、全球产业价值链的形成

过去 30 多年,是全球化快速推进的阶段。经济全球化与信息技术革命相结合,给世界经济带来了诸多深刻的变化,其中最引人注目的一个变化,是全球产业价值链的形成。全球价值链是指一个产业不同价值环节在全球范围内的展开,这是区别于以往一个产业主要局限在一个国家之内的生产布局形态的。

之所以形成全球产业价值链,有着深刻的原因:

首先,经济全球化的日益深化,大大消除了跨国生产布局的制度性障碍。几百年来资本主义的发展,在大多数发达国家内部形成了统一的市场,生产要素可以自由流动。但在国际之间,关税、非关税壁垒、投资限制等各种制度性安排,成为阻碍生产要素跨境流动的制度性障碍,导致企业只能局限在一国之内优化资源配置。随着全球化的日益深入,贸易投资自由化、便利化进程不断推进,货物贸易、服务贸易、跨境投资的制度性障碍被大大消除,而且,在投资领域,各国从以往的限制政策转向鼓励政策,大大推动了跨境投资。由于货物、服务、资本、技术、信息等产品与要素跨境流动成本的大幅下降,同时劳动力要素跨境流动的制度性障碍反而上升,跨国公司为降低成本提供竞争力,开始大规模从发达国家向发展中国家进行产业转移,以往只在发达国家之间存在的产业内水平分工,越来越多地在发达国家与发展中国家之间出现。

其次,信息技术革命大大推动了全球产业价值链的形成。信息技术革命带来两个重大变化,一是导致信息跨境流动的成本大大下降,由于信息技术革命导致跨境国际长途的费用下降为三十年前的数百分之一,特别是由于网络技术的迅猛发展,国际通信的边际成本几乎为零。这就使得跨国公司总部可以像在一个国家之内甚至一个城市之内来管理其分布在全球的生产运营活动。另一个变化是信息技术推动了传统产业的模块化。信息技术在传统产业的日益渗透,对传统产业的流程、管理与运营产生了革命性的影响,在大幅度提高传统产业劳动生产率的同时,推动传统产业的生产与服务活动的模块化,这就使一个企业以往不可分离的生产与服务环节,完全可以在空间上分离而不影响其衔接与运作的效率,为降低成本提高竞争力,企业日益专注于其核心竞争力的价值活动,而尽可能地将其他价值活动外包给其他企业,特别是向发展中国家转移,令发展中国家有机会参与跨国公司的生产价值链。

第三,运输技术的进步大大降低了货物跨境流动的成本。以大型集装箱船为代表的运输技术的进步、信息化带来的全球物流管理效率的大幅度提升,使跨境运输的成本大大降低,全球产业价值链带来的成本节省可以轻易弥补运输成本的增加,也是推动全球生产价值链形成的重要原因。

正是由于全球产业价值链的形成,发展中国家参与了跨国公司主导的全球生产价值链,出现了产业内贸易的快速发展,发展中国家成为低附加价值制成品的出口大国,正在成为服务外包的重要供应国。

二、全球产业价值链与国内产业价值链的区别

对于任何一个具体的产业,其价值活动均可粗略地划分为技术与资本密集环节(如研发设计、高级原材料生产、复杂零部件生产等)、劳动密集环节(简单零部件生产、成品组装等)和信息与管理密集环节(如市场营销、管理运营、品牌运作、专业服务、金融服务、物流管理等,大致可以归为总部经济活动和生产性服务活动两大类)。如果一个产业的价值链在一国之内展开,由于资本与劳动力的可流动性,会导致产业价值链不同环节的资本回报率和工资水平趋同,平均劳动生产率的差异主要反映的是人力资本构成的差异。因此,其价值曲线是一条很平缓的"U"型曲线。

相形之下,全球产业价值链却是一条深凹的"U"型曲线,原因在于,劳动力跨境流动存在巨大诸多的障碍,导致不同国家之间劳动工资水平的巨大差异,而资本等其他生产要素却可以自由流动,导致资本回报的平均化。这样,发达国家与发展中国家形成在国

际生产价值链不同环节的分工,通常劳动密集型的价值环节布局在发展中国家,这些环节的劳动生产率较低,附加价值也较低,而劳动生产率较高的技术与资本密集环节和信息与管理密集的价值环节则分布在发达国家,从而形成了一条深凹的"U"型曲线。我国台湾地区企业家施振荣先生在分析 IT 产业价值链将这条曲线称之为"微笑曲线"。

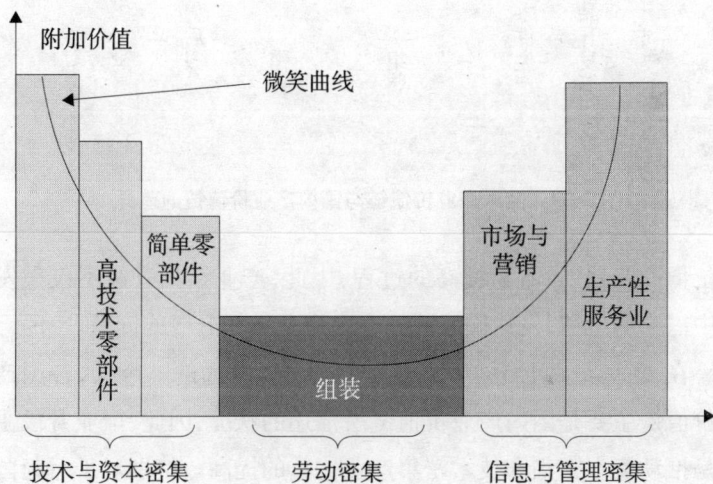

图5—1　微笑曲线:全球产业价值链

三、全球化背景下产业结构升级的新含义

产业结构是指不同产业间的比例关系。最宏观的产业结构是指三次产业间的比例,即第一产业、第二产业和第三产业间的关系。而在每一大的产业内部,还存在更细的产业划分与产业比例关系,特别是在第二产业中,根据产品差异制造业被划分为几十个工业部门(行业)。产业结构升级,通常是指高生产率产业(高附

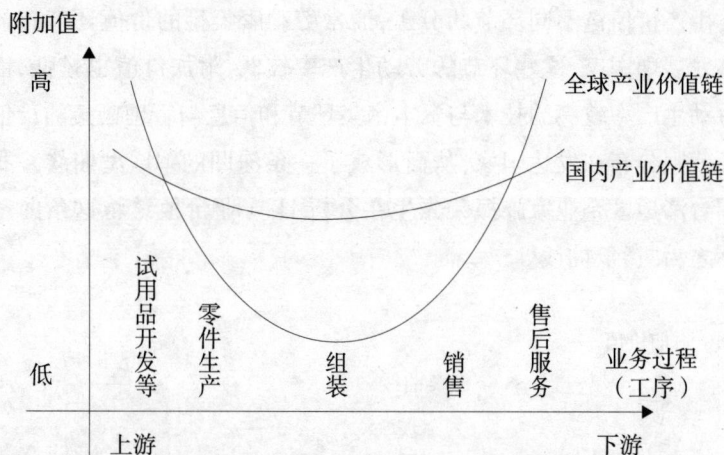

图 5—2　全球产业价值链与国内产业价值链的差异

加价值产业）比重不断提高的过程,因此,产业结构升级不仅是发展中国家的事情,发达国家同样存在产业结构升级的问题。

在 20 世纪六七十年代以前,全球化程度远逊于今天,各国产业价值链主要是国内产业价值链所描述的状况,因此,产业升级主要是推动资本密集和技术密集产业比重的提高。特别对于后起国家而言,产业升级的轨迹就是从农业社会进入工业化,进入工业化阶段后,则又是从以纺织、服装、轻工等传统的劳动密集型产业为主,不断提高新的资本与技术密集度更高的产业比重,如钢铁、机械、石油化工,再到电子工业、汽车工业等。东亚不少经济体如日本、韩国的产业结构升级均经历了这么一个大体的过程。我国在推动产业结构升级的过程中,也基本按照这么一条轨迹来制定战略与政策。

进入经济全球化时代以后,后起国家的产业构成情况迅速发展变化,以我国为例,20 世纪 90 年代以来,由于接受了大量的外商投资企业在信息产业的投资,信息产业成为我国第一大工业部门,相应的,出口产品结构中以 IT 产品为主的高新技术产品比重也迅速提高。如果按传统的行业分类标准来衡量我国的工业结构,我国产业结构已经达到相当高的阶段,但是,如果从全球产业价值链的角度分析,就不难发现,其实我国只是参与了全球信息技术产业劳动密集的环节而已,我国在全球产业价值链上的分工地位并不高。

在今天的经济全球化时代,由于全球产业价值链的形成,后起国家产业升级变为三个方向:一是继续像以往一样从劳动密集产业到资本技术密集产业的产业间的升级。更重要的是,沿着全球产业价值链从劳动密集的价值环节向两个方向提升,一个是向资本与技术密集的价值环节提升,另一个是向信息与管理密集的价值环节的提升。(图5—3)产业间的升级,大多也可以归纳到价值环节的升级。不论是在传统产业还是在高新技术产业内,均存在着从低附加价值向高附加价值环节提升的任务。例如,在 IT 产业中,劳动密集的价值环节是电脑的组装,在上游环节中,附加价值更高的是线路板、显示卡等部件的生产,再往上游是芯片的生产、封装,附加价值更高;往下游,则分别存在物流、营销、品牌等多个服务环节,其附加价值也远高于电脑的组装环节。即使在传统的劳动密集型产业如服装业中,也存在着附加价值差异巨大的不同环节,成衣的生产附加价值最低,向产业上游回溯,高档面料的生产附加价值则有所提高,设计的附加价值更高,向产业的下游推进,物流、国际营销、品牌经营的附加价值也不断提高。

因此,在全球化条件下提升产业结构,实质上就是提升一国在全球分工的地位。

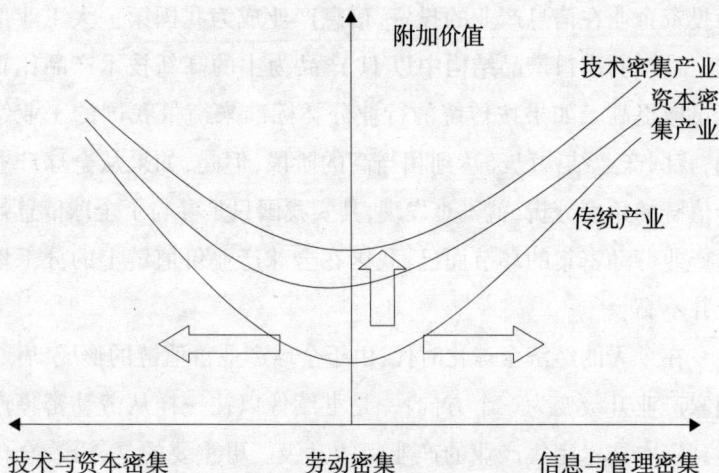

图 5—3　全球化条件下后起国家产业结构升级的方向

第二节　当前我国产业升级面临的新机遇

过去 20 多年来,外商对华直接投资已经达到 6700 多亿美元,不仅向我国转移了大量出口导向的劳动密集产业活动,而且带动了本土企业走向国际市场,目前,我国已经成为世界上最重要的低附加价值制成品的出口大国。展望未来,一方面,由于我国面临巨大的人口压力,我国需要继续重视发展劳动密集型产业,另一方面,中央提出了全面、协调、可持续发展的目标和科学发展观,转变经济增长方式与外贸增长方式成为更为紧迫的任务。在经济全球化条件下,实现增长方式的转变,必须要从提升我国在全球产业价值链的地位入手。

着眼于提升我国产业价值链环节,我国正面临难得的国际国内的新机遇。具体而言,主要是以下三个方面:

一、资本技术密集型产业的发展机遇

(一)重化工业发展面临强劲的国内需求

这一轮中国经济的高速增长,其驱动力主要是以下两个方面,一是城市化进程加快,导致城市基础设施建设的高涨,引致钢铁、水泥、石油化工、建筑机械等重化工业的强劲需求;二是人均收入提高后消费结构升级对汽车、住房需求进入了新的阶段,同样引致对重化工业的强劲需求。专家断言,中国已经进入了重化工业化阶段,这一阶段将持续数年。面对如此强劲的国内需求,国内资金大规模流入重化工业领域,跨国投资者也开始对华转移资本、技术密集的重化工业产业。在钢铁、石油化工、机械、化工等领域出现了越来越多的外资并购或新建投资项目。顺应这一潮流,我国政府首次颁布了规范跨国并购的有关法规,为开展跨国并购创造更好的制度环境。

(二)大量出口型组装活动对上游产业形成巨大的需求

过去 20 多年,我国经历了两次大的产业转移波,一次是 20 世纪 90 年代中期以前的传统劳动密集型轻纺产业对珠三角地区的转移,第二次是 90 年代中期以来的以 IT 产业为主导的大规模对华产业转移,长三角地区是主要的受益者。两次产业大转移,造就了今天我国世界消费品和 IT 终端产品出口大国的地位。无论是传统的轻纺产业,还是新兴的 IT 产业,在华投资的主要是劳动密集的最终组装环节和简单零部件的生产活动,附加价值比较低。但是,由此形成的巨大组装能力,对上游零部件产业产生了巨大的需求,出于降低成本与提高竞争力的原因,越来越多的上游零部件开始在华开展本土化生产,与下游组装产业形成产业集群。这一趋势已经开始,并将成为未来外资对华产业转移的重要方向。这

实际上是在开放条件下完成的"进口替代",其结果将是加工贸易在华价值链的持续延伸。

二、开放条件下的技术创新机遇

(一)研发的国际化及其"溢出效应"

研发的国际化已经成为跨国投资中引人注目的新现象,2005年联合国发布的《世界投资报告》就是以《跨国公司与研发的国际化》为主题。跨国公司研发活动的国际化,一是表现为其海外研发投入的大幅度增长,1985—1995年期间,美国企业海外研发投资的增长速度是其国内研发投资增长速度的3倍,海外研发费用占全部研发支出的比例从1985年的6%上升到1995年的10%,2002年进一步增加到13.3%。欧洲跨国公司海外研发投资占其全部研发投入的比重已经超过30%。联合国贸发会议在2004年11月至2005年3月对世界最大的研发投资者的调查表明,2003年平均每个跨国公司将其研发预算的28%用于海外研发活动。二是表现为海外研发机构数量和规模的不断扩大。2000年,全球拥有外资研发机构的国家已经从1985年的26个,增加到45个。① 1999年,有375家外国公司在美国设立了715家研发分支机构。1986—1990年间,日本企业在海外设立研发机构的数量增长了86.6%,雇员增加了121.2%。研发全球化的第三个重要表现是海外研发机构申请的专利和发明的日益增长。统计显示,1969—1995年,世界最大跨国公司在美国申请的专利中由海外研发机构发明的专利占专利总数的比例已经由10.0%上升至

---

① 参见联合国贸发会议:《2001年世界投资报告——促进关联》,中国财经出版社2002年版,第98页。

11.3%。在英国、荷兰、比利时和瑞士等欧洲国家,50%以上的专利申请来自跨国公司的海外研发机构。

　　研发的国际化是全球化背景下跨国公司应对激烈的国际竞争的企业战略的重要内容,一方面,信息技术进步及研发活动的模块化使得跨国公司进行海外研发成为可能,另一方面,开展海外研发对跨国公司有着诸多好处,一是可以贴近东道国市场,增强企业研发的针对性,提高产品市场竞争力;二是可以利用发展中国家廉价的研发资源,特别是人力资源,大幅度降低研发的成本;三是有利于迎合东道国政策,改善企业形象及与东道国的关系。

　　我国是跨国公司设立研发机构的最重要的发展中国家,目前我国累计吸收了750多家外资研发机构。这既得益于我国有着低成本、优质的研发人力资源,又得益于在华外国直接投资的巨额存量。随着我国经济的进一步高速发展,我国市场的吸引力持续增加,将会吸引更多的跨国公司在华设立研发机构。

　　一般而言,跨国公司的研发机构,对东道国存在"溢出效应",主要包括:示范、人才与信息流动、合作、竞争等机制。溢出效应能否充分发挥,取决于东道国的战略、体制、吸收能力。如何充分发挥外资研发机构的"溢出效应"是发展中国家提升创新能力的一个重大课题。

(二)全球化为发展中国家自主创新提供了众多机遇

　　一是可以在发达国家设立研发机构,充分利用发达国家的研发资源;二是可以并购海外的研发机构或技术型公司,获取知识产权与研发能力;三是可以引进海外专才,解决技术难题;四是利用海外风险投资基金与资本市场,实现技术创新成果的产业化。

三、服务业转移与服务外包

(一)服务业成为跨国投资的主要领域

20世纪70年代早期,服务业吸引外资仅占全球FDI的1/4,到90年代这一比重上升到50%,2001—2003年,服务业吸收外资4610亿美元,占全球外国直接投资流入量的比重达到66%。[①]服务业外资主要集中于生产性服务业中,包括商业服务(29%)、金融服务(25%)、运输/仓储/通信(16%)和贸易(11%)。另外,跨国公司开始在投资较多的发展中国家建立地区总部,也有利于东道国从事更高附加价值的服务环节。跨国公司对发展中国家的服务投资,将通过示范、竞争和人员流动等机制,大大提升发展中国家服务业和整体水平。

我国吸引外资一直以制造业为主,但是,随着制造业形成大量的产能,带动生产性服务业投资加速进入我国。2006年1—10月,在其他领域实际利用外资为负增长的形势下,服务业吸引外资增长率达到14.6%。

(二)服务外包方兴未艾

在生产客服化、服务流程数字化和模块化以及国际竞争日益激烈等因素推动下,跨国服务转移成为近年引人注目的新现象,推动全球服务外包的迅速发展。据Gartner Inc.预测:世界服务外包市场将以年均8.2%的速度增长,2003年世界服务外包额为2201亿美元,2007年将达3063亿美元。服务外包中一个突出的内容是离岸服务外包,即将服务环节外包给位于国外的第三方服务提供者。跨国服务外包的内容十分丰富,包括呼叫中心、后台服务、

---

① 参见联合国贸发会议:《2005年世界投资报告》,附录表A.1.6。

IT、人力资源管理与培训、采购、客户服务、物流、研发等。服务外包业务尚处于方兴未艾的阶段,在可以预见的时期,服务外包的将保持高速增长。

降低成本是跨国公司开展离岸外包的主要驱动力。美国银行业通过 1999—2002 年期间将部分业务外包到印度,节省了 80 亿美元的成本。而欧洲的具有外包经验的跨国公司认为离岸外包可以节省 20%—39% 的成本。①

发展中国家承接服务外包业务,从而得以参与全球产业价值链的服务环节。离岸外包向本地服务业的溢出效应,可以大幅度提升本地服务业的水平。

我国作为一个人力资源十分丰富的发展中国家,具有发展跨国服务外包的基础条件,不少国际知名的咨询机构看好我国作为未来新兴的服务外包市场的前景,有些甚至认为我国可能超越印度成为最大的服务外包市场。美国《CIO Insight》杂志公布的 2005 年《全球外包报告》,综合考虑外包东道国的成本与风险因素后,2005 年全球外包指数印度名列第一,我国列第二位。而未来外包指数(2015 年),我国名列榜首,将成为世界上最具吸引力的外包提供国。

第三节　全球化背景下我国产业升级战略与政策

一、全球化背景下我国产业升级的战略

二次世界大战以来,后起国家采取了两种不同的发展战略。以拉美国家为代表的一些发展中国家,充分发挥本国资源优势,实

---

① 贸发会议与 RBSC,2004 年。

行了"进口替代"发展战略,通过对新兴产业实行贸易保护,发展本国的战略产业,实现产业结构的升级。这一发展战略在早期取得了巨大的成功,但20世纪70年代初石油危机的爆发,引爆了这一发展战略不可克服的内在矛盾:在高保护条件下发展的产业缺乏国际竞争力,而经济规模扩大带来进口需求的持续增长,最终难以支撑,从而频繁出现以货币贬值为突出特征的金融危机、经济危机,经济发展陷入了困境。

以日本为代表的东亚部分经济体则采取了"出口导向"发展战略,政府通过采用产业政策的手段,提升本国产业的出口竞争力,面向国际市场开展生产活动。这一战略造就了日本这一世界第二大经济强国以及东亚"四小龙"、"四小虎"的快速发展,被世界银行誉为"东亚奇迹"。

我国在人民共和国建立之初,采取了"进口替代"战略,利用计划经济体制,推进战略实施,初步建立了较完善的工业体系。但是,在"文化大革命"结束之时,国民经济濒临崩溃,表面上是政治动荡的结果,更深层的原因,既是计划体制的失败,也是"进口替代"战略的失败。人们大多看到了计划体制的失败,因此赞同体制改革和向市场体制转轨,但很少看到"进口替代"战略的失败,因此,迄今在很多产业中我国仍实行"进口替代"战略。但是,我国政府自20世纪70年代末实行对外开放政策,通过吸收出口导向型的外国直接投资,融入了世界经济,成为低端制成品世界性的出口基地。出口部门的成功,在很大程度上掩盖了在其他部门实行的"进口替代"战略的失效。

经济全球化的迅猛推进,对"进口替代"战略和"出口导向"战略均提出了挑战。贸易投资自由化的要求,令"进口替代"战略所必需的贸易保护难以继续维持。公平贸易、反补贴等一系列国际规则的制定与实施,大大制约了"出口导向"战略所需的产业政策的空间。在这一新的全球化背景下,我国必须探索出一条在开放条件下推动产业升级的新的发展战略,才能抓住全球化带来的重大机遇。

根据上面对全球化分工趋势的分析,我们认为,我国应该采取"提升全球价值链战略",充分利用经济全球化带来的机遇,在开放条件下推进我国在国际分工中的地位,由当前的低附加价值环节为主,向上下游高附加价值环节提升。这一战略由以下几个核心内容组成:

第一,有为政府。从正反两方面的历史经验看,后起国家必须集政府之力与市场之力,才能追赶上先行国家。强调有为政府,不是主张搞管制经济,而是要求政府准确把握全球产业分工的趋势,制定政策的发展战略,按照战略目标,通过体制创新,引导市场力量来实施战略。

第二,创造动态比较优势。全球化发展到今天,除劳动力之外的生产要素可以自由跨境流动,资源禀赋不再成为决定一国的国际分工地位的关键。决定一国分工地位的是战略、体制和人力资源。后起国家必须围绕这几个基本要点,创造动态的比较优势,从而引导全球的生产要素向本国汇聚,实现产业升级的目标。

第三,本国的跨国公司。企业永远是市场经济的主体,全球化条件下,跨国公司是配置资源的主体。必须拥有一大批本国的跨国公司,才能在全球竞争中居于不败之地。强调本国跨国公司的重要性,并不是主张排斥外国的跨国公司,而是要在开放中、在与其他国家企业的竞争与合作中发展本国的跨国公司。

二、战略重点与政策

(一)在扩大开放中推进自主创新

后起国家的技术进步有两个来源,即外源式和内源式,外源是指通过投资、贸易、模仿等方式从国际市场取技术,内源式则是通过自主创新获取技术。针对具体的技术,究竟是外源式获取还是内源式获取,应该是由企业通盘比较收益、成本与风险,来作出决定。我国作为一个正在崛起的大国,正面临日益严峻的知识产权约束,因此,在国家层面上大力推动自主创新战略十分必要。自主创新是在全球化背景下推进的技术进步战略,需要在开放的条件下,用开放的思维来指导创新,因此,在开放中推进自主创新,需要坚持以下原则:

第一,要充分利用全球化带来的各种机遇,避免走上关起门来搞创新的路子。

第二,自主创新的主要目标应该是创造具有市场价值的知识产权,而不是为自主而自主,或者为创新而创新。

第三,自主创新的主体是企业,政府的责任主要不是直接增加对技术创新活动的财政投入,而是通过体制创新来激发企业开展自主创新的主动性和积极性,例如,要通过强化知识产权保护来保护企业开展创新活动的积极性。

基于以上原则,当前推进自主创新,重点要在以下几个方面着力:

第一,继续鼓励跨国公司在华开展更高水平的研发活动,重点扩大跨国公司研发的"溢出效应",通过制定合适的政策,鼓励人员的合理流动、信息交流、与本土企业或机构的合作。

第二,完善创新的金融制度。结合本国国情,完善风险投资、证券市场等一系列推动创新成果产业化的金融制度。

第三,加强人才培养,引进高级人才。人力资源是实施自主创新的关键要素,我国每年有上百万理工科大学毕业生,但具有国际竞争力的比重并不高,一方面是大量毕业生难以就业,另一方面很不企业找不到合适的员工,充分暴露出现行教育制度的弊端。而能够进行创新研发活动的人力更加有限。因此,要按照市场对人才的要求,推进大学教育改革,完善人才培训。另一方面,要大力引进海外高级专才,在税收、跨境流动、工作许可、居留、生活条件和家庭人员的就业、就学方面改善政策与条件。

第四,支持本国企业在海外设立或并购研发机构、收购知识产权以及与国外合作开展创新活动,提供政策扶持与便利。

第五,打破垄断,鼓励竞争。市场竞争创新与技术进步最大的动务。

第六,进一步推进国有企业改革,在国有企业内部建立起自主创新的长效机制。经过多年改革,现有的国有企业主要是大中型企业,是我国企业中具有较强研发能力的企业群体,理应成为自主创新重要的一支生力军。但是国有企业现行各种制度,导致国有企业领导人一怕担风险,二是行为短期化,这会严重阻碍国有企业开展研发创新的积极性。必须进一步深化国有企业改革,形成有利于创新的机制。

第七,大力加强知识产权保护。

(二)大力发展服务出口

我国服务贸易多年来逆差持续扩大,2005 年逆差为 94 亿美元,表明我国服务业总体国际竞争力较弱。发展服务贸易出口有利于充分发挥我国劳动力资源优势,也有利于提升我国服务业在全球分工中的地位和我国经济结构升级。在推动传统服务业继续扩大出口的同时,当前我国应该抓住服务外包的重大机遇,以服务外包作为扩大服务贸易出口的突破点。

我国发展服务外包具有诸多优势,但也存在不少约束:一是开拓国际市场的能力不足,缺乏有国际声誉的服务类大公司;二是人力资源产业链存在欠缺,高中低人才不配套,高端人才不足,人力资源数量与质量的不匹配,外语水平普遍不高,国际交流能力有待提高;技能的培训与提高的教育培训体系不完善;三是商业运作环境有待完善;四是基础设施有待进一步完善,网络支持、水电、办公环境、交通存在一些约束,大城市房屋成本上涨过高;五是政策与法制环境有待改善,知识产权保护不力;六是缺乏对信息技术支撑的服务(ITES)的支持政策。

要使服务外包得到大的发展,必须扬长避短,采取强有力的措施:

第一,按照服务外包的要求,建立或完善服务外包的特殊经济园区:软件园、科技研发园区、国际物流园区等,培育产业集群。

第二,要改善运作的软环境,包括:提高政策的透明度与可预见性;规范政府职能与行为;简化审批程序,提高政府办事效率;杜绝政府工作人员的腐败行为。

第三,加快服务领域的改革开放。加快垄断性服务行业的重组与改革,引入竞争;加快服务行业对国内民营资本的开放;加快服务领域的对外开放,提高服务业竞争力;加快事业单位改革,增强专业服务活力。

第四,培育服务业出口龙头企业。加快国有企业改革,改善龙头企业的公司治理;改善龙头企业融资环境,加快境内外上市、发债、信用贷款,发挥政策性金融工具的作用;支持龙头企业跨境并购与投资;在外汇管理、人员出入境方面,创造适应企业跨国经营的体制环境。

（三）提升技术资本密集产业的国际竞争力

发展技术资本密集型产业，一直是我国产业政策的目标。但是，以往对技术资本密集型产业的发展，采取的是"进口替代"战略，通过保护来发展，这种战略指导下发展起来的技术与资本密集产业，最大的不足是国际竞争力低下，只能满足国内低端需求，连进入国内加工贸易价值链的机会都不大，更不用说直接开拓国际市场了。

"提升全球价值链战略"所要发展的，是具有较强国际竞争力的技术与资本密集产业。因此，需要探索在开放条件下发展技术资本密集型产业的新路。近年来，我国企业已经进行了不少的探索，积累了不少成功的经验。例如，在电信设备产业，华为、中兴公司走出了一条利用国际国内资源，通过参与国际竞争发展自主品牌、自主知识产权的高技术产业的新路子。在数控机床产业，我国企业走出了一条通过跨国并购提升自主创新能力和国际竞争力的新路子。

第一，打破垄断，放松准入，引入竞争。技术与资本密集产业，大多被长期视为战略性产业，在这些本应是竞争性的领域，却存在着过度保护和竞争不足的问题，一些行业甚至存着行政性垄断的问题。当务之急，是要打破垄断，对内资和外资开放，实现公平竞争。

第二，加快国有企业改革。由于历史的原因，技术与资本密集产业存在大量的国有企业，这些国有企业有着技术、资本、人才等方面的优势，但受制于传统国企管理机制，导致其竞争力低下。必须加快国有企业改革，健全其治理结构，改革其管理机制，增强企业竞争力。

第三,扩大引进外资,健全外资并购法律。技术与资本密集产业中,我国与国际先进水平存在明显差距,引进外资,有利于引入资本、技术、管理和新的机制,对于提升我国在这些领域的国际竞争力有着积极的作用。目前,我国正面临着外资对技术资本密集产业大规模投资的重大机遇,但是,这些产业长期被视为战略性行业,人们担心外资控制可能带来产业安全、经济安全问题,因此,外资进入存在着种种障碍。我国应该对产业安全有一个明确的界定,片面扩大产业安全的范畴,只会导致我们丧失利用外部资源提升产业竞争力的机遇。并购是外资进入这些领域的重要方式,健全并购法规有利于创造更好的法制环境。

第四,支持龙头企业开展国际化经营。企业通过跨国并购、联合、合作等活动,可以在更大范围内利用全球化带来的机遇,提升其竞争力。目前,我国支持企业跨国经营的政策体系不完善,企业国际化运作非但得到的支持不足,而且存在很多障碍,急需梳理政策,完善支持企业跨国经营的政策体系。

(四)培育自主品牌

世界经济已经进入了品牌竞争的时代,国际品牌拥有企业比生产制造企业分享了更多的附加价值。在全球产业价值链上,我国总体上处于分工的低端,存在着国际名牌少、品牌价值低的问题。在国际市场上开展品牌经营,是我国提升价值链的重要内容。近年来,我国政府、中介机构与企业已经采取了不少措施,开展了这方面的工作,并取得了一定的成效。但是,发展我国的国际品牌面临着后发劣势,同时,我国企业还面临着企业规模小、资金不足、国际经验缺乏等困难。发展自主品牌将是我国提升全球价值链战略的长期任务,目前,主要应该着力做好以下几个方面的工作:

第一,整合各部门的政策,加强自主品牌工作的统一领导与政策协调。

第二,培育品牌文化,包括加强企业的品牌意识,培育尊重品牌、保护品牌的社会共识。

第三,培育国际品牌人才,提倡利用国际资源创立中国品牌。

第四,与培育我国的跨国公司工作相结合,选择治理结构完善、管理规范、技术创新能力强、产品竞争力强的重点企业,加以扶持。

第五,充分发挥商会、行会等中介组织的作用,引导中、小企业发展"共用品牌"。

第六,加强对品牌的保护,防止我国知名品牌在国际国内市场上被抢注、被仿冒,加大对知识产权侵权行为的打击力度。

(五)培育本国的跨国公司

从本质上讲,经济全球化是跨国公司的时代,跨国公司是经济全球化最大的受益者,是全球资源配置的主导者,也是全球化不断深化的最大推动者。提升我国在全球价值链的地位,主体是企业,能担此大任者,则必须是一大批我国的跨国公司。培育我国的跨国公司,对于我国成为一个世界强国,也同样具有重大的战略意义。我国企业对外投资尚处于起步阶段,但发展很快,截至2005年底,中国对外直接投资累计净额为 572 亿美元,中国的对外直接投资企业已遍布全球 163 个国家和地区。

我国对外投资的政策也还处于起步阶段,从以往长期限制对外投资的政策转向放松限制和有限支持政策,这些政策对于培育中国的跨国公司是远远不够的。韩国跨国公司发展的经验表明,后起国家发展自己的跨国公司,有必要结合政府之力与企业之力,才能在较短的时间内取得实效。鉴于我国资木项目尚未完全开放,目前比较可行的政策是选择一批治理结构好、国际竞争力强的企业作为培育跨国公司的试点,为他们开展国际化经营创造一个适宜的环境。

第一,适当放松外汇管制,满足试点企业更灵活地在全球调配资金的要求。建议允许中资跨国公司总部(或其财务公司)统一管理与使用境内外成员公司的外汇资金,放宽母公司对境外子公司放款限制,允许外汇资金在核定额度内跨境调配,事后向外汇局报备。

第二,对试点企业境内外融资给予支持。国家对境外带料加工贸易带动国内产品出口,给予贷款贴息支持,但存在诸多限制,政策效力没得到充分发挥。对开展跨国经营后切实带动大量出口的试点企业,应该允许企业在比较融资成本后自主决定融资渠道,放松在贷款银行(可以是外资银行)、货款主体(可以为境外子公司)、币种和用途方面的限制,享受境外带料加工贸易的贴息支持。同时,还应对企业境内外上市或发行企业债券放松限制,使试点企业充分利用海内外资本市场的融资工具。支持企业建立财务公司,从而有利于集团统一调配金融资源、加强对海外企业的财务控制。

第三,支持试点企业的研发活动。支持企业的研发活动已经成为目前发达国家扶持企业的主要手段。为使我国企业在与其国外竞争对手的竞争中取得平等的地位,要根据国家产业政策和科技创新计划,在不违背 WTO 规则的前提下,对试点企业的研发活动给予尽可能的扶持。

第四,便利商务人员的出入境。外事管理部门和其他相关部门在企业商务人员申领护照给予更多的便利,通过与有关国家政府及驻华使领馆协调,为试点企业商务人员办理签证创造更加便捷的条件。

主要参考文献：

1. 江小涓：《理解科技全球化——资源重组、优势集成和自主创新能力的提升》，载《管理世界》2004 年第 6 期。

2. 沙希德·尤素福等著：《东亚创新 未来增长》，中国财经出版社 2004 年版。

3. 来有为：《服务业国际转移的发展取向与我国的承接对策》，国务院发展研究中心《调查研究报告》2004 年第 34 号。

4. 詹晓宁：《服务外包：发展趋势与承接战略》，载《国际经济合作》2005 年第 4 期。

5. 关志雄著：《做好中国自己的事——"中国威胁论"引发的思考》，中国商务出版社 2005 年版。

6. 隆国强：《吸引跨国公司研发机构：机遇与对策》，国务院发展研究中心《调查研究报告》2004 年第 185 号。

第六章 技术进步对世界产业结构变动的重大影响

第一节 技术进步推动产业结构优化升级的理论分析

一、技术进步对产业结构优化升级的重要意义

技术进步的基本概念,源自于经济学家对生产函数的研究。在生产函数中,促进经济增长的全部要素除了资本和劳力之外,统统纳入技术进步的范畴,所以技术进步增长率又称做全要素生产率(Total Factor Productivity)。技术进步的概念不仅涵盖了生产力的进步,也涵盖了生产关系的进步。

技术进步有广义和狭义之分。广义的技术进步就是全要素生产率。狭义的技术进步是指科学技术通过对客观世界的认识的扩大与深化来改造自然,使之更好地满足人们以及整个社会的物质和精神需要所取得的进化与革命,它包括科学的发现、进展以及技术在生产、流通等领域的应用与发展。科学水平的提高是技术进步的基础,而技术进步则是科学发现的扩展与应用,二者密切相关,相互促进。技术进步的实质是整个科学技术的进步,特别是其中与经济发展关系密切的科学、工程技术和管理与决策科学技术的发展及其应用。本章论述的技术进步是指狭义的技术进步。

历史上,技术进步对人类社会的发展起了重要作用。在现代,

以微电子技术、生物工程、新型材料、海洋工程等为代表的高新技术及其产业对经济、社会发展的影响和作用比过去更明显地增强。技术进步在经济增长中的作用越来越大，已经成为经济社会发展的决定因素，是经济发展的主要源泉。根据定量测算，20 世纪70—80 年代，发达国家经济增长中 60%—70% 是由技术进步实现的。随着高新技术的发展、应用以及组织、管理水平的提高，技术进步的作用越来越大。科学技术通过创造、发明新的生产工具与设备，通过扩大劳动对象的数量和提高劳动对象的质量，以及通过训练、教育转化为劳动者的知识与技能，使劳动者创造出大大超过自身价值的新价值，生产出远远超过劳动力再生产费用的剩余产品，从而不断增加社会财富。

技术进步使产业结构的变化和改造日益加速。技术进步促使科学——技术——生产的周期日益缩短，新产品和新部门不断涌现，产品更新速度加快，使得产业结构处于不断调整和迅速变动之中。就当前情况看，科技成果转化为生产力的时间越来越短：在18 世纪为 100 年，19 世纪为 50 年，第二次世界大战后为 7 年，近些年来在微型计算机等领域仅隔 6 个月就有新一代产品问世。由于科学技术转化为生产力的时间缩短，新产业创立和形成过程加速，原有产业的改组和改造也加快了。

人类社会的发展，受技术进步及其带来的生产力变化的影响很大，特别是一些重大的技术进步和产业革命，对社会的变革起着决定性作用。第二次世界大战以后，特别是 20 世纪 50 年代末期以来，技术进步对经济发展的影响越来越大，越来越明显，技术在生产力中的地位越来越重要，各国的经济发展随着技术进步的快慢而变化的趋势明显加强，随之而来的就是产业结构的转变。西方各工业国的经济在 20 世纪 70 年代初以前的高速增长之后，速度放慢了,出现了停滞、通货膨胀、失业率增高等不景气局面。其原因是多种多样的。除了石油危机这个重要原因之外,另一个主要原因就是只重视技术进步对经济增长的影响,忽视了技术进步对产业结构变化的影响。英、法等国的失业率中有一部分就是结构性失业。因此,20世纪70年代后期以来,一些发达国家都花费较大精力,提出了以调整产业结构为中心的政策。如美国里根政府提出"再工业化";英国撒切尔夫人提出"改组工业";日本政府提出"昭和产业维新";法国社会党政府则宣扬"振兴工业"等等。而且这些政策都是把产业结构调整与技术进步连在一起的。这充分说明,技术进步直接影响产业结构,产业结构的合理与否又影响着经济发展和现代化进程。

英国由于对技术进步重视不够,对外国的先进技术持保守态度,结果不仅新兴产业发展缓慢,如电子行业、航天工业英国连一个公司都维持不下去;传统产业的改造也难以进行,如钢铁、造船、煤炭、纺织等产业;甚至纺织机械、摩托车、录像机、火车发动机等产品几乎全部停产。这些英国过去曾具有优势的产业,由于不重视技术进步,不重视开发新技术,使英国产业结构严重失衡,导致经济的不景气、失业率高、社会问题多的严重局面。有的学者称这种状况为"英国病"。日本从"石油危机"中清醒过来,大力开发新技术,发展高技术、高知识、高附加价值产业,不断随技术进步调整产业结构。

二、技术进步推动产业结构优化升级的路径

技术进步带动产业结构发生变化是从新技术、新产品的开发和普遍推广开始的。当一种新产品、新材料或新工艺在使用效能和生产成本方面表现出明显的优越性,从而在市场打开销路,批量

生产以后,就会对原来的产业结构产生影响:一是相对落后的老产品在新产品的竞争压力下被迫退出市场,最终被淘汰;二是在市场上开始畅销的新产品促使、带动配套企业和部门进行一系列包括材料、工艺和加工手段在内的适应性技术创新,因而产生出一个新的技术产品群,而且随着其他企业的仿效,新产品产量扩大成为主型产品,影响到更多企业的产品更新。在这种波及效应的作用下,使得各参与新产品生产的部门建立起新的关联关系和产品结构。这时候技术创新已经从一个局部改变了原来的产业结构。当然,并不是任何一种新技术、新产品的开发都可以带动产业结构乃至产业结构的变化。一种新技术能在多大程度上影响产业结构,是由该项新技术的革新性质、开创性程度及波及面的大小所决定的。但是千万次技术创新和产品更新,就会大大改变生产内容和供求关系,导致原有部门的衰落和新部门的建立,使产业结构面目一新。

每一项技术创新成果的推广应用都必然起着提高生产领域技术基础的作用,当技术进步积累到一定程度,技术进步的浪潮就会到来,随之而来的就是产业结构的革命性再构。因此,从长期来看,产业结构的变化和飞跃是个连续的、积累的过程。只要生产领域始终充满着技术进步的活力,技术创新就不但为实现产业结构的比例平衡,而且为实现产业结构的高级化开辟道路。

技术进步的意义在于把各式各样的新技术与生产密切的结合起来,并把这些新的技术变成直接生产力,从而使社会生产力提高到一个新的水平。这种新技术与生产的密切结合直接或间接地带来农业生产、工业生产、交通运输、邮电通信、能源部门、国民教育以及卫生事业的变化与发展,带来各产业部门之间的演变与交替,伴随而来的是新兴产业的出现、传统产业的改造、落后产业的淘汰。

新兴产业的出现、传统产业的改造、落后产业的淘汰以及所带来的产业结构的演变,正是由于人类认识自然、改造自然能力的不断提高和技术本身创造了人们难以想象的奇迹的结果。这种结果使原有结构发生了重大转移:(1)产业结构从农业转向工业,从工业转向服务业;(2)技术结构从资源技术转向再生产技术,从再生产技术转向信息技术,或从硬技术转向软技术;(3)就业结构从第一次产业转向第二次产业,从第二次产业转向第三次产业;(4)产品结构从单一转向多样,从低档转向高档;(5)消耗结构从耗能、耗材、耗资高转向节能(源)、节材(料)、节资(金);(6)布局结构从靠"资源决定命运"转向高度综合、复合型布局;(7)投入要素结构从劳动密集型、资源密集型转向知识密集型、技术密集型,等等。

技术进步与产业结构变化的基本模式可概括为:技术进步(产业的发展与改造)、新兴产业的出现、传统产业的改造、落后产业的淘汰。这就是说,技术进步与产业结构的变化不仅是相关联的,而且,技术进步必然引起产业结构的变化。技术进步就意味着产业结构的不断变化,只是这种变化有时人们觉察到,有时人们并未觉察到。

三、技术进步推动产业结构优化升级的机制

通过技术进步对产业结构的调整,可以分为微观和宏观两个层次:

(一)微观层次

微观层次上的技术进步对产业结构的调整,表现为企业技术创新对产业结构变动的促进作用给产业结构所带来的连锁波及效应。企业是产业的细胞,是技术与生产的结合部。各产业中大多

数企业的技术水平及新技术在生产中应用状况,不但从质和量两方面决定着各产业的生产水平,而且决定着产业之间的关联方式,从而也就决定了整个产业结构合理化、高级化的程度。作为技术创新主体力量的企业,是通过技术进步调整产业结构的最广泛、最前沿的能动力量。

微观层次上的技术进步对产业结构的调整,是从宏观上调整产业结构的基础。只有企业都具备了促成产业结构变化的功能,才谈得上按宏观目标的要求,通过经济政策的引导,最后达到宏观调整产业的目标。

（二）宏观层次

宏观层次上依靠技术进步调整产业结构的功能,主要包括:第一,要确定产业结构的长期、整体调整方向,选择重点加速技术进步的产业部门及关系全局的重大科研项目;第二,要用财政、金融方面的经济政策,引导微观层次上的技术创新方向,并运用国家掌握的资金、物资等物质手段,直接指导、参与新兴技术产业的建立,扶持重点产业的技术进步,组织实施重大科技项目的联合攻关。第三,要为企业创造一个有利于保持技术进步活力的经济环境,使企业能够发挥从微观层次上促进产业结构变动的能动作用。

四、技术水平、技术体系与产业结构变动

技术水平对产业结构的直接作用主要是一定的技术体系对一定产业结构的支撑作用。技术水平的不断提高,就是技术体系的不断更新。从产业革命的开始,世界技术体系已经过了三次根本性的更新:第一次是以蒸汽机技术、纺织技术、机械制造、冶金技术为主体的技术体系,代替了延续了几千年的手工操作技术体系;第二次是以电力技术、化学工业、内燃机、航空等技术为主体的技术

体系,代替了前一种技术体系;第三次是第二次世界大战后,随着
电子技术的发展,出现了计算机技术、原子能技术、激光技术、化学
合成技术等,形成了一个新的技术体系。目前,人工智能技术、仿
生技术、新兴材料技术、航天技术等都在飞速发展,一个新的技术
体系正在形成。

随着每一个技术体系的大变动,产业结构的大变动也将随之
而至。而且,一定的技术体系是对应于一定的产业结构的,这正是
技术体系对产业结构的支撑作用的具体体现。世界科学技术与工
业的发展过程,已经充分地展示了这一点。

(一)技术上的新突破与新产业变革的萌发

新的技术体系的形成,都是由某项或某几项重大技术突破为
起点的。正如 20 世纪 70—80 年代技术体系的形成,是由电子计
算机、原子能、化学合成等几项技术的出现为起点一样。新技术出
现后,将迅速进入已经提出变革需要的领域,通过人们的推广,移
植于其他技术领域。它将带来的不只是一项或两项技术上的突
破,而将有一系列技术突破随之发生,整个技术体系将出现新技术
相继涌现的局面。

与技术体系发生突变时期相对应的是产业结构转变的萌发
期。由于新的技术手段的应用,个别生产部门开始了用新的劳动
手段代替旧的劳动手段,以新的劳动方式代替旧的劳动方式的过
程。1735 年,哈格里夫斯发明纺纱机后,人们用机器纺纱代替了
手工纺纱,从根本上改变了纺纱生产的劳动方式,并由此开始了
18 世纪的产业革命。

(二)技术体系的发展时期与产业结构的变化期

新技术的发明常常导致新的技术领域的开辟,或者使原有的
技术领域得到根本的改造。这样,就会有一些新的技术迅速兴起,

这些新兴技术又往往相互依存、相互渗透,在相互关联中相互促进,形成了一个有机联系的技术群。技术群的出现,使技术在一系列领域里蓬勃发展,进而使技术体系的发展进入了一个新的阶段。

以 18 至 19 世纪的技术革命为例。首先,在纺织业中发明了机器,尔后机器技术便出现在一系列工业部门。机器的发明和使用,要求为它提供新的动力,蒸汽机终于发展成为可能的原动力。这样,蒸汽动力技术也就作为一种新兴技术应运而生了。随之,又促进了冶铁、炼钢、采煤等技术的发展。于是,一个新兴的技术群形成了,又进一步促使了铁路、航运、机床等技术的发展,整个技术体系开始了全面发展。与之对应,随着这些新兴技术在生产中的应用,一系列新兴产业群必将崛起。

(三)技术体系成熟期与产业结构改变的完成期

新的技术群体产生后,立即显示出巨大的生命力。一方面,它以不断涌现的新的发明和新的创造,使自己继续成长;另一方面,又以自己所提供的技术手段和技术成果,改造和武装原有的各种技术,使这些技术也都得到相应的发展。这样,当这个新技术群在整个技术体系中取得支配地位时,整个技术体系的性质发生了根本改变,新的体系形成了,它意味着为社会、为生产提供了一个新的技术基础。

第二节 技术进步推动产业结构优化
升级的历史考察

技术进步是产业结构合理化和高级化的根本动力。产业的技术进步使整个行业的技术体系发生了全新的变化,并直接导致劳动生产率提高、产品成本下降,它就有可能使产业结构发生较大的变化。当技术进步积累到一定程度,使人类生产能力产生质的变化,使生产方式发生了变革,尤其是当某种新技术将引起若干个产业部门的生产效率产生一种飞跃时,就会使整个产业社会技术体系发生革命,从而引起产业革命,使产业结构发生急剧的变化。

一、技术进步与新的产业和产业部门形成

在技术进步的作用下,一方面原有产业和产业部门分解,某些产品或原有生产过程的某一阶段随着生产技术的变革和社会需求的扩大而分离出来,形成新的产业和产业部门;另一方面,技术进步又促进新的生产部门的形成。这是因为新产品、新工艺、新材料、新能源、新技术的发明和利用,扩大了社会分工的范围,创造生产活动的新领域,形成了原来没有的新的生产门类和生产部门。

在旧石器时代,人们依靠狩猎和采集野果为生,几乎是过着普通动物的生活,所不同的是,他们已掌握了最简单的石器技术。但到了新石器时代,人们逐步掌握了对某些动物(如:狗、猪、羊、牛、马等)的驯养技术,使得一部分人游牧部落不是靠石器狩猎动物为生。而是靠自己驯养动物为生,由此导致人类社会发生了第一次大分工,即游牧部落同其他部落分离,其他部落则发展为农业部落。用现在的语言来说,这就是技术进步使新兴产业——畜牧业和农业诞生。这样的社会大分工产业结构的变化,改变了人类生活及生产方式,引起了部落间的商品交换,客观上使劳动生产率获得了提高,也为私有制的产生提供了物质基础。随着时间的推移,人类掌握的技术种类越来越多,到原始社会末期,人类掌握了制陶、炼铜、铜加工、酿酒、纺织、武器制造等技术。多种手工业技术,特别是金属加工技术的发明和制造,使人类的生产能力产生了质的飞跃。由于劳动工具得到了改善,劳动生产率大大提高,使一部

分人可以脱离农业劳动而直接从事手工业,如榨油、制造金属工具和武器、制造各种生活用品等,于是又发生了第二次社会大分工,手工业从农业中分离出来。技术进步带来了新兴产业——手工业的诞生。

随着生产力的不断提高——技术进步的积累,商品生产交换规模和范围不断扩大,在农奴制形成前后,出现了不从事物质生产,专门从事商品交换的商人,这就产生了第三次社会大分工,商业从物质生产领域分离出来,即诞生了第三次产业。这是由于各方面技术发展的综合结果。

由于科学技术的进步和变革在各个产业部门之间是不平衡的,而一种新的科学理论和新的技术发明对各个产业的作用方式和影响程度也有很大的差别。这都会使各个产业部门在生产效率和发展速度上的差别扩大。随着技术进步的突破而产生的新兴产业部门,往往有着最高的生产效率和最高的增长速度,而那些技术已经成熟又没有重大突破性进展的传统产业部门,其生产效率的提高就比较缓慢,其发展也就处于比较稳定的状态,有的甚至出现衰落的情形。

二、技术进步与三次产业革命

历史上,任何一次产业结构的重大变革都离不开科学技术的重大发现、发明和应用。每次重大的技术进步都对产业结构产生重大影响,形成一批新的产业群,大大提高社会劳动生产率,使社会生产力水平迅速提高。每一次产业革命都与科学技术的发明及发现有相当密切的联系,每一次产业革命都引起了国际产业结构的巨大调整。

(一)第一次产业革命

　　第一次产业革命完成了工业从农业的分离,工业成为独立的产业部门,并推动了国际商品交换为主体的世界贸易市场的形成。

　　18世纪中叶,产业革命首先在英国发生。1733年,一个叫凯伊的机械师发明了一种能大大提高织布速度的装置——飞梭。为增加棉纱产量,1764年,织工哈格里夫斯发明了纺纱机(即"珍妮纺纱机"),把纺纱工效提高了很多倍。1769年,阿克莱特制成水力纺纱机。1779年,克朗普顿结合以上两种纺纱机的优点,发明了"骡机",完成了纺纱环节的革新。1785年,卡特莱特发明水力织布机,提高织布工效40倍。1771年和1791年,英国率先突破手工工场的规模,分别出现了世界上第一家水力棉纺厂和织布厂。

　　随着机器的大量发明和使用,机器的动力问题也迫切需要解决。人力和畜力早已被淘汰,水力又有很大的局限性,所以需要一种方便、实用、大功率的发动机。1782年,瓦特制成了改良蒸汽机,使机械化生产冲破自然条件的限制,大大加快了产业革命的进程。各种各样以蒸汽为动力的工厂如雨后春笋般建立起来。机器的制造,又增加了对金属原料的需求,这就促成了冶金和采矿业的繁荣。机器极大地提高了劳动效率,生产出来的产品堆积如山需要及时运出,同时还要及时运进原料,这又给交通运输提出了要求。1807年,美国人富尔顿发明制造轮船;1814年,史蒂芬森发明制造火车机车,实现了运输行业的突破。

　　1840年前后,英国大机器生产已基本取代了工场手工业,完成了产业革命。同时,比利时、法国、美国、德国、俄国等地的产业革命也在如火如荼地进行着。这些国家的产业革命在19世纪内完成。日本在19世纪60年代末进入产业革命时期,到20世纪初,也基本上完成了产业革命。产业革命把人类带入了"蒸汽时代",使社会生产力极大地提高。它改变着人们的生活方式和价值观,密切了世界各地之间的联系,对人类的各个方面都产生了极其深远的影响。第一次产业革命的胜利和生产的大发展,使资本主义最终战胜了封建制,显示出在上升时期的历史进步性。

(二)第二次产业革命

第二次产业革命促使以原料为主体的重化工业得到发展,资本相对集中,资本输出使国际资本形成,生产的国际化得到初步发展。

从19世纪60年代起,一系列电气发明相继出现。1866年,德国工程师西门子制成发电机;1870年比利时人格拉姆发明了电动机,电力开始被用来带动机器,成为取代蒸汽的新能源。随后,电灯、电话、电焊、电钻、电车、电报等相继出现。1882年法国学者德普勒发明了远距离送电的方法。同年,美国著名发明家爱迪生在纽约创建了美国第一个火力发电站,把输电线结成网络。电力作为一种新能源的广泛应用,不仅为工业提供了方便而廉价的新动力,而且有力地推动了一系列新兴工业的诞生。

内燃机的发明是这一时期的又一大重要成就。1876年,德国人奥托制造出第一台以煤气为燃料的四冲程内燃机。1883年德国工程师戴姆勒又制造出以汽油为燃料的内燃机,它具有功率大、重量轻、体积小、效率高的特点,可以作为交通工具的发动机。1897年另一名德国工程师狄塞尔发明了一种结构更简单、燃料更便宜的内燃机——柴油机,它非常适用于重型运输工具。内燃机的发明在交通运输领域引起了革命性的变革。19世纪末20世纪初,以内燃机为发动机的交通工具如汽车、远洋轮船、飞机、拖拉机以及军用装甲车、坦克等也陆续出现。内燃机的发明还推动了石油开采业的发展。1870年世界石油产量只有80万吨,到1900年就猛增至2000万吨。

　　化学工业的建立也是 19 世纪晚期的一项重大突破。在无机化学方面,发明了以氨为媒介生产纯碱和利用氧化氮为催化剂生产硫酸的新方法。有机化学工业也有发展,人们开始从煤焦油中提炼氨、苯、人造染料等化学产品。当时还采用化学方法合成物质。1884 年法国人夏尔多内发明人造纤维,后来人们开始生产人造丝。炸药也是这阶段化学工业的一大成就。1867 年诺贝尔发明炸药,19 世纪 80 年代又改进了制造无烟火药的技术并在军事上广泛应用。

　　第二次产业革命实现了科学与技术的真正结合,而且从一开始就超出一国的范围,具有地域广泛的特点,发展进程极为迅速。它极大地提高了生产力,为资本主义进入垄断阶段准备了条件,还在生产和管理方面引起了深刻的变革。

　　(三)第三次产业革命

　　20 世纪 50 年代开始的以电子技术为先导,以原子能利用、电子计算机出现和航天技术发展为标志的新技术进步,不仅在范围上具有空前的广泛性和全面性,引起了各学科和技术领域及社会的深刻变化,而且在深度上全面提高了包括劳动工具、劳动对象及劳动者等生产要素的技术含量,促进了重化工业结构向以加工、组装工业为重心的高附加值深加工结构转变。

　　1957 年,苏联发射了世界上第一颗人造地球卫星,开创了空间技术发展的新纪元,也极大地刺激了美国。1958 年,美国也发射了人造地球卫星。但 1959 年苏联就取得了一项新成就:它发射的"月球"2 号卫星成为最先把物体送上月球的卫星。正在美国人瞠目结舌之时,苏联宇航员加加林又在 1961 年乘坐飞船率先进入太空。美国不甘落后,开始了 60 年代规模庞大的登月计划,终于在 1969 年实现了人类登月的梦想。70 年代以来,空间活动由近地空间为主转向飞出太阳系。1981 年 4 月 12 日,美国第一个可以连续使用的哥伦比亚航天飞机试飞成功,并于 2 天后安全降落。它身兼火箭、飞船、飞机 3 种特长,是宇航事业的重大突破。1970年以来,中国宇航空间技术迅速发展,现已跻身于世界宇航大国之列。

1945 年美国成功地试制原子弹后,1949 年苏联也试爆原子弹成功。1952 年美国又试制成功氢弹。1953—1964 年间,英国、法国和中国相继试制核武器成功。原子能的技术首先被应用于军事领域,和平利用原子能工业也有一定发展。1954 年 6 月,苏联建成第一个原子能电站。1957 年苏联第一艘核动力破冰船下水。到 1977 年,世界上有 22 个国家和地区拥有核电站反应堆 229 座。

电子计算机技术的利用和发展是另一重大突破。20 世纪 40年代后期的电子管计算机为第一代计算机。1959 年出现晶体管计算机,运算速度每秒在 100 万次以上。1964 年达到 300 万次。60 年代中期,出现许多电子元件和电子线路集中在很小的面积或体积上的集成电路,每秒运算达千万次,它适应一般数据处理和工业控制的需要,使用方便。70 年代发展为第四代大规模集成电路,1978 年的计算机每秒可运算 1.5 亿次。80 年代发展为智能计算机。90 年代出现光子计算机、生物计算机等。大体上每隔 5—8年,运算速度提高 10 倍,体积缩小 10 倍,成本降低 10 倍。从 1980年开始,微型计算机迅速发展。电子计算机的广泛应用,促进了生产自动化、管理现代化、科技手段现代化和国防技术现代化,也推动了情报信息的自动化。以全球互联网络为标志的信息高速公路正在缩短人类交往的距离。同时,合成材料的发展、遗传工程的诞生和信息论、系统论和控制论的发展,也是这次技术革命的结晶。第三次产业革命就其规模、深度和影响来说,远远超过前两次产业革命,它大大加速了现代生产力的发展,成为推动人类进步的巨大动力之一。

三、新技术革命对世界产业结构的影响

20 世纪 90 年代以来,人类社会正在经历一场新的技术革命,以信息技术、生物技术、能源技术和纳米技术为代表的技术进步日新月异,对经济社会的发展与进步起到了巨大的促进作用。新一轮技术进步正在对世界产业结构产生着比以往任何时候都更加深刻的、系统的、全面的和综合的影响,使世界产业结构的大调整在主导产业、生产要素及产业区域布局等方面都出现了新趋势。

当代技术进步取决于信息技术的发展,其凭借着超越传统技术的优势,极大地影响着产业结构的变动方向。一批以高新技术为核心的新兴产业、特别是信息产业的崛起,优化了产业结构,成为整个国民经济新的增长点。在信息技术发展的推动下,世界各国的信息产业发展迅速。信息技术刺激需求结构发生变化,从而使产业结构发生变革,同时,变革的产业结构又对新的信息技术产生新的需求。信息技术使劳动生产率提高,并使劳动力发生转移,促使产业结构发生变化,同时,产业结构的变化对劳动力的技术要求越来越高。信息技术促进产业结构不断向高级化发展,同时,高级化后的产业结构对信息技术的依赖愈来愈强。总之,信息技术作为当代技术进步的技术核心,与产业结构形成相互依存、互为促进的关系,这在当今信息社会表现得特别明显。

第三节　技术进步与产业结构变动的关系

一、技术进步是产业结构调整的基础

科学技术的发展推动产业结构的优化升级,给生产方式和人们生活带来重大影响,特别是凝聚高新技术、有很大市场潜力的新产品,对产业结构的调整具有很强的导向作用。因此,产业结构调整的动力在科技,希望也在科技。通过技术进步,加强农业,改造和提高传统产业,发展新兴产业和高技术产业,提高产业的技术水平,形成合理的规模和结构。加快产业结构优化升级的步伐。提高产品的科技含量,增强产品市场竞争能力,是推动产业结构优化升级的基础。

各国的发展实践表明,产业结构调整的过程,也是技术进步与创新及产业化的过程。一方面,从传统农业、手工业和重化工,到今天的信息经济、生物经济和现代服务业的发展,每一次产业的跃升和结构的调整,无不是技术进步与创新的客观结果。20世纪70年代以来,科学技术发展日新月异,科技成果产业化周期缩短,科技与经济社会发展的结合日益紧密,技术进步驱动了全球经济社会结构的加速调整与重组。当前,信息产业已经成为当今世界的主要支柱性产业,生物医药产业的发展为人类展现了新的美好前景,现代服务业已成为发达国家经济发展水平和社会文明程度的重要标志。另一方面,科学技术作为第一生产力,技术进步与创新对社会生产方式、产业结构、生产工具、劳动者素质等生产力要素都将产生巨大而深刻的影响。电子、信息和通信、制造业、金融、现代物流等产业的发展突出地表明,不掌握核心技术和自主知识产权,不具有自主创新能力,就难以把握未来发展的主动权。未来综

合国力的竞争,将越来越取决于各国之间技术创新能力的消长和自主创新能力的提高。

无论是从量,还是从质的方面来研究产业结构的调整问题,都离不开技术进步这个因素。因为技术进步不但会改变各生产部门间的比例关系,从而影响着数量平衡的条件,而且是产业结构走向高级化的主导因素。从这个意义上来说,技术进步是产业结构变化的前提条件和直接动因。

二、技术进步促进产业结构优化升级

技术进步是产业结构合理化和高级化的根本动力。技术进步不但会改变各生产部门间的比例关系,从而影响着数量平衡的条件,而且是产业结构走向高级化的主导因素。产业结构的高级化与技术进步有着更为直接、明显的关系。产业结构高级化意味着通过新技术的普遍推广、应用而改变原来的产业结构,意味着新兴技术产业的成长和以相对落后的技术体系为基础的旧产业的衰落,最终实现在更高层次上与大自然进行物质转换。

技术进步使产业结构不断向高级化发展。随着技术的不断进步,它在经济发展中所起的作用越来越大。在技术比较落后的时期,产业部门较少,人们从自然界中获取生产资料和生活资料主要靠人类自身的体力和自然界直接发生关系,产业结构中的劳动密集型产业占较大比重。而技术的进步使人类逐步减少与自然界直接发生关系的程度,技术越是发达,人类依靠科学原理制造各种劳动工具和机器,利用自然力去改造自然,从中获得生产资料和生活资料的比重就越大,可供人类利用的资源种类也越多,技术在人类生产中应用的密度也就越大。即技术密集型产业在产业结构中所占比重越来越大,劳动密集型产业所占比重不断下降。这就是产业结构随着技术进步不断由低级向高级化发展的总趋势。

(一)技术进步促进传统产业升级改造

技术进步在创立新的产业和部门的同时,也必然要求对原有的产业和产业部门进行改造,即用新的技术、工艺、装备改造原有产业,提高其技术水平,改变其生产面貌,促进原有主产部门产品的更新换代和质量提高,甚至创造出全新的产品。最明显的例子是采用电子和信息技术改造传统产业,如机械工业,使机械工业实现机电一体化。又如钢铁、有色金属、建材以及纺织工业由于新工艺、新技术的应用而获得了新生。技术进步的结果并不是消灭一批传统产业,而是使这些传统产业以新的面貌出现在产业结构之中,有的甚至成为某些新兴产业赖以建立的重要物质条件之一。因此,技术进步使整个产业结构建立在新的技术基础之上,并且具有新的内容。比如,现代遗传工程通过切割和重组植物遗传密码,可以创造出自然界原本不存在的植物品种,提高作物固氮能力和光合效率,这对解决能源危机,降低农业成本,缩短农作物生长周期,提高产量都有不可低估的作用。克隆技术在农业上的广泛应用,不仅可以带来很高的经济效益。而且还可以从根本上改变传统农业的面貌,向着现代化农业的目标大踏步前进。

(二)技术进步刺激需求结构发生变化

技术进步对需求结构具有十分重要的意义,而需求结构对产业结构的影响是直接的和最基本的,因为没有社会需求的产业根本就不可能存在。但是需求结构却受到技术进步的制约。即使有科学合理的需求,只要技术上还不可能制造出产品以满足这种需求,新的产业就不可能出现。然而技术上一旦有了重大突破,就会极大地刺激新的需求,推动新产业的形成和发展。例如,石油精炼技术和高分子合成技术的发明,使得能源工业和化学工业发生了很大的变化,从而使石油需求量大增,几乎改变了整个世界的需求结构,进而使产业结构也发生了巨变。因此,在需求结构发生实质性变化之前,必须先有某些技术突破或革命。没有技术进步做先导,需求结构对产业结构的影响将是缓慢的渐变。因此,需求结构变化是产业结构变化与技术进步之间的一个中间环节。

技术进步从多方面对需求结构产生影响,从而引起产业结构的变化。

第一,技术进步使产品成本下降,市场扩大,需求随之发生变化。(1)许多产品从其性能、用途来说是社会上极其需要的产品,但由于成本过高而使需求受到限制。比如太阳能设备就是这样。太阳能作为一种使之不尽、用之不完的既无环境污染,也不用运输的可再生能源,几乎是最理想的能源。但由于太阳能转换设备所需要的材料昂贵,使太阳能设备成本过高,从而使需求量受到了一定的限制。1946 年诞生的世界第一台电子计算机是一台重 28 吨,体积为 85 立方米,占地 170 平方米,由 18800 个真空管组成,耗电 150 千瓦的庞然大物,运算速度只有 5000 次/秒。由于成本高,操作复杂,效能差,直到 20 世纪 50 年代,电子计算机的应用仅限于特殊领域,需求量很小。60 年代以后,电子计算机技术和材料技术的突破,使得电子计算机的成本飞速下降,以平均每 5—7 年运算速度提高 10 倍,体积减小 10% ,价格下降 10 倍的步伐向前发展,性能价格比快速提高。近几年发展的集成电路使电子计算机的体积更加微型化,价格便宜,安装使用方便,以至进入了千家万户。因此,电子计算机产业获得飞速发展,不仅其本身作为一个新兴产业在整个经济中占有一定比例,而且带动了信息工业的发展,使许多传统产业技术体系获得改造和提高。这种情况称为技术进步的波及效应,即一个部门的技术进步结果成为其他部门技术进步的起点。(2)广义上说,在一个时期内,各产业部门都会发生技术进步,产品成本、产品价格都应有所下降;但是,各产业部门的技术进步程度不同,技术进步快的部门的劳动生产率提高的就快,产品成本降低幅度大,对需求刺激也就大。另一方面,即使产品价格不下降,技术进步快的部门的物价指数上升幅度也较慢,同样使需求结构发生变化,从而引起产业结构变化。例如,日本在1960—1970年这10年中,全国物价总指数上升到113.6(以1960年为100),而钢铁物价指数仅为100.4,基本维持在原来的水平上。这是由于钢铁工业采取了高炉大型化、纯氧顶吹转炉炼钢、连续铸锭及轧钢自动化流水作业等一系列新技术的结果。相对低的钢铁价格促进了汽车工业的发展,使钢铁工业的需求量大幅度增长。这种发生在生产资料部门的技术进步,不仅仅使该部门的产品需求量增加,而且使用这种生产资料进行生产的产品的成本也降低,使其需求量发生变化。这是技术进步波及效应的又一种形式。

第二,技术进步使资源消耗强度下降,使可替代资源增加,改变生产需求结构,从而使产业结构发生变化。所谓资源消耗强度,是指生产某单位产品所消耗的某种资源的数量大小。它的变化情况可用资源消耗弹性系数来描述。资源消耗下降有两种情况。第一种是非替代性下降,即某种资源消耗强度下降不是靠其他资源替代实现的,而是纯粹由于资源利用率提高或工艺改革、技术改造等直接技术进步因素造成的。这时,该种资源的需求比例将降低,同时产品成本也将下降,从而使需求结构发生变化。第二种是替代性下降,即某种资源消耗弹性系数下降是由于替代资源进入生产领域,使被替代资源消耗比例降低,而替代资源消耗比例将上升。虽然产品成本不一定卜降,但资源需求结构肯定要发生变化,从而影响产业结构。

　　第三,技术进步使消费品升级换代,改变需求结构,促进产业结构变化。生产的最终目的是消费,消费品结构变化,将对产业结构产生直接影响。1982年以前,我国的消费结构主要以吃、穿、用为主,电冰箱、电视机(特别是彩色电视机)、洗衣机、录像机、高档录音机等只有很少家庭才买得起。其原因,一是由于购买力达不到这一水平,二是国内技术不过关,靠进口。当时居民家中的主要大件是自行车、手表、缝纫机、收音机等。近三四年,我国通过技术引进,在一定程度上消化吸收了电冰箱、电视机、洗衣机、录音机等生产技术,加上近几年人均国民收入的提高,电视机等高档消费品不仅进入了城市居民家庭,而且进入了农民家庭。使家用电器产业获得极大发展,促进了产业结构的变化。

　　第四,技术进步与需求变化互相影响,综合促进产业结构的变化。正如技术进步可以改变需求结构一样,需求结构变化对技术进步也会产生反作用,这是涉及技术进步方向的问题。一般来说,需求迫切,对经济建设影响重大的产业部门的技术进步往往较快。因为这样的部门往往是经济发展的关键部门,容易获得各种技术进步条件。如技术投资、技术人员等将首先投放在对人类生活及社会、经济发展影响重大的部门。换句话说,需求决定着技术进步的方向。当然,这并不是说技术进步在需求面前完全是被动的。相反,技术进步是经济发展的能动的促进因素。即使是需求很强烈的部门,如果技术不取得突破,需求结构也难以改变。从这一点出发,需求结构必须服从技术进步的变化。技术进步从一方面决定着需求结构,而需求结构又反作用于技术进步,影响着技术进步的方向和速度。这二者的互相制约与促进,影响着产业结构的变化。

(三)技术进步促进劳动力转移

　　一般来说,生产领域里的技术进步总是以机器代替人的劳动为特征的。由于这一特征,在生产规模不变时,生产领域里所需要的劳动力人数就会随着技术进步而减少,使劳动力从发生技术进步的部门中游离出来。如果技术进步使产品成本下降,并使最早发生这种情况的部门的产品需求量扩大,则其生产规模也可能同时扩大,这时游离出来的劳动力将被扩大的生产规模重新吸收(或部分吸收)。而若其生产规模没有扩大,劳动力游离就是必然的。游离出来的劳动力可能向三个方面转移:(1)产品需求量上升,需要扩大生产规模,但没有实现技术进步的部门;(2)需求上升的新兴产业部门;(3)服务部门。无论被游离出来的劳动力向哪个部门转移,都会使产业结构发生变化。从人类历史发展来看,首先是农业中游离出的劳动力向加工业转移,然后又从加工业中游离出来向服务业转移。尽管这个转移过程总的来说是缓慢的,但却是非均匀的,在发生技术革命时,劳动力的转移速度会加快。技术进步在加速产业结构改造的同时也促进了劳动力结构的重大变化,尤其是体力劳动者与脑力劳动者的比例发生很大变化。

(四)技术进步改变市场竞争格局

　　技术进步可以改变一个国家在国际市场上的竞争能力。特别是对外贸易占国民生产总值比重较大的国家。最明显的例子是日本和美国在汽车和半导体工业上竞争力消长的历程。在20世纪60年代以前,美国和欧洲的汽车工业已经极为发达,代表着世界汽车工业的最高水平,日本实难望其项背。但在60年代以后,日本先是在钢铁工业上加大投入,革新技术,使钢铁生产成本大幅度下降,从而使汽车工业的成本随之大大下降,再加上节油技术的开发和应用,使日本汽车工业在国际市场上竞争力大为增强。80年代中期以后日本取代美国"汽车王国"的地位,1990年日本汽车产量曾经达到 1349 万辆的高峰。汽车工业成为日本的主导产业,日本汽车像潮水般涌入美国和欧洲市场,以至于以"自由贸易旗手"自居的美国竟同日本因汽车贸易多次发生摩擦。不过,曾几何时,日本因"泡沫经济"崩溃,汽车产量连年缩减,另一方面则由于美国加大了科技投入,情况又发生了逆转,美国汽车重新夺回了在汽车、半导体等领域的竞争优势。

三、技术进步改变生产组织和管理体制

纵观百年世界经济发展的历史,技术进步与产业组织形式的创新和发展之间关系十分密切,技术进步推动产业组织形式由低级向高级发展,产业组织形式的创新又为产业革命的深化提供了制度上的动力源泉。蒸汽机的发明带来了以机械化为特征的第一次产业革命,其结果是由发动机、传送机和工具机构成的机器代替了手工工具。劳动者按机器运行的需要分工协作地进行的社会化生产方式也就最终代替了手工劳动的生产方式,社会生产的组织方式相应的从个体的、分散的经营走向统一的、现代工厂的经营。19 世纪后期,以美国、德国为中心又发生了以电气化为特征的第二次产业革命,电动内燃机代替了蒸汽机,钢铁业、化学工业大规模发展,使生产过程进一步社会化,一些有实力的企业为了取得规模效益,充分利用产业革命的成果,通过横向兼并等形式,建立起大型企业和企业集团,股份公司风起云涌。

第四节　技术进步与产业发展

一、技术进步与传统产业发展

技术进步能够从总体上提高国民经济的技术含量集约化程

度,降低单位产出对资源的消耗,减轻对环境的压力,从而有力地推动产业结构的优化升级;技术进步能够为改造传统产业提供行进先进的技术和装备,提高传统产业的竞争能力。

所谓传统产业,一般指历次产业革命中发展起来的钢铁工业、汽车工业、纺织工业、机械制造工业、石油工业、化学工业等部门。传统产业主要采用传统技术生产传统产品,大多是高投入、高消耗、高污染、高产出的产业。

一般来讲,技术进步具有在传统产业及技术进步内部使用范围广、渗透性强的特点。它们迅速地向人类社会生产的各个领域渗透,从整体上提高了社会的智能化水平。高新技术的渗透性广泛地体现在它促使传统产业实现现代化、自动化的社会功能上。它能使几乎所有的传统产业都受到影响,给它们注入活力,使传统产业在高新技术应用中获得新生,得到发展。

同时,技术进步与传统产业之间存在着一种相辅相成的关系,传统产业的充分发展会促进技术进步的兴起和发展;反过来,技术进步的兴起和发展又会带动传统产业的改造、技术进步。同时,技术进步与传统产业之间还存在着一种替代关系,这种替代关系加速了被替代的传统产业的衰亡。

高技术由于其高渗透性,在自身产业化过程的同时,也带动了传统产业的发展。首先,高新技术使工业经济时代形成的三大产业披上了"知识"的新装,并延伸出许多新的经济增长点。目前,在发达国家,第一产业比重仅为3％左右,随着生物工程的发展,特别是分子生物学和生物技术的渗透,第一产业将扩展到更广阔的领域。从第二产业看,工业经济时代的支柱产业——制造业在完成工业化以后,曾一度被人们视为夕阳工业,但通过高新技术的改造,出现了先进制造技术,使传统制造业重新焕发了生机。其次,高新技术还能将原制造业中的某些工序通过计算机模拟加以"软化",如建筑业的设计、汽车碰撞试验等,既节约了人力、物力和时间,又提高了科学性。高新技术对第三产业特别是服务业的影响最大。

归纳起来,技术进步对传统产业的渗透和扩散,主要表现在以下几个方面:

(一)用高新技术改造传统设备和生产工艺,提高新技术水平,实现生产过程自动化

生产设备和技术装备是生产过程的主要物质基础,生产中对自然资源的加工利用程度、劳动生产率和产品质量的高低,在很大程度上是生产技术装备的水平所决定的,生产工艺是指生产加工的方法和技术,主要包括工艺流程等内容。先进的生产工艺是生产优质产品、提高经济效益的基本保证。用高新技术改造传统设备和生产工艺是提高传统产业国际竞争力的根本途径。日本机械制造业的振兴充分说明了高新技术对传统设备和生产工艺改造的巨大作用。日本的机械制造工业受到战争的破坏,第二次世界大战后的日本机床有50%—60%已经陈旧到了几乎不能继续使用的程度。但日本依靠高新技术渗透,走出了一条振兴机械制造业的道路。

(二)用高新技术改造传统产品,促使传统产品更新换代

现代电子技术、新材料技术等高新技术在传统产业中的广泛应用,改变了传统产业的产品结构,使之趋向于高档次、高效率、多用途、多种类。陶器是人类在远古时代应用的器皿,在高新技术的影响下,精密陶瓷重新扮演了重要角色,一向生产瓷器的古老窑业,跃入了新材料科学的尖端产业。

20世纪50年代以来,现代科学技术的成果以空前的速度、广

度渗透到各个领域,推动了高新技术产业的迅速增长,促进了高新技术对传统产业的改造,引起产业结构的深刻变化,给世界经济社会发展带来深远的影响。首先,传统产业的技术改造发生了根本性变革。传统工业部门大多是基础工业部门,如钢铁、造船、纺织、橡胶、汽车、制革、木材加工、金属构件、机床制造、建筑材料等等,这些在历史上曾经是工业支柱的工业部门,都是劳动密集型和资本密集型的产业。新兴工业诞生后,这些产业被称为"夕阳工业"。新兴工业的迅速兴起和技术进步的加速使许多国家纷纷对传统工业进行大规模的技术改造,以增强其市场竞争力。20世纪90年代以来,美国用高新技术改造传统制造业,使其全面升级,劳动生产率明显提高,80年代美国制造业劳动生产率每年平均提高3.4%,90年代为4.7%。日本、欧洲及一些发展中国家也把以高新技术改造传统产业列为本国产业结构调整的重要目标。

(三)传统产业的高技术化成为新趋势

由于技术进步具有广泛性和综合性特点,一项科技突破的影响,往往不是仅停留在个别行业和领域,而是将迅速渗透到众多的行业和领域,并改变这些行业和领域的面貌,因此,随着高技术的深入发展,用高技术对传统产业加强渗透与改造,从而提高传统产业的技术含量,促使传统产业技术升级也成为世界产业结构调整升级的新趋势。在农业领域,随着信息化网络技术、现代生物技术对农业的渗透,传统农业正朝着精确农业、生态农业的方向发展,不仅大大提高了农业生产的效率,而且也将传统农业通过高技术的渗透改造与现代化直接联系起来。在工业领域,信息技术、生物技术、新能源、新材料及环保技术、航空航天技术的日益发展和运用,对传统工业的经营理念和生产方式、经营方式产生了革命性变化,随着生产和管理的自动化、智能化、数字化、柔性化,不仅大大提高了产品质量,增加了新品种,而且促使工业生产更加满足高质量、低成本、低消耗和清洁生产的可持续发展要求。在服务领域,由于高技术的日益渗透,以高效率的金融业、物流业、咨询服务为代表的现代服务业将为生产和生活提供高品质、个性化、多样化的服务,并大大提高经济发展的社会化程度。

高技术的产业化与传统产业的高技术化趋势不仅将导致技术密集型产业的发展,并逐步成为全球产业结构的重要形态,而且将引领世界经济全面的智能化与知识化发展。由于晶体管在性能及成本方面都大大优于电子管,它能使电器设备的体积缩小到原来的千分之一甚至万分之一,成本大幅度降低,极大地刺激了社会需求,由此推动电子工业的技术水平和生产规模日益扩大,成为重要的先导产业,在国民经济中的比重越来越大。当前,以集成电路技术为代表的微电子技术使得电子计算机芯片在几个月的时间就实现了更新换代。另外,有专家预言,纳米技术的开发将在10年内造就世界第二大制造业,仅次于计算机芯片制造业。第二次世界大战结束后,石油精炼技术的发展所提供的大量的廉价优质液体燃料,大大促进了汽车、航空等以液体燃料提供内燃机动力的运输机械产业的发展。高分子合成技术的发展则使纺织工业的原料由天然纤维转向化学合成纤维,从而使纺织工业对农业的依赖程度大大下降。化工原料也从煤化工转向石油化工。石油化工技术的前向波及,几乎使整个世界的产业结构发生了翻天覆地的变化。

二、技术进步与先进制造业发展

从生产要素的变动看,全球曾出现过劳动密集型产业为主、资本密集型为主的产业结构变动形态。20世纪90年代以来,由于世界范围兴起的新一轮技术进步的最大特点是技术更新的速度和技术转化为生产力的速度不断加快,使高技术不仅不断地取代资本要素日益成为经济增长的重要新动力,而且成为产业结构升级的重要因素,并影响产业结构变动出现新趋势。

随着信息技术、生物技术及新材料、新能源的发展,信息产业、生物产业以及新材料、新能源等新兴产业也日益成为全球产业发展的新亮点,不断提高着全球产业结构的技术水平。新技术进步与产业化变动特征使新一轮国际竞争进入高技术产业化速度的竞争。

高新技术具有前导性(前瞻性)、战略性和渗透性等特点。高新技术对经济社会发展的巨大影响和推动作用。

高新技术能够带动新的产业发展,形成新的经济增长点,创造新的就业机会。高新技术具有前导性(前瞻性),谁在时间上抢先一步,谁在质量上棋高一着,谁就在竞争中处于主动地位。高新技术能够促进新兴产业的成长,高新技术领域的一个突破,都会带动一批产业的发展。一般来讲,产业成长有一个生命周期。

从产业增长的速度特征来看,可以认为产业的发展、成长要经过五个或六个阶段:(1)孕育期或产业导入期,从技术发明到工业性生产技术的出现;(2)成长期,产业迅速增长,其增长速度达到整个发展过程的最高点;(3)成熟期,产业增长速度减缓,但仍在增长,进入平缓增长的过渡时期;(4)饱和期,产业的增长已不再进行,整个产业规模达到最大;(5)衰退期,产业表现为连续性负增长,迅速萎缩;(6)重振期,一般产业在进入衰退期后即逐步走向衰亡,然而也有某些产业由于某项或某几项高新技术的出现并与之融合而使其重新充满活力,获得新生,停止衰退,甚至进入新一轮高速增长期。

在一个产业的生命周期中,处于成长期和成熟前半期的新兴产业的增长率很高,但该产业的规模也较小,从而在工业结构中的比例也较小;相反,处于饱和期的产业其增长速度平缓下来了,但其规模在工业结构中的比重一般都很大。新兴产业在整个工业结构中所占的比重还很小,这是因为新兴产业多处在产业发展的前两个阶段。从长远看,新兴产业将在工业结构中占据重要地位。

三、技术进步与服务业发展

以信息技术为核心的高新技术的发展,一方面促进了第一、第二产业劳动生产率的提高,人类能够以较少的人力、物力生产出更多的产品;另一方面引起生产过程中分工结构的变化,促进了科研、设计、咨询、情报、专利等"知识产品"行业的发展,而分工的发展又推动商业、金融业、租赁业、广告业、运输业、修理业等各行各业的普遍繁荣。从 20 世纪 50 年代起,发达国家的第一产业、第二产业在整个国民经济中的比重逐渐下降,而第三产业的比重逐步上升并成为主体。目前,美国知识产业的 83% 以上集中于金融与保险、信息与通信、企业服务等行业。

当今,服务业已构成全球产业结构的主体,并日益占据重要地位。20 世纪 70 年代以来,随着微处理机的大量生产与计算机的广泛应用,提高了工业生产的效率,为生产与消费性服务的发展开辟了新的更加广阔的市场空间,服务业得到快速发展,以美国、英国等为代表的发达国家的产业结构逐步进入以服务业为主体的时代,并带动整个世界也进入以服务业为主体的发展阶段。20 世纪 90 年代后,随着贸易、投资及金融自由化及全球化发展,现代服务业得到进一步发展,使之在全球产业结构中的比重继续提高,目前服务业在全球 GDP 的比重已达到 66.3%。从各国情况看,由于发展水平差异使之产业结构变动水平不同,其中美国、英国与法国等制造业比重逐步稳定在20%左右,而服务业比重都在70%以上,高于全球水平,德国、日本与南非基本与全球水平持平;发展中国家产业结构水平则低于全球,服务业比重在50%左右,低于全球10个百分点以上。服务业成为全球产业结构主体,标志世界已进入服务业体系时代,决定国际分工体系的主导力量也由制造业转向服务业。

第五节　对我国的几点启示

技术进步是产业结构合理化和高级化的根本动力。技术进步是产业结构变化的前提条件和直接动因。各国依靠技术进步推动产业结构升级的历史和实践,为我国提供了有益的启示和借鉴。

一、依靠技术进步促进产业结构优化升级

改革开放以来,我国经济增长方式已经由过去主要依靠资本大量投入逐步转变为依靠资本和技术的双重投入,技术进步作用越来越明显。但是,由于体制、机制和政策方面的问题,我国技术进步对经济增长的促进作用并没有很好地发挥出来,还存在一些问题与不足。

技术进步对我国经济持续增长具有重要意义。全面建设小康社会和走新型工业化道路,落实科学发展观,需要技术进步的支撑。保持国民经济持续增长对技术进步提出了新的任务和要求。因此,必须把加快技术进步放在经济社会发展的战略优先地位,要继续推进经济体制改革,进行管理创新和制度创新,注重技术创新,把自主开发与技术引进和消化吸收相结合。无论是从国际经济发展趋势来看,还是从我国经济发展的现实问题来看,推动产业

的高技术化应当是我国产业结构调整的重要方向。

二、大力发展高新技术产业

在技术进步的推动下,发展高新技术产业已经成为当今世界经济发展的主旋律,各国都制定了促进高新技术产业发展的政策和措施。新的形势和新的任务,要求高新技术及其产业发挥更大的作用,需要确立高新技术及其产业优先发展的战略地位。

要充分认识高新技术及其产业发展的与一般产业的互动关系,认清高新技术产业化有特殊的规律以及高新技术产业发展需要特殊的政策,从而建立和完善基本制度和体制,创造良好的环境和条件,促进高新技术及其产业更快、更好地发展,迈向新的台阶。通过营造有利于高新技术产业化的良好环境,积极培育新的经济增长点,造就新的经济增长极,在国际竞争前沿抢占一席之地。

要在激烈的国际竞争中掌握主动权,就必须把提高自主创新能力作为国家战略,把实现经济的持续、快速发展建立在不断提高的自主创新能力的基础上,把自主创新作为技术进步的基点,作为经济结构调整的中心环节,把资源禀赋决定的比较优势转化为国际贸易的竞争优势,尽快摆脱在产业发展上受制于人的不利局面。

三、以高新技术带动传统产业升级改造

从总体上讲,我国传统产业整体创新能力不足,企业尚未真正成为技术创新的主体,缺乏创新的动力和机制。造成这种局面的原因是多方面的,有历史的背景,也有政策导向的问题;既有客观条件的限制,也有认识和理念上的误区,但主要是缺乏自主创新的动力、机制和政策环境。

要提高技术水平,加速对传统产业的技术改造和升级。积极

吸收和采用国外新兴科学技术成果,尽快扭转粗放经营的状况。特别是要集中科研力量和经费,加强应用技术的引进、消化和推广,开发新技术、新产品,努力形成生产能力,促进行业技术升级,提高质量,增强企业竞争力。推动高新技术改造传统产业,重点推进国民经济信息化进程,以信息化带动工业化,以信息化促进东北等老工业基地的振兴。

四、积极开发和推广应用先进适用技术

对我国来说,由于各地和各部门生产力发展水平很不平衡,因此开发和推广应用先进适用技术具有重要意义。不仅要用先进适用技术改造传统工业,也要用之改造传统农业和服务业。要建设社会化、网络化的科技中介服务体系,加强先进适用技术推广应用。加快农业技术推广体系改革与创新,完善社会化服务机制,鼓励各类农科教机构和社会力量参与多元化的农业技术推广服务,促进各类先进适用技术在农村推广应用。充分发挥"星火计划"的作用,重点支持新产品、新技术、新工艺的开发与推广,促进农业科技成果尽快转化为现实生产力。发挥国家农业科技成果转化资金的引导作用,加快国家农业科技园区建设,建设高水平现代农业技术成果转化和产业化示范基地。继续加大农村先进适用技术的推广和应用,积极培育和扶持有竞争力的科技型龙头企业,促进农村特色和优势产业发展,增加农民收入。大力发展农村信息化,完善新型农村科技服务体系。强化现代农村社区技术集成应用,开展新农村建设科技示范。

五、促进科技成果转化为现实生产力

在我国,科技成果转化难是一个长期没有解决的问题。促进

科技成果转化有两个方面:第一,作为国家科技规划纲要的一个主线,更加强调科技成果转化机制的变化,就是要建立以企业为主体、产学结合的技术创新体系;第二,从国家计划和资源的配置方面要采取一些新的措施。国家的科技计划,特别是面向产业发展的共性技术研发和重大产业开发,应当真正地建立在产业和社会需求的基础上,包括应用研究。同时,在整个资源配置上应当把整个研发活动和成果转化密切结合起来,把转化内部化,也就是要使成果转化环节成为整个技术创新链条的内在组成部分。要积极推进创业板市场建设,建立加速科技产业化的多层次资本市场体系。鼓励金融机构对国家重大科技产业化项目、科技成果转化项目等给予优惠的信贷支持,建立健全鼓励中小企业技术创新的知识产权信用担保制度和其他信用担保制度,为中小企业融资创造良好条件。搭建多种形式的科技金融合作平台,政府引导各类金融机构和民间资金参与科技开发。鼓励金融机构改善和加强对高新技术企业,特别是对科技型中小企业的金融服务。

六、积极发展现代服务业

随着以信息技术产业为代表的高技术产业的发展,高技术服务业的比重将大大增加,也将促进以物质生产、服务为主的经济发展模式向以信息生产、服务为主的经济发展模式的转变。

从总体上看,我国服务业发展水平不高,服务业比重偏低,生产性服务更低。特别是金融、电信、中介服务等现代服务业发展的滞后,严重制约了资本积累速度和资本利用效率的提高,制约了人力资本的增长,制约了技术创新能力的提高,制约了市场的有效开拓,已成为经济增长和社会发展的"瓶颈"。因此,加速建立一个能够满足多层次需求,高效、便利、安全和可持续发展的现代服务业体系,支持经济、社会和人的协调发展,对技术进步提出了现实和紧迫的需求。

当前,迫切需要加快第三产业的技术进步,带动国民经济素质的提高,为城乡居民创造新的就业机会,特别是以新的电子、网络和信息技术为手段的服务业是经济发展的新的增长点。要依托信息技术等大力发展现代物流、现代金融、电子商务、现代传媒、数字化医疗等现代新兴服务业,提高经济运行质量,实现增长方式的转变。一是要运用计算机网络等新技术,使商业、邮电通信业、交通运输业、旅游娱乐业和金融保险业等产业扩大服务规模,提高服务质量;同时要发展各种咨询服务业和市场中介机构,使其成为知识产业结构系统内的良性因子。二是改革科研体制,要调整基础研究与应用研究的结构。基础研究是重点,着眼于未来;应用研究较广,着眼于应用。要把应用研究院所推向市场,面向生产,面向社会,逐步实行公司化和企业化,是科技服务业达到长足的发展,这是进入知识经济时代和今后使知识经济在我国持续发展的关键。

主要参考文献:

1. 李京文、郑友敬:《技术进步与产业结构》,经济科学出版社1988 年版。

2. 史清琪:《技术进步与产业结构变化的理论与实践》,中国计划出版社 1988 年版。

3. 李志军:《依靠技术进步促进经济持续增长》,国务院发展研究中心调研报告 2005 年第 44 号。

第七章　新形势下产业政策的再审视

从来没有一项经济政策像产业政策一般存在着如此大的争论。这些争论不仅发生在奉行自由市场的欧美国家和政府主导的东亚国家之间;而且即使是产业政策最为盛行时期,在日本国内也存在着激烈的争论;对产业政策效用的评价几乎以亚洲金融危机为界线出现了前后反差极大的结论,之前赞誉较多,之后则批评、反思日甚。

20世纪80年代末,产业政策由日本引入我国并且被决策层所接受。① 尽管那时日本已过了50—60年代产业政策的全盛时期,但当时的日本经济正处于极盛时期,日资大举收购美国资产,引起美国朝野一片震惊,世界也为之瞠目。我们把产业政策视做真经,自然合乎情理。就国内环境而言,中国正在由计划经济初步向市场经济转轨,政府直接干预经济有着巨大的惯性。希望改革的人认为产业政策可以作为过渡,逐步用指导性计划取代指令性计划;坚持计划经济的人觉得产业政策可以作为掩护,最大限度地保存传统体制的血脉。因此,几乎没有质疑和犹豫,产业政策就被接受下来。于是,1989年3月国务院发布的《关于当前产业政策要点的决定》,从而确定了产业政策作为宏观调控手段之一,开始独立地发挥作用。1993年十四届三中全会通过《中共中央关于建

---

① 参见李剑阁:《嬗变的产业政策》,载《财经》2006年第5期。

立社会主义市场经济体制若干问题的决定》,又进一步明确提出"制定和实施产业政策作为政府管理国民经济的重要职能和调控手段"。1994年4月,国务院颁布了《90年代国家产业政策纲要》。与此同时,针对汽车、水利、软件与集成电路等一些产业制定了产业政策。然而,产业政策实施十余年来,其效用并不尽人意(汽车产业政策最为典型),再加上亚洲金融危机后国际上对产业政策的批判和反思的学术氛围,国内出现了对产业政策的不同见解。尤其在近期,或以产能过剩,或以高耗能产业发展过快等为理由,新出台的产业政策数量及调整的频度明显加快,随之而来的争论也日渐激烈。

在此背景下,讨论新形势下的产业政策问题就有着较强的理论和实践意义。本章并不就产业政策做一般性的理论探讨,而是针对我国当前产业政策中存在的实际问题,主要从产业政策的作用边界、产业政策的时效性、产业政策有效性的基础等角度入手,在如下两个方面展开进一步讨论:一是我国现阶段产业政策的合理定位问题,从而试图廓清政府与市场的边界;二是新形势下产业政策的调整与转型,探讨产业政策有效用的基础,提出产业政策调整的具体内容。

第一节　我国现阶段产业政策的合理定位

一、产业政策的作用边界

谈到产业政策的作用边界功能定位,还要从其概念出发。到目前为止,世界各国的学者尚未就产业政策的概念达成共识,不同的学者对产业政策的概念作了许多宽窄不同的界定。在此并不一一罗列产业政策的不同定义,仅列举产业政策概念的两个代表性论述：

一是产业政策是为了弥补市场失灵，而由政府采取的一些补救政策。日本经济学家小宫隆太郎是持这种观点的代表人物，他认为："产业政策（狭义的）的中心课题，就是针对在资源分配方面出现的市场失效采取对策。"按此定义就可将产业政策理解为，"在价格机制下，针对资源分配方面出现的市场失败而进行的政策性干预"，通过干预一国的产业（部门）间的资源分配或产业（部门）内的产业组织达到该国国民（经济的、非经济的）目标的政策。

二是产业政策是后发国家在努力赶超发达国家时所采取的政策总称。如日本经济学家并木信义指出，产业政策就是当一国的产业处于比其他国家落后的状态，或者有可能落后于其他国家时，为了加强本国产业所采取的各种政策。

在我国，上述两种观点往往成为产业政策极力拥护者和热心倡导者的理论依据。但这只谈了问题的一个方面，另一个方面是政府失灵问题，由于信息不完备、行政效率不高、部门利益与公众利益的可能冲突、利益集团的权力寻租等问题，也存在着明显的政府失灵。两种失灵的存在决定了产业政策的作用边界，应是以市场失灵为下限、以政府失灵为上限。

既然产业政策的合理定位是位于两种失灵之间，那么进一步的问题就是如何认识市场失灵问题，尤其是如何认识我国现阶段市场失灵的具体表现，以及如何对待政府失灵问题。

对我国现阶段而言，市场失灵表现在两个方面：一是由于垄断、外部性、公共物品、信息不对称这四个因素造成的市场失灵，这四个方面的市场失灵即使在成熟的市场经济国家也是存在的，只不过我国在这些方面市场失灵的程度可能大于成熟的市场经济国家，但市场失灵的起源是相同的；二是体制转轨时期特有的市场失灵,由于市场机制的不成熟、不完善而导致的市场失灵,例如产权制度、公司治理、要素市场等方面存在的诸多问题或不发达而导致的市场失灵。

看起来,我国市场失灵的方面要宽于成熟的市场经济国家,再加上经济赶超阶段,政府试图动员各种资源在某些战略性产业实现特定的赶超目标,产业政策似乎就有了扩大应用的理由。然而,产业政策并不能无边界随意扩大还必须认识到政府失灵的问题,这一问题往往被忽视或不愿意正视,而实际情况表明,政府失灵对经济稳定运行所造成的伤害十分巨大。

二、我国实施产业政策需要研究的两个理论问题

就我国产业政策的实践情况而言,需要进一步澄清两个理论层面的问题:

第一,如何对待体制转轨时期市场机制的不完善。其中有两种截然不同的理念与思路,其一是产业政策在资源配置过程中起到支配作用,换句话说解决市场失灵的方式,是利用产业政策替代市场;其二是着力解决市场机制不完善问题,产业政策的作用不是替代市场,而是以健全和完善市场机制为核心内容,解决转轨时期的市场缺陷。究竟采取哪一种思路,并不能作出孰是孰非的简单判断,而要视资源要素的丰富程度、市场机制的不成熟程度等状况而论。例如,日本在二战之后的50年代,面临着资金、物质资源的严重短缺,日本政府利用产业政策集中配置极为稀缺的资源要素,实现战后的经济恢复似乎有着合理性。但是,考察日本产业政策的演变过程,20世纪70年代之后的产业政策已完全摒弃了50—60年代的做法。从我国当前的资源要素状况、市场发育程度等情况来看,并不存在资源要素极为稀缺的现象,经过三十年的改革开

放,多种经济成分共同发展的局面已经基本形成,国有投资(实际上是政府投资)一统天下的局面也不复存在,这样就应该选择后一种思路来解决转型期的市场缺陷问题,虽然存在转型期市场机制的不完善,但目前已经到了市场机制发挥配置资源的主体功能,政府着眼于解决市场机制本身不完善的时候了。然而,我国现行多数的产业政策往往采取了前一种思路,其理由口头上是"现实国情"和现阶段市场机制的不成熟,实质上对市场机制的怀疑和不信任,计划经济体制下管理经济的惯性思维以及权力寻租的部门私利。这样,就出现了产业政策失当,使得我国的产业政策往往继承和延续了计划经济的血脉。

　　第二,如何认识政府失灵。政府失灵无论主观上是否愿意谈及,但都是客观存在的,而且在我国现实生活中表现得尤为突出。在此仅在两个方面分析政府失灵的原因和表现,其一是信息的不完备,在任何国家都难以解决好政府的信息不完备问题(在我国这一问题更为突出),关键在于政府如何克服信息的不完备,投资者的自主、分散决策可能也会由于信息不完备而失误,但其所造成的损失比政府集中决策失误所造成的损失要小得多。我国的现实情况是,政府对许多产业通过项目审批实行集中决策,而对产业供需形势的判断往往偏差极大,这样在错误判断基础上以供需平衡为目的的项目审批,就不可避免地作出的错误决策,进而产生了不必要的损失。其二是利益集团的部门私利,尽管这一问题并不为我国所特有,但却有着浓厚的体制转型特点,我国实施产业政策的核心手段往往借助项目审批,实际上是在借产业政策之名,行延续项目审批制度之实,这样,产业政策的核心内容也就"蜕变"为项目审批。美国社会学家阿密塔伊·艾特伊奥利认为产业政策就是计划,无非是采用了一个"温和的、更加悦目的名词"。

三、对我国产业政策的实效分析：以汽车产业政策为例

由于我国产业政策自日本引入，这就自然继承了以结构政策和组织政策为主要内容的日本式产业政策体系，在产业政策中提出了具体的产业结构目标和产业组织目标。"倾斜生产方式"是日本产业政策的理论基础，具体做法包括由政府选择一些重点产业，然后用各种手段加以扶持，从形成了以倾斜发展为特征的产业结构政策。按此思路，我国自20世纪90年代以来，针对一些战略性、支柱产业，先后对汽车、水利、软件和集成电路、钢铁、装备制造业等产业制定了产业政策。选择关乎国民经济整体素质提高的战略性产业，制定产业政策促进其加速和健康发展，出发点无疑是正确的。

对于一些新制定的产业政策目前就评析其效用，尚为时过早，但至少能够对已执行13年的汽车产业政策作出初步分析。1994年制定的汽车产业政策提出了自主发展的战略目标，并通过鼓励扶持发展大企业、实行严格的产品分工、实行级差关税促进国产化等措施，以实现自主发展的目标。然而，政策执行的结果不仅自主发展的目标没有实现，而且发展大企业、提高产业集中度的目标也没有实现。究其原因主要有两个：

一是排斥了公平竞争。当时制定产业政策的背景是为了90年代初中期出现的汽车投资热，这就使得产业政策的重点自然转向了产业组织政策，试图通过扶持发展大企业（尤其是三大汽车集团），达到治理汽车产业散、乱、差的局面和提高生产集中度的目的，借助加强项目审批管理（轿车项目甚至有国务院审批），一方面严格控制新企业的进入，另一方面向既有企业中的少数国有汽车企业集团进行政策倾斜，同时实行企业间较为严格的产品分工,例如只允许"三大、三小、两微"八家企业生产轿车,其他企业则难以进入轿车生产领域,这样实际上固化了产业组织格局,抑制了有效竞争。其结果是,虽然当时存在着近120家汽车整车企业,但由于不同企业在指定的产品领域开展经营活动,在细分化市场(按产品细分)上仍然竞争不充分①,行业的平均利润率远高于国际的平均水平。由于缺乏有效竞争,汽车产业的竞争力也难以显著提高,我国的汽车工业于1954年起步,而韩国于1962年起步,但在研发能力、品牌等方面远远落后于韩国,长期受到保护、竞争不充分的汽车工业在入世之时仍成为可能受到严重冲击的幼稚工业,成为长期长不大的"老小孩"。加入世贸组织之初,出于形势所迫,虽然在当时汽车产业政策(2005年作了调整)未作修订,但事实上在准入管理方面放松了管制,出现了一些新生的汽车企业,竞争开始补课,竞争不充分问题也得以纠正。竞争使得成本下降,新产品(多为合资外方的引进车型)加速投入市场,汽车产业获得了迅猛发展,入世后的短短几年汽车工业由长期发展缓慢,一跃成为世界第二大汽车消费国和第三大汽车生产国(2006年)。

二是没有处理好对外与对内开放问题。为了引进国外的技术、资金和管理,自1984年开始,汽车产业对外资开放,此后几乎所有的骨干国有汽车企业都成为合资企业。严格控制新企业进入的准入管制,又限制了中资企业的进入和发展,其结果导致了"对内"和"对外"的不对称开放。一方面形成了以合资企业为主导的局面,合资企业对外方产生技术依赖,再加上合资中方传统国有企业的体制和机制弊端,造成汽车产业缺少活力和技术创新的激励

---

① 参见国务院发展研究中心:《加入世界贸易组织背景下中国汽车产业发展战略与政策研究》,内部报告,2002年。

机制;另一方面,新生的内资企业(尤其是非国有企业)难以进入,现在成为自主品牌发展典范的"奇瑞"、"吉利"等内资企业,在当时不仅得不到政府支持,而且是作为违规项目受到挤压或查处。这样,对外有限度的开放以及对内的严格控制,使得汽车产业置于政府的保护下,形成了与国际产业隔绝的独特的汽车市场,而不像日本、韩国那样在汽车产业起步起采取阶段性保护,并通过实行出口导向政策将汽车企业置于国际竞争的大环境下。

总体来看,汽车产业政策的负面作用大于正面作用,失误之处还不在于战略目标(虽然存在着争议)的设定上,而是在实现手段和管理方式等方面出了问题,产生这些问题的根本原因在于产业政策的定位和指导思想出现偏差。由于汽车产业政策没有解决好"竞争"和"内外的对称开放",使得政策设定的两个主要目标没能够实现:一是提高自主创新能力的目标。汽车产业技术创新能力弱的根本原因在于创新的激励机制不足,而形成有效激励又取决于两个因素:其一是竞争的市场结构,缺乏竞争的市场环境难以激发企业的创新激情;其二是企业制度,传统国有企业的公司治理结构也难以激励企业创新。在缺少有效竞争以及传统国有企业几乎包打天下的情况下,汽车产业缺乏的是创新激励机制,事实证明,"奇瑞"、"吉利"等企业的自主发展,并不是技术创新能力和基础强,甚至明显弱于大型的国有企业,而是在企业内部制度方面形成了有效的创新激励。二是发展大型汽车集团的目标,产业政策提出的这一目标也没有错,问题在于如何形成大企业以及采取什么机制发现优势企业,有竞争力的大企业只能从市场竞争中才能产生,优势企业不是由政府指定的,也只有通过市场竞争才能发现优势企业,政府试图从既有企业中指定优势企业并加以扶持,试图跨过竞争的过程,这显然是一种不要过程只要结果的非市场行为,指定的所谓"优势企业"在政府的呵护下竞争能力难以显著提高,相反真正有活力的企业却受到否定和挤压。

通过以汽车产业政策为例,可以发现我国在产业政策实践中存在的问题症结,概括下来,在理念上有着两方面:一是对待市场失灵的方式偏差;二是忽视政府失灵问题。由于在产业政策制定的指导思想上出现偏差,产业政策的具体内容和实施方法就出现了诸多问题。

第二节　我国产业政策需要转型

笔者并不是产业政策的反对者,恰恰相反,却认为我国体制转轨时期和经济赶超阶段产业政策理应发挥重要的作用。但是需要在总结以往教训的基础上,实行产业政策转型,以适应新形势的需要。

一、产业政策能够有效起作用的基础

从我国产业政策的实践出发,借鉴国际经验,在我国,产业政策能够有效起作用的基础主要有以下四点:

一是比较成熟的市场基础和产权基础,市场竞争和微观基础是产业政策有效用的前提。我国 1994 年的汽车产业政策与韩国汽车产业政策相比十分相似,但实施的结果却截然不同。个中原因是多方面的,其中最为重要的区别是产权基础不同,我国几乎是清一色的传统国有汽车企业,而韩国主要是私有性质的财团企业。微观活力不足,产业政策也就难以有效,近些年非国有汽车企业的进入,尽管规模还不大,但产生激活"死水"的"鲶鱼效应"十分明显。

　　二是政府职能真正适应市场经济的规律,只有以市场作为配置资源的基础,充分尊重各种所有制成分企业的自主性,产业政策才能通过市场机制发挥作用。我国执行产业政策的主要手段是项目审批制,在经历了近三十年的改革开放之后,投资主体和投资来源均发生重大变化,政府投资和国有投资的比重大幅度下降,另一方面源于计划经济时期且长期没有实质性改革的项目审批制已明显不适应投资主体多元化的新形势,脱离了投资责任的项目审批制干扰了企业的经营决策的自主权,抑制了民间的活力。

　　三是产业政策的时效性。如上所述,产业政策的定位是为了弥补市场缺陷,尤其是对于转型时期,产业政策与市场机制的完善是一个相互补充、此消彼长的关系,市场机制越完善产业政策的作用范围就越有限。日本战后经济恢复阶段,由于资金、物资等要素资源短缺,"倾斜生产方式"就成为产业政策的主要内容,随后产业政策的重点调整到结构优化目标,而在90年代竞争政策取代了产业政策。产业政策在某个历史阶段有效,而情况变化后,以往有效的产业政策就可能退化成阻碍市场机制的发展。我国产业政策实践中存在的突出问题,恰恰是产业政策不能适应新形势的要求,甚至成为进一步解放生产的阻碍力量。

　　四是产业政策需要与财税政策、价格政策、金融政策、科技政策等配合使用。我国执行产业政策的方式过于依赖行政审批手段,而缺乏利用财税、价格、金融等经济手段,带有太多行政手段的色彩;产业政策与上述其他政策缺乏协调配合,时常出现政策目标冲突,从而影响产业政策发挥有效作用。其中的原因,既有相关部门迷恋行政手段、寻求部门权力的行为,也有行政管理机构间缺少有效的协调机制的原因。政策的配置、协调不好,产业政策也难以发挥作用。

二、在新形势下产业政策需要作如下调整：

（一）形成以竞争政策为核心的产业组织政策

借助行政性准入限制禁止新厂商进入，试图寄希望于既有厂商发展产业的思路，其结果只能是既有厂商的利益受到行政性保护，市场竞争不充分，产业的竞争力难以较快提升。实现表明，许多行业国际竞争力的提升很大程度上得益于高效新厂商对低效老厂商的替代，此结论在纺织、家电和电子信息产品制造业等市场化程度较高的行业得到验证。也就是说，这些行业能够提升国际竞争力的根本原因在于政府没有对行业进行行政性保护，新厂商和新投资的进入通道顺畅，市场机制得到有效发挥。

然而，迄今为止，在许多竞争性行业仍存在着进入壁垒，并表现为如下三种形式：一是行政性准入管制的进入壁垒。源于计划经济时期的投资管理体制，其弊端是明显的，第一是对经济活动构成直接干预，扭曲了正常的经济行为；第二是保护了既有厂商的利益，阻碍了有效竞争；第三是产生了扭曲的进入激励，一些企业以获取稀缺政策为目的，出现了一批依靠"壳"（或准生证）资源生存的企业（在汽车产业比较突出）；第四行政审批实际上是为企业开具了政府信用证明，少数不负责任的企业可借此谋求投资和银行贷款；第五不可避免地出现权力寻租。二是所有制歧视的进入壁垒。在准入条件上对国内民间资本存在着明显的所有制歧视，在银行、保险、证券、石油石化、汽车（主要是整车）等行业，民间资本一直难以进入。另一种所有制歧视的表现形式是，有些领域虽然没有明文规定不准民营企业投资经营，但与国有企业和外资企业相比，面临更多的前置审批，在项目审批、土地征用等一系列环节上，民营企业面临的困难也要大得多，形成了对国内民间资本无形的进入壁垒。三是行政性垄断的进入壁垒。垄断的形式有三种：自然垄断、市场垄断和行政性垄断。除了在垄断性行业（如电力、铁路、电信等）垄断现行依然突出外，竞争性行业而言，也存在着行政性垄断的问题，表现为既有企业获得了行政性保护，并且禁止其他企业进入，在这些行业形成了以部门行政性垄断为特征的寡头垄断格局。部门行政性垄断对市场机制乃至产业发展所造成的伤害要甚于市场垄断。

为此，在新形势下，需要建立以竞争政策为核心的产业组织政策，形成有利于多种所有制成分共同发展的公平竞争的环境，克服各种类型的垄断行为。

（二）建立以社会性管制为核心内容的新型准入管制制度

当前的准入管制制度基本上沿用经济性管制的思路，即将供需平衡和项目的预期收益作为投资项目审批的依据，这一做法不仅难以做到准确判断，如政府对供需平衡的判断往往以国内供给和国内市场需求为依据，而对国内市场需求的判断往往远低于实际情况，更重要的是政府职能出现错位，一方面直接干预企业的经营决策，出现政府越位；另一方面诸如能源资源、环境保护、安全生产等方面的监管，又出现政府缺位。正所谓"不该管的拼命管，该管的未管"。鉴于目前节能减排的严峻形势，需要将准入制度由经济性管制为主转变到社会性管制为主的方向上来，所谓社会性管制是指政府从国家安全、公众利益的角度出发，对能源资源利用效率、环境保护、安全生产等方面提出强制性要求，并实行准入管制。并在某些方面实行"禁令性"管制，即是政府宣布企业不能做什么，对那些环境污染大、安全隐患多、危害公众安全的项目发布禁止令，严禁企业进入，余下的全部放开，由企业自主判断投资风险、项目收益等。社会性管制和禁令性管制具有规范企业行为，杜绝劣质产品进入市场,提高进入门槛,制止不符合条件的企业进入等功能,但避免了经济性管制的诸多弊端,也符合市场经济条件下政府的职能定位。

这一准入管制制度的改革意味着两个转变:一是由"生产者至上原则"转变为"公众利益至上原则"。具体来说,经济性的准入管制,本质上是关注生产者的利益,关注其投资风险、投资收益,并借助市场准入管制维护在位厂商的利益;而社会性管制是维护公众利益、社会利益和国家利益,而这方面是长期受到忽视的。二是由单纯的"事前"管制转变为"事前与事中"相结合的管制。行政性准入管制是将管制前移,而"事中"又存在管理缺位。由单纯的"事前"管制转变为"事前与事中"相结合的管制,就是说由社会性管制和禁令性管制进行"事前"管制,同时结合行业的特点在某些行业建立特殊的"事中"管制制度。

除此之外,还要发挥产业政策在传递信息方面的功能。日本主流经济学家对产业政策的作用有肯定也有否定(总体上否定的意见居主导),但产业政策在传递信息方面的正面作用却是予以肯定的。但我国的产业政策并没有发挥信息传递的功能,尤其是政府在提供信息服务和信息公开方面差距较大,起不到引导投资的功能。

(三)将技术创新政策作为产业政策的核心内容

为了实现建设"创新型国家"的战略目标,将国家竞争战略从过于依赖低成本,转变到依靠技术创新的新战略上来,必须改变目前仍存在的产业政策与技术创新政策"两张皮"、缺乏配合的局面,并且将技术创新政策作为产业政策的核心内容。将产业的技术创新能力由技术引进、技术改造向提高自主创新能力升级,加强产业共性技术科技队伍的建设,在政府购买创新技术产品、知识产权保护、税收优惠、研究开发资助、加速设备折旧等多个方面采取综合措施,形成鼓励创新的有效激励。针对一些重要的战略性产业(如集成电路、飞机制造)以及具有重大应用前景的关键高技术(如生物技术、新能源等),建立国家重大创新工程,形成产、学、研相结合、开放式的攻关体,力争取得突破。同时利用好经济全球化带来的机遇,充分利用、集成国际上的研发资源和研发成果。

(四)建立退出援助机制

劣势企业能够顺畅退出是市场经济成熟发育的标志之一。在当前实现节能减排任务,加快转变经济增长方式的新形势下,一方面需要加快淘汰能耗高、污染重的企业,另一方面急需建立退出援助机制。改变当前产业政策中压制进入、强制退出、不管援助的状况。退出援助政策是针对一些因结构调整陷入特别困境的行业和地区进行援助的一项政策,一般而言,在这些行业和地区单纯依靠社会保障体系等一般性政策难以解决问题。就国际经验看,市场经济国家在结构变动显著时期,较多应用了该政策,作用也是显著的。根据国际经验,退出援助政策包括如下几类形式:

1. 设立产业调整援助基金,援助企业的退出和产业转型

设立特定产业的调整援助基金,政府可利用该基金对该产业中的退出企业予以援助,具体方式为:企业如果封存和淘汰设备,并进行新投资时,可采取特别折旧率,也可部分给予优先或优惠贷款甚至贷款贴息,还可给予一定的资金补偿,另外也可采取政府向企业"购买"旧设备然后将其废弃的方式,即所谓的"收购报废"方式。这些方法比较适合整体受到冲击、要退出的企业数目众多的行业。产业调整援助基金还可以用做职工再就业培训费用和待业救济金等。

2. 对企业员工失业和再就业制订特别政策

对于一些较为集中存在失业问题的行业和地区,由于可能导致明显的社会问题,政府需要制定一些特别的处置措施。具体的措施有:由政府设立或资助职业介绍机构和职业培训机构;录用调整行业失业职工的企业,可以享受政府补贴,补贴的方式是针对再就业职工而不是企业,也就是按照再就业职工工资的某一比例在一定时期内予以补贴;雇佣特定行业失业职工达到一定比例的企业,还可享受贷款、税收方面的优惠;延长失业保险和增加失业补助金额;采用提前退休制;政府出资和支持的公共工程优先雇佣退出企业的职工等方式。

3. 单一产业地区的成套援助措施

这一政策主要是针对单一产业城市或地区的,单一产业的类型有些是资源型产业有些是传统产业,特别是资源型产业,一旦出现资源枯竭,又没有可接续的产业,将会引发严重的社会问题。单一产业地区的调整,实质上区域经济发展问题,其复杂性和调整的难度较大。做法主要是针对具体的地区(如洛林、鲁尔等地区的产业转型)和具体的问题,制订针对性较强、成套的退出援助措施,具体措施区别较大,援助的力度也较大。

可借鉴国际经验,在上述三个方面建立退出援助机制。需要注意的是,国际上对退出援助政策也有较大争议,争论的焦点集中在该政策是否会扰乱市场机制,尤其在日本因退出援助政策范围较宽,而产生了明显的副作用。在我国建立退出援助制度时,应谨慎设定退出援助的范围和方式。在大多数情况下,产业结构的调整可以在有效的社会保障体系支持下,通过市场机制得以解决。只有当问题涉及面较广和依靠市场机制调整困难,并可能引起较为严重的经济和社会问题时,采用退出援助政策才有充足的理由。

（五）产业政策应主要依靠财税、价格、金融等经济手段

当前,产业政策与财税政策、价格政策、金融政策的制定与实施,分割在多个行政管理部门,而且彼此之间缺乏有效的协调机制,导致政策之间的不配合、不协调,产业政策过多地借助于行政性手段。为此,应将产业政策的实施手段转变到经济、法律手段为主,行政手段为辅的方向上来,通过建立有效的部门间协调机制,形成系统性、相互配合的政策体系,使产业政策恰当、有效地发挥作用。

第八章 美国产业结构变动
及其影响因素分析

20世纪初期,美国经济已发展为全球经济的龙头,此后一直占据全球经济发展的主导地位。在这一发展过程中,随着美国消费结构的提升和生产要素比较优势的转变,其经济结构,特别是产业结构也发生了巨大变化。特别是第二次世界大战以后,美国经济进入后工业化时期,产业结构在经过短期的制造业快速发展之后,进入从制造业向服务业、从劳动密集型向资本密集型再向知识技术密集型转移的过程,金融租赁业、文教卫生及社会救助业、专业与商业服务业、信息服务业等现代服务业,逐步替代制造业和贸易、住宿餐饮等传统服务业,成为美国经济发展的主导产业。美国产业结构的这一转变是国内需求结构转变、技术进步和国际市场竞争的结果,但与美国政府的产业政策也密切相关。其产业结构的调整对全球经济发展具有重要影响,对我国经济结构,特别是产业结构的优化调整也具有重要借鉴意义。

第一节 美国经济增长的周期性波动特征
及其总体结构变化趋势

1947—2006年期间,美国经济规模持续扩大,人均GDP水平不断提高,但这一发展过程具有明显的阶段性和周期性波动特征:

从潜在增长率看,美国经济经历了 1947—1964 年的经济加速增长、1964—1980 年的经济增速回落和 1980 年以后的平稳增长三个阶段。从增长波动看,美国经济存在平均波长为 4 年的短周期波动现象和平均波长为 11.5 年的中长期波动现象。从三次产业结构变化看,美国产业结构的总体变化趋势是第一产业和第二产业占比持续下降,第三产业占比不断提高。

一、美国经济的总量发展特征

截至 2006 年底,按当年价计算美国 GDP 规模已达到 132539 亿美元,相当于 1947 年的 54 倍。按照 2000 年可比价格计算,美国 GDP 规模达 114224 亿美元,相当于 1947 年的 7 倍。[①] 根据 IMF 数据,按当年价计算,2006 年美国人均 GDP 已达到 44314.78 美元,相当于 1980 年的 3.6 倍;按照可比价格计算,2006 年美国实际人均 GDP 达到 38186.5 美元,相当于 1980 年的 1.7 倍。即从总量看,美国经济总体规模发展迅速,但是人均占有国民财富增长相对缓慢。从美国经济增长率来看,1947—2006 年间,名义 GDP 增长率平均为 7.1%,实际经济增长率平均为 3.4%。但美国经济增长率具有明显的阶段性和周期性波动特征。

二、美国经济潜在增长率的阶段性变化特征

我们利用 HP 滤波技术对 1947—2006 年期间美国 GDP 可比增长率进行两次平滑处理后,分别得到 GDP 增长率的短期发展趋

---

① 除特别说明外,本文引用的数据均来自美国经济分析局或国际货币基金组织(IMF)公布的美国经济统计数据,或对这些数据进行加工计算得到。美国经济分析局网址:http://www.census.gov,IMF 网址:www.imf.org。

美国名义GDP和实际GDP变化趋势（10亿美元）

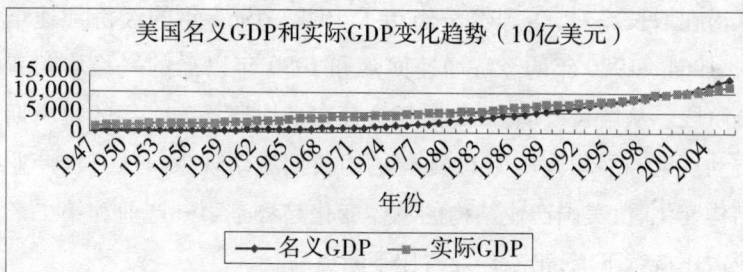

图 8—1　1947—2006 年美国 GDP 变化趋势

资料来源：U. S. Bureau of Economic Analysis. 其中可比价格是以 2000 年价格为基期。以下数据来源未予说明均出自此处。

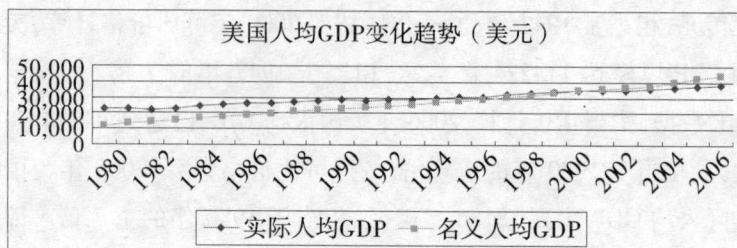

美国人均GDP变化趋势（美元）

图 8—2　1980—2006 年美国人均 GDP 变化趋势

资料来源：www. imf. org。

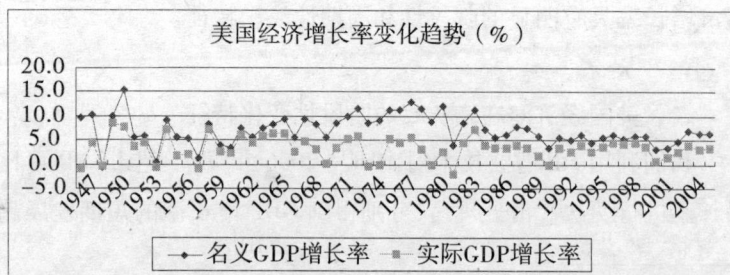

美国经济增长率变化趋势（％）

图 8—3　1947—2006 年美国经济增长率变化趋势

势和中长期发展趋势值，如图 8—4 所示。我们将 GDP 增长率的
发展趋势值作为潜在增长率的近似值，从中可以看到，美国经济
的潜在增长率大致可分为三个阶段：（1）1947—1964 年期间，
美国经济的潜在增长率呈上升趋势，中长期潜在增长率（中长
期发展趋势值）从 1947 年的 2.89% 逐年递增到 1964 年的
4.15%；（2）1964—1980 年期间，美国潜在增长率不断下降，
从 1964 年的 4.15% 递减到 1980 年的 2.99%；（3）1980—2006
年期间，美国经济进入平稳增长状态，中长期潜在增长率围绕
3.1% 的均值进行小幅度波动，波幅介于 0.1—0.07 个百分点
之间。

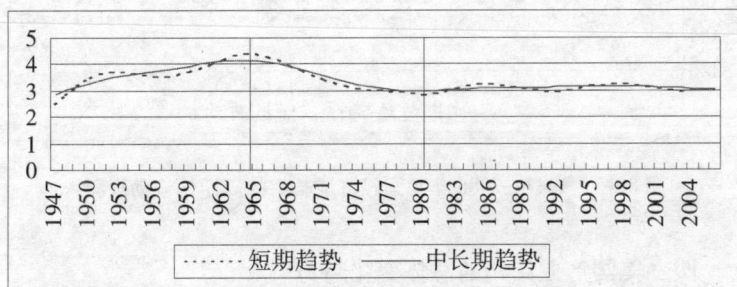

图 8—4　1947—2006 年美国潜在 GDP 增长率发展趋势(%)

三、美国经济增长的周期性波动特征

从美国 GDP 实际增长率与其短期发展趋势的离差看，美国经
济存在平均波长为 4 年的短期波动现象，1947—2006 年期间共有
14 个完整的周期，最近的波谷为 2001 年、波峰在 2004 年。美国
经济的短期波动很不规则，各个周期的波长从 2 年到 6 年，振幅也
存在很大差别，但总体看 1988 年以后振幅趋于缩小。

从短期发展趋势与中长期发展趋势的离差看，美国经济还存

在平均波长为 11.5 年的中长期波动现象,按波峰—波峰计算,
1947—2006 年期间共有 4 个完整的周期,分别是 1951—1965 年、
1965—1977 年、1977—1985 年、1985—1998 年,最近的波谷发生
在 2003 年,按上升期 5 年估算,预计到 2008 年达到新的波峰。从
振幅看,1947—1974 年期间美国经济的中长期波动振幅很大,
1974 年以后振幅趋于缩小,呈微波化趋势。这一微波化趋势与经
济进入平稳增长状态相吻合。

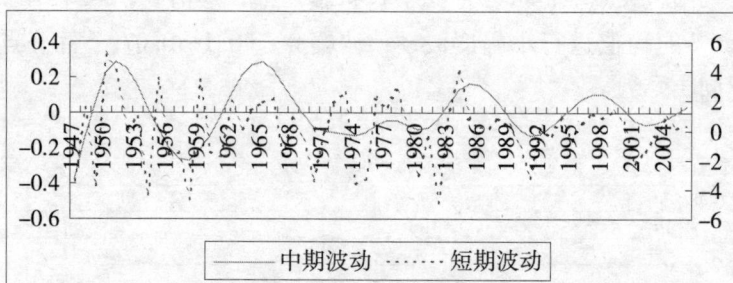

图 8—5　1947—2006 年美国经济增长率的周期性波动现象

四、美国产业结构的总体变化趋势

按照美国的产业划分,第一产业包括农业、渔业、林业以及狩
猎业,第二产业包括建筑、制造业(包括耐用品制造业和非耐用品
制造业)、公用设施(电、气、水)以及采矿业,第三产业包括批发零
售贸易、交通运输及仓储业、信息业、金融保险与房地产租赁业、专
业及商业服务业、教育医疗保健及社会救助业、艺术休闲娱乐及餐
饮住宿业和政府。从总体结构变化看,美国产业结构的变化特征
是第一产业和第二产业占比持续下降,第三产业占比持续上升。
其中第一产业增加值从 1947 年 199.46 亿美元增加到 2005 年
1231 亿美元,增长了 5.2 倍,所占 GDP 比重持续稳定下降,从

1947 年的 8.2% 一直下降到 2005 年的 1%。第二产业增加值从
1947 年 804.64 亿美元增加到 2005 年 26049.42 亿美元,增长了
31.4 倍,但占 GDP 比重同样保持持续下降的趋势,从 1947 年的
33% 持续下降到 2005 年的 21%。第三产业增加值从 1947 年
1437.45 亿美元增加到 2005 年的 97277.93 亿美元,增长了 66.7
倍,占 GDP 比重保持持续上升的趋势,从 1947 年的 58.9% 上升到
2005 年的 78%。

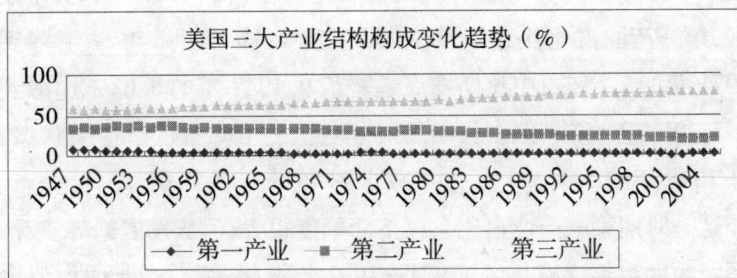

图 8—6　1947—2005 年美国经济三大产业结构变化趋势

第二节　美国第一产业占比的阶段性下降趋势
及其周期性变化特征

美国第一产业增加值占 GDP 比重呈逐年下降趋势,但这一下
降过程具有明显的阶段性和周期性波动特征:从中长期发展趋势
看,美国第一产业增加值占比经历了 1947—1971 年的减速下降、
1971—1982 年的加速下降和 1982—2005 年的减速下降三个阶
段。从美国第一产业占比实际值与其发展趋势的离差看,美国第
一产业占比存在平均波长为 4.7 年的短周期波动现象和平均波长

为 14 年的中长期周期性波动现象。

一、美国第一产业占比的阶段性下降趋势

对 1947—2006 年期间美国第一产业占比进行两次 HP 滤波平滑处理后,我们得到美国第一产业占比的中长期发展趋势值。从中长期发展趋势值看,美国第一产业增加值占比总体呈持续下降状态,趋势值从 1947 年的 8.08% 递减到 2005 年的 0.95%。但这一下降过程具有明显的阶段性变化特征:(1)1947—1971 年期间,第一产业占比快速下降,实际值从 1947 年的 8.17% 下降到 1971 年的 2.61%,中长期发展趋势值从 1947 年的 8.08% 递减到 1971 年的 2.65%,但中长期发展趋势值的下降幅度呈递减状态,从 1948 年的 0.417 个百分点减少到 1971 年的 0.017 个百分点。即这一时期第一产业占比总体下降幅度很大,但从发展趋势值看,下降幅度逐年递减。(2)1971—1982 年期间,第一产业增加值占比出现加速下降趋势,实际值从 1971 年的 2.61% 降为 1982 年的 2.19%,中长期发展趋势值从 1971 年的 2.65% 递减到 1982 年的 2.2%,中长期发展趋势值的年度下降幅度逐年增加,从 1971 年的 0.017 个百分点增加到 1982 年的 0.095 个百分点。(3)1982 年以后,美国第一产业增加值占比再次进入减速下降状态,到 2005 年实际值降为 0.99%,中长期发展趋势值降为 0.95%,中长期发展趋势值的年度降幅从 1982 年的 0.095 个百分点递减为 2005 年的 0.032 个百分点。

二、美国第一产业占比的周期性波动特征

从美国第一产业占比实际值与其短期发展趋势的离差看,美国第一产业占比的短期波动很不规则,1947—2005 年期间大约有

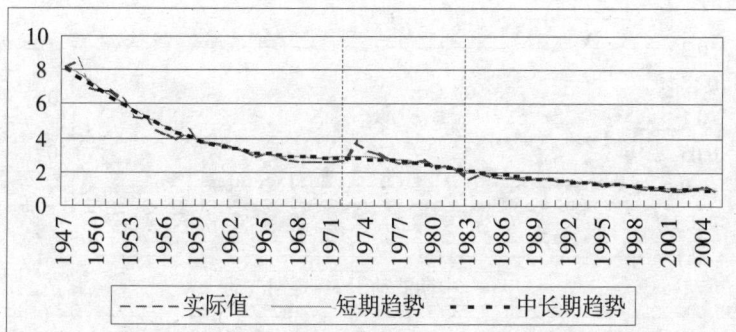

图 8—7　1947—2005 年美国第一产业占比的下降趋势

12 个波动周期,平均波长为 4.7 年,但各个周期的波长存在很大差别,最短的周期波长只有 2 年,最长的周期波长 8 年(1965—1973 年)。从周期性波动的波幅看,1947—1979 年期间波动幅度较大,1979 年以后,随着第一产业占比的下降,波动幅度趋于缩小。但从短期波动的偏离幅度占实际值的百分比看,1979 年以后美国第一产业占比的波动幅度并未减弱,且表现出与中长期波动相同的波动特征,如图 8—9 所示。

　　从短期发展趋势值与中长期发展趋势值的离差看,美国第一产业占比存在比较规则的中长期周期性波动现象,按波峰—波峰计算,1947—2005 年期间已有 1947—1962 年、1962—1975 年、1975—1994 年三个完整的周期,波长分别为 15 年、13 年和 18 年;按波谷—波谷计算,已有 1956—1967 年、1967—1985 年、1985—2001 年三个完整的周期,波长分别为 11 年、18 年和 16 年。

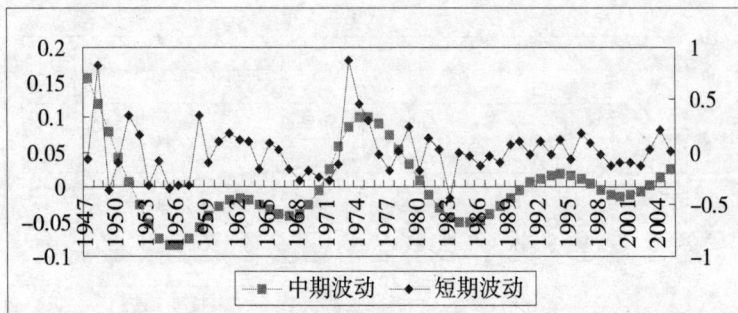

图 8—8　1947—2005 年美国第一产业占比的短期
波动和中长期波动

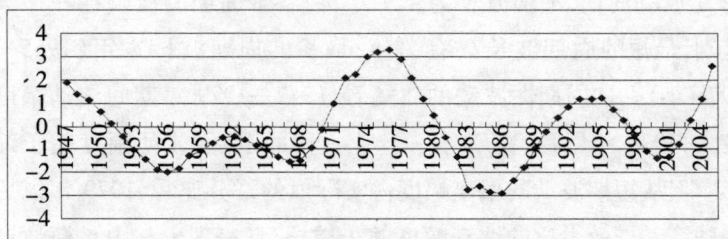

图 8—9　1947—2005 年美国第一产业占比短期波动
幅度占实际值的百分比（％）

第三节　美国第二产业占比的阶段性与周期性
变化特征及其内部结构变化

　　与第一产业占比的持续下降不同，1947 年以后美国第二产业
占 GDP 比重是在经过短期上升之后，进入持续下降状态。从第二

产业占比中长期发展趋势值的变化看,美国第二产业占比经历了短期提升(1947—1954年)、加速下降(1954—1968年)、减速下降(1968—1975年)、再次加速下降(1975—1987年)和再次减速下降(1987—2005年)五个阶段。

一、美国第二产业占比的发展趋势及其周期性波动特征

对1947—2005年第二产业占比进行两次HP滤波平滑处理后,我们得到美国第二产业占比的短期发展趋势与中长期发展趋势。从中长期发展趋势看,美国第二产业占比的下降过程可分为五个阶段:(1)1947—1954年的提升阶段。第二产业占比的中长期发展趋势值从1947年的34.67%提升到1954年的35.43%,实际值从1947年的32.96%提升到1953年的36.83%。(2)1954—1968年的加速下降阶段。第二产业占比的实际值从1954年的35.47%下降到1968年的33.15%,中长期发展趋势值从1954年的35.43%递减到1968年的32.42%,年度下降幅度从1955年的0.03个百分点递增到1968年的0.3个百分点,这一阶段第二产业占比呈加速下降状态。(3)1968—1975年的减速下降阶段。到1975年第二产业占比实际值下降到29.47%,中长期发展趋势值下降到30.54%,年度降幅从1968年的0.3个百分点递减为1975年的0.25个百分点,这一时期第二产业占比处于减速下降状态。(4)1975—1987年的加速下降阶段。1975年以后美国第二产业占比再次进入加速下降状态,到1987年实际值降为25.83%,中长期发展趋势值递减为26.13%,中长期发展趋势值的年度降幅递增到0.47个百分点。(5)1987—2005年的减速下降阶段。1987年以后美国第二产业占比仍处于持续下降状态,但下降幅度呈逐年减小态势,到2005年实际值降为20.91%,中长期发展趋

势值递减为 20. 24% ,中长期发展趋势值的年度下降幅度递减为
0. 26 个百分点。

　　同时,从实际值与发展趋势值的离差看,美国第二产业占比还
存在周期性波动现象。其中,从实际值与短期发展趋势的离差看,
第二产业占比存在平均波长为 6 年的短周期波动现象,1947—
2005 年期间大约有 9 个完整的周期,但各周期的波长、振幅均有
很大差别,最近的波谷发生在 2003 年,预计 2006 年为新的波峰。
从短期发展趋势与中长期发展趋势的离差看,第二产业占比存在
平均波长为 15 年的中长期周期波动现象,1947—2005 年期间共
有 3 个完整的周期,按波峰—波峰计算,分别是 1954—1966 年、
1966—1980 年、1980—1998 年,三个周期的波长分别是 12 年、14
年和 18 年,最近的波峰发生在 1998 年,目前仍处于周期性下降
阶段。

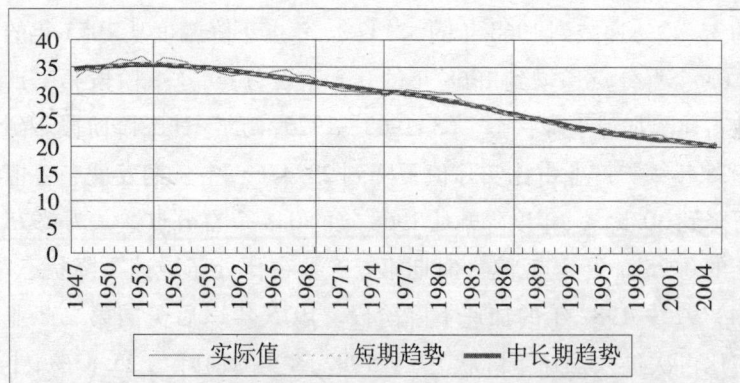

图 8—10　1947—2005 年美国第二产业占比的发展趋势

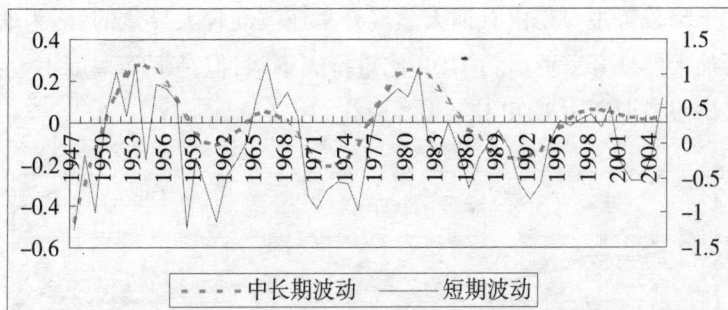

图8—11　1947—2005年美国第二产业占比的周期性波动

二、第二产业的内部结构变化特征

从第二产业内部结构变化看,美国第二产业占比的下降主要是由制造业占比持续下降引致的。

(一)采矿业占比呈周期性下降趋势,但降幅较小

美国第二产业中的采矿业所占GDP比重从1947年的2.34%降为2005年的1.87%,下降了0.47个百分点。从两次HP滤波处理后得到的采矿业占比发展趋势看,短期发展趋势和中长期发展趋势均表现出明显的周期性下降趋势,如图8—12所示,在经过1947—1967年的持续下降之后,采矿业占比的中长期发展趋势从1968年开始进入上升阶段,到1981年达到2.51%的高峰(实际值提高到3.93%),1981年以后再次进入持续下降状态,到1997年降为1.06%(实际值下降到1.12%),此后恢复上升趋势,2005年提高到1.41%(实际值提高到1.87%)。从短期发展趋势与中长期发展趋势的离差看,采矿业占比存在波长约介于18—25年的周期性波动现象,如图8—13所示。从石油天然气开采业、非石油天然气开采业以及采矿业服务业的占比变化看,采矿业占比的周期

性下降趋势主要是由石油天然气开采业波动较大导致的,因为非石油天然气开采业所占 GDP 比重持续下降,但是下降幅度不大,采矿服务业所占 GDP 比重基本稳定。

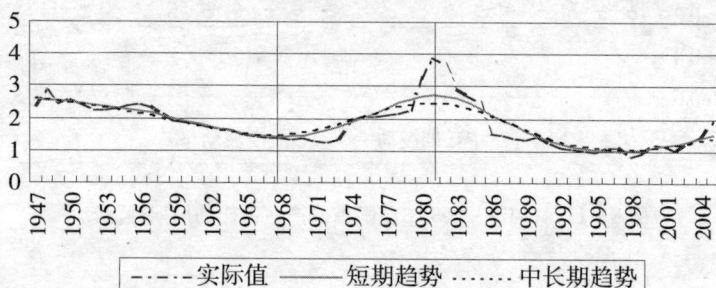

图 8—12　1947—2005 年美国采矿业占比的发展趋势

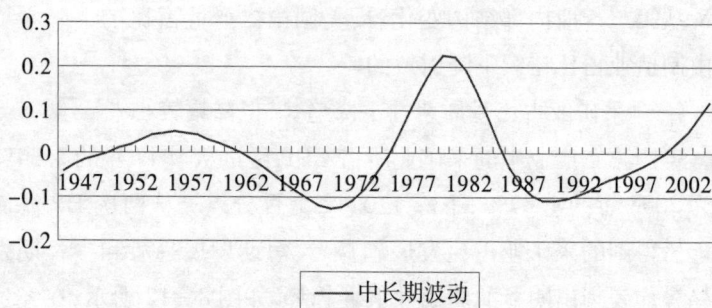

图 8—13　1947—2005 年美国采矿业占比的中长期周期波动

(二)建筑业占比相对平稳,但存在明显的周期性波动

第二产业中建筑业所占 GDP 比重比较平稳,围绕 4.5% 的均值进行小幅度的周期性波动。从图 8—14 可以看到,1947—2005年期间美国建筑业占比一直围绕 4.5% 的均值,在 3.5%—5% 之间波动,经两次 HP 滤波处理后得到的中长期发展趋势值也围绕4.5% 的均值进行周期性波动,其周期波长大约为 45 年。从短期

发展趋势与中长期发展趋势离差看,建筑业占比还存在平均波长为17年的中长期周期性波动现象,1947—2005年期间有两个完整的周期,分别是波长为20年的1953—1973年周期和波长为15年的1973—1988年周期,最近的波谷为1994年,2005年应是最近的波峰。

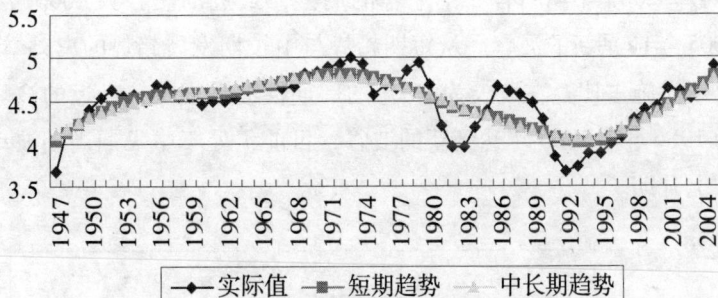

图8—14　1947—2005年美国建筑业占比的发展趋势

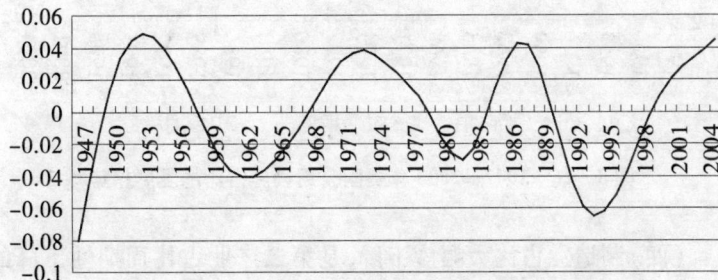

图8—15　1947—2005年美国建筑业占比的中长期周期波动

(三)美国公用设施占比呈周期性上升趋势

1947年以后,美国公用设施占GDP比重呈持续上升趋势,到1984年提高到2.6%,此后出现下降趋势,到2005年降为1.99%。经两次HP滤波平滑处理后得到的中长期发展趋势表明，美国公用设施占比的发展趋势呈周期性上升特征，如图 8—16 所示，公用设施占比的中长期发展趋势经过一个周期的上升之后，于 1988 年达到 2.51% 的高峰，此后进入下降状态，到 2005 年下降到 1.89%。从公用设施占比与短期发展趋势的离差看，美国公用设施占比存在平均波长为 7.7 年的短期波动现象，1947—2005 年期间有 6 个完整的周期，最近的波谷为 2000 年，2005 年应是新的波峰。从短期趋势与中长期发展趋势的离差看，公用设施占比存在波长为 25 年的周期性波动现象，最近的波峰为 1986 年，2000 年达到新的波谷，目前仍处于中长期周期波动的上升期。

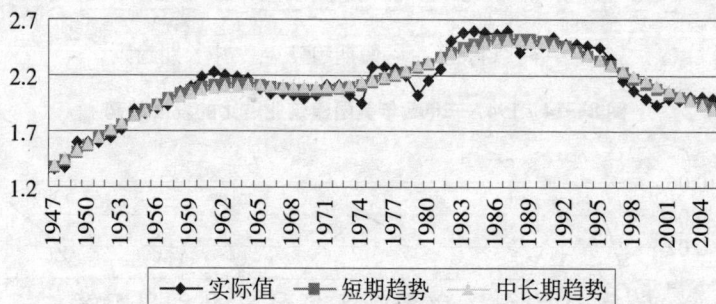

图 8—16   1947—2005 年美国公用设施占比的发展趋势

（四）制造业占比大幅度下降，是第二产业占比周期性下降的决定性因素

制造业一直是美国第二产业的主导部门，制造业增加值占 GDP 比重的波动是第二产业占比波动的决定性因素。从 1947—2005 年制造业增加值占第二产业增加值的比重变化看，制造业在美国第二产业中的地位呈阶段性下降趋势：（1）1947—1969 年期间，美国制造业增加值占第二产业增加值比重相对平稳，基本维持

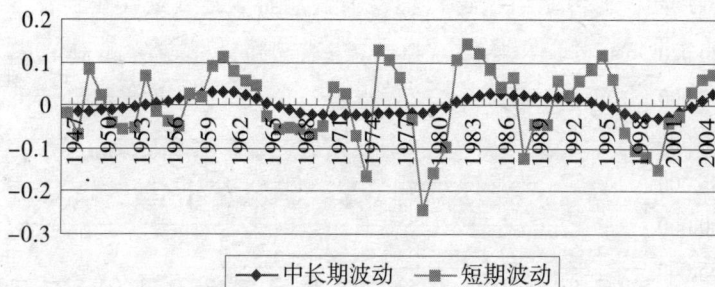

图8—17 1947—2005年美国公用设施占比的短期
波动和中长期周期波动

在75%左右。(2)1969—1983年期间,制造业占第二产业增加值
比重大幅度下降,从1969年的74.85%降为1983年的64.61%。
(3)1983—1995年期间,制造业占第二产业比重略有上升,到
1995年提高到68.45%。(4)1995年以后再次大幅度下降,到
2005年降为58.06%。由此可见,即使到2005年,制造业仍是第
二产业的主导部门,其占GDP比重的波动对第二产业占比仍具有
决定性影响。

那么,美国制造业增加值占GDP比重是如何变化的?从制造
业占比的实际值及其发展趋势看,美国制造业占比在经过1947—
1953年的短暂上升之后,从1954年开始一直处于周期性下降状
态,其实际值从1953年的28.3%下降到2005年的12.14%,中长
期发展趋势值从1953年的26.85%递减到2005年的12.19%。
从制造业占比实际值与短期发展趋势和短期发展趋势与中长期发
展趋势的离差看,美国制造业占比存在明显的周期性波动现象,略
去实际值与短期发展趋势离差的年度间波动之后,其与短期发展
趋势与中长期发展趋势的离差存在完全重合的中长期波动现象,
1947—2005年期间共有3个完整的周期,分别是波长为14年的

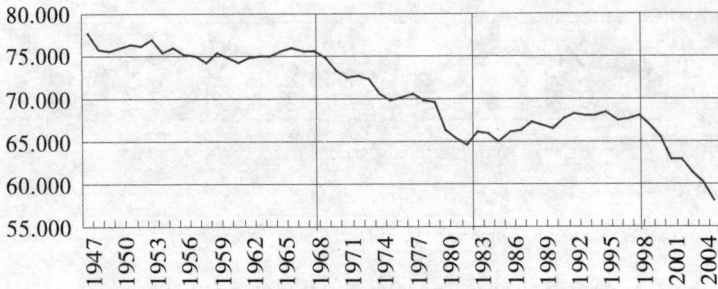

**图 8—18　1947—2005 年美国制造业增加值占第二
产业增加值比重的发展趋势**

1953—1967 年周期、波长为 12 年的 1967—1979 年周期和波长为
18 年的 1979—1998 年周期,最近的波峰发生在 1998 年,按下降
期 9 年估算,预计到 2007 年达到中长期波动的波谷,即目前美国
制造业占比仍处于周期性下降状态。

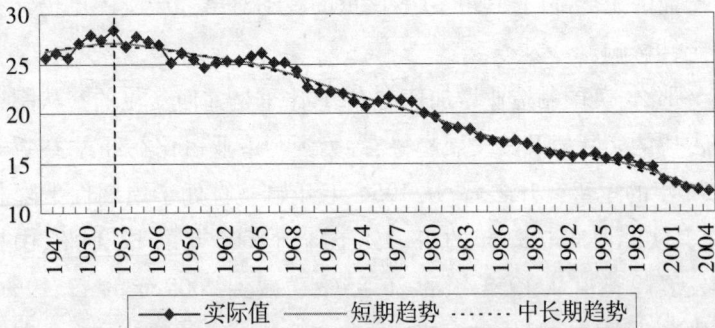

图 8—19　1947—2005 年美国制造业占比的发展趋势

三、美国制造业内部的结构变化特征

美国制造业分为耐用品制造业和非耐用品制造业两部分。从

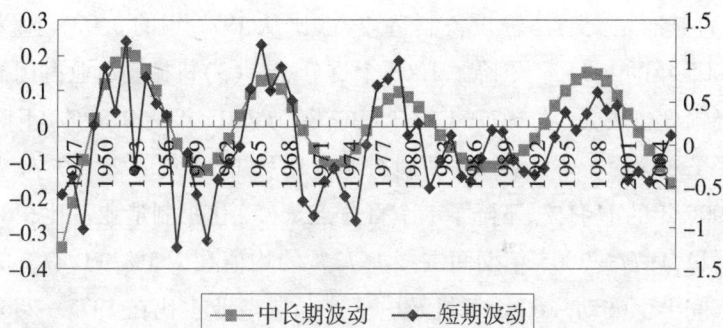

图8—20　1947—2005年美国制造业占比的短期波动和中长期波动

1947—2005年期间耐用品和非耐用品占比的发展趋势看,总体上两者均呈下降趋势,二者占比分别从1947年的12.98%和12.62%下降到2005年的6.86%和5.28%,只是耐用品占比呈周期性下降状态,而非耐用品呈单一的递减趋势,且非耐用品占比下降的幅度(7.33个百分点)大于耐用品占比的下降幅度(6.12个百分点)。因此,美国制造业占比的下降是由耐用品和非耐用品占比下降共同决定的,但制造业占比下降工程的周期性波动主要是由耐用品占比的周期性下降引致的。

那么,美国制造业占比的下降主要是由哪些制造业行业占比下降引致的?从1977—2005年期间增加值占GDP比重超过1%的金属制造业、机械制造业、计算机及电子产品制造业、交通运输设备制造业、食品饮料以及烟草业和化工业等六个主要制造业行业看,除计算机及电子制造业占比在1977—2000年期间持续上升、化工制造业占比相对平稳外,其他四个主要行业占比均呈持续下降态势:(1)占比下降幅度最大的是金属制品制造业,从1977年的3.39%下降到2005年的1.54%,下降了1.85个百分点。

(2)其次是交通运输设备制造业,占比从 1977 年的 3.02%降为 2005 年的 1.34%,下降了 1.68 个百分点。(3)机械制造业占比下降幅度也较大,从 1977 年的 2.19%降为 2005 年的 0.89%,下降了 1.3 个百分点。(4)食品制造业占比从 1977 年的 2.41%降为 2005 年的 1.41%,下降了 1 个百分点。(5)化工制造业占比相对平稳,1977—2005 年期间围绕 1.72%的均值在 1.5%—1.87%的区间上下波动,(6)计算机及电子产品制造业占比在 1977—2000 年期间持续上升,从 1977 年的 1.34%提高到 2000 年的 1.89%,2000 年以后出现较大幅度下降,到 2005 年降为 1.09%。由此可见,美国制造业占比的大幅度下降,是各主要制造业行业占比普遍下降的结果,2000 年以后制造业占比的快速下降,与计算机及电子产品制造业占比大幅度下降密切相关。

同时,从 1977—2005 年各行业占比的下降程度(下降幅度占 1977 年占比的百分比)看,与 1977 年相比,2005 年美国制造业占比平均下降了 43.77%,其中耐用品占比下降了 47.44%,非耐用品占比下降了 38.18%。在耐用品制造业的 11 个行业中,下降幅度超过 50%的行业有金属材料(69.01%)、汽车及配件(62.41%)、机械(59.31%)、电力设备(56.81%)四个行业,木材产品、非金属矿产品、金属制品的下降程度分别为 41.39%和 39.46%和 42.1%,计算机与电子产品和家具类制品占比下降了 20.03%和 20.79%,只有电信类产品占比提高了 2.82%。在非耐用品制造业的 8 个行业中,占比下降程度超过 50%的行业有皮毛制品(84.04%)和纺织品(70.84%),食品烟草、纸制品和印刷类产品占比分别下降了 41.47%、47.61%和 37.79%,化工产品和塑料橡胶制品下降程度较小,分别为 12.55%和 23.98%,只有汽油及煤产品占比提高了 14.38%。由此可见,1977—2005 年期间占比下降程度很高的行业主要是劳动密集型产业（皮毛、纺织）和资本密集型产业（金属材料、汽车及配件、机械、电力设备等）。

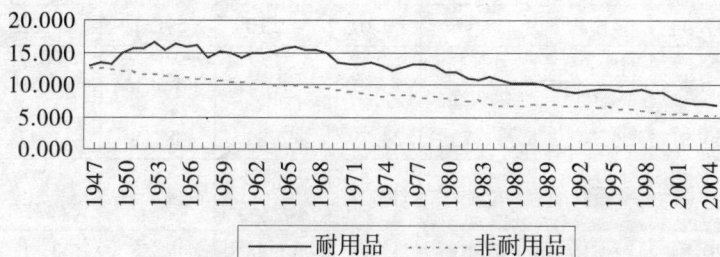

图8—21　1947—2005年美国制造业耐用品和
非耐用品占比下降趋势

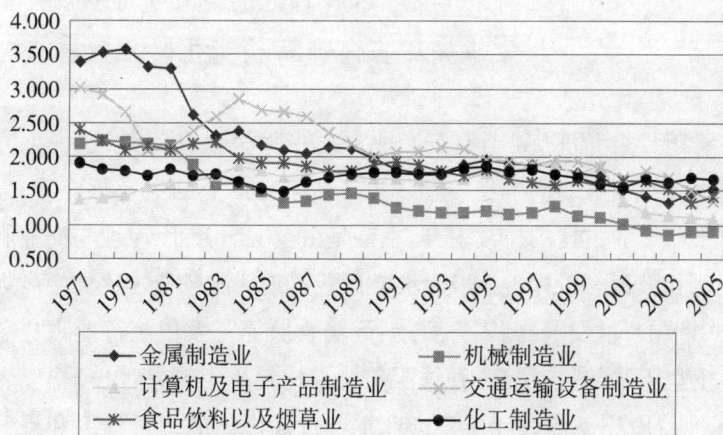

图8—22　1977—2005年美国制造业主要行业占比的变化趋势

表 8—1　1977—2005 年美国制造业各行业增加值
占 GDP 比重的下降程度（%）

耐用品	木材产品	非金属矿产品	金属材料	金属制品	机械	计算机与电子
47.44	41.39	39.46	69.01	42.10	59.31	20.03
电力设备	汽车及配件	其他运输设备	家具类	电信	非耐用品	食品烟草
56.81	62.41	41.73	23.79	-2.82	38.18	41.47
纺织	皮毛制品	纸制品	印刷类	汽油及煤制品	化工产品	塑料与橡胶
70.84	84.04	47.61	37.79	-14.38	12.55	23.98

第四节　美国第三产业占比的阶段性与周期性上升趋势及其内部结构变化特征

1947 年以来，美国第三产业占比一直呈上升趋势，这一上升过程具有明显的周期性波动现象。从第三产业的主要行业看，美国第三产业占比的持续上升，主要是由金融服务业、专业与商业服务业和教育和医疗卫生及社会救助业等现代服务业占比大幅度提升引致的，批发贸易、零售贸易、运输仓储等三大传统行业占比总体上呈下降趋势，住宿、餐饮服务业占比趋于上升，但上升幅度较小。从 1977—2005 年第三产业主要行业占比的提升幅度和提升程度看，扩张最快的服务业主要是信息产业（计算机系统设计和信息与数据加工）、现代金融业（证券投资和信托基金）以及管理业（行政管理与行政支持）等行业。

一、美国第三产业占比的周期性上升趋势

对 1947—2005 年期间第三产业占比进行两次 HP 滤波平滑处理,我们得到美国第三产业占比的短期发展趋势和中长期发展趋势,如图 8—23 所示。从中长期发展趋势看,1947 年以来美国第三产业占比呈单一的上升趋势,中长期发展趋势值从 1947 年的57.24% 递增到 2005 年的 78.8%。但从实际值与发展趋势的离差看,美国第三产业占比的上升趋势还存在明显的周期性波动现象:(1)从实际值与短期发展趋势的离差看,美国第三产业占比存在平均波长为 6.6 年的短周期波动现象,1947—2005 年期间共有8 个完整的周期,最近的波峰为 2002 年,目前仍处于周期性下降阶段。各个周期的波长存在很大差别,最短的周期(1983—1986年)波长只有 3 年,最长周期(1961—1971 年、1992—2002 年)的波长到 10 年。(2)从短期发展趋势与中长期发展趋势的离差看,美国第三产业占比存在平均波长为 14 年的中长期周期性波动现象,1947—2005 年期间共有 4 个完整的周期,分别是 1947—1962年、1962—1971 年、1971—1990 年、1990—2002 年,最近的波峰为2002 年,目前仍处于周期性下降阶段。

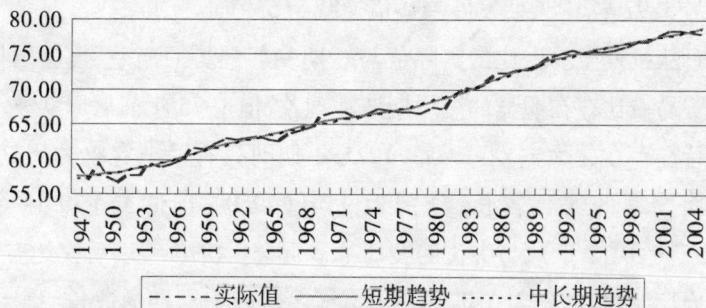

图 8—23　1947—2005 年美国第三产业占比的发展趋势

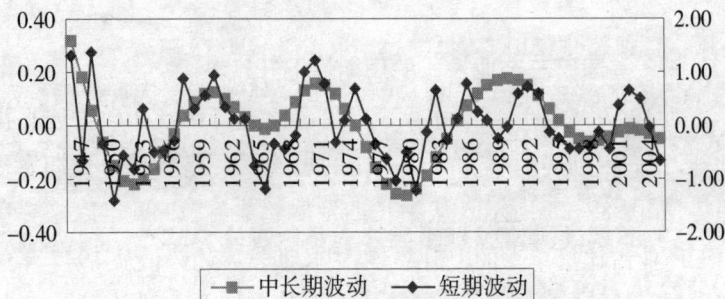

图8—24　1947—2005 年美国第三产业占比的
短期波动和中长期波动

二、美国批发贸易业占比的阶段性与周期性变化特征

批发贸易是传统的服务业。1947—2005 年期间,美国批发贸易业增加值占 GDP 比重以 1975 年为界分为截然不同的两个阶段:(1)1947—1975 年期间,美国批发贸易占比呈周期性上升趋势,实际值从 1947 年的 6.34% 提高到 1975 年的 6.99%,中长期发展趋势值从 1947 年的 6.2% 递增到 1975 年的 6.71%。(2)1975 年以后,批发贸易占比呈周期性下降趋势,到 2005 年实际值降为 5.97%,中长期发展趋势值递减为 5.91%。

从批发贸易占比的实际值与短期发展趋势的离差看,美国批发贸易占比存在明显的短周期波动现象,但 1975 年前后周期波动的特征存在较大差别:1947—1975 年期间只有两个完整的周期,周期波动的波长较长,分别为 9 年(1950—1959 年)和 14 年(1959—1975 年),与中长期波动基本重合。1975 年以后大约有 6 个周期,平均波长为 6 年,比 1975 年之前两个周期的波长明显缩短,最近的波谷发生在 2003 年,2005 年仍处于周期性上升阶段。

　　从批发贸易占比短期发展趋势与中长期发展趋势的离差看，美国批发贸易占比存在平均波长为 17 年的中长期波动现象，1947—2005 年期间共有 3 个完整的周期，分别是 1947—1961 年的周期、1961—1977 年的周期和 1977—1999 年的周期，最近的波峰发生在 1999 年，2005 年仍处于周期性下降阶段。

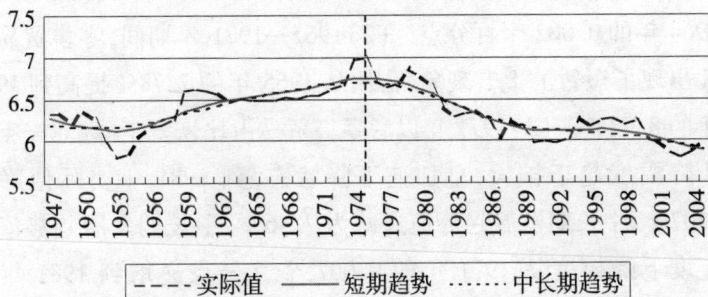

图 8—25　1947—2005 年美国批发贸易业占比的阶段性变化

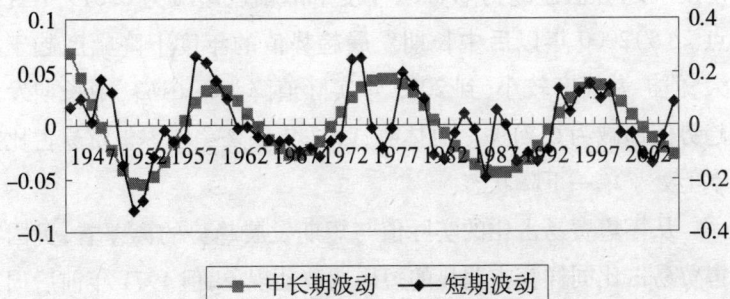

图 8—26　1947—2005 年美国批发贸易占比的短期波动和中长期波动

三、美国零售贸易业占比的周期性下降趋势

　　零售贸易也是传统的服务业。1947—2005 年期间，美国零售贸易占比始终高于批发贸易占比，但与批发贸易业占比的阶段性

变化特征不同,1947 年以来美国零售贸易占比一直呈周期性下降状态,从年度下降幅度看,这一下降过程大致分为五个不同的两个阶段:(1)1947—1964 年期间,美国零售贸易占比呈减速下降状态,实际值从 1947 年的 9.39% 下降到 1964 年的 7.89%,中长期发展趋势值从 1947 年的 9.13% 递减到 1964 年的 7.79%,中长期发展趋势值的年度下降幅度从 1948 年的 0.14 个百分点递减为 1964 年的 0.002 个百分点。(2)1965—1971 年期间,零售贸易占比出现了短暂的上升现象,占比从 1965 年的 7.78% 提高到 1971 年的 8.03%。(3)1971 年以后零售贸易占比恢复下降趋势,年度下降幅度趋于扩大,呈加速下降状态,到 1981 年实际值降为 7.07%,中长期发展趋势值递减为 7.46%,中长期发展趋势值的年度下降幅度从 1971 年的 0.007 个百分点递增到 1981 年的 0.047 个百分点。(4)1981 年以后,零售贸易占比的年度下降幅度减小,进入减速下降阶段,到 2000 年实际值降为 6.75%,中长期发展趋势值递减为 6.8%,年度下降幅度递减为 0.019 个百分点。(5)2000 年以后中长期发展趋势值的年度下降幅度趋于扩大,但扩大幅度较小,到 2005 年实际值降为 6.61%,中长期发展趋势值递减为 6.71%。总体看,1947 年以来美国零售贸易占比基本上处于单一下降状态。

从零售贸易占比的实际值与短期发展趋势的离差看,美国零售贸易占比同样存在明显的短周期波动现象,但 1971 年前后周期波动的特征存在较大差别:(1)1947—1971 年期间零售贸易占比波动频繁,共有四个完整的周期,平均波长为 5.5 年。(2)1971—2005 年期间波动周期延长,期间共有 3 个周期,平均波长为 11 年,最近的波峰发生在 2003 年,2005 年仍处于周期性下降阶段。从波动形态看,1986 年以后短期波动的振幅趋于缩小,呈微波化趋势。

从零售贸易占比短期发展趋势与中长期发展趋势的离差看，美国零售贸易占比存在明显的中长期周期波动现象，1947—2005年期间共有3个完整的周期，分别是波长为24年的1947—1971年周期、波长均为15年的1971—1986年的周期和1986—2001年的周期，最近的波峰发生在2001年，2005年仍处于周期性下降阶段。从波动形态看，美国零售贸易占比的中长期波动振幅趋于减少。

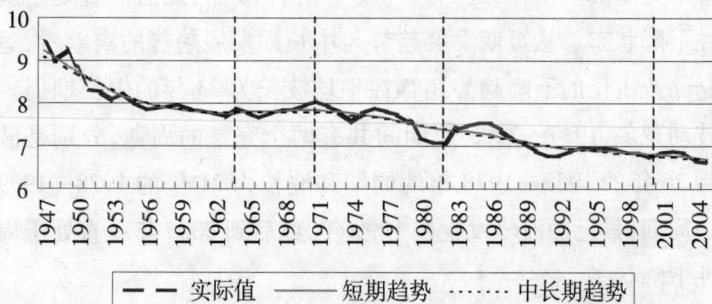

图8—27　1947—2005年美国零售贸易业占比的阶段性变化

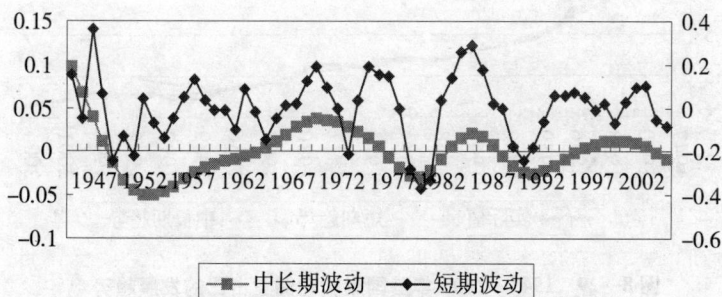

图8—28　1947—2005年美国零售贸易占比的短期波动和中长期波动

四、美国运输仓储业占比的周期性下降趋势

运输仓储业是美国第三大传统服务业。与零售贸易业类似，1947 年以后美国运输与仓储业占比也呈单一的周期性下降趋势，其占比的实际值从 1947 年的 5.98% 下降到 2005 年的 2.77%，中长期发展趋势值从 1947 年的 6.12% 逐年递减到 2005 年的 2.86%。从占比实际值与短期发展趋势的离差看，这一下降趋势存在平均波长为 7.5 年的短周期波动现象，1947—2005 年期间共有 6 个完整的周期，最近的波峰发生在 1998 年，此后一直处于周期性下降状态。从短期发展趋势与中长期发展趋势的离差看，运输仓储业占比的下降趋势还存在平均波长为 23 年的中长期周期性波动现象，1947—2005 年期间共有两个完整的周期，分别是波长为 26 年的 1952—1978 年的周期和波长为 21 年的 1978—1999 年的周期，最近的波峰发生在 1999 年，此后到 2005 年一直处于周期性下降状态。

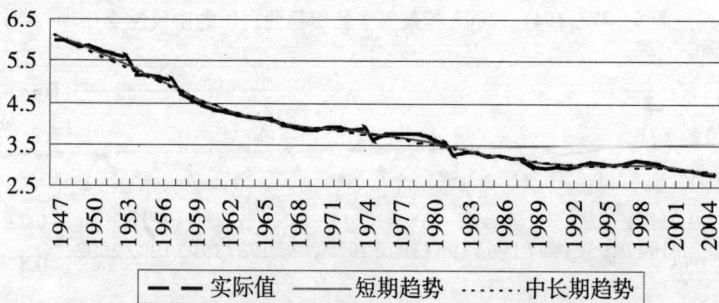

图 8—29　1947—2005 年美国运输仓储业占比的发展趋势

从 1977—2005 年美国仓储运输业各主要行业占比的下降幅

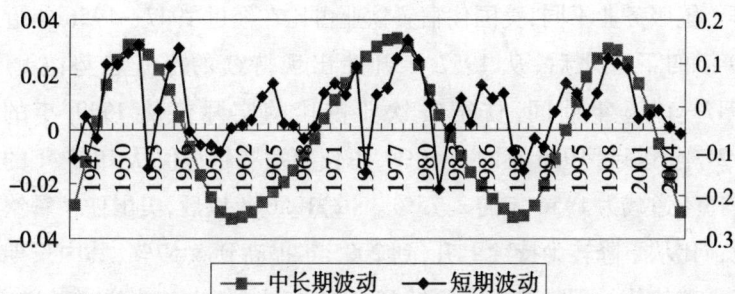

**图 8—30 1947—2005 年美国运输仓储业占比的
短期波动和中长期波动**

度和下降程度看,占比下降程度最高的是铁路运输(69.02%),其次是管道运输(55.62%),其后依次是公路客运(35.38%)、水运(34.82%)、空运(30%),占比下降程度最低的是公路货运,只有12.34%,而仓储业占比提高了 25.84%。由此可见,美国运输仓储业占比的下降是各种运输方式占比普遍下降的结果。

**表 8—2 1977—2005 年美国运输仓储业主要行业占比的
下降幅度及下降程度(%)**

	运输仓储	空运	铁路运输	水运	公路货运	公路客运	管道运输	其他运输
下降幅度	0.99	0.14	0.58	0.04	0.13	0.08	0.09	-0.02
下降程度	26.25	30.00	69.02	34.82	12.43	35.38	55.62	-2.73

注:下降程度为下降幅度占 1977 年占比的百分比。

五、美国娱乐住宿餐饮业占比的周期性波动特征

娱乐住宿餐饮业(按美国产业划分标准,包括艺术类产业,下同)是美国第四大传统服务业。与批发零售贸易业和运输仓储业

等传统服务业不同,美国住宿餐饮业占比在经过 1947—1956 年近
10 年的下降之后,从 1957 年开始出现持续的上升趋势:(1)
1947—1956 年期间,住宿餐饮业占比的实际值从 1947 年的
3.21% 下降到 1956 年的 2.69%,中长期发展趋势值从 1947 年的
3.13% 递减为 1956 年的 2.75%。(2)1956 年以后,美国住宿餐饮
业占比从下降转为持续上升,到 2005 年提高到 3.57%,其中长期
发展趋势值的下降趋势在延续到 1961 年之后,也转为递增趋势,
到 2005 年递增到 3.65%。

　　同时,与其他传统服务业占比的周期性波动类似,美国娱乐住
宿餐饮业占比也存在明显的周期性波动现象:(1)从占比实际值
与短期发展趋势的离差看,美国住宿餐饮业占比存在平均波长为
5.3 年的短周期波动现象,1947—2005 年期间共有 10 个完整的周
期,最近的波峰发生在 2002 年,此后一直处于周期性下降状态。
(2)从短期发展趋势与中长期发展趋势的离差看,美国娱乐住宿
餐饮业占比还存在平均波长为 18 年的中长期周期性波动现象,
1947—2005 年期间共有三个完整的周期,分别是波长为 17 年的
1947—1964 年的周期、波长为 23 年的 1964—1987 年的周期和波
长为 14 年的 1987—2001 年的周期,最近的波峰发生在 2001 年,
此后到 2005 年一直处于周期性下降状态。从中长期波动的波幅
看,娱乐住宿餐饮业占比的中长期波动趋于微波化。

　　此外,从 1977—2005 年娱乐住宿餐饮业各行业占比的提升幅
度和提升程度看,艺术表演行业占比提升程度最大(82.7%),其
次是住宿业占比,提高了 27.08%,餐饮业占比提高程度最低,只
有 13.38%。即 1977 年以来美国娱乐住宿餐饮业占比的持续上
升,是文娱、住宿、餐饮等各行业占比普遍提升的结果,但文娱表演
等高档娱乐活动占比提升程度最高。

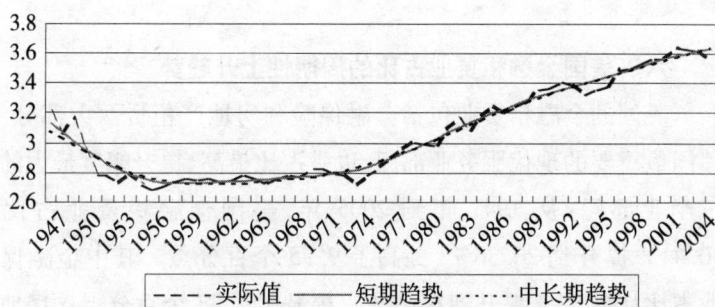

图 8—31　1947—2005 年美国住宿餐饮业占比的发展趋势

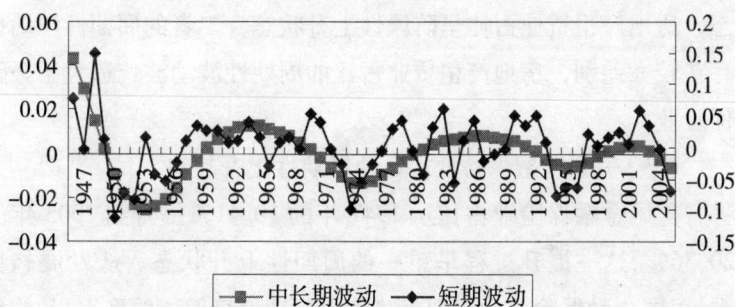

图 8—32　1947—2005 年美国住宿餐饮业占比的
短期波动和中长期波动

表 8—3　1977—2005 年美国住宿餐饮业占比的提升幅度与程度（％）

	文娱和餐饮住宿	文娱	表演等	博弈与休闲	住宿餐饮	住宿	餐饮
提升幅度	0.68	0.28	0.20	0.09	0.39	0.18	0.21
提升程度	23.40	44.94	82.70	22.28	17.38	27.08	13.38

注：提升程度为提升幅度占 1977 年占比的百分比。

六、美国金融租赁业占比的周期性上升趋势

美国的金融租赁业包括金融保险和房地产租赁两大部分,是美国最重要的现代服务业部门,也是占比最高、提升幅度最大的第三产业部门:从1947年到2005年,美国金融租赁业占比从10.41%提升到20.36%,提高了9.95个百分点。其中金融保险业占比从2.32%提升到6.69%,提升了4.37个百分点;房地产租赁业占比从8.09%提升到12.67%,提高了4.58个百分点。但二者的提升过程存在一定差别,金融保险业占比呈单一上升状态,房地产租赁业占比呈阶段性上升状态,二者的周期性波动也存在较大差别,房地产租赁业占比的周期性波动波长远大于金融保险业。

(一)美国金融保险业占比的周期性上升趋势

美国金融保险业占比从1947年的10.41%提升到2005年的20.36%,这一提升过程呈单一的周期性上升状态。从发展趋势看,美国金融保险业的短期趋势和中长期趋势偏离幅度很小,均呈逐年递增状态,中长期发展趋势值从1947年的2.41%逐年递增到2005年的8.03%。从实际值与短期趋势的离差看,美国金融保险业占比存在平均波长为5.3年的短周期波动现象,最近的波峰发生在2002年,此后到2005年一直处于周期性下降状态。从短期发展趋势与中长期发展趋势的离差看,二者偏离幅度很小,最大偏离幅度只有0.053个百分点,但这一小幅度的偏离仍表现出明显的周期性波动特征,波动周期的平均波长为14年,1947—2005年期间共有3个完整的周期,分别是1958—1970年的周期、1970—1983年的周期和1983—2000年的周期。

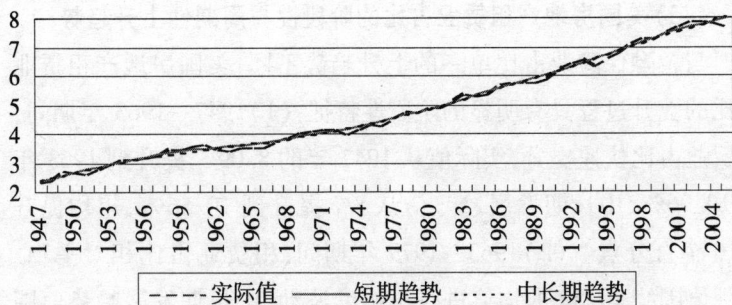

图 8—33 1947—2005 年美国金融保险业占比的发展趋势

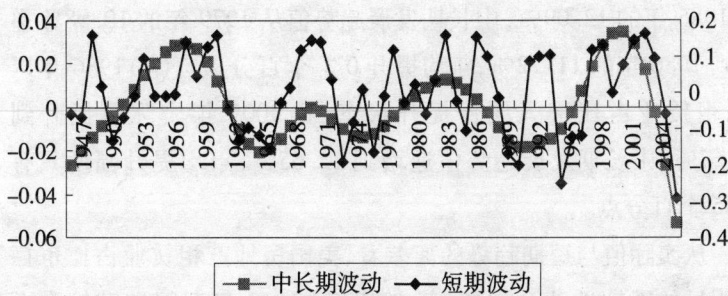

图 8—34 1947—2005 年美国金融保险业占比的
短期波动和中长期波动

表 8—4 1977—2005 年美国金融租赁业主要行业占比的
提升幅度与提升程度(%)

	金融租赁	1. 金融保险	联储银行和信贷中介	证券与投资	保险	基金与信托	2. 资产租赁
提升幅度	5.39	3.14	1.42	1.04	0.55	0.14	2.25
提升程度	36.02	69.14	59.32	334.95	30.30	680.00	21.60

（二）美国房地产租赁业占比的阶段性与周期性上升趋势

与金融保险业占比单一的上升趋势不同,美国房地产租赁业占比的上升过程具有明显的阶段性特征:(1)1947—1963 年期间,租赁业占比快速提升,实际值从 1947 年的 8.09% 提升到 1963 年的 10.96%,中长期发展趋势值从 8% 提升到 10.56%,年均提升0.16 个百分点。(2)1963—1979 年期间,租赁业占比相对平稳,实际值围绕 10.59 的均值进行小幅度波动,中长期发展趋势值围绕 10.67 的均值进行小幅度波动。(3)1979—1986 年期间,租赁业占比再次进入快速提升状态,实际值从 1979 年的 10.48% 提高到 1986 年的 12.09%,中长期发展趋势值从 1979 年的 10.98% 递增到 1986 年的 11.72%,年均提升 0.1 个百分点。(4)1986 年以后,租赁业占比进入缓慢提升状态,到 2005 年实际值提升到12.67%,中长期发展趋势值递增到 12.65%,年均提升幅度只有0.05 个百分点。

从实际值与短期趋势的离差看,美国房地产租赁业占比也存在明显的周期性波动现象,其中 1947—1963 年期间波动较为频繁,共有三个周期,平均波长为 5 年;1963 年以后共有三个完整的周期,分别是波长为 8 年的 1963—1971 年周期、波长为 15 年的1971—1986 年周期和波长为 15 年的 1986—2001 年周期。从短期趋势与中长期发展趋势的离差看,美国租赁业占比存在波长超过20 年的中长期波动现象,按波谷到波谷计算,1947—2005 年期间共有 2 个完整的周期,分别是波长为 26 年的 1952—1978 年的周期和波长为 20 年的 1978—1998 年的周期,最近的波谷发生在1998 年,此后到 2005 年一直处于周期性上升阶段。

此外,从 1977—2005 年美国金融租赁业主要行业占比的提升幅度与程度看,美国金融租赁业占比的周期性上升主要是由信托基金、证券与投资和金融中介占比的大幅度提升引致的,保险和资产租赁业占比也均有提高,但提升的程度较低。

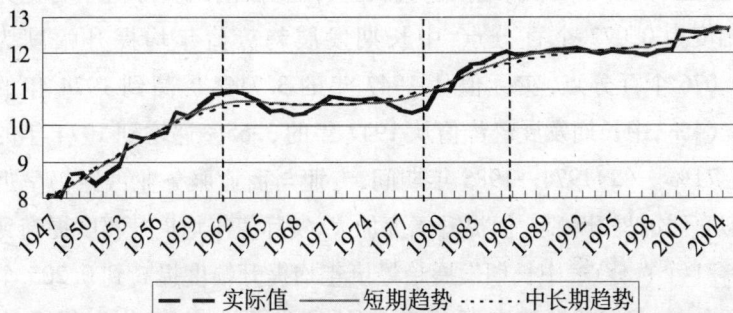

图 8—35　1947—2005 年美国房地产租赁业占比的阶段性上升趋势

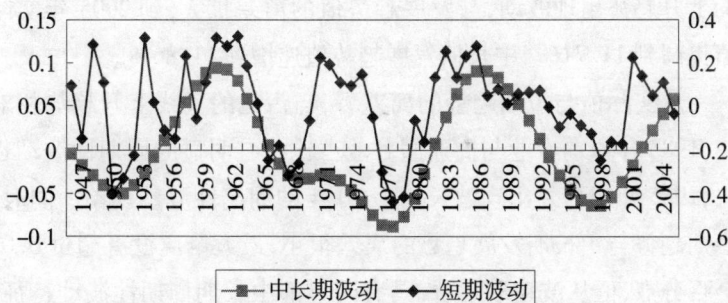

图 8—36　1947—2005 年美国房地产租赁业占比的
短期波动和中长期波动

七、美国专业与商业服务业占比的阶段性上升趋势

专业与商业服务业是美国第二大新兴现代服务业,其增加值占 GDP 比重提升迅速,从 1947 年的 3.71% 提高到 2005 年的 11.71%,提高了 8 个百分点。与金融保险业和房地产租赁业占比的周期性上升趋势不同,美国专业与商业服务业占比的上升过程

基本上是阶段性的直线上升过程:(1)1947—1974 年期间,专业与商业服务业占比的实际值与其发展趋势值基本重合,偏离幅度不超过 0.05 个百分点,近似呈直线上升趋势,期间实际值年均提升幅度为 0.072 个百分点,中长期发展趋势值年均提升幅度为0.076 个百分点,实际值从 1947 年的 3.71% 提高到 1974 年的5.64%,中长期发展趋势值从 1947 年的 3.65% 递增到 1974 年的5.71%。(2)1974—1985 年期间,专业与商业服务业占比仍呈近似直线的提升状态,但提升幅度加大,实际值年均提升幅度提高到0.21 个百分点,中长期发展趋势值年均提升幅度提高到 0.205 个百分点,到 1985 年实际值和中长期发展趋势值分别提升到8.08% 和 8.06%。(3)1975 年以后,美国专业与商业服务业占比的上升趋势出现波动,与发展趋势值的离差扩大,到 2005 年实际值提高到 11.71%,中长期发展趋势值递增到 11.86%。

　　从实际值与短期趋势的离差看,与占比的直线上升趋势相对应,1985 年以前专业与商业服务业占比没有明显的周期性波动现象,1985 年以后才出现波长约为 10 年的周期性波动现象。同时,短期趋势与中长期发展趋势的离差很小,最大偏离没有超过 0.09 个百分点,但从波动形态看,具有明显的中长期周期性波动特征,只是周期波长差别很大,如 1965—1989 年的周期波长为 24 年,而1989—1999 年的周期波长只有 10 年。

　　此外,从 1977—2005 年美国专业与商业服务业主要行业占比的提升幅度与程度看,美国专业与商业服务业占比的周期性上升是各行业占比普遍大幅度提升的结果,除企业管理服务占比提升程度较低外,其他行业如专业科学技术服务、计算机系统设计等与高新技术产业相关的现代服务业占比均大幅度提升,提升程度在100% 以上。

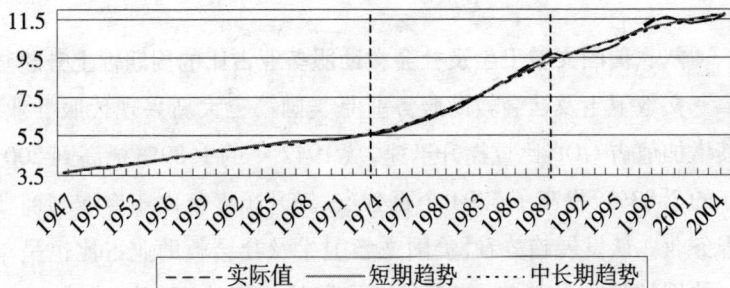

图 8—37　1947—2005 年美国专业与商业服务业
占比的阶段性上升趋势

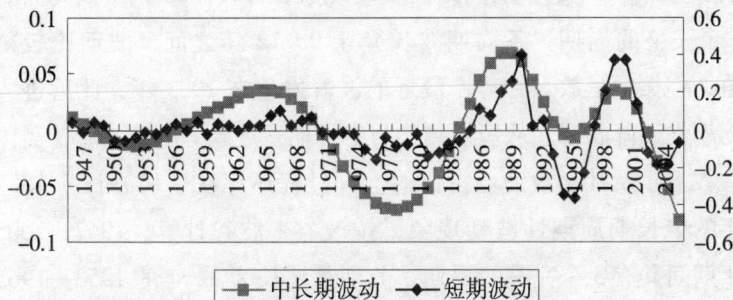

图 8—38　1947—2005 年美国专业与商业服务业占比的
短期波动和中长期波动

表 8—5　1977—2005 年美国专业与商业服务业主要行业占比的
提升幅度与提升程度（%）

	专业与商业服务	专业科学技术服务	法律服务	计算机系统设计	企业管理	行政管理	行政支持
提升幅度	5.67	3.76	0.60	0.88	0.20	1.71	1.67
提升程度	93.89	118.42	71.02	352.00	12.68	135.94	161.32

八、美国文教卫生及社会救助服务业占比的周期性上升趋势

文教卫生及社会救助服务业是美国第三大新兴现代服务业,其增加值占 GDP 比重提升迅速,从 1947 年的 1.89% 提高到 2005 年的 7.83%,提高了 5.94 个百分点,提升幅度仅次于专业与商业服务业。从发展趋势看,美国文教卫生及社会救助业占比也呈单一的周期性上升趋势,其中长期发展趋势值从 1947 年的 1.83% 逐年递增到 2005 年的 7.75%。占比的实际值与短期发展趋势的离差显示,美国文教卫生及社会救助业占比的上升过程存在平均波长为 10.8 年的中期周期性波动现象,1947—2005 年期间共有 5 个完整的周期,各周期波长介于 9—12 年之间,波动比较规范,但振幅呈放大趋势,最近的波峰发生在 2003 年,此后进入周期性下降状态。从短期趋势与中长期发展趋势的离差看,美国文教卫生及社会救助业占比的上升过程还存在平均波长为 15.3 年的中长期周期性波动现象,按波谷—波谷计算,1947—2005 年期间共有 3 个完整的周期,分别是波长为 12 年的 1953—1965 年周期、波长为 19 年的 1965—1984 年周期和波长为 15 年的 1984—1999 年周期,中长期周期波动的振幅同样呈放大趋势,最近的波谷发生在 1999 年,此后到 2005 年一直处于周期性上升状态。

此外,从 1977—2005 年美国文教卫生及社会救助业主要行业占比的提升幅度与程度看,美国文教卫生及社会救助业占比的周期性上升是各行业占比普遍大幅度提升的结果,其中卫生与社会救助占比提升幅度较大、程度较高。

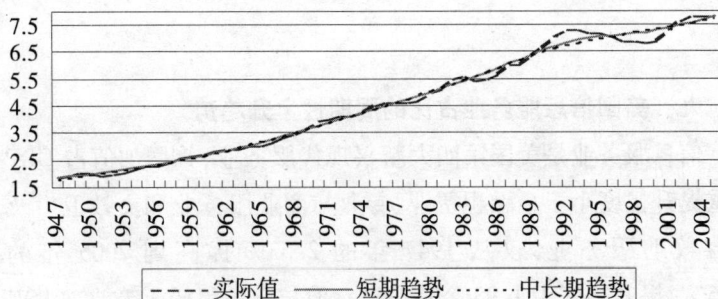

图 8—39　1947—2005 年美国文教卫生及社会救助
服务业占比的阶段性上升趋势

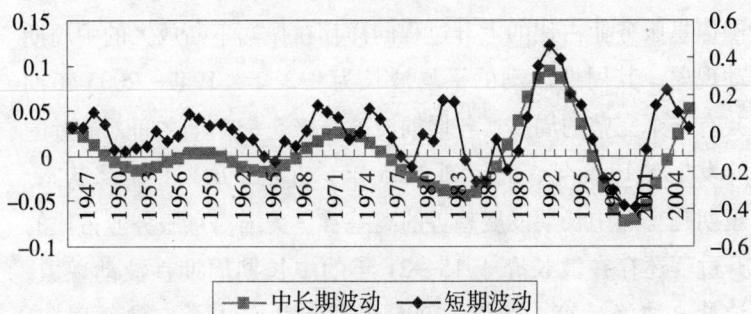

图 8—40　1947—2005 年美国文教卫生及社会救助服务业
占比的短期波动和中长期波动

表 8—6　1977—2005 年美国文教卫生与社会救助业主要行业
占比的提升幅度与提升程度（%）

	文教卫生与社会救助	1. 教育	2. 卫生与救助	健康	医护	社会救助
提升幅度	3.21	0.31	2.91	1.48	1.05	0.38
提升程度	69.52	48.80	72.74	71.32	62.26	162.34

九、美国信息服务业占比的周期性上升趋势

信息服务业是美国第四大新兴现代服务业,其增加值占 GDP 比重提升幅度小于金融租赁业、专业与商业服务业和文教卫生及社会救助服务业,仅从 1947 年的 2.53% 提高到 2005 年的 4.46%,提升幅度为 1.93 个百分点。但与金融租赁业等前三大现代服务业一样,美国信息服务业占比也呈单一的周期性上升趋势,其中长期发展趋势值从 1947 年的 2.56% 逐年递增到 2005 年的 4.65%。从信息服务业占比的实际值与短期发展趋势的离差看,美国信息服务业占比的上升过程同样存在振幅不断放大的中周期波动现象,其周期波动的平均波长为 8.3 年,1947—2005 年期间共有 6 个完整的周期,各周期波长介于 5—11 年之间,最近的波峰发生在 1999 年,此后到 2005 年一直处于周期性下降状态。从短期趋势与中长期发展趋势的离差看,美国信息服务业占比的上升过程还存在波长介于 15—21 年的中长期周期性波动现象,按波峰—波峰计算,1947—2005 年期间共有 3 个完整的周期,分别是波长为 15 年的 1947—1962 年周期、波长为 21 年的 1962—1983 年周期和波长为 16 年的 1983—1999 年周期,中长期周期波动的振幅同样呈放大趋势,最近的波峰发生在 1999 年,此后到 2005 年一直处于周期性下降状态。此外,从 1977—2005 年美国信息服务业主要行业占比提升幅度和提升程度看,信息与数据加工业占比提升程度最高达 275.97%,是扩张最快的信息服务业。

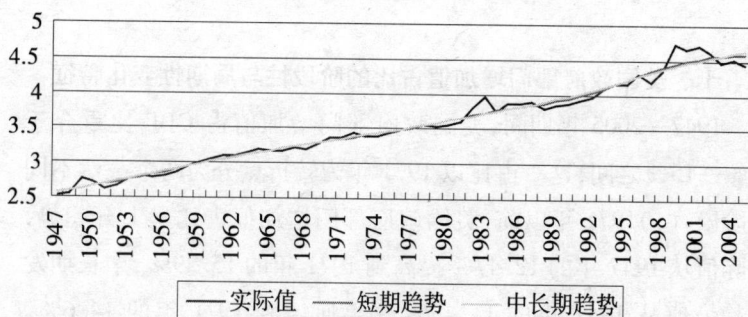

图 8—41 1947—2005 年美国信息服务业占比的周期性上升趋势

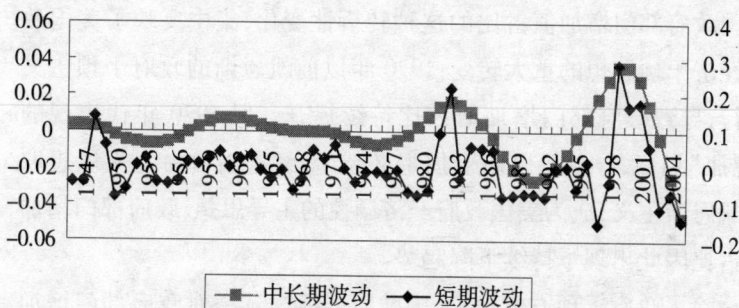

图 8—42 1947—2005 年美国信息服务业占比的
短期波动和中长期波动

表 8—7 1977—2005 年美国信息服务业主要行业占比的
提升幅度与提升程度（%）

	信息服务业	出版	动画与声录	广播电视	信息与数据加工
提升幅度	0.96	0.44	0.11	0.05	0.36
提升程度	27.38	57.65	51.16	2.13	275.97

十、美国政府部门增加值占比的阶段性与周期性变化特征

1947—2005 年期间,美国政府部门增加值占 GDP 比重介于 11%—15%之间,这一占比以 1971 年为转折点分为两个截然不同的阶段:(1)1971 年以前,美国政府部门增加值占比呈上升趋势,实际值从 1947 年的 12.47%提高到 1971 年的 15.29%,中长期发展趋势值从 1947 年的 11.43%逐年递增到 1971 年的 14.6%。(2)1971 年以后,美国政府部门增加值占比不断下降,到 2005 年实际值下降到 12.55%,中长期发展趋势值逐年递减到 12.41%。美国政府部门增加值占比的这种转折性变化,集中反映了美国政府经济干预思想的重大转变:1970 年以前凯恩斯的政府干预主义盛行,导致政府部门增加值占比持续提升。但 1970 年代出现的"滞胀"局面,导致凯恩斯干预主义破产,经济新自由主义思想取代凯恩斯主义,成为美国政府经济调控的主导思想,政府部门增加值占比因此出现了持续下降趋势。

除了政府干预方式外,美国政府的换届选举对政府部门增加值占比也有重要影响,出现了所谓的"政治周期"。这一政治周期体现在政府部门增加值占比的短期波动与中长期波动上:从政府部门增加值占比的实际值与短期发展趋势的离差看,以 1971 年为界美国政府部门增加值占比存在两种中短期波动现象,1971 年以前政府部门增加值占比的周期性波动现象不明显,1971 年以后存在波长介于 5—12 年之间的周期性波动现象,1970—2005 年期间共有 4 个完整的周期,分别是波长为 5 年的 1970—1975 年周期、波长为 7 年的 1975—1982 年周期、波长为 10 年的 1982—1992 年周期和波长为 12 年的 1992—2003 年周期。同时,从政府部门增加值占比的短期趋势与中长期发展趋势的离差看,1971 年以后美

国政府部门增加值占比的下降过程还存在波长为 19 年的中长期
周期性波动现象,这一波动与美国政府的轮替也有密切关系。

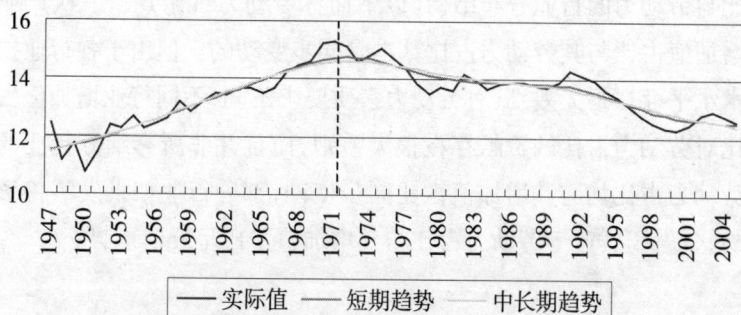

图 8—43　1947—2005 年美国政府部门增加值占比的
　　　　　阶段性变化特征

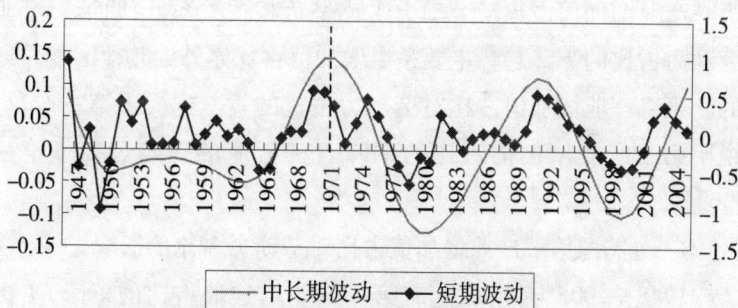

图 8—44　1947—2005 年美国政府部门增加值占比的
　　　　　短期波动和中长期波动

第五节　美国产业结构变动对就业结构的影响

产业结构的变动是劳动力和资本等生产要素优化配置的结

果,同时,产业结构的变动也对生产要素的配置,特别是劳动力的就业结构具有重要影响。从 1947—2005 年期间各产业增加值占比与劳动力的行业分布结构(以下简称劳动力占比)看,三次产业增加值占比与其劳动力占比基本是同步变动的。但由于各行业技术水平存在很大差别,对劳动力素质要求不同,不同行业增加值占比对劳动力占比的贡献存在很大差别,而且并非所有细分行业的劳动力占比均与其增加值占比同步变动,部分行业如批发零售贸易、金融租赁业等劳动力占比与其增加值占比呈反向走势。

一、美国产业结构变动对三次产业就业结构的总体影响

美国三次产业的劳动力占比与其增加值占比基本呈同步变动趋势,但增加值占比对三次产业劳动力占比的贡献存在较大差别:第一产业增加值占比与劳动力占比呈负相关关系,说明第一产业劳动力占比的下降趋势主要是由增加值占比之外的其他因素导致的。第二产业增加值占比对劳动力占比的贡献远大于第三产业,说明第二产业增加值占比的下降对其就业的影响远高于第三产业。

(一)美国第一产业增加值占比对劳动力占比的影响

1948—2005 年期间,随着第一产业增加值占比的下降,美国第一产业劳动力占比也不断下降,从 1948 年的 4.93% 降为 2005 年的 1.04%。从变化趋势看,第一产业劳动力占比与其增加值占比基本同步下降,但劳动力占比的下降幅度只有 3.89 个百分点,远低于增加值占比 7.62 个百分点的降幅。对数回归分析表明,美国第一产业增加值占比与劳动力占比呈负相关关系,增加值占比每下降 1%,劳动力占比将提高 0.08%。从回归分析方程看,残差自回归项的数值远大于增加值占比的系数,说明美国第一产业劳

动力占比的下降或就业人员的减少,主要是由自身的周期性下降
趋势所决定的。

1948—2005 年期间第一产业增加值占比(YC1)与劳动力占
比(EY1)的对数回归分析方程:

$$LOG(EY1) = -0.0853 \times LOG(YC1) - 0.4023 + [AR(1) =$$
$$(-1.78) \qquad (-0.61) \quad (9.05)$$
$$1.2287, AR(2) = -0.24912]$$
$$(-1.88)$$

$R^2 = 0.99236$,调整后的 $R^2 = 0.99192$,DW 统计值 $= 1.98$,变
量下方括号内数值为 T 统计值,AR(I)为方程残差的第 I 阶自回
归项。

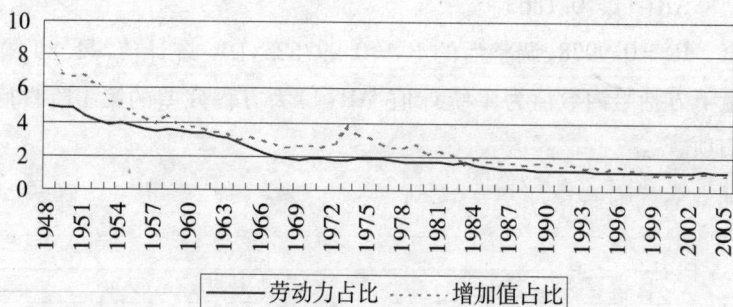

图 8—45　1948—2005 年美国第一产业增加值占比
与劳动力占比的变化趋势(%)

(二)美国第二产业增加值占比对劳动力占比的影响

1948—2005 年期间,随着第二产业增加值占比的下降,美
国第二产业劳动力占比也不断下降,从 1948 年的 35.95% 降为
2005 年的 16.3%。从变化趋势看,第二产业劳动力占比与其增
加值占比基本同步下降,但劳动力占比的下降幅度 (19.66 个百

分点）远大于增加值占比的降幅（13.47 个百分点），说明产业结构调整对第二产业就业的影响远大于对其增加值的影响。对数回归分析表明，美国第二产业增加值占比与劳动力占比呈正相关关系，增加值占比每下降 1%，劳动力占比将下降 0.69 个百分点。

1948—2005 年期间第二产业增加值占比（YC2）与劳动力占比（EY2）的对数回归分析方程：

$$LOG(EY2) = 0.6898 \times LOG(YC2) - 106.5495 + [AR(1) =$$
$$(8.74) \qquad (-0.004) \quad (8.32)$$
$$1.1843, AR(2) = -0.3707,$$
$$(-1.76) \qquad (1.41)$$
$$AR(3) = 0.1863]$$

$R^2 = 0.9978$，调整后的 $R^2 = 0.997625$，DW 统计值 = 1.89，变量下方括号内数值为 T 统计值，AR（I）为方程残差的第 I 阶自回归项。

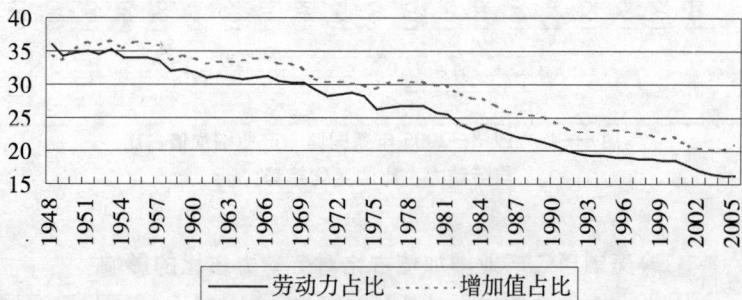

图 8—46　1948—2005 年美国第二产业增加值占比与
劳动力占比的变化趋势（%）

（三）美国第三产业增加值占比对劳动力占比的影响

第三产业是美国经济的主导部门,也是吸纳劳动力就业的主体。1948—2005年期间,随着第三产业增加值占比的提高,美国第三产业劳动力占比也不断上升,从1948年的59.12%提升到2005年的82.66%。从变化趋势看,第三产业劳动力占比与其增加值占比基本同步提升,劳动力占比的提升幅度(23.55个百分点)略大于增加值占比的提升幅度(21.09个百分点)。对数回归分析表明,美国第三产业增加值占比与劳动力占比呈正相关关系,增加值占比每提升1%,劳动力占比将提高0.56个百分点。

1948—2005年期间第三产业增加值占比(YC3)与劳动力占比(EY3)的对数回归分析方程:

$$LOG(EY3) = 0.56003 \times LOG(YC3) + 2.0379 + [AR(1) =$$
$$(10.83) \qquad (8.01) \quad (77.03)$$

$0.979]$

$R^2 = 0.998166$,调整后的$R^2 = 0.998098$,DW统计值$= 2.09$,变量下方括号内数值为T统计值,AR(I)为方程残差的第I阶自回归项。

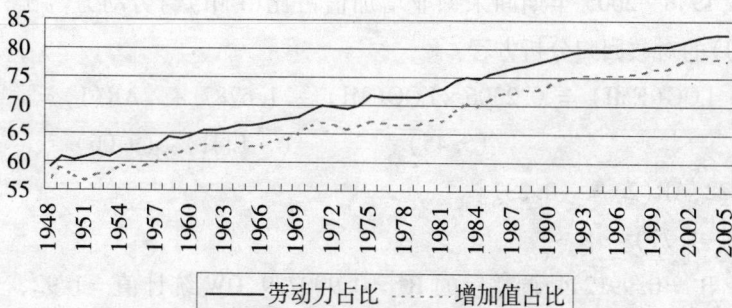

图8—47　1948—2005年美国第三产业增加值占比
与劳动力占比的变化趋势(%)

二、产业结构变动对美国第二产业主要行业劳动力占比的影响

随着第二产业增加值占比的下降,美国第二产业劳动力占比总体上呈下降趋势,但产业结构变动对第二产业不同行业的影响有较大差别,采掘业、公用事业、耐用品制造业和非耐用品制造业劳动力占比均随增加值占比的大幅度下降而不断下降,建筑业劳动力占比随着建筑业增加值占比的提高而不断提升,但建筑业和耐用品制造业增加值占比对劳动力占比的贡献远大于其他三个部门。

(一)采掘业劳动力占比随增加值占比同步下降

1948—2005 年期间,随着增加值占比的不断下降,美国采掘业劳动力占比也不断下降,从 1948 年的 1.87% 降为 2005 年的 0.4%,但劳动力占比的下降幅度(1.47 个百分点)远大于增加值占比的降幅(0.95 个百分点)。对数回归分析表明,美国采掘业增加值占比与劳动力占比呈正相关关系,增加值占比每下降1%,劳动力占比将下降0.23 个百分点。

1948—2005 年期间采掘业增加值占比(EMI)与劳动力占比(MI)的对数回归分析方程:

$$LOG(EMI) = 0.2306 \times LOG(MI) - 1.6787 + [AR(1) =$$
$$(5.45) \qquad (-1.41) \quad (9.06)$$

$$1.222, AR(2) = -0.237]$$

$$(-1.77)$$

$R^2 = 0.991244$,调整后的 $R^2 = 0.990739$,DW 统计值 = 1.92,变量下方括号内数值为 T 统计值,AR(I)为方程残差的第 I 阶自回归项。

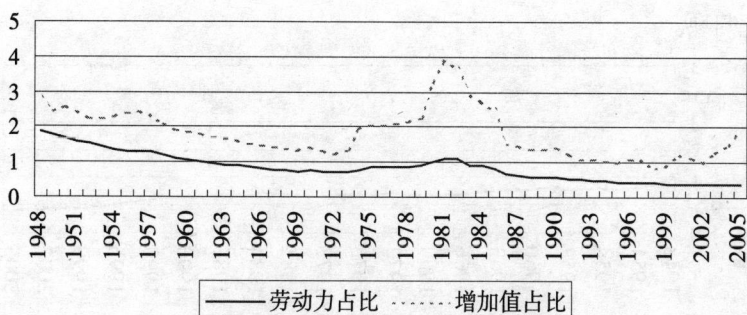

图 8—48　1948—2005 年美国采掘业增加值占比
与劳动力占比的变化趋势(%)

(二)公用事业劳动力占比不断下降

1948—2005 年期间,美国公用事业增加值占比呈周期性上
升趋势,但其劳动力占比不断下降,从 1948 年的 0.82% 降为
2005 年的 0.39% ,下降了 0.43 个百分点。虽然公用事业增加
值占比与劳动力占比在变化趋势上呈近似反向变化,但对数回
归分析表明,美国公用事业增加值占比与劳动力占比仍呈正相
关关系,增加值占比每提升 1% ,劳动力占比将提高 0.26 个百
分点。

1948—2005 年期间建筑业增加值占比(EGY)与劳动力占比
(GY)的对数回归分析方程:

$$LOG(EGY) = 0.2551 \times LOG(GY) + 0.4268 + [AR(1) =$$
$$(4.01) \qquad (0.32) \qquad (9.73)$$

$$1.3292, AR(2) = -0.3191]$$

$$(-2.29)$$

$R^2 = 0.991763$,调整后的 $R^2 = 0.991288$,DW 统计值 = 1.9,变
量下方括号内数值为 T 统计值,AR(I)为方程残差的第 I 阶自回

归项。

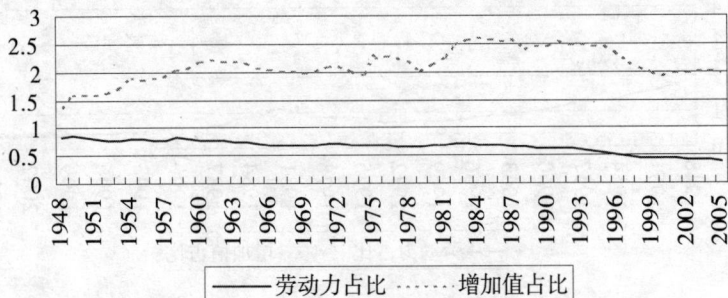

**图8—49　1948—2005年美国公用事业增加值占比
与劳动力占比的变化趋势(%)**

(三)建筑业劳动力占比随增加值占比的提高而不断提升

　　1948—2005年期间,美国建筑业增加值占比相对平稳,其劳动力占比也表现出相同的趋势。特别是1993年以后,随着美国建筑业增加值占比的持续提升,劳动力占比也不断提高,二者分别从1993年的3.73%和4.12%提高到2005年的4.91%和5.36%,分别提高1.18个百分点和1.24个百分点。对数回归分析表明,美国建筑业增加值占比与劳动力占比仍呈正相关关系,增加值占比每提升1%,劳动力占比将提高0.74个百分点。建筑业增加值占比对劳动力占比的贡献在第二产业各部门中最高。

　　1948—2005年期间建筑业增加值占比(EJZH)与劳动力占比(JZH)的对数回归分析方程:

$$LOG(EJZH) = 0.7371 \times LOG(JZH) + 0.4466 + [AR(1) =$$
$$(9.69) \qquad (3.71) \quad (13.95)$$

0.9057]

$R^2 = 0.891059$,调整后的 $R^2 = 0.887024$,DW 统计值 $= 1.68$,变量下方括号内数值为 T 统计值,AR(I)为方程残差的第 I 阶自回归项。

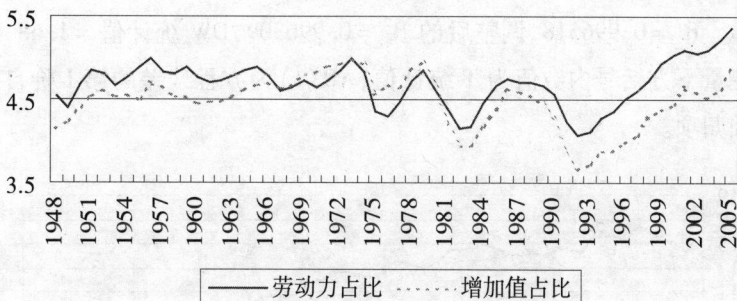

图8—50 1948—2005 年美国建筑业增加值占比
与劳动力占比的变化趋势(%)

(四)耐用品制造业劳动力占比与增加值占比同步大幅度下降

1948—2005 年期间,随着增加值占比的大幅度下降,美国耐用品制造业劳动力占比也大幅度下降,从 1948 年的 15.67%降为 2005 年的 6.38%,下降了 9.3 个百分点,高于增加值占比的下降幅度（6.46 个百分点）。对数回归分析表明,美国耐用品制造业增加值占比与劳动力占比仍呈正相关关系,增加值占比每下降 1%,劳动力占比将下降 0.65 个百分点。在第二产业各部门中,耐用品制造业增加值占比对劳动力占比的贡献仅次于建筑业。

1948 2005 年期间耐用品制造业增加值占比(ENY)与劳动力占比(NY)的对数回归分析方程:

$$LOG(ENY) = 0.652 \times LOG(NY) - 170.6841 + [AR(1) =$$
$$(11.87) \qquad (-0.002) \quad (10.16)$$
$$0.818, AR(4) = 0.1819]$$

(2.11)

$R^2 = 0.996518$, 调整后的 $R^2 = 0.996309$, DW 统计值 = 1.68, 变量下方括号内数值为 T 统计值, AR(I) 为方程残差的第 I 阶自回归项。

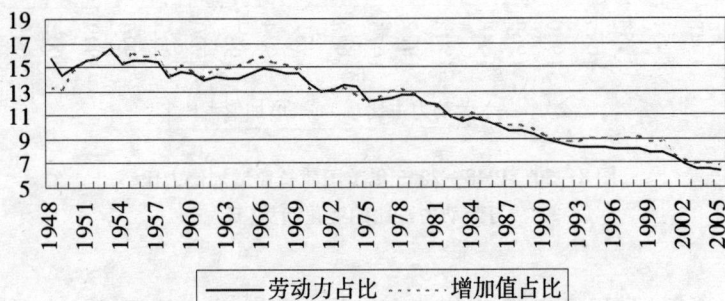

图 8—51　1947—2005 年美国耐用品制造业增加值占比
与劳动力占比的变化趋势(%)

（五）非耐用品制造业劳动力占比与增加值占比同步大幅度下降

与耐用品制造业类似，1948—2005 年期间，随着增加值占比的大幅度下降，美国非耐用品制造业劳动力占比也大幅度下降，从1948 年的 13.05% 降为 2005 年的 3.77%，下降了 9.28 个百分点，高于增加值占比的下降幅度（7.43 个百分点）。但非耐用品制造业增加值占比对劳动力占比的贡献明显低于耐用品制造业，对数回归分析表明，美国非耐用品制造业增加值占比与劳动力占比仍呈正相关关系，增加值占比每下降 1%，劳动力占比将下降 0.16

个百分点。同时,从回归分析方程看,常数项和 AR 项的数值远高于增加值占比的系数,且显著性很强,说明美国非耐用品制造业劳动力占比的下降受技术进步和自身周期性等其他因素很大。

1948—2005 年期间非耐用品制造业增加值占比(EFNY)与劳动力占比(FNY)的对数回归分析方程:

$$LOG(EFNY) = 0.1588 \times LOG(FNY) + 2.6537 + [AR(1) =$$
$$(2.07) \qquad (7.41) \quad (199.03)$$

$1.0208]$

$R^2 = 0.998978$,调整后的 $R^2 = 0.99894$,DW 统计值 = 1.82,变量下方括号内数值为 T 统计值,AR(I) 为方程残差的第 I 阶自回归项。

图 8—52　1947—2005 年美国非耐用品制造业增加值占比
与劳动力占比的变化趋势(%)

三、产业结构变动对美国第三产业主要行业劳动力占比的影响

第三产业是美国劳动力就业的主体部门。随着第三产业增加值占比的提高,美国第三产业劳动力占比总体上呈不断提升趋势,但产业结构变动对第三产业不同行业的影响有较大差别。其中劳

动力占比受增加值占比变动影响最大的两个部门是政府部门和文教卫生及社会救助业。发展快速、增加值占比大幅度提高,但对劳动力就业拉动很小的部门是金融保险业和信息服务业等知识密集型产业,发展相对萎缩、增加值占比下降,但劳动力占比却大幅度提升的部门是零售贸易业和文娱及住宿餐饮业等传统服务业部门。

(一)批发贸易业劳动力占比相对平稳,1981 年以后呈小幅度下降趋势

1948—2005 年期间,美国批发贸易增加值占比以 1974 年为界发生了转折性变化,1974 年以后从前期的周期性上升趋势转变为周期性下降趋势,其劳动力占比也发生了类似的变化,只是从上升转变为下降的转折点在 1981 年,占比在从 1948 年的 4.66% 提高到 1981 年的 4.86% 之后,转变为周期性下降趋势,到 2005 年降为 4.14%。对数回归分析表明,美国批发贸易业增加值占比与劳动力占比呈正相关关系,但增加值占比对劳动力占比的贡献较低,显著性不高,增加值占比每下降 1%,劳动力占比仅下降 0.07 个百分点。

1948—2005 年期间批发贸易增加值占比(EPIFA)与劳动力占比(PIFA)的对数回归分析方程:

$$LOG(EPIFA) = 0.072 \times LOG(PIFA) + 1.363 + [AR(1) =$$
$$(1.06) \qquad (10.35)(15.61)$$

$$1.1889, AR(3) = -0.2348]$$

$$(-2.84)$$

$R^2 = 0.94358$,调整后的 $R^2 = 0.940262$,DW 统计值 $= 2.1$,变量下方括号内数值为 T 统计值,AR(I)为方程残差的第 I 阶自回归项。

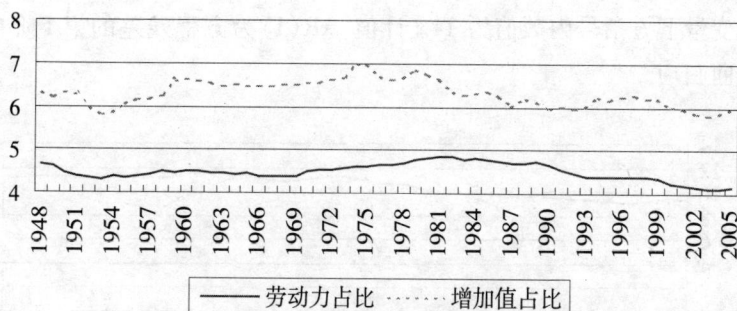

图8—53 1948—2005 年美国批发贸易增加值占比
与劳动力占比的变化趋势(%)

(二)零售贸易劳动力占比不断提升

美国零售贸易行业一直是吸收劳动力最多的第三产业部门。与众多行业不同,1948—2005 年期间美国零售贸易增加值占比呈周期性下降趋势,但其劳动力占比却不断提高,从 1948 年的 9.32% 提高到 2005 年的 11.16%,提高了 1.84 个百分点。虽然零售贸易增加值占比与劳动力占比在变化趋势上呈近似反向变化,但对数回归分析表明,美国零售贸易增加值占比与劳动力占比仍呈正相关关系,增加值占比每提升 1%,劳动力占比将提高 0.29 个百分点。

1948—2005 年期间零售贸易增加值占比(ELSH)与劳动力占比(LSH)的对数回归分析方程:

$$\text{LOG}(\text{ELSH}) = 0.2929 \times \text{LOG}(\text{LSH}) + 1.9362 + [\text{AR}(1) =$$
$$(6.05) \qquad (12.04) \ (11.77)$$

$$1.4454, \text{AR}(2) = -0.4596]$$

$$(-3.81)$$

$$R^2 = 0.993166, 调整后的 R^2 = 0.992772, \text{DW 统计值} = 2.03,$$

变量下方括号内数值为 T 统计值,AR(Ⅰ)为方程残差的第Ⅰ阶自
回归项。

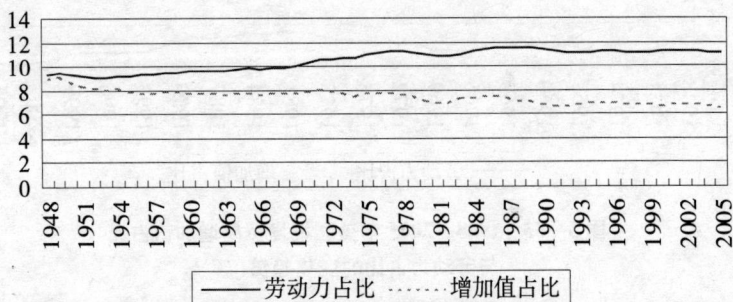

图8—54　1948—2005 年美国零售贸易增加值占比
与劳动力占比的变化趋势(%)

（三）金融保险业劳动力占比随增加值占比的提高而不断提
升,但 1987 年以后增加值占比贡献明显下降

　　1948—2005 年期间,美国金融保险业增加值占比持续上升,
其劳动力占比也不断提高,从 1948 年的 2.39% 提高到 2005 年的
4.32%。但劳动力占比的提升过程有明显的阶段性特征:1987 年
以前,劳动力占比与增加值占比基本同步提升,只是提升幅度略低
于增加值占比。1987 年以后金融保险业劳动力占比停止上升,
1988—2005 年期间基本维持在 4.3% 左右。从以 1987 年为界的
分段回归分析结果看,1987 年以后增加值占比对劳动力占比的贡
献大幅度下降,1948—1987 年期间增加值占比对劳动力占比的贡
献为 0.45,而 1987—2005 年期间贡献下降到 -0.1。从金融保险
内部行业结构变化看,1987 年以后美国金融保险业劳动力占比与
增加值占比的不同步,主要是因为 1987 年以后金融保险业增加值
占比的提升,是由对劳动力素质要求很高、吸纳劳动力较少的证券

投资和信托基金等现代金融业增加值的快速提升引致的,银行、保险等吸纳劳动力较多的传统金融保险业扩张相对缓慢。

1948—1987 年期间金融保险业增加值占比(EJR)与劳动力占比(JR)的对数回归分析方程:

$$LOG(EJR) = 0.4474 \times LOG(JR) + 0.7754 + [AR(1) =$$
$$(7.44) \qquad (4.4) \qquad (8.03)$$
$$1.2788, AR(2) = -0.3142]$$

（2）

$R^2 = 0.995533$,调整后的 $R^2 = 0.995139$, DW 统计值 $= 1.94$,变量下方括号内数值为 T 统计值, AR(I)为方程残差的第 I 阶自回归项。

1987—2005 年期间金融保险业增加值占比(EJR)与劳动力占比(JR)的对数回归分析方程:

$$LOG(EJR) = -0.1016 \times LOG(JR) + 1.6526 + [AR(1) =$$
$$(-1.18) \qquad (9.84) \qquad (6.64)$$
$$1.1745, AR(2) = -0.465]$$

（-2.7）

$R^2 = 0.882862$,调整后的 $R^2 = 0.859434$, DW 统计值 $= 2.04$,变量下方括号内数值为 T 统计值, AR(I)为方程残差的第 I 阶自回归项。

（四）文教卫生及社会救助业劳动力占比与增加值占比同步大幅度提升

1948—2005 年期间,随着增加值占比的持续提高,美国文教卫生及社会救助业劳动力占比也大幅度提升,从 1948 年的 2.82% 提高到 2005 年的 12.7%,提高了 9.88 个百分点,远高于增加值占比的提升幅度(7.12 个百分点)。对数回归分析表明,美国

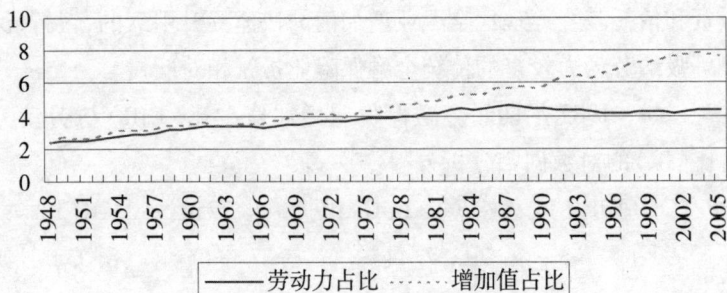

**图 8—55　1948—2005 年美国金融保险业增加值占比
与劳动力占比的变化趋势(％)**

文教卫生及社会救助业增加值占比与劳动力占比仍呈正相关关系,增加值占比每提高 1％,劳动力占比将提高 0.56 个百分点。这一贡献在第三产业各行业中仅次于政府部门。

1948—2005 年期间文教卫生及社会救助业增加值占比(EWJ)与劳动力占比(WJ)的对数回归分析方程:

$$LOG(EWJ) = 0.5639 \times LOG(WJ) + 2.1236 + [AR(1) =$$
$$(8.63) \qquad (2.64) \quad (118.37)$$
$$0.9883]$$

$R^2 = 0.99919$,调整后的 $R^2 = 0.99916$,DW 统计值 = 2.04,变量下方括号内数值为 T 统计值,AR(I)为方程残差的第 I 阶自回归项。

(五)专业及商业服务业劳动力占比与增加值占比同步大幅度提升

与文教卫生及社会救助业一样,1948—2005 年期间,随着增加值占比的持续提高,美国专业及商业服务业劳动力占比也大幅度提升,从 1948 年的 3.73％ 提高到 2005 年的 12.31％,提高了 8.58 个百分点,略高于增加值占比的提升幅度(7.99 个百分点)。

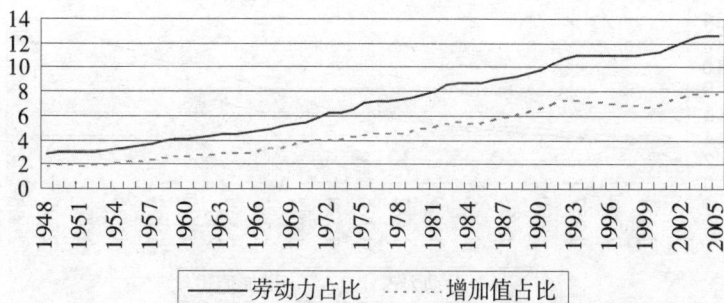

图8—56 1947—2005年美国文教卫生及社会救助业增加值
占比与劳动力占比的变化趋势(%)

对数回归分析表明,美国专业及商业服务业增加值占比与劳动力占比仍呈正相关关系,增加值占比每提高1%,劳动力占比将提高0.56个百分点。这一贡献是第三产业各行业中的最高水平。

1948—2005年期间专业及商业服务业增加值占比(EPB)与劳动力占比(PB)的对数回归分析方程:

$$\text{LOG(EPB)} = 0.4348 \times \text{LOG(PB)} + 2.3877 + [\text{AR}(1) =$$
$$(3.89) \qquad (1.7) \qquad (12.95)$$
$$1.5191, \text{AR}(2) = -0.5245]$$
$$(-4.49)$$

$R^2 = 0.999431$,调整后的 $R^2 = 0.999398$,DW 统计值 = 1.86,变量下方括号内数值为 T 统计值,AR(I) 为方程残差的第 I 阶自回归项。

(六)文娱及住宿餐饮服务业劳动力占比大幅度提升

与零售贸易业情况类似,1948—2005年期间,美国文娱及住宿餐饮业增加值占比提高幅度较小,只有0.5个百分点,但其劳动力占比却大幅度提升,从1948年的4.96%提高到2005年的

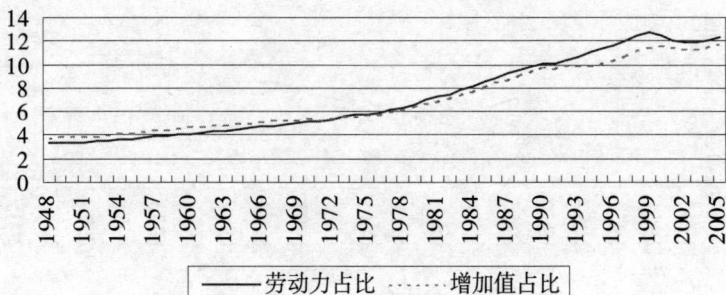

图 8—57   1947—2005 年美国专业及商业服务业增加值
占比与劳动力占比的变化趋势(%)

9.21%,提高了 4.25 个百分点。对数回归分析表明,美国文娱及
住宿餐饮业增加值占比与劳动力占比仍呈正相关关系,增加值占
比每提高 1%,劳动力占比将提高 0.21 个百分点。

1948—2005 年期间文娱及住宿餐饮服务业增加值占比
(EFD)与劳动力占比(FD)的对数回归分析方程:

LOG(EFD) = 0.2085 × LOG(FD) + 123.65 + [AR(1) =
　　　　　　　　(3.75)　　　　　　(0.01)　　(18.23)

1.338,AR(3) = -0.5591,AR(4) = 0.2206]

(-3.08)　　　　　(-1.7)

$R^2 = 0.998979$,调整后的 $R^2 = 0.998896$,DW 统计值 = 1.74,
变量下方括号内数值为 T 统计值,AR(I)为方程残差的第 I 阶自
回归项。

(七)信息服务业劳动力占比小幅度下降

美国信息服务业包括出版、动画、信息与数据加工、广播电视
等行业,这些行业均属于知识密集型产业。从前述分析可知,信息
服务业增加值占比的持续提高,主要是由信息与数据加工业增加

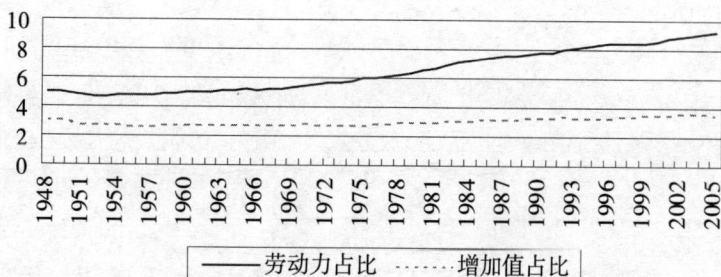

图 8—58 1947—2005 年美国文娱及住宿餐饮服务业增加值占比与劳动力占比的变化趋势(%)

值快速增长引致,但受知识密集型特点的制约,行业增加值占比并没有引致劳动力占比的同步提升:1948—2005 年期间,信息服务业增加值占比从 1948 年的 2.56% 提高到 2005 年的 4.46%,提高了 1.9 个百分点,但劳动力占比从 1948 年的 2.71% 下降到 2005 年的 2.18%,反而下降了 0.53 个百分点。对数回归分析表明,美国信息服务业增加值占比与劳动力占比不存在限制的相关关系,信息服务业劳动力占比的下降主要是由增加值占比提升之外的其他因素导致的,这些因素包括技术进步和劳动力占比自身的周期性下降等。

1948—2005 年期间信息服务业增加值占比(EXX)与劳动力占比(XX)的对数回归分析方程:

$$LOG(EXX) = 0.009 \times LOG(XX) + 0.8577 + \big[AR(1) =$$
$$(3.89) \qquad (1.7) \qquad (12.95)$$

$$1.3432, AR(2) = -0.5251 \big]$$

$$(-4.49)$$

$R^2 = 0.999431$,调整后的 $R^2 = 0.999398$,DW 统计值 $= 1.86$,变量下方括号内数值为 T 统计值,AR(I)为方程残差的第 I 阶自

回归项。

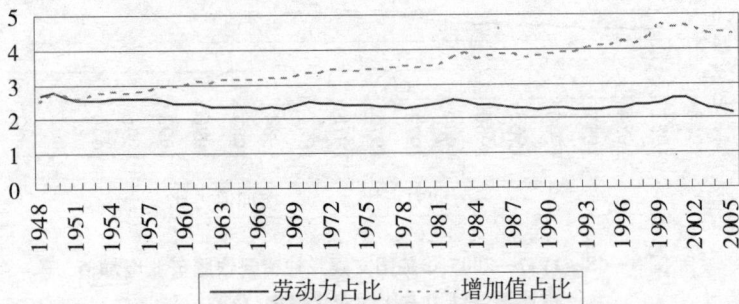

图8—59　1947—2005 年美国信息服务业增加值
占比与劳动力占比的变化趋势(％)

(八)政府部门劳动力占比与增加值占比同步下降

与政府部门增加值占比的转折性变化一样,1948—2005 年期间
美国政府部门劳动力占比也以 1971 年为界,发生了先升后降的转
折性变化,且二者的变动趋势基本一致。对数回归分析表明,美国
政府部门增加值占比与劳动力占比存在显著的正相关关系,政府部
门增加值占比每提高 1％,劳动力占比将提高 0.63 个百分点。

1948—2005 年期间政府部门增加值占比(EGOV)与劳动力占
比(GOV)的对数回归分析方程:

$$LOG(EGOV) = 0.628 \times LOG(GOV) + 1.2893 + [AR(1) =$$
$$(12.26) \qquad (9.3) \quad (13.84)$$

$$1.4025, AR(2) = -0.4366]$$

$$(-4.39)$$

$R^2 = 0.977035$,调整后的 $R^2 = 0.97571$,DW 统计值 $= 2.39$,变
量下方括号内数值为 T 统计值,AR(I)为方程残差的第 I 阶自回
归项。

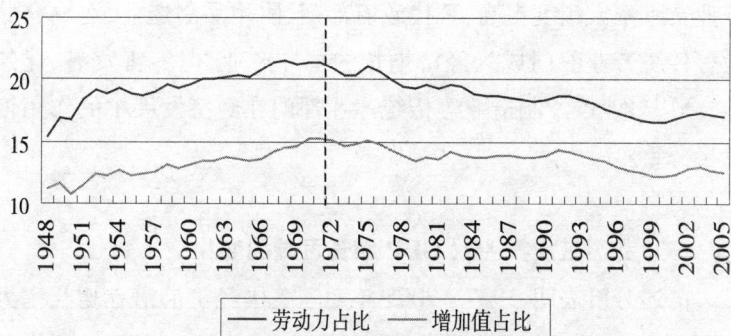

图8—60 1947—2005年美国政府部门增加值占比
与劳动力占比的变化趋势（%）

第六节 美国产业结构变动对经济增长的影响

产业结构变动对经济增长的影响是多方面的。上节分析了产业结构的变动对劳动力就业结构的影响,本节我们着重分析三次产业结构对经济增长贡献的变化情况。上述分析中我们以产业增加值占GDP比重作为产业结构转变的指标,是因为产业增加值的相对变化是劳动力、资本、技术进步等生产要素在不同产业部门之间再配置的结果,能够集中体现产业结构变动的结果。实际上,从国民经济核算角度看,增加值占比的变化已直接反映了各产业部门对经济增长贡献的变化。为了更为准确地把握产业结构变动对美国经济增长的影响,我们以1947—2005年期间GDP及各产业增加值的可比价数据为样本(2000年价格 = 100),对不同时期GDP与产业增加值进行弹性分析,结果表明:从三次产业看,第三产业对美国经济增长的贡献呈不断提升趋势,第二产业的贡献不断下降,第一产业贡献很低,但相对平稳。从各主要行业看,1977年以后金融租赁业、文教卫生及社会救助业、信息服务业等现代服务业贡献率大幅度提高,替代政府部门、耐用品制造业、运输仓储业等传统产业部门成为经济增长的主导产业,但零售贸易、建筑业、公用事业以及制造业等传统产业部门在经济发展中的作用依然十分重要。

一、美国三次产业对 GDP 增长贡献的变化

前述分析表明,1947—2005 年期间美国经济的潜在增长率大致可分为 1947—1964 年潜在增长率上升、1964—1980 年期间潜在增长率不断下降和 1980—2006 年经济平稳增长三个不同的增长时期。从三个增长时期三次产业贡献的变化看,美国第三产业对 GDP 的贡献最高,70% 以上的 GDP 增长来自第三产业,且随着时间推移,其贡献呈上升趋势,从 0.69 提升到 0.77。第二产业的贡献不断下降,从早期的 0.3 下降为近期的 0.22。第一产业的贡献很低,但各个时期变化很小,基本维持在 1% 的水平。

(一)1947—2005 年期间三次产业对 GDP 的贡献

从 1947—2005 年全时期看,美国第一产业对 GDP 的贡献为 0.01,即第一产业增加值增速每提高一个百分点,会引致 GDP 增速提高 0.01 个百分点。第二产业对 GDP 的贡献为 0.26,第三产业的贡献为 0.73。

1947—2005 年三次产业对 GDP 贡献的回归分析方程:

$$LOG(GDP) = 0.01 \times LOG(Y1) + 0.25923 \times LOG(Y2) +$$
$$(6.33) \qquad (55.52) \quad (144.13)$$

$$0.7311 \times LOG(Y3) + 0.6262 + [AR(1) = 0.9271]$$
$$(12.15) \qquad\qquad (15.11)$$

$R^2 = 0.999996$,调整后的 $R^2 = 0.999996$,DW 统计值 $= 1.74$,变量下方括号内数值为 T 统计值,AR(I)为方程残差的第 I 阶自回

归项。

(二)1947—1964年经济增长率提升时期三次产业对GDP的贡献

1947—1964年期间,美国经济增长率处于不断提升状态,从这一时期三次产业的贡献看,第三产业的贡献最高为0.69,但与后期相比,这一水平是各时期中最低的。第二产业贡献为0.3,即这一时期美国经济增长有30%来自第二产业增加值的增长。同时,这一时期第一产业增长率波动很大,最高年份(1947年)增长率高达14.82%,多数年份增长率在3%以上,但第一产业对GDP的贡献依然很低,只有0.01。

1947—1964年三次产业对GDP贡献的回归分析方程:

$$\text{LOG(GDP)} = 0.0099 \times \text{LOG(Y1)} + 0.3016 \times \text{LOG(Y2)} +$$
$$(10.88) \qquad\qquad (230.57)$$

$$0.6859 \times \text{LOG(Y3)} + 0.7013 + [\text{AR}(1) = 0.7496, \text{AR}(2) =$$
$$(499.74) \qquad (100.08)(3.03) \qquad (-2.3)$$

$$-0.5611]$$

$R^2 = 1$,调整后的$R^2 = 0.999999$,DW统计值$= 2.14$,变量下方括号内数值为T统计值,AR(I)为方程残差的第I阶自回归项。

(三)1964—1980年经济增长率下降时期三次产业对GDP的贡献

1964年以后美国经济增长进入增速不断下降的增长衰退时期,这一时期三次产业的贡献也发生了较大变化,主要表现是第三产业的贡献大幅度提高,从1947—1964年期间的0.6859提高到0.749,提高了6.31个百分点;第二产业的贡献大幅度下降,从前期的0.3016降为0.2573,下降了4.43个百分点。第一产业增长率仍大幅度波动,对GDP的贡献略有提高,仅从0.0099提升到

0.0111,仅提高了 0.12 个百分点。因此,这一时期美国经济增长率的下降,主要是第二产业对经济增长的贡献大幅度下降导致的。

1964—1980 年三次产业对 GDP 贡献的回归分析方程:

$$LOG(GDP) = 0.0111 \times LOG(Y1) + 0.2573 \times LOG(Y2) +$$
$$(4.79) \qquad\qquad (35.45)$$
$$0.749 \times LOG(Y3) + 0.3652 + [AR(1) = 1.5044, AR(2) =$$
$$(37.64) \qquad (1.62) \quad (6.96) \qquad (-2.71)$$
$$-0.5721]$$

$R^2 = 0.999991$,调整后的 $R^2 = 0.999987$,DW 统计值 = 1.98,变量下方括号内数值为 T 统计值,AR(I)为方程残差的第 I 阶自回归项。

(四)1980—2005 年经济平稳增长时期三次产业对 GDP 的贡献

1980 年以后美国经济进入平稳增长状态,这一时期第三产业对 GDP 的贡献再次大幅度提高,从 1964—1980 年期间的 0.749 提高到 0.772,提高了 2.3 个百分点。第二产业的贡献继续大幅度下降,从前期的 0.2573 降为 0.2182,下降了 3.91 个百分点。第一产业增长率仍大幅度波动,对 GDP 的贡献恢复到 1947—1964 年时期的水平,下降到 0.0099。因此,这一时期美国经济能够保持平稳增长状态,主要是第三产业贡献的提高弥补了第二产业对经济增长的贡献大幅度下降形成的缺口。

1980—2005 年三次产业对 GDP 贡献的回归分析方程:

$$LOG(GDP) = 0.0099 \times LOG(Y1) + 0.2182 \times LOG(Y2) +$$
$$(37.61) \qquad\qquad (210.62)$$
$$0.772 \times LOG(Y3) + 0.5756 + [AR(1) = 0.4077]$$
$$(814.03) \qquad (167.7) \quad (6.45)$$

$R^2 = 1$,调整后的 $R^2 = 1$,DW 统计值 $= 1.96$,变量下方括号内数值为 T 统计值,AR(I)为方程残差的第 I 阶自回归项。

二、各行业对 GDP 增长贡献的变化

我们将三次产业细分为第一产业(Y1)、采掘业(CJ)、公用事业(GY)、建筑业(JZH)、耐用品制造业(NY)、非耐用品制造业(FNY)、批发贸易业(PIF)、零售贸易业(LSH)、专业与商业服务业(PB)、运输仓储业(YSH)、信息服务业(XX)、金融租赁业(JR-ZL)、文教卫生及社会救助业(WJ)、文娱及住宿餐饮业(WYSH)、其他服务业(QTF)、政府部门(GOV)等 16 个行业,分析各行业对 GDP 的贡献及其变化,结果显示,1977 年以前零售贸易、政府部门、耐用品制造业、运输仓储业、批发贸易业等传统产业部门在经济增长中占据主导地位,但 1977 年以后金融租赁业、文教卫生及社会救助业、信息服务业等现代服务业贡献率大幅度提高,替代政府部门、耐用品制造业、运输仓储业等传统产业部门,成为经济增长的主导产业。

(一)1947—2005 年期间各行业对 GDP 的贡献

从 1947—2005 年全时期看,美国专业与商业服务业对 GDP 的贡献最高,贡献为 0.146,即有 14.6% 的 GDP 增长来自专业与商业服务业。其次是零售贸易业,贡献为 0.145。政府部门居第三位,贡献为 0.134。耐用品制造业、非耐用品制造业、文教卫生及社会救助业、金融租赁业分列第四到第七位,贡献分别为 0.106、0.098、0.082 和 0.075。建筑业、运输仓储业、批发贸易业、信息服务业、采掘业、公用事业和第一产业依次列居第八位到第十四位,贡献分别为 0.043、0.041、0.036、0.033、0.029、0.029 和 0.026。文娱及住宿餐饮业和其他服务业的贡献为负,即这两个部

门增加值与 GDP 呈反向变化,仅从增加值规模看,处于相对收缩状态,但从吸纳就业看,文娱及住宿餐饮业是吸纳低素质劳动力的重要部门。

1947—2005 年三次产业对 GDP 贡献的回归分析方程:

$$\text{LOG(GDP)} = 0.0263 \times \text{LOG(Y1)} + 0.0288 \times \text{LOG(CJ)} +$$
$$(4.12) \qquad\qquad (2.43)$$

$$0.0288 \times \text{LOG(GY)} + 0.043 \times \text{LOG(JZH)} +$$
$$(3.04) \qquad\qquad (3.78)$$

$$0.1059 \times \text{LOG(NY)} + 0.0985 \times \text{LOG(FNY)} +$$
$$(8.8) \qquad\qquad (5.47)$$

$$0.0365 \times \text{LOG(PIF)} + 0.1449 \times \text{LOG(LSH)} +$$
$$(2.07) \qquad\qquad (5.7)$$

$$0.1456 \times \text{LOG(PBF)} + 0.0412 \times \text{LOG(YSH)} +$$
$$(7.89) \qquad\qquad (2.63)$$

$$0.0328 \times \text{LOG(XX)} + 0.0754 \times \text{LOG(JRZL)} +$$
$$(2.02) \qquad\qquad (2.72)$$

$$0.0821 \times \text{LOG(WJ)} - 0.0075 \times \text{LOG(WYSH)} -$$
$$(4) \qquad\qquad (-0.2)$$

$$0.057 \times \text{LOG(QTF)} + 0.1338 \times \text{LOG(GOV)} + 3.1344$$
$$(-2.08) \qquad\qquad (8.42) \qquad\qquad (12.19)$$

$R^2 = 0.999983$,调整后的 $R^2 = 0.999976$,DW 统计值 $= 1.99$,变量下方括号内数值为 T 统计值。

(二)不同时期各行业对 GDP 贡献的对比分析

为进行对比分析,我们分段分析各行业对 GDP 的贡献。鉴于细分行业后变量增多,需要较长的时间序列,我们以 GDP 增长率中长期周期性波动的第二个波峰(1977 年)为分界点,分别对

1947—1977 年和 1977—2006 年两个时期的行业贡献进行对比分析。

首先,从贡献率看,1947—1977 年期间美国零售贸易业对 GDP 的贡献最高,贡献为 0.2001,即有 20.01% 的 GDP 增长来自零售贸易业。其次是专业与商业服务业,贡献为 0.1427。政府部门居第三位,贡献为 0.1159。耐用品制造业、运输与仓储业、第一产业、批发贸易业、文教卫生及社会救助业分列第四到第八位,贡献分别为 0.1117、0.0908、0.0846、0.0739 和 0.0659。公用事业、非耐用品制造业、金融租赁业、建筑业、采掘业和信息服务业依次列居第九位到第十四位,贡献分别为 0.0504、0.0499、0.0471、0.0433、0.0152 和 0.0119,文娱及住宿餐饮业和其他服务业的贡献为负。总之,这一时期贡献率较高的行业主要是传统产业部门,如零售贸易、政府部门、耐用品制造业、运输仓储业、批发贸易业等,第一产业的贡献也很高,而许多服务业中,除专业与商业服务业贡献较高位居第二位外,金融租赁业、信息服务业的贡献较低。

1947—1964 年三次产业对 GDP 贡献的回归分析方程:

$$LOG(GDP) = 0.0846 \times LOG(Y1) + 0.0152 \times LOG(CJ) +$$
$$(5.44) \qquad\qquad (1.02)$$

$$0.0504 \times LOG(GY) + 0.0433 \times LOG(JZH) +$$
$$(2.23) \qquad\qquad (2.52)$$

$$0.1117 \times LOG(NY) + 0.0499 \times LOG(FNY) +$$
$$(6.3) \qquad\qquad (1.52)$$

$$0.0739 \times LOG(PIF) + 0.2001 \times LOG(LSH) +$$
$$(2.68) \qquad\qquad (4.22)$$

$$0.1427 \times LOG(PBF) + 0.0908 \times LOG(YSII) +$$
$$(2.83) \qquad\qquad (3.27)$$

$$0.0119 \times \text{LOG}(\text{XX}) + 0.0471 \times \text{LOG}(\text{JRZL}) +$$
$$(0.28) \qquad\qquad (1.33)$$

$$0.0659 \times \text{LOG}(\text{WJ}) - 0.0805 \times \text{LOG}(\text{WYSH}) -$$
$$(2.04) \qquad\qquad (-1.4)$$

$$0.0147 \times \text{LOG}(\text{QTF}) + 0.1159 \times \text{LOG}(\text{GOV}) + 2.7207$$
$$(-0.5) \qquad\qquad (7.86) \qquad\qquad (8.63)$$

$R^2 = 0.999986$, 调整后的 $R^2 = 0.99997$, DW 统计值 $= 2.45$, 变量下方括号内数值为 T 统计值。

其次, 从 1977—2005 年贡献率看, 金融租赁业对美国 GDP 的**贡献最高, 贡献为 0.1583, 即有 15.83% 的 GDP 增长来自金融租赁业。其次是文教卫生及社会救助业, 贡献为 0.1129。零售贸易业贡献居第三位**, 贡献为 0.1052。非耐用品制造业、建筑业、专业与商业服务业、批发贸易业、耐用品制造业分列第四到第八位, 贡献分别为 0.0902、0.0854、0.0845、0.0705 和 0.0667。公用事业、信息服务业、文娱及住宿餐饮业、政府部门、采掘业、第一产业和运输仓储业依次列居第九位到第十五位, 贡献分别为 0.0656、0.048、0.0478、0.0328、0.0324、0.0129 和 0.011, 其他服务业的贡献为负。从各产业贡献率的变化看, 除文娱住宿餐饮业外(因为其在 1947—1977 年期间显著性较低), 与 1947—1977 年相比, 提升幅度最大的部门是金融租赁业, 其后依次是文教卫生及社会救助业、建筑业、非耐用品制造业、信息服务业、采掘业和公用事业; 贡献率下降幅度最大的是零售贸易业, 其后依次是政府部门、运输仓储业、第一产业、专业与商业服务业、耐用品制造业、其他服务业和批发贸易业。即这一时期金融租赁业、文教卫生及社会救助业、信息服务业等现代服务业贡献率大幅度提高, 替代政府部门、耐用品制造业、运输仓储业等传统产业部门, 成为经济增长的主导产业。而零售贸易业贡献率依然很高,但与 1977 年以前相比,重要程度已大幅度下降。政府部门和第一产业贡献率均大幅度下降,在经济发展中的作用显著降低。需要特别注意的是,建筑业、非耐用品制造业、采掘业和公用事业的贡献率均有不同程度的提高,贡献率在各行业中的排名也有不同程度的提升,这与美国房地产业持续发展和多次能源危机引发的石油天然气开采业快速发展有关;同时,从整个制造业的贡献看,1947—1977 年期间大约为0.1616,1977—2005 年期间略降为 0.1569,两个时期制造业的贡献均很高,说明制造业始终是美国经济增长的重要基础产业。

1977—2005 年三次产业对 GDP 贡献的回归分析方程:

$$LOG(GDP) = 0.0129 \times LOG(Y1) + 0.0324 \times LOG(CJ) +$$
$$(2.96) \qquad (3.74)$$

$$0.0656 \times LOG(GY) + 0.0854 \times LOG(JZH) +$$
$$(8.5) \qquad (9.45)$$

$$0.0667 \times LOG(NY) + 0.0902 \times LOG(FNY) +$$
$$(6.09) \qquad (4.57)$$

$$0.0705 \times LOG(PIF) + 0.1052 \times LOG(LSH) +$$
$$(5.75) \qquad (6.66)$$

$$0.0845 \times LOG(PBF) + 0.011 \times LOG(YSH) +$$
$$(7.28) \qquad (1.33)$$

$$0.048 \times LOG(XX) + 0.1583 \times LOG(JRZL) +$$
$$(4.34) \qquad (7.5)$$

$$0.1129 \times LOG(WJ) + 0.0478 \times LOG(WYSH) -$$
$$(5.08) \qquad (2.76)$$

$$0.0487 \times LOG(QTF) + 0.0328 \times LOG(GOV) +$$
$$(-2.26) \qquad (0.62)$$

$2.995 + [AR(1) = -1.3286, AR(2) = -0.6179]$
$(6.22) \qquad (-4.71) \quad (-2.14)$

$R^2 = 0.999995$,调整后的 $R^2 = 0.999986$,DW 统计值 $= 2.06$,变量下方括号内数值为 T 统计值,AR(I) 为方程残差的第 I 阶自回归项。

第七节　美国产业结构变动的影响因素分析

产业结构是指国民经济各产业之间的生产技术、经济联系和数量比例关系。从需求决定论的角度看,一国的产业结构取决于其内部需求结构和外部需求结构。从内部需求看,产业结构必须与国内消费结构相适应;从外部需求看,产业结构必须与进出口贸易结构相适应。从市场竞争角度看,产业结构的优化变动实质上是国内不同产业部门竞争和国际产业竞争的结果,反映在资源配置上,即是国内资源在不同部门之间进行优化配置,实现生产要素的比较优势,以获取生产要素收益的最大化。因此,从收益最大化的角度看,推动产业结构优化的基本力量是市场机制。但市场机制有其局限性,完全依靠市场机制进行产业结构调整,会导致经济增长的大幅度波动,因此,在进行重大产业结构的优化调整中,各个政府均会进行适度干预与引导,政府的政策干预因此成为产业结构变动的重要决定性因素之一。从美国产业结构变动的经验看,技术进步、国内外需求结构或市场竞争因素是基础性因素,但政府的产业政策也起到了重要的引导作用。

一、国内需求结构的变化是美国产业结构变动的基础

产业结构的变动取决于需求结构的变化,国内消费需求及消费结构的变化是产业结构变动的基础。作为后工业化国家,美国国内的需求结构一直以消费需求为主,消费是拉动美国经济增长的主要需求因素,消费结构的提升也因此成为美国产业结构变动的基础性因素。同时,国内投资需求对美国经济增长及产业结构变动也具有重要影响。

(一)国内需求是美国经济增长及产业结构变动的主要拉动力量

作为全球最大的经济发达国家,美国经济在 20 世纪初期已完成工业化进程,率先进入以服务业为主的后工业化时代。与其产业结构的变动相对应,美国经济增长的需求拉动力量,也从工业化时期的投资拉动为主转变为消费需求拉动为主。从 1970—2005 年美国 GDP 的支出结构可以看到,美国投资率一直围绕 19.21% 的水平波动,但最终消费率和家庭消费率却不断提高,从 1970 年的 81.61% 和 63.27% 提高到 2005 年的 86.47% 和 70.52%,分别提高了 4.86 个百分点和 7.25 个百分点;而政府消费率和净出口率(净出口占 GDP 的比率)分别从 1970 年的 18.34% 和 0.38% 下降到 2005 年的 15.95% 和 -5.78%,分别下降了 2.39 个百分点和 6.16 个百分点。在剔除价格因素后,按可比价计算的美国投资率呈上升趋势,从 1970 年的 13.98% 提高到 2005 年的 19.63%,提高了 5.65 个百分点;家庭消费率从 1970 年的 65.1% 提高到 2005 年的 71.36%,提高了 6.26 个百分点;政府消费率和净出口率分别从 1970 年的 22.92% 和 -1.38% 下降到 2005 年的 14.68% 和 -5.64%,分别下降了 8.24 个百分点和 4.26 个百分点。因此,仅

从 GDP 的支出结构看,美国的经济增长主要是由投资(资本形成)和居民家庭消费拉动的,政府消费的作用不断下降,而进出口贸易的整体贡献为负。

表8—8   1970—2005 年按当年价格计算的美国 GDP 支出结构(%)

GDP	资本形成率 (投资率)	固定资本 形成率	最终消 费率	家庭消 费率	政府消 费率	净出 口率
1970	18.01	17.85	81.61	63.27	18.34	0.38
1971	19.07	18.36	80.88	63.04	17.85	0.05
1972	19.92	19.21	80.36	62.89	17.47	-0.28
1973	20.71	19.60	78.99	62.23	16.76	0.30
1974	19.92	19.01	80.14	62.80	17.34	-0.05
1975	17.43	17.80	81.58	63.69	17.89	0.99
1976	19.12	18.16	80.97	63.65	17.32	-0.09
1977	20.63	19.50	80.51	63.48	17.04	-1.15
1978	22.01	20.84	79.10	62.74	16.36	-1.12
1979	22.17	21.45	78.72	62.57	16.15	-0.88
1980	20.26	20.41	80.21	63.46	16.75	-0.47
1981	21.27	20.14	79.14	62.51	16.63	-0.40
1982	18.69	19.04	81.92	64.32	17.60	-0.62
1983	18.70	18.72	82.77	65.28	17.49	-1.47
1984	21.35	19.67	81.28	64.14	17.14	-2.63
1985	20.28	19.68	82.47	64.96	17.51	-2.75
1986	19.68	19.38	83.32	65.49	17.83	-3.00
1987	19.40	18.81	83.69	65.93	17.76	-3.09
1988	18.71	18.48	83.47	66.23	17.24	-2.18
1989	18.68	18.18	82.94	66.13	16.81	-1.62

GDP	资本形成率 （投资率）	固定资本 形成率	最终消 费率	家庭消 费率	政府消 费率	净出 口率
1990	17.66	17.43	83.70	66.70	17.00	-1.35
1991	16.25	16.25	84.22	67.03	17.19	-0.46
1992	16.42	16.17	84.11	67.37	16.74	-0.53
1993	17.00	16.69	83.98	67.80	16.18	-0.98
1994	18.12	17.21	83.22	67.59	15.63	-1.33
1995	18.15	17.73	83.10	67.77	15.33	-1.24
1996	18.56	18.17	82.68	67.72	14.96	-1.24
1997	19.46	18.59	81.77	67.23	14.54	-1.23
1998	19.96	19.15	81.88	67.62	14.25	-1.84
1999	20.34	19.61	82.49	68.17	14.32	-2.83
2000	20.49	19.91	83.40	69.02	14.38	-3.89
2001	18.85	19.15	84.80	70.02	14.78	-3.64
2002	18.07	17.95	86.00	70.56	15.44	-4.07
2003	18.08	17.94	86.50	70.62	15.88	-4.58
2004	18.91	18.41	86.35	70.44	15.91	-5.26
2005	19.31	19.14	86.47	70.52	15.95	-5.78

表8—9 1970—2005年按当不变价格计算的美国GDP支出结构（%）

年度	资本形成率 （投资率）	固定资本 形成率	最终消 费率	家庭消 费率	政府消 费率	净出 口率
1970	13.98	14.32	87.40	65.10	22.92	-1.38
1971	14.78	14.69	86.78	65.49	21.73	-1.56
1972	15.58	15.50	86.21	66.03	20.49	-1.80
1973	16.27	15.86	84.93	65.74	19.41	-1.20

年度	资本形成率 （投资率）	固定资本 形成率	最终消 费率	家庭消 费率	政府消 费率	净出 口率
1974	15.37	15.12	85.32	65.53	20.06	-0.69
1975	13.07	13.73	86.98	66.78	20.48	-0.06
1976	14.46	14.09	86.36	66.97	19.60	-0.82
1977	15.53	15.02	85.76	66.82	19.14	-1.29
1978	16.51	15.97	84.73	66.34	18.56	-1.24
1979	16.56	16.37	84.24	66.05	18.35	-0.80
1980	15.08	15.52	84.67	66.11	18.75	0.25
1981	15.87	15.34	83.97	65.56	18.59	0.16
1982	13.92	14.42	86.32	67.15	19.38	-0.24
1983	14.43	14.70	86.68	67.73	19.14	-1.11
1984	17.06	16.00	85.05	66.80	18.42	-2.12
1985	16.49	16.26	85.85	67.33	18.69	-2.34
1986	16.00	15.97	86.50	67.63	19.05	-2.50
1987	15.88	15.62	86.41	67.64	18.95	-2.30
1988	15.53	15.49	86.06	67.69	18.53	-1.59
1989	15.76	15.47	85.38	67.35	18.18	-1.14
1990	15.18	15.09	85.59	67.46	18.30	-0.77
1991	14.24	14.35	85.97	67.68	18.45	-0.21
1992	14.78	14.65	85.44	67.69	17.88	-0.22
1993	15.45	15.26	85.24	68.11	17.23	-0.70
1994	16.58	15.85	84.44	67.94	16.57	-1.02
1995	16.73	16.43	84.16	68.07	16.15	-0.89
1996	17.47	17.18	83.49	67.88	15.64	-0.96
1997	18.66	17.89	82.55	67.41	15.16	-1.21
1998	19.53	18.76	82.73	67.95	14.79	-2.26
1999	20.16	19.45	82.99	68.36	14.63	-3.14
2000	20.49	19.91	83.40	69.02	14.38	-3.89

年度	资本形成率（投资率）	固定资本形成率	最终消费率	家庭消费率	政府消费率	净出口率
2001	19.09	19.39	84.97	70.24	14.73	-4.06
2002	18.50	18.36	86.21	71.04	15.17	-4.72
2003	18.62	18.46	86.44	71.22	15.22	-5.07
2004	19.37	18.83	86.19	71.19	15.00	-5.55
2005	19.63	19.41	86.01	71.36	14.68	-5.64

为进一步分析需求因素对经济增长的贡献,我们以 1970—2005 年期间按不变价计算的 GDP、固定资本形成(ZBG)、家庭消费(JTXF)、政府消费(GOVXF)、出口(EX)和进口(IM)数据为样本,进行对数回归分析,结果表明,家庭消费对美国经济增长的贡献最高,贡献率为 0.4478,即家庭消费增速每提高一个百分点,GDP 增速将提高 0.45 个百分点;家庭消费的这一贡献超过固定资本形成、政府消费和进出口的贡献之和,是美国经济增长最重要的需求因素。其次是政府消费,其贡献率为 0.1278。固定资本形成对 GDP 的贡献为 0.1256,略低于政府消费。出口和进口对美国经济增长的贡献只有 0.0663 和 0.0468,远低于家庭消费的贡献,仅相当于政府消费或投资需求贡献的一半。

1970—2005 年 GDP 需求因素分解的回归分析方程:

$$LOG(GDP) = 0.1256 \times LOG(ZBG) + 0.4473 \times LOG(JTXF) +$$
$$(7.89) \qquad\qquad (3.69)$$

$$0.1278 \times LOG(GOVXF) + 0.0663 \times LOG(EX) +$$
$$(5.44) \qquad\qquad (6.47)$$

$$0.0468 \times LOG(IM) + 2.5711 + [AR(1) = 0.484, AR(2) =$$
$$(1.84) \qquad (7.73) \quad (2.41) \qquad (2.21)$$

$$0.3965]$$

$R^2 = 0.999908$，调整后的 $R^2 = 0.999883$，DW 统计值 $= 2.07$，变量下方括号内数值为 T 统计值，AR(I) 为方程残差的第 I 阶自回归项。

此外，从 1970—2005 年期间 GDP 的支出结构与三次产业结构的相关关系看，固定资本形成率(固定资本投资率)与第二产业增加值占比呈显著正相关关系，与第三产业增加值占比呈负相关关系，固定资本形成率每提高一个百分点，第二产业增加值占比将提高 0.1839 个百分点，第三产业增加值占比将降低 0.0518 个百分点。家庭消费率与第二产业增加值占比呈高度显著的负相关关系，与第三产业增加值占比呈显著正相关关系，家庭消费率每提高一个百分点，第二产业增加值占比将下降 2.9242 个百分点，第三产业增加值占比将提高 0.4491 个百分点。政府消费率与第二产业增加值占比呈高度显著的正相关关系，与第三产业增加值占比呈显著性较低的正相关关系，政府消费率每提高一个百分点，第二产业增加值占比将提高 0.3958 个百分点，第三产业增加值占比将提高 0.0361 个百分点。由此可见，需求结构的改变对美国产业结构的变动具有重要影响，投资需求的相对下降、家庭消费需求的大幅度增加，是美国第二产业增加值占比持续下降、第三产业增加值占比不断提高的重要因素，政府消费率不断下降或政府消费的相对减少，也对第二产业增加值占比持续下降起到了很大影响。

1970—2005 年期间第二产业增加值占比(YC2)与固定资本形成率(TZLG)、家庭消费率(JTXFL)和政府消费率(GOVXFL)的相关关系：

$$LOG(YC2) = 0.1839 \times LOG(TZLG) -$$

$$(1.93)$$

$2.9242 \times LOG(JTXFL) + 0.3958 \times LOG(GOVXFL) +$

　(15.5)　　　　　　　　　　(4.03)

$13.8463 + [MA(1) = 0.6462, BACKCAST = 1970]$

(11.7)　　(5.03)

　　$R^2 = 0.985031$,调整后的 $R^2 = 0.983099$,DW 统计值 = 2.03,变量下方括号内数值为 T 统计值,MA(I)为方程残差的第 I 阶移动平均项。

　　1970—2005 年期间第三产业增加值占比(YC3)与固定资本形成率(TZLG)、家庭消费率(JTXFL)和政府消费率(GOVXFL)的相关关系:

　　$LOG(YC3) = -0.0518 \times LOG(TZLG) +$

　　　　　　　　　　(-1.62)

$0.4491 \times LOG(JTXFL) + 0.0361 \times LOG(GOVXFL) +$

　(3.85)　　　　　　　　　(0.67)

$2.5317 + [AR(1) = 1.0975, AR(4) = -0.1246]$

(4.93)　(11.14)　　(-1.28)

　　$R^2 = 0.99517$,调整后的 $R^2 = 0.994241$,DW 统计值 = 1.99,变量下方括号内数值为 T 统计值,AR(I)为方程残差的第 I 阶自回归项。

　　1948—2005 年期间耐用品制造业增加值占比(EPB)与劳动力占比(PB)的对数回归分析方程:

　　$LOG(EPB) = 0.4348 * LOG(PB) + 2.3877 + [AR(1) =$

　　　　　　　　(3.89)　　　　　(1.7)　　(12.95)

$1.5191, AR(2) = -0.5245]$

　(-4.49)

　　$R^2 = 0.999431$,调整后的 $R^2 = 0.999398$,DW 统计值 = 1.86,

变量下方括号内数值为 T 统计值,AR(I)为方程残差的第 I 阶自
回归项。

(二)家庭消费结构的提升是美国产业结构变动的决定性因素

上述分析表明,家庭消费是美国经济增长及产业结构变动的
关键需求因素。比较 1970—2005 年期间美国家庭消费支出结构
和产业结构的变化可以看到,美国产业结构变动与家庭消费结构
的升级是一致的:(1)美国家庭消费已跨越吃穿和一般耐用品消
费两个阶段,进入以高档耐用品、居住和服务为主的高档消费阶
段。其中食品与衣着消费支出占比已从 1970 年的 25.85%下降
到 2005 年的 13.67%,家具电器等一般家庭设备用品消费占比从
1970 年的 7.3%降为 2005 年的 4.79%,而居住及相关服务占比在
1970—2005 年期间基本保持在 18%左右,汽车、医疗器械、邮电通
信设备等高档耐用消费品支出占比基本维持在 22.7%左右的水
平,除此之外的服务性消费支出占比大幅度提升,从 1970 年的
27.02%提高到 2005 年的 41.1%。(2)家庭消费支出占比提升最
大的产品或服务,也是相应产业部门增加值占比提升幅度最大的
部门。如 1977—2005 年期间美国家庭消费支出占比提升幅度最
高的消费支出是健康消费支出,占比提高了 8.45 个百分点;其次
是金融保险服务,占比提高了 2.78 个百分点,文娱、教育等消费支
出占比也有较大幅度提高。与此相对应,第三产业的金融租赁业
和文教卫生及社会救助业的增加值占比也是提升最快的部门。
居住消费支出占比相对平稳,相应的建筑业增加值占比也比较
平稳。

表 8—10 1970—2005 年美国家庭消费支出结构(%)

年度	食品烟酒饮料	衣着	房租水电燃料	家庭设备用品	健康	医药产品和器械	门诊服务	医院服务
1970	17.73	8.12	17.73	7.30	8.84	1.49	3.49	3.84
1971	17.00	8.03	17.92	7.06	9.09	1.45	3.49	4.15
1972	16.54	7.96	17.85	7.06	9.20	1.45	3.48	4.27
1973	16.52	7.93	17.72	7.14	9.27	1.42	3.56	4.29
1974	16.92	7.61	17.97	7.01	9.54	1.41	3.61	4.51
1975	16.66	7.36	18.02	6.63	9.96	1.39	3.79	4.79
1976	16.03	7.13	17.91	6.58	10.16	1.36	3.82	4.97
1977	15.44	7.05	18.04	6.63	10.33	1.32	3.94	5.07
1978	15.05	7.08	18.05	6.61	10.50	1.36	3.90	5.24
1979	14.95	6.81	18.22	6.61	10.72	1.40	3.94	5.38
1980	14.83	6.56	18.77	6.37	11.18	1.44	4.10	5.64
1981	14.33	6.46	19.06	6.16	11.84	1.47	4.39	5.98
1982	14.04	6.22	19.44	5.91	12.33	1.52	4.46	6.36
1983	13.32	6.17	19.12	5.87	12.63	1.57	4.62	6.44
1984	12.83	6.14	19.01	5.98	12.70	1.62	4.76	6.33
1985	12.30	6.06	19.07	5.84	12.83	1.66	4.91	6.26
1986	12.03	6.10	19.00	5.93	13.18	1.72	5.11	6.35
1987	11.60	6.11	18.95	5.83	13.70	1.79	5.50	6.42
1988	11.27	6.08	18.79	5.69	14.20	1.86	5.76	6.59
1989	11.22	6.08	18.63	5.62	14.58	1.93	5.90	6.76
1990	11.23	5.90	18.53	5.37	15.38	2.06	6.28	7.04
1991	11.13	5.72	18.80	5.14	16.19	2.10	6.62	7.47
1992	10.63	5.75	18.32	5.10	16.71	2.09	6.94	7.68
1993	10.27	5.66	18.17	5.13	16.76	2.09	6.96	7.71
1994	10.07	5.57	18.14	5.23	16.69	2.11	6.98	7.60

年度	食品烟酒饮料	衣着	房租水电燃料	家庭设备用品	健康	医药产品和器械	门诊服务	医院服务
1995	9.86	5.43	18.11	5.26	16.89	2.14	7.14	7.61
1996	9.72	5.32	17.95	5.23	16.82	2.22	7.06	7.54
1997	9.49	5.23	17.76	5.23	16.84	2.33	7.03	7.48
1998	9.32	5.20	17.60	5.26	16.93	2.51	7.02	7.40
1999	9.35	5.17	17.35	5.23	16.75	2.70	6.85	7.20
2000	9.25	5.03	17.24	5.14	16.80	2.84	6.82	7.15
2001	9.31	4.84	17.69	4.95	17.53	3.02	7.07	7.44
2002	9.22	4.75	17.59	4.87	18.28	3.19	7.31	7.78
2003	9.08	4.67	17.52	4.81	18.74	3.32	7.49	7.93
2004	9.01	4.61	17.44	4.82	18.75	3.35	7.54	7.86
2005	9.11	4.56	17.44	4.79	18.78	3.33	7.55	7.91

表 8—10 续 1　1970—2005 年美国家庭消费支出结构(%)

年度	交通	购车	运输工具	交通服务	邮电通信	文娱	教育	住宿餐饮
1970	12.24	4.57	6.58	1.09	1.79	7.16	1.97	6.54
1971	13.14	5.37	6.67	1.10	1.82	6.99	1.99	6.35
1972	13.31	5.63	6.56	1.12	1.87	7.08	2.00	6.45
1973	13.32	5.57	6.64	1.10	1.89	7.14	1.99	6.54
1974	12.60	4.31	7.15	1.14	1.90	7.18	1.99	6.59
1975	12.56	4.32	7.15	1.10	1.92	7.22	2.00	6.75
1976	13.33	5.22	6.97	1.14	1.94	7.25	1.96	6.84
1977	13.70	5.54	7.01	1.15	1.90	7.17	1.90	6.77
1978	13.45	5.53	6.83	1.10	1.87	7.19	1.88	6.86
1979	13.51	4.85	7.56	1.10	1.82	7.27	1.88	7.02
1980	13.29	3.94	8.21	1.15	1.77	7.16	1.91	6.97

年度	交通	购车	运输工具	交通服务	邮电通信	文娱	教育	住宿餐饮
1981	13. 29	3. 93	8. 27	1. 10	1. 80	7. 22	1. 94	6. 93
1982	12. 69	3. 98	7. 65	1. 06	1. 92	7. 29	1. 99	6. 89
1983	12. 80	4. 56	7. 20	1. 05	1. 91	7. 38	1. 99	6. 74
1984	13. 27	5. 16	7. 03	1. 07	1. 89	7. 51	1. 98	6. 62
1985	13. 57	5. 59	6. 95	1. 02	1. 91	7. 52	1. 99	6. 44
1986	12. 90	5. 85	6. 06	0. 99	1. 92	7. 65	2. 01	6. 46
1987	12. 52	5. 49	6. 04	0. 99	1. 89	7. 87	2. 04	6. 62
1988	12. 40	5. 42	5. 98	1. 00	1. 84	8. 06	2. 10	6. 75
1989	12. 18	5. 19	6. 01	0. 98	1. 82	8. 14	2. 16	6. 74
1990	11. 77	4. 75	6. 05	0. 96	1. 76	8. 14	2. 18	6. 83
1991	10. 68	4. 10	5. 67	0. 91	1. 78	8. 14	2. 23	6. 83
1992	10. 83	4. 29	5. 66	0. 87	1. 84	8. 15	2. 26	6. 71
1993	11. 03	4. 47	5. 67	0. 88	1. 84	8. 40	2. 26	6. 64
1994	11. 36	4. 72	5. 76	0. 88	1. 88	8. 65	2. 25	6. 51
1995	11. 34	4. 58	5. 88	0. 88	1. 88	8. 97	2. 29	6. 38
1996	11. 60	4. 63	6. 07	0. 89	1. 93	9. 09	2. 32	6. 26
1997	11. 76	4. 73	6. 13	0. 91	2. 03	9. 12	2. 33	6. 27
1998	11. 65	4. 96	5. 78	0. 91	2. 04	9. 17	2. 38	6. 26
1999	11. 93	5. 14	5. 91	0. 89	2. 05	9. 25	2. 39	6. 14
2000	12. 16	5. 00	6. 28	0. 88	2. 01	9. 22	2. 43	6. 13
2001	11. 89	5. 08	6. 05	0. 77	1. 98	9. 07	2. 52	6. 02
2002	11. 54	5. 15	5. 69	0. 70	1. 91	9. 08	2. 59	6. 03
2003	11. 51	4. 93	5. 86	0. 72	1. 83	9. 05	2. 64	6. 07
2004	11. 43	4. 67	6. 04	0. 72	1. 76	9. 09	2. 60	6. 10
2005	11. 57	4. 46	6. 42	0. 69	1. 69	9. 07	2. 59	6. 14

表 8—10 续 2　1970—2005 年美国家庭消费支出结构(%)

年度	其他商品和服务	私人护理	随身物品	社会保护	保险	金融服务	其他服务
1970	10.59	1.79	0.84	1.66	2.50	2.31	1.49
1971	10.62	1.68	0.82	1.74	2.51	2.38	1.49
1972	10.67	1.61	0.80	1.78	2.60	2.39	1.49
1973	10.58	1.60	0.88	1.71	2.58	2.30	1.50
1974	10.69	1.59	0.93	1.73	2.52	2.41	1.51
1975	10.91	1.56	0.96	1.72	2.48	2.76	1.44
1976	10.90	1.52	1.03	1.76	2.57	2.59	1.44
1977	11.08	1.56	1.02	1.77	2.75	2.56	1.43
1978	11.45	1.54	1.01	1.80	2.89	2.77	1.45
1979	11.20	1.50	0.96	1.84	2.82	2.69	1.39
1980	11.19	1.45	0.99	1.91	2.80	2.64	1.40
1981	10.97	1.40	0.95	1.94	2.78	2.46	1.44
1982	11.28	1.35	0.87	2.00	2.95	2.64	1.47
1983	12.07	1.41	0.88	1.95	2.91	3.47	1.45
1984	12.07	1.42	0.91	2.00	3.03	3.24	1.48
1985	12.48	1.43	0.88	1.97	3.12	3.54	1.53
1986	12.83	1.46	0.95	2.06	2.96	3.84	1.57
1987	12.86	1.50	0.96	2.07	2.76	3.95	1.62
1988	12.83	1.50	0.95	2.14	2.97	3.59	1.69
1989	12.84	1.49	0.93	2.16	3.13	3.43	1.70
1990	12.92	1.48	0.90	2.22	3.19	3.39	1.74
1991	13.36	1.46	0.86	2.24	3.34	3.71	1.73
1992	13.71	1.46	0.85	2.32	3.33	4.00	1.75
1993	13.86	1.43	0.86	2.28	3.52	4.04	1.73
1994	13.65	1.43	0.87	2.32	3.42	3.92	1.69
1995	13.59	1.46	0.87	2.31	3.42	3.88	1.66

年度	其他商品和服务	私人护理	随身物品	社会保护	保险	金融服务	其他服务
1996	13.75	1.46	0.87	2.36	3.34	4.05	1.66
1997	13.94	1.49	0.83	2.30	3.37	4.27	1.68
1998	14.20	1.46	0.84	2.37	3.36	4.46	1.70
1999	14.39	1.42	0.86	2.34	3.31	4.76	1.69
2000	14.59	1.38	0.84	2.44	3.36	4.92	1.64
2001	14.20	1.34	0.78	2.52	3.26	4.63	1.67
2002	14.13	1.31	0.78	2.60	3.15	4.61	1.67
2003	14.08	1.30	0.77	2.57	3.28	4.41	1.74
2004	14.40	1.30	0.77	2.56	3.51	4.55	1.71
2005	14.26	1.28	0.75	2.46	3.58	4.51	1.68

（三）投资需求的结构性变化对产业结构变动也具有重要影响

从 1970 年以来美国投资需求的产品结构变化看,投资需求的结构变化对美国产业结构的变动也具有重要影响:(1)1970—1981 年期间,金属与机械产品在投资需求中占比曾有较大幅度提升,从 1970 年的 24.64% 提升到 1981 年的 29.41%;1981—1995 年期间占比相对平稳,平均在 28.5%;但 1995 年以后出现大幅度下降,从 1995 年的 30.22% 降为 2005 年的 22.59%,下降了 7.63 个百分点。这一占比下降是 1995 年以后美国耐用品制造业增加值占比下降的重要因素。(2)1970 年以后计算机和通信设备在投资需求中的占比持续上升,为美国信息产业崛起提供了重要需求支持。但 2000 年以后计算机和通信设备在投资需求中的占比趋于下降,以信息产业为主的美国新兴经济也趋于衰落。(3)1980

年以后住宅建筑在固定资本形成中占比不断提高,住宅产业的持续增长带动了美国非耐用品制造业和租赁业及相关金融服务业的快速增长。

表8—11　1970—2005 年美国投资需求(固定资本形成)的产品构成(%)

年度	金属产品与机械	办公会计计算机设备	通信设备	交通设备	住宅建筑	其他建筑	其他产品
1970	24.64	1.80	3.55	9.34	23.06	36.23	4.54
1971	22.11	1.71	3.28	9.49	27.64	34.34	4.35
1972	21.75	1.78	2.85	10.11	29.74	32.07	4.80
1973	23.20	2.01	3.02	10.65	28.12	31.92	4.73
1974	25.55	2.34	3.18	10.12	23.39	34.64	4.85
1975	26.60	2.35	3.22	9.58	21.83	35.25	5.43
1976	25.71	2.34	3.26	9.98	25.10	32.55	5.20
1977	26.79	3.51	3.51	10.77	28.06	29.21	5.17
1978	27.08	3.88	3.56	10.64	27.65	29.67	4.97
1979	27.40	4.12	3.72	10.48	25.75	31.30	5.09
1980	28.70	4.69	4.30	9.31	21.76	34.64	5.61
1981	29.41	5.21	4.35	8.81	19.60	36.39	5.79
1982	29.00	5.43	4.70	8.46	17.21	38.34	6.98
1983	27.80	6.35	4.51	9.09	23.29	32.31	7.52
1984	28.17	6.92	4.44	9.28	23.23	31.49	7.58
1985	27.63	6.71	4.49	9.32	22.85	32.24	7.96
1986	27.38	6.67	4.56	9.18	25.64	29.70	8.10
1987	27.04	6.46	4.44	8.68	26.43	29.17	8.68
1988	27.77	6.42	4.68	8.74	25.56	28.88	9.05
1989	29.08	6.79	4.42	7.90	24.22	28.79	10.02
1990	28.53	6.12	4.51	8.09	22.41	30.34	10.62
1991	28.61	6.36	4.52	8.51	21.31	30.05	11.51

年度	金属产品与机械	办公会计计算机设备	通信设备	交通设备	住宅建筑	其他建筑	其他产品
1992	28.87	6.83	4.55	8.35	23.34	27.67	11.77
1993	29.04	6.90	4.42	9.08	24.18	26.09	11.61
1994	28.96	6.75	4.70	9.85	25.00	24.91	11.27
1995	30.22	7.32	4.88	9.85	23.33	25.31	11.29
1996	29.91	7.24	5.02	9.58	23.75	25.29	11.48
1997	29.28	7.17	5.22	9.66	22.84	25.66	12.56
1998	28.82	6.94	5.25	9.44	23.25	25.41	13.08
1999	27.71	6.78	5.49	10.10	23.58	24.66	13.95
2000	28.19	6.54	6.38	9.03	23.01	25.25	14.51
2001	26.13	5.57	5.71	8.14	24.40	26.74	14.58
2002	24.69	5.19	4.52	7.63	27.06	26.04	14.57
2003	24.25	5.02	4.18	6.89	29.37	25.08	14.40
2004	23.06	4.77	3.94	7.41	31.59	24.18	13.75
2005	22.59	4.40	3.92	7.45	32.58	24.11	13.27

二、国际市场竞争是美国产业结构变动的外部推动力量

20世纪70年代至80年初,由于日欧经济的迅速崛起,美国在世界总产值中所占的份额开始下降,经济实力不断削弱,综合竞争力日益衰退。面对日益增强的国际竞争,美国的产业结构被迫作出巨大调整,从要素比较优势逐渐减弱的制造业行业退出,发展以高新技术为主的高端制造业产品和现代服务业。特别是1970年代以后,随着日本和德国的崛起,在1970年以前具有很强国际市场竞争力的美国机械、钢铁、煤炭、石油化工、造船、家用电器和汽车行业产业,在70年代之后竞争力日渐减弱,其国际市场份额

逐步被日本、德国等新兴国家和其他新兴工业化国家挤占,国内市场份额也被部分挤占。为了应对国际竞争压力和国内经济形势变化的需要,美国选定了微电子、新能源、新材料等发展潜力大的高新技术产业领域,加快了高科技成果产业化的步伐,使通信设备、计算机、航天航空、生物工程等一大批高新技术产业迅速崛起,同时带动金融、专业与商业服务业、文教卫生、信息服务业等现代服务业快速发展。在以信息产业为核心的新经济迅速发展拉动下,1980年以后美国经济实现了长达二十余年的持续快速增长。

美国经济生产要素国际比较优势的转变,表现在进出口贸易方面,体现为其贸易差额的巨大结构性转变:(1)1971年以前,美国商品进出口贸易差额保持巨大的顺差,但1971年以后,美国商品进出口贸易转变为逆差,且逆差规模不断扩大,从1971年的23亿美元扩大到2006年的8361亿美元。商品贸易逆差规模的持续扩大,表明美国商品制造业的生产要素比较优势日趋衰弱。(2)与商品贸易不同,1971年以前美国的服务贸易一直处于小规模的逆差状态,但1971年以后转化为顺差,且顺差规模持续扩大,从1971年的10亿美元扩大到1991年的902亿美元,1997年以后有所下降,但到2006年仍有725亿美元的服务贸易顺差。即1971年以后美国服务业的要素比较优势不断增强,1997年以后美国服务业要素比较优势的上升趋势弱化,但仍保持很强的竞争力。(3)从美国商品进出口贸易结构看,美国的食品、汽车、工业品、消费品的国际竞争力偏弱,但以高新技术产品为主的美国资本品(CAPITAL GOODS)制造业一直具有很强的国际市场竞争力,要素比较优势突出,这一产业部门的贸易差额直到2001年仍保持了156亿美元的顺差,2001年以后出现逆差,逆差规模从2002年的71.09亿美元递增到343.42亿美元,逆差规模有快速扩大趋势。

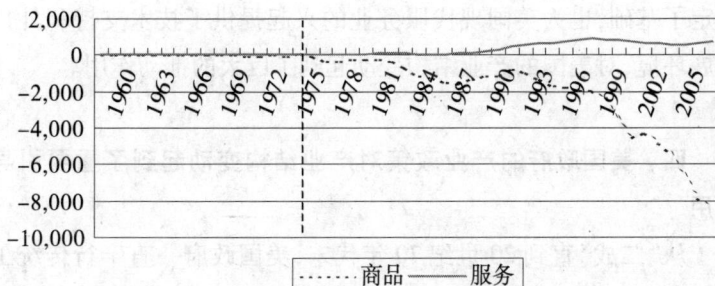

图8—61　1960—2005年美国商品和服务贸易差额的
变化情况（亿美元）

三、科技进步是美国产业结构变动的内在推动力

1947年以来，美国经济在日益严峻的国际竞争挑战下，能够比较迅速地实现产业结构的优化调整，关键在于美国拥有其他国家难以比拟的雄厚科技实力。第二次世界大战结束后，美国在许多重要的科技领域都取得了突破性的进展，并且依赖这些科技成果推动了整个工业的发展。据统计①，第二次世界大战后，资本主义国家的重大发明有65%的美国首先研制成功，并且75%是率先在美国得到应用。在20世纪50年代，美国即开始了以电子技术为先导，以原子能利用、电子计算机和航天技术发展为标志的第三次新科技革命，促进了重化工业结构向以加工、组装工业为重心的高附加值深加工结构转变。在20世纪70年代，美国又率先展开了以信息技术、生物技术为核心的第四次科技革命，这次技术革命为美国淘汰劳动与资本密集型产业、发展资本与技术密集型产业

---

① 数据来源：尚鸿：《80年代前后美国产业结构的调整及其影响》，载《国外社会科学情况》1997年第1期。

奠定了基础,也为美国现代服务业的兴起提供了技术支持和外部发展环境,对美国的产业结构变动起到了巨大的推动作用。

四、美国政府的产业政策对产业结构变动起到了重要引导作用

从"二战"直到 20 世纪 70 年代末,美国政府一直奉行传统工业政策,即:(1)国家重点扶持工业建设;(2)扩大基础设施的公共投资;(3)对衰老工业部门和企业提供补贴;(4)政府对外贸部门加强干预。这些政策对恢复经济、促进工业生产发展起到了积极的作用,使美国经济到 60 年代进入高度繁荣时期,工业化达到顶峰。

但进入 70 年代后,传统产业因国内需求相对饱和、国际市场竞争日趋激烈而陷入困境。为化解这一挑战,美国政府从 20 世纪 70 年代开始调整传统的产业政策,将产业政策的重点调整为:(1)大力发展高新技术产业,把传统产业转向计算机软硬件、信息传播与服务、生物工程、新材料等新兴产业,并在国际竞争中建立起新的优势;(2)利用高新技术改造传统产业,重新树立钢铁、汽车等传统工业的竞争优势;(3)通过跨国兼并与国内重组把更多的产业拓展为全球性产业。80 年代,美国政府实施了利用高新技术改造传统工业、加速开发经济不发达的西部和南部地区、扶植和资助新兴工业部门和传统工业部门的产业结构调整政策。90 年代,又在此基础上,重点实施"信息高速公路"计划,进一步推进以把竞争优势从传统产业转向高科技和信息产业为目标的产业结构调整政策,并在税收、外贸等方面给予扶持。可以肯定,1947 年以后美国经济之所以能够实现产业结构的成功调整,美国历届政府实施的各项产业政策起到了重要引导作用。

第八节　美国产业结构变动对我国
产业结构调整的启示

上述分析表明,产业结构的变动有其自身的发展规律,产业结构升级是国内外需求结构变化的结果,也是劳动力、资本和技术进步等生产要素优化配置、充分发挥要素比较优势的结果。从1947—2005 年美国产业结构变动的过程可以看到,调整产业结构,市场机制是基础,但正确的产业政策也具有重要的引导作用。目前我国经济正处于从工业化中期向中后期转化阶段,产业结构正处于从轻工业向重化工业和服务业转变的时期。同时,随着经济全球化进程的加快,新一轮的国际产业分工与产业转移正在兴起,国外制造业有向我国及其他新兴工业化国家和地区加快转移趋势。面对国内外产业结构调整的良好机遇,我国应抓住这一历史机遇,在借鉴各国产业结构调整经验的基础上,充分发挥市场机制的作用,制定科学的产业引导政策,加快我国产业结构升级的进程。

一、产业结构的优化调整必须与现阶段我国经济发展的水平相适应

美国产业结构之所以能够实现从劳动与资本密集型产业向资本技术密集型产业、从制造业为主导向现代服务业为主导的转换,最重要的因素是收入水平大幅度提高后,居民消费结构升级到以居住、高档耐用消费品和服务性消费为主的高消费阶段。但即使美国经济进入以服务业为主的消费型经济时代,以高新技术为核心的制造业仍是美国经济的基础部门,其增加值和对经济增长的

贡献仍高于单一的服务业行业。改革开放以来,我国经济规模持续扩大,人均收入水平大幅度提高,城乡居民消费结构也大幅度提升,但与发达国家相比,我国经济的发展水平仍然很低,2005 年我国三次产业占比为 12.46∶47.28∶40.26,仅相当于美国 1919—1929 年期间农业、工业和服务业 11.2∶41.3∶47.5 的水平,2005 年我国人均 GDP 只有 1800 美元,仅相当于美国人均 GDP 的 1/23。2005 年我国城镇居民的消费结构远落后于美国 1970 年时的水平,多数家庭处于从衣着和食品消费为主向以家电等普通耐用消费品为主的时期,少数家庭进入汽车消费阶段,住房消费还仅仅处于满足基本居住需求阶段,医疗卫生和教育支出占比大幅度提高,是因为社会保障水平过低引致的被动消费。目前我国农村居民的消费结构大约落后于城镇居民 8—10 年,大部分家庭仍处于以食品和衣着消费为主的初级阶段,只有经济相对发达的沿海农村地区部分农村家庭进入家电等普通耐用品消费阶段。因此,从目前我国经济发展阶段和居民消费水平与消费结构看,当前我国产业结构调整或提升的重点依然是制造业,未来 10—20 年产业结构升级的重点仍然集中在与电器、汽车和住房相关联的重化工业,相关服务业将较快发展,但不会成为替代制造业的主导产业。鉴于此,在产业结构调整中必须防止过度强调服务业的冒进倾向。

二、优化调整产业结构,必须充分发挥我国生产要素的国际比较优势

目前,我国经济的对外开放度很高,国内产业结构的调整必然受到国际市场竞争的影响。我国生产要素最重要的比较优势是劳动力资源丰富、劳动成本低,无论是低素质劳动力,还是高素质的科研人员,劳动成本均大幅度低于发达国家。正是由于劳动力成

本低的优势和投资环境优于其他发展中国家的条件,才形成了国外企业加工制造基地向我国转移的趋势,近年来多个跨国公司的科研中心也转移到我国。因此,我国进行产业结构优化调整,必须抓住新的国际产业分工和产业转移这一重要历史机遇,充分利用我国劳动力成本低、投资环境相对优越的条件,吸引国际跨国公司将生产基地和科研基地转移到我国,推进我国制造业及科研服务业的快速发展。

三、建立自主创新体系,增强自我创新能力

科技进步是产业结构升级的内在推动力量。国际跨国公司将部分科研机构转移到我国,多数是基础性和应用性技术,其核心技术是不会转移到中国的。从长远看,拥有尖端的核心技术是实现产业结构,特别是国内民族产业结构升级的基础。因此,要加快我国产业结构升级进程,为未来产业结构的长期持续升级提供技术基础,必须要增强自我创新能力,建立国家创新体系:(1)制定符合我国经济阶段性发展要求的技术创新战略。紧密结合国内外科技发展态势,制定符合中国国情的经济技术发展战略,确定战略性、前瞻性技术领域。通过选择不同时期的重点产业领域,选择与经济发展阶段相适应的创新战略,有针对性地加大科技创新力度,提高重点行业和重点领域的自主创新能力,并借此带动其他行业和领域自主创新能力的提高。(2)建立完善的科技创新扶持与服务机制。科技创新研究属于高风险投资,目前我国已设立了"863"计划、"火炬"计划、中小企业科技创新基金等多种扶持计划,对企事业的科技创新进行财政扶持,但资金投入规模有限,覆盖面很窄,大型科技项目的财政支持主要集中在国有企业,对民营企业的科技创新支持很少。从充分调动全社会科研力量、加快我

国科技创新步伐角度看,今后应进一步增加科技创新的财政投入,改革科技创新扶持机制,鼓励民间资本投资高科技领域,对面向技术创新的风险投资机构提供必要的政策与财政支持,建立面向全社会的技术创新政策扶持与服务体系。

四、完善社会保障体系,促进国内消费结构升级

消费结构升级是产业结构调整的基本需求拉动力量,特别是对大国而言,依靠出口产品结构升级实现国内产业结构全面调整,是十分困难的。美国产业结构的成功调整即主要依靠国内消费结构的升级。目前我国经济的对外贸易依存度很高,出口产品结构升级对国内产业结构调整具有主要促进作用,但随着出口规模的扩大,国际贸易摩擦大量增加,继续依靠出口拉动国内产业结构升级的空间日益缩小,未来产业结构升级必须大幅度转向依靠国内消费结构升级带动。近年来我国城乡居民消费结构升级缓慢,2000—2005 年期间我国城镇居民和农村居民消费结构仅提升了2.7 个百分点和3.6 个百分点,年均提升幅度只有 0.5 个百分点和0.72 个百分点,远低于 1990—2000 年期间年均 1.48 个百分点和0.97 个百分点的提升幅度。如果扣除医疗保健和教育支出占比的提升因素,2000—2005 年期间城乡居民的消费结构几乎没有提升。我们知道,提升消费结构的主要途径是提高居民收入水平,但改变消费支出预期同样能提升消费结构。近年来医疗保健和教育支出大幅度增加,2005 年两项支出占城镇居民和农村居民消费支出的比重分别高达 17.75% 和 19.35%,比以服务性消费为主的美国居民的医疗服务和教育支出的水平还高。我国居民这两项消费占比大幅度提高的主要原因,是我国社会保障体系不完善,医疗保障和义务教育的政府投入太少。从改善消费预期、

促进城乡居民消费结构提升角度看，扩大政府财政在城乡居民医疗保障和教育方面的投入，是促进我国产业结构调整的必要政策措施。

第九章　日本产业结构的
新变化及其影响

20 世纪 90 年代以来,随着经济全球化的迅猛发展,世界经济格局发生了巨大变化。日本作为战后后起的发达国家之一,由于泡沫经济崩溃和日元持续升值等因素的影响,面临新兴经济体的强大竞争压力,传统的出口导向型经济模式受到严峻挑战,经历了漫长的结构改革和调整时期。2000 年以后,日本经济形势出现转机,进入恢复性增长阶段,就业促进和能源节约战略也取得了实质性成果。这些成就除了国内市场化改革取得进展,国际市场需求增长等利好因素的影响之外,产业结构升级也起到了不容忽视的作用。因此,深入研究 20 世纪 90 年代以来日本产业结构的新变化及其特点对于我们了解全球化背景下日本产业结构调整的经验和教训,为中国经济的可持续发展和结构升级提供借鉴和参考具有十分重要的意义。

第一节　20 世纪 90 年代日本产业
结构的变化趋势

一、20 世纪 90 年代的日本经济形势

20 世纪 90 年代,随着经济泡沫的破灭,日本经济进入了漫长的调整时期,从国内生产总值(GDP)来看,1990—2000 年期间的

多数年份出现1%以下的零增长或负增长,平均增长仅为1.6%,远远低于1970—1980年和1980—1990年期间平均4.6%、4.0%的水平,也明显低于同时期其他发达国家的水平(参见表9—1)。

表9—1 发达国家的经济增长率比较

	实际GDP增长率(%)			人均GDP增长率(%)		
	1970—1980	1980—1990	1990—2000	1970—1980	1980—1990	1990—2000
日本	4.6	4.0	1.6	3.3	3.4	1.3
美国	3.2	3.2	3.3	2.1	2.3	2.0
英国	1.9	2.7	2.3	1.8	2.5	2.0
德国	2.7	2.2	2.4	2.6	2.0	2.1
法国	3.3	2.4	2.0	2.7	1.8	1.7

资料来源:OECD, *International Trade and Core Labour Standard* . 2000.
日本内阁府《经济财政白皮书2005》。

按照总需求结构分析,这一时期的显著特点是民间最终消费支出的年均增长速度比20世纪80年代明显下降,民间住宅和企业设备投资成为负增长,政府消费和公共固定资产形成增长加快,出口也保持了比较高的增长水平。由于不同的增长情况,导致各项需求对经济增长率的贡献发生了很大变化,民间最终消费虽然在总需求中的比重上升,但由于与80年代相比增长速度极为缓慢,对经济增长的拉动程度明显降低;民间企业设备投资负增长,该项对总需求的贡献率成为负值,造成GDP增长率下降;与民间需求相反,政府消费支出和公共固定资产形成对经济增长的贡献明显上升,出口增加在总需求增量中的比重也大幅度上升。因此,从总需求的角度来看,20世纪90年代日本经济增长主要依靠公共投资以及出口的带动,民间消费增速减缓和民间住宅、企业设备投资减少是导致经济增长率显著下降的主要因素。①

　　从波动趋势来看,1990—2000 年期间,日本先后经历了两次通货紧缩时期。第一次是 1992—1995 年,日本的物价持续下降;经济增长率大幅度降低,明显低于潜在的增长水平②,其中 1992—1993 年出现连续两年的零增长;货币供应量增长也降低到 1960 年以来的最低水平;具有明显的经济紧缩特征。第二次是 1998—1999 年,在经历了 1995 年下半年至 1997 年短暂的低通货膨胀时期之后,日本再次进入全面、持续的物价下降;金融机构贷款平均余额从 1997 年下半年开始减少,表现出明显的信用收缩趋势;日本经济在 1997 年再次出现零增长之后,1998 年进入战后最严重的衰退阶段。早在 1998 年 4 月,日本一些经济学家就曾经发出警告,认为"物价下降和经济衰退并存的通货紧缩已在日本出现"③。尽管日本政府当时对于这一现象的表述仅仅停留在"存在通货紧缩倾向"④的程度上,但实际的严重程度远远超过了 1991—1995 年期间的通货紧缩,给日本经济带来了巨大负面影响⑤。从原因来看,1991—1995 年的通货紧缩主要是由于周期性经济衰退和泡沫经济破灭的影响;1997—1999 年通货紧缩与 1991—1995 年期间有着明显区别。主要是政策性紧缩因素和金融机构不良资产因素的影响。

---

　　① 参见赵晋平:《日本通货紧缩研究》,国务院发展研究中心调研报告 2000 年 6 月 7 日。
　　② 参见日本经济企划厅编:《1995 年日本经济关键词》。
　　③ 参见:《日本经济新闻》1998 年 4 月 17—18 日连载《通货紧缩正在逼近》。
　　④ 参见日本经济企划厅 1998—1999 年公布的各期《日本政府月例经济报告》。
　　⑤ 参见赵晋平:《日本通货紧缩研究》,国务院发展研究中心调研报告,2000 年 6 月 7 日。

随着亚洲地区经济的复苏以及世界经济形势好转,在出口、居民住宅投资和公共资产形成增长的带动下,2000 年日本经济出现回升迹象。年度 GDP 增长率达到 2.9%,物价下降幅度明显缩小,通货紧缩压力有所缓和,长期低迷的证券市场业表现出上升趋势。从这一时期开始,日本经济进入了新一轮平稳发展阶段,为产业结构调整提供了新的机会。

二、20 世纪 90 年代主要产业的增长趋势

在 20 世纪 90 年代日本经济持续低迷的背景下,不同产业的增长形势差异明显扩大。首先,从三次产业来看,1990—2000 年期间,第三产业的年均增长速度虽然低于 70 年代和 80 年代,但是仍然保持了年均 2.5% 的增长速度,是拉动 GDP 总体实现增长的积极因素。但是,同期第一产业和第二产业的年均增长速度均为负增长,成为造成总体增长水平明显降低的主要影响因素。

根据 1990—2000 年期间的增长形势,日本的主要产业可以划分为以下几种类型。第一类是增长快于 80 年代或 90 年代平均水平的产业,主要包括政府服务业和运输电信业;政府服务业1990—2000 年期间年均增长速度达到 2.3%,虽然低于 70 年代,但高于 80 年代的平均增长水平。这一结果和日本 90 年代曾经通过扩大公共投资和政府消费带动投资与消费的扩张性政策存在一定的因果关系。另一个是运输电信业,90 年代的年均增长速度达到 2.4%,虽然水平低于 80 年代水平,但是略高于 70 年代年均2.3% 的增长水平。这与 90 年代以来全球范围内 IT 产业带动下快速发展的信息化趋势有着直接的关系。第二类是增长幅度明显回落,但是仍然保持了高于经济总体增长水平的产业。包括电力水热供应业、批发零售业、金融保险业、房地产业、服务业等,其中

多数属于第三产业。第三类是增长速度明显低于总体平均水平、甚至出现负增长的产业。主要是农业、矿业、制造业和建筑业等（见表9—3）。

表9—2　三次产业不同时期的年均增长速度（％）

	1970—1980	1980—1990	1990—2000
合计	4.6	4.0	1.6
第一产业	－0.2	1.4	－3.4
第二产业	3.9	4.4	－0.1
第三产业	5.5	4.2	2.5

资料来源：根据日本内阁府《国民经济计算报告》数据计算。

表9—3　主要行业的增长形势

	1970—1980	1980—1990	1990—2000
产业部门合计	4.7	4.4	1.5
农业	－0.2	1.4	－3.4
矿业	1.9	－2.3	－4.4
制造业	4.4	4.9	1
建筑业	2.9	3.4	－2.9
电力水热供应	6.4	3.2	2.3
批发零售商业	8.6	4.5	2.6
金融保险业	9.8	8.5	3
房地产业	6.3	3.9	2
运输电信业	2.3	4.3	2.4
服务业	4.3	4.3	2.8
政府服务	4.2	1.6	2.3
民间非营利服务	5.6	3.7	2.5

资料来源：同表9—2。

表9—4　90年代产业结构的变化

	部门与产业结构(%)			比重变化	
	1980	1990	2000	80年代	90年代
产业部门合计	90.1	90.6	89.9	0.5	-0.7
农业	3.6	2.5	1.5	-1.1	-1.0
矿业	0.5	0.3	0.2	-0.2	-0.1
制造业	28.2	23.6	22.3	-4.6	-1.3
建筑业	9.0	10.3	6.6	1.3	-3.7
电力水热供应	2.6	2.6	2.8	0.0	0.2
批发零售商业	14.8	12.0	13.3	-2.8	1.3
金融保险业	5.0	5.2	6.0	0.2	0.8
房地产业	9.1	11.1	11.6	2.0	0.5
运输电信业	5.9	6.5	7.0	0.6	0.5
服务业	11.3	16.5	18.7	5.2	2.2
政府服务	8.2	7.9	8.5	-0.3	0.6
民间非营利服务	1.7	1.5	1.6	-0.2	0.1
合计	100.0	100.0	100.0	0.0	0.0

资料来源:(日本)大木博已《日本的产业结构与东亚贸易发展》。

三、20世纪90年代日本产业结构的变化

2000年,在日本按照大类分组的行业中,制造业、服务业和批发零售商业、房地产业的增加值所占比重最高,合计占全部增加值的45.9%。2000年各主要产业的比重与1990年比较,可以说明90年代产业结构变化的趋势和特点。第一,在全部GDP中比重上升幅度最大的行业是服务业、批发零售、金融保险、政府服务、房

地产、运输通讯等行业,全部属于第三产业,表明这一时期结构变化的主要特点是第三产业的地位明显上升。第二,制造业、农业、建筑业、矿业等行业的比重有所下降,其中建筑业的下降幅度达到3.7%,在所有行业中下降幅度最大,其次是制造业。说明90年代日本泡沫经济破灭后,民间建筑投资,尤其是住宅建设投资一蹶不振,成为制约经济增长的主要因素之一。制造业也因为国内消费需求收缩和出口增长放缓等因素的影响面临调整压力。第三,政府服务和居民非营利服务、电力煤气供应等公共服务类行业的比重有所上升,说明在通货紧缩条件下,民间产业部门的经济活动增长缓慢,地位相对下降;公共支出在经济增长中的作用有所加强。90年代与80年代比较,最大的区别也在于此。

从以上特点可以看出,进入90年代,在经济持续低迷的背景下,日本的民间产业部门增长放缓,公共支出对经济增长的带动作用提高;制造业大国地位逐渐发生了变化,传统产业的竞争力面临挑战和竞争压力,服务业的地位明显上升,经济转型的趋势加快。

第二节　2000年以来日本产业结构变化的新特点

一、2000年以来的日本经济形势

在经历了亚洲金融危机和两次通货紧缩的冲击之后,2000年以来,日本经济重新进入了恢复性增长阶段。截止到2005年日本的GDP已经连续6年实现增长,年均增长速度达到1.5%,其中2000年、2004—2005年的三年中实际增长速度都在2%以上。

表9—5 2000—2005年日本GDP增长因素

	GDP 实际增长率（%）	外部需求			民间最终消费	企业设备投资	其他
		出口	进口	海外净需求			
2000	2.9	1.3	-0.7	0.6	0.6	1.1	0.6
2001	0.4	-0.7	-0.1	-0.8	0.8	0.2	0.2
2002	0.1	0.8	-0.1	0.7	0.6	-0.8	-0.4
2003	1.8	1	-0.4	0.6	0.3	0.8	0.1
2004	2.3	1.7	-0.9	0.8	1.1	0.7	-0.3
2005	2.6	0.9	-0.7	0.2	1.2	1.1	0.1

资料来源：日本内阁府《国民经济核算报告》。

这一时期拉动日本经济稳定增长的因素，从总需求的角度来看，主要是出口、民间最终消费支出、企业设备投资三大因素。2000—2005年期间，日本的货物和服务出口年均增长速度达到6.9%。除2001年之外，其他各年拉动GDP增长都在0.7个百分点以上，2004年最高达到1.7个百分点，即使减去进口因素，海外净需求仍然在5年中保持0.2—6.8个百分点的拉动效果。[①] 同期日本的民间最终消费支出拉动GDP增长在0.3—1.2之间；企业设备投资则除2002年之外，在5年中达到0.2—1.1个百分点。以上数据表明，2000—2005年，市场需求成为带动日本经济增长的主要因素，这与90年代主要依靠公共投资和消费带动增长的模式存在很大区别，说明这一时期日本经济已经进入了自发性增长阶段。

---

① 参见日本内阁府：《国民经济核算报告》。

二、2000 年以来各产业的增长形势

2000—2005 年期间,日本的第一产业增加值继续下降,年均下降速度达 1.7% ;比 1995—2000 年略有缩小;第二产业年均增长速度为 0.9% ,低于 1995—2000 年平均水平;第三产业增加值增长最快,年均 1.8% ,同比基本持平。总体看,三次产业增长格局与 90 年代后半期基本相同(见表 9—6)。

表 9—6 　 2000 年以来日本三次产业增长及其结构变化

	年均增长(%)		结构(%)			比重增减百分点	
	1995—2000	2000—2005	1995	2000	2005	2000—1995	2005—2000
合计	1.5	1.5	100.0	100.0	100.0	0.0	0.0
第一产业	-2.3	-1.7	2.1	1.8	1.5	-0.4	-0.3
第二产业	1.0	0.9	30.3	29.7	28.8	-0.7	-0.8
第三产业	1.8	1.8	67.5	68.5	69.7	1.0	1.1

资料来源:日本内阁府《国民经济核算报告》。

分部门来看,民间产业部门增加值年均增长了 1.5% ,比 1995—2000 年提高 0.1 个百分点(见表 9—7),其中服务业、金融保险、电力水天然气、制造业、运输通信等行业增加值增长高于平均水平。值得注意的是,服务业、金融保险等第三产业增长延续了 90 年代以来的相对较快增长趋势,但是制造业增长形势与 90 年代相比明显好转。这与同期日本出口增长带动下的经济增长模式密切相关。此外,房地产、批发零售商业的增长速度低于平均水平;矿业、农林水产业和建筑业继续保持了 90 年代以来的下降趋势,表明比较优势原理作用下的产业结构调整仍然在持续。政府服务部

门和民间非营利服务分别出现零增长和大幅度下降,一方面说明这一时期民间需求带动下的经济增长特征;另一方面也是日本加快以精简机构为目标的行政和民间非营利机构改革带来的结果。

表9—7 日本主要行业的增长形势及其结构变化

	年均增长(%)		结构(%)			比重增减百分点	
	1995—2000	2000—2005	1995	2000	2005	2000—1995	2005—2000
1 产业	1.4	1.5	93.7	93.3	93.3	-0.4	0.0
农林水产业	-2.3	-1.7	2.1	1.8	1.5	-0.4	-0.3
矿业	1.7	-1.3	0.1	0.1	0.1	0.0	0.0
制造业	2.0	1.9	21.6	22.2	22.6	0.6	0.4
建筑业	-1.6	-2.3	8.6	7.4	6.1	-1.2	-1.3
电力水天然气	3.0	2.4	2.5	2.7	2.8	0.2	0.1
批发零售商业	-0.8	0.1	15.8	14.1	13.2	-1.7	-0.9
金融保险	1.8	2.7	6.0	6.1	6.4	0.1	0.4
房地产	1.6	1.1	11.5	11.5	11.3	0.1	-0.2
运输通信	1.7	1.7	6.9	6.9	7.0	0.1	0.1
服务业	3.4	3.1	18.7	20.5	22.2	1.8	1.7
2 政府服务生产者	2.6	1.6	8.6	9.1	9.2	0.5	0.0
3 居民非营利服务生产者	0.5	-9.7	1.9	1.8	1.0	-0.1	-0.8
合计	1.47	1.46	100.0	100.0	100.0	0.0	0.0

资料来源:日本内阁府《国民经济核算报告》。

制造业中,电气机械、运输设备、普通机械三个日本最具比较优势的行业,在2000—2005年期间的年均增长速度都超过了制造业平均水平;非金属材料、食品、造纸、金属、其他制造业、金属制品、石油煤炭制品和纺织等行业出现不同程度的下降,其中纺织和食品属于典型的劳动密集型产品生产领域,在进口增长背景下的国内产出下降是正常的。化工、精密机械等同期接近零增长,都比90年代后半期平均水平有所降低(见表9—8)。

表9—8　2000年以来日本制造业的结构变化

	年均增长(%)		结构(%)			比重增减百分点	
	1995—2000	2000—2005	1995	2000	2005	2000—1995	2005—2000
食品	-2.0	-0.7	15.8	12.9	11.4	-2.9	-1.6
纺织	-6.4	-6.0	1.5	1.0	0.6	-0.5	-0.3
造纸	-0.4	-1.0	3.3	2.9	2.5	-0.4	-0.4
化工	1.2	0.4	8.6	8.3	7.7	-0.3	-0.6
石油煤炭制品	2.7	-5.6	4.6	4.8	3.3	0.2	-1.5
非金属材料	-1.1	-0.5	4.0	3.4	3.0	-0.6	-0.4
金属	-0.6	-1.2	7.6	6.7	5.7	-0.9	-0.9
金属制品	-2.0	-5.4	6.6	5.4	3.7	-1.2	-1.7
普通机械	-1.0	2.2	12.0	10.3	10.5	-1.7	0.2
电气机械	11.5	9.8	11.6	18.0	26.2	6.4	8.2
运输设备	2.0	5.2	9.8	9.8	11.5	0.0	1.7
精密机械	0.9	-0.2	1.6	1.5	1.4	-0.1	-0.1
其他制造业	-1.6	-1.8	17.9	15.0	12.5	-3.0	-2.5
制造业计	2.0	1.9	100.0	100.0	100.0	0.0	0.0

资料来源:日本内阁府《国民经济核算报告》。

三、2000年以来日本产业结构的变化

在不同增长能力的影响下,2005年日本三次产业结构发生了较大变化,一是第三产业增加值在全部GDP的比重进一步上升到

69.7%，提升幅度超过了1995—2000年期间；二是第一产业的比重继续下降，下降幅度有所缩小，在全部GDP中的份额已经降低到1.5%；三是第二产业增加值所占比重下降，并且下降幅度有所加快，2005年降低到了28.8%（见表9—6）。

按照行业增加值占GDP比重衡量，制造业、服务业、批发零售商业、房地产业属于日本经济中的四大支柱产业，增加值比重都在10%以上，其中制造业和服务业分别达到22.6%和22.2%。但值得注意的是，由于服务业增长加快，制造业与服务业的差距正在缩小；2005年，服务业的比重比2000年上升了1.7个百分点，但制造业仅提高了0.4个百分点。运输通信、金融保险和建筑业也是比较重要的行业，在日本经济中的比重为7%左右，其中运输通信、金融保险属于成长型行业，2005年的比重同比都有所提高；建筑业则已经是连续两个时期的下降。电力、农业、矿业在全部产业中的地位相对较低，其中农业增加值的比重连续下降。此外，政府服务生产者创造的增加值大约占GDP的9.2%，仅次于四大支柱产业，但2005年的比重并没有发生变化；相反，占全部GDP仅1%左右的非营利居民服务业的比重出现连续下降（见表9—7）。

在全部制造业中，电气机械、运输设备、食品、普通机械等行业的增加值所占比重都在10%以上，属于制造业中的支柱产业，其中电气机械、运输设备的比重分别达到26.2%、12.5%。化工、金属及其金属制品等材料工业也是日本制造业中的重要产业，比重达到8%左右。其他如造纸、非金属材料、石油制品、精密仪器、纺织等行业在制造业中的地位相对较低。如果将增长快于平均水平，比重有所上升的行业看做成长型行业，最具成长性的制造业行业是电气机械、运输设备和普通机械，三个行业增加值比重2005年分别上升了8.2、1.7和0.2个百分点。食品、金属制品和石油煤炭制品业则属于比重下降,成长性表现较差的行业(见表9—8)。

综合来看,2000—2005 年期间,日本产业结构变化的特点主要表现在以下几个方面:一是服务业、运输通信、金融保险等行业作为重要服务产业,具有持续增长的潜力,在国民经济中的地位明显上升,并带动整个第三产业比重提高到占 GDP 近 7 成的水平;二是受益于国际国内市场需求增长,制造业作为国民经济支柱产业之一的地位在这一时期有所上升,但成长潜力低于第三产业中的服务业,今后有可能失去第一大支柱产业的地位;三是电气机械、运输设备、普通机械作为制造业中支柱产业的地位进一步加强,也是这一时期最具成长性的行业,对制造业保持国民经济支柱产业地位发挥了重要作用。四是目前仍然以巨大产业规模为背景高居支柱产业地位的批发零售商业、食品等传统行业,由于比较优势的变化,正在面临结构调整的压力,产业成长性表现不佳。总之,第三产业作为经济增长中心的地位进一步加强,以机械设备类行业为代表的制造业振兴是 2000—2005 年期间日本产业结构变化最为突出的特点。

第三节　日本产业结构变化的原因

一、市场竞争因素的影响

一般来说,影响产业结构变化的国内市场因素很多,其中市场开放背景下相对比较优势的变化发挥着十分重要的作用。一方面,经济发展水平提高,会带来了雇员报酬的明显上升,再加上劳动时间缩短,汇率升值等因素的影响,传统产品的出口成本提高,产业竞争力下降,导致传统出口行业生产萎缩,并波及上游产业和服务业,产业结构会发生相应的变化。另一方面,由于经济全球化的影响,贸易自由化进程加快,市场开放程度不断提高,比较优势原理下的市场竞争日趋激烈,来自国外的大量廉价商品也会对失去比较优势的国内产业造成冲击,并带来产业结构调整压力。

从日本的经验来看,20世纪80年代以来,企业员工的实际劳动时间逐渐缩短,由1980年的2085小时减少到2000年的1852小时;劳动力的平均工资水平明显提高,按照日元计算的年度报酬额由1980年的327万日元,提高到2000年的506万日元;由于同期日元兑美元汇率大幅度上升,按照美元计算的年度报酬额增加了3.26万美元,比1980年提高了2.3倍;如果将劳动时间减少因素考虑在内,日本同期人工成本实际上升了2.7倍,货物和服务出口受到影响,许多出口型制造业和服务业生产增长放缓,甚至出现负增长,并对相关产业需求带来制约。80年代以来日本的市场开放程度已经很高,1980年的实际关税负担率已经降低到2.5%,在日元快速升值因素的影响下,货物和服务进口持续上升,也在很大程度上挤压了国内生产,并带来了结构调整压力。1990—2000年期间,第一和第二产业增加值负增长和比重下降,实际上与上述因素的影响有着直接的关系。

表9—9　日本劳动力成本的变化

	年度实际劳动时间(小时)	雇员年度平均报酬		每小时平均报酬(美元)	日元汇率(/美元)	制成品进口比率(%)
		(万日元)	(万美元)			
1980	2085	327	1.44	6.92	226.45	22.8
1990	2031	470	3.25	15.98	144.88	50.3
2000	1852	506	4.70	25.35	107.79	61.1
2005	1829	480	4.36	23.82	110.16	58.5

资料来源:日本内阁府《2006年经济财政白皮书》。

　　值得注意的是,2000—2005 年期间,日本的制造业增长略有加快,比重比 90 年代平均水平提高了 0.4 个百分点,在很大程度上是面向中国等出口增长的带动。当然这与日本制造业产品,尤其是运输设备、电子设备的技术升级和新产品开发存在一定的因果关系。但从表 9—9 中也可以看出,2005 年,日本按照日元和美元计算的雇员工资水平与 2000 年比较都是下降的,而且日元兑美元汇率贬值 2.2%。这些因素导致日本单位时间的劳动成本下降6.0%,明显有利于提高制造业和服务业出口的扩大,也有利于在一定程度上抑制进口过快增长(如 2005 年制成品进口比率比2000 年降低 2.6 个百分点),最终刺激国内相关产业的生产扩张,促进制造业和出口型服务业地位的上升。

表 9—10　东亚主要城市工资水平比较

	熟练工人		技术人员		中层管理人员	
	2000	2005	2000	2005	2000	2005
首尔	35.1	58.3	20.1	45.1	25.8	56.5
上海	8.1	10.1	9.5	13.3	7.3	32.9
香港	44	76.4	36.9	59.8	57.1	116.3
台北	26.8	54.2	27.6	57.5	29.5	67.3
新加坡	15.5	20.2	27.1	37.3	34.7	68.2
曼谷	5.1	4.9	6.9	7.1	10.4	12.6
河内	3.1	5.5	5.7	8.6	7.8	14.3
新德里	4.6	8	5	11.1	15.6	26.4
孟买	4.8	7.8	7.7	14.5	14.7	28.5
横滨	100	100	100	100	100	100

资料来源:日本贸易振兴机构《2006 年贸易投资白皮书》。

2000—2005 年期间,日本不仅绝对工资水平是下降的,与其他国家比较的相对工资水平也出现明显下降。如根据日本横滨与东亚地区主要城市工资水平的比较可以看到,日本的熟练工人、技术人员和中层管理人员的平均工资虽然仍然普遍高于东亚地区其他主要城市,但是与这些城市平均工资水平的差距普遍明显缩小。

这些分析说明劳工成本和汇率变化是影响产业结构变化的重要影响因素之一。随后还可以通过日本贸易结构的变化进一步验证这一点。除此之外,消费结构的变化对产业结构会产生直接的影响。汽车需求和数字电器市场需求的持续扩大,是 20 世纪 90 年代以来居民消费的主要增长点,对带动运输设备、电子制造业和运输通信等服务业较快增长产生了积极作用。

二、日本贸易结构变动对产业结构的影响

随着相对比较优势和市场需求的变化,贸易结构会发生相应的变化。这种变化必然导致不同产业的增长趋势出现差异,并造成产业结构的变化。因此,贸易结构是影响产业结构变化的重要因素之一,尤其是对于贸易依存度相对较高的日本来说,这种影响更为直接和明显。

(一)出口结构变化

2005 年的日本出口商品结构具有以下特点:一是机械设备等技术密集型商品占有绝对地位,其中运输设备所占比重最高,达到 23.2%,其次是电气机械、普通机械,比重都在 20% 以上;如果将精密仪器计算在内,这些商品在全部出口中的比重高达 69.6%,充分表现了日本作为机械出口大国的地位。二是工业生产的基础材料型商品在日本的出口中占比较重要的地位。如化工制品、金属制品等商品的比重分别达到 8.9% 和 7.3%,将非金属材料计算

在内,合计达 17.8%。这些商品一般来自资本投入规模大、规模效益比较明的产业,说明日本在资金密集型材料工业品出口中仍然具有较强的优势。三是资源型或劳动密集型商品在出口中的比重很低。如食品仅占 0.5%,纺织品也只有 1.4%。这些特点反映了日本现阶段的相对比较优势。

表 9—11　日本出口结构的变化

	出口商品结构(%)				结构变化(百分点)		
	1990	1995	2000	2005	1990—1995	1995—2000	2000—2005
合计	100.0	100.0	100.0	100.0	0.0	0.0	0.0
食品	0.6	0.5	0.4	0.5	−0.1	0.0	0.0
纺织品	2.5	2.0	1.8	1.4	−0.5	−0.2	−0.4
化工制品	5.5	6.8	7.4	8.9	1.3	0.6	1.5
非金属材料	1.1	1.2	1.2	1.2	0.1	−0.1	0.0
金属及制品	6.8	6.5	5.5	7.3	−0.3	−1.0	1.8
普通机械	22.1	24.1	21.5	20.4	2.0	−2.6	−1.1
电气机械	23.0	25.6	26.5	22.1	2.7	0.8	−4.3
运输设备	25.0	20.3	21.0	23.2	−4.7	0.7	2.2
精密仪器	4.8	4.7	5.4	3.9	−0.1	0.7	−1.4
其他	8.5	8.2	9.5	11.2	−0.2	1.2	1.7

资料来源:根据日本财务省对外贸易统计计算。

表 9—12　日本商品出口增长速度

	出口年均增长速度(%)			相对指数(出口增长速度/平均)		
	1990—1995	1995—2000	2000—2005	1990—1995	1995—2000	2000—2005
合计	54.4	8.5	24.4	1.000	1.000	1.000
食品	29.3	−0.9	37.2	0.838	0.913	1.102

	出口年均增长速度(%)			相对指数(出口增长速度/平均)		
	1990 —1995	1995 —2000	2000 —2005	1990 —1995	1995 —2000	2000 —2005
纺织品	24.3	-4.8	-1.6	0.805	0.877	0.791
化工制品	90.2	17.3	50.5	1.232	1.081	1.209
非金属材料	70.2	1.9	24.1	1.103	0.939	0.997
金属及制品	47.2	-7.8	64.0	0.954	0.849	1.318
普通机械	68.1	-3.3	18.0	1.089	0.891	0.948
电气机械	72.3	12.0	4.1	1.116	1.032	0.837
运输设备	25.1	12.2	37.4	0.811	1.034	1.104
精密仪器	49.7	24.3	-8.7	0.970	1.145	0.733
其他	49.8	24.5	47.2	0.971	1.147	1.183

资料来源:根据日本财务省对外贸易统计计算。

　　2000—2005 年期间,各种商品的出口增长形势存在很大差别。相对增长较快的商品依次是金属及制品、化工制品、其他、运输设备和食品;非金属材料、普通机械、电气机械等也实现了稳定增长,但增长水平低于平均水平。出现负增长的只有纺织品和精密仪器。与1995—2000 年相比,这一时期的增长趋势有了明显改善,平均增长水平显著上升,多数商品或由负增长转为正增长,或增长幅度明显提高,仅有精密仪器增长形势是恶化的。受不同商品增长形势的影响,上述三大类商品的出口结构发生较大变化。首先,机械设备类商品的出口比重表现略有差异,运输设备保持上升;普通机械和电气机械、精密仪器有一定波动;但是并未改变总体上的优势地位。其次,基础材料类商品虽然有一定差异,但总体是上升的,在出口中的地位有所提高;资源型和劳动密集型商品基本上是下降趋势。

由此可见,2000—2005年出口结构变化的主要特征是技术密集型商品保持优势地位;基础材料类商品出口地位上升,资源型和劳动密集型商品出口地位继续下降。

(二)进口商品结构的变化

2005年,日本进口商品中机械设备、矿物燃料所占比重最高;分别达到20%以上;其次是食品、其他、化工制品、原料、纺织品等。按照类别来看,资源型、劳动密集型商品合计比重达到47.5%;基础材料类为14%;技术密集型商品占29.5%。这种结构符合日本比较优势的基本特征。

2000—2005年期间,日本进口增长最快的是矿物燃料,年均增长速度达到70.8%;此外,金属及制品、化工制品的进口增长速度也明显高于平均水平;其他如纺织品、机械设备、非金属材料、其他等均实现了不同程度的增长。受不同增长形势的影响,进口商品结构的动态变化比较明显,一是矿物燃料所占比重明显提高;二是化工制品、金属及制品等基础材料类商品的比重先降后升;三是机械设备、纺织品、非金属材料、其他等商品的比重下降。但是,矿物燃料是日本对外依赖程度很深的资源型商品,其快速增长既有进口数量增长因素的拉动,也包括了石油天然气价格上涨因素的影响,并不存在进口对国内生产的可能替代效果。其他商品比重的变化可能对国内产业结构产生直接影响。

总体来看,进口结构变化的基本特点是食品和纺织品等劳动密集型商品进口地位下降;化工、金属及制品等基础材料型商品进口地位略有上升;机械设备等技术密集型商品进口比重比2000年略有下降,但是与1990和1995年相比明显上升。

表9—13　日本的进口增长及其结构

	年均增长速度(%)			进口结构(%)			
	1990—1995	1995—2000	2000—2005	1990	1995	2000	2005
食品	62.0	-9.6	9.6	13.4	15.2	12.1	9.8
原料	15.8	-25.3	29.8	12.1	9.8	6.5	6.2
矿物燃料	-5.9	44.9	70.8	24.2	15.9	20.3	25.5
纺织品	91.6	0.3	15.0	5.5	7.3	6.5	5.5
化工制品	53.6	7.8	48.4	6.8	7.3	7.0	7.6
非金属材料	15.9	-20.1	18.0	2.3	1.9	1.3	1.1
金属及制品	23.0	-8.9	49.7	6.9	5.9	4.8	5.3
机械设备	107.9	41.6	27.4	17.4	25.3	31.6	29.5
其他	43.3	-0.2	30.1	11.4	11.4	10.0	9.6
合计	43.1	13.4	36.1	100.0	100.0	100.0	100.0

资料来源:根据日本财务省对外贸易统计计算。

(三)贸易竞争力的变化

长期的贸易顺差是商品竞争力的表现之一,因此,从理论上讲可以利用净出口除以进出口额计算的特化系数来衡量贸易竞争力水平的变化。根据日本海关统计计算,1990—2005 年,食品、纺织品两类商品的特化系数是负值,表明这两种商品是没有竞争力的,属于日本的比较劣势商品。机械设备是日本的比较优势商品,长期保持较高的特化系数,但是这种优势也在缓慢缩小。化工制品、非金属材料、金属及制品等商品虽然优势并不十分明显,但保持了上升趋势,表明竞争力正在缓慢提高。

表 9—14　分商品贸易竞争力的变化

	1990	1995	2000	2005
食品	-90.1	-92	-91.3	-89.2
纺织品	-28	-46.6	-48.6	-54.3
化工制品	-0.5	10.1	14.2	14.9
非金属矿物	-25	-6.3	5.9	8.4
金属制品	9.3	18.1	18.6	23
机械	68.1	59.1	49.6	46.2
其他	-4.6	-2.4	8.7	14.7
合计	10	13.7	11.6	7.1

资料来源:根据日本财务省对外贸易统计计算。

(四)贸易结构变化对产业结构的影响

综合以上分析,特化系数大于0、出口增长较快,并且在出口中比重占有优势地位或出现上升的商品,如普通机械、电气机械、运输设备、化工制品、金属及制品、非金属材料等出口需求上升,必然为相关产业创造大量的市场机会和增长空间。这些产业在产业结构中的比重相会应提高。但从同期产业结构的实际变动来看,普通机械、电气机械、运输设备等行业的增加值比重确实有所提高,体现了市场需求扩大,尤其是外需增长对产业发展的促进效果。但是,化工制品、非金属材料和金属及制品的比重出现下降。这主要是由于国内需求减少所致,出口竞争力的提升和外需增加在一定程度上缓解了相关产业的下降幅度。

对于具有相对比较劣势的商品,由于出口需求的减少和进口的快速增加,必然导致国内相关产业出现萎缩,在 GDP 中的比重有所下降。2000—2005 年,作为比较劣势商品的食品、纺织品仍然保持了较大规模的净进口,对相关产业国内生产比重降低起到一定作用。

表 9—15　日本贸易收支的变化

	各项收支占经常收支的比重(%)				比前期增减金额(亿日元)			
	经常收支	贸易收支	货物贸易收支	服务贸易收支	经常收支	贸易收支	货物贸易收支	服务贸易收支
1985—1989	100.0	83.5	112.1	-28.5				
1990—1994	100.0	72.4	119.1	-46.8	6386	-59359	48021	-107375
1995—1999	100.0	56.1	110.2	-54.1	-424	-94611	-52149	-42466
2000—2004	100.0	49.5	82.4	-32.9	141994	32274	-43703	75976

资料来源:根据日本财务省国际收支统计计算。

另一方面,如果说货物贸易收支更多反映了制造业的国际竞争力,那么服务贸易收支能够在一定程度上表现服务业的国际竞争力。国际收支统计表明,日本的货物贸易收支长期保持顺差,是经常收支顺差的主要来源,而服务贸易收支始终是逆差,成为经常收支顺差的冲销因素,表明总体来看,服务业的国际竞争力比较弱,制造业的国际竞争力很强。但是动态来看,货物贸易的顺差规模逐步缩小,服务贸易的逆差规模也在逐步缩小。这说明服务业的国际竞争力处于逐步上升的阶段。通过增加外需对于第三产业的扩大起到了积极作用。这也是第三产业比重有所上升的影响因素之一。

三、产业结构变动与对外直接投资的关系

日本的大规模海外直接投资,主要是从 20 世纪 70 年代开始,初期主要集中在一些劳动密集型制造业领域。20 世纪 80 年代,随着日元升值的加快,海外投资进入了快速扩张阶段,年均增长速

度达到25.2%,比70年代高出5个百分点,投资总规模也扩大了近7倍,达到2221亿美元。分产业来看,这一时期海外生产扩张的突出特点一是三次产业全面增长,二是第二产业比重大幅度下降,三是第三产业增长最快,并且成为对外投资的主导产业。但进入90年代以后,随着日本经济泡沫的破灭,企业对外扩张能力受到严重制约,海外直接投资明显放缓;此外,第一和第三产业投资减少;第二产业在海外转移中的地位相对上升。2000—2004年期间,日本的对外投资年均增长速度转为负增长,其中第一和第三产业的下降幅度进一步扩大;海外投资的产业结构则保持了90年代以来的基本特点。

表9—16　日本对外直接投资的产业结构

	对外投资额(亿美元)			产业转移结构(%)			年均增长(%)		
	80年代	90年代	2000—2004	80年代	90年代	2000—2004	80年代	90年代	2000—2004
合计	2221	4718	1898	100.0	100.0	100.0	25.2	1.9	-7.7
第一产业	10	21	5	0.5	0.4	0.3	6.6	-6.5	-21.0
第二产业	657	1917	770	29.6	40.6	40.5	15.6	10.9	6.5
第三产业	1554	2781	1124	69.9	58.9	59.2	32.6	-5.5	-14.5

资料来源:根据日本财务省对外投资统计计算。

　　制造业是日本海外直接投资的主要产业,80年代以来始终保持了增长趋势,从年均增长水平来看,80年代增长最快;90年代以来则逐渐放缓。其中90年代以后持续增长的行业主要是运输设备、金属、食品制造业等;连续下降的是纺织、造纸、机械等传统制造业;电气机械、化工等出现一定的波动。

表9—17　日本制造业对外直接投资的结构变化

	对外投资额(亿美元)			产业转移结构(%)			年均增长(%)		
	80年代	90年代	2000—2004	80年代	90年代	2000—2004	80年代	90年代	2000—2004
制造业	553	1760	706	100.0	100.0	100.0	24.3	11.8	4.0
食品	27	224	28	4.9	12.8	4.0	27.9	38.0	43.2
纺织	17	62	10	3.0	3.5	1.4	21.6	-10.9	-6.2
木材纸浆	20	37	13	3.6	2.1	1.8	26.9	-10.2	-5.9
化工	63	215	136	11.5	12.2	19.3	28.0	-3.0	16.4
金属	71	127	45	12.9	7.2	6.4	13.2	3.8	17.1
机械	57	130	60	10.3	7.4	8.5	26.8	-4.1	-5.9
电气机械	134	536	179	24.3	30.4	25.3	28.3	12.5	-9.6
运输设备	82	232	190	14.9	13.2	26.9	19.7	11.0	3.5
其他	81	197	46	14.7	11.2	6.4	30.9	4.2	-4.3

资料来源:同表9—16。

制造业的海外直接投资可以分为四类,一是运输设备、金属、化工等属于具有比较优势的海外市场扩张型投资,在全部制造业对外投资中的地位明显上升,今后具有继续增长的空间和潜力;二是以IT为代表的电气电子行业等零部件跨境分工生产型行业,产业内贸易程度很高,对外投资在90年代进入高潮,目前进入了调整阶段,但是随着新技术的不断开发和应用,今后仍然具有增长的空间和潜力;三是纺织、造纸、机械等生产基地转移型传统制造业,大规模海外产业转移在90年代以前已经基本结束,90年代以后在制造业投资中的地位有所下降,海外投资的持续增长能力比较有限;四是食品制造业等比较劣势行业，由于上游或同类产品的海外进口增多，国内市场面临严峻竞争形势，被迫加大了海外生产转移的力度，并有可能持续较长时期。

表9—18　日本主要行业的对外直接投资

	产业转移结构（%）				年均增长（%）			
	70年代	80年代	90年代	2000—2004	70年代	80年代	90年代	2000—2004
农业	2.7	0.5	0.4	0.3	13.7	6.6	−6.5	−21.0
矿业	20.2	3.9	2.6	2.9	13.1	−7.5	−4.0	32.1
制造业	35.2	24.9	37.3	37.2	21.8	24.3	11.8	4.0
建筑	1.1	0.8	0.8	0.4	32.2	23.6	−5.4	32.6
商业	15.0	9.3	10.0	8.6	20.6	17.9	−4.3	−15.2
金融保险	6.1	24.9	17.4	27.0	24.7	38.1	2.3	8.3
房地产	0.0	15.6	12.2	2.3		63.8	−16.8	−0.6
运输	0.0	6.9	4.8	15.3		16.8	3.4	−42.5
服务业	3.9	10.0	13.1	5.0	23.7	37.0	−9.6	7.6
其他	4.6	1.6	1.1	1.0	16.1	23.6	−14.1	33.1
合计	100.0	100.0	100.0	100.0	20.8	25.2	1.9	−7.7

资料来源：同表9—16。

在非制造业中，90年代以来海外直接投资增长连续下降的行业主要是农业、批发零售商业和房地产业等；制造业和金融保险领域的对外直接投资则是持续增长；其他行业的海外产业扩张在90年代和2000—2004年期间增长形势差异较大，其中矿业、建筑业和服务业2000年以来海外转移趋势有所加快。

表9—19 直接投资相对于 GDP 的比率

	GDP(亿美元)	对外直接投资(亿美元)	对外直接投资/GDP(％)
1990	30163	569	1.9
2000	46486	490	1.1
2005	45855	355	0.8

资料来源:日本财务省对外投资统计和内阁府《国民经济核算报告》。

　　制造业和金融保险业是日本海外直接投资的主要领域,2000—2004 年期间在全部投资中的比重分别上升到 37.2% 和 27.0%。前者包括日本传统的海外市场扩张型和生产基地转移型投资,后者的对外投资除了适应制造业企业海外业务需要的跟进型投资之外,多数是在服务贸易自由化背景下展开的海外市场扩张型投资。制造业和服务业海外市场扩张型投资的一个共同特点就是并没有带来国内投资活动的减少和生产萎缩,对国内产业结构调整的直接影响相对较小。非制造业中的农业、矿业和制造业中的食品、纺织等日本的相对比较劣势行业由于市场竞争压力,逐步将生产基地转移到海外,可能导致国内相关产业规模的下降。但是这些行业的大规模产业转移多数在 80—90 年代期间已经基本完成,近年来对外投资开始放缓,甚至下降,就这些领域而言,所谓对外投资仍然在加剧日本国内"产业空洞化"的说法缺乏足够的说服力。总体看,由于 90 年代以来日本每年对外直接投资相对于 GDP 的比例偏低,并持续下降;对外直接投资以海外市场扩张型和零部件加工跨境分工型投资为主等原因,日本的海外直接投资对国内生产结构的影响比较有限。

第四节　日本产业结构变动对经济发展的影响

一、日本产业结构变化对 GDP 增长率的影响

从 20 世纪 90 年代以来日本经济增长水平的变化来看,年均增长速度是逐步下降的:1990—2000 年,日本的 GDP 年均增长了1.6%,比 1980—1990 年降低 2.4 个百分点;2000—2005 年期间进一步下降到 1.5%。各产业的增长速度存在很大差别。如 1990—2000 年期间,日本的第一产业增加值年均下降 3.3%,第二产业年均增长 0.1%%,第三产业则高达 2.5%,明显好于第一和第二产业;2000—2005 年期间,第一产业年均下降 1.7%,第二产业和第三产业分别实现 0.9% 和 1.8% 的增长。事实上,由于各产业增长能力存在差异,产业结构的变化往往使不同增长能力的产业部门在全部经济中的地位发生变化,并对整体经济的增长能力产生相应的影响。

表 9—20　日本分产业增长对 GDP 增长的影响

	年均增长(%)			对 GDP 增长贡献率(%)			拉动 GDP增长百分点		
	1980—1990	1990—2000	2000—2005	1980—1990	1990—2000	2000—2005	1980—1990	1990—2000	2000—2005
GDP	4.0	1.6	1.5	100.0	100.0	100.0	4.0	1.6	1.5
第一产业	1.1	-3.3	-1.7	0.9	-4.9	-1.9	0.0	-0.1	0.0
第二产业	4.2	0.1	0.9	35.6	2.4	17.5	1.4	0.0	0.3
第三产业	4.0	2.5	1.8	63.5	102.5	84.3	2.5	1.6	1.2

资料来源:根据日本内阁府《国民经济核算报告》数据计算。

由于各产业增长形势的不同,对 GDP 增长的贡献率和拉动经

济增长的效果也有所不同。1990—2000 年期间,第一产业对 GDP
增长的贡献率是负值,成为导致同时期经济增长速度回落的因素
之一;第二产业的贡献率比较小,对 GDP 增长的拉动效果微乎其
微;第三产业的较快增长,对 GDP 增长的贡献率超过 100%;成为
经济增长的主要拉动因素。进入 21 世纪以来,日本经济仍然处于
恢复增长阶段。从三次产业来看,第一产业增加值继续下降,并且
幅度加大,成为 GDP 的减量因素;第二产业贡献率有所提高,拉动
同期经济增长提高了 1.3 个百分点;第三产业的贡献率继续保持
在 84.3% 的高水平上,仍然是拉动 GDP 实现增长的最重要产业部
门。由此可见,90 年代以来,日本的经济增长与 80 年代相比发生
了巨大变化,已经由第二产业为主,第一和第三产业同时增长的模
式转向主要依靠第三产业增长带动,第一产业逐步缩小,第二产业
维持稳定的模式;第三产业成为新的经济增长中心。

在产业部门中,服务业和制造业都是贡献率较大行业,而且对
经济增长的拉动效果 2000 年以来进一步提高。除此之外,还有三
个特点值得注意:一是 90 年代以来建筑业连续下降,对经济增长
的负向拉动最为明显,仅建筑业增加值下降因素的影响就使 90 年
代和 2000—2005 年期间的累计增长速度分别下降了 2.4 和 0.8
个百分点;二是传统服务业的批发零售商业 80 年代和 90 年代对
经济增长的贡献较大,但 2000—2005 年期间对经济增长的拉动效
果接近零;三是金融保险、房地产、运输通信等服务业保持了一定
的经济增长拉动作用。总体来看,制造业和商业服务、金融保险、
房地产、运输通信等行业成为 90 年代以来经济增长的主要拉动力
量,传统的批发零售商业、建筑业等行业在带动经济增长中的作用
明显下降,甚至成为负面影响因素。

表 9—21　日本民间产业增长对 GDP 增长的贡献

	累积增长（%）			对 GDP 增长贡献率（%）			拉动 GDP增长百分点		
	1980—1990	1990—2000	2000—2005	1980—1990	1990—2000	2000—2005	1980—1990	1990—2000	2000—2005
产业合计	4.1	1.5	1.5	96.9	89.2	93.4	3.9	1.4	1.4
农业	1.1	-3.3	-1.7	0.9	-4.9	-1.9	0.0	-0.1	0.0
矿业	-2.3	-3.9	-1.3	-0.2	-0.4	-0.1	0.0	0.0	0.0
制造业	4.8	1.2	1.9	26.8	16.8	28.5	1.1	0.3	0.4
建筑业	3.1	-2.4	-2.3	8.9	-14.0	-10.9	0.4	-0.2	-0.2
电力水气	3.0	2.2	2.4	2.0	3.7	4.4	0.1	0.1	0.1
批发零售	4.6	2.4	0.1	14.7	20.3	0.6	0.6	0.3	0.0
金融保险	9.0	2.8	2.7	9.7	9.9	11.4	0.4	0.2	0.2
房地产	3.7	2.0	1.1	10.4	14.1	8.4	0.4	0.2	0.1
运输通信	4.3	2.2	1.7	7.0	9.3	8.3	0.3	0.1	0.1
服务业	3.5	2.8	3.1	16.4	33.8	44.6	0.7	0.5	0.7

资料来源：根据日本内阁府《国民经济核算报告》数据计算。

在市场需求和相对比较优势的作用下，不同产业的增长能力存在很大差别，产业结构的变化正是不同产业增长的差异所带来的。但反过来，由于结构变化，整体经济增长的能力也会相应变化。分析结构变化对提升整体经济增长能力的作用方向和影响程度，有利于我们深入了解日本产业政策的效果。

如上所述，整体经济增长的能力受到两个因素的影响，一是各产业实际增长能力的变化，二是产业结构的变化。根据综合指数因素分析的计算结果，90 年代与 80 年代比较，GDP 年均增长率下降了 64.1%，降低 2.7 个百分点；其中因各产业部门增长能力下降原因下降了 66.0%，降低 2.8 个百分点；由于产业结构变化原

因上升了 5.8%,提高 0.1 个百分点。因此,90 年代各产业增长能
力下降是造成整体经济增长水平大幅度下降的主要原因,但由于
增长能力较强的服务业所占比重上升等结构变化的原因,整体经
济增长能力的降低被抵消了一部分。在 2000—2005 年期间,这种
结构变化的拉动作用更为明显,整体来看,经济增长能力是上升
的,主要原因是结构变化的提升效果超过各产业增长能力降低因
素的影响。计算结果表明,由于结构变化因素,2000—2005 年期
间的年均增长速度比 90 年代上升了 15.2%,提高 0.2 个百分点。

表 9—22　　日本经济增长率的影响因素分解

影响因素		1990—2000 比/ 1980—1990		2000—2005 比 1990—2000	
		增长(%)	增加百分点	增长(%)	增加百分点
全产业	GDP 增长率	−64.1	−2.7	6.2	0.1
	各产业增长率因素	−66.0	−2.8	−7.8	−0.1
	GDP 产业结构因素	5.8	0.1	15.2	0.2
制造业	增加值增长率	−76.6	−3.3	−33.7	−0.3
	各产业增长率因素	−76.5	−3.3	−63.9	−0.7
	增加值产业结构因素	−0.3	0.0	83.7	0.3

注:根据 GDP 增长率平均指数 = Σ(产业增加值增长率×增加值占 GDP 比重)等公式
计算。
资料来源:根据日本内阁府《国民经济核算报告》数据计算。

　　总体来看,第三产业比重上升等产业结构的变化是有利于提
升经济增长能力的。制造业在 2000—2005 年期间结构变化的影
响同样产生了减缓制造业增长率下降的作用。

二、日本产业结构变化对就业的影响

　　20 世纪 90 年代以来,日本的就业形势发生了很大变化。根

据日本内阁府就业人数统计,1990 年日本全社会就业人数达到
6462 万人,比 1980 年增长近 10%;2000 年就业人数增加到 6531
万人,但累计增长速度仅达到 1% 左右;2000—2005 年期间,就业
人数下降,累计减少了 2%,由增长转为下降是一个历史性的变
化,表明在经济增长放缓的背景下,由于产业技术和劳动生产率水
平的提高,经济增长对就业增长的带动作用逐步缩小,甚至导致就
业总量的下降。分产业看,第一产业就业人数基本延续了长期以
来的负增长趋势,90 年代累计下降了 31.4%,2000—2005 年期间
进一步下降了 13.4%,实际上主要受第一产业 GDP 逐步缩小因素
的影响;第二产业就业人数 90 年代和 2000—2005 年期间连续下
降,其中制造业下降幅度分别达到 16.7% 和 11.6%,成为拉动
全部就业增长放慢并转为负增长的主要因素;第三产业就业人数
80 年代以来始终保持增长趋势,2000—2005 年期间仍然累计增
长了 3.5%。总体来看,第一产业和第二产业就业快速减少,第
三产业就业持续增长是 90 年代以来日本就业形势变化的主要特
点。

表 9—23　日本就业增长形势

	就业人数(万人)				累计增长(%)		
	1980	1990	2000	2005	1980—1990	1990—2000	2000—2005
合计	5882	6462	6531	6404	9.9	1.1	-2.0
第一产业	752	559	383	332	-25.7	-31.4	-13.4
第二产业	1965	2137	1891	1665	8.8	-11.5	-12.0
制造业	1359	1501	1250	1105	10.4	-16.7	-11.6
第三产业	3166	3766	4256	4406	19.0	13.0	3.5

资料来源:根据日本内阁府《国民经济核算报告》数据计算。

在以上增长背景下,日本就业人员的产业分布结构发生了较大变化。第一、第二产业的就业比重持续下降,其中第二产业的下降幅度较大;劳动力向第三产业的集中程度进一步提高,1990 年第三产业就业比重为 58.2%,2000 年上升到 65.2%;2005 年上升了 3.6 个百分点,达到 68.8%。动态来看,90 年代以来第一产业就业比重的下降趋势有所放缓;第二产业就业比重下降趋势加快;第三产业就业上升效果趋于明显。

表 9—24　日本就业结构的变化

	就业结构(%)				累计增加百分点		
	1980	1990	2000	2005	1980—1990	1990—2000	2000—2005
合计	100.0	100.0	100.0	100.0	0.0	0.0	0.0
第一产业	12.8	8.6	5.9	5.2	-4.1	-2.8	-0.7
第二产业	33.4	33.1	29.0	26.0	-0.3	-4.1	-3.0
制造业	23.1	23.2	19.1	17.3	0.1	-4.1	-1.9
第三产业	53.8	58.3	65.2	68.8	4.5	6.9	3.6

资料来源:根据日本内阁府《国民经济核算报告》数据计算。

在非制造业中,就业比重出现下降的主要有建筑业、批发零售业、金融保险和政府服务;其中下降幅度较大的行业是建筑业、批发零售,比重分别由 1990 年的 9.7%、17.1% 下降到 2005 年的 8.7%、16.9%。就业比重出现上升的行业主要有电力水煤气供应业、服务业等,前者提高了 0.1 个百分点;后者累计提高了 11.3 个百分点。可见,以商业服务为主的服务业就业增长是维护全社会就业稳定的主要影响因素。

表 9—25　日本非制造业就业比重的变化

	占全部就业比重(%)				累计增加百分点		
	1980	1990	2000	2005	1980—1990	1990—2000	2000—2005
建筑业	10.0	9.7	9.7	8.7	-0.4	0.0	-1.0
电力水天然气	0.6	0.6	0.7	0.7	0.0	0.1	0.0
批发零售商业	17.8	17.1	17.4	16.9	-0.7	0.3	-0.6
金融保险	3.0	3.3	2.9	2.7	0.3	-0.4	-0.2
房地产	1.1	1.5	1.6	1.5	0.4	0.2	-0.1
运输通信	5.8	5.6	5.8	5.7	-0.2	0.2	-0.1
服务业	17.8	22.6	29.2	34.0	4.8	6.6	4.7
政府服务	6.3	5.5	5.6	5.5	-0.5	-0.1	-0.1
对居民各项非营利服务	2.4	2.2	1.9	2.0	-0.2	-0.3	0.1

资料来源:根据日本内阁府《国民经济核算报告》数据计算。

　　以上分析表明,就业结构及其变化与按照 GDP 计算的产业结构及其变化趋势基本一致,20 世纪 90 年代以来,尤其是 2000—2005 年期间产业结构变化对就业结构和就业增长形势的直接作用十分明显。

　　维护就业稳定增长是重要的宏观经济目标之一,尤其在逐步高度化的产业结构调整过程中如何尽可能降低调整成本、减少可能对就业带来的冲击是政府的一项主要任务。那么,日本产业结构的变化对就业增长的影响程度究竟有多大,可以通过综合指数分析方法进行评估。全社会就业人数的变化主要受三个因素的影响:一是 GDP 的规模;二是就业边际需求弹性;三是 GDP 的产业结构。其中就业边际需求弹性实际上是劳动生产率的倒数,因此,劳动生产率是影响因素之一。按照这样的关系,通过计算综合指数,可以对三个因素对日本 90 年代以来就业增长的影响程度进行分析。

　　首先,从全部产业来看,1990—2000 年期间,由于 GDP 总量的扩大,日本全部产业的就业增加了 17.1%,即仅仅这一因素的影响就业人数增加了 1021 万人;由于就业需求弹性下降,即劳动生产率提高因素的影响,就业下降了 9.2%,相当于减少了 646 万人的就业;值得注意的是由于 GDP 产业结构变化的因素,使全部产业就业下降了 4.8%,相当于减少了 307 万人的就业;即技术和资本密集型行业比重上升,劳动密集型行业比重下降也是造成就业减少的原因之一。这些特征除影响程度的差别之外,与 1980—1990 年期间的因素分析结果相近,说明 90 年代基本延续了 80 年代的变化趋势。其次,从制造业来看,增加值总量因素对就业增长的促进作用非常明显;劳动生产率和产业结构因素导致就业下降,结论与全部产业的特征一致。

　　2000—2005 年期间,日本全部产业的就业累计下降了 1.8%,减少就业人数 107 万人,改变了 80 年代以来的稳定增长趋势,进入就业下降的阶段。从三个因素的影响来看,GDP 总量扩大,使就业上升了 2.5%,增加 455 万人就业,低于 90 年代水平;就业需求弹性下降使就业下降 11.5%,减少 748 万人就业,相当于同期 GDP 总量扩大就业增加效果的 1.6 倍;产业结构变化使就业增长了 3.2%,增加 186 万人。三个因素综合作用的结果,就业人数是下降的,主要是由于就业需求弹性下降,即劳动生产率提高影响就业下降的幅度比较大。另外,与 90 年代不同的是,这一时期产业结构变化是有利于就业增加的。结合制造业因素分析结果,由于制造业内部结构变化对就业的影响也是负的,说明全部产业结构变化对就业增长的促进作用主要来自非制造业,尤其是劳动密集型服务业增加值比重的上升。

表 9—26　日本就业增长的影响因素分解

	影响因素	1980—1990		1990—2000		2000—2005	
		就业增长（%）	就业增加（万人）	就业增长（%）	就业增加（万人）	就业增长（%）	就业增加（万人）
全产业	就业总人数	10.1	547	1.1	68	-1.8	-107
	GDP 总量因素	47.6	2585	17.1	1021	7.5	455
	就业需求边际弹性因素	-20.4	-1638	-9.2	-646	-11.5	-748
	GDP 产业结构因素	-6.3	-400	-4.8	-307	3.2	186
制造业	就业总人数	10.4	142	-16.7	-251	-11.6	-145
	GDP 总量因素	59.9	814	12.4	187	9.7	121
	就业需求边际弹性因素	-29.3	-636	-22.8	-384	-13.7	-187
	GDP 产业结构因素	-2.3	-36	-4.1	-53	-6.6	-78

注：根据下列关系计算：就业总指数 = GDP 总量指数 × 就业需求边际影响弹性指数 ×
　　增加值结构指数。
资料来源：根据日本内阁府《国民经济核算报告》数据计算。

　　以上分析表明,失去劳动力价格优势的日本,在近几年中通过
服务业的扩大和发展来促进就业增长,在很大程度上弥补了因制
造业技术升级和结构调整而减少的就业需求,对于稳定就业作出
了贡献。

三、产业结构变化对能源消费的影响

　　20 世纪 90 年代,两次石油危机给日本经济带来了沉重打击,
50 年代开始的高速增长阶段也因此而结束。在惨痛的教训面前,
日本开始花大力气提高能源利用效率,推进能源节约型经济发展

模式。经过长期的努力,这种努力获得了成功,日本成为能源利用
效率最高的国家之一。并且能够在生产用能源消费总量不增加或
少量增加的条件下,实现 GDP 的稳定增长,单位 GDP 的能耗指标
不断下降。根据日本资源能源厅统计,2005 年日本的 GDP 比 30
年前扩大 1.34 倍,同期居民家庭能源消费扩大了 1.39 倍,运输用
能源消费增加了 1.10 倍;但生产用能源消费仅增长了 3.4%①。
说明日本企业在节约能源方面取得了十分显著的成效。

单位 GDP 能耗降低率是衡量能源节约效果的重要指标。根
据日本资源能源厅公布的数据计算,1990—2000 年、2000—2005
年期间,日本单位 GDP 最终能源消费分别上升 1.73% 和下降
6.5%。造成 90 年代总体能源消费系数上升的原因主要是家庭用
能源消费的增长,单位 GDP 生产用能源消费两个时期均下降了
8% 以上。说明产业部门在提高能源效率方面贡献最大。

表 9—27　日本最终能源消费效率的变化

	总量			累计增长(%)		单位 GDP 能耗降低(%)	
	1990	2000	2005	1990—2000	2000—2005	1990—2000	2000—2005
能源消费(10^15J(PJ))	13893	15985	16052	15.1	0.4	1.73	-6.50
生产用(10^15J(PJ))	6997	7235	7129	3.4	-1.5	-8.58	-8.25
家庭用(10^15J(PJ))	3679	4820	5133	31.0	6.5	15.84	-0.84
运输用(10^15J(PJ))	3217	3930	3790	22.2	-3.6	8.01	-10.21
GDP(万亿日元)	437	501	502	513.1	7.4	0.00	0.00

注:GDP 累计增长率已经剔除物价上升因素。
资料来源:根据日本经济产业省资源能源厅《2005 年能源供求情况(快报)》(2006 年
10 月 17 日)数据计算。

---

① 参见日本资源能源厅:《综合能源统计》。

　　从产业部门来看,单位 GDP 能源消耗受到两个因素的影响:一是各产品(产业)能源消耗水平;二是产业结构。因此,为了降低单位 GDP 能耗,既需要通过技术进步,提高每个产品的生产的能源利用效率,又需要进行结构调整,提升低耗能产业在经济中的比重,降低高耗能产业的比重。70 年代以来,日本的降低能耗主要来源于技术进步的作用,但同样不能忽视产业结构的调整的积极影响。

　　假定 1980 年、1990 年、2000 年、2005 年各产业能源消费率(能源消费量/行业增加值)不变,即在不考虑各产业能源消费效率和增加值总量增长因素的条件下,可以计算产业结构变化对降低能耗的影响程度。结果表明,对全部产业来说,2005 年与 1980 年、1990 年相比,在仅仅考虑产业结构变化一个因素影响的条件下,单位 GDP 能耗分别降低了 2.9% 和 0.1%。总体来看,1980—1990 年期间结构调整因素对降低能耗起到的作用较为明显;1990—2000 年期间影响程度较弱。

表 9—28　产业结构变化原因单位 GDP 能耗降低效果(%)

	2005 年与各年比较			各时期比较		
	2005/1980	2005/1990	2005/2000	1990/1980	2000/1990	2005/2000
全产业	-2.9	-0.1	0.5	-2.8	-0.7	0.5

注:根据下列指数关系进行因素分解和计算:
　　能耗系数结构影响指数 = ∑(报告期能耗系数)/∑(按照基期比重计算的报告期能耗系数)
资料来源:根据日本资源能源厅《2005 年能源消费调查》和日本内阁府《国民经济核算报告》数据计算。

　　从制造业来看,2000—2005 年期间,制造业结构变化基本上延续了 90 年代以来的调整趋势,高能耗的金属、非金属材料、造纸、化工等高耗能产业比重下降,对降低制造业能源消费总量发挥了作用。对 2000—2005 年的能耗降低效果,我们可以进一步利用综合指数分析方法,对单位产品能耗效率和产业结构等两个因素的影响程度进行分解。计算结果表明,2005 年与 2000 年相比较,制造业单位增加值能耗减少了 0.5849 个标准石油单位,降低24.4%,其中,由于产业结构变化因素减少了 0.3067 单位,降低12.8%;由于单位产品能耗效率提高因素减少了 0.2782 石油单位,降低 13.3%。产业结构和单位产品能耗等两个因素的降低能耗效果分别占同期单位增加值能耗降低幅度的 52.4% 和 47.6%。可见结构调整对于降低能耗的影响程度十分明显,甚至超过单位产品能耗降低等技术和效率因素的影响。此外,根据日本资源能源厅关于产业一次能源消费调查的统计结果,2000—2005 年期间,日本制造业能耗总量减少了 17.2%,按照上述因素分解结果计算,其中仅产业结构变化因素能耗总量就减少了 9.0%。

表 9—29　2000—2005 年期间制造业能耗降低效果的因素分解

	制造业单位增加值能耗				制造业能耗总量降低(%)
	减少标准石油单位(1000KL/亿日元)	能耗系数综合指数	能耗系数降低(%)	各因素的比重(%)	
合计	− 0.5849	0.756	− 24.4	100.0	− 17.2
产业结构因素	− 0.3067	0.872	− 12.8	52.4	− 9.0
单位产品能耗因素	− 0.2782	0.867	− 13.3	47.6	− 8.2

注:根据下列指数关系进行因素分解和计算:
　单位 GDP 能耗系数指数 = $\sum$(单位增加值能耗系数指数 × 增加值占 GDP 比重)
资料来源:根据日本资源能源厅《综合能源统计》和《2005 年能源消费调查》数据计算。

综上所述,2000—2005 年期间,由于制造业中高耗能产业比重下降、低耗能产业比重上升等结构调整因素的影响,日本制造业单位增加值的能源消费降低了大约 12.8%,明显提高了一次能源的利用效率,对节能战略的顺利实施作出了重要贡献。

第五节　日本的产业政策及其对我国的启示

一、更加注重产业政策的市场导向作用

利用产业政策引导企业行为、扶持重点产业、促进产业结构升级,是日本战后复兴和经济高速增长时期的一条成功经验。20 世纪 80 年代,随着日本经济发展水平和市场化程度的不断提高,传统的政策模式发生了很大变化,产业政策的作用和地位也在逐渐下降。90 年代以后是日本集中推进经济制度改革的重要时期,改革的目标之一就是放松限制,最大限度地发挥民间和市场的作用。许多人因此认为,从这一时期开始日本的产业政策已经完全退出历史舞台,取而代之的是美国式的自由市场经济模式。实际上这是一种误解。产业政策仍然是日本政府政策引导的一种手段,仅仅是政策运用的模式和内容随着经济发展阶段的变化有所改变。

在日本经济产业省(原通产省)每年公布的产业政策报告——《通商白皮书》中,都可以看到有关当年产业政策和对外经济政策的构想和具体措施,甚至会列举各项产业扶持政策的减税等财政支出的金额。其中包括对 IT、信息、农业、医药生化等特定产业的倾斜政策。2006 年 7 月 6 日,日本经济产业省公布了《新经济增长战略大纲》,表面上看,这份政策文件仅仅是从战略层面讨论未来日本经济的可持续发展问题,但实际上其中包括了许多产业结构和产业组织政策的内容。《大纲》中列出了汽车电池、清

洁型飞机制造、农林水产、旅游观光、医药及其器械、IT、服务业等重点支持产业的增长目标值,同时详细介绍了实现这些目标的具体措施。纵观这些政策文件可以看出,新阶段的产业政策与传统产业政策有一些相同之处:一是有明确的产业政策目标;二是仍然强调国家在技术进步和成长型产业培育中的重要作用,强调"产官学"一体化、协同配合的作用。差别在于,改变了政府直接对企业进行"窗口指导"和频繁使用减免税收、提前折旧、补助救济、优惠贷款等一系列政策工具的传统模式,注重运用有限的财政政策手段激活市场的调节作用,更多地通过发布"展望报告"提供导向、强化政府服务和改善企业经济活动便利化环境等。2000 年以来日本经济稳定增长和降低能源消耗、促进就业增长等方面取得的成功经验,已经在一定程度上印证了这种产业政策模式的积极作用。

中国作为一个尚未完成工业化的发展中国家,经济发展水平较低,市场化改革尚未全面完成。在这样的背景下,政府通过科学运用产业政策,保持对市场规范、产业结构调整和宏观经济运行的调控手段仍然是必要的。但是,在产业政策的确定和执行方面必须注意以下两个问题。一是更加重视市场的作用。产业政策解决的主要是市场失灵问题,政府不能直接干预企业的市场经济活动。应当通过确立战略性目标、趋势展望和信息服务为企业提供导向性意见,运用税收、利率等政策工具通过市场机制进行调节。并在维护市场秩序和规范企业竞争行为方面发挥作用。二是政策手段要符合市场经济的要求,符合国际规范。随着我国加入 WTO,产业政策手段要遵循 WTO 的基本规则,并要有相应的法律法规保障。以前那种封闭的、行政手段为主、缺乏法律依据的政策工具,要代之以开放的、符合国际规则的、以经济、法律等间接手段为主的政策工具,同时要注意各种政策手段的综合运用和相互协调。

二、充分认识结构调整对降低能耗的作用

日本是一个能源资源严重匮乏的国家,石油和天然气供给基本上依靠进口。20 世纪 70—80 年代的两次石油危机曾经使日本经济遭受重创,留下了十分惨痛的教训。因此,长期以来,日本始终把节能作为重要的政策目标之一,在鼓励节能技术开发应用和低耗能产业发展方面采取了许多积极措施。70—80 年代,主要通过"节能"法规的制定和强化,起到提高能源利用效率的作用,在这一过程中,企业开始发现大量的节能投入实际上为自己带来了长期持续发展的能力和竞争力,实现了由"被动"向积极环保对策转变的"观念变革"。90 年代以后,通过签署和落实"京都议定书",如征收环境税、建立排放权交易制度(CDM)等;从加强全球资源和环境保护的角度完善法律制度,促进节能产业发展和提高能源效率。近年来提倡发展循环经济,颁布《循环型社会形成推进法》,加快实施鼓励资源再利用的法规和政策,已经建立起关于汽车产品再利用等一系列再利用法体系,对于从整体上提升能源利用效率将产生重大影响。从日本的经验来看,市场原理和节能环保政策的相互协调是能够实现的。对于企业来说,能源市场波动、节能法规和政策实施等形成了巨大外部压力和动力,促使企业和更多选择低耗能或能源利用效率高的产业领域寻求发展,并积极推进 3R(减少资源投入、再生利用、循环利用)的行动,最终使日本在生产用能源消费并未增长的条件下,成功实现了稳定的经济增长。

日本节能目标的实现首先得益于节能技术的发展。但是产业结构调整也发挥了十分重要的作用,尤其是在 90 年代以来产业结

构调整对节能的重要性已经明显上升。这为目前正在大力提倡科学发展观,努力提高能源等重要资源利用效率的中国提供了重要启示。中国目前正处于工业化和城市化快速发展的阶段,经济和社会发展面临的能源等重要矿产资源匮乏的矛盾日趋突出。为了实现可持续发展目标,必须走资源节约型发展道路,为此已经从"十五"计划时期开始,明确提出了降低单位产值能耗的宏观目标,在"十一五规划"中将降低单位能耗20%的目标提升到了约束性指标的高度。但从目前执行情况来看,并未达到预期目标。最为关键的原因在于重化工业比重的不断上升,导致整体能源消费的持续增长,抵消了许多产品生产能耗降低的效果。因此,中国今后降低单位 GDP 能耗的潜力在很大程度上依赖于产业结构的调整。

三、将第三产业作为新的就业增长点

日本战后的所谓终身雇佣神话在 20 世纪 90 年代被彻底打破,曾经长期保持在很低水平的失业率由于经济的持续低迷而节节攀升。1990 年的失业率仅为 2.1% ,2000 年上升到 4.7% ,最高时达到 5.4%(2002 年)。目前随着结构调整和经济增长形势的好转有所降低,下降到 4.4% ,大约相当于恢复到 1998 年时的水平。

就业形势的变化必然会导致就业政策的根本变化。1990 年以来,日本的就业政策发生了很大的变化,由过去终身雇佣体系下利用企业内部相对封闭的劳动力市场实现稳定就业的政策,转向加强外部劳动力市场,并使内部劳动力市场与外部劳动力市场相对接的就业促进政策。严格意义上讲,从 90 年代开始,日本才真正实现了劳动力要素的完全市场化。在这样的背景下,政府通过

促进经济发展带动就业的压力空前上升。

就业的长期稳定增长主要取决于经济持续增长能力,因此日本政府90年代以来的经济增长政策中都将解决失业问题作为重要的政策目标之一。但是在90年代由于经济泡沫后遗症的影响,经济增长长期处于较低水平,甚至多次出现通货紧缩,就业稳定目标的实现面临重重困难。另一方面,由于结构改革、技术进步和劳动生产率提高等因素的影响,对就业造成的压力始终无法得到有效缓解。日本政府采取的"就业调整补助金"、"雇佣特定求职者补助金"等就业援助政策并未取得明显效果。2000年以后,日本经济逐步走出通货紧缩的阴影,就业形势有所好转,但就业总人数仍然表现为负增长。因素分析表明,就业总人数减少主要是各产业劳动生产率提高,导致单位增加值的就业需求弹性下降因素的影响;GDP总规模和产业结构变化等因素对增加就业的效果都是正面的。第三产业,尤其是服务业的快速增长,成为缓解就业需求下降矛盾的重要影响因素之一。这种就业创造效果和日本政府长期以来的第三产业发展促进政策有着直接的关系。

中国是一个人口大国,长期面临妥善安置城镇劳动力就业和农村劳动力转移的巨大压力。但随着工业化的迅速推进,技术进步带来的劳动生产率上升,必然导致单位产出的劳动力需求出现下降。在这种条件下,弥补就业需求下降的有效途径,一是保持经济的持续较快增长,二是促进产业结构调整,发展劳动密集型产业。其中促进服务业发展对吸收劳动力就业的潜力巨大。这也是日本2000年以来产业结构调整的一个成功经验。

主要参考文献:

1. 日本贸易振兴机构:《2006年贸易投资白皮书》。

2. 日本经济产业省:《通商白皮书》(2000—2005 年版)。

3. 日本经济产业省:《制造业白皮书》(2002—2005 年版)。

4. 日本经济产业省:《能源白皮书》。

5. 日本内阁府:《国民经济核算报告》(1995—2006 年版)。

6. 日本内阁府:《2006 年经济财政白皮书》。

7. 日本财务省:《对外直接投资统计》。

8. 日本财务省:《对外贸易统计》。

9. 赵晋平:《日本通货紧缩研究》,载《国务院发展研究中心调研报告》2000 年 6 月 7 日。

10. 日本经济企划厅编:《1995 年日本经济关键词》。

11.《日本经济新闻》1998 年 4 月 17—18 日连载《通货紧缩正在逼近》。

12. 日本经济企划厅 1998—1999 年公布的各期《日本政府月例经济报告》。

13. 日本资源能源厅:《综合能源统计》。

14. 菅野和夫(2002):《新就业社会的法律》,有斐阁出版。

15. 中马宏之等(2002):《关于就业调整补贴金的政策效应》(2002 年劳资关系研究会议)。

16. 樋口美雄(2001):《就业与失业的经济学》,日本经济新闻社。

17. 日本劳动政策审议会议职业安定分科会就业保险部会:《关于就业保险制度的修改》2002 年 7 月 19 日。

第十章　OECD 主要国家产业
结构变动趋势

　　自 20 世纪下半叶以来,世界范围内的产业结构发生了剧烈的变动,总体表现为发达国家制造业不断向发展中国家转移,制造业在发达国家经济中的比重不断下降,服务业比重则不断上升;与此同时,发展中国家的制造业和服务业比重则同时上升,其中又以制造业比重上升为最。导致这一变动的主要原因有二:一是经济全球化浪潮冲击的结果。随着通信、交通、国际贸易的快速发展,资源得以在全球范围内更加便利地重新配置。在全球化时代,各国通过产业结构升级来保持其全球竞争力。二是技术进步的结果。尤其是互联网的兴起对现有产业结构产生了严重的冲击。互联网的出现不仅直接创造了大量新的商业机会,而且也大大改变了传统的商业组织概念,对传统经济结构产生了巨大的冲击。比如,借助互联网等高新技术手段和全球分工与专业化体系,现在企业只需专注于核心竞争力就可以进入那些过去投资壁垒非常高的一些行业。因此,全球化进程的加快和互联网的兴起,不仅对各国经济结构产生了巨大的冲击,同时也大大加剧了市场竞争和国与国之间的竞争。

　　此章主要介绍 OECD 主要国家产业结构变动情况、其对经济产生的影响、各国为应对这种变化而采取的主要政策,以及其对中国的启示。OECD 的全称是经济合作与发展组织,由 30 个国家组成,主要目的是通过相互合作来解决全球化带来的各种经济社会问题,以及如何利用全球化带来的各种发展机遇。1960 年 12 月 14 日,20 个国家首先签署了经合组织协议。之后,又有 10 个国家陆续加入。由于 OECD 国家主要由发达国家组成,它又被称为"富国俱乐部"①。由于本书已有专门章(节)介绍美国、日本、韩国、墨西哥等 OECD 国家的情况,我们这里主要介绍德国、法国、英国、意大利、澳大利亚等其他主要 OECD 国家的情况。这些国家的情况,大体上能反映出 OECD 国家的全貌。

第一节 OECD 主要国家产业结构 变动的背景、趋势和特征

此节先对 OECD 国家产业结构变动的总体情况进行勾画,然后进一步介绍澳大利亚、德国、法国、英国、意大利等主要 OECD 国家产业结构变动的情况。

一、OECD 国家产业结构的背景、趋势和特征②

自 1970 年代的石油危机之后,大多数 OECD 国家就一直存在

---

① OECD 的全称是经济合作与发展组织(Organization for Economic Co-operation and Development)。目前的成员国包括(括号内为加入 OECD 年份):澳大利亚(1971)、奥地利(1961)、比利时(1961)、加拿大(1961)、捷克(1995)、丹麦(1961)、芬兰(1969)、法国(1961)、德国(1961)、希腊(1961)、匈牙利(1996)、冰岛(1961)、爱尔兰(1961)、意大利(1962)、日本(1964)、韩国(1996)、卢森堡(1961)、墨西哥(1994)、荷兰(1961)、新西兰(1973)、挪威(1961)、波兰(1996)、葡萄牙(1961)、斯洛伐克(2000)、西班牙(1961)、瑞典(1961)、瑞士(1961)、土耳其(1961)、英国(1961)、美国(1961)。

② 参见 World Bank, 2005; OECD, 1998; Pinder, Takashi, and Diebold, 1979.

高通胀、高失业等问题。同时,很多产业则陷入困境,出现市场萎缩、裁员、低利润和低投资等问题。显然,这些问题的形成决非周期性因素可以完全解释的,结构性问题则是一个越来越重要的原因。只要经济存在着结构性问题,高失业和高通货膨胀就难以避免。随着新兴工业化国家经济的快速发展,世界人口分布和产出分布不均衡的格局正在快速改变。由于当今新技术和互联网大大加快了产业在全球范围内重新配置的进程,它对作为老的工业中心的发达工业国家的经济结构产生的冲击,就不仅比以往任何一次大的变动要剧烈得多,而且也要快得多。此外,社会和政治的变化也对经济结构的变化产生了新的需求。比如,环境保护的要求给产业结构调整带来了很大的压力。不仅如此,结构调整的成本和节奏也加快了,很多产业已经变得非常技术密集和资本密集型。因此,OECD 国家过去几十年来出现的结构变动有其深刻的背景。

从表 10—1 可以看出,OECD 国家经济结构变化的趋势和特点都非常明显。所有 OECD 国家的农业和制造业占 GDP 的比重均出现下降,而制造业份额则出现大幅度下降;与此同时,所有 OECD 国家的服务业比重均大幅提高。相反,新兴工业化国家的情况则大不一样。尽管新兴工业化国家的制造业比重和服务业占 GDP 的比重也普遍提高,但变化最显著的,显然是制造业比重的上升。OECD 发达国家和新兴工业化国家的这种对比,反映出全球范围内经济结构变动的规律。一方面,产业结构变动同经济发展阶段密切相关。OECD 国家目前处于后工业时代的产业结构升级阶段,而新兴工业化国家则处于工业化和非农化阶段。两类国家的产业结构变动也呈现出不同的特点。另一方面,由于发展中国家劳动力成本相对低廉,很多制造业从 OECD 这些发达国家转移到新兴工业化国家,出现了制造业在全球范围内大转移的趋势。

表 10—1　OECD 国家和非 OECD 国家(地区)GDP 部门
组成的变化趋势:1970—2003

	农业			制造业			服务业		
	1970	1993	2003	1970	1993	2003	1970	1993	2003
OECD 国家									
澳大利亚	5.8	4.4	3.0	24.3	15.1	12	55.2	66.9	71
奥地利	6.9	2.3	2.0	33.7	23.4	22	47.8	63.6	66
比利时	2.8	1.9	1	26.6	22.5	19	60.1	68	72
加拿大	4.4	2.4	--	22.7	16.8	--	59.3	67.8	--
丹麦	6.5	3.5	2	21.7	18.9	16	58.9	69.3	71
芬兰	12.3	5.2	3	26.5	24	24	47.8	63.2	66
法国	4.8	2.3	3	25.9	19.8	18	59.8	69.8	73
意大利	7.8	4 (1990年)	3	27.1	20.2	20	50.9	65.6	70
德国	3.2	1.5	1	38.4	30.5	23	47.4	59.8	69
日本	6.1	2.1	1	36	26.8	21	47.2	57.6	68
卢森堡	3.5	1.2	--	39.7	20.5	--	47.4	70.3	--
新西兰	11.8	7.4	--	23.6	17.5	--	55.3	66.6	--
挪威	5.6	2.9	1	21.6	13.5	11	62.4	62.4	61
英国	2.8	1.9	1	33.4	21.7	17	53	66.3	72
美国	2.8	2	2	24	18.3	15	62.8	71.1	75
非 OECD 亚洲经济体									
中国	34.1	19.5	15	29.6	37.8	39	27.5	32.9	33
中国香港	1.8	0.2	0	29.1	11.2	5	62.2	81.6	88
印度尼西亚	44.9	17.9	17	10.3	22.3	25	36.4	42.4	40
韩国	26	7.1	3	20.8	28.9	23	44.8	49.5	62
马来西亚	28.5	19.4	10	11.9	18.5	31	46.2	45.1	--
菲律宾	29.5	21.6	14	24.9	23.7	23	38.8	45.7	53

	农业			制造业			服务业		
	1970	1993	2003	1970	1993	2003	1970	1993	2003
新加坡	2.3	0.2	--	20	26.7	28	67.9	64.1	65
泰国	25.9	10.2	10	15.9	28.5	35	48.8	50.5	--

说明:此表未列出采掘业等部门,而制造业的范围要较工业的范围窄,故表中农业、制造业、服务业比重之和小于100%。

资料来源:1970、1993 年数据转引自 Savona(2004);2003 年数据引自 World Development Indictors 2005(World Bank,2005)。

各国经济结构的上述变化不仅表现在产业增加值上,也表现在不同产业的就业上。从表 10—2 可以看出,OECD 国家目前制造业的就业比重持续下降,而服务业的就业比重则持续上升,已占总就业的绝大多数,达 70% 左右。这就说明,OECD 国家普遍已经进入了所谓的后工业时代,制造业在其经济中早已不再居于支配地位。

表 10—2　OECD 国家制造业和服务业就业比重的变化

部门	1980	1990	1999	变化
制造业	37	34	28	↓
服务业	63	66	72	↑

资料来源:转引自 Savona(2004)。

OECD 国家的总体情况如此,单个成员国的情况是否都表现出以上特征?我们下面分别以法国、澳大利亚、德国、英国和意大利的例子来说明。除去美国、日本(参见本书第八章和第九章)以外,这几个国家是 OECD 中最重要的成员国。

二、法国国家产业结构变化的背景、趋势和特征①

在过去几十年里,法国的经济结构发生了剧烈的变动,农业和制造业比重日益下降,服务业比重则日益上升(见图10—1)。在此过程中,法国的产业也出现大量的国际性转移,其产业竞争力不断提升,从而得以在世界市场上牢固地立足。法国产业的一个显著特点是其面向国际市场的开放性。这种开放性体现为法国在出口、对外投资以及吸收外国投资等方面的出色表现。这些出色表现不仅说明法国企业具有很强的竞争力,而且也说明法国对于外国资本具有很大的吸引力。但是,随着全球化进程的加快,法国产业也面临着越来越大的挑战。这些出色表现的背后,也潜伏着很多不容易忽视的危机,需要在产业结构上及时作出调整。

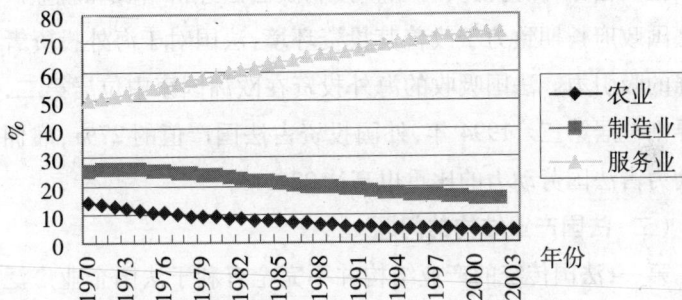

图 10—1 法国就业结构的变化:1970—2003

资料来源:作者根据 The OECD STAN database for Industrial Analysis 数据绘制。

(一)法国的产业竞争力

法国产业竞争力主要表现为其产业具有国际开放性。第一,法国对外贸易的持续增长。1991 年,法国扭转了持续多年的贸易

---

① 主要参见 French Ministry of Economy, Finance and Industry, 1997.

逆差,开始实现贸易顺差。1996年,法国成为世界上第四大制造品出口国,占世界市场6.5%的份额。这种出色的出口表现,说明法国企业具有非常强的竞争力。总体而言,法国产品由于其高质量、多样性及高技术含量而具有很好的品牌声誉。尤其是法国的出口产品主要集中在高科技部门,比如,航空航天、铁路装备、工业电器以及奢侈品部门。第二,法国产业的对外投资持续增加。法国的出口部分主要是由于其对外投资带动的。1996年,依存量法计算,法国是世界上第五大对外投资国,而且法国企业的海外公司数目一直在持续扩张。1996年,这些海外公司的产出占其国内产出的1/3。这些投资中,化工、电子和电子设备占据主要份额。第三,国外对法国的投资也持续增加。吸引国外投资是法国政府的一项主要任务,因为投资可以直接刺激法国经济增长和就业。由于法国政府长期致力于改善其投资环境,法国对于海外投资者有很强的吸引力。法国吸收的海外投资在欧洲国家中位居第二,在世界则位居第三。1994年,外国投资占法国产值的27%,雇佣的劳动力占法国劳动力的比重也高达22%。

(二)法国产业结构的问题

第一,法国传统的产业结构并不完全有利于法国企业广泛参与全球竞争。在法国,小企业占据着优势地位,它们主要解决当地的就业和发展,缺乏参与国际竞争的意识。这就使得法国产业在国际化方面很不均衡。目前,这些小企业的出口只占法国出口的30%,而其较低的对外投资使它们不能进入新兴市场。此外,大多数法国企业都还不够大到在国际市场上保持足够的竞争力。

第二,生产性投资恢复较慢。在1985到1991年间,法国产业的生产性投资持续增长,但到1994年却降低了40%。1995年后虽又开始持续增长,但增长恢复速度则不如从前。这种情况可以会导致生产体系的过时以及竞争力的下降,这反过来又会限制法国产业的恢复能力。

第三,产业研发(R&D)能力相对较弱。同其他主要工业国家相比,法国企业的研发能力相对较弱。1996年,法国企业R&D支出占制造业增加值的8%,低于美国、日本和德国。而且,这些研发支出中,由企业支出的比例为46%,低于欧洲53%的平均水平。此外,法国的R&D活动高度集中在少数关键部门(比如,电子和电子设备、航空、铁路和造船、医药等),而2/3的活动都是由超过2000人的大公司完成的。这种状况使得法国制造业的国际竞争力降低。在持续开放的经济条件下,这种状况将削弱法国的竞争力。

第四,制造业部门就业持续下降、组织变化落后。在过去的二三十年中,由于生产效率的提高、外包以及第三产业的发展,制造部门的就业或多或少地持续下降。这种情况在所有发达国家中都存在。制造业部门比重的下降,意味着这些部门的失业要由其他部门来消化。对于制造部门的失业者而言,在新的服务部门重新就业是一个困难。

第五,更有甚者,劳动者的素质和组织模式对提高企业绩效及其市场适应能力起着越来越关键的作用。因此,对员工的职业培训就非常重要。政府要求法国企业将工资总额的15%用于员工培训。但是,目前这一要求的执行情况还不太令人满意。劳动者的创新能力仍然十分有限,而通过组织模式变化来提高竞争力的潜力也没有被充分发挥。

三、澳大利亚产业结构变化的背景、趋势和特征

我们这里主要介绍过去二十年澳大利亚产业结构变化的背景、趋势和特征,着重介绍不同产业产出份额和就业份额的变化

（参见 ADIST,1999）。

（一）不同产业产出份额的变化

我们先介绍澳大利亚产业结构变化的总体趋势,进而介绍具体产业的相对绩效。尽管澳大利亚自 1975 年以来的平均增长超过 3%,但年度经济表现却变化很大,一些主要部门的经济波动甚至更为明显。这些部门的相对绩效的变化对总体经济影响甚大。服务部门增长的波动与总体经济增长的波动总体一致,但制造业部门的增长波动则远甚于总体经济增长波动,并且趋向于较总体经济增长要慢,而农业、林业、渔业在一些年份的波动则在 20% 上下。这些重要经济部门的变化趋势,使这些部门在经济中的重要性也相对改变。

表 10—3　澳大利亚主要经济部门总产出份额的变化:1975—2003

（单位:%）

	1975	1980	1985	1990	1993	1997	2003	变化
农、林、渔	5.1	4.2	4.5	4.1	4.3	3.8	3	↓
制造业	18.1	17.9	15.8	15.0	15.0	13.4	12	↓
采矿业	3.9	3.4	4.2	4.4	4.4	4.3	- -	→
服务业	66.0	66.5	66.5	67.8	67.8	69.5	71	↑

资料来源:2003 年数据转引自 World Bank(2005),其余转引自 ADIST(1999)。

从表 10—3 可以看出,澳大利亚产业结构变化最大的特点是,服务业对总产出的贡献最大,占 70% 左右。服务业也是澳大利亚增长最快的部门。在制造业部门,尽管看起来有很多行业在 GDP 中的份额出现下降,但由于该部门在 GDP 中总的份额比较低(比如,1997 年只有 13.4%),其下降总体上对澳大利亚经济的影响并不大。比如,纺织、制衣、制鞋和皮革等行业产出出现显著下降,但

对 GDP 的影响其实十分有限。在 1997 年,这几个行业对 GDP 的
贡献只有 0.6%。

（二）就业结构的变化

从图 10—2 和表 10—4 可以看出,各行业就业份额的变化同
各行业产业增加值的变化情况相吻合。服务部门由于就业增长较
其他部门相对快,其在总就业中的份额由 1985 年的 75% 上升到
1998 年的 80.7%。制造业的就业则从 17.3% 下降到 2001 年的
11.9%。农、林、渔业的就业份额则呈现稳定的态势。

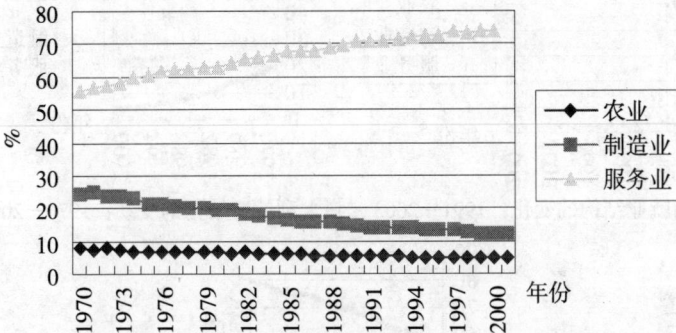

图 10—2　澳大利亚就业结构的变化:1970—2003

资料来源:作者根据 The OECD STAN database for Industrial Analysis 数据绘制。

表 10—4　澳大利亚不同行业就业份额的变化:1985—2001

（单位:%）

	1985	1990	1995	1998	2001	变化趋势
农、林、渔	6.2	5.4	5.1	5.3	4.76	↓
制造业	17.3	15.3	13.9	13.1	11.9	↓
采矿	1.4	1.3	1.1	1.0	--	↓
服务业	75.0	78.0	80.0	80.7	--	↑

注:每年均为 2 月份数据。

资料来源:转引自 ADIST(1999),以及 The OECD STAN database for Industrial Analysis。

四、其他主要 OECD 国家产业结构的变化

英国、德国、意大利等国家经济结构变化的情况大致与上述国家相同,其不同产业产值的变化在表 10—1 中已有反映,其就业结构的变化,则反映在图 10—3 中。我们不再一一详细介绍。

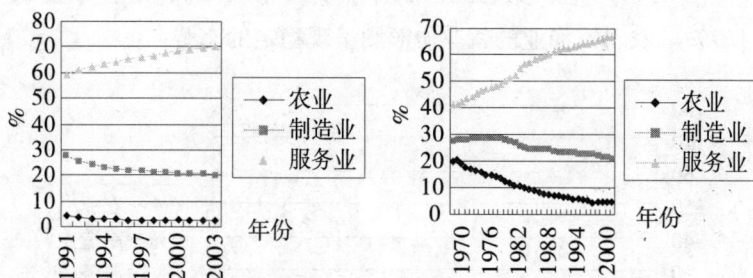

德国就业结构的变化:1991—2003　　意大利就业结构的变动:1970—2003

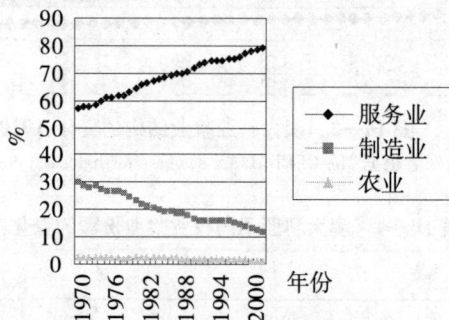

英国就业结构的变动:1970—2003

图 10—3　德国、意大利和英国的就业结构

资料来源:作者根据 The OECD STAN database for Industrial Analysis 数据绘制。

第二节　OECD主要国家产业结构
变动对经济发展的影响

经济结构变化和经济增长之间有着密切的关系。根据斯密（1776）、扬格（Young, 1928）、斯蒂格勒（Stigler, 1951）和杨小凯（Yang, 2000）等人的研究，经济结构变化和经济增长都是工业化的不同侧面，而工业化的过程，则是产业分工不断加深的过程。随着产业分工的演进，工业化生产和服务的链条不断加长，表现为经济结构变化、经济增长、企业外包、生产率提高、人均收入提高等现象。因此，经济结构变化和经济增长之间本质上不是完全的因果关系，它们都是同一事物的不同侧面。但是，各国不同的经济结构却会影响其在国际上的竞争力，从而影响其经济增长。我们这里从以下几个方面考察经济结构变动与经济增长之间的关系：一是看产业结构变化和经济增长速度之间是否存在一般的关系；二是考察经济结构变动对不同产业增加值份额的影响；三是考察经济结构变动对就业增长情况的影响。我们先考察OECD国家的总体情况，然后以澳大利亚为典型例子，揭示产业结构变动对OECD国家经济发展的影响。

一、OECD国家经济结构变动对其经济影响的总体情况[1]

各国服务业的兴起是经济结构变动的一个主要特征。在此过程中，一个主要决定因素就是专业化供应商的发展带来的加工外

---

[1]　参见 Peneder, Kaniovski and Dachs, 2000.

包需求大大增加。在这一过程中,劳动力被大规模重新配置。在
1950 年之前,发达国家经济结构的变化主要是以农业部门就业份
额的快速下降为主要特征,农业部门的就业平均下降到 28%,
而新的工作机会同时在制造业和服务业中被创造出来,各自的份
额达到 34% 和 38%。这意味着,在 20 世纪上半叶,服务业的就
业增长已经快于制造业中的就业增长,但差距并不大。在战后,
这一趋势进一步得到强化。到 1970 年代早期,农业中就业份额
下降的大部分都被服务业的快速增长所吸收。制造业的结构变化
则变得平稳,略增为占总就业的 38%。自 1970 年代以后,就业
模式"服务化"(tertiarization)的过程开始加快,25 个 OECD 国
家服务业占总就业的份额在 1998 年上升到 67.4%。在大多数的
发达国家,制造业占总就业的份额在 1964—1975 年之间达到顶
峰。就 25 个 OECD 国家总体而言,1998 年第二产业的就业比重
下降到 27.8%。与此同时,第一产业的就业份额进一步下降
到 4.8%。

(一)经济结构变动对 OECD 国家经济增长速度的影响

从 1970—2005 年共 35 年的中长期来看,OECD 国家无论是
从总体而言还是从单个国家而言,其 GDP 增长率都没有呈出明
显的向上或向下的趋势,只是出现周期性的经济波动。而在此
期间,这些国家的经济结构却发生了很大的变化。这一方面说
明,经济结构的变化并没有显著地影响经济增长;另一方面也
说明,OECD 各国处理经济结构变化的政策是成功的(见图
10—4)。

(二)经济结构变化对不同产业增加值份额的影响

从表 10—5 可以看出,德国、法国、英国、意大利等发达 OECD
国家不同行业增加值的变化节奏基本相同。从 1970 年到现在,服

OECD国家总体GDP 增长率：1970—2005

德国GDP 增长率：1970—2005

法国GDP 增长率：1970—2005

英国GDP 增长率：1970—2005

意大利GDP 增长率：1970—2005

澳大利亚GDP增长率：1970—2005

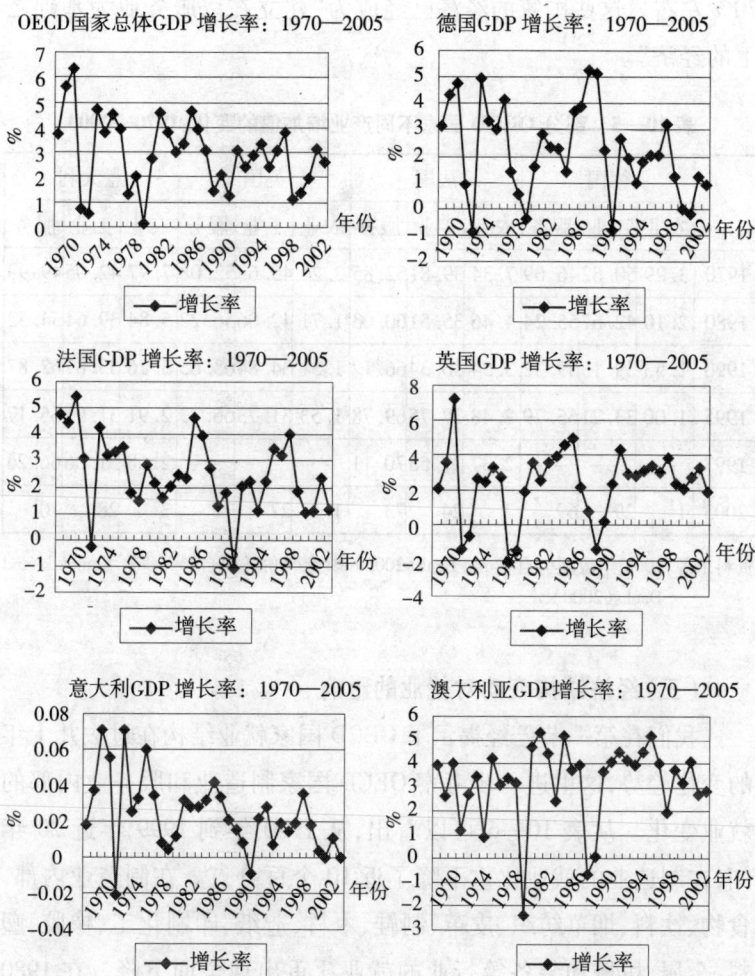

图 10—4　OECD 国家年均 GDP 增长率：1970—2005

说明：图中增长率乘以 100 可以表示为百分比。比如，0.04 表示 4% 的增长率。

资料来源：作者根据 OECD STAN Database for Industrial Analysis 数据库数据绘制。

务业在这些国家产业增加值中的比重已经从 50% 左右上升到

70%左右。这些国家的经济已经成为"建立在以服务业为基础之上的经济"。

表10—5　部分OECD国家不同产业增加值的变化:1970—2003

	德国			法国			英国			意大利		
	农业	工业	服务	农业	工业	服务	农业	工业	服务	农业	工业	服务
1970	3.29	50.62	46.09	7.34	39.81	52.85	2.24	45.68	52.08	7.97	42.05	49.98
1980	2.10	42.67	55.24	4.46	35.51	60.03	1.71	42.06	56.22	5.84	39.64	54.52
1990	1.53	39.15	59.32	3.54	30.34	66.12	1.51	34.84	63.65	3.26	33.87	62.87
1995	1.00	33.21	65.79	2.48	27.75	69.78	1.53	31.73	66.73	2.91	31.92	65.17
1997	-	-	-	2.37	27.53	70.11	-	-	-	2.68	31.06	66.26
2003	1	29	69	3	24	73	1	27	72	3	28	70

资料来源:2003年数据引自World Bank(2005),其余年份转引自Peneder, Kaniovski and Dachs(2000)。

(三)经济结构变动对就业的影响

我们在第一节已经揭示了OECD国家就业结构在过去几十年的变化趋势,这里进一步考察OECD国家制造业和服务业内部的就业变化。从表10—6可以看出,从1980年到1999年近20年间,在制造业的就业比重下降了近10个百分点。在制造业内部,食物、饮料、烟草纺织、皮革、制鞋、木材、造纸、印刷化工、橡胶、塑料、金属、机械和装备等行业的就业比重出现全面下降。在1980年到1999年间,服务业的就业比重则上升了近10个百分点。其中,批发零售、宾馆、餐馆、地产和机械装备租赁等服务则全面上升。

表 10—6　OECD 国家制造业和服务业内部就业比重的变化(％)

部门	1980	1990	1999	提高或降低
制造业总计	37	34	28	↓
食物/饮料/烟草	4	3	3	↓
纺织/皮革/制鞋	5	4	2	↓
木材/造纸/印刷	5	4	4	↓
化工/橡胶/塑料等	5	4	4	↓
金属/机械和装备	16	16	13	↓
加工	2	2	2	→
服务业总计	63	66	72	↑
批发零售/宾馆餐馆	36	36	37	↑
交通/仓储和通信	9	9	9	→
金融中介	6	7	6	→
地产和机械装备租赁	12	14	18	↑
总的制造业和服务业	100	100	100	

资料来源:转引自 Savona(2004)。

二、OECD 国家结构变动对其经济的影响:以澳大利亚为例

从上面的数据我们可以看出,在过去的三十多年,OECD 国家的产业结构变化有很多共同之处。第一,无论是从增加值份额还是从就业份额来看,各国的经济结构均发生了很大的变化。第二,经济增长速度本身并没有受到经济结构剧烈变化的冲击。尽管如此,结构的变化对于整个国家经济的冲击还是相当大的。由于OECD 国家经济结构变化具有很多共性特征,我们选取澳大利亚为样本来进行深入剖析。澳大利亚的不同之处在于,其农业和采掘业在其经济中占有相当大的比例。但是,其制造业和服务业内部的变化情况,则与其他发达 OECD 国家相仿。因此,通过深入剖

析澳大利亚的情况,我们可以大致窥探出整个 OECD 国家的全貌
(澳大利亚案例主要参见 ADIST,1998)。

(一)澳大利亚不同部门产出份额的变化

在过去的三十年,澳大利亚不同部门产出份额发生了很大变
化,各个部门在经济中的重要性也发生相应的改变。表 10—7 和
表 10—8 的数据显示,澳大利亚近些年来的经济主要是由采掘业
和服务部门推动的。

表 10—7　澳大利亚主要经济部门的平均 GDP 年增长率(%):1975—2003

	1975—1985	1986—1997	1975—1997	1990—2003
农、林、渔业	1.69	2.17	1.78	2.7
制造业	1.63	2.06	1.75	2.2
采掘业	3.88	4.29	3.38	– –
服务业	3.10	3.72	3.66	4.2
全国 GDP	3.03	3.39	3.14	3.8

资料来源:1990—2003 年数据引自 World Bank(2005),其余年份转引自 ADIST(1999)。

表 10—8　澳大利亚主要经济部门的总产出份额(%):1975—2003

	1975	1980	1985	1990	1993	1997	2003
农、林、渔	5.1	4.2	4.5	4.1	4.3	3.8	3
制造业	18.1	17.9	15.8	15.0	15.0	13.4	12
采掘业	3.9	3.4	4.2	4.4	4.4	4.3	– –
服务业	66.0	66.5	66.5	67.8	67.8	69.5	71

资料来源:1990—2003 年数据引自 World Bank(2005),其余年份转引自 ADIST(1999)。

与此同时,平均而言,农林渔业和制造业部门的增长每年要分
别落后于整体经济增长速度 1.75% 到 1.78%。这使得农林渔和

制造部门产业占GDP的份额出现下降,而采掘和服务部门的份额则显著提高。变化最大的部门出现在制造业。这一部门在1975—1997年间总体下降了5个百分点。但在大约1960年以前,这些部门的产出份额则持续上升。1962—1963年其比重高达26%,之后则一直下降。澳大利亚制造业产出份额下降的情况同大多数工业国家的情况相同。平均而言,OECD国家的制造业占GDP的份额则从1970年的28.3%下降到1993年的20.6%。同其他资源依赖型国家(比如加拿大、新西兰)一样,澳大利亚制造业占GDP的份额一直低于OECD国家的平均水平。这种情况同主要的亚洲经济体相反。比如,中国香港地区、印度尼西亚、韩国、马来西亚、新加坡、中国和泰国。这些经济体在近些年来其制造业部门的相对重要性一直在增加。澳大利亚服务部门份额的扩张同女性劳动力的参与度提高、双收入家庭数量的提高以及人口老化等有关。这些社会变化趋势带来了人们生活方式的变化和市场变化,进而导致了对服务需要的提高。

(二)澳大利亚产业内部的结构变化

根据产出增长情况,我们对澳大利亚的产业进行排序。澳大利亚产业增长的变动情况显示,增长速度高于GDP平均水平的行业主要是服务行业,而增长速度低于GDP平均水平的行业则主要是制造业。在制造业内部,尽管很多行业在GDP中的份额出现下降明显,但由于该部门总体在GDP中的份额比较低(比如,1997年只有13.4%),它们对澳大利亚经济的影响并不大。比如,纺织、制衣、制鞋和皮革等行业产出出现显著下降,但对GDP的影响则十分有限。在1997年,这几个行业对GDP的贡献只有0.6%。

1. 快速增长的产业

从表10—9可以看出,澳大利亚快速增长的行业有两个特点:

一是在 1978—1986 年期间增长最快的 14 个行业中,只有 6 个继续在 1987—1997 年期间保持领先,即通信服务、金融和保险、房屋和商业服务、采掘、健康和社区服务等。大多数在早期快速增长的行业都不能继续保持领先。另外一个显著特点是,相对小的行业在增长中居于领先地位。

表 10—9　澳大利亚增速超过 GDP 平均水平的产业

1978—1986		1987—1997	
产业	增长率(%)	产业	增长率(%)
煤气	11.82		
通信服务	7.53		
房屋和商业服务	5.82	通信服务	10.32
航空运输	4.93	航空运输	6.78
电力	4.91	金融和保险	4.55
金融和保险	4.82	房屋和商业服务	4.28
铁路交通	4.66	采掘	4.03
文化和休闲服务	4.10	人力和其他服务	3.70
教育	3.70	健康和社区服务	3.67
采掘	3.69	批发贸易	3.63
健康和社区服务	3.66	道路、其他交通和储备	3.45
供水、污水处理	3.61	旅馆、咖啡和餐馆	3.36
印刷、出版等	3.36		
零售贸易	3.06		
平均年总产出增长	2.95	平均每年总产出增长	3.3

资料来源:转引自 ADIST(1999)。

2. 低增长或负增长的行业

从表 10—10 可以看出,制造业部门出现两个变化趋势:一是增长速度低于 GDP 平均增长速度,其在 GDP 中的相对份额下降;二是增长速度为负的行业,其规模会出现萎缩。这些行业规模相对或绝对缩小有两个原因：一是随着消费结构发生变化，这些行业被其他新兴行业取代；二是随着新兴工业化国家的快速崛起，制造业发生了跨国转移。

表 10—10　低于 GDP 平均增长速度或呈负增长的行业

1978—1986（平均 2.95%）		1987—1997（平均 3.3%）	
低于平均年总产出增长率的行业			
政府管理和国防	2.87	机械和装备	3.29
道路、其他交通	2.64	文化和休闲服务	3.21
水运	2.55	电力	3.06
人力和其他服务	2.53	水运	2.96
纺织、制衣、制鞋和皮革	2.44	零售贸易	2.77
旅馆、咖啡和餐馆	2.21	煤气	2.57
建筑	1.90	教育	2.48
农业	1.82	建筑	2.36
非金属矿产品	1.76	政府管理和国防	2.34
木材和造纸	1.56	石油、煤炭、化工等	2.22
金属制品	1.54	农业	2.06
石油、煤炭、化工等	1.46	铁路	1.88
批发贸易	1.16	印刷、出版等	1.84
其他制造业	1.09	供水、污水处理	1.80
食品、饮料和烟草	0.50	食品、饮料和烟草	1.79
机械和装备	0.40	采矿服务	1.61
森林和渔业	0.23	木材和造纸	1.35
		金属制品	0.95
		森林和渔业	0.89
		其他制造业	0.72
		非金属矿产品	0.08
平均年总产出增长为负的行业			
		纺织、制衣、制鞋和皮革	−1.68

资料来源：转引自 ADIST（1999）。

（三）澳大利亚不同行业就业增长情况

澳大利亚不同部门的就业增长率相差甚大。从表10—11中可以明显地看出,尽管1985—1998年期间就业增长达到1.94%,但增长最快的则是1985—1990年这一时间段。这一期间所有的部门就业均出现增长。在此之后,所有部门的就业增长速度均下降,而制造业和采矿业则出现负增长态势。1998—2001年期间,澳大利亚的经济增长较为强劲,各个部门的就业均得以增长,但仍然以服务部门的就业增长为最快。这种情况这种变化情况同前面介绍的各部门的产出变化趋势总体是一致的。

表10—11　不同部门的年就业增长率(%):1985—2001

	1985—1990	1991—1995	1996—1998	1985—1998	1998—2001
农、林、渔	0.87	-1.00	2.02	0.71	1.25
制造业	0.80	-0.27	-0.06	-0.23	0.43
采掘业	1.94	-4.28	-3.77	-1.21	--
服务业	4.21	1.72	1.41	2.50	2.33
总计	3.42	1.21	1.19	1.94	2.12

资料来源:1998—2001年数据根据 The OECD STAN database for Industrial Analysis 数据计算,其余年份转引自 ADIST(1999)。

具体到各个部门内部,1992—1998年期间,就业率超过平均就业增长率的行业有:水运、房屋和商业服务、森林和渔业、航空运输、文化和休闲服务、建筑、旅馆、咖啡馆、餐馆、其他制造业、健康和社区服务、零售贸易、个人和其他服务、采矿服务、道路、运输、仓储、印刷、出版等行业。有趣的是,澳大利亚高产出增长率的行业的就业并没有相应的高增长。比如,在1987—1997年产出增长最快的4个行业中,只有航空、房屋和商业服务两个行业的就业呈现高增长,而其中房屋和商业服务这个行业的就业增长率超过其产出增长率。

总之,尽管 OECD 各成员国经济结构变化的具体情况各不相同,但总体趋势是一致的。通过深剖析澳大利亚产业结构变动对其经济的影响,我们可以大致了解 OECD 各成员国经济结构变动对其经济产生的冲击。

第三节　OECD 主要国家产业结构变动的机制与政策

由于 OECD 更多的是一个论坛性质的组织,它难以制定统一的政策。但是,作为 OECD 主体的欧洲国家,由于其经济越来越一体化,其采用的共同政策也越来越多。因此,此节我们结合欧盟来讨论 OECD 国家的产业政策。欧洲国家的产业政策有其共同的一面,但由于这些国家并非一个统一的国家,各国在历史和产业结构等方面大为不同,他们的产业政策因而也有很大差异。总体而言,西欧国家的产业政策介于日本和美国之间。相比美国而言,欧洲国家采取了更多的产业政策。大多数的欧洲国家都有较长的国家干预产业的历史。为了应对战时需要以及法西斯和战时政权带来的经济危机,很多国家实施过干预措施。当私人经济复苏后,国家干预减退,但各个国家程度不一。法国有国家干预的传统,国家在经济中扮演着较强的角色。在德国,政府尽量将政府干预减到最低程度。在英国,由于根深蒂固的自由放任的传统,政府为应对长期的经济困难,不得不努力地发展其同产业界之间的关系。就正如欧洲国家试图通过建立欧盟来克服其国家的分歧一样,他们也正通过建立福利国家以及提高就业和经济增长来缓解阶级冲突。

这就导致欧洲各国在产业政策上比较活跃。由于存在以上区别，欧洲国家产业政策的制定情况比较复杂，难以用几句话简单地描述。此节我们先介绍欧盟在产业政策方面共同的一面，然后分别介绍欧洲四个最大国家的产业政策。

一、从欧盟看 OECD 国家产业结构变动的机制和政策[①]

从政策制定的角度而言，OECD 更多的是一个论坛性的组织，它难以就经济结构的变动制定统一的政策。同 OECD 不同，欧盟国家在政策制定上则更具统一性。由于大多数欧盟国家都是 OECD 国家，我们这里以欧盟（European Community）国家的政策来反映 OECD 国家产业结构变动的机制和政策[②]。

---

① 参见 OECD，1998；Pinder，Hosomi and Diebold，1979.

② 欧盟（European Union）成立于 1993 年，是一个由 27 个独立国家组成的联盟，旨在加强政治、经济、社会合作，促进劳动力和资本的自由流动、废除垄断和卡特尔组织，以及在劳工、社会福利、农业、交通和外贸等领域形成统一的政策。欧盟的最终目标是建立起统一的政治联盟。欧盟的前身是欧共体（European Communities，EC），或欧洲经济共同体（European Economic Community，EEC）。欧盟成员国包括：奥地利、比利时、保加利亚、塞浦路斯、捷克、丹麦、爱沙尼亚、芬兰、法国、德国、希腊、匈牙利、爱尔兰、意大利、拉脱维亚、立陶宛、卢森堡、马耳他、荷兰、波兰、葡萄牙、罗马尼亚、斯洛文尼亚、斯洛伐克、西班牙、瑞典、英国。这些国家除了保加利亚、塞浦路斯、爱尔兰、拉脱维亚、立陶宛、马耳他、斯洛文尼亚外，都是 OECD 成员国。欧盟是在最早的欧洲煤炭钢铁共同体（The European Coal and Steel Community）基础上一步一步演变而来的。1951 年，比利时、联邦德国、法国、意大利、卢森堡和荷兰发起成立了欧洲煤炭钢铁共同体。1957 年，罗马条约成立了欧洲经济共同体（European Economic Community，EEC），或称欧共体（European Community，EC）。1973 年，共同体扩展到 9 个成员国，并且制定了一些共同政策。1979 年，欧洲议会第一次直接选举。1981 年，共同体吸收了一些地中海国家。1993 年，单一市场建成，同年马斯特里条约成立了欧盟。1995 年，欧盟扩展到 15 个成员国。2002 年，采用欧元。2004 年，10 个新国家加入欧盟（欧盟网址：http://europa.eu/abc/index_en.htm）。

　　由于欧共体成员国的产业政策存在着较大差异,欧共体在制定同欧盟产业有关的共同政策时就面临很大困难。迄今为止,欧共体统一的外部关税可以被视为其最重要的称得上"共同的"产业政策工具。削减关税在欧共体内部并没有多少争议,目前关税已在 1958 年水平的基础上削减了约一半。像其他工业化国家一样,欧共体对劳动密集型制造业的进口有一种保护性措施。但是,自由贸易的共识在欧共体政策中一直占据主导地位。相反,欧共体农业政策的主要目标则是自给自足,通过进口征税和出口补贴来维持欧共体内部一个相对高的价格水平。在此价格下,一些产品出现了严重剩余。

　　在煤炭和钢铁行业,产业政策主要是促进其现代化和重组。在早期的欧共体协定中,成立了一个欧洲煤炭钢铁共同体(European Coal and Steel Community)。该共同体运用其权力来提高贷款,以为这些产业的现代化融资,或者促进煤炭钢铁密集地区的经济活动。同时,它还运用其资金培训人力,甚至提供住房,等等。在经济衰退时期,欧洲煤炭钢铁共同体还运用最低价格和其他措施来稳定市场。这些措施由于需要取得共同体国家的一致同意,因此实施起来也就比较困难。但是,欧共体为进口钢铁设置底价以稳定欧共体内部钢铁价格的建议却被接受。这项计划同美国的情况比较相似。美国以日本这个世界上最有效率的钢铁生产国的价格作为最低进口价格,同时还设置进口数量限制。

　　对于其他一些产业,欧共体并没有太多的力量来采取类似的稳定措施。根据罗马条约(Rome Treaty)第 92 和 93 款,欧共体有权不允许成员国对产业进行补贴,但它却可以劝导成员国出于适应性目的而不是保护性目的对产业进行适当补贴。欧共体的政策似乎正在朝着此方向迈进。欧共体曾提出过对造船业进行补贴,但条件是压缩40%以上的生产能力。对于纺织业,欧共体曾通过谈判达成一项协议,将配额经复杂计算之后在成员国之间进行分配。但是,成员国执行的情况并不理想,各个国家执行的情况不一。欧共体也提出过处理其他产业的问题。但是,成员国还没有就航空、计算机或防务采购机构、人造光纤以及核反应堆等问题达成一致意见。

欧共体实施的产业政策表明,其在影响某些产业的行为方面是有效的。通过废除内部关税和配额以及在共同体供应商之间开放政府采购,它为共同体创立了一个共同的市场,这对共同体的产业结构产生了很大的冲击。除了这些清除市场壁垒的政策外,欧共体自1970年就开始提出各国实行多样性的政策以帮助产业升级改造。这些提议已部分地被实施或正在实施。比如,消除共同体内不同国家的企业进行合并的障碍,成立机构帮助小企业间的合作。

二、德国产业结构变动的机制和政策[①]

由于二战的原因,德国的情况比较特殊。在战后,由于其阶级冲突相对较少,同时也因为要同过去的法西斯制度决裂,他们在意识形态上就比大多数欧洲国家的微观经济干预要少。在战后重建时期,政府在关键行业干预比较多,但主要是提供一个稳定的经济环境,并在早期对汇率进行低估。如果用政府对产业直接援助的预算份额来衡量,则德国的产业政策比其他国家要弱得多。但是,如果考虑到各级政府在支出方面的自主权,则情况又有所不同。

---

① German Federal Ministry of Economics, 1998; Pinder, Hosomi and Diebold, W. 1979.

在各级政府的层面上，一些产业措施，比如土地的自由提供、低成本的电力和其他一些基础设施补贴、信用担保、公共风险资本、特别采购等方面则比通常认为的要更多。但是，这些措施着重于创造新的就业机会，而不是维持现有的企业。在20世纪60年代后期，政府建立了公共补贴指南（Guidelines for public subsidies）。

在劳动力市场和人力资源政策方面，德国的产业政策一直居于领先地位。欧洲国家只有瑞典在此方面更为出色。此外，德国是第一个在企业政策制定方面引入雇员参与共同决策的国家，现在则致力于提高工作的人性化程度。德国的工会在产业政策的制定方面比其他国家要起更大的作用。虽然德国主要依靠私人部门来发展高新技术产业，但德国政府在此方面有着实质性的干预。比如，1960年代后的核工业、航空部门、计算机技术和深海技术等。德国的核反应堆的公共融资比法国和英国更为有效，后者同样也在该领域投入了不少公共资金。这三个国家，还有意大利、荷兰和瑞典，对航空发展都进行公共投资。同核反应堆不一样，飞行器的制造通常是由两个或更多的欧洲国家联系制造，有时候甚至有美国的公司参与。虽然这种跨国的合作投资往往有很多困难，但主要航空器材如果由单个国家来制造，则在经济上不合算。但是，以欧盟项目来发展这些项目的建议则还没有被成员国采纳。在德国、法国、意大利、英国和其他欧洲国家，计算机的生产同样由政府基金、公共采购以及合并政策一起来推动的。英国在这方面做得更为成功。最近，各国政府都在微电子领域倾注了力量。

德国的产业政策比它的大多数邻国要更为成功，其产业政策也比初看起来的要更为广泛。但是，德国的产业政策仍然同西欧国家一样,属于不干预主义,而法国的情况则属于干预主义。德国产业政策的概念和目标(German Federal Ministry of Economics, 1998)。第一,通过建立有利的投资环境和生产条件,保持德国对外来投资的吸引力。实际上,德国产业政策乃是其经济政策的重要部分。第二,产业政策的核心内容是市场和竞争。对单个产业的干预措施是绝不允许的。

为此,1980年代后,德国采取了以下主要措施。第一,预算和税收政策。从1982—1989年期间,通过严厉的开支削减政策,公共部门支出占GNP的份额降低到46%以下。在德国统一后,尽管负担加重,但1980年代的财政政策一直在沿用。第二,削减法定的非工资成本。通过改革强制健康和养老保险来削减成本;削减疾病支付,并对滥领失业金的情况加以控制。第三,消除进入风险资本的瓶颈。通过解除管制、降低税收、开拓新的金融手段和市场等措施来提升德国作为金融中心的地位;支持技术导向和创新性企业的创立和发展;对创新性研发活动给予低息贷款。第四,通过私有化和解除管制来改进政府管理。自1982年起,出售联邦政府持有的企业股份。其中,将23家公司的政府股份全部出售,5家的股份部分出售。到1994年,前民主德国的12000家国有企业全部被私有化并改组成竞争性企业;修改法律、简化政府管理程序;在道路建设和环境保护方面,加强政府作用;通过铁路和邮政改革,废除国家垄断;自1996年开始,延长商店营业时间。第五,同产业界展开对话。自1995年开始,联邦经济部同不同行业和工会的高级代表进行对话,讨论改进这些行业条件的措施。此外,德国还通过修改劳工法、强调创新能力、出台教育和政策、改进国际分工等措施来提高德国的投资和商业运营环境。

三、法国产业结构变动的机制和政策①

法国产业政策的宏观框架是由雇主和工会代表以及政府官员组成的行业委员会设计的。由于法国经济增长一直较快,它的这种做法也被英国、意大利和其他国家所效仿。但是,这些国家的效果往往不如法国。法国的计划体系引导产业向政府规划的目标发展,最开始是数量计划,但现在则更多的是质量方面的指标。比如,出口导向、资源共享、地区发展,等等。其原因在于,法国的计划体系往往同其政策工具相联系,这些政策工具很大程度上同其国有的金融制度密切相关。它具有不同类别的财政激励和惩罚以及强有力的行政干预能力。

实际上,法国和其他国家的产业政策都是对危机的一种反应,是不同部门及产业利益冲突折中的结果。要更好地理解法国产业政策,我们需要关注其产业政策工具。在西欧国家中,法国的产业政策工具是非常独特的。在产业部门同政府建立起联系的工具中,合同项目(*contract de programme*)起着重要作用,它为政府同主要企业之间的谈判和协议提供了一个渠道。比起这种正式的安排更重要的是,政府部门、金融机构和大企业的领导们的背景比较相同,他们之间能够相互沟通理解。他们之间形成的共识,是法国的政府部门和产业间能够达成一致的重要条件。尽管法国的产业政策体系较其大多数邻国更为有效,但近些年来它也在发生显著的改变,其经济和产业政策越来越趋于自由化。

为了实现提高产业竞争力的目标,法国政府从以下方面采取措施。一是从宏观经济层面上采取措施,为企业发展创造一个稳

---

① 参见 French Ministry of Economy, Finance and Industry, 1998; Pinder, Takashi, and Diebold, 1979.

定的国内和国际环境;二是在规制方面,政府创造一个有利于企业家的环境。除了宏观方面的措施外,政府也采取了很多微观方面的措施,以帮助企业来完成产业调整。具体而言,法国政府采取以下措施来帮助法国企业适应全球经济并提高国际竞争力。

(一)法国政府如何创造一个有利于企业成长的环境

健康的宏观经济基础。在采用欧元之前,法国政府在1970年代成功地采取了反通货膨胀政策。通货膨胀被控制在2%—3%左右,法郎持续稳定。这使得进口成本能够控制,利率持续下降,从而刺激了生产性投资。

有利的经济和规制环境。为了优化企业发展的环境,提高法国作为产业中心的吸引力,政府采取了一系列措施。比如,保证高素质劳工供给的教育政策、降低企业的行政性负担、建设综合和高质量的通信基础设施、努力促进基础研究(法国是基础研究投入占GDP比重最高的国家之一)、对商业和税法持续不断地改善,等等。

(二)法国政府如何提高企业的无形竞争力

——法国政府如何促进企业研究活动? 多年来,法国政府提高产业竞争力政策的主要内容就是促进研究开发活动以及技术扩散方面,而其主要对象则是针对中小企业。第一,法国产业援助政策的一个重点是设立产业研究的公共支持项目。法国政府对中小企业提供研究贷款。此外,从1983年开始,如果企业要提升其研究活动,还可以通过研究税(Research Tax)的方式得到税收减免。第二,通过资本市场支持中小企业利用私人资本进行创新活动。比如,发展风险投资;1996年设立新的证券交易市场;对投资创新型企业的私人资本实行税收减免,等等。第三,确立产业发展重点。法国政府发布了"2000年法国产业关键技术"的研究报告,确立了法国未来产业发展的重要领域。法国政府号召企业重点发展这些指导产业。第四,鼓励中小企业投资于旨在提高企业劳动者技能的无形投资。比如,在法国政府和地区的计划协议上,法国政府在 1984 年设立了地区咨询援助基金(Regional Funds for Consultancy Aid),通过提供政府资助,鼓励企业使用外部咨询专家。类似的政府资助也用于帮助中小企业雇佣专业的管理者。

——法国政府如何促进技术扩散? 法国政府鼓励研究成果在全球范围内扩散。在国内,法国设有一个技术资源中心和产业技术中心网络(network of Technology Resource Centre and Industrial Technology Centre),专门推广和扩散技术成果,也为法国企业提供咨询服务。法国技术政策的重点是维持中小企业的高增长激励。与此同时,通过资助来支持企业的创新性活动。通过起草欧盟第五 R&D 框架项目等合作,法国政府在欧盟研究项目上亦发挥十分积极的作用。

——法国政府如何促进企业产品质量提高? 法国政府鼓励企业减少废弃物、提高顾客满意度和产品质量。法国贸易部和法国标准组织 AFNOR(Agence Francaise pour la Normalisation)出台了一系列的政策,包括产品质量标准的宣传活动、质量证书制度、国家质量奖、对愿意设立质量担保制度的企业提供金融资助,等等。企业对这些活动的响应也越来越积极。通过推广环境管理证书制度,政府鼓励企业在生产过程中考虑对环境的影响。此外,法国产业部在确立所谓关键技术时,将环境因素作为一个主要的考虑,几乎一半的"关键技术"直接同环境有关。

——法国政府如何提高产业组织的灵活性? 为了适应信息社会的发展,法国政府努力通过发展电子商务为企业提供接触信息技术的机会,为企业与外界之间建立起有效的沟通渠道。法国政府尽力让企业了解使用计算机技术的好处。1995 年,法国工业部成功地发起了一项"机构伙伴"(branch partnership)计划,旨在为供应商、产业界和销售网络之间建立起创新性的伙伴关系,以提高所有商业机构的组织效率,以更好地服务顾客,并最终提高法国产业的竞争力。

四、意大利产业结构变动的机制和政策①

从某种程度上而言,意大利的政府体系是一个分散的体系,而法国的体系则是一个集中的体系。这一特点在意大利的产业政策中也得到充分反映。较之其他西欧国家,意大利的产业政策工具有两个不同特点。

第一个特点是地区政策。为了降低北方和南方的经济差距,意大利政府投入了大量资源发展南方以及其他一些较落后地区的经济。尽管意大利地区政策的范围尤其令人印象深刻,但大多数欧洲国家也具有类似的目标。英国就是一个突出例子。他们将大量资源从富裕地区转移到贫困地区,并且出台了一些新的产业政策。比如,从过去限制发达地区的新产业发展,转变到鼓励高失业率地区发展劳动密集型制造业。

意大利产业政策的另外一个特点是其国有经济的范围。尽管这种情况的发生乃是源于 20 世纪 20 年代银行业的倒闭引起的国家接管,但它今天则成了执行公共政策的一个有力工具。在 20 世纪 50—60 年代产业扩张最快的时期,意大利公共政策的主要趋势是让国有企业像私人企业一样活动。但是,自 70 年代的石油危机后,通过给亏损企业注入巨额财政资金,国有企业成为提高就业的

① 参见 OECD,1998;Pinder, Takashi, and Diebold, 1979.

一项主要政策产业政策。与此同时,意大利通过立法鼓励多元化,并给予有财务困难的企业尤其是中小企业实行财政减免。

五、英国产业结构变动的机制和政策①

正如意大利一样,英国在20世纪70年代花费了大量财政资金补贴国有企业。同大多数的欧洲国家一样,英国在该时期对失业劳动的补贴非常慷慨。这些措施被视为在高失业期间的非常之举。对于这些措施,有不少反对的声音,认为这样做长期来看会降低一个开放经济的效率。但是,这种声音并不意味着其反对其他形式的产业政策。由于英国是欧洲主要经济体中相对缺少活力的经济体之一,产业政策被历届英国政府用来刺激其产业发展。

尽管其他欧洲国家产业政策多少总可以归纳出几条特点,英国产业政策的特点则很难被归纳,因为它一直在变换不同的政策。随着时间的不同以及政治的变化,英国往往采用不同的政策。受法国产业政策的启发,20世纪60年代的保守党政府成立了国家经济发展委员会(National Economic Development Council, NEDC),而60年代中期的工党政府则发起了短命的国家计划。之后,工党政府通过产业重组公司(Industrial Reorganization Corporation)促成了一系列大的合并。此类合并同美国反垄断法的精神相背离,但在欧洲却非常普遍。比如,法国在促进合并方面就一直特别活跃,他们希望通过合并来创造强大的"国有冠军"。随后的保守党政府为政府资本注入企业通过了一项工业法案(Industry Act, 1972)。但在1974年,工党政府上台后,成立了专门为企业

---

① 参见 Department of Trade and Industry of the UK, 1998;Pinder, Takashi, and Diebold, 1979.

提供援助的国家企业委员会(National Enterprise Board),代替了1972年的工业法案。国家企业委员会的资金主要用于支持British Leyland 汽车公司,政府资金很多则用于拯救境况不佳的行业,特别是造船业。这些措施有些做得比较成功。比如对 Rolls 和 Ferranti 公司的援助。英国政府有一些特别基金用来促进一些产业的现代化,比如制衣和机械工具。在很多欧洲国家,有一些机构在不同地区和乡村促进产业发展。在一些小国家,有一些机构做得也非常成功。比如,爱尔兰的工业发展署(Irish Industrial Development Authority)。

在帮助提高产业效率和增长的过程中,英国政府面临的困难可能来自于文化和社会因素。在英国,政府服务和商业部门保持分离是其一贯的政治和行政管理传统。这种传统使得产业政策的重要性不被充分重视。为此,英国政府更加注重产业需求,比如教育需求和一些直接影响产业的问题。近年来,英国产业政策的重点是帮助英国企业提高竞争力。第一,致力于世界范围的贸易自由化。推进欧盟单一市场,并通过 WTO 来推进贸易自由。第二,促进竞争和私有化。简单而言就是,推行自由市场和自由竞争。第三,降低管制负担,主要是取消过多的管制。第四,鼓励中小企业发展。第五,促进对内投资。

六、澳大利亚产业结构变动的机制和政策①

澳大利亚产业政策的主要目标是提高其国际竞争力。采取的主要措施如下:第一,大幅降低对外贸易保护,以提高国际竞争的压力;第二,通过综合性的竞争政策,对非贸易部门施加竞争压力;

---

① Department of Industry, Science and Tourism, 1998,1999.

第三,大范围地实施微观经济改革,以提高商业运营环境;第四,帮助企业成为更具创新性和出口导向型的企业。

在国际化方面,澳大利亚政府采取了以下措施:第一,削减关税、配额和其他贸易壁垒;第二,通过亚太经合组织(APEC)和澳新密切经贸关系协定(Australia-New Zealand Closer Economic Relations Trade Agreement)为企业创造更多的市场开放渠道;第三,同欧盟达成国家标准互认协议;第四,制定投资促进计划;第五,扩大金融和保险的对外出口。目前,澳大利亚政府主要在以下方面进一步努力,以提高企业的国际化程度:积极参与APEC和WTO的活动;继续实施关税改革计划;停止过去的生产奖励计划;推进自由贸易和投资自由化,等等。

在改善商业运营环境方面,澳大利亚政府的目标是降低商业运营成本、提高商业回报。主要有以下措施:第一,降低公司所得税、拓宽税基;第二,进行工资以及产业关系体系改革;第三,改革电信、能源、供水、铁路、海运和港口部门改革,等等;第四,进一步解除金融市场的管制;第五,简化公司和税收法;第六,对公营部门和私营部门的竞争保持中立。以上措施在澳大利亚取得了较为显著的成效。为此,澳大利亚目前正在进一步采取以下方面的改革:劳动力市场改革、税收体系改革、职业教育和训练、海港区改革、提高公共部门竞争性的改革、政府规制改革,等等。

在促进技术进步方面,澳大利亚政府一直鼓励私人部门进行更多的研发活动、技术成果更加商业化。第一,对研发开支实施150%的税收减免。第二,成立澳大利亚技术集团,对高科技企业进行股票融资。第三,加强公共部门研究设施和私人企业之间的联系。第四,通过税收措施提高企业的技能水平。在此基础上,澳大利亚政府目前的优先考虑是:继续一直以来政府对创新和研发活动的支持,加强公共部门研究和产业之间的联系,鼓励更多的国内 R&D 进行商业化,改进高增长企业进入风险资和信息的渠道,等等。

第四节　对我国的启示

纵观 OECD 国家产业结构的变化与产业政策,我们可以得出以下主要结论。

第一,以互联网为代表的技术革命带来的全球化是各国产业结构变化的主要驱动力。通过全球化的分工网络,资源得以在全球范围内重新配置。第二,OECD 产业结构变化的基本趋势是制造业比重下降,服务比重上升。现在,OECD 发达国家已普遍进入后工业化时代,其经济已经建立在以服务业和知识基础之上。对新兴工业化国家包括中国而言,现阶段与发达 OECD 国家的不同之处在于,制造业的比重也正处于上升阶段。第三,各国的产业政策都是以提高企业竞争力和国家竞争力为目标,以使自己在全球竞争的舞台上居于有利地位。第四,尽管各国都有不同类型的产业政策,但产业政策并不意味着政府管制,各国政府都以最大限度地发挥市场作用为前提。

世界产业结构的剧烈变动和调整,对于我国来说既是一个难得的机遇,又是一个大的挑战。OECD 国家经济结构变化及其采用的相应政策,对我国有着重要的借鉴意义。

第一,市场力量是提升产业竞争力的根本。提到产业结构变化和产业政策,人们往往很自然地想到国家干预,想当然地认为国家干预是提高产业竞争力的最直接和最有效的手段。一些政府主管部门为了谋求本部门利益,也有动力去加强对微观经济领域的干预。比如,以行业技术升级、限制产能过剩等名义进行投资审批。这些行为的初衷可能是好的,但本质上却是对市场力量的破坏。我国近三十年的高速增长证明,只有以市场为导向的改革开放才是我国经济繁荣的保证,计划手段、不当的行政干预不可能起到提升我国产业竞争力的作用。国有企业也不太可能担当起提升中国产业竞争力的重任。诚然,在各国产业结构面临急剧变动的时期,这些国家的政府都出台了一些积极的政策措施来提高产业竞争力,但政府干预无一例外都是建立在市场机制的基础之上的。美国和英国经济之所以在1980年代后重新复苏,很大程度上正是得益于里根政府和撒切尔政府采取的自由化政府,对传统的国有企业进行了民营化改造。因此,依靠市场力量才是提升产业竞争力的根本。

第二,在强调市场力量的同时,国家通过战略性的举措来提升国家竞争力非常重要。政府在市场经济中的作用表现为建立和维护市场经济的规则和秩序、提供公共产品,等等。自由贸易固然会使贸易双方都受益,但在全球化时代,竞争力不强的国家可能会被排除在国际贸易之外。因此,通过国家战略来提高国家竞争力,就可以使本国更好地参与国际贸易分工,并从自由贸易中得到更多的好处。一个国家的竞争力,更多地体现在其微观经济的活力。因此,政府要致力于提供一个良好的投资环境,包括:建立和完善法治(rule of law)、高效的行政体系、对私人财产的保护、自由而高效的资本市场、自由企业制度、自由劳动力市场、加强基础设施建设、社会保障体系、鼓励技术创新,等等。

第三,清除市场壁垒,为产业结构升级创造更大空间。工业化的过程表现为产业生产链条不断加长的过程。在这一过程中,新的中间产品、新的技术不断涌现,带动产业不断升级。这一过程得以实现的前提条件,乃是市场范围的不断扩大。市场扩大为细密的产业分工创造条件,而分工的进一步发展又使得生产率得到提高,从而导致价格下降,市场进一步扩大,形成良性循环。改革开放以来,我国经济之所以一直保持高速增长、产业结构不断升级,正是因为对外开放和我国市场化程度的不断提高。如今,我国已成为世界工厂,成为全球第三大贸易国。全球化带来的世界大市场,加上我国自身13亿人口之巨的国内市场,是我国经济增长和产业结构升级的强大驱动力。但是,我国国内统一大市场的形成目前还面临着很多问题,主要是体制性问题和技术性问题。前者主要表现为地方保护主义,后者则主要体现在基础设施的落后影响了统一市场的形成。地方保护主义同现有财政体制、税收体制,以及政府体制有密切关系,基础设施落后则需要通过市场化途径和政府公共投资(包括大规模转移支付)来解决。无论如何,消除我国国内的地区间市场壁垒对于我国产业结构升级和经济增长意义十分重大。

第四,产业结构在全球范围内发生的剧变,对我国产业结构而言,是一个实现升级和赶超的机会。产业结构的变化相对更有利于发展中国家,因为发达国家的产业结构调整涉及大量存量资本的调整,必然会给就业带来大的冲击;而我国目前正处于一个快速工业化和城市的过程,全球化对我国经济的影响主要是表现为增量部分,不会对我国存量经济带来很大的冲击。因此,全球化对我国这样的发展中国家更多地意味着机遇。我国应该继续扩大开放,推进自由贸易,以继续从全球化中受益。

第五,OECD发达国家经济结构变化的路径,代表着今后我国经济结构变化的路径。我国应该为这种变化未雨绸缪,及早制定具有战略眼光的政策。我国和OECD发达国家在产业结构上最为明显的不同是,我国现阶段制造业的份额也在快速增长。这一过程预计要一直持续到中国进入后工业化时代,彼时我国经济将建立起以服务和知识经济为基础的经济,制造业比重则会下降。根据世界经济增长的路线图,现代经济增长最早发生在英国和荷兰,之后扩展到欧洲大陆和北美洲、日本、澳大利亚,然后是亚洲"四小虎",现在则是中国、印度、巴西、俄罗斯(BRIC)"金砖四国"以及东盟经济体。可以预料,非洲经济将是现代经济增长的下一站。产业结构在全世界范围内的重新配置,也大体会遵循这一路线图。因此,我国现在应该对自己以及全球范围内未来产业结构的演变方向有足够的认识,及早采取相应的战略措施。

主要参考文献:

1. Australian Department of Industry, Science and Tourism, 1998: "Australian Industry Development Policy: Past and Future", included in *Past, Present and Future Policies for Industrial Development in Member Countries*", DSTI/IN(97)28/FINAL; OECD.

2. Australian Department of Industry, Science and Tourism (ADIST),1999:"An Analysis of the Changes in Australia's Industrial Structure"; Working Report.

3. Department of Trade and Industry of the UK, 1998: "UK Policy towards Industry: Past, Present and Future", included in *Past, Present and Future Policies for Industrial Development in Member Countries*", DSTI/IN(97)28/FINAL; OECD.

4. French Ministry of Economy, Finance and Industry (FMEFI), 1998: "Main Orientations of French Policies for Industrial Development and Competitiveness"; included in *Past, Present and Future*

Policies for Industrial Development in Member Countries", DSTI/IN (97)28/FINAL; OECD.

5. German Federal Ministry of Economics, 1998: "German Industrial Policy: Results and Outlook", included in *Past, Present and Future Policies for Industrial Development in Member Countries"*, DSTI/IN(97)28/FINAL; OECD.

6. OECD, 1998: *Past, Present and Future Policies for Industrial Development in Member Countries"*, DSTI/IN(97)28/FINAL.

7. Pinder, J. , Hosomi, T. , and Diebold, W. 1979:"Industrial Policy and the International Economy", Report of The Trilateral Commission.

8. Peneder, M. , Kaniovski, S. , and Dachs, B. 2000 "External Services, Structural Change and Industrial Performance",Austrian Institute of Economic Research WIFO, Background Report for the European Competitiveness Report 2000.

9. Savona, M. , 2004: "Structural Change and Macroeconomic Performance: The Structural Bonus Hypothesis in Services", prepared XIV International Conference of RESER, Castres and Toulouse, 23—25, Sept, 2004.

10. Smith, Adam, 1776: An Inquiry into the Nature and Causes of the Wealth of Nations, Reprin,edited by E. Cannan, Chicago, University of Chicago Press, 1976.

11. Stigler, G. 1951: "The Division of Labor is Limited by the Extent of the market", Journal of Political Economy, 59, 185—193.

12. World Bank,2005: *World Development Indictors* 2005.

13. Yang, X. 2000: *Economics: New Classical Vs. Neoclassical*

Framework, Blackwell.

14. Young, Allyn, 1928: "Increasing Returns and Economic Progress" the Economic Journal, 38, 527—542.

15. 数据库和相关网站:

数据库:The OECD STAN database for Industrial Analysis

OECD 网址:http://www. OECD. org

欧盟网址:http://europa. eu/abc/index_en. htm

第十一章　韩国产业结构变动趋势

韩国曾经是世界上一个典型的最不发达的农业国家,20 世纪 60 年代以后发生了改变。1962 年,韩国开始认真着手发展经济。根据经济发展的需要,韩国不断适时地调整其产业结构,不到 40 年取得了被誉为"汉江奇迹"的经济成就,发展成为新兴的工业化国家。韩国经受住了 1997 年的亚洲金融危机的考验,迅速走上经济复兴之路。1962—2005 年期间,韩国的国民总收入由 23 亿美元增加到 7868 亿美元,人均国民收入由 87 美元增加到 16291 美元。

韩国经济的快速发展,主要取决于其产业结构的及时调整以及产业升级和技术进步。

第一节　韩国产业结构变动的历程、特征与趋势

一、韩国产业结构变动历程

韩国产业结构变动可以分为三个阶段:工业化前阶段、工业化阶段、后工业化阶段。

(一)韩国工业化前阶段

韩国工业化前阶段是指 1962 年以前,属于产业结构逐步恢复和形成阶段。

1954 年以前,韩国基本处于战争和动荡之中,经济和产业发展基本停滞。自 1910 年起,朝鲜沦为日本的殖民地。1945 年以

后,朝鲜被分为南北两个部分,南朝鲜即是今天的韩国。由于经济长期遭受战争破坏,特别是第二次世界大战和朝鲜战争,朝鲜南北经济联系割裂,战后初期韩国生产状况出现了严重的倒退。那时韩国经济十分落后,农业在国民经济中居于主导地位,一些为数不多的、薄弱的工业基础被战争破坏殆尽,40%的加工工业企业和90%的采掘工业企业倒闭;人民生活水平十分低下,韩国失业人口约占总就业人口的40%,完全失业人数高达240万人,失业率超过20%。

1954—1961年期间,1953年7月朝鲜战争全面停战以后,韩国经济才开始走向恢复和稳定。美国巨额经济援助和军事援助,对韩国经济恢复起了重要作用。韩国通过销售美援物资积累资金,再大量投入电力、煤炭、水泥、运输、通信等产业部门以带动内需,实现了经济恢复。1961年朴正熙执掌韩国政权后,对韩国政治、经济进行了一系列重大改革,提出了"建立一个工业化的韩国"目标,大力进行经济建设。韩国经济很快恢复到战前水平,为工业化的起步准备了条件。

（二）韩国工业化阶段

韩国工业化阶段是从1962年开始到1986年,包括轻工业阶段和重化工工业阶段。

1962年至1966年是轻工业阶段。20世纪60年代早期,韩国经济仍然陷入"贫穷的恶性循环"。为了摆脱绝对贫困,1962年韩国政府发起了第一个五年经济发展计划（1962—1966）,标志着韩国工业化的正式起步。这一期间,韩国大力发展轻工业,并致力于轻工产品的出口,使轻工业取得长足进展,从而为重工业发展阶段做好了准备。

1967年至1986年是重化工工业阶段。这一期间,韩国重点扶植了化学合成纤维工业、石油化学工业、电子工业、钢铁工业、机械工业、造船工业、汽车工业等产业,促进了这些产业的迅速发展;重工业逐步超过轻工业,居于工业的主导地位,完成了工业化的基本任务。

韩国从 20 世纪 60 年代初期至 20 世纪 80 年代中期实施的产业结构调整和升级,奠定了韩国经济腾飞和工业现代化的基础。

(三)韩国后工业化阶段

韩国后工业化阶段是指从 1987 年到现在。这一阶段,突出表现是工业比重出现下降趋势,第三产业比重逐渐增加。

伴随着自 1987 年开始的政治民主化,市场自由化的浪潮引发强烈且暴力的劳资纠纷,工资的快速增长远超过生产率增长。除了过度增长的工资、过高的财务费用、过多的行政规章约束商业活动外,可支配收入的突然增加诱发私人过度消费和过度投机,较低的社会基础设施投资扭曲了企业家行为和产业竞争力,国际收支平衡状况恶化,通货膨胀率上升。韩国政府开始废除旧的规章制度,改革不合理的程序。

20 世纪 90 年代,经济贸易集团区域化正在兴起,尤其是欧洲国家和美洲国家。乌拉圭回合形成新的国际贸易制度,要求以前保护的农产品和金融服务增加自由度。韩国政府逐渐感觉到有必要改变其经济战略,以前的倡导出口战略虽然发挥廉价劳动力的比较优势,保护国内市场免受国外产品的竞争,但是该战略已显示其缺陷。韩国政府采取积极措施,参与国际经济活动,通过乌拉圭回合的贸易对话倡导世界贸易组织(WTO),成为亚太经合组织(APEC)成员,经过长期努力于 1996 年加入经合组织(OECD)。

另一方面,韩国工业内部的传统工业发展速度减缓,新兴工业发展由于政府培育,发展很快。随着国际及国内环境的变化,韩国经济发展遇到了一系列新的问题,牵制了它的经济增长速度。1997年亚洲金融危机爆发,韩国经济遭受打击,面临新的挑战和危机。但是,韩国政府积极进行产业结构调整和融入经济全球化,对大型企业财团进行重组,最终走出了困境,经济重新恢复和快速发展。

二、韩国产业结构变动特征

三次产业的划分是世界上较为常用的产业结构分类,但各国的划分不尽一致。韩国的三次产业划分是:第一产业是指农、林、牧、渔业;第二产业是指采矿业,制造业,电力、煤气及水的生产和供应业、建筑业;第三产业是指除第一、二产业以外的其他行业。

(一)韩国工业化前阶段

1. 第一、第三产业占主导地位,第二产业处于从属地位

韩国工业化前阶段中,第一、第三产业轮流占主导地位。1953—1961年期间,按照当年价格计算,第一产业占韩国GDP(国内生产总值)的比重维持在40%左右,最高为1953年的47.3%,最低为1959年的33.8%;第二产业占韩国GDP的比重最低,基本在20%以下,但呈现上升趋势,从12.7%提高到19.9%,最高为1959年的20.2%;第三产业占韩国GDP的比重基本在40%以上,最高为1959年的46.0%,最低为1956年的37.1%(见图11—1)。

2. 第二产业中,各次产业占GDP的比重呈现增长态势

1953—1961年期间,按照当年价格计算,第二产业中,矿业、采掘业占韩国GDP的比重基本呈现上升趋势,从1.1%提高到1.9%,占第二产业的比重从8.7%提高到9.5%;制造业占韩国GDP的比重也基本呈现上升趋势,维持在15%以下,从9.0%提高到13.6%,最高为1959年的14.1%,占第二产业的比重从70.9%变化到68.3%;电力、气、水供应业和建筑业占韩国GDP的比重也

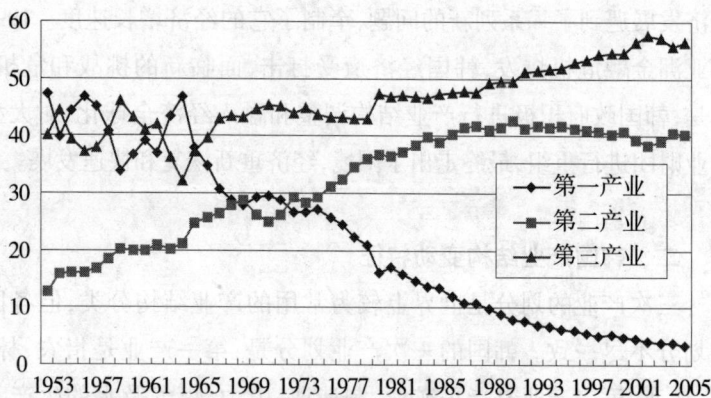

图 11—1　1953—2005 年期间韩国各次产业占 GDP 的
比重(以当年价格计算,%)

资料来源:韩国银行(The Bank of South Korea)。

基本呈现上升趋势,从 2.6% 提高到 4.4%,占第二产业的比重从
20.5% 提高到 22.1%(见表 11—1)。

表 11—1　1953—1961 年期间韩国第二产业结构(以当年价格计算,%)

	占 GDP 的比重			占第二产业的比重		
	矿业、采掘业	制造业	电力、气、水供应业和建筑业	矿业、采掘业	制造业	电力、气、水供应业和建筑业
1953	1.1	9.0	2.6	8.7	70.9	20.5
1954	0.9	11.8	3.1	5.7	74.7	19.6
1955	1.0	11.6	3.6	6.2	71.6	22.2
1956	1.1	11.6	3.3	6.9	72.5	20.6
1957	1.5	11.2	4.2	8.9	66.3	24.9
1958	1.6	12.8	4.1	8.6	69.2	22.2
1959	1.8	14.1	4.3	8.9	69.8	21.3
1960	2.1	13.8	4.1	10.5	69.0	20.5
1961	1.9	13.6	4.4	9.5	68.3	22.1

资料来源:韩国银行(The Bank of South Korea)。

3. 轻工业比重在70%以上,占有绝对重要地位

韩国工业化前阶段中,轻工业占有绝对重要地位。1953—1961年期间,按照当年价格计算,轻工业占工业的比重基本维持在78%左右,最高为1957年的80.5%,最低为1961年的73.7%;重工业占工业的比重基本维持在22%左右,最高为1961年的26.3%,最低为1957年的19.5%(见图11—2)。

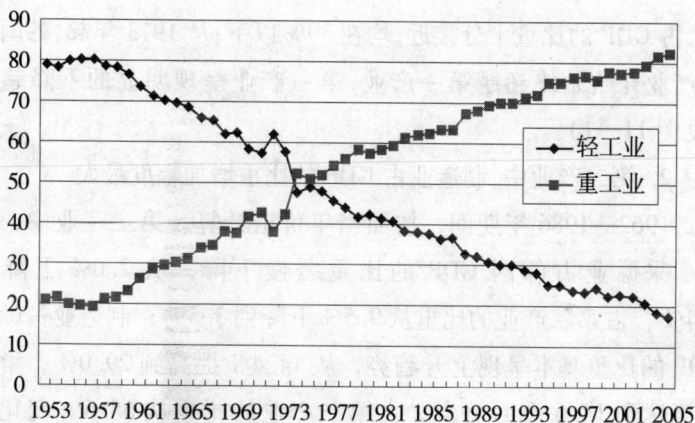

图11—2　1953—2005年期间韩国工业中轻工业和重工业的比重(以当年价格计算,%)

资料来源:韩国银行(The Bank of South Korea)。

(二)韩国工业化阶段

1. 第二产业占GDP的比重大幅提高,超越第一产业

韩国工业化阶段中,第二产业逐步超越第一产业。1962—1986年期间,按照当年价格计算,第一产业占韩国GDP的比重呈现下降的发展趋势,从37.0%下降到12.0%,最高为1964年的

46.8%,最低为1986年的12.0%;韩国第二产业占韩国GDP的比重呈现上升的发展态势,从21.0%提高到40.4%,最高为1986年的40.4%,最低为1963年的20.2%;第三产业占韩国GDP的比重维持在40%以上(除1963—1966年期间),基本平稳增长,从42.1%提高到47.6%,最高为1986年的47.6%,最低为1964年的32.1%(见图11—1)。

1962—1967年期间,韩国第一产业始终超越第二产业;1968—1972年期间,韩国第一产业和第二产业呈现交替竞争态势,占GDP的比重十分接近,均在30%以下;从1973年起,韩国第二产业开始始终超越第一产业,第一产业呈现明显的下降趋势(见图11—1)。

2. 第二产业中,制造业占GDP的比重增加幅度最大

1962—1986年期间,按照当年价格计算,第二产业中,矿业、采掘业占韩国GDP的比重缓慢下降,从2.0%下降到1.4%,占第二产业的比重从9.5%下降到3.5%;制造业占韩国GDP的比重基本呈现上升趋势,从14.4%提高到29.0%,增加幅度达到14.6个百分点,占第二产业的比重从68.6%变化到71.8%,最高为1974年的76.3%;电力、气、水供应业和建筑业占韩国GDP的比重也基本呈现上升趋势,从4.6%提高到10.0%,占第二产业的比重从21.9%提高到24.8%(见表11—3)。其中,建筑业占韩国GDP的比重基本呈现上升趋势,从1970年的5.1%提高到1986年的6.7%,占第二产业的比重从1970年的19.54%变化到1986年的16.6%(见表11—2)。

表 11—2　1962—1986 年期间韩国第二产业结构（以当年价格计算，%）

	占 GDP 的比重			占第二产业的比重		
	矿业、采掘业	制造业	电力、气、水供应业和建筑业	矿业、采掘业	制造业	电力、气、水供应业和建筑业
1962	2.0	14.4	4.6	9.5	68.6	21.9
1963	1.6	14.7	3.9	7.9	72.8	19.3
1964	1.8	15.6	3.7	8.5	73.9	17.5
1965	2.0	18.0	4.7	8.1	72.9	19.0
1966	1.9	18.6	5.1	7.4	72.7	19.9
1967	1.9	19.1	5.3	7.2	72.6	20.2
1968	1.5	20.1	6.2	5.4	72.3	22.3
1969	1.4	20.3	7.2	4.8	70.2	24.9

	矿业、采掘业	制造业	电力、气和水供应业	建筑业	矿业、采掘业	制造业	电力、气和水供应业	建筑业
1970	1.8	17.8	1.4	5.1	6.9	68.2	5.4	19.5
1971	1.6	17.7	1.3	4.4	6.4	70.8	5.2	17.6
1972	1.4	19.4	1.4	4.0	5.3	74.0	5.3	15.3
1973	1.5	22.2	1.2	4.3	5.1	76.0	4.1	14.7
1974	1.7	21.6	0.7	4.3	6.0	76.3	2.5	15.2
1975	1.9	21.6	1.1	4.6	6.5	74.0	3.8	15.8
1976	1.6	23.8	1.3	4.4	5.1	76.5	4.2	14.1
1977	1.8	23.7	1.5	5.4	5.6	73.1	4.6	16.7
1978	1.7	24.0	1.4	7.5	4.9	69.4	4.0	21.7
1979	1.6	24.3	1.8	8.3	4.4	67.5	5.0	23.1
1980	2.0	24.4	2.2	8.0	5.5	66.7	6.0	21.9
1981	2.0	25.1	2.4	7.0	5.5	68.8	6.6	19.2
1982	1.7	25.3	2.5	7.6	4.6	68.2	6.7	20.5
1983	1.5	26.4	2.7	7.9	3.9	68.6	7.0	20.5
1984	1.5	27.7	3.0	7.6	3.8	69.6	7.5	19.1
1985	1.4	27.3	3.0	7.3	3.6	70.0	7.7	18.7
1986	1.4	29.0	3.3	6.7	3.5	71.8	8.2	16.6

资料来源：韩国银行(The Bank of South Korea)。

3. 重工业超越轻工业,比重达到60%以上

韩国工业化阶段中,轻工业、重工业地位发生重大变化。1962—1986 年期间,按照当年价格计算,轻工业占工业的比重逐步下降,从基本71.4%下降到36.5%;重工业占工业的比重呈现增长态势,从28.6%增加到63.5%(见图11—2)。

韩国工业化阶段初期,轻工业比重远超过重工业,但差距在逐步缩小。1974 年起,韩国重工业比重开始超过轻工业,并且是与轻工业的差距越来越大(见图11—2)。

(三)韩国后工业化阶段

1. 第一产业萎缩,第二产业保持稳定,第三产业居于主导地位

韩国后工业化阶段中,第一、第二、第三产业地位十分明显。1987—2005 年期间,按照当年价格计算,第一产业占韩国 GDP 的比重从 10.8%持续下降到 3.3%;第二产业占韩国 GDP 的比重基本平稳的发展态势,从41.5%变化到40.4%,最高为 1991 年的42.6%,最低为 2002 年的38.4%;第三产业占韩国 GDP 的比重从47.8%提高到56.3%,最高为 2002 年的57.5%,最低为 1987 年的47.8%(见图11—1)。

总体上,韩国第一产业进一步萎缩,比重下降到3%左右;第二产业保持稳定,比重维持在40%左右;第三产业占据主导地位,比重上升到55%以上,第二产业比重始终没有超过第三产业的比重。

2. 第二产业中,各次产业占 GDP 的比重基本稳定

1987—2005 年期间,按照当年价格计算,第二产业中,矿业、采掘业占韩国 GDP 的比重缓慢下降,从 1.3%下降到 0.4%,占第二产业的比重从 3.1%下降到 1.0%;制造业占韩国 GDP 的比重基本呈现缓慢下降趋势,从 30.2%下降到 28.4%,基本稳定在

30%左右,占第二产业的比重从72.8%下降到70.3%,最高为1988年的73.6%;电力、气、水供应业占韩国GDP的比重也基本呈现缓慢下降趋势,从3.1%提高到2.4%,基本稳定在2.5%左右,占第二产业的比重从7.5%下降到5.9%;建筑业占韩国GDP的比重基本呈现增长趋势,从6.9%提高到9.2%,占第二产业的比重从16.6%增加到22.8%(见表11—3)。

表11—3 1987—2005年期间韩国第二产业结构(以当年价格计算,%)

	占GDP的比重				占第二产业的比重			
	矿业、采掘业	制造业	电力、气和水供应业	建筑业	矿业、采掘业	制造业	电力、气和水供应业	建筑业
1987	1.3	30.2	3.1	6.9	3.1	72.8	7.5	16.6
1988	1.0	30.7	2.7	7.3	2.4	73.6	6.5	17.5
1989	0.9	29.0	2.5	8.6	2.2	70.7	6.1	21.0
1990	0.8	27.3	2.1	11.3	1.9	65.8	5.1	27.2
1991	0.8	27.4	2.0	12.4	1.9	64.3	4.7	29.1
1992	0.6	26.6	2.1	12.0	1.5	64.4	5.1	29.1
1993	0.5	26.8	2.2	12.2	1.2	64.3	5.3	29.3
1994	0.6	27.2	2.2	11.6	1.4	65.4	5.3	27.9
1995	0.6	27.6	2.0	11.6	1.4	66.0	4.8	27.8
1996	0.5	26.7	2.0	12.1	1.2	64.6	4.8	29.3
1997	0.5	26.3	2.0	12.3	1.2	64.0	4.9	29.9
1998	0.5	27.3	2.3	10.6	1.2	67.1	5.7	26.0
1999	0.4	28.1	2.5	9.2	1.0	69.9	6.2	22.9
2000	0.4	29.4	2.6	8.4	1.0	72.1	6.4	20.6
2001	0.4	27.6	2.7	8.6	1.0	70.2	6.9	21.9
2002	0.3	26.9	2.6	8.6	0.8	70.1	6.8	22.4
2003	0.4	26.4	2.7	9.6	1.0	67.5	6.9	24.6
2004	0.3	28.6	2.4	9.6	0.7	70.4	5.9	22.9
2005	0.4	28.4	2.4	9.2	1.0	70.3	5.9	22.8

资料来源:韩国银行(The Bank of South Korea)。

3. 重工业比重进一步提高,达到80%以上

韩国后工业化阶段中,轻工业、重工业地位发生重大变化。1987—2005 年期间,按照当年价格计算,轻工业占工业的比重逐步下降,从 36.7%下降到 17.5%;重工业占工业的比重呈现增长态势,从 63.3%增加到 82.5%(见图 11—2)。

(四)韩国各次产业的增长速度

1. 20 世纪 70 年代以前,各次产业出现快速增长

20 世纪 70 年代以前,韩国各次产业增长速度较快。按照当年价格计算,1953—1970 年期间,韩国第一产业的增长速度最高为 1955 年的 92.8%,最低为 1959 年的 -11.8%,除 1958、1959、1965 年外,都保持正增长,17 年期间的年均指数增长达到22.6%;第二产业的增长速度都超过 10%,最高为 1955 年的76.8%,最低为 1960 年的 11.4%,17 年期间的年均指数增长达到33.2%;第三产业的增长速度都超过 5%,最高为 1954 年的53.9%,最低为 1960 年的 5.7%,17 年期间的年均指数增长达到 27.4%。

其中,矿业、采掘业的增长都是正增长,最高为 1955 年的91.6%,最低为 1968 年的 2.2%,17 年期间的年均指数增长达到29.1%;制造业的增长速度都超过 10%,最高为 1954 年的81.8%,最低为 1960 年的 10.2%,17 年期间的年均指数增长达到33.2%;电力、气、水供应业和建筑业的增长都为正增长,最高为1955 年的 100.2%,最低为 1958 年的 1.4%,17 年期间的年均指数增长达到 34.5%(见表 11—4)。

表11—4 1970年以前韩国各次产业的同比增长速度

（以当年价格计算,%）

	第一产业	第二产业				第三产业
	农、林、渔业	总体	矿业、采掘业	制造业	电力、气、水供应业和建筑业	服务业
1954	16.7	72.5	13.5	81.8	65.4	53.9
1955	92.8	76.8	91.6	69.5	100.2	52.6
1956	39.9	31.1	46.0	32.7	21.7	25.3
1957	25.7	37.7	77.8	25.9	65.9	33.2
1958	−6.5	13.7	10.8	18.7	1.4	11.6
1959	−11.8	16.0	19.5	17.0	11.4	20.1
1960	22.5	11.4	31.3	10.2	7.3	5.7
1961	27.4	19.3	8.5	18.1	28.6	13.8
1962	14.4	27.6	27.3	28.0	26.4	24.2
1963	66.3	36.4	13.4	44.7	20.2	22.2
1964	53.5	48.7	60.1	51.0	35.0	25.9
1965	−8.9	31.4	24.7	29.5	42.6	30.1
1966	17.5	32.9	21.9	32.5	39.2	36.5
1967	8.2	26.4	23.0	26.3	27.8	33.6
1968	21.4	36.8	2.2	36.2	51.4	30.9
1969	27.1	35.9	22.0	32.0	51.8	29.8
1970	20.9	28.0	34.4	29.1	23.7	26.6
年均	22.6	33.2	29.1	33.2	34.5	27.4

资料来源:韩国银行(The Bank of South Korea)。

以1995年价格为基准计算,1953—1970年期间,韩国农、林、渔业的增长速度有7年是负增长,最高为1964年的15.6%,最低为1956年的−6.9%;矿业、采掘业和制造业的增长速度全部为正,最高为 1968 年的 23.4%,最低为 1961 年的 4.4%,其中制造业的增长速度最高为 1968 年的 27.2%,最低为 1961 年的 4.0%;电力、气、水供应业和建筑业的增长速度只有 1956 年是负的,最高为 1969 年的 36.6%,最低为 1956 年的 -4.1%;服务业的增长速度除 1961 年外全部为正,最高为 1968 年的 13.4%,最低为 1961 年的 -0.6%(见表 11—5)。

表 11—5　1970 年以前韩国各产业增长情况(以 1995 年价格为基准,%)

	农、林、渔业	矿业、采掘业和制造业	制造业	电力、气、水供应业和建筑业	服务业
1954	8.0	11.5	18.1	22.7	1.2
1955	1.5	19.9	21.3	0.1	6.1
1956	-6.9	13.6	15.2	-4.1	2.9
1957	9.4	9.9	7.1	23.2	4.6
1958	7.3	9.1	10.3	5.2	2.9
1959	-0.3	10.0	9.2	21.7	6.5
1960	-2.1	10.9	8.2	0.0	2.6
1961	12.2	4.4	4.0	8.8	-0.6
1962	-6.0	13.4	11.7	16.2	8.1
1963	9.5	14.2	16.1	17.3	6.9
1964	15.6	10.5	9.9	9.1	3.2
1965	-1.0	18.3	20.5	24.2	8.4
1966	11.6	15.3	17.3	20.6	11.0
1967	-5.9	20.2	21.6	20.5	12.4
1968	1.3	23.4	27.2	36.5	13.4
1969	10.5	19.2	21.6	36.6	11.6
1970	-1.4	19.6	19.9	6.8	12.6

资料来源:韩国银行(The Bank of South Korea)。

2.20 世纪 70 年代以后,各次产业增长速度明显放缓

20 世纪 70 年代以后,韩国各次产业增长速度明显减缓。按照当年价格计算,1970—2005 年期间,韩国第一产业的增长速度最高为 1974 年的 42.1%,最低为 2005 年的 - 10.1%,除 1980 年、1997 年、1998 年、2005 年外,都保持正增长,35 年期间的年均指数增长达到 10.5%,比 1953—1970 年期间的年均指数增长速度减少 12.1 个百分点;第二产业的增长速度除 1998 年外都是正的,最高为 1976 年的 46.7%,最低为 1998 年的 - 2.4%,35 年期间的年均指数增长达到 19.1%,比 1953—1970 年期间的年均指数增长速度减少 14.1 个百分点;第三产业的年度增长没有负增长,最高为 1974 年的 45.9%,最低为 1998 年的 0.04%,35 年期间的年均指数增长达到 18.4%,比 1953—1970 年期间的年均指数增长速度减少 9 个百分点。

其中,矿业、采掘业的同比增长有 9 个年度出现负增长,最高为 1974 年的 61.6%,最低为 2004 年的 - 19.3%,35 年期间的年均指数增长达到 12.7%,比 1953—1970 年期间的年均指数增长速度减少 16.4 个百分点;制造业的同比增长继续保持正增长,最高为 1976 年的 51.8%,最低为 2001 年的 0.9%,35 年期间的年均指数增长达到 19.2%,比 1953—1970 年期间的年均指数增长速度减少 14 个百分点;电力、气、水供应业和建筑业的同比增长除 1974、2004 年外都为正增长,最高为 1975 年的 109.8%,最低为 1974 年的 - 16.8%,35 年期间的年均指数增长达到 19.4%;建筑业的同比增长除亚洲金融危机的 1998—2000 年期间外都为正增长,最高为 1978 年的 87.2%,最低为 1998 年的 - 15.1%,35 年期间的年均指数增长达到 19.6%(见表 11—6)。

表11—6　1970 年以后韩国各次产业的同比

增长速度（以当年价格计算，%）

	第一产业	第二产业					第三产业
	农、林、渔业	总体	矿业、采掘业	制造业	电力、气和水供应业	建筑业	服务业
1971	25.4	18.5	10.0	23.0	14.9	6.8	25.7
1972	19.6	29.3	7.9	35.2	32.8	12.1	22.5
1973	20.3	44.1	38.5	48.0	10.8	39.0	26.1
1974	42.1	38.2	61.6	38.8	-16.8	42.6	45.9
1975	36.0	37.8	49.2	33.5	109.8	42.9	29.4
1976	30.6	46.7	16.0	51.8	62.8	31.7	36.5
1977	21.8	33.7	44.4	27.8	48.1	57.5	28.3
1978	23.8	44.0	27.3	36.5	25.8	87.2	34.2
1979	19.6	33.4	20.7	29.8	64.9	41.9	28.2
1980	-5.3	24.2	52.7	22.7	49.3	17.8	34.4
1981	31.7	25.2	25.5	29.1	36.9	9.8	23.9
1982	7.1	16.4	-2.7	15.4	19.3	24.3	15.2
1983	8.0	22.1	3.8	22.8	27.1	22.3	17.4
1984	7.5	18.5	14.6	20.2	27.3	10.2	13.9
1985	10.3	9.6	4.4	10.3	11.9	7.5	13.8
1986	3.7	20.9	16.7	24.0	28.4	7.1	17.2
1987	5.6	20.6	9.0	22.2	10.3	20.9	17.9
1988	18.0	19.6	-8.4	21.0	3.7	26.0	18.3
1989	4.4	11.0	1.6	6.6	4.5	33.0	16.7
1990	8.5	22.1	7.2	13.6	1.3	58.5	21.6
1991	7.5	24.3	21.1	21.5	15.3	32.8	20.8
1992	11.1	10.5	-14.5	10.6	19.6	10.3	17.6
1993	1.1	14.0	-5.9	13.7	18.2	14.8	13.8
1994	13.6	16.8	40.4	18.8	17.0	11.3	17.7

	第一产业	第二产业					第三产业
	农、林、渔业	总体	矿业、采掘业	制造业	电力、气和水供应业	建筑业	服务业
1995	10.2	17.8	17.2	19.0	6.6	17.2	17.5
1996	7.1	11.1	-6.3	8.8	12.5	17.3	14.6
1997	-1.5	9.0	9.5	7.8	9.5	11.3	10.7
1998	-6.9	-2.4	-1.4	2.3	13.4	-15.1	0.0
1999	11.5	8.0	-12.5	12.6	18.9	-5.1	10.0
2000	3.0	10.9	9.3	14.3	13.7	-0.2	9.1
2001	-1.3	3.6	7.5	0.9	11.6	10.1	11.3
2002	0.2	7.5	-17.5	7.2	5.9	10.0	12.3
2003	-1.8	7.8	41.2	3.9	10.0	18.2	5.4
2004	7.5	11.7	-19.3	16.5	-4.4	4.2	4.5
2005	-10.1	3.0	38.0	2.8	3.5	2.4	4.8
年均	10.5	19.1	12.7	19.2	19.4	19.6	18.4

资料来源:韩国银行(The Bank of South Korea)。

以2000年价格为基准计算,1970—2005年期间,韩国农、林、渔业的增长速度有11个年度是负增长,最高为1981年的18.4%,最低为1980年的-19.4%;矿业、采掘业和制造业的增长速度只有1980、1998年为负增长,最高为1973年的29.0%,最低为1998年的-8.0%,其中制造业的最高增长速度为1973年的32.2%,最低为1998年的-7.9%;电力、气、水供应业的增长速度只有1998年是负的,最高为1978年的31.7%,最低为1998年的-0.3%;建筑业的增长速度最高为1977年的29.6%,最低为1998年的-10.0%;服务业的增长速度除1998年外全部为正,最高为1988年的10.3%,最低为1998年的-3.9%(见表11—7)。

表 11—7　1970 年以后韩国各产业增长情况(以 2000 年价格为基准,%)

	农、林、渔业	矿业、采掘业和制造业	制造业	电力、气和水供应业	建筑业	服务业
1971	3.9	13.6	17.8	21.6	-2.5	9.1
1972	3.2	11.4	15.8	20.9	-2.1	4.2
1973	6.8	29.0	32.2	16.6	28.0	7.8
1974	5.6	15.2	17.0	14.9	11.3	4.7
1975	4.3	13.4	13.4	15.2	6.5	4.6
1976	9.5	20.1	25.1	22.6	9.3	7.4
1977	2.3	14.3	14.4	7.2	29.6	7.7
1978	-10.7	18.7	21.1	31.7	29.4	7.6
1979	10.6	7.9	9.6	9.1	4.4	5.7
1980	-19.4	-1.3	-1.2	23.2	-3.6	3.4
1981	18.4	9.5	10.8	15.8	-6.4	4.8
1982	5.3	4.7	6.4	6.3	17.5	7.0
1983	6.0	14.5	15.7	26.9	22.1	7.8
1984	-2.1	16.1	17.2	21.9	5.2	7.4
1985	4.5	6.4	6.5	11.1	4.3	7.9
1986	4.8	19.1	20.3	25.5	2.6	9.0
1987	-4.4	17.7	19.2	10.5	12.8	10.1
1988	8.2	11.2	11.9	10.2	9.7	10.3
1989	-1.0	2.8	3.4	11.6	14.5	7.5
1990	-6.5	8.3	9.1	17.0	25.5	7.8
1991	2.0	8.5	9.1	10.1	14.0	8.6
1992	9.3	3.5	4.1	8.6	-0.1	7.1
1993	-6.0	4.8	5.1	12.4	9.5	6.8
1994	0.4	11.1	11.4	13.2	5.7	7.7
1995	5.3	11.2	11.7	6.1	7.7	8.1
1996	2.3	6.2	6.4	10.3	8.9	6.2

	农、林、渔业	矿业、采掘业和制造业	制造业	电力、气和水供应业	建筑业	服务业
1997	4.6	4.7	4.9	10.0	2.8	5.1
1998	-6.4	-8.0	-7.9	-0.3	-10.0	-3.9
1999	5.9	21.5	21.8	9.0	-7.9	6.6
2000	1.2	16.7	17.0	12.8	-3.4	6.1
2001	1.1	2.1	2.2	7.2	5.5	4.8
2002	-3.5	7.4	7.6	7.7	2.8	7.8
2003	-5.3	5.5	5.5	4.7	8.6	1.6
2004	9.2	11.0	11.1	6.6	1.8	1.9
2005	-0.1	6.9	7.0	8.0	0.1	3.0

资料来源:韩国银行(The Bank of South Korea)。

三、韩国产业结构变动趋势

韩国产业资源部发表了《2010 年韩国产业发展展望》,明确提出其产业结构变动及其发展战略,将从一般产业转向创新产业。

(一)产业发展目标

1. 分为三大类产业

按照《2010 年韩国产业发展展望》,韩国的三大类产业是主要基础产业、未来战略产业、服务产业。其中,主要基础产业包括造船、半导体、汽车、纤维、石油化学、钢铁、机械和配件材料,未来战略产业包括数码电子、电子医疗器械、生物产业、环境产业、航空产业,服务产业包括商业服务、电子商务。

2. 将实现产业世界四强

韩国产业发展目标是,2010 年其产业进入世界四强。具体的产业发展目标(见表11—8)。

表 11—8　韩国产业发展目标

	产业	2001 年市场占有率	2010 年发展前景
主要基础产业	造船	32.4%（世界第二）	40%（世界第一）
	半导体	5.7%（世界第三）	15%（世界第三）
	汽车	5.2%（世界第五）	10%（世界第四）
	纤维	5.2%（世界第六）	5.6%（世界第三）
	石油化学	4.9%（世界第四）	4.5%（世界第四）
	钢铁	5.2%（世界第五）	4.8%（世界第六）
	机械	2.0%（世界第十五）	5.0%（世界第七）
	配件材料	出口 623 亿美元	出口 1,475 亿美元
未来战略产业	数码电子	5.1%（世界第四）	20%（世界第二）
	电子医疗机械	1.5%（世界第十三）	10%（世界第五）
	生物产业	1.4%（世界第十四）	10%（世界第七）
	环境产业	1.2%（世界第十六）	2.1%（世界第十）
	航空产业	0.4%（世界第十六）	1.0%（世界第十）
服务产业	商务服务	占 GDP 的 3.6%	占 GDP 的 10%
	电子商务	电子交易比例 8.8%	电子交易比例 50%

资料来源：《2010 年韩国产业发展展望》，韩国产业资源部（Ministry of Commerce, Industry and Energy）。

（1）半导体、造船产业不仅在生产工程保持领先地位，也要在源泉技术、设计、经营、营销、标准等各领域保持世界第一；汽车产业将通过开发高附加值的车辆和环保智能型未来汽车，发展为汽车配件、材料强国，从而实现世界四大生产、出口国；在钢铁、机械、部件、材料等其他主力产业，韩国不仅在生产能力方面，而且在技术、设计、品牌、经营等无形资产方面将确保世界竞争力。

（2）数码电子领域，韩国将成为源泉技术拥有国、核心配件供应基地、国际标准主导国家,从而发展为世界第二大生产国;将 IT(信息)、BT(生物)、NT(纳米)等未来战略技术和产业化基础达到世界级水平,从而为知识信息经济打下基础。

(3)在电子商务、知识服务业等制造业支援服务产业领域,2010 年将电子交易比率提高到 50%,并通过促进制造业的服务化、消除放宽限制条款等,将服务产业的发展环境达到世界一流水平。

(二)各产业群发展战略

1. 调整产业发展速度

《2010 年韩国产业发展展望》指出,到 2010 年,以汽车、钢铁和造船为代表的韩国传统制造业将进入成熟期,其增长速度将明显放慢;而以信息技术、生物技术为代表的新技术产业将进入成长初期阶段,年平均增长率将达到 7.7%,高于 5.8% 的世界平均水平;以网上交易、文化娱乐为代表的知识型服务业则将进入高速成长期,每年的增长率将高达 10% 以上。到 2010 年,韩国的产业结构将进一步得到改善,服务业比重将由 2000 年的 60.3% 上升至 63.7%,传统制造业将由 2000 年的 34.2% 下降到 32.8%。这种比例变化将使韩国的产业结构更加接近发达国家的水平。

2. 实现发展战略

韩国为了实现年平均 6% 的经济增长率,有必要尽早从资本投入主导型转化为创新主导型发展战略。创新主导型战略应向提高总要素生产效率方向发展,且从资本、设备等硬件中心向技术、效率等软件中心转移。创新主导型的产业发展战略方向是:高技术、高生产效率、高附加值化。

(1)主要基础产业:追求全球领先。主要基础产业要灵活运用生产工程领域的强项,完善核心技术开发等薄弱环节,形成创造世界一流商品及企业的产业结构。通过核心技术开发、与IT(信息)—BT(生物)—NT(纳米)等新技术的嫁接、人才培养和无形资产扩充,追求世界一流化战略。

(2)未来战略产业:抢占技术先机,早日实现产业化。IT(信息)—BT(生物)—NT(纳米)等新技术领域具有知识密集型特点,相互关联性高,需要长期的投资财源,所有产业的基础技术的性质很强,以有限的资源是不可能进行所有的事业。因此,韩国将采取如下措施:制定有关技术开发和运用领域的技术路线图;立足于"选择与集中"的原则,促进与发达国家的在技术上的抢先竞争,同时建立早期产业化的基础;通过构筑全球技术协作网络,吸引发达国家一起参与技术开发。

(3)制造业支援服务产业:强化技术和知识的外部经济。重点发展电子商务、知识基础服务等制造业相关的服务产业,构筑制造业服务产业均衡发展的良性循环发展结构。

此外,韩国政府重点支持高新技术开发,对IT(信息)、BT(生物)、NT(纳米)、ET(环境)和CT(文化)等"5T"领域的技术开发进行重点支持;韩国政府出台了《国家战略领域人才培养综合计划》,鼓励各大学加强新技术领域的教学力量,支持高级人才的培养,保证新技术产业的持续发展。

第二节　韩国产业结构变动对经济发展的影响

韩国产业结构的变动对韩国经济发展产生了一系列的影响,主要有对外货物贸易的影响、国民经济的影响、国内就业的影响等,它们之间相互促进、共同发展。

一、韩国产业结构变动与对外货物贸易的相互促进

(一)贸易规模急剧增加

韩国产业结构的变动,大大促进了对外货物贸易的增加,1957—2005 年期间,韩国对外货物贸易规模急剧增加,进出口额从 4.64 亿美元增加到 5456.57 亿美元,48 年期间年均指数增长 15.87%,贸易差额从逆差 4.20 亿美元变化为顺差 231..80 亿美元。其中,出口额从 0.22 亿美元增加到 2844.19 亿美元,48 年期间年均指数增长 21.80%;进口额从 4.42 亿美元增加到 2612.38 亿美元,48 年期间年均指数增长 14.22%(见图 11—3)。

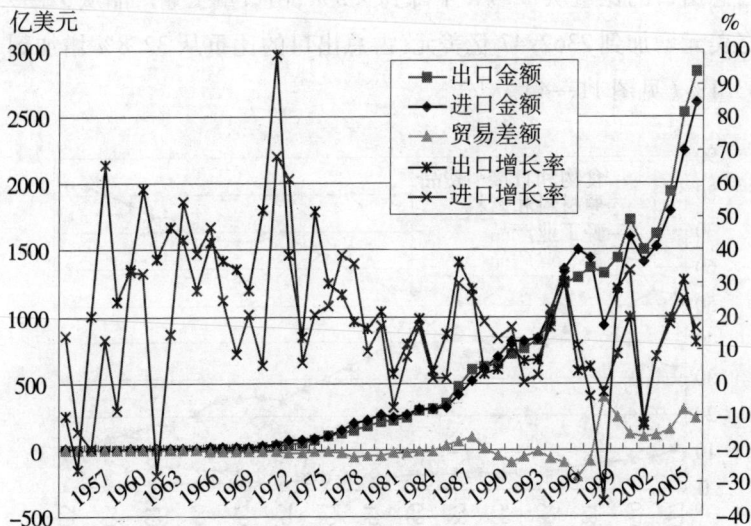

图 11—3 1957—2005 年期间韩国对外贸易情况

资料来源:http://global.kita.net/。

20 世纪 60 年代以来,除了亚洲金融危机的影响外,即 1998

年和 2001 年,韩国货物贸易出口一直保持增长态势,1973 年出口
增长率达到历史最高峰,为 98.6%。

(二)贸易产品结构得到改善

1. 出口产品结构反映国内产业结构

韩国国内产业结构的变动直接反映到其出口产品结构,重工
业产品的出口逐步超越轻工业产品的出口。1977—2005 年期间,
韩国出口食物和直接消费品从 10.68 亿美元增加到 31.74 亿美
元,占总出口的比重从 10.6% 下降到 1.1%;出口原材料和燃料从
3.82 亿美元增加到 186.51 亿美元,占总出口的比重从 3.8% 增加
到 6.6%;出口轻工业产品从 52.97 亿美元增加到 263.46 亿美元,
占总出口的比重从 52.7% 下降到 9.3%;出口重工业产品从 32.99
亿美元增加到 2362.47 亿美元,占总出口的比重从 32.8% 增加到
83.1%(见图 11—4)。

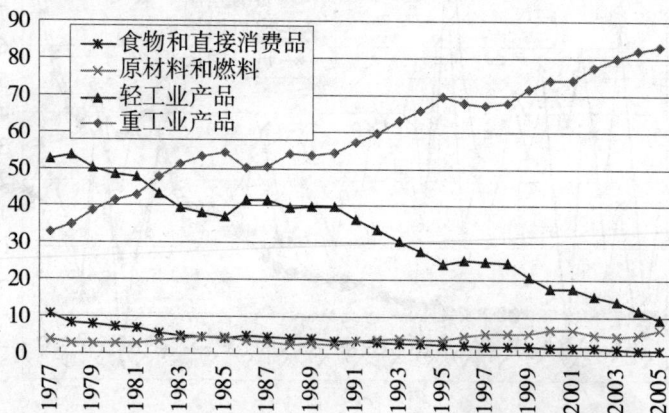

图 11—4　1977—2005 年期间韩国出口产品结构(%)

资料来源:韩国统计局(National Statistics Office of Korea,NSO)。

20世纪70—80年代,韩国出口纺织品、服装、鞋类、纺织纱线等初级产品,其中,纺织品服装出口占总出口的比重基本呈现逐年下降态势,从1977年的31.1%下降到1980年的28.2%、1985年的21.9%、1990年的20.4%、1995年的12.5%、2000年的8.7%、2005年的3.4%(见表11—9)。

表11—9 1977—2005年期间韩国纺织品和服装的出口比重(%)

年份	比重	年份	比重
1977	31.1	2000	8.7
1980	28.2	2001	8.4
1985	21.9	2002	7.4
1990	20.4	2003	5.9
1995	12.5	2004	4.3
		2005	3.4

资料来源:韩国统计局(National Statistics Office of Korea,NSO)。

按照联合国《国际贸易标准分类》第三次修订本(SITC Rev.3)的分类,韩国初级产品出口占总出口的比重处于低水平,先下降后上升,从1977年的14.65%下降到1990年的5.91%,2000年上升到8.02%,2005年达到7.58%;制成品出口占总出口的比重处于高水平,从1977年的85.34%增加到1990年的94.09%,2000、2005年分别达到91.98%、92.42%。

1977—2005年期间,初级产品中,只有矿物燃料、润滑油及有关原料产品出口占总出口的比重保持增加,从1.18%增加到5.52%,而食品及活动物的出口比重从9.41%下降到0.87%,非食用原料(燃料除外)的出口比重从2.94%下降到1.00%,饮料及烟类的出口比重从1.08%下降到0.87%,动植物油、脂及蜡的出口比重从 0.04% 下降到 0.01%；工业制品中，比重增加最突出的是机械及运输设备，出口比重从 18.45% 增加到 61.00%，化学成品及有关产品的出口比重从 2.20% 增加到 9.76%，按原料分类的制成品、杂项制品、未分类的商品的出口比重呈现下降态势（见表 11—10）。

表 11—10　1977—2005 年期间韩国各类产品的出口比重（%）

	0 类	1 类	2 类	3 类	4 类	5 类	6 类	7 类	8 类	9 类
1977	9.41	1.08	2.94	1.18	0.04	2.20	30.18	18.45	34.10	0.41
1980	6.59	0.71	1.89	0.26	0.07	4.31	35.72	20.31	29.87	0.27
1985	3.75	0.35	0.98	3.14	0.01	3.09	23.33	37.59	27.65	0.10
1990	3.13	0.19	1.52	1.07	0.00	3.86	22.08	39.29	28.57	0.27
1995	2.12	0.12	1.43	1.98	0.02	7.15	22.04	52.49	10.70	1.95
2000	1.39	0.12	1.06	5.44	0.01	8.00	17.64	58.21	7.22	0.91
2001	1.47	0.17	1.05	5.32	0.01	8.32	17.81	57.63	7.48	0.74
2002	1.30	0.21	1.01	4.03	0.01	8.47	16.61	61.30	6.44	0.61
2003	1.12	0.23	1.03	3.56	0.01	8.74	15.55	62.50	6.22	1.04
2004	0.96	0.19	0.98	4.15	0.01	9.11	14.56	63.03	5.82	1.19
2005	0.87	0.18	1.01	5.52	0.01	9.76	14.42	61.00	7.13	0.11

资料来源：韩国国际贸易协会（Korea International Trade Association）。

说明：0 类是食品及活动物，1 类是饮料及烟类，2 类是非食用原料（燃料除外），3 类是矿物燃料、润滑油及有关原料，4 类是动植物油、脂及蜡，5 类是化学成品及有关产品，6 类是按原料分类的制成品，7 类是机械及运输设备，8 类是杂项制品，9 类是未分类的商品。

2. 进口产品以原材料和燃料为主

韩国国内大力发展工业，需要大量的原材料和能源。但是，资源相对匮乏，韩国不得不通过货物贸易大量进口原材料和能源。

图 11—5 显示,1990—2005 年期间,韩国原材料和燃料进口占总
进口的比重基本保持在 50% 左右,从 53.7% 变化到 54.1%,其中
燃料保持增长态势,燃料进口占总进口的比重从 15.8% 增加到
25.5%。其他产品,如消费品的进口比重变化不大,从 8.7% 变化
为 10.3%;资本货物的进口比重略有下降,从 37.7% 变化
为 35.6%。

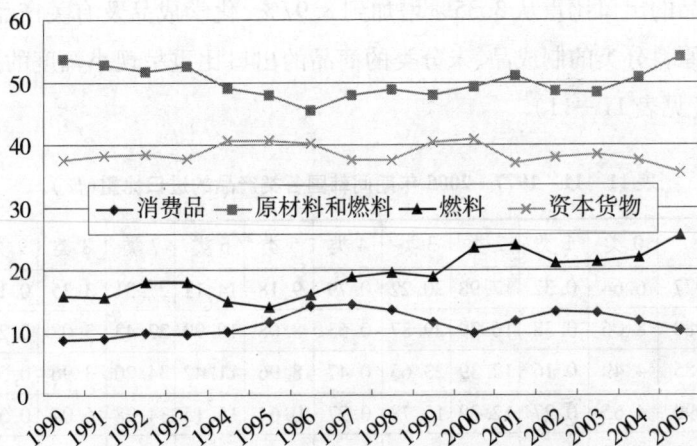

图 11—5 1990—2005 年期间韩国进口产品结构(%)
资料来源:韩国统计局(National Statistics Office of Korea,NSO)。

韩国初级产品进口占总进口的比重基本在 25% 以上,先下
降后上升,从 1977 年的 45.95% 下降到 1990 年的 33.36%,
2000 年上升到 34.47%,2005 年达到 35.98%;制成品进口占总
进口的比重处于相对高水平,在 40% 以上,从 1977 年的
54.06% 增加到 1990 年的 66.65%,2000 年、2005 年分别达到
65.54%、64.02%。

1977—2005 年期间,初级产品中,矿物燃料、润滑油及有关原

料产品进口占总进口的比重保持增加,从 20.22% 增加到
25.84%,而食品及活动物的进口比重从 6.64% 下降到 3.81%,非
食用原料(燃料除外)的进口比重从 17.98% 下降到 5.88%,饮料
及烟类的进口比重从 0.32% 下降到 0.21%,动植物油、脂及蜡的
进口比重从 0.79% 下降到 0.24%;工业制品中,比重增加最突出
的是机械及运输设备,进口比重从 27.31% 增加到 31.59%,杂项
制品的出口比重从 3.35% 增加到 8.97%,化学成品及有关产品、
按原料分类的制成品、未分类的商品的出口比重呈现小幅度的变
化(见表 11—11)。

表 11—11　1977—2005 年期间韩国各类产品的进口比重(%)

	0 类	1 类	2 类	3 类	4 类	5 类	6 类	7 类	8 类	9 类
1977	6.64	0.32	17.98	20.22	0.79	9.18	14.11	27.31	3.35	0.11
1980	8.06	0.38	16.29	29.87	0.53	8.08	10.99	22.43	3.08	0.28
1985	4.49	0.16	12.39	23.65	0.47	8.96	11.42	34.20	3.96	0.31
1990	4.65	0.27	12.39	15.78	0.27	10.64	15.15	34.28	6.07	0.51
1995	4.39	0.40	8.67	14.07	0.29	9.74	15.74	36.59	8.00	2.13
2000	4.05	0.33	6.18	23.73	0.18	8.41	11.40	36.81	7.49	1.43
2001	4.81	0.40	6.42	24.15	0.19	9.16	11.82	33.96	7.91	1.18
2002	5.01	0.46	6.03	21.32	0.22	9.31	12.65	35.04	8.78	1.18
2003	4.66	0.35	5.67	21.60	0.22	9.22	12.51	35.04	9.08	1.66
2004	4.13	0.25	6.03	22.40	0.24	9.20	13.73	33.57	8.84	1.59
2005	3.81	0.21	5.88	25.84	0.24	9.38	13.72	31.59	8.97	0.36

资料来源:韩国国际贸易协会(Korea International Trade Association)。
说明:0 类是食品及活动物,1 类是饮料及烟类,2 类是非食用原料(燃料除外),3 类是
　　矿物燃料、润滑油及有关原料,4 类是动植物油、脂及蜡,5 类是化学成品及有关
　　产品,6 类是按原料分类的制成品,7 类是机械及运输设备,8 类是杂项制品,9 类
　　是未分类的商品。

二、韩国产业结构变动促进国民经济的增长

(一)促进经济增长

1. 1970 年以前,第一产业增长引导 GDP 增长

1954—1970 年期间,以 1995 年为基准价格计算,除 1956 年外,韩国 GDP 增长速度较快,1966 年达到顶峰的 13.8%。这一期间,韩国第一产业增长态势引导 GDP 增长趋势;制造业虽然持续增长,但是没有引领 GDP 的增长态势,1961 年制造业增长速度回落到 4%;第三产业(服务业)占 GDP 的比重虽然较大,却没有与 GDP 的增长态势一致,1961 年出现 0.6% 的负增长,以后增长态势基本与 GDP 的增长态势相反(见图 11—6)。

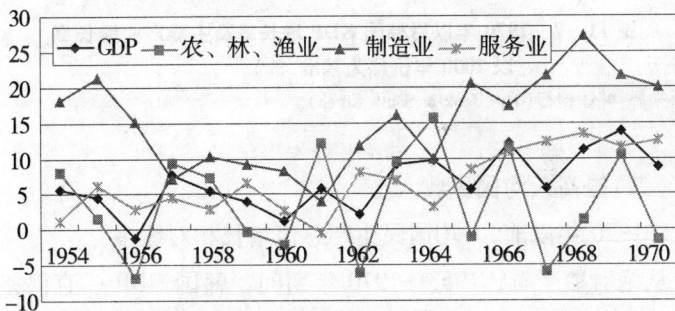

图 11—6　1970 年以前韩国 GDP 及主要产业增长情况
(以 1995 年价格为基准,%)

资料来源:韩国银行(The Bank of South Korea)。

2. 1970 年以前,制造业增长引导 GDP 增长

1971—2005 年期间,以 2000 年价格为基准,除 1980 年、1998 年外,韩国 GDP 继续保持快速增长,1973 年达到 12% 的增长速度。这一期间,韩国制造业增长态势引导 GDP 增长趋势;第一产

业没有引领 GDP 的增长态势,1980 年增长速度下降到接近
-20%;第三产业(服务业)占 GDP 的比重虽然较大,但与 GDP 的
增长态势不一致,只有亚洲金融危机的 1998 年出现负增长(见图
11—6)。

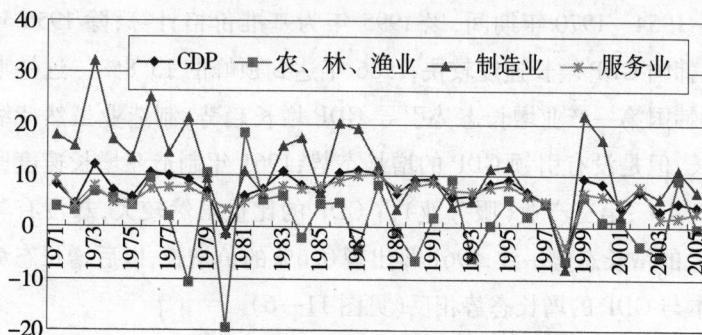

图 11—7 1970 年以后韩国 GDP 增长率及主要产业增长率
(以 2000 年价格为基准,%)

资料来源:韩国银行(The Bank of South Korea)。

(二)提高人均国民收入

1. 1970 年以前,人均国民生产总值增长相对缓慢

从绝对数来看,1953—1970 年期间,韩国 GDP 一直保持增
加态势,从 473 亿韩元(13 亿美元)变化到 26271 亿韩元(78
亿美元);GNP 也一直保持增加态势,从 479 亿韩元(14 亿美
元)变化到 26840 亿韩元(78 亿美元);人均 GDP 也一直保持
增加态势,从 2 千韩元/人·年(67 美元/人·年)变化到 83 千
韩元/人·年(243 美元/人·年)(见表 11—12)。总体来看,
增长相对缓慢。

表 11—12　1953—1970 年期间韩国 GDP、GNP 和

人均 GDP、人均 GNP（以当年价格计算）

	GDP		GNP		人均 GNP	
	亿韩元	亿美元	亿韩元	亿美元	千韩元/人·年	美元/人·年
1953	473	13	479	14	2	67
1954	656	14	662	15	3	70
1955	1,131	14	1,145	14	5	65
1956	1,501	14	1,515	15	7	66
1957	1,957	17	1,971	17	9	74
1958	2,033	19	2,047	19	9	80
1959	2,160	19	2,175	19	9	81
1960	2,431	20	2,449	19	10	79
1961	2,914	21	2,942	21	11	82
1962	3,524	23	3,555	23	13	87
1963	4,996	27	5,029	27	18	100
1964	7,111	29	7,163	29	26	103
1965	7,981	30	8,057	30	28	105
1966	10,237	36	10,370	37	35	125
1967	12,593	42	12,812	43	43	142
1968	16,298	52	16,529	52	54	169
1969	21,302	65	21,553	66	68	210
1970	26,721	78	26,840	78	83	243

资料来源：韩国银行（The Bank of South Korea）。

2. 1970 年以后，人均国民收入增长相对较快

从绝对数来看，1971—2005 年期间，韩国 GDP 一直保持增加态势，从 34199 亿韩元（95 亿美元）变化到 8066219 亿韩元（7875 亿美元）；GNI 也一直保持增加态势，从 34351 亿韩元（95 亿美元）

变化到 8058858 亿韩元(7868 亿美元);人均 GNI 也一直保持增加态势,从 10 万韩元/人·年(290 美元/人·年)变化到 1669 万韩元/人·年(16291 美元/人·年)(见表 11—13)。与 1970 年以前相比,韩国人均 GNI 增加相对较快。

表 11—13 1971—2005 年期间韩国 GDP、GNI、
人均 GNI 情况(以当年价格计算)

	GDP		GNI		人均 GNI	
	亿韩元	亿美元	亿韩元	亿美元	万韩元/人·年	美元/人·年
1971	34199	95	34351	95	10	290
1972	42179	107	42186	107	13	320
1973	54536	137	54426	137	16	401
1974	77777	192	77710	192	22	554
1975	103861	215	102776	212	29	602
1976	143045	296	142014	293	40	818
1977	183564	379	182290	377	50	1034
1978	247447	531	246656	529	67	1431
1979	317319	633	315073	629	84	1676
1980	387749	638	381177	627	100	1645
1981	486727	714	474970	697	123	1800
1982	557217	762	544495	744	138	1893
1983	655590	845	643018	828	161	2076
1984	751263	932	734990	912	182	2257
1985	840610	966	820332	942	201	2309
1986	981102	1113	960126	1089	233	2643
1987	1151643	1400	1136612	1382	273	3321
1988	1371115	1877	1361792	1864	324	4435
1989	1547534	2305	1544196	2300	364	5418

	GDP		GNI		人均 GNI	
	亿韩元	亿美元	亿韩元	亿美元	万韩元/人·年	美元/人·年
1990	1866909	2637	1865598	2635	435	6147
1991	2260076	3081	2256597	3076	521	7105
1992	2575254	3298	2571077	3293	588	7527
1993	2906756	3621	2900877	3614	656	8177
1994	3402083	4233	3393431	4223	760	9459
1995	3988377	5173	3974587	5155	881	11432
1996	4485964	5574	4468564	5553	982	12197
1997	4911348	5164	4884574	5136	1063	11176
1998	4841028	3461	4762454	3404	1029	7355
1999	5294997	4452	5233553	4400	1123	9438
2000	5786645	5118	5761600	5096	1226	10841
2001	6221226	4820	6210279	4811	1311	10160
2002	6842635	5469	6850690	5475	1439	11499
2003	7246750	6080	7254203	6086	1516	12720
2004	7793805	6809	7811742	6824	1625	14193
2005	8066219	7875	8058858	7868	1669	16291

资料来源:韩国银行(The Bank of South Korea)。

　　按照世界银行(World Bank)的数据,韩国 2005 年的 GDP 达到 7876.24 亿美元,名列世界 183 个国家和地区中的第 11 位,按照购买力平价计算,达到 10560.94 亿美元,名列世界 162 个国家和地区中的第 13 位;GNI 达到 7646.84 亿美元,名列世界 208 个国家和地区中的第 11 位;人均 GNI 达到 15830 美元/人·年,名列世界第 49 位,按照购买力平价计算,达到 21850 美元/人·年,名列世界 208 个国家和地区中的第 46 位。

三、韩国产业结构变动影响国内就业结构的变化

（一）三次产业就业变化与产业结构变动相一致

按照韩国产业分类，电力、气和水供应业与建筑业两个产业属于社会服务业。因此，1963—2005 年期间，韩国的就业结构变化是农、林、渔业的就业比重呈现下降的发展趋势，从 63% 下降到 8%；制造业的就业比重基本呈现先增长后下降的态势，从 8% 增长到接近 30% 然后下降到 20% 左右；社会服务业的就业比重基本呈现增长的态势，从接近 30% 增加到 73% 左右（见图 11—8）。

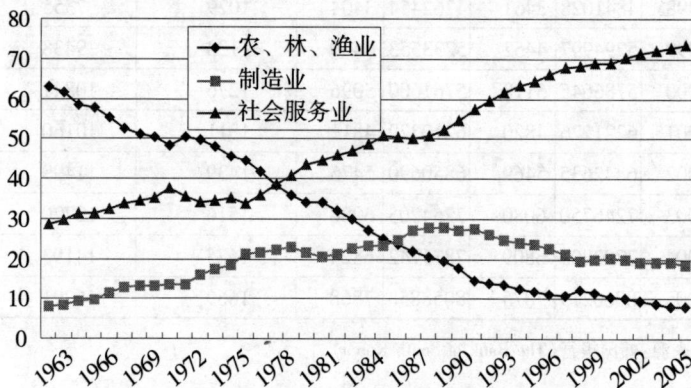

图 11—8　1963—2005 年期间韩国就业结构的变化
（按照韩国产业分类，%）

资料来源：韩国统计局（National Statistics Office of Korea，NSO）。

按照中国产业分类，电力、气和水供应业与建筑业两个产业属于第二产业。由于没有获得韩国自 2001 年以后的电力、气和水供应业与建筑业的就业数据，因此，我们仅分析 1963—2000 年期间的韩国就业结构。分析结果显示，韩国第二产业的就业比重呈现波浪式变化，从 11% 增加到 35% 然后下降到 28% 左右，但与制造

业的就业比重变化有一个差距;第三产业的就业比重变化基本呈现增长的态势,从接近30%增加到60%以上(见图11—9)。

总体来看,韩国就业结构的变化基本反映其产业结构变动的发展趋势。

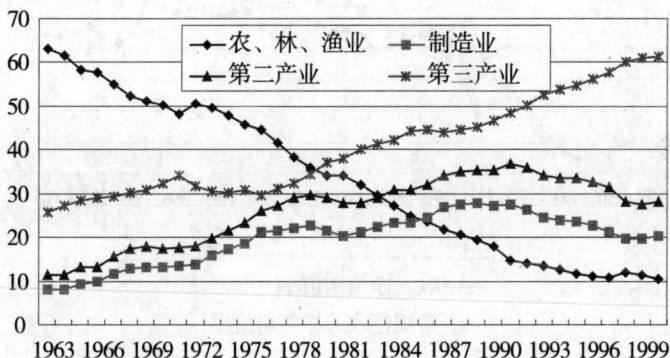

图11—9　1963—2005年期间韩国就业结构的变化
(按照中国产业分类,%)

资料来源:韩国统计局(National Statistics Office of Korea,NSO)。

(二)产业结构变动影响收入水平的变化

1. 收入净值保持增长态势

如果将当期收入与当期支出的差额除以当期收入作为收入净值增值率,则该指标说明收入与消费之间的增长关系。收入可以由常规性收入与非常规性收入组成,支出可以分解为消费性支出和非消费性支出两大部分。同样,我们可以将当期常规性收入与当期消费性支出的差额除以当期常规性收入作为常规性收入增值率。根据上述两个指标,1963—2005年期间,韩国城市工资者的平均月收入增值率和常规性收入增值率都保持持续增长态势,从最初的人不敷出到20%和30%的增长,期间由于石油危机和亚洲金融危机,韩国城市工资者的平均月增值率出现回落(见图11—10)。

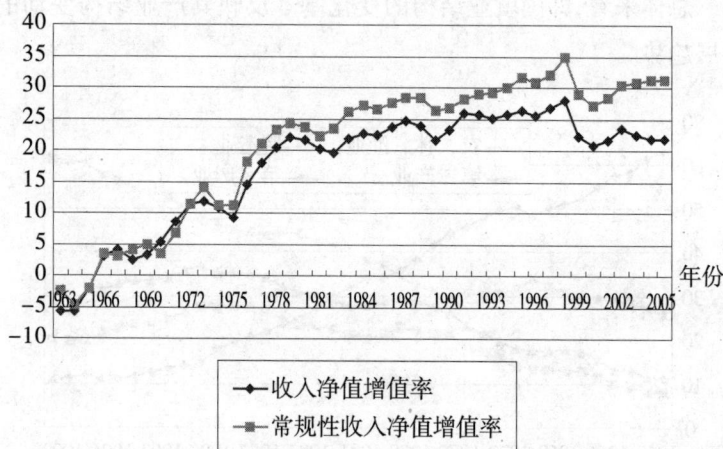

图11—10　1963—2005 年期间韩国城市工资者的
平均月收入净值增长率(%)

资料来源:韩国银行(The Bank of South Korea)。

2. 各产业雇员的收入水平差异大

以当期所有产业的平均收入为基准,作为100%,则可以计算出各产业的收入变化情况。1993—2005 年期间,我们计算出韩国的各产业雇员的收入变化情况,各产业差异较大。其中,自然垄断的产业(如电力、气和水供应业)雇员的月均收入较高,是所有产业平均水平的120% 以上;制造业雇员的月均收入较低,处在90%—96% 之间;建筑业雇员的月均收入持续下降,从118.4% 持续下降到94.0%;宾馆、饭店雇员的月均收入最低,从77.8% 上升到1998 年的82.6% 后下降到70.5%;教育雇员的月均收入保持较高的水平,在120% 以上;矿业雇员的月均收入相对较高,在97% 以上;健康和社会工作雇员的月均收入基本与所有产业雇员的月平均水平相当,但逐步下降95%左右(见表11—14)。

表 11—14　1993—2005 年期间韩国正常雇员的

各产业月均收入情况(%)

	所有产业	矿业	制造业	电力、气和水供应业	建筑业	批发、零售贸易	宾馆、饭店	教育	健康和社会工作
1993	100	100.5	90.8	135.8	118.4	100.7	77.8	155.8	99.1
1994	100	99.8	93.0	129.7	115.6	97.5	78.6	158.3	99.5
1995	100	97.8	92.0	131.6	113.3	96.1	81.4	158.2	99.9
1996	100	100.9	92.2	140.2	109.8	96.3	81.3	148.9	98.5
1997	100	104.9	90.6	142.0	111.0	97.5	82.1	150.5	99.9
1998	100	106.8	90.0	141.7	105.3	97.9	82.6	153.5	104.0
1999	100	98.9	92.3	145.5	105.7	92.0	74.5	126.2	100.3
2000	100	98.5	92.7	144.1	106.5	92.5	72.4	121.3	96.8
2001	100	97.5	93.3	157.6	100.5	100.1	73.2	117.1	98.9
2002	100	97.9	93.7	159.3	101.3	97.2	75.0	127.5	95.5
2003	100	103.4	93.1	164.3	102.6	99.4	72.5	127.9	93.3
2004	100	103.6	96.1	162.7	99.1	97.0	71.1	128.7	92.4
2005	100	100.5	97.4	163.9	94.0	101.9	70.5	120.9	95.2

资料来源:韩国统计局(National Statistics Office of Korea,NSO)。

3. 制造业中各分次产业雇员的收入差异大

以当期制造业的平均收入为基准(100%),则可以计算出制造业各次产业的收入变化情况。1993—2005 年期间,制造业中精炼油及核燃料雇员的月均收入最高,是制造业平均水平的160%以上,增长到209.9%;自然垄断的产业(如烟草业)雇员的月均收入较高,在150%以上;基本金属制品雇员的月均收入处于相对较高的收入水平,超过103%;化学及化工品雇员的月均收入相对较高,而且出现增长态势,从117.5%增加到123.7%;橡胶塑料制品、电子机械设备、木制品(除家具外)、家具、回收雇员的月均收入都低于制造业的月平均收入,而且呈现下降的发展态势(见表11—15)。

表11—15　1993—2005年期间韩国正常雇员的
各产业月均收入情况(%)

	食品饮料业	烟草业	木制品(除家具外)	精炼油及核燃料	化学及化工品	橡胶塑料制品	基本金属制品	电子机械设备	摩托车及拖车	其他运输设备	家具	回收
1993	93.9	181.5	87.6	176.8	117.5	97.7	137.2	93.6	120.1	150.4	86.4	89.2
1994	90.1	180.0	85.1	171.1	115.4	92.3	144.8	93.0	124.8	141.9	82.4	82.1
1995	90.8	178.1	85.0	168.2	118.6	92.8	135.4	91.0	132.9	138.5	82.8	87.2
1996	86.7	181.7	87.8	166.1	118.6	90.0	128.9	89.5	131.2	144.9	81.2	91.5
1997	86.6	185.3	91.7	170.4	120.9	91.7	122.4	91.3	110.7	140.3	84.7	85.9
1998	86.2	181.3	86.6	176.9	120.1	92.5	120.7	88.9	108.7	145.4	83.7	93.1
1999	94.3	173.0	83.9	170.8	130.4	92.7	114.2	83.6	118.1	131.7	78.6	95.2
2000	99.7	217.4	84.2	162.9	132.1	93.1	109.5	83.9	113.9	129.9	79.5	96.1
2001	103.3	207.1	88.2	167.3	133.3	93.9	103.0	78.1	107.3	111.9	81.0	98.5
2002	97.0	174.2	86.5	170.1	127.8	92.0	107.1	90.7	118.0	142.6	76.7	77.7
2003	94.5	181.7	87.3	177.3	134.9	90.8	106.7	91.6	119.6	130.3	76.5	77.5
2004	90.7	169.6	82.7	209.9	135.1	87.4	111.2	90.4	121.6	131.4	73.5	72.8
2005	86.2	153.1	81.5	224.7	123.7	85.8	116.8	85.2	121.7	140.9	84.4	69.1

资料来源:韩国银行(The Bank of South Korea)。

第三节　韩国产业结构调整的政策演变与机制

一、韩国产业结构调整的政策演变

（一）工业化前阶段的政策演变

韩国是一个资源严重缺乏的国家，对进口资源依赖程度很高。20世纪50年代，韩国最迫切需要解决的是生活必需品供应。这一时期，韩国政府产业政策的重点是建立中间产品和非耐用消费品的进口替代产业，例如水泥和化肥。

美国的无偿援助、大量赠予和有条件的贷款，为韩国进口和国内项目提供资金。韩国经济很快得到恢复，为其产业结构的正常发展打下了良好基础，但是不能长期依靠这种援助。

（二）工业化阶段的政策演变

1. 出口导向战略

韩国自身缺乏原材料、资金和技术，内向型经济发展所需要的原材料98%依靠进口，再加上当时韩国出口不振，进口已经达到出口总额的10倍，使得国际收支逆差巨大，只能靠外来资金弥补。为了改变这种现状，1964年韩国正式提出"输出立国"的方针，开始从"进口替代"逐步转向"出口导向"的工业化政策。该战略的实质是鼓励轻工业产品出口，发挥当时韩国在该领域劳动力成本低廉的比较优势。

一方面，韩国政府不断优化出口产品结构，根据人口多、工资低、劳动力资源具有相对比较优势的条件，计划重点发展劳动密集型的出口产业。劳动密集型产品的出口推动了经济增长，继而完成了资本密集型原材料工业产品的进口替代，并使资本密集型产品出口逐渐成为推动经济增长的主要动力。当时的国际环境是有利于韩国的经济转型,世界市场对轻工业产品的需求大量增加,特别是对纺织品、服装、鞋类等的需求十分强烈;世界性的产业结构调整使美国、日本等发达国家转向发展资本密集型产业的同时,将劳动密集型产业或污染严重的工业向外转移,为韩国加工工业、出口工业的发展提供了较大的销售市场。另一方面,韩国政府出台了大量政策对出口企业进行扶持。例如,采用低利率政策,帮助出口企业解决融资问题,对出口企业实行免税或者税收返还等政策。

2. 发展重化工业战略

一方面,由于轻纺工业等上游产业部门的出口和生产规模的扩大,增加了对中间产品和生产资料的需求,加之伴随着经济发展而来的收入增加,使得韩国国内的需求弹性和结构发生了变化。1973 年以后,韩国国内迫切需要扩大汽车、船舶、海底石油钻探设备和电视机等产品的生产,大力发展资本密集型重化工业。

另一方面,从国际环境看,由于美国政府在亚洲的战略改变,韩国政府出于军事抗衡的需要,迫切要求建立自己的国防工业。1971 年,尼克松政府减少了在韩国驻军的 1/3,韩国政府决定发展自己的国防工业,支撑军队的自足。1972—1973 年世界商品短缺和 1973—1974 年的石油冲击,导致韩国国际收支平衡恶化。

韩国政府不得不修正其出口促进战略,调整出口商品结构,鼓励出口有先进技术、高附加值的产品,增加国内农产品生产等。为了提升出口商品结构,韩国寻求发展重化工业。韩国第三个五年发展计划(1972—1976)已经将重化工业作为重要的优势产业,并且由于外部环境的变化重化工业得到进一步强调。1973 年,韩国宣布重化工业发展计划,制定了将该产业发展成为高新技术产业的快速发展时间方案。

韩国的产业政策从鼓励出口转向优先发展重化工业，在发展钢铁、机械、石油化工等产业的同时，大力推进造船、电子、有色金属等产业发展，此外，重视电子机械、家用电器、汽车等高新产业的形成与进步。这些产业不但为韩国经济的高速高效发展奠定了坚实基础，而且改变了韩国的工业结构，使其轻工业的比重逐步下降，重工业的比重明显上升，进入了重化工业结构升级阶段。

韩国政府发展重化工业的具体措施包括：一是，增加投资，将铁和钢、水泥、化肥、石油的工业生产作为重点的投资对象。特别是 1977—1979 年期间，韩国政府用于重化工业的投资达到 28060 亿韩元，是同一时期轻工业投资的 4 倍，对重化工业的投资占制造业投资比重的 80% 左右。二是，重点发展钢铁工业、机械工业、电子工业、纤维工业。1970 年，韩国政府发布了《钢铁工业培育法》；1980 年，钢铁出口占全部出口的比重为 9.4%，成为韩国主要的出口产品。三是，保护重化工业。重化工业包括化学、石油、煤炭、橡胶、塑料、非金属矿产品、基本金属、机械和设备等行业。1967 年，由投资抵免取代了免税期的规定，对汽车、化肥、电子、食品、制造、造船等实行 6% 的投资抵免；1974 年简化税制，开始实行关键部门的特别税收待遇，重点部门有权在免税期、特别折旧、投资抵免三者中选择其一；1982 年，投资抵免仅限于机械与电子业，比率降为 6%；1986 年，战略产业的特别税收待遇被取消了，特别折旧制度被纳入普通公司税法规定，但 10% 的投资抵免政策保留了下来，适用对象为节约能源、降低污染、改进安全与交通的机械，还有中小企业所使用的机械。

3. 实施产业技术政策

随着韩国经济规模的扩大，企业竞争能力和市场条件的完备，政府对经济的干预适当减少,同时强化市场机制的作用。另一方面,韩国经济支柱的出口遇到了挑战:发达国家的贸易保护主义日益高涨,新兴工业化国家和地区的竞争日趋激烈,发展中国家在劳动密集型产品上发起有力竞争。韩国政府清醒地意识到,必须通过技术升级提高出口产品的档次,调整不合理的产业结构。

1962 年,韩国政府制定并开始实施了韩国第一个经济发展五年计划,还制定了科技发展五年计划,作为经济发展五年计划的补充,并于同年 8 月在经济企划院下设立了技术管理局和科技情报中心。1967 年,韩国制定了第 1864 号法律即《国家科学和技术促进法》,主要内容是规定国家制定和实施科学技术方面的政策和计划并建立为相关的项目和机构提供全面支持的机制。同时,在韩国中央政府内部建立了科技部,负责科技政策,制定了从 1967 年至 1986 年的《科技长期综合计划》、1967 年至 1986 年的《长期人力需求计划》。

1972 年,韩国制定和实施《技术开发促进法》,规定了对工业技术创新的各种税收和金融鼓励措施;1973 年,建立了技术开发储备基金制度,允许企业将部分资金留作将来的研究开发经费;1974 年和 1976 年又进一步引入了新技术商业化投资的税额减免制度和研究开发设施的税额减免制度,以鼓励本地的技术开发;1977 年,又对本地的工程服务收入实行税收减免。

1982 年,韩国总统主持召开"第一次科学技术振兴扩大会议";1984 年,韩国政府决定成立"技术振兴审议会",接受总统的直接领导;1981、1983、1984、1986 年韩国政府建立了机械工业振兴基金和纤维工业现代化基金、电子工农业振兴基金、中小企业技术开发基金、工业发展基金;从 1981 年至 1986 年,韩国研究开发投资占国民生产总值的比重由 0.86% 提高到 1.99%,技术引进支出由 1.07 亿美元增加到 4.41 亿美元。

4. 重视企业的发展

20 世纪 60—70 年代,韩国政府重视大企业的发展,因为重化工企业大部分是大企业。中小企业的发展受到抑制。这种状况不利于更快地提高社会经济效率。

20 世纪 70 年代末,中小企业在重化工业中的地位与参与程度就在加强,而在向技术密集型产业转变中,中小企业的参与程度也在扩大。

20 世纪 80 年代,政府开始既重视大企业的发展,也重视中小企业的发展。政府利用市场的力量,积极采取措施,重点鼓励企业从事研究开发和促进中小企业发展。在这种有利条件下,韩国的中小企业在产业结构调整(包括向技术密集型产业转变)中起到了重要的作用。1987 年,高技术产业领域,中小企业占到企业总数的 94.6%,其销售额占总销售额的 19.5%。

韩国政府对大公司给予税收、贷款、财政补贴等方面的各种优惠,目的是使大企业成为发展高新技术的主力军,1989 年各大公司的研究和开发支出达到 40 多亿美元。20 世纪 90 年代末,许多企业集团已经把技术(知识)密集型产品作为技术引进和开发的重点,大企业集团已经成为产业结构转换和优化的关键。

5. 充分运用汇率等制度

为了促进出口,韩国政府还灵活运用了汇率制度。20 世纪 60 年代初,韩国实行货币贬值,从 1964 年 255.77 韩元兑 1 美元贬值到 1975 年的 484.00 韩元兑 1 美元,从 1979 年 484.00 韩元兑 1 美元贬值到 1986 年的 881.33 韩元兑 1 美元(见表 11—16),而且采用单一的汇率制度取代以前的多种汇率制度。

表 11—16   1964—2005 年期间韩国韩元兑美元的年平均汇率

年份	韩元兑美元	年份	韩元兑美元	年份	韩元兑美元
1964	255.77	1978	484.00	1992	780.84
1965	266.58	1979	484.00	1993	802.73
1966	271.13	1980	607.44	1994	803.62
1967	270.53	1981	681.27	1995	771.04
1968	276.66	1982	731.49	1996	804.78
1969	288.33	1983	776.15	1997	951.11
1970	310.58	1984	806.00	1998	1,398.88
1971	347.68	1985	870.53	1999	1,189.48
1972	392.92	1986	881.33	2000	1,130.61
1973	398.33	1987	822.41	2001	1,290.83
1974	404.53	1988	730.53	2002	1,251.24
1975	484.00	1989	671.38	2003	1,191.89
1976	484.00	1990	707.97	2004	1,144.67
1977	484.00	1991	733.60	2005	1,024.31

资料来源:韩国银行(The Bank of South Korea)。

此外,韩国政府也提供短期出口资金融通,对用于再出口的原材料进口允许关税返还,并且简化了通关手续。

（三）后工业化阶段的政策演变

建成钢铁、机械、汽车、电子、石化等现代化资本密集型产业之后,韩国开始重视优先发展技术、知识密集型产业。韩国商工部制定了《1990 至 1994 年知识密集型产业部门发展五年计划》,并拨款 388 亿美元来实施这项计划。

1. 支持和鼓励技术创新

（1）税收鼓励措施

私营企业可为技术开发、技术情报和研究开发人力和设施等开支提取储备基金,这笔基金可享受三年税收减免,享受税收减免的这笔储备基金可高达销售额的5%。私营企业可以享受培训和企业技术学院总开支15%的税收减免优惠,还可以享受研究设施投资10%的税收减免或研究测试设施投资一年之内按照90%折旧率折旧。

（2）政府财力支持

韩国政府支持产业技术开发的主要财政金融措施有:私营企业研究机构承担或参与核心技术开发、基础技术开发、产业技术开发、替代能源开发的国家研究开发项目任务的,韩国政府给予研究开发经费50%的补贴。对于个人或小企业从事新技术商业化的,韩国政府提供总经费80%至90%的资助。韩国电力公社、韩国通信公社等国营企业将它们研究开发投资的80%提供给相关的研究中心和产业技术研究联盟。韩国开发银行、韩国产业银行等都为私营企业进行新产品开发和工艺技术开发以及新技术商业化等方面的研究开发活动提供长期、低息的贷款。

（3）风险资本机构提供的支持

韩国技术银行（KTB）等风险资本机构为私营企业技术开发活动提供综合性财力支持。这种财力支持主要采取股权投资、购买债券、契约贷款、技术开发贷款、租赁服务等形式。韩国政府规定,凡属于研究开发性质的项目,均可向韩国技术银行申请贷款,如果通过技术银行的项目审查,即可得到年息为6%（韩国一般银行贷款利率为12%以上）的3年期贷款。贷款到期后,有效益的项目要还贷,而失败的项目则可免除。政府允许技术银行以发行技术彩票的形式,筹措部分风险资金以弥补银行因资助研究开发项目所造成的亏损。

（4）情报服务,标准化和质量管理,知识产权保护,政府采购,产、学、研的合作研究开发,建设科学城等。

2. 进行重组和结构调整

早在20世纪80年代,为解决重化工业带来的生产能力过剩问题,韩国政府迫使生产能力过剩产业的企业(即那些从事发电设备制造业和汽车业)进行合并。例如,1980年8月,发电设备制造业并入韩国重工业公司,汽车工业被要求车辆生产专业化以达到生产规模经济;1984年至1987年期间,造船业和海外建筑业也进行进一步合理化。

1997年,韩国遭遇亚洲金融危机,韩国政府接受国际货币基金组织(IMF)的建议,进行经济重组和结构调整。

（1）金融改组

金融管理委员会(FSC)具有建立普遍通行金融惯例的机制,创建了一个新的慎重的规章和监督体制及实施改革的方案。

在金融部门的改革过程中,政府关闭了一批不能独立存在的金融机构。其他能独立存在的银行正在贯彻金融管理委员会强有力的补救措施,进一步提高其偿付能力。韩国的非银行金融部门也实行了体制改革。4家无偿付能力的人寿保险公司已被停止营业,并最终将被其他保险公司接收。共有640家非银行金融机构被停止运营或被吊销执照。

韩国政府动用了总数达159万亿韩元(约合1,340亿美元)的财政资源,以支持能独立存在的金融机构进行再投资和清理未履行合约的贷款,以及解决不能独立存在的金融公司的问题。这些机构也加强了自身复兴的努力,其中包括精简机构和吸引外资等。

（2）大企业改组

在大企业部门中,改组已取得了全面积极的成果。制造业部门的债务对资产净值比率已大大改善,由1997年下半年的396%降到了2003年12月的123%。随着30家最大的集团公司中很多公司被收购、合并和倒闭,"大企业垮不了"的神话,已不复存在。通过指派外部董事、设立审计委员会和发表强制性的财务报告,政府将使大企业的管理透明化、加强实施条例。

在债权银行的主导下,实力弱的公司很快实行了改组。例如大宇汽车公司和韩宝钢铁公司顺利地被外资收购。自从实施清偿计划以来,很多财务困难的公司都已恢复正常。

为推动大企业快速进行改组并提高其透明度,2001年9月实施了大企业改组促进法。此外,自2001年3月以来还实行了大企业经常性的改组制度,这一制度允许债权银行定期对债务公司的信用风险进行评估。2005年3月,制定了统一的破产法。

大企业机构改革将依照下述原则继续进行:一是,为了提高管理水平和会计的透明度,必须集中精力建立一个面向市场的全面监督的体制来赢得市场参与者的信任;二是,大企业的改革应当经常进行。大企业改组应持续进行,直到管理方面的透明度符合世界标准为止。

韩国采取并加强了提高大企业管理上的透明度和健全性的步骤。此外,用提高审计委员会和董事会的作用以及提高小股东和董事会的权利的办法来增强企业管理监督体制。为了根除弄虚作假、操纵股票价格等非法行为,法院受理关于证券部门的共同诉讼。

关于大企业的规章制度应在适当时候实行。为了防止大股东、大企业集团业主滥用管理职权,总股本投资的限额以及股权交错和债务担保的管理措施仍将保持不变。

3. 实行实名制度的金融交易

20 世纪 90 年代早期,韩国政府举措的核心是改革金融制度,实行真实姓名进行金融交易。实名交易制度帮助政府废除腐败。过去制度下,腐败较为流行,人们使用虚假的名字开设账户进行商业交易,直接和间接助长腐败的制度化和非法金融交易。

二、韩国产业结构变动机制

(一)高储蓄率

1953—2005 年期间,韩国储蓄率基本呈现增长态势。发展之初,韩国储蓄率出现下降,从 1953 年的 13.1% 下降到 1956 年的 8.6%,以后经历多次升降情况,最高值为 1987 年的 38.4% 和 1988 年的 40.4%,1989—1997 年期间基本稳定在 35.5% 以上,2005 年达到 33.0%(见图 11—11)。其中,除 1956 年外,私人储蓄率一直高于政府储蓄率,相差在 1.0—25.8 个百分点。

韩国储蓄率处在较高水平,从而保障国内投资率也处在高水平的潜在状态,也促使韩国国内产业结构变动。

(二)高投资率

1953—2005 年期间,韩国国内投资率也基本呈现增长态势。发展之初,韩国储蓄率出现下降,从 1953 年的 14.7% 下降到 1956 年的 8.0%,以后经历多次升降情况,最高值为 1991 年的 39.7% 和 1996 年的 39.0%,1998 年下降到 25.2%,基本退回到 1973 年的投资水平,2005 年达到 30.4%(见图 11—11)。其中,亚洲金融危机之后的 1998—2005 年期间,韩国国内投资率一直低于储蓄率,相差在 2.2—12.3 个百分点。

总体来看,韩国国内投资率较高,1965 年以后,处在 25% 以上的水平。

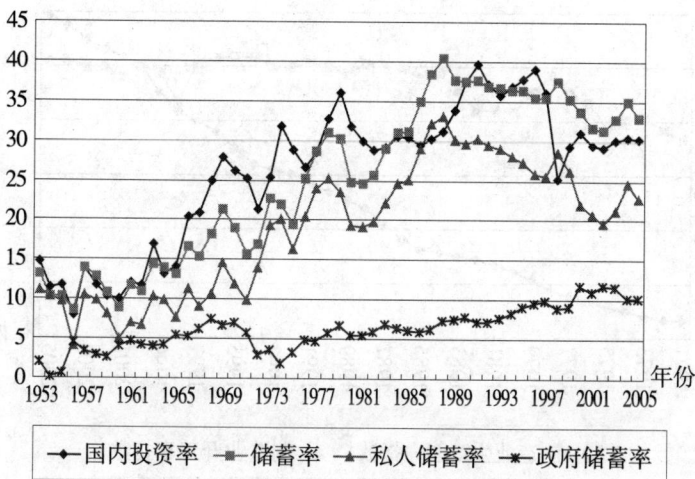

**图 11—11 1953—2005 年期间韩国国内毛投资率和
毛储蓄率(以当年价格计算,%)**

资料来源:韩国银行(The Bank of South Korea)。

(三)制造业发挥了重要作用

1. 韩国制造业的生产能力提高

1971—2005 年期间,韩国制造业的生产能力指数不断提高,从 6.7% 提高到 119.0%;制造业开工率指数基本呈现平稳增加态势,从 63.3% 变化到 102.1%,其中两个低谷为 1975 年和 1998 年,分别为 77.3% 和 86.8%,1986 年基本保持在 100% 的水平(见图 11—12)。

2. 韩国制造业的增值率不断提高

除此之外,韩国制造业的增值率不断提高。1970—2004 年期间,韩国农、林、渔业的增值率呈现下降的态势,从 29.2 下降到 3.8%;批发、零售贸易、餐饮业的增值率也呈现下降的态势,从 16.8% 降到 9.4%;矿业和采掘业的增值率也呈现下降的态势,从

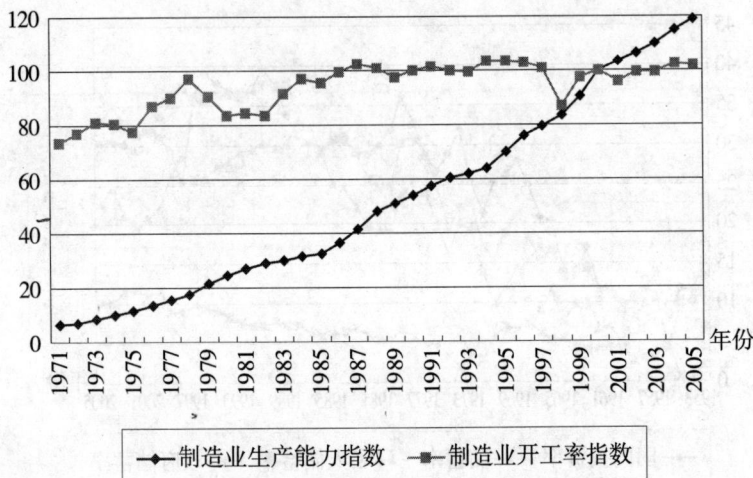

图 11—12 韩国制造业生产能力指数和制造业开工率指数
（以 2000 年为 100%，%）

资料来源：韩国银行（The Bank of South Korea）。

1.8%降到0.3%。增值率增加的产业主要有：制造业、电力、气、水供应业、建筑业、运输、储藏和通信业、金融业、房地产、租赁和商业活动、教育、健康和社会工作。其中，制造业的增值率从17.8%增加到28.6%，电力、气、水供应业的增值率从1.4%增加到2.4%，建筑业的增值率从5.1%增加到9.3%，运输、储藏和通信业的增值率从6.7%增加到7.3%，金融业的增值率从2.1%增加到8.2%，房地产、租赁和商业活动的增值率从5.2%增加到12.4%，教育的增值率从3.7%增加到5.6%，健康和社会工作的增值率从0.7%增加到3.0%（见表11—17）。

这些产业中，制造业的增值率相对较大，而且处在高水平状态。

表 11—17　1970—2004 年期间韩国各产业的

增值率(以当年价格计算,%)

	农、林、渔业	矿业和采掘业	制造业	电力、气、水供应业	建筑业	批发、零售贸易、餐饮业	运输、储藏和通信业	金融业	房地产、租赁和商业活动	教育	健康和社会工作
1970	29.2	1.8	17.8	1.4	5.1	16.8	6.7	2.1	5.2	3.7	0.7
1975	27.1	1.9	21.6	1.1	4.6	18.8	6.2	2.2	4.3	3.7	0.8
1980	16.2	1.9	24.4	2.2	8.0	14.2	8.0	5.8	5.7	4.3	0.9
1985	13.5	1.4	27.3	3.0	7.3	14.0	7.4	4.3	7.0	4.8	2.0
1990	8.9	0.8	27.3	2.1	11.3	13.0	6.8	5.8	9.1	4.7	1.9
1995	6.3	0.6	27.6	2.0	11.6	11.1	6.6	6.9	11.5	5.0	1.9
2000	4.9	0.4	29.4	2.6	8.4	10.8	7.0	6.9	13.2	5.0	2.4
2001	4.5	0.4	27.6	2.7	8.6	10.8	7.5	7.7	12.7	5.2	3.0
2002	4.1	0.4	26.9	2.6	9.0	10.4	7.5	9.1	12.8	5.4	2.9
2003	3.8	0.3	26.4	2.7	9.6	9.9	7.5	8.9	12.8	5.6	3.0
2004	3.8	0.3	28.6	2.4	9.3	9.4	7.3	8.2	12.4	5.6	3.0

资料来源:韩国银行(The Bank of South Korea)。

(四)发挥外商直接投资作用

1. 外商直接投资政策进一步自由化

20 世纪 60 年代初,韩国对外商直接投资进行严格的审查,限定外商的投资产业范围,并限制他们将资本汇回国内。但是,随着国内外经济环境的变化,韩国政府于 1966 年通过外国资本促进法,1967 年允许外国银行开设分行。

充分认识到外国直接投资(FDI)对倡导竞争和转移先进技术方面的作用,韩国政府大大放松对 FDI 的限制。1984 年,韩国修订了外国资本促进法,直接促使废除对外国所有权比例和资本汇回的限制。1993 年,为使韩国对外资更具吸引力,韩国制订了开放国内市场的 5 年计划。1996 年,韩国加入了经济合作发展组织(OECD),开放了 57 个行业,行业开放之多前所未有。这一措施促使外商直接投资在 1 年后的 1997 年急剧增加。

外商的积极参与对韩国的经济至关重要,其重要性不仅有助于克服 1997 年的亚洲经济危机,更重要的是促进了产业结构的完善,保证了长远、持续的经济增长。

2. 外商直接投资规模急剧增加

韩国修订了关于外国直接投资的法律法规,进一步经济自由化,吸收了大量外国直接投资,也直接提高了韩国的产业技术水平,促进了韩国产业结构调整。

韩国吸收外国直接投资,从 1980 年的 1.4 亿美元增加到 2005 年的 115.6 亿美元。亚洲金融危机后的 1999 年,韩国吸引外商直接投资达到顶峰的 155.4 亿美元。而且,主要来源于经济发达的国家和地区,例如美国、日本以及欧盟等国家(见表 11—18)。

表 11—18　1980—2005 年期间韩国吸收的外商直接投资(百万美元)

	总计	美国	日本	其他				
				总计	中国香港	德国	英国	法国
1980	143.1	70.6	42.5	30.0	0.5	8.6	2.3	–
1985	532.2	108.0	364.3	59.9	13.4	11.3	12.3	5.1
1990	802.6	317.5	235.9	249.2	3.0	62.3	44.8	22.4
1995	1947.2	644.9	418.3	884.0	58.0	44.6	86.7	35.2
1997	6970.9	3189.6	265.7	3515.6	84.6	398.1	258.6	410.7
1998	8852.0	2976.0	503.0	5373.0	38.4	786.8	60.0	367.5
1999	15541.0	3739.0	1750.0	10052.0	461.0	960.0	479.0	760.0
2000	15216.7	2922.0	2448.0	9846.7	123.0	1599.0	84.0	607.0

	总计	美国	日本	其他				
				总计	中国香港	德国	英国	法国
2001	11291.8	3890.0	772.0	6629.8	167.0	459.0	432.0	426.0
2002	9101.0	4500.0	1403.0	3198.0	234.0	284.0	115.0	111.0
2003	6468.0	1240.0	541.0	4687.0	55.0	370.0	871.0	150.0
2004	12787.6	4717.6	2258.1	5811.9	90.1	487.0	642.0	180.0
2005	11563.5	2689.8	1878.8	6994.9	819.7	704.8	2307.8	85.2

资料来源:韩国产业资源部(Ministry of Commerce, Industry and Energy)。

1962—2005 年期间,韩国累计吸收外国直接投资达到 1154.5 亿美元。其中,美国为 349.4 亿美元,占 30.26%;日本为 174.0 亿美元,占 15.07%;荷兰为 129.7 亿美元,占 11.23%(见表 11—19)。中国为 17.6 亿美元,占 1.52%,名列第 13 位。

表 11—19　韩国吸收外国直接投资(FDI)累计超过
15 亿美元以上的国家和地区

单位:千美元,%

国家/地区	投资金额(2005)	投资金额比重	投资金额 (1962—2005)	投资金额比重
总计	11,563,321		115,447,244	
美国	2,689,773	23.26	34,935,700	30.26
日本	1,878,840	16.25	17,398,668	15.07
荷兰	1,149,594	9.94	12,966,746	11.23
马来西亚	210,942	1.82	6,872,601	5.95
德国	704,811	6.10	6,767,824	5.86
英国	2,307,734	19.96	5,781,378	5.01
法国	85,181	0.74	3,536,122	3.06
新加坡	388,713	3.36	3,495,109	3.03

国家/地区	投资金额(2005)	投资金额比重	投资金额 (1962—2005)	投资金额比重
加拿大	192,524	1.66	3,407,544	2.95
中国香港	819,715	7.09	2,720,619	2.36
比利时	54,280	0.47	2,554,813	2.21
开曼群岛	144,197	1.25	2,306,448	2.00
中国	68,311	0.59	1,755,238	1.52
百慕大群岛	39,781	0.34	1,664,211	1.44

资料来源：韩国产业资源部(Ministry of Commerce, Industry and Energy)。

第四节　韩国产业结构变动的经验教训和对我国的启示

一、韩国产业结构变动的经验教训

(一)根据本国国情确定相应的发展战略

　　韩国面积狭小，人口密度很大，自然资源十分匮乏，韩国要发展经济的出路只有发展外向型经济，通过参与国际分工，借助国际市场的技术、资金和本国的劳动力资源的优势，发展本国工业。韩国在工业化前阶段，为了发展本国产业，确立了初级进口替代战略。

　　进入工业化阶段以后，韩国工业发展有了一定的工业基础，但是原材料、生产要素需要大量进口，外汇又十分短缺。在这一背景下，韩国将初级进口战略又转变为出口导向战略。发展以轻纺工业为主的出口主导型战略，有效地促进了韩国经济的发展。但随着时间的推移，韩国劳动力价格低廉的优势逐步失去，轻纺工业的比较利益也逐渐丧失,韩国政府清醒地认识到这一点,所以从20世纪60年代末70年代初开始,转向推进重化工业化战略,该战略是建立在"两头在外"的外向型经济基础之上。

进入20世纪80年代以后,由于受新兴工业国家竞争的挑战和发达国家贸易保护主义的影响,韩国政府意识到技术力量是未来竞争的关键所在,又实行了知识和技术密集型战略。韩国战略决策都是在认清本国国情基础上,及时适应世界形势的变化,作出的科学决策。

(二)政府产业政策发挥重要指导作用

韩国产业结构的演进过程,一方面受市场机制的影响,主要表现在国内外市场需求的变化,促进了韩国产业结构的调整;另一方面,政府的干预,尤其是产业政策手段,是促进产业结构演进的又一重要因素。

1. 以"出口导向"政策为主,构建外向型产业经济结构

从韩国产业政策的内容看,出口导向工业化始终是其一项重要的支柱政策,无论是20世纪60年代直接鼓励出口产业,还是20世纪70年代的发展重化工业和20世纪80年代以后的产业结构技术密集化,都是以鼓励出口或者以增强出口竞争力为主要目的,这既是由韩国国情决定的,也对加速韩国工业化起到了重要作用。韩国出口导向政策利用巨大的国际市场,促进产业发展的国际化,加速经济增长;韩国外向型产业政策利用国际市场机制尤其是"看不见的手"的作用来迫使企业提高竞争力,走产业发展国际化道路,提高企业管理能力和竞争能力,迅速达到国际水平。

但是,这种政策也会产生一些弊端。弊端之一是抗风险能力下降。大量的出口优惠会造成信用膨胀,进而引发通货膨胀;过度

强调发展出口产业,有可能会导致内需产业和出口产业的"二重结构"现象加剧,使国内的经济结构内在联系松散而降低抗风险能力,影响国家经济安全,一旦遇到世界经济危机,国内经济就会随之震荡,陷入亚洲金融危机是明显的例证。弊端之二是政府的垄断性和企业的依赖性。政府在推进"出口导向"政策中,对企业过度干预,甚至对企业的保护制度化,最终既形成大企业财团,又使政企关系密切,导致腐败。"韩宝事件"、"起亚风波"引发的大企业经营危机就是明证。

2. 选择合理的主导产业和战略产业,优化资源配置

韩国产业政策的目标是通过资源的有效配置,最大限度地培育产业的增长潜力,在不同时期随国内外经济环境的变化而确定一个主导产业,并以此带动整个国民经济的发展。

(1)韩国主导产业的变迁

韩国政府在1962年、20世纪70年代和80年代分别提出了"重点发展轻工业"、"重化工业化"、"产业结构升级"等政策目标。这些政策对韩国产业结构转换起到了重要的协调和促进作用。20世纪60年代末以来,为了实现重化工业化的目标和促使重点产业的发展,韩国政府先后制定了钢铁、机械、电子和造船工业发展法等许多主导产业政策,有效地促进了韩国产业结构的升级。

从以劳动密集型产业为主转变为以资本密集型产业为主,进而以技术密集型产业为主的过程,韩国只用了25年的时间,英国却用了100年的时间。表11—20说明不同时期韩国各产业对经济增长的贡献度,老的产业迅速让位于生产率高的新兴产业,这是韩国经济快速增长的一个重要原因。

表11—20　韩国各产业贡献度变化

贡献度顺序	1971—1975	1976—1980	1981—1984
1	纤维	纤维	电气、电子
2	石油精炼	石油精炼	运输设备
3	食品	钢铁冶炼	纤维
4	电气、电子	食品	食品
5	产业用化合物	电气、电子	钢铁冶炼
6	钢铁冶炼	产业用化合物	机械
7	服装	运输设备	金属加工
8	运输设备	服装	产业用化合物
9	香烟	其他非金属矿物	服装
10	其他化学产品	其他化学产品	橡胶
11	饮料	橡胶	其他化合物

(2)21世纪韩国的主要产业

21世纪以来,韩国政府根据产业结构变化的一般规律,决定将产业政策的重点转向高新技术产业,并进行了具体调整:对高新技术产业投入大量的人力和资金,设立了"风险投资基金"鼓励企业进行科技开发,重视科技人才,对高新技术产业的发展给予优惠。

韩国造船业在过去三年中取得主导地位,2005年获得的造船订单占世界订单总额的40%,拥有世界最大的造船厂;半导体产业世界第三,拥有全球市场份额的11%,特别是闪存芯片与系统芯片(SOC),成为尖端性产业,2004年韩国动态随机存储器(DRAM)名列世界首位,全球市场份额达47.1%;韩国作为主要汽车生产国,自1976年首次开始出口汽车以来,汽车产业发展速度惊人,汽车生产居世界第六位,每年生产汽车超过300万辆(见

表11—21）。此外,韩国数字电子排名第世界四位,纺织、钢铁与化工产量均排名世界第五。

表 11—21　韩国主要制造产品

年份	汽车制造(千辆)	造船订单(千总吨)	钢材(千公吨)
1970	29	–	1310
1980	123	1690	9341
1990	1321	4382	24868
1995	2526	7133	36772
1997	2818	12749	42554
1999	2843	12719	41042
2000	3115	19380	43107
2002	3148	12774	51983
2003	3178	28188	53269
2004	3469	25735	54486
2005	3699	19279	56306

资料来源:韩国产业资源部(Ministry of Commerce, Industry and Energy);韩国在线,ht-tp://www. hanguo. net. cn/。

(3)韩国主导产业的缺陷

韩国经济的杰出成就是协调贫乏的国内自然资源和有限的国内市场,其经济发展战略是有益于广大发展中国家寻求经济发展道路。但是,过分集中经济增长的经济发展带来了结构上的脆弱性,在1997年金融危机中内外经济环境变换时表现得十分明显。韩国经济已经从金融危机中恢复过来,但是产业结构调整仍然是十分重要的问题,在发展重点产业、优化要素配置方面,存在重增长、速度和外延,轻均衡、效益和内涵的弊病。市场机制不完善,政府干预过度,对主导产业进行巨额投资,使重点产业发展过"重",

出现投资过剩现象,导致设备利用率下降,发行大量通货引起了通货膨胀,以及引起国际收支恶化等等。

(三)高度重视技术进步

科技进步是产业结构升级的根本动力,韩国对于这一点的认识经历了一段曲折过程,积累了一些值得注意的经验教训。

产业结构的升级,意味着通过新技术的普遍推广、应用而改变原有生产结构。韩国产业结构演进过程中,技术进步是一个重要因素。韩国早在1962年就提出了"技术立国"方针,为此韩国大力进行人力资源开发、技术引进、技术创新等措施。与美日发达国家的发展经历不同,引进技术在韩国技术进步中占了很大比重。从1962年到1985年,韩国共引进技术35272次,大大节省了技术开发的时间和费用,对韩国产业结构升级起到了十分重要的作用。

20世纪60—70年代,韩国比较重视技术引进,遵循了技术移植——消化——吸收的"三段式"模式。然而,韩国在重视引进技术的同时忽视了技术开发,研究开发费占GNP的比重相当低,只有0.5%左右。而且,引进的技术主要是一些应用技术,对于能够强化技术设计开发能力的"软"技术引进比较少。所以,产业结构的升级面临技术瓶颈,以致其出口的发展不过是为他人作嫁衣裳。

20世纪80年代,为成功地发展战略产业,韩国实施了以鼓励产业技术开发为重点的政策,并采取了相关的措施(前面已经提到)。一是加大技术开发投资,提高研究开发费占GNP的比重,逐步达2%左右。二是成立专门组织,设立了由总统直接管辖的科技开发最高审议机构"技术振兴审议会",由总统、科技处官员和企业界研究机构等共同研究世界科技动向,审议和调整国内科技政策,解决有关重大问题。三是为鼓励产业技术开发,分担企业技术开发风险,政府在税收、金融等方面提供一些优惠政策。然而,这一时期的韩国还只是停留在重视一般科技水平对产业发展的作用上。

20世纪90年代后期,为摆脱东南亚金融危机的影响,迅速从经济低谷中走出,韩国进一步实施"科技立国"战略,加快发展高等教育和高科技产业。韩国政府将加大对教育和科技产业的投资力度,计划到2020年,用于科技产业的投资占GNP的5%—6%,赶上和超过西方发达国家水平,同时加强对高科技产业的研究与开发,通过科技升级,带动产业结构的升级,使知识、信息技术密集型产业成为韩国21世纪的主导产业。

(四)发挥市场机制作用

工业化过程中,韩国政府十分重视基础产业的发展,从20世纪60年代到90年代,韩国的基础产业发展非常迅速(见表11—22)。

表11—22　20世纪60—90年代韩国基础产业发展情况

	1961年	1971年	1981年	1991年
铁路(km)	4630	5582	6045	6456
公路(km)	27169	40635	50337	56715
港口吞吐量(kt)	9002	18781	87422	189926
总发电量(kW)	367	2628	9835	20997
电话(千门)	77	563	3263	14573
千人电话占有率(‰)	3	17.1	89	400.5

发展到后工业化阶段时,韩国政府制定产业政策和计划,注意发挥市场机制作用,通过一系列的法律、政策和经济手段来实施,并不是完全直接插手企业的经营管理。经济发展计划的具体经济指标大多数对企业并无直接的约束力,企业可按照其利益最大原

则在法律允许范围内从事自由的经济活动。韩国政府随时对全国的经济活动进行监测,发布经济运行监测指标动向,通过经济杠杆进行间接调节,引导企业向政府规定的指标方向努力。

二、韩国产业结构变动对我国的启示

韩国调整产业结构的经验和教训对我国当前的产业结构调整,具有重要的启迪。

(一)深化改革和开放,实现产业发展的国际化

韩国从其自身资源的状况出发,自20世纪60年代初开始实施从进口替代到出口导向的调整,发展外向型经济,以扩大产品出口,推动产业结构的升级和国际化,也为其当时的"入关"奠定了良好的经济基础。

目前,我国产业结构中存在的主要问题是,产业结构升级缓慢,需要进一步合理调整。面临经济全球化、产业转移和全球竞争加剧的态势,我国进一步深化改革,开放提高到新的水平,充分利用国内外一切资源和要素,学习一切先进技术和管理经验,从全球角度来发展和调整产业结构,积极参与国际竞争,确实提高产业的国际竞争力。

(二)从国情出发,选择合理的主导产业

我国与韩国工业化初期相比,相同之处是劳动力资源相对丰富,不同之处主要是我国是发展中大国。目前,我国的产业结构仍然是以劳动密集型产业为主,比发达国家落后几十年,尤其是电子信息、网络为代表的高新技术。

1. 国情决定短期内我国不能放弃劳动密集型的传统产业

我国人口众多,为解决就业压力问题,目前还必须保留并且带动劳动密集型的传统产业部门发展,才能吸收大量的就业人员,使

素质较低者在目前有工作可干;我国人均国民收入还不高,住房、汽车等消费需求还很旺盛,发展传统产业有利于推动国民经济快速增长,提高人民生活质量;劳动力便宜仍然是我国比较重要的优势,充分发挥这种优势和适当发展传统产业,有效地增强我国在国际贸易中的竞争力,促进其他产业(例如高新技术)发展。

2. 主导产业宜逐步由劳动密集型产业过渡到资本密集型和技术密集型产业

有研究认为,制造业产量增加 20% 左右,通信的需求增加 26% 左右,保险、仓库和广告业相应的增长 20% 左右。制造业产量增加还将带动零售业和批发业的发展。据另一项研究,制造业雇佣的人数每增加 1000 人,其他有关的服务业的雇佣人数将增加 3200 人,服务业雇佣人数的增加为制造业的 3.2 倍。

根据国内外需求结构的变化和产业链的波及效果,我国适时地调整其产业结构,确定不同时期的主导产业和战略产业,促进产业结构的升级而迅速进入新兴工业化国家的行列。只有重视发展高新技术产业,通过技术创新加以解决,实现产品的升级换代与产品的深加工,形成和创造新的需求,进而拉长传统产业的产业链,才能使我国的产业结构进一步优化,迎头赶上发达国家的经济技术水平,使我国的经济获得迅速发展。

(三)发挥比较优势和"后发优势",推动产业结构的快速升级和不断优化

与韩国工业化阶段相类似,我国也有自己的比较优势和"后发优势",应当充分利用它们,推动产业结构的快速升级和不断优化。一方面,我国发展具有比较优势的劳动密集型产业,增加这些产业的技术含量,提高劳动密集型产品的附加值,形成强大的劳动密集型产业的国际竞争优势;另一方面,我国大力发展技术密集型

产业和高新技术产业,积极引进国外关键技术和设备,大力进行技术创新和自主创新,提高这些产业的国际竞争力,实现产业结构的优化升级,缩短与发达国家的差距。

(四)政府部门科学制定产业政策,合理引导结构调整

韩国产业结构变动的实践证明,一国政府的产业政策对经济快速发展和提高人民生活水平有着十分重要的作用。我们政府要多进行调研,深入实际,科学制定产业政策,合理引导我国产业结构调整。

我国的自然资源状况不同于韩国,制定的产业政策也显然不同于韩国,但韩国在发展外向型经济过程中,鼓励企业面向国际市场,提高企业的经营管理能力和国际竞争力,努力实现产业国际化的经验是十分值得我国借鉴的。

1. 实行合理的产业政策

我国市场经济还不完善,产业政策的合理指导能弥补市场的不足。我们可以借鉴韩国经验,通过政府的产业结构政策,协调各产业间的关系,扶持新兴产业和支柱产业。我国应根据工业化发展规律,结合本国实际,及时作出相应产业结构政策。必须注意政府政策应建立在科学化、民主化的基础之上,防止不切实际甚至错误的产业政策。

2. 重视科技进步和自主创新

依靠科学技术进步调整产业结构,切实解决我国产业结构中所存在的问题是我国经济发展中的首要任务,是实现经济增长的前提和条件。我国目前要把加速科学技术进步放在产业结构调整和发展的关键地位,加强高新技术的开发和应用,大力促进科学技术成果向现实生产力的转化,提高传统产业的科技含量,尽快完成由资源密集型产业为主的产业结构向技术密集型产业为主的产业结构转移。

3. 产业政策必须与其他宏观经济政策相配套

经济发展初期,市场机制不健全,政府有必要通过产业政策对资源配置进行一定程度的干预。当经济发展到一定阶段,市场发展程度提高,政府应逐步减少对产业发展的直接干预力度,转而为产业发展创造更好的环境与条件。

产业政策必须与财政政策、金融政策等宏观经济政策相协调,间接引导产业发展方向;与社会发展政策相协调,才能保证社会经济平衡稳定健康发展。如重化工业化必须与环保、就业、社会公平综合兼顾,避免增长与发展相矛盾。

主要参考文献:

1. 韩国国家统计局,http://www. nso. go. kr/eng/index. html。

2. 韩国产业资源部,http://www. mocie. go. kr/english/home/default. asp。

3. 韩国农林部,http://english. maf. go. kr/index. jsp。

4. 韩国银行(The Bank of Korea),http://www. bok. or. kr/index. jsp。

5. 韩国贸易协会,http://global. kita. net/。

6. 韩国在线,http://www. hanguo. net. cn/,http://china. kotra. or. kr/。

7. 曹杰:《韩国大企业财团产业结构调整取得初步成效》,载《当代韩国》1999 年春季号。

8. 陈鹏:《韩国:用税收杠杆促产业结构升级》,载《中国经济导报》2004 年 11 月 10 日。

9. 范晓燕、刘岐涛:《韩国产业结构调整的战略设想及启示》,

http://sky. qingdao. gov. cn/department/shekeyuan. nsf/0/cd4768b59988d15748256d8a000649db OpenDocument,2003 年 8 月 22 日。

10. 国家计委规划司、科技司产业技术政策课题组:《产业技术政策的国际比较研究》1998 年 3 月。

11. 金善女、邢会:《韩国产业政策的成功演变及其启示》,载《河北工业大学学报》2005 年第 6 期。

12. 金宇泽:《韩国的经济结构调整》,载《当代韩国》2001 年夏季号。

13. 刘秀莲:《评韩国经济结构调整》,载《当代韩国》1999 年夏季号。

14. 马常娥:《韩国的产业结构调整及其启迪》,载《世界经济与政治论坛》2001 年第 2 期。

15. 朴振根:《IMF 体制下韩国经济的结构调整》,载《当代韩国》2001 年春季号。

16. 任明:《韩国新一轮产业结构调整论析》,http://www. ecdc. net. cn/newindex/chinese/page/tumen/dongbei_jingji/。

17. 石柱鲜、韩冬梅:《论韩国的经济结构变化及其对金融危机的影响》,载《东北亚论坛》2000 年第 3 期。

18. 石柱鲜、吕有晨:《论企业对外直接投资对韩国产业结构的影响》,载《世界经济》1999 年第 10 期。

19. 孙振峰:《韩国经济结构调整中的政府作用》,载《亚太经济》2001 年第 2 期。

20. 王林昌:《韩国　调整产业结构　提高竞争能力(入世经验谈系列报道(四))》,载《人民日报》2002 年 1 月 23 日。

21. 吴相奉:《韩国产业的主要课题与今后产业结构变化的方

向》,载《当代韩国》2005 年秋季号。

22. 肖龙阶:《论韩国区域发展政策与产业结构调整》,载《东南大学学报(哲学社会科学版)》2000 年 9 月。

23. 徐佳宾、徐佳蓉:《韩国的产业结构调整和税制改革》,载《税务研究》2002 年第 11 期。

24. 张小济:《财阀——韩国的大企业集团》,载《国务院发展研究中心调查研究报告》1998 年第 51 号。

25. 周松兰:《韩国的脱工业化特点、产业结构调整重点及其启示》,载《外国经济与管理》2004 年 2 月。

第十二章 俄罗斯产业结构变动趋势

20世纪90年代,俄罗斯经历了社会经济转轨和生产危机,其经济结构和产业结构不仅依然保持苏联时期的基本格局和特点,而且其产业中农轻重结构畸形和原材料化趋势进一步发展,出现了自发性和退化性的反工业化趋势。进入21世纪,俄罗斯经济开始走出危机,目前已步入稳定发展阶段。从产业结构和经济增长相互关系和变动趋势的角度来考察,可以认为,俄经济结构调整滞后于经济增长,经济发展中的一些深层次的问题远未解决,目前正处于关键的转折点。近年来,俄政府制定了新的发展战略,力图通过产业结构调整来促进经济增长。其目标是,既能使传统产业继续发展,保证结构调整期内经济的稳定增长,又能使经济结构得到逐步调整,保证未来经济的长期持续增长。俄罗斯正在努力探索符合自己国情的发展道路,实现从资源型经济向发展型经济的转变。

第一节 俄罗斯产业结构的特点及问题

一、苏联时期的经济结构及其特征

苏联产业结构的形成及发展变化是研究当今俄罗斯产业结构问题的历史和逻辑起点。苏联长期实行的是一种重型化的产业结构,这种结构是在斯大林时期的高速工业化和之后实施的经济赶超战略下形成的。总体看,苏联产业结构具有以下特点。

(一)国民经济军事化

国民经济军事化首先体现在长期保持庞大军费开支和军事工业在整个工业生产中的比重上。苏联的军费开支到底有多大一直是颇有争议的问题。1989 年,苏联官方公布的国防开支为 202 亿美元,占当年国民生产总值的 2% 和国家预算支出的 4.1% 。而据研究,苏联官方公布的军费预算与实际军费支出差距约在 3 倍以上。20 世纪 60—70 年代,苏联实际军费增长速度很快,其在国民经济中的比重是不断加大的趋势:在社会总产值中的比重从 1960 年的 6.3% 上升到 1973 年的 8.5% ,在国民收入中的比重从 1960 年的 13.1% 上升到 1974 年的 19.6% ,在财政支出中的比重从 1960 年的 26% 上升到 1974 年的 35.5% 。苏联解体前夕,苏军总参谋部部长洛博夫将军透露,苏联军事开支占国民生产总值的 1/3 以上,按 1998 年可比价格计算为 2600 亿卢布,按当时美元与卢布官方汇率折算达 3000 亿美元。学者的估计远远超过这一数目。

除保持庞大的军费支出外,苏联还建立了强大的军事工业体系和科研体系,军工生产在整个工业生产中长期保持较大比重。西方估计苏联约有 60% 的企业用于军事目的,与军事工业有关的从业人员约有 350 万人以上。1957 年以后,苏联军工生产重点逐步由常规武器转向尖端武器,导弹、空间、航空、造船、原子能等工业也成为军事工业的主要部门。到勃列日涅夫时期,国防工业集团中包括以下部门:航空工业部、国防工业部(负责常规部队装备)、造船工业部、电子工业部、无线电工业部、通信器材部、中型机器制造部(生产核武器)、通用机器制造部(生产战略导弹)、机器制造部(生产弹药)。这些部都有自己的研究机构、设计院和生产工厂,建立有自己的供应工业,自成体系。此外,还有许多与军事有关的部：电气设备工业部、装备与特殊建筑部、海运商船部、运输与重型机器制造部、炼油和石油化学工业部、动力机器制造部、自动化设备和控制系统部、民航部等。军事工业拥有 135 家生产武器成品的大装配厂，3500 多家工厂和有关的设施对这些进行装配的工厂提供支援。按最保守的估计，军工综合体消耗了年国民收入的 18%—20%，而且占用了科技、生产和干部潜力的最好部分。1987 年，在机械制造综合体的全部生产人员 1650 万人中，仅有 560 万人，即全体人员的 1/3 在民用工业各部的企业中工作。[①]平时军事工业有大量闲置能力，可供生产民用品。民用机械工业企业分为平时部分从事军用品生产和战时转产军用品两类企业，与国防企业协作，形成完整的军事工业综合体。

（二）社会两大部类对比关系失衡

苏联长期奉行优先发展重工业的工业化战略，忽视农业和压缩轻工业，从斯大林开始，一直认为"优先发展重工业过去是、现在仍然是苏联经济政策的不变原则"[②]。使得社会生产两大部类对比关系严重失衡。在社会总产值中，甲类工业占比长期居 75% 左右。战后，随着新技术革命的兴起，加上国内扩大再生产投入要素的日趋枯竭，苏联从 70 年代初开始推行"集约化方针"，其核心思想是发展科学技术，提高社会生产的质量和效益，以此来弥补粗放型投入要素的不足。但由于传统经济体制等因素的制约，苏联在发展科学技术方面作出的巨大努力并未取得相应成果，其产业结构中占主导地位的仍是工业化时期形成的传统基础工业。总体

---

① 参见：[苏]《经济问题》1990 年第 4 期，第 4 页。
② 1966 年 6 月 10 日勃列日涅夫对选民的讲话，塔斯社莫斯科 1966 年 6 月 10 日电。

来说,由于苏联的产业结构是通过全社会生产要素集中向重工业配置而形成的,其各产业部门的培育都充分考虑了向军事生产转变的可能性。在这种条件下,苏联富庶的自然资源并没有为其带来应有的经济全面增长,相反,传统的产业结构和政策造成了资源的巨大浪费。

根据苏联官方公布的资料,如果以1913年指数为1计算的话,工业产值1940年为7.7,1970年为92,1980年为163,1985年为195,其中重工业相应为13、214、391、468;轻工业相应为4.6、30、50、61;农业总产值为1.4、3.1、3.4、3.8。[①] 农业和消费品工业成了国民经济最薄弱的环节,农业停滞不前,消费品严重不足是实行重型产业结构的直接后果之一。

(三)在三次产业关系中第三产业极其落后

纵观世界各国现代经济发展的历史,三次产业结构演进一般有以下几种趋势:(1)在三次产业结构之间,第一产业存在不断减少的趋势;第二产业先是迅速增加,然后趋于稳定,第三产业则呈不断上升的趋势;(2)在第二产业中重工业比重不断上升,轻工业比重不断下降,最后逐步趋于稳定;(3)在第二产业内的各工业部门之间,加工工业与基础工业(采掘业和原材料工业)相比,比重趋于增大,呈现出高加工度化趋势;(4)在20世纪70年代前后,西方发达国家产业结构的变化出现了新的趋势:在整个产业的各种行业中,传统行业逐渐被新兴行业所取代,新兴行业不断从传统行业中脱颖而出,逐渐成为主导性行业;在制造业内部中,产业结构逐步表现出技术密集型趋势,技术或者说高科技密集产业不断涌现;整个产业非农业、非工业倾向日益明显化,第三产业的地位

---

① 参见苏联国家统计局:《苏联国民经济七十年》,第7页。

越来越突出。

由于传统经济理论的局限,苏联时期重生产轻流通,服务业被视为非生产劳动,长期处于落后状态。无论从产出占 GDP 的比重,还是从就业人数看,都大大低于市场经济国家的相应指标。按照三次产业分类标准衡量,在苏联的国内生产总值中,商品性产值比重过大(基本为第一、二产业),服务性产值(基本为第三产业)比重过低。直到苏联解体的 1991 年,服务性产值在国内生产总值中的比重仅为 35.9%。产业组织结构中人员高度集中,几乎 90% 的工业潜力(设备、原料、技术人员配备)都集中在就业人数在 10000 人以上的企业。在固定生产基金构成中重工业部门比重最高,1985 年,重工业在部门在固定生产基金总价值中占到 89%,其中原材料产业群占比更是高达 32.2%。在工业产品结构中,生产资料产品占比自 50 年代起就保持在 70% 以上,80 年代后稳定在 75% 左右,消费品占比则稳定在 25% 左右。

二、俄罗斯转轨期间产业结构的变化趋势

苏联解体,留给俄罗斯的仍是一个畸形发展的产业结构。在经济转轨初期,俄罗斯曾力图同时完成体制转型、反危机和调整不合理的产业结构的任务,但由于条件的限制,其最紧迫的任务是稳定宏观经济形势和摆脱危机,俄罗斯并没有在国家明确的产业政策引导下的真正意义的产业结构调整。产业结构调整更多地是在企业如何求生存的前提下的一种自发选择,带有明显的消极性和被动性特点:即这种调整不是通过明确的产业政策去扶持某个产业或部门,加快其经济增长来实现,相反,它是通过各部门生产下降的幅度大小来实现的。通过这种消极和被动的调整,俄罗斯的产业结构发生了以下变化。

（一）加速军转民，调整国民经济军事化格局

加速军转民是俄罗斯在经济转轨条件下产业结构调整的重要方面。俄政府采取了"雪崩式"的转产方式，在转产过程中，通过急剧减少国家军事订货使军工产值在国内生产总值中的占比从1991年的8.7%迅速下降至1992年的1.6%。由于这种军转民方式脱离自身的基本国情，也不符合结构改造的基本规律，破坏了军工企业的生产力，严重影响了军火出口，军工生产下降成为俄国民经济总体下降的重要原因。90年代中期，俄罗斯军转民指导思想发生了从求生存到求发展的明显转变，认为军民两用技术在俄国防工业系统达到70%，两用技术的采用对俄罗斯的经济振兴和国防建设都具有重要意义，应恢复并最大限度地发挥军工企业高技术的潜在竞争力。1996年国家军事订货比重重新上调至3.5%。

（二）服务业在三次产业关系中迅速提高

根据宏观经济学分析，产业结构优化包括结构高级化和结构合理化两个方面。用三次产业产值占国内生产总值的比重和就业人口在三次产业的分布两大指标来衡量，俄罗斯的产业结构在转轨期间得到了一定程度的高级化。这首先表现在，随着向市场经济过渡和私有化进程的推进，一些新的市场型服务机构开始建立并得以发展，服务性产值在国内生产总值中的比重迅速提高，按统计数字，已大体接近发达国家的水平。如1991年俄罗斯服务业在国内生产总值中的比重仅为35.9%，1992年急剧上升到52.7%，之后基本稳定在46%—48%的水平上。而第一产业和第二产业分别从1991年的13.4%和45.8%下降到2003年的5%和35.5%。

表12—1　俄罗斯三次产业产值在国内生产总值中占比(%)

年 份	1991	1992	1993	1994	1995	1996	1997
第一产业	13.4	7.32	7.55	5.97	7.5	7.7	7.2
第二产业	45.8	40.9	39.9	40.2	48.6	47.1	45.6
第三产业	35.9	52.7	46.3	48.8	43.8	45.2	47.2
年 份	1998	1999	2000	2001	2002	2003	
第一产业	6.8	7.4	6.3	6.1	5.5	5.0	
第二产业	44.8	46.7	48.0	47.2	45.5	45.4	
第三产业	48.4	45.9	45.7	46.7	49.0	49.6	

资料来源:俄罗斯国家统计委员会《俄罗斯统计年鉴》。

　　下图中给出的俄罗斯2004—2006年GDP构成情况也基本可以反映俄罗斯三次产业构成情况。

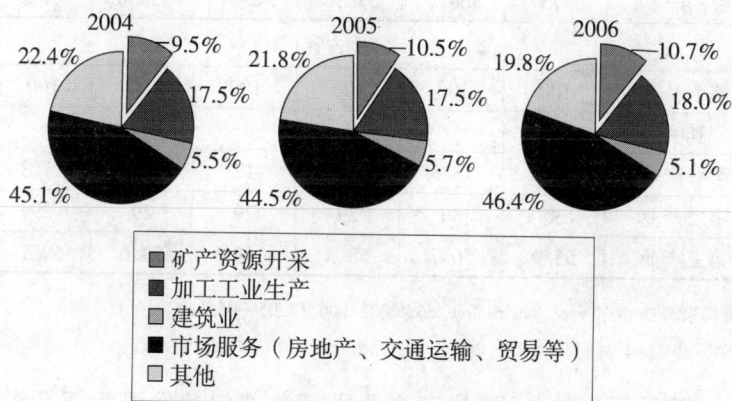

图12—1　2004—2006年俄罗斯GDP构成

资料来源:Центр стратегического анализа Росбанка: Экономика России в 2006 году и перспективы на 2007 год, Москва, январь 2007。

　　随着三次产业关系的变化,俄罗斯从业人员构成比例也发生

了明显改变。自 1992 年以来,在第一产业的从业人员比重基本保
持在 15% 左右,变化不大。在第二产业从业人员比重逐步下降,
从 1991 年的 41.9% 逐步降至 1998 年的 30.1%,目前保持在 30%
左右。在第三产业的从业人员比重明显提高,从 1991 年的
44.6% 提高到 1998 年的 55.8%,目前保持在 59% 左右。

表 12—2　　2000—2005 年俄罗斯经济各部门中的年均就业人数及比例

	2000	2001	2002	2003	2004	2005
	人数(千人)					
整个经济	64517	64980	65574	65979	66407	66792
其中:						
第一产业	9134	8643	8349	7912	7543	7519
第二产业	15293	19710	19593	19489	19518	19385
第三产业	35757	36617	37615	38569	39338	39862
	占比(%)					
整个经济	100	100	100	100	100	100
其中:						
第一产业	14.1	13.3	12.7	12	11.4	11.3
第二产业	30	30	29	29	29	29
第三产业	55.9	56.7	58.3	59	59.6	59.7

资料来源:http://www.gks.ru/free_doc/2006/b06_13/05—05.htm。

　　需要指出的是,俄第三产业内部各部门的发展并不平衡。
1990—2005 年,随着市场化进程的推进,商业、公共饮食业、不动
产业务、金融保险等行业份额迅速提高。商业和公共饮食业在
GDP 中的占比从 6% 提高到 23%,包括不动产业务在内的其他商
业活动从 0% 增加到 7%,金融信贷保险的份额从 1% 增加到 2%。

而教科文卫等公益型服务的占比则不断下降,从 1990 年的 11%
减少到 2004 年的 6%,其中科学和服务的占比下降了 66% 左右,
教育、文化和艺术的占比下降了 50% 左右。造成这种双向变化的
主要原因是,90 年代经济衰退时期,没有足够的财力来满足教科
文卫发展的需要。2000 年以来的恢复时期,更多考虑的是经济规
模的扩张。从总体上看,还不能说这种结构变化已经带来了国民
经济的良性发展。

(三)工业内部结构进一步原材料化

转轨期间,由于整体经济形势的不断恶化,俄罗斯采取了"消
极适应"的结构调整政策,加上国家宏观调控不力,投资下降和高
通胀条件下市场机制对结构变化的扭曲引导,工业内部结构重型
低效的特征并没有实质性的改变,相反进一步原材料化,能源和原
材料部门的比重上升,加工工业的比重下降,出现了自发性和退化
性的逆工业化趋势,即产业结构合理化出现了倒退。2002—2004
年,虽然机器制造业和冶金业产品在俄罗斯主要工业品构成中的
比重在提高,但仍然大大低于发达国家(如意大利的机电产业占
36.4%,法国占 39.3%,英国 39.6%,美国 46%,日本 51.5%,德
国 53.6%,而俄罗斯仅为 22% 左右)。工业部门固定资产老化率
达到 50% 以上,固定资产更新系数长期处于低水平(见表 12—3、
4、5)。

表 12—3　俄罗斯工业生产结构(占工业总产值的%,按 1992 年价格计算)

	1991 年	1992 年	1993 年	1994 年
采掘工业	15.8	17.0	17.2	23.3
加工工业	84.2	83.0	82.8	76.7

资料来源:《1994 年俄罗斯社会经济发展》,载俄经济部 1995 年 1 月《经济通报》。

表 12—4　俄罗斯工业部门结构(%)

工业部门	1992	1995	2000	2001	2002	2003	2004
整个工业	100	100	100	100	100	100	100
电力工业	8.1	10.5	9.2	8.8	8.5	8.1	7.6
能源工业	14.0	16.9	15.8	15.9	16.4	16.9	17.1
黑色冶金工业	6.7	7.7	8.6	8.1	8.1	8.3	8.2
有色冶金工业	7.3	9.0	10.3	10.3	10.5	10.5	10.3
化工和石油化工	6.4	6.3	7.5	7.4	7.3	7.1	7.2
机器制造和冶金	23.8	19.2	20.5	20.8	20.5	21.1	22.2
森工、木材加工、纸浆和造纸	5.9	5.1	4.8	4.7	4.7	4.5	4.3
建材工业	4.4	3.7	2.9	2.9	2.9	2.9	2.9
轻工业	5.2	2.3	1.8	1.8	1.7	1.5	1.4
食品工业	14.5	15.3	14.9	15.3	15.8	15.6	15.4
粮食加工业	2.1	2.0	1.6	1.6	1.4	1.3	1.2

资料来源:俄罗斯联邦统计署:《2005 年俄罗斯数字》,莫斯科,2005 年,第 477 页。

表 12—5　工业部门固定资产老化率和更新率(%)

工业部门	1970	1980	1990	1995	1999	2000	2001	2002	2003	2004
固定资产老化率	25.7	36.2	46.4	47.5	51.9	51.3	49.9	52.9	51.4	50.6
固定资产更新率	10.6	8.1	6.9	1.7	1.1	1.5	1.6	1.8	1.8	1.9

资料来源:俄罗斯联邦国家统计委员会《俄罗斯联邦统计年鉴 2005 年》,莫斯科,2006 年,第 391 页。

　　受到科研经费减少、科技基础削弱的影响,工业内部结构除仍然保持低度化外,其技术构成也大大恶化。在代表当前国家经济发展水平的冶金、化工、机器制造业等部门,新技术和新材料的采用率大大低于西方国家。在各工业部门中,各种技术多代同堂,但以第三代为主。各代技术之间联系很少,技术标准高低不一,产品质量参差不齐。用陈旧技术生产的产品比重达60%,技术更新周期比西方国家平均长10—20年,高科技含量的产品生产比重不断下降,创新产品比重仅为4%—5%,而发达国家为30%—35%。国内企业对提高产业竞争力的技术革新欲望淡薄,从事技术开发的企业占企业总数的10%,知识和新技术向市场转化机制效率低下。

第二节　俄罗斯产业调整政策及变动趋势

普京时期,俄罗斯经济发展的条件发生了根本变化,有利于经济增长的新因素和新环境正在生成,经济结构调整和产业结构升级再次作为重要任务提上日程。这一时期产业结构调整最主要的特点是从"适应性调整"向"战略性调整"转变。调整涉及的是带有全面性、长期性、根本性的问题,目的是使产业结构适应经济发展新形势的新要求。俄提出,为不断缩小与世界最发达国家之间存在的差距,必须选择和实施旨在形成当代后工业化社会的发展战略,提高俄罗斯国家、企业和人力资本的竞争力。

2003年以来,当局对发展战略进行了多次修订,形成了传统优势部门、创新部门和人力资本部门共同发展的综合发展战略。经济结构和产业结构调整是该战略的重点,结构调整的目标是实现经济结构多元化,促使"新经济"超越式增长,使其成为未来十年内提高俄罗斯竞争力的主要渠道,①通过转变经济增长方式,

---

① 参见俄罗斯联邦经济发展与贸易部:《俄罗斯2003—2005社会经济发展中期纲要》,http://www.economy.gov.ru.

实现从资源型经济向发展型经济过渡,提高经济增长的质量。

一、新时期产业结构调整的主要思路

(一)根据国情协调发展三大产业

20世纪90年代以来,俄罗斯三次产业关系调整是在经济衰退的背景下被动实现的,产业结构发展现状没能完全反映出其特有的优势。考虑到国内外发展环境变化带来的机遇和挑战,俄罗斯未来产业关系调整的基本思路是:三大产业将基本保持现有格局,但三次产业有新的战略使命和发展定位。要通过加大投资和推广新技术不断扩大第一、二产业的产出规模。第一产业将恢复增长,农业将成为有竞争力的部门,在保证国内居民需求的基础上扩大粮食和渔产品出口。第二产业将加速发展,其中高新技术产业将以更快速度增长,以带动第二产业整体技术水平的提高,其占GDP的比重将略有上升。第三产业基本保持现有比重,到2015年服务性产值占GDP的比重将达到54%。

从苏联时期开始,农业就一直是落后产业,苏联解体后,农业长期处于危机状态,农业生产综合指标和农畜产品产量大幅下降,在三次产业关系中的作用和地位进一步下降。普京时期,俄通过了一系列促进农业发展的法规和规划。俄政府不仅把恢复和促进农业快速发展作为国家经济政策的重要组成部分,也把其视为优化结构的重要内容。农业结构调整的目标是:在提高资源使用效率和产品竞争力的基础上,提高农业产值和渔业产值增长速度,在满足国内市场粮食需求增长的情况下发展粮食出口潜力,扩大粮食等农产品的出口。协调种植业和畜牧业发展,提高畜产品产量,实现畜产品的进口替代。实施加快发展面向国内市场的畜牧业的计划,计划用10年时间,依靠本国生产满足国内对肉、蛋、奶制品的需求,肉类进口占消费量的比重从2003年的35.5%下降到2010年的27.2%和2015年的16%。有效利用渔业综合体资源潜力,提高竞争力。恢复对鱼类和海产品的考察性捕捞。发展长期租赁,实现捕鱼业的现代化。增加渔业部门鱼类的捕捞量和海洋产品的开采量,减少国内市场中进口鱼类产品比重。

俄轻工业由纺织、制衣和鞋业三大部门组成。按产值划分,分别占48%、30%和22%。轻工业对俄工业产值的贡献率约为1%。在转轨期间,轻工业是衰退最为严重、恢复最慢的部门。根据最新统计,除纺织品外,目前俄罗斯内衣、制衣、皮鞋国产品的市场占有率均不足20%,缺口靠进口和地下生产弥补。近年来,随着经济整体恢复,发展轻工业的任务重新提上日程。2006年,俄罗斯政府批准了工业能源部制定的《2006—2008年发展轻工业措施计划》,提出了到2010年使轻工业三个行业国产品市场占有率最少达到50%—55%的目标。

在三次产业协调发展的同时,将进一步调整第三产业内部结构,改变近十多年来服务领域片面发展的现状,大力发展科学、文化、教育事业,使经济结构和经济增长模式向符合以科技进步、知识经济和人力资本为基础的发展型经济的要求转变。根据《俄罗斯联邦长期社会经济发展基本方针》,第三产业的发展重点是:大力发展现代交通运输业(包括过境运输和国际运输)、国外旅游、文化领域服务、高级职业教育、软件开发、咨询和信息服务等。预期服务业的发展将成为结构合理化和保持经济快速增长的重要推动力。

(二)提高高新技术产业的增长速度和对GDP的贡献率

工业结构调整是中长期内产业结构调整的重头戏。俄罗斯要实现经济增长模式从资源型向发展型的转变,决定性的因素是进行工业内部结构调整。调整的目的是降低经济增长对能源和原材料部门的依赖,提高加工工业部门特别是高新技术产业对经济增长的贡献率。使产业结构模式从资源耗费型转变为资源节约型,从多投入多产出的数量型转为少投入多产出的效率型,使工业部门结构从资金密集型向技术密集型转换。在产业内部,将提高新技术、新工艺、新产品的应用比重,提高产业的技术水平。耗费资源和能源多的产业构成比将会下降,而研究开发密集型产业(电子计算机、飞机等)、高级装配产业(通信设备、数控机床、电子产品)将会迅速发展。

工业结构调整的预期目标是,使燃料动力综合体的增长速度从 2003 年的 7% 下调至 2008—2011 年的年均 1.4% ,2012—2015 年保持年均 1.4% ,原材料生产部门的增长速度从 2003 年的 5.9% 下调至 2008—2011 年的年均 4.8% 和 2012—2015 年的年均 4.6% ,最终产品生产部门的增长速度从 2003 年的 7.2% 提高到 2008—2011 年的年均 8.4% 和 2012—2015 年的年均 7.9% 。通过调整,工业内部结构将发生如下变化:最终产品生产部门产值在工业总产值中的比重将从 2005 年的 35.5% 上升至 2015 年的 45%—46% ,原材料生产部门的比重相应从 31.6% 下降至 29%—30% ,燃料动力综合体的比重将从 32.9% 降至 24%—26% 。①

(三)实施科技创新战略提高经济竞争力

普京上任后,以高科技振兴经济被提高到基本国策的高度。建立国家创新体系,实施科技创新战略成为国家经济政策和产业

---

① 参见俄罗斯经济发展与贸易部:《俄罗斯联邦 2005—2008 年社会经济发展中期纲要》,http://www.economy.gov.ru.

政策不可分割的重要组成部分。为改变国内基础科学严重退化，基础研究成果与商业化转换严重脱节，应用研究领域发展水平低，企业创新积极性低下的现状，2002年3月，普京签署了《俄罗斯联邦到2010年及未来科技发展政策原则》，对有关发展创新体系和开展创新活动的主要措施、实现目标任务的主要机制和阶段作了明确规定。其具体措施包括完善创新参与者之间的合作机制，组织国家科研机构、高等院校与企业的合作；实行有效的经济政策，刺激非预算资金，为发展对高科技项目风险投资创造制度和法律条件；改革科研经费拨款方式，从院所拨款转变为课题或项目拨款，提高经费利用率和科研人员的积极性，加强科教一体化进程，加强人才培养；建立和发展创新基础设施（包括创新科技中心、高科技园区等）和创新活动咨询服务网；推动建立和发展科技领域小企业、知识产权和科技服务交易所等。

　　为进一步推动科技创新，2006年2月，俄罗斯科技创新政策跨部门委员会和俄罗斯教育科技部又批准了《俄罗斯2015年前科技创新发展战略》，明确提出实施创新发展战略的任务是创建有竞争力的研发部门，并为其扩大再生产创造条件；建立有效的创新基础设施，保证研发成果向经济和生产领域转化，以及发展创新领域的 МСП；发展利用研发成果的机制和法律环境；在技术创新的基础上实现经济的现代化。预期通过实施科学创新发展战略，将使以下各项指标有较大提高：（1）用于研发的内部支出：到2010年将达到 GDP 的2%，2015年将提高到 GDP 的2.5%；同期内预算外资金在用于研发的内部支出中的比重分别提高到60%和70%。（2）提高俄罗斯科学界的威望，促进年轻科学家回流到科学领域：39岁以下学者比重到2016年应提高到36%。（3）提高专利发明的积极性，提高科研成果的资本化，其中：增大发明系数

（到 2007 年提高到 2.0,到 2011 年提高到 4.0),增加研发部门资产中非物质资产的比重(到 2011 年增加到 15%,2016 年增加到30%）。(4)提高小企业创新积极性:到 2010 年,创新型小企业每年增加 85 家,到 2015 年每年增加 120 家,与此同时,高技术领域中小企业创造的工作岗位每年增长将不低于 10%。(5)提高经济中的创新积极性:实施科技创新企业在全部企业中的比重到 2011年达到 15%,到 2016 年达到 20%,在这一背景下,俄罗斯公司用于研发的自有费用以可比价格计算年增长率将不低于 10%。（6）在所销售的工业品总额中,创新产品在产品总量中的比重到 2011年达到 12%,到 2016 年达到 15%。

（四）大力发展人力资本

从国际产业结构变化趋势和俄罗斯的长期发展需要来看,大力发展服务性行业是经济获得可持续发展的重要途径,而这与人力资本的发展密不可分。据世界银行数据,俄罗斯的自然资本世界第一,人力资本低于美国而高于欧盟,而人力资本与自然资本结合而形成的再生资本则大大低于发达国家。为此,俄罗斯提出要进一步改善和提高人力资本指标,更好地发挥国内人才和智力优势,把人力资本作为提高国家竞争力主要源泉。2005 年 9 月,俄罗斯出台了由实现医疗现代化、发展高质量教育、扩大经济适用房建设、发展高效农业为主要内容的国家四大优先工程,并从 2006年 1 月 1 日起正式实施。实施该工程旨在努力培育和壮大中产阶级,扩大消费需求,实现消费结构升级,使经济增长的重点从满足吃穿用为主要消费对象到以汽车住房、信息产品和服务为主要消费对象,使内需成为拉动经济增长的重要动力。从经济结构调整的角度看,该工程的实施将会使经济结构和产业结构得到进一步优化,使服务业得到较快发展,形成新的经济增长点,人力资成为经济增长的"发动机"。

二、优势产业扶持措施及其发展趋势

(一)扶持措施

2006年10月,俄罗斯经济发展与贸易部在综合其他部委意见的基础上制定了工业发展措施规划。该措施规划包括21个主要的工业部门的发展方向,规定了国家旨在刺激固定资产投资、推动创新活动、完善国有发展机制、支持工业产品出口、培训高素质人才、发展生产设施、推动中小企业的发展、促进工业设计等方面的措施。从产业调整的角度看,其核心是继续发挥能源产业的优势,恢复国防工业综合体在科技研发创新及出口方面的强势,把农业、IT业等作为新的经济增长点,保证经济在中长期内的持续稳定增长。总体看,现阶段扶持优势产业的措施主要包括以下几方面。

1. 制定相关产业的中长期发展战略

普京执政期间,俄罗斯已制定并相继出台了在未来5—10年有关联邦、地区、部门、行业等多个层次的发展战略和构想,其中产业一级包括《俄罗斯2020年前能源发展战略》、《2002—2010年"电子俄罗斯"联邦专项纲要》、《俄罗斯2015年前冶金工业发展战略》、《俄罗斯2015年前化学和石油化学工业发展战略》、《俄罗斯2015年前航空工业发展战略》和《2002—2010年及到2015年俄罗斯民用航空技术发展联邦专项纲要》、《俄罗斯2015年前运输机器制造业发展战略》、《俄罗斯船舶工业发展战略》、《机床制造业发展战略》、《俄罗斯2008—2012年农业发展纲要》等。这些战略和构想对俄罗斯国家及相关经济部门在世界经济中的地位、与发达国家的差距、存在的问题作了客观的评估和定位,提出了国家发展的总目标和阶段性目标,为实现发展目标的国家宏观政策导向和具体手段。

2. 集中优化资源配置,对重大装备工业进行战略性重组

2004 年以来,俄罗斯连续出台措施,对石油、天然气、电力、航空、核电、船舶、汽车、运输机器制造、机床等工业部门进行战略性重组,通过股权置换和国家收购等措施,组建国有大型集团公司,完善公司治理,并委派政府高官作为国家代表管理公司①。俄认为,仅靠某个部门的力量无法振兴上述产业,国家必须控制战略性核心产业,集中人力、物力和财力重振本国重大装备工业。建立未来能够承担协调实现大型项目功能的部门和跨部门体系。政府将加大联邦预算拨款力度,提高资源配置效率和产业国际竞争力,实行研发、生产和销售一体化,推进产业升级,提高经济增长质量。

3. 制定关于发展俄罗斯联邦工业和工艺的措施计划

根据这个计划,俄罗斯经济发展和贸易部已开始对现行法律提出一系列修改,以完善折旧提成方面的政策。其中包括在 2006 年年底确定具体种类固定资产的使用期限。将对税法进行一些修正,准许在税收核算时采用会计核算中所使用的折旧提成方法。同时计划为那些按照固定清单购置部分固定资产的企业的折旧提成增加到 20%—30%。用于科学研究和试验设计工作的开支的免税额度将提高到该单位收入的 1.5%。

该计划中还包括其他方面的措施,例如:改进增值税补偿管理、完善出口贷款利息补贴机制、完善国家对信贷提供担保的机制、制定和通过成立地区风险投资基金总体规划,以便向科学技术

---

① 参见俄罗斯工业能源部网站 http://www.minprom.gov.ru.

领域的小企业提供资金,落实 2006—2008 年俄罗斯联邦设计发展措施计划。

4. 扩大政府投资比重引导投资流向

俄罗斯在投资领域存在的问题是积累率和投资率偏低,投资来源构成和流向不合理。普京执政以来,固定投资虽然逐年恢复,但上述问题并没有解决。1999—2005 年,积累率为 20% 左右,投资率平均为 16.1%。俄经济的投资来源由企业自有资金、银行贷款、预算投资、外资和其他类(内含市场融资)五部分构成,投资流向大部分集中在包括原材料和石油天然气在内的传统经济部门。为了实现结构调整的目标,必须扩大投资规模和提高投资增长幅度,同时优化投资来源结构和投资流向。

俄政府提出的目标是到 2008 年将投资率提高到占 GDP 的 21.7%,2015 年占 28.7%。在投资来源中,降低企业自有资金的投资比重,提高国家投资和吸入资金(银行贷款和外国投资)比重。为此,政府通过了相关法律,如为发展加工业、高技术和新产品生产部门,2005 年 7 月通过了《俄罗斯联邦经济特区法》;2005 年 7 月通过了旨在吸引私人资本参与发展基础设施项目(包括交通设施、电力和公共住房等) 的《租让协议法》;2005 年,创建了投资基金和发展银行。2006 年 1 月 1 日,有关投资基金的法律文件开始生效。每年国家将从投资基金中拨款,用于支付对社会经济发展具有重要意义、投资额超过 50 亿卢布 (合 1.8 亿美元) 的大型项目。在实行积极的财政政策,扩大政府投资规模的同时,俄进一步强化税收政策的经济调节功能,2006 年,计划通过一系列税收创新,相对增加采掘业的税负,拉平原料部门和非原料部门的资本产出率,促使投资向加工部门流动,使传统经济部门在投资构成中的比重从 2004 年的 71.2% 降到 2015 年的

66.2%，石油天然气部门的比重从2004年的18.9%降到2015年的14.7%。对信息和创新部门的投资比重相应从9.9%提高到19.1%。

5. 对部分具有竞争实力的加工业和高科技产品实行出口支持政策

为形成强大的出口潜力，俄罗斯实行了一系列刺激工业品出口的措施，如财政支持、税收优惠、海关关税刺激和国家对有效益的项目进行投资等。近年来，俄罗斯工业能源部、俄经贸部已多次提出国家扶持工业品出口的企业和产品清单，对机器制造、农机、航空、冶金、船舶制造、仪表、纺机、重型机床、电子设备等多个部门的产品出口提供减免税、贷款利息补贴等优惠措施。据工业能源部数据，2006年机器设备出口同比增长20%以上，相当于140亿美元，占出口总额的5.2%。2007年，俄联邦预算还将拨款35亿美元扶持工业品出口，其中的50%将用于支持机器制造业和高技术产品和军工产品的生产和出口。

6. 扩大机器设备进口，加快机器制造业固定资产更新

由于多年的衰退，俄机器制造业已没有能力完成自身的固定资产更新，机电产品和成套设备进口成为解决固定资产更新、结构改造和实现生产现代化的主要渠道。这方面的优惠措施主要是对俄国内没有或不能生产的机器设备进口实行免征关税政策，购买固定资产所含的进口税额，在固定资产入账后就立即给予抵扣。由于大量先进设备和技术的引进，俄能源工业和食品工业的现代化改造大大推进，农业、纺织业的设备更新速度也在加快。普京主政期间，整个工业部门的设备更新系数逐步提高，据俄国家统计委数据，工业部门的固定资产老化率已从1999年的51.9%下降到2004年的50.6%，固定资产更新率从1999年的1.1%提高到

2004 年的 1.9%①（缺乏最新官方统计数据）。这一做法将有助于俄机器制造业的长远发展，有助于逐步实现进口替代。

7. 增加对研发的投入，加快军民两用技术的转换和应用

俄政府认为，新形势下国防工业综合体在促进经济增长和提高民族经济竞争力方面应该发挥重要的作用。在国家政策相应扶持下，国防工业综合体可以成为国家创新发展的火车头。利用国防工业科研潜力服务于国家经济部门的优先方向包括：航空、造船、无线电电子综合体、能源动力综合体用设备、高科技医疗器械生产、农用、国内道路和住房建设及公共交通工业用机械设备生产等。为扶持和发展关键性技术，将依靠国家、企业和非国有投资者的共同拨款，研制和实现有利于不同经济领域的创新项目。俄政府用于研发的内部支出，到 2010 年将达到 GDP 的 2%，2015 年将提高到 GDP 的 2.5%；同期内预算外资金在用于研发的内部支出中的比重分别提高到 60% 和 70%。

8. 实施多元化的对外经贸战略，加深与世界经济一体化

俄罗斯参与世界经济一体化进程必须要解决的问题有：在参与国际劳动分工合作中保证市场、部门和形式的多元化；积极吸引外国直接投资；利用地区合作和多边合作实现贸易、投资自由化。此外，在新时期，对外经贸不仅承担着出口创汇的任务，同时还要引导和促进产业结构优化。为解决上述问题，俄罗斯将实行综合型的外贸发展战略和政策。外贸政策与结构政策和投资政策相一致，初期实行以传统优势产品为主的出口战略和逐步开展进口替代；中期实行出口替代和深化进口替代的战略；未来将实行全面自

---

① 参见俄罗斯联邦国家统计委员会：《俄罗斯联邦统计年鉴 2005 年》，莫斯科，2006 年，第 391 页。

由化的经贸战略。在保持能源等资源型产品出口稳定的同时,增加机器设备等工业制成品出口比重,实施适度的贸易保护,减少食品等消费品的进口。

具体措施有:第一,发展符合多边贸易体制标准和规则要求的扶持商品和服务出口机制,切实启动扶持出口的机制,到 2006 年用于担保的预算费用将达 6 亿美元,2006—2008 年出口担保费用将达 25 亿美元,相当于机器设备出口额的 4.5%。第二,提高中小企业参与世界经济的竞争力;深化军事技术合作领域内的一体化联系,扩大俄罗斯的武器研制生产市场;取消出口限制,发展与农产品出口有关的运输和其他基础设施,扩大农产品出口。第三,提高出口产品的深加工程度,在非传统市场发展出口基础设施,通过俄罗斯的直接投资在国外建立自己的销售、消费和生产网络。第四,深化与欧盟等主要经贸伙伴的合作。加强俄白联盟、欧亚经济共同体、中亚经济共同体等次地区合作组织的一体化。除上述两个主要地区外,俄罗斯还将加强与美国、中国、印度和日本的经贸关系。第五,结束加入世界贸易组织谈判工作,在符合本国经济利益的前提下加入世贸组织。

(二)优势产业的发展趋势

1. 石油天然气产业调整发展

俄罗斯是传统的能源生产大国,其庞大的燃料能源工业和热核能工业不仅满足国内发展对能源的需求,且以欧洲和亚洲市场为其中长期的出口目标。高效的能源动力综合体是提高国家竞争力、保证工业所需的现代化基础设施、开发新的地区、降低国内商品和服务成本的最重要因素。因此提高能源动力综合体效率与提高工业生产效率和解决社会经济发展的关键性任务直接有关,能源动力综合体也成为产业结构升级的首选项目。俄罗斯力图以燃料动力工业为结构改造的龙头,通过提高该部门的设备制造水平,一方面降低生产成本,提高其产品的技术含量,另一方面带动作为工业骨干的整个机器制造业的根本革新和发展,从长期看,俄罗斯将不仅是能源输出大国,还将是能源生产设备和技术的输出大国,这使俄在未来信息时代仍能保住其在国际能源领域举足轻重的地位。

目前能源产业存在的主要问题有:石油天然气综合体原料基地发展不足,已探明石油储量增长不能满足现有开采水平;石油出口能力不足(首先是输油管道不足),公司运输成本增加;油气出口对欧洲市场的高度集中和特别依赖(目前俄石油出口的96%和天然气出口的100%集中在欧洲市场,市场高度集中使俄每年损失50—80亿美元的差价);市场基础设施缺乏,国内电力和石油天然气市场竞争不足,价格形成不透明;开发和勘探不足,不工作油井增加,开采、运输、加工和使用过程中浪费过大;与经过深加工油品相比,原油出口损失过大;符合欧美和日本质量要求的环保型清洁石油产品比重过低等。

为解决上述问题,石油发展战略提出两套发展方案。第一,依靠持续开发已探明油田和开采新油田(特别是托木斯克州和汉特—曼西斯克自治区内)来保证每年5亿吨的开采量。第二,依靠增加对地质勘探和油田开采的投资,其中包括对季曼—白朝拉流域和东西伯利亚、萨哈共和国资源的投资,将石油开采量提高到每年5.3亿吨。

为扩大石油出口量,将进一步发展管道运输系统。当前的优先项目是扩大波罗的海管道运输系统,修建东西伯利亚—太平洋石油管道(即泰舍特　纳霍德卡方向)和北方管道项目(西西伯利亚—巴伦支海方向)。

　　发展战略还提出要对石油加工厂进行现代化改造,提高石油产品质量,将石油产品深加工程度从 2003 年的 70% 提高到 2015 年的 76%—80%,①进而扩大和提高成品油出口比重。

　　天然气综合体也将实施两套发展方案。第一,在不实施新的大规模投资项目的条件下,依靠独立生产商提高对现有气田开采强度,到 2015 年天然气开采量提高到 6900 亿立方米。第二,开发科维克塔天然气田(2007—2008 年开始采气),在西伯利亚和远东地区建立统一的天然气开采、运输和供应系统;签订施托克曼矿产品分成协议(2010 年开始采气);开发亚马尔半岛天然气田(2015 年后采气)。在实施上述一系列新的大型项目基础上,到 2015 年使天然气开采量提高到 7400 亿立方米。完成这些计划共需投资 3000 多亿美元,主要投资将来自石油天然气公司自有资金和投资者的资金。目前,俄罗斯的天然气出口主要集中在西欧和中欧,从长期发展看,亚太地区和南亚地区,特别是中国、韩国和日本将成为前景广阔的市场,美国将成为销售液化天然气的长期市场。

　　2. 加工工业和高新技术产业调整发展

　　未来俄加工业和高新技术产业发展的首要任务是下大力气发展以制造业为基础、以信息技术为核心的高技术产业,实现机器制造业本身的现代化和技术创新。新的现代化的机器制造业将成为国民经济现代化、实现“进口替代”和“出口替代”的基础。

　　(1) 发展以信息技术为核心的新经济

　　2002 年,俄罗斯政府批准了《2002—2010 年电子俄罗斯联邦

---

　　①　参见俄罗斯经济发展与贸易部:《俄罗斯联邦 2005—2008 年社会经济发展中期纲要》,http://www.economy.gov.ru.

专项纲要》。纲要认为,信息通信技术的迅速发展,现代信息通信技术在社会生活各个方面的广泛使用将会有助于形成更为先进的经济结构,为本国的高新技术产品的生产和出口的增长创造全新的机会。信息产业调整和发展的方向是大力发展微电子技术、计算机技术和现代通信技术。目前俄已成功研制出 5 万亿次/秒超级计算机和人工智能计算机,进入世界计算机领域的先进行列。未来将继续扩大个人电脑的生产和使用,同时继续研制更高性能的超级计算机和人工智能计算机,发挥其在经济、国防、社会、生态环境和生命科学等领域的战略作用。

现代通信技术的发展方向是使信息传输向光纤通信、卫星通信发展,信息交换向程控数字交换发展,信息网络向综合业务数字通信网络发展,实现通信技术的数字化、宽带化、高速化、智能化。俄制定的《2007—2011 年电子元器件基础发展纲要》规定,到2011 年本国电子工业能够自主生产设计标准为 180 纳米的超大规模集成电路,并开始研发符合 130 纳米标准的电子产品。《2002—2010 年电子俄罗斯联邦目标计划》规定,到 2010 年,公共信息产业在国民生产总值中的份额将从现在的 0.61% 增到 2%。信息服务产业市场规模到2010 年时将扩大 5 至 6 倍,2010 年信息产品年出口额应达到 10—29 亿美元。该计划的另一个主要目标是在整个俄罗斯境内建立统一的信息资源空间。[①]

根据俄政府《2005—2008 年社会经济发展中期纲要》提出的信息通信技术部门发展战略,信息化发展的主要任务是提高国家公共电信基础设施的发展速度,保证经济和居民对现代信息技术

---

① 参见俄罗斯联邦:《2002—2010 年电子俄罗斯》专项纲要, http://www.mon.gov.ru.

的需求，保证广大居民能够享用信息技术，使信息通信技术成为经济增长的推动力，促进扩大国内市场并将信息产品推向国际市场。实现该战略的预期结果是：电话网覆盖率将从目前的 28.8 部/100 人提高到 2010 年的 43 部/100 人，将未通电话的居民点数量从目前的 46000 个减少到 6000 个；将计算机的保障程度从目前的 10 台/100 人提高到 40 台/100 人，将因特网的使用比重从目前的 13% 提高到 57%；将信息通信部门在 GDP 构成中的比重从 4.8% 提高到 10%，将信息通信产品和服务在联邦出口中的比重从 0.3% 提高到 5%，使在该领域的就业比重从 1.4% 提高到 5%。将软件出口从目前的 6 亿美元提高到 2010 年的 30 亿美元。[1] 而据俄罗斯信息产业部预测，到 2010 年，俄软件产品出口将增长 5 倍，达到 100 亿美元，届时世界软件产品市场将从目前的 600 亿美元增长到 900 亿美元。俄将成为世界三大 IT 产品生产国之一，至少占有 10% 的软件保证市场。[2]

（2）发展以机器制造业为基础的高技术综合体

技术结构决定着产业结构组合模式。按照经合组织（OECD）的定义和分类，航空航天制造业、计算机及办公设备制造业、医药品制造业、专用科学仪器设备制造业和电气机械及设备制造业等技术密集型产业属于高技术产业。根据普京签署的俄罗斯联邦科学、技术与装备发展优先方向，俄罗斯的高技术综合体包括机器制造、航空航天、核能、化学和石化、电子通信、军事工业等。这些部门不仅是俄罗斯高技术产业的代表，也是其传统的优势产

---

　　① 参见俄罗斯经济发展与贸易部：《俄罗斯联邦 2005—2008 年社会经济发展中期纲要》，http://www.economy.gov.ru.

　　② 参见《俄罗斯软件产品出口翻番》，载《俄罗斯《生意人报》2006 年 12 月 19 日。

业，拥有雄厚的物质基础，许多产品原本在世界居领先水平，但在转轨期间由于多种原因而落伍。目前，俄罗斯已提出这些部门的振兴计划。

俄罗斯航空工业发展战略提出，对更新航空工业物质技术基础的联邦预算拨款将从 2006 年的 1.99 亿卢布增加到 2010 年的 10 亿卢布和 2015 年的 25 亿卢布。从 2006 年开始，将向市场推出伊尔—96、图—214、图—204—100/120/300 系列机型。从 2008 年起，推出俄产新型支线飞机（RRJ）和新型家用直升机。到 2015 年，俄产民机的销售量每年将增长 15%，军民两用飞机的销售量每年将增长 10%。预期俄罗斯将作为航空工业的中心之一重返世界市场，其中在民机市场上份额从 2005 年的 1% 增加到不低于 5%。到 2015 年，国内航空工业最终产品的销售额将从目前的每年 30 亿美元提高到 70 亿美元。民机销售收入在航空产品销售总收入中的比重从 2006 年的 30% 提高到 43%。①

俄罗斯的空间载人航天技术、运载火箭技术都处于世界一流水平。到目前为止，俄仍保持了航天大国地位，参与国际航天活动十分活跃。运载火箭和航天器发射量占世界发射总量的 2/3。目前俄罗斯仍是世界上唯一能够全面掌握空间站制造、发射和回收技术的国家。航天工业发展的基本方向是：完成 2006—2015 年联邦航天规划所提出的各项任务；进行部门的结构改革，为扩大俄罗斯在世界航天市场的经营活动创造条件，扩大利用所吸引资金实施航天项目，为民用经济部门依靠高科技含量的航天技术有效发展创造条件。实施该战略的预期结果是：保证国内火箭—航天工

---

① 参见俄罗斯工业能源部：《2002—2010 及到 2015 年前俄罗斯民用航空发展联邦专项纲要》，《俄罗斯航空工业 2015 年前发展战略》。

业在世界航天市场上的竞争力,到2010年,火箭—航天工业产量将比2004年增加0.9—1倍。

俄罗斯曾是世界造船大国,在船舶开发、设计和制造领域取得了一系列成就。船舶工业是俄机器制造行业中的支柱产业之一,其主要发展方向和目标是,最大限度满足国内市场对各种类型船舶的需要,努力提高俄在国际船舶市场的份额。优先发展建造高科技船舶,大力开发建造海洋工程船舶和钻井平台,加快捕鱼船队的更新换代,积极发展内河船舶制造。到2010年,国产船舶生产量比2006年提高1.5倍,到2015年提高2.2倍,到2020年提高3.1倍。俄罗斯将恢复民用船舶制造世界十强的地位。在军船和船上武器出口领域将稳居世界第二,其占世界出口总额的20%,出口量将增加1.5—2倍。①

俄罗斯核工业自成体系,拥有核工业的全部核心技术,工业体系完整,配套生产能力强。所有核反应堆、核电站、核潜艇、核导弹、核动力破冰船以及新近研发的浮动核电站全部为自主研发。核工业发展战略提出的目标是,加快核电发展速度,保证将核发电量比重从目前的16%提高到20%—22%,将天然气发电量的比重从43%下降到35%,以节省更多的天然气用于出口,实现俄新能源战略。加深俄核工业与世界经济的一体化,提高俄罗斯核电站项目的竞争力,提高俄在国际核能市场的占比,到2030年,实现在俄境内建造42—58台核电机组,在境外投标建设40—50台核电机组,成为世界主要核电出口大国。积极筹划在俄建立国际铀浓缩中心,为其他国家生产加工浓缩铀,计划到2010年铀产量翻番,

---

① 参见俄罗斯工业能源部:《关于俄罗斯工业政策的基本方向及其在造船业中的实施》,2007年2月,http://www.minprom.gov.ru。

达到 4000—5000 吨。保持俄罗斯核能技术的先进性,通过部门改革保证最大限度地实现俄罗斯核能工业和核能机器制造业在世界市场的集中优势。

俄罗斯的材料科学与工程在 20 世纪 80 年代中期曾处于世界领先地位。新材料今后的发展方向是高性能结构材料、高分子材料、智能材料、光学材料、超导材料等。俄还将大力发展纳米工业,其发展的优先方向是:纳米工程和纳米电子技术、实用纳米材料、纳米生物技术、纳米结构材料—碳纤维和材料、专业采用纳米技术、用于纳米工业的计量设备。俄罗斯拥有足够的科技潜力和干部潜力用于开展专门发展纳米技术和纳米材料的工作。2006 年以来,俄罗斯工业能源部、核工业部、国防部、俄罗斯医学科学院等部门已经在不同发展规划和专项纲要框架下开展纳米技术研究和攻关。仅 2006 年,政府用于纳米技术的财政拨款就达 35—40 亿卢布。[①]

3. 大力发展交通运输业

由于俄罗斯处于欧洲、亚太、南亚和北美地理经济空间的交接地带,因此它具有天然的优势地理位置,这为其提供了发展过境交通运输的绝好机遇,目前俄罗斯的过境运输潜力并没有得到充分利用,根据俄罗斯交通部的测算,俄罗斯还有一半的交通运输潜力没有开发,集装箱的运输量目前只有可利用潜力的 10%。为此,俄罗斯将继续加大对运输业的固定资本投资,实施运输网基础设施项目,包括对公路、铁路、海港、河运基础设施的建设和现代化改造;发展莫斯科、圣彼得堡、新西伯利亚、亚库特、哈巴罗夫斯克、叶卡捷琳堡、克拉斯诺达尔及 16 个地区性的空港枢纽系统。超前发

---

① 参见俄罗斯政府网站:《政府例会讨论纳米技术发展》2006 年 9 月 6 日。

展公共运输,发展高速和快速铁路客运;通过国家扶持实现运输设备的现代化,通过租赁方式加快更新国有和市政所有的运输工具;配套发展集装箱运输,提高货运速度,降低仓储水平;制定运输领域内公私合作的法律基础。到 2020 年,俄罗斯的交通运输服务出口每年将达到 140—200 亿美元,通过俄罗斯的过境运输量每年将达到 0.9—1 亿吨,通过俄罗斯国际航空港过境的旅客人数每年将达到 400—600 万人。①

第三节　俄罗斯产业结构调整与经济增长

一、实施综合发展战略对经济增长的预期贡献率

根据俄罗斯政府的设想,通过实施制度改革和上述综合发展战略,将使经济跃上全新的发展水平:2007 年,俄罗斯 GDP 总量将超过 1991 年危机前的水平(该目标已于 2006 年提前实现),但从经济增长的质量参数,如加工业产值、投资总额、科学部门规模等指标看,要到 2010 年才能恢复到 1991 年的水平。到 2015 年,按购买力平价计算的俄罗斯 GDP 在世界 GDP 总量中的比重将从 2004 年的 2.6% 提高到 3.4%、人均 GDP 将从 2004 年的 10200 美元(世界排名第 61 位)提高到 2015 年的 16800—20100 美元,相当于葡萄牙、捷克和希腊 2004 年的水平。②

---

①　参见俄罗斯联邦经济发展与贸易部:《俄罗斯联邦 2005—2008 年社会经济发展中期纲要》,http://www.economy.gov.ru.

②　参见俄罗斯联邦经济发展与贸易部:《俄罗斯 2005—2008 年社会经济发展中期纲要》,2005 年 10 月,http://www.economy.gov.ru

表 12—6　2015 年前俄罗斯基本社会经济指标预测（增速,%）

		报告指标		预测（年均增长速度,%）			2012 与 2002 比较,%	2015 与 2004 比较,%
		2003	2004	2005—2008	2009—2010	2011—2015		
GDP	基础方案	7.3	7.1	5.0	4.0	4.1	164	161
	目标方案			6.2	6.0	7.2	188	202
工业产值	基础方案	7	6.1	4.4	3.8	3.6	156	152
	目标方案			5.4	5.5	5.9	175	184
固定资本投资	基础方案	12.5	10.9	7.8	6.4	6.9	220	213
	目标方案			10.0	9.7	11.3	277	302
居民实际可支配收入	基础方案	14.9	8.2	7.7	6.0	5.0	207	192
	目标方案			8.8	7.2	7.2	229	228
零售商品周转额	基础方案	8.4	12.1	7.4	6.2	6.0	205	202
	目标方案			8.6	7.3	7.2	222	227
商品出口	基础方案	26.7	35.0	1.8	2.8	5.0	157	145
	目标方案			4.5	3.2	6.0	180	170
商品进口	基础方案	24.8	26.5	12.5	7.2	7.2	265	261
	目标方案			15.4	9.6	9.4	320	335

资料来源:俄罗斯经济发展与贸易部:《俄罗斯社会经济发展中期规划(2005—2008年)》。

总体来看,在未来 5—10 年,俄罗斯将通过实施各主要经济部门的发展战略进行经济结构调整。实施该战略对 GDP 增长的总贡献率为年均追加 2 个百分点(所谓追加增长系指 GDP 在基础增长率之上的加快增长),保证 2006—2015 年 GDP 的年均增长率不低于 6.6%,2011—2015 年 GDP 的年均增长率达到 7% 以上。

通过上述战略的实施,将产生两方面的积极效果:一方面形成新的经济增长点,推动社会经济更快增长;另一方面优化经济结构,提高经济增长的质量。除能源外,新经济、国防工业、农业和服务业都将成为俄经济新的增长点。

在实施综合发展战略过程中,各个经济部门有不同的定位和作用。实施发展传统优势部门的战略,其目的是提高对现代经济增长和生活保障起基础作用的那些部门的竞争力。其对 GDP 增长的贡献率,为年均追加 1.1—1.2 个百分点。其中石油天然气综合体发展战略将使 GDP 追加增长 0.6—0.7 个百分点,运输业发展战略使将 GDP 追加增长 0.3 个百分点,农工综合体发展战略使将 GDP 追加增长 0.2 个百分点。

实施发展新经济的战略,其目的是促使经济增长从资源型发展向创新型发展转变,形成经济增长新的发动机。实施该战略将使 GDP 追加增长 0.8—1.1 个百分点。其中发展科技和创新战略、发展信息和公共通信战略、发展军工和航空工业战略将使 GDP 分别追加增长 0.3—0.4、0.3—0.4、0.25—0.3 个百分点。

实施发展人力资本的战略,其目的是更加突出人力资本在经济增长中的决定性作用,最终提高所有生产要素的生产率,该战略的实施将使 GDP 追加增长 0.15 个百分点。

通过上述各项战略的实施,俄罗斯的产业结构将会进一步优化,三次产业关系将进一步改善,第三产业发展仍将快于其他产业,其产值在 GDP 中的比重不断提高,资源由第一、第二产业向第三产业转移的趋势与发达国家经济发展历程相似,并且比例关系上更接近发展型经济和后工业化社会的要求。工业内部的结构亦将得到优化,发展最快的将是最终产品生产部门,其在工业总产值中的比重将从 2005 年的 35.5% 上升到 2015 年的 45%—46%。原材料部门的比重将下降,制成品部门比重相应上升。原材料部门的比重将从 31.6% 下降至 29%—30%,燃料动力部门的比重将从 32.9% 下降至 24%—26%。从整个国民经济角度考察,经济结构将向有利于新经济部门的方向变动,信息产业和高技术部门的增长速度将超过传统经济部门的增长速度,高技术和人力资本将成为俄罗斯经济增长的决定性因素。然而由于前述各项战略提出的措施多数到 2010 年之后才会显现出其效果,可以认为,只有到 2010 年之后俄经济才能进入由新经济部门起主导作用的快速发展时期。

表 12—7　实行综合发展战略对 GDP 追加增长百分比(%)

	2006 — 2010	2011—2015	2006 — 2015
传统优势部门发展战略	0.8—1.0	1.4—1.6	1.1—1.2
石油天然气综合体	0.4—0.5	0.8—0.9	0.6—0.7
石油开采部门	0.2—0.3	0.5—0.6	0.4
天然气部门	0.15—0.2	0.3	0.2
运输业	0.2—0.3	0.4—0.5	0.3
农工综合体	0.2	0.2	0.2
创新部门发展战略	0.6—0.7	1—1.45	0.8—1.1
科学和创新领域	0.15—0.2	0.3—0.55	0.3—0.4
信息和通信	0.2—0.25	0.4—0.5	0.3—0.4
军工综合体和航空制造业	0.2—0.25	0.3—0.4	0.25—0.3
发展人力资本战略	0.1	0.15—0.2	0.15
抵押贷款和住房建设	0.1	0.15	0.15
各战略共追加增长 GDP	1.6—1.7	2.75—3.0	2.2—2.35
实现经济增长速度	6.1—6.2	7.0—7.25	6.6—6.8

资料来源:俄罗斯经济发展与贸易部:《俄罗斯 2006—2008 年社会经济发展中期纲要》,2005 年 12 月版,http://www. economy. gov. ru。

二、俄罗斯产业结构调整与经济增长方式转变实证分析

(一)结构调整与经济增长的相互关系

根据宏观经济学的研究,可以从量和质两方面来考察经济增

长:从量的方面来说,经济增长可以扼要的概括为 GDP 水平的逐年增长,从质的方面来说,经济增长则主要是指产业结构的演变,即产业结构高度的提升。随着经济增长和需求结构的变化,生产部门和服务部门的产出构成将随之发生转变,从而资源(包括自然资源和人力资源)在不同产业部门的配置构成也发生变化,即产业结构变化。发达资本主义国家的实践表明,经济增长总是伴随着产业结构的优化,而产业结构在一定意义上又决定了经济的增长方式。

所谓经济增长方式,是指推动经济增长的各种生产要素投入及其组合的方式,其实质是依赖什么要素,借助什么手段,通过什么途径,怎样实现经济增长。经济增长是靠资本、资源、劳动力和技术等生产要素的投入推动的。根据各种要素组合的不同,经济增长会呈现不同的方式。如果经济增长主要依靠资本、资源和劳动要素投入数量的增加来推动,增长就是粗放式的;如果经济增长主要依靠技术的进步和生产效率的提高来推动,增长就是集约式的。

苏联长期实行的是高投入、低产出,经济增长以数量扩张、规模扩大为基本特征的粗放经济增长方式。20 世纪 60 年代后期,苏联实行其在 1959 年党代表大会通过 15 年赶超美国的计划后,发现虽然经济增长速度远高于美国,但增长质量很差,经济差距并没有缩小。于是得出一个结论,即增长方式有问题,提出了要转变经济增长方式。从 60 年代开始,苏联每个五年计划都包含转变增长方式内容,但是,直至苏联解体也未转过来。

(二)转轨以来俄罗斯全要素生产率变化及经济增长方式判断

1991 年年底苏联解体至今,俄罗斯经济发展大体可分为三个

大的阶段:1991—1998 年为转轨下降阶段、1999—2002 年为恢复
性增长阶段、2003—2006 年为能源出口型增长阶段。在第一阶
段,俄罗斯出现了长达 7 年的经济负增长。而自 1999 年出现恢复
性增长至今,俄罗斯经济已经连续 7 年保持了较快增长,年均经济
增幅达到 6%—7%,大大高于世界经济的平均增长速度,90 年代
生产和消费的下降已经得到克服。2006 年,其 GDP 总量已超过
1991 年苏联解体前的水平,按购买力平价计算的 GDP 达 1.6 万亿
美元,工业恢复到 1991 年水平的 85%,农业恢复到 79%①。按照
国际标准,俄罗斯已经进入发展最快、经济规模最大的 10 个世界
经济大国行列。俄罗斯官方认为,其建立市场经济体制和实现经
济恢复稳定的阶段已经结束,经济开始步入发展增长期。

表 12—8　1999—2005 年基础部门产值增长情况(与上年同比%)

部门/年份	1999	2000	2001	2002	2003	2004	2005
基础部门(工业、农业、建筑业、运输业和零售业)增长指数	104.6	109.0	105.9	103.7	107.3	106.6	106.4
工业产值	111.0	111.9	104.9	103.7	107.0	107.3	104.0
农业产值	104.1	107.7	107.5	101.7	101.5	101.6	102.0
建筑业	106.1	111.5	109.9	102.7	114.4	110.1	110.5
货物运输	105.0	105.0	103.0	106.0	107.4	106.2	102.6
零售贸易额	93.9	108.8	110.7	109.1	108.0	112.1	112.0
居民付费服务	107.5	105.7	100.8	100.4	105.1	107.0	107.5

资料来源:俄罗斯联邦国家统计委员会相应年份。

---

①　参见俄罗斯联邦经济发展与贸易部:《2008—2020 年社会经济长期发展
战略》,http://www.economy.gov.ru。

俄罗斯经济的快速恢复和增长引起国内外的普遍关注,其中主要的关注点有:哪些主要因素拉动了俄罗斯经济的增长? 俄罗斯产业结构变化是否对经济增长作出了积极贡献?

2000 年,西方学者 De Broeck 和 Koen 对 1971—1997 年间拉动俄罗斯经济增长的因素进行了一项计量经济学分析。按照他们的分析结果,1971—1990 年俄罗斯资本的增长速度平均为 70%,同一时期劳动的增加速度为 26%。开始经济转型后,在 1991—1997 年期间,实际产出下降的主要原因 80% 要归结于全要素生产率(TFP)的下降,只有 20% 归结于有效因素的下降。俄罗斯过渡经济研究所对转轨以来拉动国内经济增长因素进行的一项宏观动态研究[①]的数据也可以支撑这一论点,该所对 1990—2001 年俄罗斯总体经济、工业、农业、建筑业、运输业、商业和公共饮食业中资本、劳动变化与 GDP 变化关系进行测算,得出的结论是:转轨时期俄罗斯生产下降态势在不小程度上显示了传统生产要素变化的态势,产出的变化在相当程度上可以以全要素生产率的变化来解释。换言之,俄罗斯转轨型产出下降伴随着转轨型的全要素生产率下降,正是由于转轨型全要素生产率的下降决定了转轨型产出的下降。

该项研究表明,在 1992—2001 年 10 年中,俄罗斯工业附加值的 74% 是通过劳动和资本要素获得的(其中 48% 通过降低资本的消耗量、26% 通过减少实际劳动时间)。尤其是 1998 年以前,工业生产中劳动要素投入的减少主要是通过释放劳动力获得的,从 1999 年起到 2001 年,通过增加实际工作时间来增加劳动要素的

---

① 参见俄罗斯过渡经济研究所:《俄罗斯经济增长的因素》,学术专著 №70,莫斯科,2003 年。

投入。而劳动生产率的提高主要是因为工业企业的开工率水平得到明显提高,大量未得到使用的生产资源和劳动力得到利用后在很大程度上使生产产量得到提高。2003—2006 年,劳动和资本等生产要素对 GDP 增长的贡献度分别占 32.1%、41.6%、29.9% 和57.9%。在 2006 年的经济增长中,有 58.6% 的因素是由于资本贡献的。尽管 2005 年和 2006 年固定资产投资相应增加了 10.7%和 13.5%,但是固定资产的整体状况改变不大,因为绝大部分投资都用于更新现有的生产能力上。与此同时,劳动力的投入也对经济增长起到了拉动作用。2006 年由于对劳动力需求的增加,因此就业率提高了 0.9%。而从全要素生产率的贡献率考察,1992—1994 年开始转型的四年中,俄罗斯工业生产中的全要素生产率下降了一半,1996—2001 年全要素生产率开始上升,但是上升的幅度较慢,只有约 30%。2001 年以后,俄罗斯的全要素生产率开始逐步恢复,但增长并不稳定。2003—2006 年,俄罗斯的全要素生产率平均每年下降 0.71 个百分点。相应的,全要素生产率对 GDP 增长的贡献率从 2003 年的 67.9% 下降到了 2004 年的58.4%,2006 年再进一步下降到了 42.1%,2005 年是个例外,这一年全要素生产率对产出增长的贡献达到了 70.1%。按照过渡经济研究所的测算,近年来在对经济增长的贡献因素分析中,技术进步的贡献 2003 年为 50%,2004 年为 13%,2005 年为 0%,2006年约为 18%。①

　　以上研究结果表明,1999—2002 年俄罗斯经济增长的方式仍然是依靠劳动力和资本投入的粗放型增长。通过生产要素的再分

---

　　① 参见俄罗斯过渡经济研究所:《2006 年的俄罗斯经济:趋势和前景》(№28),第 312 页。

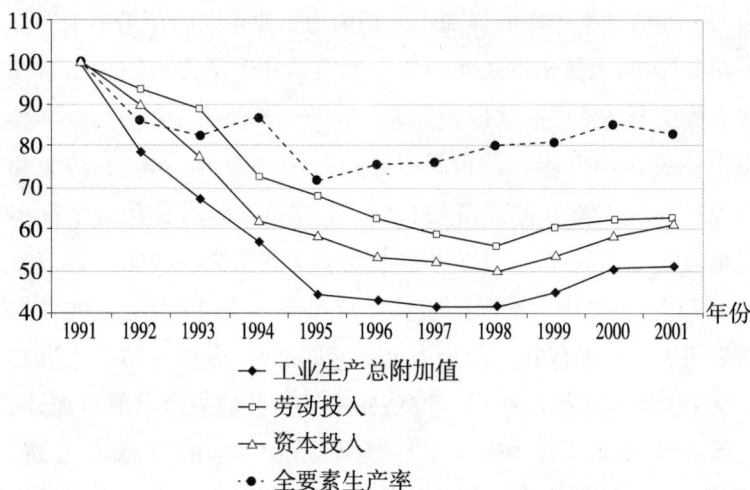

图12—2　1992—2001年俄罗斯工业生产总附加值指数、劳动和资本要素投入量及全要素生产率变化动态（1991年＝100）

资料来源：俄罗斯过渡经济研究所：《俄罗斯经济增长的因素》，学术专著 № 70，莫斯科，2003年。

配来提高经济效率只是在2002年下半年之后。

（三）从投资结构变化看未来产业结构演进趋势

如果说政府有关经济发展长期规划更多的是基于现有形势对远景的一种预期的话，近年来投资结构的动态变化则能更好地反映未来产业结构的演变趋势。从总体把握，投资结构的主要特点是向信息和高科技部门倾斜式发展。

从全社会固定资产投资的产业构成看，近年来矿产开采投资增速逐步下降，而更高科技含量的基础设施行业和服务业投资较大幅度提升。1992年交通和通讯业的占比不足9％，到2000年提高至21.2％，之后一直稳定在20％以上；科学与科技服务部门的相应占比则从0.4％提高到0.8％。此外，管理部门的投资也在加速增长,从 2000 年的 1.4% 提高到 2004 年的 2.2%。在投资的带动下,运输、市政服务和通讯业快速发展,1995—2003 年间这三个产业的市场规模分别增长了 8 倍、13 倍和 26 倍,远远高于其他部门的增长速度。此外,俄罗斯的 IT 业与世界 IT 业发展保持了同样的趋势。近 5 年来,俄罗斯 IT 产业也以惊人的速度发展,并逐渐成为俄罗斯经济的一个重要组成部分。目前 IT 业产值在俄罗斯 GDP 中所占的比重已经突破 5%,在经济增长中将起到不可替代的作用。

从固定资本投资的技术构成看,2006 年用于建设、安装工作的投资从 1992 年的 58.0%、1995 年的 63.9% 下降至 46.8%;用于设备、工具和器材的投资从 1992 年的 20.5% 提高至 35.1%;其他用途的投资从 1992 年的 21.5% 下降至 18.1%。[①]

外资产业流向也显示了向服务业和加工业倾斜的特点。1990 年代以来,外国对俄投资一般集中在第二、三产业,行业选择排序具体为采掘业、面向出口和满足最终消费需求的部门,如零售贸易、公共饮食业、汽车组装、家电生产、建材工业、家用化工、家具制造业等。近年来,随着国际市场行情的变化及俄政府宏观经济政策导向的作用,外资行业分布首选已从采掘业逐步转向加工制造业和服务业。2006 年上半年,外资进入最多的行业排序为:加工工业 32.0%、采掘业 21.9%、批发零售业、汽车等交通工具维修等 21.1%。2007 年上半年仍然保持了上述特点,外资进入最多的行业为零售和批发贸易、加工生产、矿产开发、交通和通信等行业,分别为 259.73 亿美元、134.92 亿美元、126.50 亿美元和 35.50 亿美元,占上半年外资进入总量 603.43 亿美元的 43%、22.35%、

---

① 参见俄罗斯国家统计署:《俄罗斯 2007 年数字》,莫斯科,2007 年。

20.9% 和 5.9%。①

从以上投资动态变化看,若保持这一趋势,俄罗斯提高经济增长质量,实现产业升级换代是可以期待的。

(四)原材料产业超常发展模式对俄罗斯经济长期发展的影响

俄罗斯是世界能源大国,石油、天然气、煤和铀分别占世界总储量的 10%、33%、20% 和 14%。在主要能源生产方面,俄罗斯天然气产量位居世界第一,石油产量位居世界第二,电力和煤分别位居第四位和第六位。天然气、石油(含凝析油)、电力和煤炭产量分别占世界市场的 23%、10%、6% 和 6%。②从总体看,俄罗斯约 1/4 的国内生产总值、1/3 的工业产值、1/3 的联合预算收入、约 1/2 的联邦预算收入、1/2 的出口收入和 1/2 的外汇收入是由能源部门保证的,上述数据表明能源部门对俄罗斯经济的现状和发展前景无疑有着全局性的影响。普京执政以来,俄罗斯在世界石油价格不断上升中获得许多实际利益,不仅扭转了连续十年的经济衰退局面,而且在国际能源市场异军突起,成为挑战欧佩克的有力对手,对国际能源市场的影响迅速扩大。油价上涨在给俄罗斯带来诸多实际利益的同时,从另一方面也提出了一些问题,在更深层次上影响着俄罗斯经济发展,后果之一是强化了原本不合理的产业结构,生产、投资、出口结构的原材料特征始终未能发生根本改变。

这里值得关注和研究的问题是,为什么在国际分工中,俄罗斯甘于长期扮演资源产品提供者的角色? 在经济原材料化特征固化

---

① 参见俄罗斯国家统计署:《2007 年上半年俄罗斯外资》,http://www.gks.ru.

② 参见伊·优素福:《俄罗斯与世界能源》,载[俄]《21 世纪俄罗斯经济》第 13 期,http://www.ruseconomy.ru/nomer13—200310/ec02.html.

的表象下,俄罗斯产业结构的高级化和合理化实际进展如何? 以原材料为依赖的发展模式对俄罗斯经济的长期增长会产生哪些影响?

(1)根据发展经济学的研究,后发国家要想参与国际经济合作,必须充分挖掘和利用本国的要素禀赋优势,这是经济全球化背景下国际分工的自然结果。拥有丰富的自然资源特别是油气资源是俄罗斯经济的第一个比较优势,油气资源的不可替代性决定了俄罗斯是世界能源市场上的一个长期的重要参与者。立足于丰富的自然资源和比较优势战略,通过原材料的大规模出口带动其他部门扩张,是俄罗斯根据现阶段自身发展条件和符合国际分工规律的现实选择。原材料产业的快速增长也是俄罗斯提升和巩固国家竞争力的重要途径,实际上无论是普京总统还是俄罗斯政府都积极主张首先发展俄罗斯的能源工业,以能源带动整个经济的发展。

在现阶段,能源不仅仅是经济增长的源泉,还是一种外交资源。2005 年年底,俄罗斯安全委员会召开专门会议,提出了俄罗斯在经济领域的"国家思想",即在中期内俄罗斯将努力成为世界"能源超级大国"。俄罗斯国家能源战略也明确指出,"能源问题的全球化和日益政治化,以及俄罗斯燃料动力综合体在世界能源市场的影响力,这些因素把能源问题提到了俄罗斯外交所要考虑的基本问题层面"。"在 20 年内充分实现出口潜力,既保障国家经济安全,又使俄罗斯成为欧洲和国际社会的稳定合作伙伴,俄罗斯将作为能源供应大国参与国际能源安全保障"。从近年来情况看,不同的能源种类在俄罗斯对内对外政策中的作用各有分工,其中石油主要充当国内实行社会政策的工具,石油出口所换得的美元现在开始大量用于实施国内四大重点工程,提高人力资本,改善人民生活;而天然气则主要作为对外政策的工具,用于向欧盟和独联体地区施加经济方面的外交压力。

(2)与转轨期间的"消极适应"不同,现阶段俄罗斯产业结构原材料化不是加工业生产下降的结果,而主要是由于能源和原材料价格大幅上涨扩大了原材料产业产值在总产值中占比,以及汇率影响降低了机器制造业产品在出口构成中的占比。剔除价格因素和汇率因素的影响,可以看到,伴随着经济增长,俄罗斯的产业结构还是出现了值得肯定的变化。

从工业产值增长考察,资本品部门在最近7年中基本上都是领先增长工业部门。在原材料部门超常发展的背景下,资本品部门甚至出现了超越原材料工业领先发展的势头。1999—2004年,工业生产整体年均增长8%,其中资本品生产增长速度最快,平均增长率达到了12%。2003年以来,资本品部门加速扩张,机器制造业始终在工业生产中保持领先地位,增长率超过10%,成为对工业增长贡献最大的部门。

从生产者价格指数考察,俄罗斯1999—2005年矿产开采业的价格年均上涨43%,而加工业只上升22%。即使原材料工业与制成品工业实际产量增速相等,若以价值指标衡量,前者发展速度仍要大大快于后者。

原材料的大量出口在为俄罗斯带来巨额外汇收入的同时,也推动了卢布汇率持续走高。截至2005年,卢布有效汇率即使在1999年的水平上也已经增长了57%。由于汇率影响和俄罗斯商品贸易结构制约,俄罗斯在进出口方面表现出的突出特点是能源和资源类产品"量减价增"、机电类产品"量增价减"。从出口看,2006年,能源类产品的价值量增长了29.1%,其实物量仅增长2.6%。机器设备出口在实物量增长32.7%的情况下,其平均合

同价格仅增长 10.3%。从进口看,在机电产品价值量增长 40.5%
的情况下,其实物量却增长 58.4%。从汇率影响看,卢布持续升
值有助于俄机电产品的大量进口,近年来,机器设备和交通工具类
产品成为俄进口的主要商品,2006 年其在进口构成中的比重已上
升到 51.3%,机电产品和成套设备进口的大量进口成为解决固定
资产更新、结构改造和实现生产现代化的重要渠道。更值得关注
的是,尽管卢布汇率持续走高,但俄加工制造业的出口并没有因此
而下降。统计表明,1999 年以来,俄罗斯对非独联体国家的制造
业产品出口一直保持增长态势,只是由于价格和汇率影响,其在出
口构成中占比变化并不明显。俄央行认为,卢布汇率升值提高了
俄罗斯工业的竞争力,未来并不打算修改汇率政策。

表 12—9　俄罗斯进出口商品价格和实物量增长指数
（与上年同期相比 %）

	实物量指数		价格指数	
	2005	2006	2005	2006
出口	104.7	103.1	126.9	121.3
进口	122.5	131.4	106.5	106.0

资料来源:2006 年俄罗斯海关统计。

　　（3）俄罗斯实践表明,丰富的自然资源禀赋优势以及原材料
工业的超常发展不一定会妨碍其他部门发展,相反却可能成为带
动整体经济增长的助推剂。由此判断,实现经济的多元化和产业
结构优化是俄罗斯一个重要的长期发展目标,但是即使经济多元
化的措施实施得比较成功,在相当长的时间内,俄罗斯经济仍然在
很大程度上会是以能源为依赖的一种经济。问题的关键是:该国
的自然、经济与制度条件能否将原材料部门的先发优势外溢到其

他行业部门。

从更长时期看,立足于原材料部门超常发展的经济增长模式较难为继,所以由资源型经济转变向创新发展型经济过渡是俄罗斯政府的必然选择。俄罗斯以怎样的速度累积产业结构升级的条件,将决定未来更长时期内的增长前景。俄罗斯毕竟不是单纯的资源生产国,除能源和其他资源外,俄罗斯具有完备的工业体系,在科技潜力、人力资本方面具有相当的竞争优势。未来俄罗斯将广泛实施能够实现其比较优势的项目,积极融入世界经济,通过引进外资和进行技术转让实现加工工业的现代化,保证提高加工工业在国内市场上的竞争力,充分利用广阔的国内市场优势,加快发展优势产业,实现产业结构的高级化和合理化,使资源密集型产业和技术密集型产业同时获得较快发展,为经济发展模式向后工业化转换奠定基础。

第四节　对我国的启示

一、立足基本国情逐步实现产业结构升级

观察世界各国经济的发展过程,可以发现,产业结构调整问题是世界各国经济发展过程中都要解决的阶段性任务,但各国解决的方式和结果都不一样。在经济结构和产业结构调整问题上,每个国家都要从自己的基本国情出发来提出产业结构调整的目标和实施战略。提升产业结构,转变增长方式,其核心是提高经济发展效率,而这并不意味着后发国家的经济结构就应立刻向发达国家看齐。除了考虑基本国情外,经济结构调整还要遵循和符合经济发展规律。从现阶段俄罗斯产业结构调整的整体思路看,并没有因为要提升产业结构就放弃或偏废传统产业的优势,相反是通过

产业重组，在创建新兴产业的同时进一步发挥传统产业的优势，以此为产业结构升级积蓄条件。在现阶段，俄罗斯大力发展资源产业，能源和原材料产业超常发展，中国大力发展劳动密集型产业，都是经济规律使然。资源密集型产业和劳动密集型产业在中俄两国目前都仍属于朝阳产业，在全球化经济条件下，中俄传统产业的优势还可以继续保持相当长一段时间。在实践中，如何正确处理发展高新技术产业与传统产业、资金技术密集型产业与劳动密集型产业、虚拟经济与实体经济的关系是需要认真思考的问题。

二、政府应在产业结构调整中发挥积极作用

在现代经济发展理论中，有关后进国家赶超发展的观点认为，结构调整和经济增长方式转变单靠市场机制是远远不够的，特别是一些中小企业受利益驱动，不可能考虑资源和环境等社会问题，政府在推进产业结构的高级化中起着重要作用，经济结构的变迁和经济增长过程中需要实行一定的产业政策。政府应运用产业政策等手段完善调节，弥补市场失灵，有效配置公共资源，注重要素支撑条件和环境承载能力的保障。转轨期间俄罗斯产业结构调整的实践对该理论有着很强的支撑能力。此外，在政府产业政策中，财政支出是重要组成部分，它体现着国家产业结构调整的导向，对产业发展起着促进或抑制的作用。俄罗斯根据其转轨期间产业结构调整的教训得出结论，认为决不能忽视政府直接投资支出在产业结构调整中的重要作用，因为政府直接投资作为产业发展的导航标，能够有效地引导各种社会资金的流向，对产业的发展具有决定性的影响。从长远发展看，要根据市场经济的特点，按照建立公共财政的要求，调整政府投资的方向，让政府投资尽量退出

竞争性的生产领域，进一步加强基础设施和基础产业的投入，扶植代表现代产业方向的新兴产业，从而促进各产业的协调与优化升级。

三、选择战略产业作为规划产业结构的基准

推动产业结构升级，最关键的是要研究和把握产业结构中长期的演变趋势与方向，明确带头的先导性产业部门即所谓战略产业，由战略产业的发展来带动国民经济各部门的发展。从一定意义上可以说，规划产业结构的基准，就是选择战略产业的基准。在这方面，俄罗斯有自己的长期传统。苏联时期，就通过制定不同的发展战略建立了自己的产业结构体系。同时俄罗斯注重对重要战略性产业的保护，如机器制造、航空航天、核能、化学和石化、电子通信、军事工业等，以及具有重大应用前景的关键高技术，如生物技术、新材料等，即使在经济危机时期，政府也出台了相应的战略规划，给予保护和发展，使战略产业独力发展，避免受制于人。

四、产业结构高级化和合理化是循序渐进和相辅相成的过程

产业结构优化包括结构高级化和结构合理化两个方面。产业结构高级化从量上体现了三次产业的产值和就业比例的依次更替，产业结构合理化则反映了产业结构的本质特征，即产业结构内部质的变化过程。从俄罗斯情况看，由于第三产业是在第一、二产业下降衰退的情况下迅速发展起来的，对提高产业的竞争力尚未起到应有的作用。俄罗斯的经验表明，对大国经济而言，第三产业的发展必须以第一和第二产业的发展为前提，如果没有第一、二产业的发展，单方面发展第三产业，只会达到短期的经济增长，而后步入长期的经济衰退之中。

五、充分发挥市场机制在资源配置过程中的基础性作用

政府在市场经济和产业结构调整中究竟应该扮演什么样的角色,在俄罗斯一直是个有争议的问题。理论和实践都表明,强调政府在产业结构调整中的积极作用并不否认市场的作用,有效的和最优的资源配置应在宏观主动调节的引导下由市场来实现。一些学者提出,以政府选择产业并给予优惠政策为特征的产业政策有悖于公平竞争的市场原则,从长远看弊大于利,其实政府很难制定哪些行业、企业、项目应该支持的产业政策。苏联经济结构和产业结构的演进也表明,完全靠计划经济体制和政府引导并不能真正实现提升产业结构的目标,相反还会固化原有的结构弊端。实际上产业结构的调整和升级不仅仅是一国现代化发展的进程,还包括一个市场化发展的进程。产业结构调整的实现,除了政府产业政策的引导外,更主要的是依靠市场经济体制和机制,依靠有效的产权改革和公司治理,依靠企业内在动力去认真识别不同市场前景和盈利前景,激发和提高自主创新的能力。为此,俄罗斯提出,在新阶段,将进一步完善市场经济体制,通过国有企业改革、金融体制改革、教育制度改革、社会福利制度改革、医疗体制改革等,创造有利于向发展型经济转型的经济制度环境,形成可控的市场经济,寻找政府调节和市场调节的"黄金结合点",使市场机制在资源配置过程中能够真正起到基础性作用。

第十三章　印度产业结构变动趋势

产业结构的变动是一个历史过程,其变动的趋势应基于一个较长的时期来作出判断。本章研究的是印度 1947 年独立以来的产业结构变动。印度独立以前近两百年一直是英国殖民地,作为一个不独立的国家,尽管已经有了殖民地的工业,但其经济结构基本上是服务于英殖民者(宗主国)的需要,没有独立的产业发展目标和产业政策。印度在独立以后,才开始了自己的工业化进程,提出了工业化战略和发展思路,为了实现工业化目标而制定了较明确的产业政策。印度的产业结构是在工业化战略的框架下演进的,但是产业结构变动的结果却是多种因素综合作用形成的,并不完全以当时政府的主观意志为转移。

第一节　印度产业结构变动的背景及工业化战略的确立

印度产业结构的变动与工业化战略的选择有着密切联系,而工业化战略的确立和产业政策的选择,又受本国的国情、工业化初始条件和当时的国际环境的影响。印度产业结构的变动大致有两个阶段,以 20 世纪 80 年代中期为界,在此以前和以后,印度的发展战略有所不同,产业政策也在调整,产业结构变动的机制也有区别。本节主要阐述印度独立之初的大背景和工业化战略的确立。

一、印度独立之初的国内国际背景

1947 年 8 月 15 日印度摆脱英国殖民者近二百年的统治宣告独立,独立之初的印度就面临着严峻的国内国际形势的考验,当时的国内国际环境对其工业化战略的确立和产业结构的调整有重要影响。

(一)国内经济社会环境

独立前的印度,经济几乎处于停滞状态。低收入水平导致了低储蓄水平和低投资水平。由此形成了低生产率、低收入和持久贫困的恶性循环。低收入限制了市场规模,使企业失去了在多领域投资的激励,经济上的持续低效率又导致低收入和大量的贫困[1]。独立初期的印度是世界上经济最落后的国家之一,并且带有强烈的殖民地特征,由于从属于和服务于英国工业发展的需要,印度的主要工业部门是轻纺和原料加工业,几乎没有重工业,轻工业工人数量占全部工人总数的 80% 以上,而纺织工人又占轻工业总人数的 70%。外国资本控制着印度的经济命脉,主要的工业部门都操纵在英国人手里。在农业方面,独立前半个世纪年平均增长率只有 0.25%,全国有 2/3 的人口经常处于饥饿状态,每年都有数百万人口死于饥荒,素有"饥荒之国"的称号。[2] 1947 年印巴的独立打乱了印度的经济秩序。一方面,大城市和工业区大都留在印度,如钢铁厂、黄麻厂、纺织厂、造纸厂等大都划归了印度。另一方面,工业原料如纺织工业原料产地和粮食产区多半划归巴基

---

[1]　Uma Kapila, Indian Economy Since Independence, published by Academic Foundation, New Delhi. P. 27.

[2]　参见培伦等:《印度通史》,黑龙江人民出版社 1990 年版,第 682 页。

斯坦。印度独立之初粮食产量大幅度下降。工业生产地和工业原料产地的脱节,增加了印度经济的混乱和困难。每年不得不用外汇大量进口原料。这些情况表明,英国殖民者撤离印度时,给印度留下了一个工业萧条,农业濒临崩溃的经济烂摊子。

独立初期的国内社会环境也十分恶劣。印巴独立后,在教派极端分子的煽动下,在印度一方,大批伊斯兰教徒被杀害,土地和财产被抢劫。在巴基斯坦一方,大批印度教徒和锡克教徒被屠杀和驱逐。两国仇杀少数教派的怒潮不可遏制,事实上成了一场内战,它所造成的政治经济恶果后患无穷。

(二)国际环境

第一次世界大战期间,国家垄断资本主义有了较大发展。大战结束后,世界出现了频繁的经济危机和工人运动,尤其是20世纪30年代的世界经济大萧条,使得传统经济学的解释无能为力,市场自行调节失灵。统治者为了巩固统治地位,维护经济利益,要求国家政权对经济加强调节和干预。凯恩斯主义成为当时各国政府干预经济的理论基础。各主要工业国颁布法律,建立经济管理机构,通过财政、金融和其他手段全面干预经济。二战后西欧一些国家开始建立混合经济。英国工党政府为了制止战后国内经济的急剧衰退,以支付优厚补偿金的办法,把一些亏损的私营企业收归国有,形成国有、私有混合的多元经济格局。这就是二战后国际经济发展的趋势。

从印度独立之初的国内国际环境可以看出,印度独立初期并不具备开始大规模工业化的条件,当时的经济状况不可能使工业化自发生长出来,但是由于政治上的独立,要求印度从经济上迅速摆脱殖民控制,实现经济上的独立。对新政府而言,最有效的途径就是实施工业化战略,有计划地进行产业结构的调整,建立独立自主的工业体系和国民经济体系。

二、工业化战略的确立

印度独立后,在经济发展道路的选择上,受到了苏联通过经济计划发展重工业的模式的重要影响,开始制定五年计划。新政府顺应了世界经济潮流,实行了国家资本主义,采取了混合经济体制,试图解决社会不公平和资本主义的固有矛盾,解决贫富差别问题。在政治发展道路的选择上,印度接受了西方议会民主制,希望建立既有政治民主自由又有经济平等的理想社会。

印度独立前的经济发展带有强烈的殖民色彩,是完全服务于英国殖民扩张政策而畸形发展的经济。尼赫鲁从二战后世界科技和经济的迅速发展中,认识到独立后的印度应采取工业化战略来实现真正意义上的政治经济的独立自主,而重工业对一个发展中国家维护政治上的独立,摆脱帝国主义在经济上的控制,实现国家现代化,是至关重要的。1952 年 12 月他在议会的演说中指出:"我不怀疑,一个国家没有大工业的发展,就不能提高人民现有的生活水平,没有大工业的发展,我们就不能维护国家的自由。"[①]

因为"一五计划"(1951—1955 年)的实施效果没有达到政府期望的目标,尤其是殖民地经济结构没有发生变化,这就促使政府把工业化作为一种有意识的、有计划的发展战略,提上了议事日程。1954 年 11 月在印度统计学院开始了经济发展新战略的研究工作。著名的统计学家 P. C. 马哈拉诺比斯教授承担了这项任务,这个新战略被认为是印度独立后制定的第一个工业化战略,因为这个新战略的原则是发展国营重工业和基础工业,迅速建立起完

---

① 转引自培伦等:《印度通史》,黑龙江人民出版社 1990 年版,第 770 页。

整的工业体系。在这个原则指导下,开始编制新的经济发展计划。首先把国民经济分为两大部门,即资本货物生产部门和消费品生产部门。然后确定优先发展的产业。该计划首先要建立起先进的机械制造工业,为国内提供具有国际先进技术水平的工业产品。把生产工艺不复杂的消费品生产,留给私营企业和手工业。为了最大限度地增加国民收入,把投资重点放在资本货物工业部门,尤其是重工业上。在重工业和基础工业上主要发展公营经济,使公营成分占主导地位。资本货物和中间产品应逐渐实现自给,减少进口或不再进口。让私营部门去发展轻工业,保证消费品的市场供应。这是一个以发展重工业、发展公营工业为重点,强调进口替代的战略。"二五"、"三五"计划都是按此模式制定的。"四五"至"六五"时期该模式虽然有一些调整,但都没有发生根本性的转变。

印度"二五计划"于 1956 年 2 月正式公布。这是一个工业化战略的实施计划,把发展重点从农业转移到工业特别是重工业上,希望通过政府的作用和发展公营经济,加快工业化的速度,迅速建立起完整的工业体系。"二五计划"的主要目标是:(1)加速国家工业化步伐,扩大钢铁等基础工业和重工业的生产;(2)国民收入 5 年内增加 25% ;(3)5 年期间提供 1000 万个就业机会。计划还规定,到 1961 年计划完成时,印度的发电能力从 340 万千瓦增加到 690 万千瓦,煤的年产量从 3800 万吨增达 6000 万吨,钢的年产量从 130 万吨增达 430 万吨,水泥年产量由 430 万吨增至 1300 万吨,机织棉布由 68 亿码增加到 85 亿码。[①] 为了完成上述计划,加

---

① 参见培伦等著:《印度通史》,黑龙江人民出版社 1990 年版,第 774 页。

大了政府投资,5年期间政府投资占总投资额的60.71%,①公私投资比例由"一五计划"的48:50变为"二五计划"的61:39。在国家开支中,投入工矿业的资本总额,从"一五计划"占投资总额的7.6%猛增到18.5%。仅钢铁工业在1956年一年内就有3座100万吨级的新厂同时兴建,还动工扩建两座私营钢铁厂,而投入农业方面的资金由"一五计划"的43.2%骤降为30.8%。"二五计划"标志着印度工业化战略的确立,可以看出印度政府发展重工业和基础工业的决心。

第二节　印度产业结构变动的趋势及特征

本节分析的产业结构变动趋势从两个方面入手,一方面从整个国民经济的角度看印度第一、二、三产业的结构变动趋势;另一方面从各产业内部结构的变动分析其发展趋势。

一、三次产业在印度国民经济中的结构变动

主要运用克拉克和库兹涅茨的相关理论和方法,分析印度三次产业结构的变动趋势,运用两类指标:一是各产业的就业人数及在总就业人数中所占比例;二是各产业的产值及在GDP中所占比重。所运用数据的时间是从20世纪50年代到21世纪初。对就业人口的分析是按人口普查年的数据。

（一）印度三次产业就业比重由一、二、三变为一、三、二的排序

根据配第—克拉克定律,随着全社会人均国民收入水平的提

①　参见培伦等:《印度通史》,黑龙江人民出版社1990年版,第773页。

高,就业人口首先由第一产业向第二产业转移;当人均国民收入水平进一步提高时,就业人口便大量向第三产业转移。根据收集到的数据,对印度劳动力就业在三个产业之间的转移和流动,作以下分析(见表13—1)。

表13—1　印度不同水平的GDP下各产业劳动力所占份额(%)

	1950—1951	1960—1961	1970—1971	1980—1981	1990—1991
GDP(千万卢比)	140466	206103	296278	401128	692871
所有劳动力	1950	1960	1970	1980	1990
农业	79.05	74.87	72.14	68.93	63.42
工业(总)	8.47	11.03	12.32	13.66	16.62
其中:制造业				10.69	13.18
服务业	12.48	14.10	15.54	17.41	19.96

来源:国际劳工组织统计报告。＊矿业含在工业或第二产业中。www.ilo.org.

上表总趋势是第一产业的从业人数比重下降,第二、三产业的从业人数比重增加。但是印度三次产业劳动力比重的转移,并不符合克拉克定律所揭示的依次转移趋势,即不是首先由第一产业向第二产业、再向第三产业转移,而是同时向第二和第三产业转移,更重要的是,向第三产业转移的速度大于向第二产业转移的速度,导致第三产业的就业比重一直高于第二产业。这说明印度劳动力随着人均GDP的增长首先向第三产业转移,由此形成了一、三、二产业的排序格局,农业就业比重仍然最高,其次是第三产业,这是印度劳动力产业构成变化的重要特点。

(二)印度国民生产总值的三次产业构成变动趋势:由一、二、三变为三、二、一的排序

按照库兹涅茨的人均收入影响理论,随着总产值和人均产值

的增长,其对不同产业产生的影响也是不一样的。第一产业即农业部门实现的国民生产总值在整个国民生产总值中的比重处于不断下降的过程,一般而言,在近代,各国农业部门的比重占近一半,有时甚至高达 2/3。经过长期发展后,多数国家农业部门所占的比重不超过 20%,少数国家少于 10%;第二产业即工业部门实现的国民生产总值在整个国民生产总值中所占的比重上升。在发展的早期阶段,比重介于 20%—30% 之间。到了后期大多数国家的工业部门的比重上升了 20 个或更多的百分点,介于 40%—50%以上;第三产业即服务业所占比重的变动趋势在多数国家不明显。有的国家上升(如加拿大、日本),有的国家下降(如瑞典和澳大利亚)。结论是农业部门比重的下降,由工业部门比重上升而抵消,所以服务业没有明显变动①。

印度的三次产业随人均 GDP 的增长所占 GDP 份额的变化,也呈现出不同于上述一般规律的情况,突出特点是第三产业增加值占 GDP 的比重持续较快上升,在三次产业中份额最高(详见表13—2 和图 13—1)。

表 13—2　印度不同水平的人均 GDP 下三次产业所占份额表(%)

	人均 GDP 水平(卢比)					
	4700	5600	6250	7000	8000	8500
第一产业(P1)	51.67	43.75	40.94	36.95	35.66	33.93
第二产业(P2)	17.87	21.09	21.98	23.02	23.95	23.78
第三产业(P3)	30.70	34.98	37.07	40.03	40.39	42.29

① 参见库兹涅茨:《现代经济增长》,北京经济学院出版社 1991 年版,第87—88 页。

表 13—2 续表

	人均 GDP 水平（卢比）						
	9500	10200	10700	12000	12200	12500	13300
第一产业	31.72	30.87	28.94	26.79	26.28	23.86	24.03
第二产业	24.93	25.45	24.87	24.61	24.41	24.97	24.54
第三产业	43.35	43.68	46.19	48.60	49.30	51.17	51.43

数据来源：依据印度财政部 Economic Survey 中历年数据计算。

＊美元与卢比的兑换率现为 1 美元 =45 卢比。

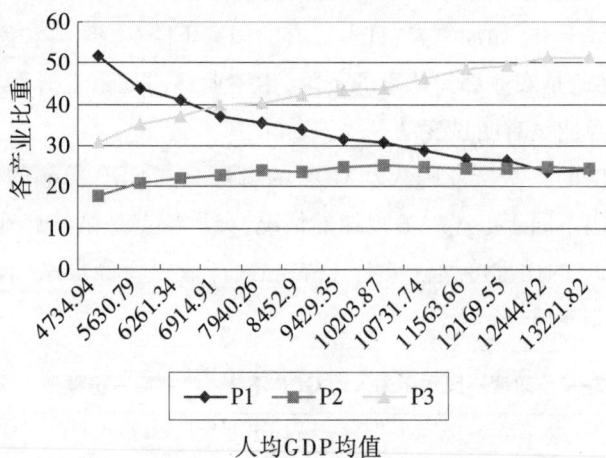

图 13—1　不同水平的人均 GDP 下三次产业
所占份额变化趋势图

　　从表 13—2 和图 13—1 可以得出如下结论：50 多年来，印度国内生产总值变化的一般趋势是：随着人均 GDP 的增加，第一产业比重在逐步下降，第二产业缓慢上升且略有波动，第三产业高速发展。再按重要年度作出下表 13—3，可更清楚地看出印度三次产业结构在不同时期的变动。

表 13—3 印度三次产业占 GDP 的比重（%）

时间	第一产业	第二产业	第三产业
1950—1951	55.4	16.1	28.5
1960—1961	50.9	20.0	29.1
1970—1971	44.5	23.6	31.9
1980—1981	38.1	25.9	36.0
1990—1991	34.9	24.5	40.6
2000—2001	26.2	24.9	48.9
2001—2002	26.3	24.4	49.3
2002—2003	23.8	25.0	51.2
2003—2004	24.0	24.6	51.4
2004—2005	22.8	24.8	52.4

数据来源：Statistical Outline of India 2005－2006, P14, Department of Economics and Statistics, TaTa Services limited, Bombay House, Feb. 2006. （At 1993－1994 price）

根据上表分析,印度三次产业结构变动的主要特点如下：

首先,第一产业随人均 GDP 的增长,其产值占 GDP 的比重明显下降。从 1950—1951 年度（期初）的 55.40% 下降到 2004—2005 年度（期末）的 22.8%,下降了 32.6 个百分点。与库兹涅茨分析的国际变动幅度相比(25%—70%)[①],印度下降的幅度属于中间水平,符合大多数国家的状况。

其次,第二产业随人均 GDP 的增长,其产值占 GDP 的比重缓

---

① 参见库兹涅茨:《各国的经济增长:总产值与生产结构》,商务印书馆 1985 年版,第 160 页。

慢上升。从1950—1951年度的16.1%上升到2004—2005年度的24.8%,仅上升了8.7个百分点。而按库兹涅茨分析的典型趋势是,在这一部门上升的幅度一般为25—30个百分点以上,印度显然上升幅度过小,与国际变动幅度相比差距较大。

最后,第三产业随人均GDP的增长,其产值占GDP的比重持续上升。从1950—1951年度的28.5%上升到2004—2005年度的52.4%,上升了23.9百分点,上升的情况与库兹涅茨分析的情况不同,按照其分析的结论,有的国家服务业份额上升,有的下降。在所有的欧洲国家,服务业部门的增长甚微,在美国和加拿大的增长显著,在20世纪60年代中期,美国服务业份额超过50%,而瑞典约占GDP的2/5[①]。印度第三产业上升势头强劲,上升幅度较大,而且是没有波动地稳步上升,这一点与国际变动趋势形成强烈对照。

二、第一、二、三产业内部结构的变动及特点

分析各产业内部结构的变动主要是看其高级化的趋势,内部结构的变动会对总体产业结构的变动产生影响,从而对经济发展的模式和趋势产生影响。

(一)第一产业内部结构的变动

按照印度统计部的分类,第一产业分为农业、林业、渔业。农业产值在第一产业中所占比重处于上升趋势,从1950—1951年度的86.9%,到2003—2004年度上升为91%;林业比重逐步下降,从11.7%下降到4.4%;渔业比重逐步升高,从1.5%上

---

① 参见库兹涅茨:《各国的经济增长:总产值与生产结构》,商务印书馆1985年版,第166页。

升到 4.4%①,这两个行业目前齐平。

印度农业在第一产业中占有过大的比重,因而有必要进一步作分析。农业分为种植业和家畜两部分,农业结构高级化的趋势是种植型农业向畜牧型农业发展。印度独立 50 多年来,种植业虽然有下降,但幅度很小。畜牧业虽然有上升,但同样是上升幅度太小。1950—1951 年度种植业的比重为 76.24 %,家畜业的比重为 24.17%。2003—2004 年度种植业的比重下降为 72.50%,下降了 3.74 个百分点;家畜业的比重上升为 27.50%,上升了 3.33 个百分点②。畜牧业发展缓慢,表明农业结构向高级化转换的畜牧型农业远没有形成。

种植业结构的优化主要是看粮食作物和经济作物比重的合理化。如果粮食作物在种植业中的比重过大或没有太多变化,那么农业的商品化程度就是比较低下的,并且支持工业的发展是有限的。1970—1971 年度到 2003—2004 年度,印度种植业产值增长 1.1 倍,年均增长 2.26%。粮食产值(包括谷物、豆类)的比重从 64.4%降到了 60%,下降幅度较小;经济作物产值(包括油籽、棉花黄麻纤维、茶叶咖啡橡胶等种植园农作物,甘蔗烟草等其他非粮食作物)的比重从 35.6%升到了 40%,可以看出经济作物的比重变动不大。

(二)第二产业内部结构的变动

印度第二产业或广义工业包括采矿业、制造业、电力工业和建筑业。狭义的工业仅指制造业,制造业内部有 15 个主要行业。对

---

①　根据 National Account Statistics, Ministry of Statistics in India, 1950—2004, s05 和 s10 计算。

②　同上。

印度第二产业内部结构的分析,一是对广义的工业结构进行分析,二是对狭义的工业即制造业内部结构进行分析。

1. 第二产业结构变动趋势

在第二产业结构中,制造业产值的比重最大,50 年来一直在60% 左右徘徊,目前为 63%;建筑业占第二产业的比重 20 世纪 50 年代初最高,为 27%,90 年代以来在 19% 左右;采矿业的比重在 50、60 年代最高,在 10% 左右,现在仅为 8.64%;电、气、水供应业在第二产业中的比重最低,50 年代仅占 2%,现在也只有 8.54%。从增长情况看,从 1950—1951 年度到 2003—2004 年度,制造业的平均增长率为 5.76%,电力为 8.39%,采矿业为 5.36%,建筑业为 4.97%[①]。

从上述比重情况看,在印度第二产业中,一是基础工业和原料工业十分薄弱,尤其是电力供应的短缺,已经成为第二产业和制造业发展的主要障碍之一。二是建筑业比重和增长速度都比较低,而建筑业是城市化水平的指标,建筑业比重低说明城市化水平低,而城市化水平本身也是衡量工业化水平的指标之一。同时建筑业对于带动制造业,解决大量农村人口的就业,拉动 GDP 的增长都是十分重要的。在上述两方面长期处于低水平的状况下,制造业也只能在低水平上运行。

2. 制造业内部结构变动趋势[②]

印度制造业被细分为 15 个行业:食品、饮料烟草、棉花羊毛丝绸黄麻及纺织品、木材家具、造纸和印刷、毛皮、化工、橡胶和石

[①] 根据 National Account Statistics, Ministry of Statistics in India, 1950—2004, s5 和 s10 计算。

[②] 根据 National Account Statistics, Ministry of Statistics in India, 1950—2004, Nas, Nas2 数据计算分析。

油、非金属矿物、基本金属、金属产品、非电力机器工具和零件、电力机器、运输设备、其他制造业。

制造业结构变化的特点及发展趋势如下：

（1）15个行业在20世纪90年代开始进入快速增长期。20世纪70—80年代各个行业几乎没有增长或极其缓慢地增长，少数行业80年代初期开始起步进入增长阶段，有的行业80年代中期开始进入增长期。在15个细分行业中，近30年增长率排在前10位的行业依次是：电力机械、化工、橡胶和石油、饮料烟草、非金属产品、运输设备、其他制造业、非电力机械工具和零配件、基础金属、棉花羊毛丝绸黄麻制品及纺织品。重化工业占8个，轻工业占2个。后5位行业的排序依次是：造纸和印刷业、食品、金属产品、毛皮、木材家具业。

（2）具有以轻工业为重心向重化工业为重心转移的趋势，制造业重型化特征开始出现，但轻工业还具有一定地位。从比重来看，1970—1971年度前10位行业占制造业总产值的比重是82.98%，轻工业行业占了5个，产值占49.85%；重工业占5个，产值占33.13%。轻工业比重高于重工业比重。2003—2004年度排在前10位的行业中，轻工业占了4个，产值比重为29.84%；重工业占了6个，产值比重为52.61%。从制造业的全部15个行业来看，1970—1971年度，轻工业占制造业的比重为56.03%，重工业43.98%。2003—2004年度，轻工业的比重下降为37.92%，重工业的比重上升为62.08%。30多年的发展轨迹表明，重工业比重上升了18.10个百分点，轻工业降了18.11个百分点。

（3）制造业内部结构变动呈现出重心由劳动密集型行业向资本密集型行业转移的趋势。在15个细分行业中，棉纺、食品、饮料和烟草、皮革、羊毛和人造纤维、黄麻、纺织品服装、木材和家具等劳动密集型行业的比重趋于下降,从 1980—1981 年度的 36.04% 下降到 2002—2003 年度的 26.64%。机电和机械工业、化工、运输设备、金属及合金等资本密集型行业从 1980—1981 年度的 66.88% 上升为 2002—2003 年度的 71.99%。

三、印度第三产业内部结构的变动

印度第三产业按大类分为四个行业,它们是贸易宾馆饭店、交通仓储通信业、金融保险房地产商务、社区社会和个人服务业。从产值的增长速度看,20 世纪 80 年代之前,印度的第三产业产值处于不断上升趋势,但比较平缓,80 年代之后,第三产业的产值增速迅猛,见图 13—2。

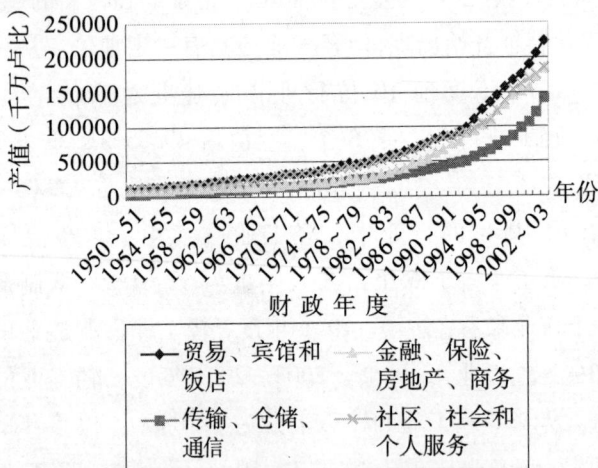

图 13—2　印度第三产业各行业产值增长图

资料来源:根据印度统计部 NAS1950—2004 年数据绘制。

从结构变化看①,贸易、宾馆和饭店这一行业的比重一直占了30%—35%左右,最低时为29.69%(1991—1992年度),最高时为34.94%(1978—1979年度),2003—2004年度为30.46%,可见比重没有太大变化。

交通、仓储、通信业的比重是逐步上升的,从最低时(1950—1951年度)的11%上升为最高时(2003—2004年度)的19%。

金融、保险、房地产、商务的比重最低为17%,最高为26%,与上世纪50年代相比,现在的比重没有太大变化。1950—1951年度近24%,2003—2004年度近25%。但在这50年中,60年代中期到80年代中期,其比重由20%以上降到20%以下,80年代中期以来,其比重逐步上升到20%以上。

社区、社会和个人服务的比重历来较高,最高是20世纪50年代,达到34%。90年代以前,都在30%以上,90年代后略有下降,近年降为25%。这五十多年来逐步下降,但到目前为止,还是占到了第三产业产值的25%。

按顺序排列,在第三产业中,贸易、宾馆和饭店的比重最大,其次是社区、社会和个人服务,第三位是金融、保险、房地产、商务,最后是交通、仓储、通信业。由此可见印度的硬件基础设施发展相对滞后。

综上所述,印度产业结构的变动有两个最重要的特点和发展趋势:(1)三次产业结构的变动,并未遵循产业结构变动的一般规律,即随着人均国民生产总值的增长,制造业在总产出和就业中所占份额超过第一和第三产业。当人均国民收入水平进一步提高时,服务业和第三产业占GDP的比重和就业比重将超过第一和第

① 结构变化的分析依据是印度统计部NAS1950—2004年相关数据。

二产业。印度则走了一条特殊的路径,人均国民生产总值的增长并没有带来第二产业所占比重的明显和持续提高,而反倒是服务业和第三产业占国民经济的比重在 50 年中持续上升,成为对国民经济贡献最大的产业。在第一产业占主导地位之后,就直接跨越到第三产业占主导。(2)尽管印度独立后就开始实施工业化战略,但印度第二产业的发展在国民经济中始终没有占过主导地位,既没有超过第一产业,也没有超过第三产业,相反其比重低于第一产业和第三产业。在第二产业内部,电力等基础设施工业发展不足,比重过低;建筑业发展长期低迷。从制造业内部结构看,在较短时间内就形成了重工业为主导的制造业结构,而轻工业发展滞后。这样的产业结构特征是主观赶超战略人为调整的结果,一方面,对印度经济发展带来的弊端是明显的;另一方面,又确实走出了具有印度特色的产业结构调整路子。

第三节　印度产业结构变动对经济发展的影响

经济发展就是总量与结构都不断变动演化和相互作用的结果。经济发展不仅包括经济规模和数量的持续扩大,还包括产业结构的演进所带来的质的变化,这种质的变化才是经济发展的核心和实质。从较长的经济发展过程看,经济总量的增长与产业结构变动是紧密联系和互为因果的,可以说,经济发展过程就是产业结构变动的过程,产业结构的变动是经济发展的内在力量。

一、印度第一、二产业增长的缓慢对经济发展的影响

产业结构的变动对经济发展的影响有两方面。从积极的影响看,产业结构的转换和升级会推动本产业增长,以至经济总量的增

长,经济总量的增长是依靠那些高于平均增长率、技术进步快的产业和新兴产业来支撑的。从消极的影响看,产业结构不协调、发展不平衡以及转换率低,都会降低本产业增长和经济总量增长的速度,从而对经济发展产生不利影响。从中长期看,经济总量的增长依赖于产业结构转换,同时,经济总量增长又带动产业结构的变动。

印度工业化已经走过了50年的历程,产业结构的高级化还没有完成一次重大转换。由于第一产业的结构转换未实现,农业增长率未加快,1950—2004年第一产业的产值平均增长率仅为2.5%,印度农业有11个年度是负增长,其中80年代以来有9个年度是负增长,粮食有8个年度是负增长①。农业增长缓慢从两个方面影响了工业的发展:一方面,农业收入增加的缓慢导致对工业品需求的减缓,包括对农用生产资料和消费品的需求不足;另一方面,农业为工业提供的原料增长缓慢,无法支持轻工业的发展,使得工业乃至整个第二产业的增长十分缓慢。1950—2004年第二产业平均增长率仅为5.56%,只有前十年达到两位数。第三产业虽然增长速度高于第一、二产业,产业结构在沿着传统服务业——多元化服务业——现代服务业的方向演进,信息产业主要是软件产业的发展异军突起,硬件的发展还相当滞后。交通通信等基础设施的发展已成为经济发展的瓶颈。

第一、二产业发展的缓慢,从两个方面对经济总量的增长产生影响,一是经济总量的规模无法扩大,第一、二产业是国民经济的基础,而在印度这样的人口大国中,农业又是更为基础的产业。农业长期停滞不前成为其他产业发展的制约因素。二是经济总量增

---

① 根据印度统计部 NAS 数据计算分析的结果。

长的基础不稳,第一、二产业是创造实物经济和财富的产业,这两个产业发展的不足,明显影响经济总量的增速。

二、印度第一产业结构变动对经济发展的影响

（一）第一产业内部结构高级化趋势不明显,对工业的发展产生不利影响

在农业中种植业占的比重很大,而畜牧业比重上升不快,50年来一直在25%—30%之间徘徊;在种植业中,主要是粮食作物的比重大,经济作物发展缓慢。印度是人口大国,粮食问题是首要问题,解决吃饭问题的压力很大。农业劳动生产率低下,使得大量劳动力不得不从事种植业,经济作物的发展受到了影响。由于商品农业和为轻工业服务的农业发展不足,不能为工业提供原料,使工业的发展失去了基础。

（二）粗放型农业向集约型农业发展步伐不快,影响了传统农业向现代农业的转化

印度在20世纪60—70年代进行了"绿色革命",在引进农业新技术、提高单位产量,改变靠扩大面积实现增产等方面取得了成效,农业的技术水平有了较大提高,技术水平低下的粗放型农业逐步向技术要求较高的集约型农业转变。但由于农业基础设施落后,农业的生产条件没有多大变化,种植业很大程度上靠天吃饭,还需要投入巨大的人力。种植型农业向畜牧型农业、工厂型农业方向提升的步伐不快。从总体上看,整个印度农业还没有显现出向生物、环境、生化、生态等技术含量较高的现代农业方向发展的趋势,仍然保持着传统农业的生产模式,粗放式的经营占主导,农业的劳动生产率仍然较为低下,导致农业增长缓慢。

（三）农业由分散经营向规模化、产业化方向发展的趋势缓

慢,使得国民经济的发展失去了坚实的农业基础

　　印度对于分散经营和土地规模小的问题,也曾采取相应对策,如提高土地持有规模,把全村分散的小块土地合在一起,搞合作农业等。这些措施都遇到了相应的困难,没有实现初衷。土地规模过小和分散不利于农业产业化发展和改良农业技术。优良种子、化肥、先进农具的使用、作物病虫害的防治以及改造排洪系统等,需要在大规模成片土地上实施才是最经济、最合理的。所以从总体上看,印度虽然有现代农业的成分,但分散经营的传统农业仍为主导。

　　(四)农业本身积累不足,无法在内部形成良性循环,也不能有效地支持产业升级

　　第一产业长期低速发展,对整个国民经济的影响是长远和深刻的,一方面第一产业中,畜牧业等发展不足。农业又主要依靠种植业支撑,经济作物发展不足。第一产业的低效率和低贡献率对第二产业、第三产业物质供给乃至国民经济的发展形成影响;另一方面农村劳动力大量滞留在土地上,从事非农产业的劳动力有限,农民收入难以提高,市场需求受到影响,又进一步影响了整个经济的发展。

　　三、印度第二产业结构变动对经济发展的影响

　　(一)第二产业内部结构不协调,制约着印度经济发展

　　从印度第二产业的总体看,主要是前向关联的产业,如电力、交通运输等基础设施工业发展滞后,原材料等基础工业发展速度不快。从印度制造业内部看,无论是前向关联的产业还是后向关联的产业,总体发展都不快,影响了相互的需求。相比之下,前向关联产业的发展速度本应快于后向关联产业的发展速度。但事实

却不是这样,资本货物工业和基础工业,如基础金属、金属制品、机器和交通设备等重工业在60年代初期有过迅速发展,但从60年代中期以后急剧下降。消费品工业和中间产品工业在50年代末到70年代末这20年增长相当缓慢。基本判断是:基础工业是制约印度第二产业发展的重要因素。消费品工业几乎没有过起飞,这也从后向关联即对制造业其他行业的需求方面影响了制造业本身的发展。制造业发展不足,不能成为印度国民经济的主要推动力。

(二)传统行业和新兴行业之间结构转化的幅度不大、速度不快

印度传统行业的地位在下降,新兴行业在上升。轻工业中,棉纺织业、食品等传统行业的比重位次在降低,羊毛、人造丝纤维、造纸等新兴行业的发展速度和比重位次在上升。重工业中,电力机械工业、化工、运输设备、金属等新兴行业的地位在上升,传统工业如钢铁等基础金属工业的地位没有太大变化,与20世纪70年代相当。但从增长来看,从70年代初到2004年的34年间,没有任何行业出现两位数增长,除一个行业增长率达到8%以上外(电力机械为8.20%),都是在8%以下增长。在15个细分行业中,所有传统行业都没有被完全替代。这种状况使印度经济在制造业领域的总体水平较为落后,对国民经济的贡献不大。

(三)从制造业内部结构看,重工业已成为制造业发展的主要推动力,但技术水平不高

制造业结构的演进已经从轻纺工业为主导的阶段,进入到以基础型重化工业为主导的阶段。但重工业结构还是以原材料工业为主,如钢铁、化工、石油、有色金属等,以原料工业为主向重加工产业为主的转换还不明显。从资源结构的变动情况看,资本密集型产业的比重在上升,但技术密集型的产业比重还较小,技术密集型替代资金密集型产业的趋势还未形成。尽管印度电子和信息技术、生物技术、空间技术等方面有超前发展的趋势,但将这些技术应用到工业领域普遍提升其技术水平,改造传统工业,还有很长的路要走。印度的知识密集型产品还主要集中于计算机软件为主的信息产业等领域。

(四)工业发展不足影响了印度工业化的进程

一是印度工业化目前基本上处于第二阶段向第三阶段过渡的时期,总体上说还是属于工业化的初期向中期过渡的阶段。二是印度的工业化进程是不稳定的、曲折的。在 1960 年之前,印度的工业化进程处于第一阶段,消费品工业占主要地位。1960—1970 这十年间,印度的工业化进程处于第二阶段,资本品工业快于消费品工业增长,达到消费品工业净产值的 50% 左右。1970—1990 这二十年间,印度的工业化进程处于第三阶段,资本品工业继续快于消费品工业增长,逐步达到和消费品工业相平衡的状态。1990—1991 年印度资本品工业占主要地位,但紧接着 1991—1993 年印度资本品工业增长速度放慢,又退回第二阶段。1994 年之后,印度的工业化进程继续倒退到第二阶段。工业化进程特别是资本品工业发展速度不快并有曲折,是影响印度经济发展的重要因素之一。

四、第三产业结构变动对印度经济发展的影响

从印度独立 50 多年的历史看,第三产业是经济发展的持久推动力。这是基于两个依据:一是第三产业增加值占 GDP 的比重历来高于第二产业占 GDP 的比重;二是第三产业增加值对 GDP 的贡献从 1984—1985 年度开始超过第一产业,成为三次产业中对

GDP 贡献的第一位。可以说在 20 世纪 80 年代中期以前,第三产业是印度国民经济发展的主要推动因素之一,而 80 年代中期以后,它成为印度国民经济发展的主要推动力。第三产业内部结构的变动对本产业和印度整个国民经济的影响主要有以下方面:

第一,交通基础设施发展不足对经济发展产生了不利影响,贸易和服务业是第三产业和经济总量增长的重要推动力量。50 年来,印度第三产业中四大行业的比重,贸易、宾馆和饭店的比重最大,其次是社区、社会和个人服务,第三位是金融、保险、房地产、商务,最后是交通、仓储等行业。由此可见印度的硬件基础设施的发展较为滞后,它严重影响了经济发展。贸易宾馆饭店和社区社会个人服务是印度第三产业的传统产业,从这个意义上说,传统服务业仍是印度第三产业的重要支撑力量。服务业是印度的传统产业,在社会社区个人服务业中,其他服务业所占比重超过公共管理和国防所占比重,尽管它自身的比重在下降。

第二,第三产业高级化的趋势明显,现代服务业快速发展,对印度经济发展发挥了重要作用。从发展趋势看,印度传统服务业有下降的趋势,现代服务业在迅速崛起。贸易的比重有所下降,社区、社会和个人服务业的比重也处于下降趋势。在 20 世纪 90 年代以前,两大行业的比重都在 30% 以上,最高时达 34%,90 年代后开始下降,2003—2004 年占第三产业产值的 25%。通信业 90 年代后飞速发展,成为拉动第三产业快速发展的现代服务业之一,53 年来的平均增长率达 9.29%,1980—1981 到 2003—2004 年度更是高达 13.40%。另一个成长因素是银行保险和企业商务,它们占第三产业的比重大幅度提高。80 年代中期以来,增长速度加快,1985—1986 到 2003—2004 年度的年平均增长率为 9.20%。目前金融、保险、商务所占第三产业产值的比重(32%)已经与社区社会个人服务业(33%)①不相上下,大有替代之势。

总之,从第三产业自身的发展和整个国民经济来看,印度 50年的发展历程中,贸易和社会社区个人服务业是推动第三产业发展的传统因素。90 年代以来,金融、保险、商务等发展迅速,成为第三产业乃至国民经济快速发展的又一个重要推动力。其中商务服务业的发展,很大程度上是由于计算机软件服务业突飞猛进的发展带动的②。

第四节　印度产业结构变动的机制与政策

从世界各国产业结构的变动历史看,大致有两类机制,一类是以欧美为代表的先起工业化国家的产业结构变动机制;另一类是以日本为代表的后起工业化国家的产业结构变动机制。区分的标志是在推进工业化和产业结构高级化过程中,前者以市场机制为主导,后者以政府干预及计划机制为主导。

欧美发达国家的产业结构是在市场机制作用下,经过长期曲折的过程,自发地形成和发展起来的。尽管这些国家在某些时期尤其是 20 世纪 30 年代经济大萧条后,也采取了国家干预政策,实施了产业政策,但政府主要还是间接干预,实施指导性计划,强调自由企业制度原则、市场机制和自由竞争。其理论基础是自由主义经济理论,这个理论认为在自由竞争制度中,产业结构具有自我调节的能力,政府的作用是完善这一自我调整功能,并为调整过程创造良好的经济环境,最后达到改善产业结构的目的。日本等后

---

①　根据印度统计部的国民账户数据计算得出。
②　按照印度的统计,计算机硬件软件是归类在商务这一类别中。

起工业化国家,为了追赶和模仿先进工业国,一开始就有计划地规划产业结构从低级向高级发展的步骤和政策,从而用较小的代价和较短的时间,走完了欧美走过的漫长的道路。二战后独立的发展中国家,如印度和中国,工业化的起步不是自身经济发展的内在要求和结构变动的结果,而是政治独立后的国家对经济独立的要求,在市场经济发育不完善、市场机制不健全的条件下,只能靠国家主动地实施工业化战略,通过政府干预来调整产业结构。

一、印度产业结构变动的机制

印度的产业结构变动机制可大致分为两个时期来进行分析,第一个时期是尼赫鲁家族所领导的国大党执政时期,第二个时期是印度实行自由化、市场化、私有化、全球化改革开放的时期。

(一)20世纪50年代到80年代中期,印度实行以政府直接干预为主的产业结构调整机制

在尼赫鲁时期,由于印度刚刚取得政治上的独立,要在经济上迅速摆脱殖民控制,改变殖民地经济结构和经济混乱萧条的状况,需要选择一条最快地发展经济、独立自主、摆脱贫困的道路。尼赫鲁明确地意识到,一个国家没有大工业的发展,就不能提高人民现有的生活水平,没有大工业的发展,就不能维护国家的自由。为了更快地建立起工业体系,需要把社会主义国家发展重工业为重点的计划经济和公营经济搬过来,为发展资本主义所用。在苏联社会主义计划经济的影响下,尼赫鲁于1948年提出了一份激进的工业政策报告书,对大型工业企业和银行实行国有化,采取国家控制经济的措施。其目标是要建立一个公正的社会秩序,铲除剥削,在国家的支持下有组织地进行消费品的共同分配。在当时印度私有制经济占主导的情况下,这一国有化政策引起了工商界的混乱,尤

其是占印度工业资本一半以上的外国私营企业,对国有化政策作出了最先反应,从企业中大量抽走资金和停止投资,这就使不景气的经济陷入更加困难的境地。为了稳定局面,印度政府不得不向后退,最终选择了混合经济体制,即公营经济和私营经济同时并存、共同发展。1950 年,国家政权计划委员会在编制中长期发展计划时,混合经济原则被作为印度工业发展的长远战略的核心①。但尼赫鲁并没有放弃国有化和计划经济的初衷,他认为混合经济只是过渡阶段。他的理想社会是政治上有民主自由、经济上有平等,他选择的道路是在资本主义制度的基础上,政治上实行西方议会民主政治,在经济上以发展公营经济为主导。

在尼赫鲁工业化战略的框架下,印度产业结构的调整和变动主要是通过五年计划和政府直接干预机制完成的。在相当长一个时期,印度经济管理体制的特征是中央集权下的命令经济和控制经济。国家控制经济的主要内容是所有权控制和资源分配控制,其目的是防止财富集中在少数人的手中,扩大公营部门以促进迅速工业化和自力更生。由此国家需要对生产和分配领域进行投入和干预,同时,通过控制经济的制高点即保险和金融,国家可以努力将投资引向社会所需的部门。国家控制经济的手段是通过经济计划、经济立法和相应的政策在生产的准入、投资、分配、价格等领域对经济进行全面管理和控制。

1956 年通过了第二个《工业政策决议》,是以《印度宪法》为政治蓝本制定的一部经济宪法。这个决议的出台是因为“一五计划”已完成,议会开始接受建设“社会主义类型社会”作为社会和经济政策的基本目标,有必要制定一项新工业政策,以取代 1948

---

① 参见培伦等:《印度通史》,黑龙江人民出版社 1990 年版,第 687、770 页。

年的决议。新的《工业政策决议》进一步划分了公营经济和私营经济活动的明确界限，并扩大了政府作用的范围，把工业分为三大类：A类：完全由政府控制的工业部门，共17个部门，包括武器弹药、原子能、钢铁、重型钢铁铸件和锻件、采矿、机床生产所需的重机器制造、重型电气工业、煤矿、矿物油及其开采、铁矿石及其他重要矿物、飞机、航空运输、铁路运输、造船、电话电报和无线电设备、发电和配电。B类：逐步由国家所有并且由国家建立新企业的部门，私营企业可以成为国家力量的补充。包括有色金属、机床、铁合金、工具钢、化学工业、抗菌素及其他基本药物、化肥、合成橡胶、焦化煤、化学浆、公路运输和海运。C类：除A、B两类外的其余工业部门归入C类，都留给私营部门。与1948年的工业政策决议相比，1956年的决议扩大了公营部门的生产范围，强调了公营部门的主导作用，该决议一直是指导印度工业经济发展的纲领性文件，直至90年代初的新工业政策出台为止。

在上述政策框架下，政府通过以下工具和措施调整产业结构和控制经济活动，努力使印度的经济活动朝着计划规定的长期目标迈进。

计划拨款：国家把计划拨款的很大部分用于促进国防、重工业和基础工业的振兴，这些工业在英国统治时期都未能得到发展。

国家直接投资：建设灌溉工程、水电工程、公路、铁路、邮政电信、海运和空运等基础设施。

控制金融机构：对金融机构进行支配性控制，人寿保险实现了国有化，银行系统逐渐归国家所有和控制，目的是引导银行贷款到重点支持的产业。

物价控制：国家采用定量配额来抑制基本消费品价格上涨。

税收手段：国家采用税收和公共开支等手段，使财源从富裕阶层转移到国家,在二次分配中解决社会公平问题。

反垄断措施:国家成立垄断和限制贸易委员会,以防止垄断的形成,并确保商业财团不能利用限制性贸易行为损害消费者利益。

工业许可证制度:1951 年印度政府公布了《工业(发展与管理)法》(下称《工业法》),实行工业许可证制度,由国家对工业配置、企业创建、产品种类以及企业扩建等进行全面管制。有下列重要条款:除雇工在 100 人、固定资产在 100 万卢比内的工业企业外,未获中央政府的许可证,不得新建和扩建任何企业;政府可以对工业企业或项目进行调查并整顿(这些企业包括出现生产下降、产品质量下降、产品价格上升、动用了国家重要资源、损害股东和消费者利益等情况);对未能贯彻执行政府指示改善经营管理的企业和项目,政府有权接管;政府可以规定企业生产方法、规格、产量和分配渠道等。工业许可证制度相继在 1970 年、1973 年、1988 年、1990 年、1991 年进行了调整和改革。自 1973 年的《工业政策声明》到 1990 年人民党的新工业政策,对工业许可证制度的趋势是从逐步放宽到基本免除。

(二)20 世纪 80 年代中期以后,印度实行以市场机制为主、政府间接干预的产业结构调整机制

1985 年开始了以自由化为主要内容的改革,也可以说印度开始了尝试用市场机制配置资源、调整结构的时期。拉吉夫·甘地 1984 年执政后不久,就以放宽许可证政策的名义进行了较大程度的自由化改革,改革的主要目的是削弱政府的控制,寻求自由竞争、市场调节,主要有以下内容①:

---

① 参见鲁达尔·达特:《印度经济》(上),四川大学出版社 1994 年版,第299页。

1. 印度政府以规模经济和现代化的名义放宽批准企业提高设备能力的手续。1986 年政府规定,23 种工业如果其项目位于中央宣布的任何落后地区,将取消其许可证限制。

2. 为了鼓励生产和增强企业根据市场需求调整产品结构的灵活性,政府推行了广义许可证,即以种类广泛化为由发给许可证。这些项目包括机床、机动两轮车、纸和纸浆、化工、医药、石油化工、化肥机械、娱乐电子工业等。

3. 提高《垄断与限制性贸易行为法》管辖范围内的公司的资产限额,从过去 2 亿卢比提高到 10 亿卢比,其结果是 112 个企业免于该行为法的限制。此外还宣布 27 个工业部门不再受该行为法的约束等等。

4. 小型企业的投资限额从 200 万卢比提高到 350 万卢比,同时不再为小型企业保留项目,而是把为小型企业保留的 200 个产品项目向大中型企业开放。

1990 年 3 月人民党政府宣布了自己的新工业政策,在经济自由化方面作出了更大努力。主要做法是减少政府的审批手续。除大型工程项目需要继续由政府审查外,中型项目的投资决定权下放给企业。工业审批程序进一步放宽,新工业政策提出:"所有位于非落后地区的固定资产投资在 2.5 亿卢比以内,以及所有坐落在中央宣布的落后地区的固定资产投资在 7.5 亿卢比以内的新企业,将免于申办许可证或注册。"①这就使印度从过于严格的许可证制度走向自由放任的另一个极端。不加区别和控制地实行自由化给经济带来了混乱,例如生产能力处于闲置状态下的企业也允

---

① 参见鲁达尔·达特:《印度经济》(上),四川大学出版社 1994 年版,第306页。

许进口非必需品和资本货物;放手让企业与外国合作的结果,是外资大量进入消费品领域,印度没有得到技术转让,而与外资的合作导致经济外流。

1991年7月纳拉辛哈·拉奥领导的国大党政府实施的新经济政策,进行了较大力度的改革。开始明确在实行计划经济的同时,必须更多地依靠市场机制。国家对经济发展的引导不再是主要依靠行政干预,而是通过金融财政手段实行间接调控,扩大竞争机制,实行市场导向;充分发挥私人资本的生产潜力,充分利用外资;推动工业技术升级,提高生产率;发展外向型经济,更多融入国际竞争。在管理体制方面,改革计划管理体制,增强市场调节功能,经济计划由指令性为主转变为指导性为主,计划调节的范围和领域大为缩小;简化税制,合理调整税率;减少政府管理价格的商品种类,根据国内外市场制定有弹性的价格体系;改革银行体制,允许建立私营银行并批准外国银行在印度设立分支机构,扩大各类银行的业务自主权,减少审批项目及简化审批手续,促进资金流通。

20世纪90年代以来,印度政府管理经济的作用从控制转变为指导和帮助,政府的计划更多具有指导性,而不是僵硬的管制。在工业许可和准入方面,明确了在国防和战略、社会稳定、安全和环境、危险品生产等领域继续实行许可证制度外,其余所有工业的许可证制度都废除。这就使印度的资源配置和产业结构的调整摆脱了长期以来政府控制的局面,进入以市场调节为主的新阶段。政府主要通过贸易政策、汇率政策、财政政策、金融政策等一系列宏观管理手段对市场机制进行弥补和完善。

二、印度五年计划和产业政策要点

印度的五年计划是一个包括经济社会发展的目标、战略、任务和产业政策的庞大计划。它从宏观层面对经济总量、就业目标、对外部门、公共部门、管理体制等作出了规定;从中观层面对经济社会所涉及的各个部门和行业的发展作出了规划,并提出了国家产业发展的导向以及一系列保障产业结构调整的政策措施。

(一)20 世纪 50 年代到 80 年代中期的五年计划及产业政策目标

正是在独立初期确定的工业化战略框架下,从 50 年代到 80 年代上半叶,印度的产业政策明显向重工业倾斜。尽管在 60 年代和 70 年代印度开启了绿色革命进程,但重工业为主导的工业化模式基本上延续到 80 年代中期。

1956—1961 年第二个五年计划期间,产业政策的优先领域和重点是:(1)增加钢铁、重型机械和机器制造业的生产;(2)扩大铝、水泥、化学纸浆、染料、磷肥和日用药品等发展所需商品和生产资料的生产能力;(3)对现有的棉纺和制糖等国家重要工业进行现代化设备的更新;(4)对现有设备中,能力与产量间仍有差距者,加以更充分的利用。"二五"期间工业发展计划中主要是新建位于奥里萨邦、中央邦和西孟加拉邦的三个钢铁厂;发展制造电器设备;扩建印度斯坦机床厂、扩建辛德利化肥厂、新建南加尔化肥厂、扩建印度斯坦造船厂和奇塔詹机车车辆厂;加强石油和煤炭开采计划,开始发展原子能①。

---

① 参见鲁达尔·达特:《印度经济》(下),四川大学出版社 1994 年版,第251页。

1961—1966 年第三个五年计划期间,产业政策的重点是:(1)加强工业、电子和交通运输业;(2)加快工业发展和技术改造的进程;(3)继续支持钢铁、机器制造等生产资料工业实现自给①。

从第一个十年的工业发展情况看,主要反映了印度政府强调发展自力更生经济的意图。汽车制造、棉纺机械、柴油机、变压器和工具等机械工业、石油制品、重型化工和水泥等部门已按规定目标推进,采矿与冶炼行业同样显示了相当的进展。重型机器公司、采矿设备及机械公司、重型电器公司等都得以投产,工业基础开始奠定。

1969—1974 年印度第四个五年计划期间,在投资上尤其强调对基本工业品的投入,以适应进口替代的需要,或服务于促进出口的需要;鼓励利用国内发展优势或便利条件创立新兴产业或产业的新型基础。在"四五"期间,大约 3/4 的总投资给了核心部门,即钢铁、有色金属、化肥、石油及石油化工、煤炭和铁矿等②。

1974—1978 年第五个五年计划期间,其政策重点是:(1)高度重视钢、有色金属、化肥、原油、原煤和机器制造,迅速发展核心工业;(2)发展促使经济迅速多样化的增加出口的工业;(3)扩大日用消费品的生产;(4)除出口需要外,限制非必需品的生产;(5)为小型企业保留 124 项生产项目,发展大型企业的辅助企业计划,推动小型工业发展。为刺激"五五"计划后三年工业生产的发展,对计划进行了修改:取消 21 种工业许可证;指定的 29 种工业可以不受限制地利用其设备能力;允许 15 种机械行业每年自动扩大 5%

---

① 参见鲁达尔·达特等:《印度经济》(下),四川大学出版社 1994 年版,第253 页。

② 参见鲁达尔·达特等:《印度经济》(下),四川大学出版社 1994 年版,第254 页。

的生产能力,或 5 年内最高扩大到 25%。通过取消许可证,"五五"计划也就撤除了私营部门和垄断性公用事业的限制,也排除了对外商投资的限制①。

1980—1985 年第六个五年计划提出要推行全面发展战略,实现结构多样化、现代化的自力更生目标。主要政策有:(1)明显增强工业制造能力,以支持农业和工业的增长;(2)特别重视资本货物工业,尤其重视电子工业对广泛的经济活动的支持作用;(3)加快机械产品和工业品的出口,加快工程项目的出口;(4)密切结合技术进口,通过国内研究和开发促进本国技术的发展;(5)制定开发落后地区的新战略,实施防止工业集中在大都市的新型发展模式。"六五"期间,五种工业即钢、石油、煤炭、化学和石油化工的投资占工业投资总额的 69%②。1980 年英·甘地重新上台执政,开始实行对内放松管制和对外开放的"自由化"战略。从片面发展重工业转向工农业并重,从强化国家垄断资本转向鼓励私人垄断资本,放宽了对私人垄断资本的限制,扩大私营经济成分在计划投资中的比重。

在 50 年代到 80 年代中期,即"一五"到"六五"计划期间,印度产业政策在农业方面的政策目标是,"一五"计划的目标是解决国家的粮食危机、农业原料(主要是原棉和原麻)危机,农业摆在了最重要的地位,在公营部门总支出中,农业占了 31%。"二五"计划把工业化摆在首要地位,这是基于"一五"期间农业基础有了增强,粮食产量超计划完成的基础之上。"二五"期间,农业所占

---

① 参见鲁达尔·达特等:《印度经济》(下),四川大学出版社 1994 年版,第255 页。

② 参见鲁达尔·达特等:《印度经济》(下),四川大学出版社 1994 年版,第257 页。

公营部门总支出的比重下降为约20%,但粮食产量比计划目标高得多,但是经济作物除甘蔗取得显著进步外,其余产量仍短缺。"二五"期间的经验清楚地表明农业生产的增长率是印度经济进步的主要限制因素之一,所以"三五"计划提出必须提供充足的财源以支持农业增产,但农业占公营部门总支出的比重也仅为20.35%。"三五"计划期间政府采用了农业新技术,即农业集约计划。随之而来的是改良品种计划,这些都是绿色革命的前奏。但由于1965—1966年大范围严重干旱,农业生产受到严重影响。"三五"计划结束时的实际粮食、油料和原棉都低于"二五"计划结束时的产量,尽管"三五"计划重视农业,但计划是失败的。"四五"计划的政策措施强调创造有利于农业发展的条件,加紧发展农业应用科学技术,实施农业新战略即绿色革命。但在"四五"计划总支出中,农业支出也仅占20.42%。"四五"计划的基本战略是扩大高品种和复种计划,绿色革命的主要方向是提高粮食产量,对经济作物则是通过一揽子农业技术提高单产。"四五"期间农业部门的计划指标完成不理想,农业生产的年均增长率仅为2.8%,而指标为5%。"五五"计划为农业发展和灌溉提供的投入占计划支出的21%,这期间,农业生产出现大幅度的波动。"六五"计划为农业和灌溉的投入占计划总支出的比重为25%。农业作物产量指标年均增长3.8%,化肥、灌溉等的增长在25%—200%之间[①]。"六五"期间农业取得了成就。但总体上看,50年代到80年代中期,由于贯彻重工业为主导的工业化战略,产业政策向工业和重工业倾斜,尽管意识到农业的重要性,开始实施现代

---

① 参见鲁达尔·达特等:《印度经济》(下),四川大学出版社1994年版,第214—222页。

农业技术,开展了绿色革命,但对农业的投入仍显不足,农业增长持续低迷。

(二)20 世纪 80 年代中期以来的五年计划及产业政策目标

1985—1990 年印度开始实施第七个五年计划,在产业政策目标上开始明确强调轻工业和现代工业,同时发展电力和基础设施。(1)大力增加电力供应,新建大型火电和核电厂在内的发电设施;(2)鼓励棉纺和制糖等工业实现现代化,鼓励通过技术更新和引进高度竞争结合起来,降低成本提高质量;(3)鼓励发展电信、计算机、微电子、复合材料和生物工程等"朝阳"工业,鼓励工业采用光纤、激光、遥控等技术提高生产率和产品质量;(4)对重要工业制定特别生产指标,如钢、化肥、有色金属、石油化工、纸张和水泥等;(5)发展出口工业,尤其是发展本国已具有比较优势和已达到一定成熟度的那些工业;(6)鼓励工业分散布局,消除地区发展的失衡。①

1985 年拉吉夫·甘地出任国家总理后,加快了以调整工业政策为主的经济改革步伐,更加重视科技研究和工业现代化。他指出,印度没有赶上 19 世纪工业革命的"巴士",也没有能及时跳上二次大战后兴起的电子革命的第二辆"巴士",现在必须在车后紧追并跳上去。"七五"计划的科技经费比"六五"计划期增加近 1.5 倍。1987 年实施《五项资本品工业技术更新规划》,以优惠利率向生产单位提供贷款,并为它们进口设备原料等提供方便。1985 年宣布三个年度(1985—1988)的进出口政策,201 项资本品可以凭"公开一般许可证"进口,并把资本品的进口税从 65% 降到

---

① 参见鲁达尔·达特等:《印度经济》(下),四川大学出版社 1994 年版,第 259 页。

45%,其中发电设备的进口关税率降到25%,计算机和电子工业的设备进口豁免关税等,从而为进口技术装备创造了一个持续而稳定的环境。①

"七五"计划时期在农业发展战略和政策方面,主要有以下几点:(1)加强不发达地区的基础设施建设,即灌溉、排水、道路、市场和地区信贷组织建设;(2)扩大新技术;(3)对旱地农业、植树造林等农林作物价格和收购政策进行调整。"七五"期间,在公营部门的总支出中,农业和灌溉的支出占22%。

由于上述政策的实施,进口总是大于出口,使得政府大大增加了财政开支,大量举借外债,财政收支和国际收支双失衡。

1990年2月,印度政府颁布了第八个五年计划(1990—1995年)。该计划有以下政策目标:(1)对工业的优先发展次序作出调整,在消费品工业部门优先发展传统的劳动密集型工业,并对它们实行保护政策;(2)对中间品工业和基础工业的技术革改造,要求引进技术必须注意消化吸收,同时要依靠国内的技术发明和实现自力更生;(3)在国际收支方面,要求在筹措外债,特别是短期商业货款时,应持更加谨慎的态度,并通过对中间品工业和基础工业的技术革新,降低成本,提高竞争力,以达到扩大出口和实现更大程度的自力更生的目标。经过国家发展委员会的讨论审议和计划委员会的修订,"八五计划"的总开支6万亿卢比,比"七五计划"总开支3.2万亿卢比将近翻了一番。积累率从"七五"期间的20.5%提高到22%,将外国资金流入总量限制在国民生产总值的1.5%以内。计划期间国内总产值年均增长率目标定为5.5%,农

---

① 参见孙培钧:《中印经济发展比较研究》,北京大学出版社1991年版,第213页。

业年均增长率为4%,工业和服务业年均增长率为6%,进口年增长率为8%,出口年增长率为12%,1990年3月和5月,政府先后宣布了进出口政策和工业政策,有史以来第一次把推动出口作为平衡国际收支的手段。这一工业政策放松了对国内私营工业和外国私人投资的管制,这项政策使80%的新投资项目免于申请许可证。① 这是政府迈出的勇敢的一步,把工业的大部分向自由企业开放。

1990年印度在海湾危机的冲击下爆发了有史以来最严重的外汇危机。由于石油进口开支激增,侨汇剧减,1991年6月外汇储备降至10亿美元,仅够维持两周的进口,财政赤字占国内生产总值的8.4%,经济濒临崩溃的边缘。②

1991年中期,拉奥上台后,国大党政府大力推行经济改革,从此印度进入了工业发展战略和政策调整的新时期。在经济管理体制上进行了重大调整,即把半封闭半管制的经济变为开放的自由市场经济。实行以私有化、自由化、市场化、全球化为目标的经济改革。经济改革设计师曼莫汉·辛格称之为印度经济的"第二次革命"。在工业领域,1991年7月,政府宣布了新工业政策,一是放松对私营企业的限制,鼓励其发展。基本取消生产许可证制度,除6个领域仍有限制外,其他领域均向私营企业开放。二是取消私人垄断企业的资产限额,缩小公营部门的垄断经营领域。三是降低国家对私营企业的征税。四是改革公营企业管理体制,引入竞争机制,减少行政干预、扩大自主权,调整销售政策,减少国家订

---

① 参见孙培钧:《中印经济发展比较研究》,北京大学出版社1991年版,第341页。

② 参见孙士海、葛维钧:《列国志·印度》,社会科学文献出版社2003年版,第208页。

购等。

在对外经济政策方面,调整外贸政策,大量引进外资。一是放宽进口许可证的发放范围,简化进出口手续;二是放松投资限制,扩大投资领域;三是进行汇率制度改革,在实行卢比贬值的基础上,1992年实行双重汇率制,使卢比在对外贸易中成为部分可兑换货币,1993年后实行卢比单一的市场兑换制,完成了汇率并轨;四是降低关税率,从1992年的150%逐年降低;五是向外商开放股市。

在国大党执政的这五年中,印度经济在改革的推动下发展迅速,经济增长率从1991—1992年度不到1%的水平,上升到1994—1995年的7.2%和1995—1996年度的7.1%。外汇储备上升到170亿美元,财政赤字占国内生产总值的比重降至5.9%,通货膨胀率由17.6%下降到8%。[①] 1996年国大党政府让位时,改革已不可逆转。新政府都在自己的纲领中阐明要加快经济改革开放,进一步鼓励外国投资。

"九五计划"(1997—2002)在总结过去发展战略的经验教训的基础上,提出了新的经济发展方向。2000年印度人民党推出了"第二代经济改革",总体看,这一时期的政策目标是:(1)把农业和农村发展列为优先发展领域,以增加就业和消灭贫困;(2)实施加强战略性公营企业,出让非战略性企业的政策,对非战略性企业实行撤资和减持股份的措施,使公营企业向私有化方向转制;(3)逐步取消管制价格机制;(4)减少对小型工业的过度保护;(5)扩大对外开放,一是放宽对商品进出口的限制,二是进一步放松对外

---

① 参见孙士海、葛维钧:《列国志·印度》,社会科学文献出版社2003年版,第205页。

资进入的限制,以及放松对外汇资本账户的管制,鼓励印度公司对外投资。

"十五"计划(2002—2007 年)政府提出 GDP 增长率为8%,工业增长率为10% 的目标。认为"十五"是新世纪开局的五年计划,将为"十一五"奠定基础,"十一五"的 GDP 增长率应达到9.3%。在"八五"和"九五"期间 GDP 增长率平均为6.1%,工业增长率仅为7%。在这种状况下,"十五"计划提出要重新确定发展战略,以吸取过去的经验,避免重复过去的错误。很重要的问题是关于政府的作用,一般认为过去的政府趋向于承担过多的责任,同时又实行了过于严厉的限制和控制。现在印度已有了很强大的有活力的私营经济,公营部门的地位和作用可能会进一步下降。在未来的发展中,印度显然在很大程度上要依靠私营部门,因此印度的政策必须为支持私营经济发展提供良好环境。①

产业政策目标包括:(1)提出农业发展是"十五"计划的重要组成部分,这个部门的增长将使贫困农村广泛受益。第一代改革主要是集中于工业部门,而农业部门的改革被忽视,这种状况将在"十五"计划中改变。(2)"十五"计划必须保证最有可能创造就业机会的部门得到快速增长,如农业、建筑业、旅游业、运输业、中小企业、零售业、信息技术产业、通信服务业以及其他新兴服务业,这些行业和部门都需要政策大力支持。(3)取消进口数量的限制,这是开放经济参与国际竞争的重要步骤,政府宣布在三年内将关税下降到东亚的平均水平;进一步推进工业的自由化,改变邦一级政府在对企业的行政管制方面过于烦琐的制度,使企业减少交

---

① 参见 India Planning Commission:10th FiveYear Plan(2002—2007) http://planningcommission. nic. in/.

易成本和因过度管制引起的腐败成本。(4)政策向小企业倾斜,尤其支持非农小企业发展,以解决就业问题。解除邦一级对小企业发展的限制和不必要的程序,保证足够的贷款,鼓励银行满足小企业的需求。①

　　从20世纪80年代中期开始,特别是90年代以来,印度产业政策及产业结构的调整机制发生了明显变化,政府放松管制,让企业有了自主经营的权利,市场机制开始发挥作用。改变了尼赫鲁时代以重工业为主导的发展模式,强调农业、以农业原料为主的轻工业、电子工业、信息技术产业和现代服务业的发展。由于产业结构调整的机制发生了重大变化,在产业政策导向和市场机制的共同作用下,以重工业为主的产业结构逐步实现了上述调整,尤其明显的是80年代中期以来信息技术产业异军突起,让世界对印度刮目相看。在传统服务业发展的基础上,以金融、保险、信息、商务等现代服务业为主的第三产业飞速发展,正在实现第三产业的结构升级,传统服务业正在向现代服务业转换。印度产业结构的这一重大调整,并不是通过严厉的控制经济和行政干预手段实现的,而是通过市场化、自由化、全球化、私有化改革实现的。

第五节　印度产业结构变动对我国的启示

　　从历史进程看,印度产业结构的变动经历了两个时期,第一个时期所走的发展道路以及产业结构调整的机制,和中国改革开放前所走的道路类似。印度第二个时期的产业结构变动,是与市场

---

　　①　参见 India Planning Commission:10th FiveYear Plan(2002—2007) http://planningcommission. nic. in/.

化、自由化改革的进程相伴随的。从发展趋势来看,印度的产业结构强化了与中国产业结构不同的变化特征,共同的是两国都发挥了市场机制在结构调整中的作用。无论从印度产业结构变动的第一个时期还是第二个时期来看,对中国的正反两方面的启示都是非常重要的。

一、印度产业结构的弊端

从总体上看,印度工业化还处在初期向中期过渡的阶段。在农业份额下降的过程中,第二产业的份额没有大幅度上升,尤其是制造业没有获得快速发展,建筑业发展滞后,电力等供给尽管有增长,但所占份额太低,满足不了城市和工业发展的需要,城市化水平较低。第二、三产业没有吸纳农村劳动力的能力,由此看出第三产业主要不是靠第一和第二产业发展的推动,印度三次产业之间互为基础、互为需求、相互促进的关系不紧密,农业对制造业的供给和需求不足,影响了制造业的发展,第三产业并不是在第二产业充分发展并有需求的基础上得以发展的,也有脱离第一、二产业发展的趋势,由此带来了一些弊端。

(一)三次产业发展不协调,衔接差,产业结构出现断层,高技术和知识密集型服务业的发展强化了城乡二元结构矛盾

截止到1999—2000年度,印度全国总人口为10.04亿,农村人口为7.275亿,农村劳动力为2.7亿,农村就业人口为2.51亿,农村失业率为7.21%。这还只是公布的失业率,不包括隐性失业率。70%的人口生活在农村,农村劳动力占劳动力总量的74.41%,农村就业人口占总就业人数的74.5%。[①] 由于长期以来

---

① India Development Report 2004—2005, Indira Gandhi Institute, P278.

强调工业导致对农业的忽视,强调重工业和大工业导致对轻工业和劳动密集型制造业的忽视,使得二元经济结构十分突出:一极是传统的农业经济,一极是以大工业和高新技术产业为代表的现代经济。随着城市经济的发展,农村可耕地面积在减少,城市和乡村的差距日益拉大,大量无地可耕的农民和剩余劳动力开始涌向城市,到城市寻找工作以增加收入。

可是,印度三次产业发展的进程是按"一、三、二"到"三、一、二"的轨迹发展,即第二产业发展不足,始终没有主导过经济发展进程。这就是说,在三次产业之间,缺少了重要的中间环节,即第二产业和制造业的发展,从低层次产业向更高层次产业过渡时中间没有衔接环节,因此印度的产业结构出现了断层。

这就带来了以下问题:缺少中间环节的产业来承接大量的教育程度低下、劳动技能低下的农村剩余劳动力,本应由大规模的劳动密集型制造业的发展来吸纳这支劳动力大军,却因为其发展不足而无法吸纳。以知识密集型为特征的服务业吸纳的是印度知识阶层的劳动力,而把低教育程度的农村剩余劳动力排斥在外,他们从传统的农业无法进入现代化的高新技术产业和现代服务业。这支劳动大军或者涌入城市,成为无业乞讨人员,或者滞留在农村。这种状况一方面使城市特别是大城市出现大规模的贫民窟,城市成为接纳无家可归的流动人口的避难所,不堪重负。另一方面,由于农业剩余劳动力大量留在农村,使得农业劳动生产率难以提高,7亿农民的收入状况难以改变。这就更加强化了二元结构矛盾和城乡收入差距。在这种状况下,以高新技术为主导的服务业越发展,城乡收入差距就越大,二元结构矛盾就越难以解决,从而使印度二元经济结构具有刚性特征。

(二)信息服务业的发展缺乏国内经济的支撑

印度服务业的快速发展主要是靠国际市场需求的拉动,从服务业高端市场进入,服务于发达国家的市场需求,而不是从低端市场进入,主要服务于国内第一和第二产业。印度服务业发展没有经历一个与第一和第二产业很好衔接和结合的阶段,或者说就国内需求看,还没有具备发展信息服务业的基础。本国农业、工业乃至服务业的信息化水平并不高。这一高技术产业所带来的技术进步主要是为国外服务,而不是武装本国的农业和制造业。这就使印度的第三产业失去了可持续增长的稳固基础。事实上,现在印度信息技术产业的发展就受到工业发展水平较低的制约。落后的基础设施、低下的收入水平、大量的技术处于低端的企业,无法引进信息技术应用于生产和管理,大大影响了对信息技术产品的需求。信息技术尽管在优化物质经济增长方面具有不可比拟的重要作用,但它同样不可能取代物质经济增长。信息产业不可能脱离农业、工业而获得持久的发展。

（三）印度信息服务业对本国经济的拉动乏力

印度的发展模式创造了依赖于高新技术和城市中心的"卫星经济",它仅有选择地集中于像班加罗尔、新德里、孟买和海德拉巴这样狭窄的城市区域。离开这些区域,经济差距是相当大的。信息技术产业的这种巨大跳跃不可能在短时期内对整个经济产生重要影响。印度信息产业的发展已经历了 20 年,可是它的通信设施状况、电脑普及率和低效率的服务与这样一个信息技术大国完全不相称。2003 年 2 月 19 日世界论坛公布的《2003 年世界信息技术报告》,信息技术竞争力排名第 1 位的是芬兰,第 2 位是美国,第 10 位是德国,第 20 位是日本,印度的排名在 40 位之后。印度1.8 亿户家庭中,只有约 4500 万户拥有电话。在 10.5 亿人口中,只有 2610 万人拥有手机,65.9 万户家庭拥有电脑。到 2004 年 3

月,印度全国电脑拥有量也只达 1127 万台,其中商用电脑为 888
万台,家用电脑为 239 万台,电脑普及率仅为 1%[①]。因而,印度仅
靠信息技术产业的扩张来支撑经济发展或实现经济发展目标,难
度非常大。

　　印度的服务业从整体上来说与发达国家并不是一个概念,首
先是软件服务业的发展异常迅速,软件的产值占所有电子产品产
值的比重高达 66.29%,出口的软件产值占 52.99%,提供国内的
软件仅占 20%。[②] 因此,印度软件服务产业的主要市场在国外,而
不是在国内。在其出口市场中,北美占 64%,欧盟占 23%。在软
件服务业中,企业外包业务很大,2002—2003 年度印度软件和服
务业出口为 4610 亿卢比,其中信息技术服务和产品出口达 3480
亿卢比,占出口比重为 75.48%,美国和英国在 2003—2004 年度
占印度出口软件和办公支持服务市场的 70% 和 15%。[③] 企业外
包市场的增速还快于出口的增速。2004—2005 年印度信息技术
行业的增长速度是 33%,出口增长速度是 36%。其中软件出口增
长 37%,达 5569.2 亿卢比,业务流程外包市场增长 38%,达 2262
亿卢比。[④] 这就可以看出,印度的软件主要是为发达国家"代加
工"。

　　印度信息产业的发展模式,对其软件产业的持续发展造成不
利影响。一是软件业以出口为主,这使得印度的软件业与国内市
场结合得不紧密,不是为国内市场服务。二是出口市场很集中,无
疑会增加其可持续发展的风险。一旦发达国家市场出现波动,就

---

①　参见《环球日报》2004 年 6 月 14 日。
②　Annual Report of India Electronics & Information Technology, 2004—2005.
③　参见:《人民日报》2004 年 6 月 6 日。
④　印度驻华大使馆:《今日印度》2005 年第 7 期,第 28 页。

会直接影响印度软件产业的发展。例如2000年开始的世界通信、网络经济泡沫破灭后,就曾使印度软件业大受影响,不仅出口增速减缓,而且不少在欧美工作的印度软件工程师回国找工作,而国内的软件企业要么裁员,要么减薪。直到世界软件业重新启动后,印度软件业才获得了稳定发展。三是印度长期以发展软件外包为主,软件外包独立性很强,很少能与国内工业、农业和其他第三产业结合。

二、印度产业结构的优势及启示

印度产业的发展具有其结构优势,即突破了二战后国际经济秩序不利于发展中国家走传统工业化道路的瓶颈,紧紧抓住世界信息革命的机遇,挖掘自身的比较优势,下大力推进信息技术产业的发展,走出了对发展中国家工业化具有示范意义的发展道路。

(一)信息等高新技术产业的发展为产业结构高级化奠定了基础

首先,印度将会继续在信息产业上成为世界的领军者,其规模会不断扩大,并有覆盖全球市场之势;其产业链将不断延伸,这对整个第三产业的革命性变革产生重大影响。其次,印度在信息产业、医药产业、生物产业等高新技术产业上正在抢占制高点。一是世界上越来越多的高新技术研发基地纷纷落户印度。由于印度科学技术人才位居世界前列,有基础和实力与发达国家在同期进行技术开发和研制。美国管理学大师彼得·德鲁克在接受美国《财富》杂志采访时很肯定地表示,中国在成为未来世界经济火车头的竞争中可能最终输给印度,尽管中国国内生产总值的增长速度更快,在吸引外资方面取得的成就更高。印度的优势在于,它有明显多得多的优秀的训练有素的程序设计师、工程师和经理,而对于中国来说,仅靠大学的扩大招生并不能赶超印度所拥有的持久优势。二是印度利用外资的规模比中国小得多,中国已经达到600多亿美元的引进外资的规模,而印度还只达到100多亿美元的水平。印度在引进外资上与中国有不同的战略,印度认为过多利用外资会使民族工业的发展及其自主性、独立性受到影响。因此,国外大量低水平的产业转移在印度没有像在中国那样突出。这使印度有可能在选择先进技术与自主研发的结合方面做得比中国更好。

(二)从传统服务业到现代服务业的升级衔接得很好

印度过去是靠贸易、社会社区等传统服务业支撑第三产业,现在信息技术和软件服务业迅猛上升,金融保险、商务等现代服务业正在加快发展,已出现了现代服务业替代传统服务业的趋势。第三产业自始至终处于良性发展状态,有可能为第二产业的发展提供高效服务,并加快传统工业的信息化改造步伐。而中国的服务业发展落后,一是占GDP的比重低,仅为33%(2003年)左右。二是生产性服务业和社会性服务业都发展不足,如交通运输、物流、金融、信息、商务、中介咨询等现代服务业仍较为落后,已经影响到第二产业的发展。中国第三产业发展中存在的问题是内部结构的转换和升级不明显,第三产业主要是靠对外贸易的拉动。金融、保险、商务、信息服务业等现代服务业的主导作用还没有出现。我们既要继续发展传统服务业,又要尽快发展现代服务业,促进第三产业内部传统服务业向现代服务业的转变和升级。

(三)依靠市场化改革发展信息技术产业和现代服务业

印度的信息技术产业等现代服务业是在充分发挥市场机制作用的基础上发展起来的,而非政府的控制和行政干预。在信息技术等现代服务业的发展中,印度政府和私营企业的关系树立了典范。政府的角色首先是完善政策环境。印度政府对软件产业的政策支持力度很大,因而对企业帮助也是最大的。其次,政府提供完善的基础设施和服务,如建立软件园等等。第三,政府帮助企业促销。由政府出资请国际知名的咨询公司每两年一次对印度信息业的国外竞争对手进行研究。印度外交部和驻外机构通过一系列外交策略促使接收国放宽对信息技术服务的签证,其中还包括签署一系列必要的一揽子协议,以维持印度公司在国际市场上的竞争优势。这些政府驻外机构与印度软件联合会(NASSCOM)及其他组织合作努力,推进印度软件产品进入国际市场。这样的成功模式也正在硬件产业中推行。第四,建立信息化政府。印度信息工业产值的85%用于出口,为了解决内需问题,各级政府部门正在大力推动信息科技和电子政务,从中央到邦的各级政府,以及各部门和机构都制定了《信息技术五年计划》,并通过一系列措施实施政府的信息化建设。

在与印度的对照中,中国应向印度学习什么,为什么制造业过度膨胀而服务业发展不足,这里有制度缺陷的问题。首先是政府角色定位模糊不清。长期以来对政府政绩的评价是把 GDP 增长作为主要指标,这就从制度上规定了政府必须介入经济,因为它对经济增长负有责任。时至今日,各级政府在现有制度环境下,仍然在配置资源、直接参与经济活动,以及通过给予企业土地、信贷等优先权等掌控经济方面,发挥着不小的作用。印度的经济已经从高度集中的管理走向规范的市场化运作,其市场制度逐步成熟,并且已从这种模式中实现了经济实实在在的增长。而中国还尚未摆脱传统管理模式的阴影,政府职能转变还不到位。中央已提出了树立科学发展观、正确政绩观的要求。这对于明确政府职责,规范政府行为,弱化政府配置资源的权力,建设有限政府和有效政府,都是具有重要意义的。

（四）拥有技术上的后发优势

产业结构的高级化需要先进的技术力量作为支撑，印度有雄厚的科技实力和技术人才队伍，具有引进、吸收先进技术的较强能力。印度在信息产业等高科技领域采取的开放式、国际化的发展模式，已经直接进入技术的前沿领域与发达国家展开竞争。除模仿创新之外，一个重要的后发优势就是技术的跨越式发展，即在一定条件下跨越技术发展的某些阶段，可以引进大量先进技术，从而获取后发利益。印度在信息等高科技领域所具有的科技实力已经具备了获取后发利益的基础。印度政府明确提出，在进一步加快信息产业发展的同时，要用信息产业改造传统工业，以信息化带动工业化。加速经济发展和工业化步伐是印度发挥技术上的后发优势的一个重要方面。随着全球化加速推进和印度更加开放的技术引进政策的实施，不仅印度获取国外先进技术的成本下降，而且国外的跨国公司不断把先进技术通过专项贸易、合作生产、许可证贸易、交钥匙工程、直接投资等方式转移到印度。这将使印度能站在更高的起点上进一步推进工业化，并迅速缩小与先进国家的差距。

结束语：中印模式的相互启示

中国制造业的成功不仅在于快速拉动了 GDP 的增长，更重要的是吸纳了大规模的农村剩余劳动力，对解决中国的贫困和温饱问题作出了贡献。但是低技术、低端产品制造业的发展导致过高的资源环境代价，依赖低素质的廉价劳动力、高消耗、高污染的增长方式使制造业的可持续性受到了挑战。随着大规模低技术产品涌向国内外，资源约束、市场约束、劳动力素质约束日益显现。如果说在工业化初级阶段向中期过渡的时期，发展劳动密集型的制造业是必然选择的话，今天制造业的升级也应该是必须的选择。

印度信息产业的成功在于集聚了世界越来越多的高技术人才和知识精英，成为世界级的高科技基地和研发基地。世界500强中的100余强在印度设立了研发中心，其中不乏世界最顶尖的公司：英特尔、IBM、微软、摩托罗拉、惠普、SAP、索尼、三星和德州仪器等，它们都需要依靠和借助信息技术产业的实力，这种后发效应是不可估量的，它像一台技术发动机，不断输出最新技术，并且能享有应用的优先权。信息产业的成功同时也对崇尚技术、崇尚知识起着导向作用，激励一批又一批的青年追求提高科技素质、增强科技能力的目标，使印度继续成为世界高科技的人力资源库。但是这种产业发展模式的弊端是把大量的低素质劳动力，尤其是农村劳动力排斥在工业化进程之外，高技术产业对劳动力素质的高要求，无法吸纳大量低素质的农村劳动力，这就是为什么印度会有如此大规模的滞留在大城市的贫困人口的重要原因，这是过早地发展资本密集、技术密集型产业的代价。这是印度发展模式的反面启示。如果印度能够坚持政府现已提出的制造业发展目标，并用信息技术产业装备和改造传统制造业，印度的人力资源基础、研发基础并不弱于中国。这将是一个巨大的财富，是印度发展的后劲之所在。

中国的财富更多地表现为硬件，基础设施和制造业比较发达，中国的硬实力似乎比较明显。而印度的财富更多地表现为软件，现代服务业比较发达，科技实力强大，印度的软实力看来更为突出。中印两个发展中大国正在相互学习、相互借鉴，相信两国会在发展中不断取长补短，走出符合本国国情的发展道路。

主要参考文献:

1. 任佳:博士论文《印度工业化进程中产业结构的演变》,2006 年 6 月通过答辩,商务印书馆已计划年内出版。本章是在博士论文的基础上研究撰写的,有博士论文的部分内容。

2. 鲁达尔·达特等著:《印度经济》,四川大学出版社 1994年版。

3. 周叔莲、杨沐:《国外产业政策研究》,经济管理出版社1988 年版。

4. 周叔莲:《产业政策问题探索》,经济管理出版社 1987年版。

5. 孙培钧:《中印经济发展比较研究》,北京大学出版社 1991年版。

6. 孙士海、葛维钧:《列国志·印度》,社会科学文献出版社2003 年版。

7. 林承节:《印度现代化的发展道路》,北京大学出版社 2001年版。

8. 苏东水:《产业经济学》,高等教育出版社 2003 年版。

9. Vijay Joshi, I. M. D. Little, *India's Economic Reforms* 1991—2001, published in India by Oxford University Press, New Delhi, 2003.

10. Uma Kapila, *Indian Economy Since Independence*, new, revised & enlarged fifteenth edition, 2003—2004, Academic Foundation, New Delhi, 2003.

11. 印度统计部、财政部的国民账户数据、印度经济调查、电子信息年度报告等(http//indiabuget. nic. in)。

12. 培伦等:《印度通史》,黑龙江人民出版社 1990 年版。

13. 张淑兰:《印度拉奥经济改革研究》,新华出版社 2003年版。

第十四章　巴西产业结构变动趋势

第一节　巴西产业结构变动的趋势、特征和影响

巴西位于南美大陆,国土面积约为 851.4 万平方公里,是拉丁美洲面积最大的国家,国土面积约占南美洲总面积的 46%,仅次于俄罗斯、加拿大、中国和美国,为世界第五大国家。巴西有着丰富的自然和矿产资源,传统经济以种植、养殖业、矿产及其加工业为主。二战之后,巴西政府大力推进本国的工业化进程,促进产业结构的调整升级,从一个落后的农业国迅速转变为先进的工业化国家,是二战之后经济发展速度最快的发展中国家之一。

一、20 世纪 80 年代之前巴西产业结构变动的趋势、特征和影响

(一)20 世纪 80 年代之前巴西的经济与产业发展状况

巴西经受了 300 多年(1500—1822 年)的殖民统治,它的经济发展深受宗主国和外国资本的束缚,国民经济发展的单一性特点极为突出。殖民统治时期主要的经济部门有甘蔗种植、采金、咖啡和棉花等。

19 世纪中叶,特别是 1888 年巴西废除奴隶制以后,雇佣劳动取代了奴隶劳动,劳动生产率大大提高,蒸汽机械逐步代替了人力和水力的加工机械,巴西民族工业开始形成和发展。1889 年,巴

西共有630家工厂,5.4万工人,资本总额约为2500万英镑。进入20世纪,巴西农业生产进一步发展,咖啡、橡胶、可可的出口在世界市场上居重要地位,是巴西外汇收入的重要来源。蔗糖、棉花和烟草的生产以及畜牧业也都有较大的发展。工业取得了较快发展,1889—1907年巴西增加了2600余家工业企业。1920年巴西工业企业总数超过1.3万家,资本总额约13000万英镑。重工业开始起步,1921年建立了第一家钢铁厂。1931年巴西生铁、钢和钢材的产量共计7.1万吨。

　　1930—1945年间,巴西瓦加斯政府推行以"进口替代"为特点的工业化发展策略,努力使巴西脱离对外依附的地位和外国的控制。在此期间,制造业部门获得了长足的发展。1950年,瓦加斯再次执政,他主要采取了以下一些振兴巴西经济的措施:加强国家对经济的干预,积极发展国家资本主义;加强基础工业建设,改变替代进口的结构;建立各种银行,筹措发展工业基金;对外资采取既利用又限制的方针。瓦加斯政府在推进巴西工业化方面取得了显著成就,为巴西经济发展和产业结构调整奠定了坚实的基础。库比契克执政时期(1956—1961年),巴西政府推行"增长点"产业政策,集中力量优先发展汽车等对巴西经济具有刺激和带动作用的主导产业。20世纪50年代,巴西国内生产总值年均增长8.3%,工业产值年均增长10.7%,实现了较快的经济增长。

　　1964年4月,巴西军人在军事政变后执掌政权,强化国家对经济的干预。巴西军政府高举发展大旗,采取"高增长战略",提出了高投资、高增长的口号,采取军人管秩序、专家管经济的治理结构,启用一大批经济学家和技术专家,实行开放型进口替代工业化发展战略,大量引进外资和举借外债,充分利用国外先进技术,建立和发展新兴工业部门,极大地推动了巴西现代化进程,巴西经济出现了持续快速增长。1967—1974 年,巴西国内生产总值年均增长率高达 10.1%,经济规模从资本主义世界的第 15 位跃居第 8 位。这些成就被誉为"巴西经济奇迹"。1974 年,巴西的人均 GDP 达到 1051.6 美元(按照当时汇率换算),首次超过了 1000 美元。尽管此后巴西经济发展速度有所下降,但巴西经济持续增长到 1980 年,人均 GDP 也继续增加,1980 年达到 1947.5 美元。表 14—1 显示了巴西人均 GDP 增长的轨迹。

表 14—1 1950—1980 年巴西人均 GDP 增长的轨迹

年份	人均 GDP(美元)	年份	人均 GDP(美元)
1950	289.59	1971	509.67
1955	189.29	1973	823.40
1960	243.55	1974	1051.60
1965	277.87	1975	1203.92
1970	454.18	1980	1947.50

数据来源:巴西地理统计局。

(二)20 世纪 80 年代之前巴西产业结构变动的趋势、特征和影响

第二次世界大战前,巴西工业以轻纺业为主,资本密集型和技术密集型工业较少,国家整体科技水平较低。二战期间,巴西建立了采矿、钢铁、电力、水泥等一系列基础工业部门,为其他工业的发展奠定了基础。二战之后巴西经济的高速发展主要是由工业,特别是重工业增长所带动的。耐用消费品和生产资料部门持续高速增长,迅速跃居工业部门之首。其中,耐用消费品工业的增长速度最快。巴西重工业化的倾向越来越明显,1970 年重工业和轻工业的比重分别是 48% 和 52%,到 1973 年重工业超过了轻工业,

比重达到了 52.8%。1968 年至 1974 年期间，一些主要工业产品的产量迅猛增长，如钢产量从 443 万吨增至 750 万吨，汽车产量从 27 万辆增至 90.5 万辆。此外，石油化工、核能、电子、飞机制造、军工等一批现代化工业部门崛起，进一步完善了巴西的工业体系。在工业化推进的过程中，巴西农业部门积极发展多种经营，取得了较快发展，特别是其中的出口农业。在此期间，大豆产量从 65 万吨增至 787 万吨，咖啡产量从 1520 万袋增至 2220 万袋。

　　汽车工业的发展是巴西产业结构调整的一个典型代表。巴西汽车工业起步很晚，但在起步后实现了快速发展。1957 年巴西生产汽车 3.1 万辆，1978 年，巴西汽车总产量突破 100 万辆大关，实现了历史性的飞跃。1980 年，巴西汽车产量达到了 116.5 万辆，在世界汽车工业排名榜上跃居第 8 位，成为汽车生产大国。20 世纪 60 和 70 年代，汽车工业是巴西增长最快的工业部门，成为带动巴西国民经济起飞的"火车头"。20 世纪 70 年代中期，汽车部门创造的产值占巴西工业总产值的 12%，直接雇佣的工人达到了 10 万人，同时还带动了大批相关产业的发展。汽车工业的迅速发展成为"巴西经济奇迹"的重要组成部分。

　　伴随着国民经济和工业的快速发展，巴西的产业结构也出现了明显变化。巴西逐步建立起了较为完整的工业体系，工业和服务业在国民经济中占据了主导地位，实现了从传统农业经济向工业—农业"二元经济"的转型。巴西已经由一个出口咖啡和棉花的农业国转变成为一个现代化的工业农业国。表 14—2 显示了 1950—1980 年巴西工业化快速推进过程中三次产业结构的变化情况。

表14—2　1950—1980年巴西三次产业结构的变化情况（%）

年份	农牧业	工业	服务业
1950	26.7	23.5	49.8
1960	19.9	30.3	50.7
1970	11.7	35.4	52.9
1980	13.0	34.1	52.8

数据来源：巴西地理统计局。

　　巴西三次产业结构的变化情况表明，巴西一、二、三次产业比例变化趋势符合一般经济发展规律，即随着工业化的进行，第一产业的比重呈明显下降趋势，第二产业和第三产业的比重呈明显上升趋势。1970年之后，巴西第一产业比重下降的速度变得相对平缓。

　　从吸纳劳动力的情况看，巴西第一产业所吸收的劳动力人数呈明显下降趋势，从1940年的67.3%下降为1980年的25.0%，第二和第三产业所吸收的劳动力人数呈明显上升趋势。表14—3显示了巴西三次产业从业人员的分布情况。

表14—3　1940—1980年巴西三次产业从业人员的分布情况（%）

年份	农牧业	工业	服务业	经济活动人口（万人）
1940	67.3	10.5	22.2	1476
1950	56.6	12.9	30.5	1712
1960	50.3	12.1	37.6	2275
1970	40.0	16.1	43.9	2956
1980	25.0	20.0	55.0	4324

数据来源：巴西地理统计局。

二、20世纪80年代以来巴西产业结构变动的趋势、特征和影响

(一)20世纪80年代以来巴西的经济与产业发展状况

对拉美国家来说,20世纪80年代几乎都是"失去的十年",巴西也不例外。在此阶段,受长期实行进口替代政策积弊的影响以及受第二次石油危机的冲击,巴西一直为巨额外债和恶性通货膨胀所困扰,经济发展陷于停顿。1981—1983年,巴西陷入了严重的经济衰退,国内生产总值增长率分别为-4.3%、0.8%和-2.9%,公共外债总额增至613.9亿美元。1984年后巴西经济开始缓慢回升,但未能摆脱恶性通货膨胀局面,恶性通货膨胀一直伴随着巴西经济(1989年通胀率竟高达1973%)。巴西政府曾几度实施以稳定经济、遏制通货膨胀为目的的经济改革,但均未奏效。1989年,巴西公共外债升至1150亿美元。

从20世纪90年代初开始,巴西向外向型市场经济模式转轨,特别是1994年实施了雷亚尔(巴西货币名称)稳定计划,成功地控制了恶性通货膨胀,通胀率从原来的四位数降至一位数(1996年为9.6%,1998年再降至1.7%,具体见图14—1),巴西货币趋于坚挺,国内市场需求不断扩大,这刺激了工业生产,使工业呈现上升势头。同时,由于巴西政府积极进行经济改革和市场开放,吸引了大量外资,使巴西成为拉美第一大吸收外商直接投资的国家,至1998年年底,巴西总共吸收外商直接投资1524亿美元,巴西经济出现了一个稳定增长的时期。1995年和1997年,巴西经济分别增长4.2%和3.3%。但是,巴西财政和经常项目双赤字问题却日益严重,对外资依赖程度加深。1997年后,受亚洲和俄罗斯金融危机的冲击,巴西经济发展受阻。1999年年初,巴西金融市场剧烈动荡,巴西政府被迫放弃1994年以来实行的固定汇率制,宣

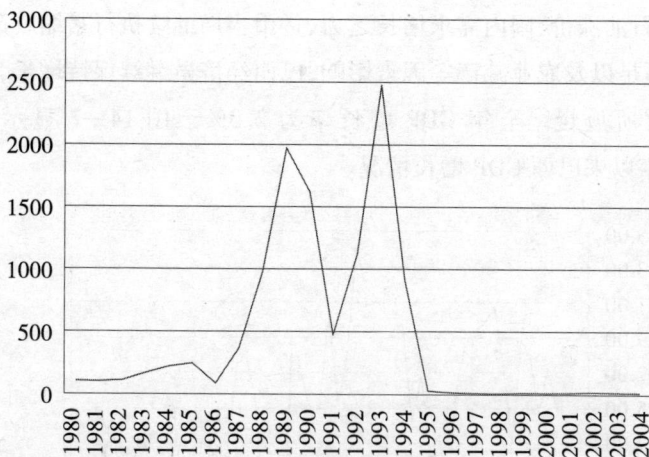

图14—1　1980—2004年巴西通货膨胀率变化情况（％）

资料来源：Institute for Applied Economic Research of Brazil，Brazil at a Glance，2005.

布采取浮动汇率制，雷亚尔兑美元大幅贬值，经济受到重创。由于巴西政府执行了严厉的财政调整措施，增收节支，巴西经济迅速走上恢复之路，2000年经济增长率达4.46％，通货膨胀率也保持在低水平。2001年，受全球经济不景气、阿根廷经济危机和国内电力危机等因素的影响，巴西经济增长率仅为1.3％，通膨率和失业率均有所上升。巴西经济低迷状况一直持续到2003年。

2004年，巴西经济实现了恢复性增长，经济增长率达到了5.2％（巴西地理统计局2005年5月31日调整为4.9％），巴西承诺实施负责任的经济政策收到丰硕成果：国家财政收支平衡、通货膨胀得到有效控制、国际信誉得到恢复、外资流入增加、就业形势改善。卢拉政府采取的稳健经济政策取得了明显成效。① 2005

---

①　参见中华人民共和国驻里约热内卢总领馆经商室：《巴西经济2004年回顾2005年展望》2005年4月16日，http://riodejaneiro.mofcom.gov.cn.

年,受石油涨价、国内需求增长乏力、货币当局继续执行紧缩政策、投资不足以及农业减产等因素影响,巴西经济虽继续保持增长,但速度有所放慢。全年 GDP 增长率为 2.3%。图 14—2 显示了 1948 年以来巴西 GDP 增长情况。

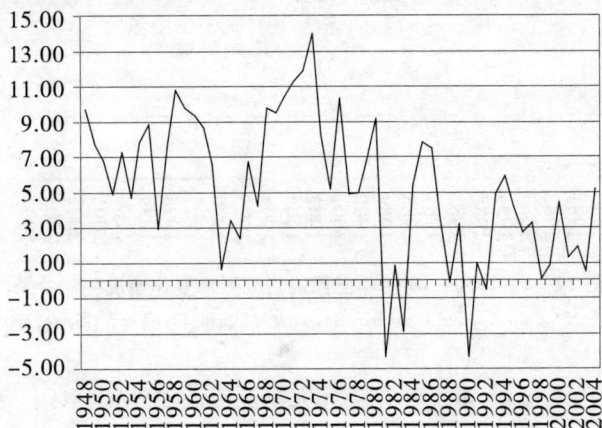

图 14—2　1948—2004 年巴西 GDP 增长情况(%)

资料来源:Institute for Applied Economic Research of Brazil,Brazil at a Glance,2005.

(二)20 世纪 80 年代以来巴西产业结构变动的趋势、特征和影响

20 世纪 80 年代,巴西经济发展陷于停顿,推进工业化、调整优化产业结构的步伐也较为迟缓。1982 年,巴西人均 GDP 达到 2124.1 美元,但由于巴西经济在 20 世纪 80 年代陷入衰退,人均 GDP 此后不仅没有增长,反而逐渐下降,直到 20 世纪 80 年代后期才有所恢复。这表明巴西在人均 GDP 达到 1000 美元后未能采取有效措施应对挑战,经济发展战略和政策出现了较为严重的问题:只注重经济发展速度,重外来资金轻国内积累,在取得经济发展奇

迹的同时却埋下了隐患,使国民经济丧失稳定的增长环境,最终导致巴西在 20 世纪 80 年代陷入了债务危机、恶性通货膨胀、经济衰退的泥潭;长期忽视社会发展,重经济增长轻收入分配,导致贫富差距不断拉大,巴西大多数人未从经济发展中获益,这最终导致了社会的不稳定,经济的持续快速发展、产业结构的优化调整也难以为继。巴西经济发展的总体目标,也就是使巴西的工业化程度接近工业化国家水平,从而使其脱离第三世界,成为"新兴大国"的愿望并未达到。今天,巴西依旧属于发展中国家。

20 世纪 90 年代以来,巴西经济出现了恢复性增长,各产业的国际竞争力整体上有所提高,产业结构调整的步伐加快。从 20 世纪 80 年代以来三次产业在巴西国民经济中所占比重来看,农牧业在巴西国民经济中所占比重继续下降,所占比重由 1980 年的 13.0% 下降为 2003 年的 9.2%;工业所占比重保持小幅波动的状态,波动的区间大致是 33%—37%;服务业在巴西国民经济中的地位日益提高,所占比重由 1980 年的 52.8% 上升为 2003 年的 56.2%。表 14—4 显示了 20 世纪 80 年代以来巴西三次产业结构的变化情况。

表 14—4 20 世纪 80 年代以来巴西产业结构的变化情况(%)

年份	农牧业	工业	服务业
1980	13.0	34.1	52.8
1990	10.0	37.0	53.0
1995	9.0	36.7	54.3
2000	9.1	33.1	57.8
2003	9.2	34.6	56.2

数据来源:巴西地理统计局。

目前，巴西的三次产业结构已接近发达国家水平，服务业增加值和就业人口在巴西国内生产总值和总就业人口中所占比重均超过了50%。2000年，服务业创造的增加值在巴西国内生产总值中所占比例达到57.8%，2003年为56.2%，2005年为57.0%，在巴西经济发展中具有举足轻重的地位。巴西服务业部门主要包括金融、电信、房地产、文化、旅游、保险、广告、传媒等。其中，巴西的旅游业久负盛名，为世界十大旅游创汇国之一。2005年，巴西旅游外汇收入为38.61亿美元。据巴西地理统计局统计，巴西有370万人从事文化产业，占全国总就业人口的4.5%。2003年，巴西文化产业的净收入1560亿雷亚尔，相当于国内生产总值的7.9%。① 2005年，巴西的服务贸易出口总额为149亿美元，比2004年增长29.8%，几乎是全球服务贸易出口增幅(10.8%)的三倍。针对服务业在国民经济中的重要性和贸易潜力，巴西政府于2005年7月7日宣布成立"服务出口商会"，由巴西发展部和巴西外贸协会负责协调，力争在较短期间内改变自1947年建立国际收支统计制度以来服务贸易一直呈逆差的局面。②

巴西工业实力和工艺水平均居拉美国家首位，主要工业部门有钢铁、汽车、造船、石油、化工、电子、水泥、冶金、电力、飞机制造、建筑、纺织、制鞋、造纸、食品等。巴西是南美钢铁大国，为世界第六大产钢国，也是拉美第一、世界十大汽车生产国，2005年巴西汽

---

① 参见巴西地理统计局：《巴西文化产业占全国总就业人数的4.5%》，中国—拉丁美洲经贸合作网，2006年12月1日，http://www.china-latin.com.
② 参见巴西发展部：《巴西服务业和服务贸易》2006年7月13日，http://br.mofcom.gov.cn.

车产量为 243.5 万辆。[①] 1994 年巴西实行雷亚尔计划以来,由于本币定值过高,巴西民族工业受到进口产品的冲击,工业发展速度放缓。1999 年雷亚尔贬值后,工业出现了恢复性发展,飞机制造业异军突起,巴西飞机制造公司一跃成为世界第四大飞机制造公司和巴西第一大出口企业。此外,巴西的电子通信、信息技术、石油开采和冶炼等新领域也显现出了蓬勃活力。

20 世纪 90 年代初巴西实行对外开放政策以来,由于获得了国外低息贷款和先进生产技术,巴西农业产量实现了大幅增长。目前,巴西是世界农业生产和出口大国,除小麦等少数作物外,主要农产品均能实现自给并大量出口。巴西是世界第一大咖啡生产国和出口国,有"咖啡王国"之称,甘蔗和柑橘的产量也居世界之首,大豆产量居世界第二,玉米产量居世界第三。巴西全国可耕地面积约 1.5 亿公顷,2005 年种植面积 4900 万公顷,粮食总产 1.1389 亿吨,被誉为"21 世纪的世界粮仓"。[②] 巴西的畜牧业非常发达,以养牛为主。巴西生物技术特别是为农业服务的生物技术进展迅速,基础设施齐备,科研队伍人才济济,为今后的更大发展创造了良好条件。表 14—5 显示了 20 世纪 70 年代以来巴西工业增加值结构的变化情况,从中可以看出,1970 年以来,劳动密集型工业在巴西工业增加值中所占比重呈明显下降趋势,资源密集型工业在巴西工业增加值中所占比重保持较为稳定的状态,技术密集型工业部门得到了长足发展,在巴西工业增加值中所占比重明显上升。整体来看,巴西的工业内部结构实现了一定程度的改善,

---

① 参见中华人民共和国驻巴西使馆经商处:《巴西近来宏观经济数据》2006 年 11 月 2 日,http://br.mofcom.gov.cn。

② 参见中国驻圣保罗总领馆经商室:《巴西概况简述》2006 年 9 月 6 日。

工业发展水平有所提高。

表 14—5　20 世纪 70 年代以来巴西工业增加值内部结构的变化情况（%）

	1970	1980	1990	1999
技术密集型工业（不含汽车制造业）	16.2	25	22	24
汽车制造业	6.8	8.7	7.6	7.6
整个技术密集型工业	23	33.7	29.6	31.6
食品、饮料和烟草业	14.5	13.1	16.1	17.4
其他自然资源密集型工业	29.2	26.7	26.1	27.4
整个资源密集型工业	43.7	39.9	42.2	44.9
劳动密集型工业	33.4	26.4	28.2	23.5

数据来源：巴西地理统计局。

第二节　巴西产业结构变动的机制与政策演变

一、20 世纪 80 年代之前巴西产业结构变动的机制与政策

在 20 世纪 80 年代之前，在巴西产业结构调整升级的过程中，包括国有企业、外资企业、民营企业在内的广大企业发挥了主导作用，市场机制发挥了基础性作用。从巴西汽车工业的发展历程可以看出，巴西政府采取了一系列优惠措施吸引外资流入，使得国际汽车巨头纷纷到巴西投资设厂，大众、福特、通用等跨国汽车巨头对巴西汽车工业的发展发挥了决定性的作用。巴西利用它们的资金、技术、管理经验、国际营销渠道等资源发展了本国的汽车工业，并带动了大批相关产业的发展。

在巴西产业结构调整升级的过程中，巴西政府发挥了重要的引导作用。20 世纪 80 年代之前，为实现产业结构的调整和升级，

完成工业化任务,巴西政府主要采取了下述一些发展战略和政策:长期推行进口替代战略,该战略有两个显著的特点:国家对国内市场的保护和国家对经济的干预,具体表现为禁止外资参与国家战略经济部门,利用高关税、进口配额、颁布法令禁止国内可以生产的产品进口等措施限制外国产品进入巴西国内市场,保护民族工业,提高国产化水平,同时,国家和国有企业对主要经济部门实行垄断经营;20世纪50年代推行"增长点"产业政策,筛选出对国民经济具有刺激和带动作用的主导产业,在外汇、信贷和税收方面给予优惠措施,集中力量优先发展;大量引进外资,通过免税、放松股权限制等措施鼓励外国资本发展制造业;大力发展对外经贸联系,增加产品出口,提高国际竞争力。我们以具有代表性的汽车产业为例说明20世纪80年代之前巴西产业结构变动的机制与政策。

(一)巴西汽车工业发展的历程

20世纪50年代之前,巴西连一辆汽车都不能制造,只能利用进口零部件装配小型载重汽车、推土机和拖拉机。但是,巴西政府对汽车工业的发展非常重视。1956年,巴西政府制定了一项汽车工业发展计划,并设立了"促进汽车工业特别委员会",确定巴西发展汽车工业的方针是替代进口,并以此带动本国发动机等机械制造业和相关产业的发展。

巴西汽车工业是在20世纪50年代后期借助外资实现快速发展的。为促使汽车工业迅速崛起,巴西政府准许外国汽车公司在巴西设立全资子公司,并在外汇、信贷、税收等方面给予优惠待遇。在这些政策的刺激下,跨国汽车公司大举进入巴西。20世纪50年代末,福特、通用、大众、奔驰等汽车公司都在巴西设立了子公司。到1957年,巴西已生产汽车3.1万辆,1960年达到13.3万辆。

1965—1974 年的 10 年是巴西汽车工业飞速发展的时期,汽车产量从 18.5 万辆增至 90.5 万辆,年均增长 19.2%。1978 年,巴西汽车产量突破 100 万辆大关,1980 年汽车产量达到了 116.5 万辆,成为汽车生产大国。

(二)巴西政府对汽车工业发展的导向作用

在汽车工业的发展过程中,巴西政府采取了各种政策措施积极推动汽车工业的发展。政府的政策导向作用主要体现在下述几个方面:

1. 推行"增长点"产业政策

"增长点"方法是库比契克执政时期(1956—1961 年)制订的五年经济发展计划中首先采用的。20 世纪 50 年代中期,巴西政府把汽车工业确定为经济的"增长点",将汽车工业作为具有推动力的主导产业加以重点发展。巴西政府对在巴西投资的外国汽车公司在外汇、信贷和税收方面给予优惠措施,只要求这些公司逐步使用巴西生产的零部件,以带动巴西汽车配套工业的发展。

2. 积极吸引外商直接投资

20 世纪 50 年代中期,巴西库比契克政府实行大量引进外资的政策,除了放宽外资在企业中的股权比例之外,还通过免税等措施鼓励外国资本转入制造业,豁免外资企业的进口税,免征外资在巴西新建企业第一年的销售税,并为外资企业提供优惠贷款等。[①]巴西政府在引进新设备、资金和技术发展汽车工业的过程中,还采取了一些具体措施:(1)鼓励外国汽车公司用进口设备作为投资,并在外汇方面予以优待;(2)对汽车部件的进口给予优惠的兑换

---

① 参见陈芝芸等:《拉丁美洲对外经济关系》,世界知识出版社 1991 年版,第 61 页。

率；（3）保证参加投资的公司不致受到后来竞争者的影响，办法是逐渐限制部件的进口，使后来者处于无力竞争的地位；（4）外国汽车公司享有100％的股权。优惠的条件吸引了各大跨国汽车公司纷纷到巴西投资设厂。

巴西汽车工业是利用跨国汽车公司的直接投资发展起来的，巴西没有独立的民族汽车品牌，它走的是一条完全借助外资发展的道路，因而，汽车工业也是巴西制造业中受外国资本控制最严重的部门。可以说，巴西汽车工业与国际汽车巨头是合为一体的。引进外资和技术是巴西汽车工业得以起飞的关键之处。外国投资不仅仅是资金和设备的流入，同样重要的是在引进外国投资的同时，还伴随着经营资源的流入。所谓经营资源是指生产和销售的技术和专门知识、经营管理的知识和经验、情报信息、技术开发体系和原料采购、成品销售及金融等方面的网络。正是依靠跨国汽车公司资金、设备和经营资源的流入，巴西汽车工业才取得了迅速发展。

3. 严格保护国内汽车市场

为了保护国内汽车工业，巴西政府长期运用高关税政策阻止汽车进口。此外，巴西还利用进口配额、颁布法令禁止进口等措施限制外国汽车进入巴西国内市场。

巴西政府在20世纪50年代汽车工业的起步阶段颁布了对外经济贸易保护主义的规定。高昂的进口关税保护了巴西国内汽车市场不受外国竞争的威胁，为汽车工业的发展创造了前提条件。

1976年，巴西重新强化进口替代政策，再次实行20世纪40年代末执行过的"同类产品法"，并采取限制进口措施。1980年，巴西政府颁布进口管制条例，实行进口许可证制度，工业品的进口税率大幅提高。对那些替代进口过程已经完成，国内已能基本满足需求的耐用消费品,如汽车及其零部件,或成倍提高进口关税,或明令禁止进口。① 巴西对汽车进口的禁令直到 1990 年 3 月科洛尔政府执行"开放经济世界"的政策后才被解除。

在政府政策的保护之下,巴西汽车工业得以起步并迅速发展。政府的市场保护举措无疑对巴西汽车工业的初期发展发挥了良好的作用。这也是后起国家在夹缝中求生存,发展本国汽车工业的一条重要经验。不过,严格的国内市场保护也造成了诸多负面影响,成为导致巴西汽车工业缺乏国际竞争力的根源。首先,它扭曲了国内汽车的市场价格,造成价格过高。第二,在严格的市场保护下,陈旧的汽车车型也能销售出去,使得汽车生产厂商不想耗巨资研制或引进最新的车型,影响了产品的升级换代,也不利于提高研究与开发能力。第三,由于巴西政府限制进口汽车零部件,使各汽车生产厂商无法开展国际分工与合作,使得巴西产汽车的质量达不到国际先进水平。因此,进行市场保护是巴西汽车工业特定发展阶段的产物,但这终究不是长久之计。面对国际汽车业开展并购重组、进行战略合作的大潮,巴西汽车工业面临着相当严峻的挑战。

4. 积极推动汽车的国产化

早在 1956 年,巴西政府就决定:按重量计算每辆汽车上90%—95%的部件 3 年之内要在本国制造。② 50 年代后期,巴西政府在鼓励外国汽车公司投资的同时,要求它们:(1)提出投资计划,计划中必须包含采用当地生产的部件装配汽车的比例逐步增

---

① 参见苏振兴、徐文渊主编:《拉丁美洲国家经济发展战略研究》,北京大学出版社 1987 年版,第 113 页。

② 参见张森根等:《拉丁美洲经济》,人民出版社 1986 年版,第 178 页。

大的内容,即由最初占45%逐渐增加到占95%左右;(2)对汽车部件的进口给予优惠的兑换率,但要求随着当地生产的增加而逐渐减少汽车部件的进口。[①]

引进外资奠定汽车工业的基础,再逐渐提高汽车的国产化程度,带动本国汽车零部件工业和其他相关产业的发展,这是巴西政府发展汽车工业的一项成功经验。在政府政策的约束下,巴西汽车国产化进程发展很快,1962年,巴西所生产汽车90%的零部件实现了国产化,这对巴西整个国民经济的发展产生了积极的影响。不过,由于巴西生产的一些汽车配件与国际水平相比还有差距,汽车国产化程度过高,影响到了汽车的产品质量。巴西产汽车在国际市场的竞争力不强,与此有一定的关系。

5. 优先发展交通运输业,为汽车工业的发展创造良好条件

长期以来,巴西政府非常重视发展交通运输业,力求突破这一制约经济发展的"瓶颈",为经济增长创造良好的条件。

第二次世界大战后,巴西的交通运输业十分落后,许多城市和地区无法直接联系。当时,铺设路面的公路尚不足1000公里。巴西在1948—1955年和1956—1961年连续两个五年计划中均将交通运输业列为重点,并取得了很大的成绩。[②]从20世纪60年代开始,巴西出现了所谓的"公路热"。1960—1977年,公路里程总长从48万公里增加到150万公里,增长约2倍。1976年,巴西全国约75%的客货运输由公路运输来承担。至1992年,全国公路网总里程达到166万公里,其中,干线公路11.5万公里,其他等级

[①]　参见刘李胜:《中外支柱产业的振兴之路》,中国经济出版社1997年版,第158页。

[②]　参见刘李胜:《中外支柱产业的振兴之路》,中国经济出版社1997年版,第156页。

公路 154.5 万公里,每辆汽车占有公路 123 米。交通运输业的发展为巴西汽车工业的发展创造了良好的条件。

6. 积极促进汽车出口

大力发展对外经贸联系是巴西 20 世纪 60 年代经济战略调整的中心,巴西政府把增加出口和使出口产品多样化,作为进一步推动工业化和全国经济发展必不可少的战略措施。为了扩大汽车等产品的出口,巴西政府除采用通常的财政刺激手段,如减免税收、提供优惠贷款、出口补贴以及简化出口手续外,还采取了本国货币不定期的贬值、完善对外贸易基础设施等举措。

巴西政府对增加汽车出口发挥了巨大的作用。1976 年,在圣保罗举行了巴西汽车工业第十次展销会,其目的是促进各类汽车的大量出口。1977 年,巴西全国汽车零部件工业协会成立了一个负责汽车配件出口的对外贸易局,加强未组装的成套汽车配件的出口业务,以利于本国中小汽车配件厂的生产发展。在致力于出口的努力中,巴西汽车工业获益于政府的 Befiex 计划,这个计划规定,允许用不超过三分之一的出口收入免税进口物品,并提供利率优惠的出口贷款。1973 年到 1979 年期间,巴西汽车的出口总值达到了 10 亿美元。

7. 对汽车厂商的产品开发和市场定位进行引导

20 世纪 70 年代初,为鼓励载重汽车和公共汽车的生产,巴西政府颁布法令,将这两种汽车的工业产品税分别由 10% 和 12% 减为 5%,同时给予那些国内尚不能生产的必备零部件以进口豁免权。① 在政策的刺激下,巴西汽车厂商增加了这两种汽车车型的生产。

---

① 参见苏振兴、张宝宇等:《巴西经济》,人民出版社 1983 年版,第 77 页。

　　巴西汽车工业以生产轿车为主,而轿车又以价格较便宜的经济实用的普及型车为主导,其产量占轿车总产量的50%以上。在形成此种格局的过程中,巴西政府发挥了一定的引导作用。在该国轿车工业的起步阶段,曾一度立足国际市场,以CKD方式引进高档轿车组装出口,并鼓励国产化。至1965年,虽然国产化率达到95%,但生产的汽车仍无法进入国际市场。其原因有二:一是车型显得老旧过时;二是国产化后质量差而成本高,只能在国内销售。但因车价太高,国内市场也很难接受。在此情况下,巴西政府于1967年制定了鼓励使用经济普及型轿车的政策。该政策对汽车生产厂商产生了积极的引导作用,它们转而以开拓国内市场为主,选择适宜的普及型轿车生产。仅用了15年时间,巴西的轿车普及率就由1965年每千人拥有14辆达到1980年的77辆。

　　20世纪80年代之前,巴西石油对外依存度非常高,使得经济发展受到的外部冲击比较大。20世纪70年代的两次石油危机对巴西经济影响很大。1973年爆发石油危机时,巴西石油消费的85%依赖进口。石油危机使巴西石油进口额一年中增长4倍,使1974年的外贸逆差达到46.9亿美元,国际收支经常项目赤字由16.88亿上升为71.22亿美元。为了适应石油危机的新形势,在巴西政府的引导下,巴西增加了耗油量小的小型客车和货车的生产,减少耗油量大的大型车辆的生产,并且研制使用混合燃料以及以酒精为动力的中小型汽车。1975年,巴西政府通过了支持使用酒精的计划,这项计划规定从甘蔗中提炼酒精,以减少对原油的依赖。

二、20世纪80年代以来巴西产业结构变动的机制与政策

　　20世纪80年代以来,在经济与产业发展中,巴西更加注重发

挥市场机制的作用,积极推进经济转轨和国有企业的私有化,积极扩大对外开放,承接国际产业转移,逐步从"进口替代型"经济转变为"外向型经济"。同时,巴西大力发展高科技产业,培育新的经济增长点,软件、生物技术、飞机制造、石油化工、电信等产业实现了快速发展。此阶段,巴西政府采取的发展战略和政策主要有:

(一)转变经济发展模式,充分发挥市场竞争机制的作用

从 20 世纪 30 年代开始,巴西政府一直推行以"进口替代"为特点的工业化发展道路,严格保护国内市场。这一发展模式曾为推进巴西工业化作出了巨大贡献,但同时也产生了严重的负面影响,成为导致巴西经济在 20 世纪 80 年代陷入困境的重要原因。在国家对经济进行干预和国内市场受到严格保护的情况下,巴西工业企业普遍缺乏活力,经营效率低下,国际竞争力不足,对国有企业的补贴也成为巴西政府沉重的财政负担。在此背景下,转变经济发展模式提上了议事日程。

20 世纪 80 年代末,巴西经济界提出了"竞争性参与世界经济"的经济发展战略,开始对传统的进口替代模式提出挑战。1988 年 5 月,萨尔内政府宣布实施以减少对经济干预为主要内容的新的工业发展战略,主要内容是:减少对不具战略意义的部门活动的干预,让私人部门在国民经济中发挥主导作用;放宽进口限制,促进企业竞争,实行开放的自由市场经济,降低进口税率;扩大出口,增加外汇收入;鼓励开发和利用新技术。尽管萨尔内政府未采取实际行动落实新工业发展战略,但毕竟迈出了转变经济发展模式的第一步。

1990 年科洛尔总统上台后,巴西经济发展道路发生了重大转变。科洛尔政府用新自由主义经济模式取代了以往的进口替代模式,采取了开放市场、吸引外资、减少国家对经济的干预、将国有企

业大规模私有化等一系列举措,推动巴西经济向外向型经济转型。科洛尔总统下台后,继任的佛朗哥和卡多佐总统继续推进经济转型,进行了宏观经济结构改革,大力推进私有化,在经济改革和对外开放方面迈出了新的步伐。卡多佐总统强调减少政府对经济事务的干预,使经济适应自由市场体制;降低关税,扩大进口,提高本国产品的国际竞争力;采取吸引外资的措施,向外资开放由国家或民族企业垄断的金融、电信、能源、交通运输等重要领域;加速国有企业私有化,把拍卖国有企业的重点放在矿业和水电等部门。实行改革开放政策后,巴西由严格保护国内市场转变为开展自由贸易,开放国内市场。巴西政府逐步将进口关税从45%削减到20%左右,促使巴西企业面向国际大市场,参与全球竞争。同时,非关税壁垒也有所减少。1990年6月,巴西取消了进口配额制和一部分进口许可证。改革之后,大部分商品无须特殊审查就可自动获得进口许可。目前,仍适用进口许可证制度的产品,只剩军品、药品、放射性物品和限制进口产品。自2004年开始,巴西外贸政策采取进出口并重,以强化巴西产业竞争力。正是由于巴西政府从20世纪80年代末和90年代初开始积极推进经济发展模式转型,巴西经济才摆脱了衰退,走上了增长之路。

巴西石油工业的改革具有一定的代表性。巴西石油资源丰富,但受资金和技术的制约,石油工业发展缓慢。成立于1953年10月3日的巴西石油公司是政企合一的国有企业,在1997年以前是巴西唯一一家从事石油行业管理和经营的企业。20世纪70年代以来,巴西加大了海上石油勘探开发的投入,陆续发现大型海上油田,20世纪80和90年代,巴西加快利用先进海上石油开采技术,石油产量快速增长,巴西成为拉美第三大产油国,巴西国内消费的石油大部分可由本国生产供应。为消除体制性弊端,增强竞争活力,进一步推动石油产业的发展,巴西政府于 1997 年颁布了第 9478 号法令,规定自 1997 年 8 月 6 日起,在石油行业实行政企分开,在巴西矿业能源部增设巴西国家石油管理局,负责巴西石油政策的制定和行业监督管理。巴西石油公司按照市场经济规律实行企业自主经营。法令规定,巴西石油公司由联邦政府控股50%,在注册资本原始股中联邦政府占 51%(注册资本分有投票表决权的原始股和无表决权的优先股)。[①] 第 9478 号法令打破了巴西石油产业由巴西石油公司垄断经营的局面,国际大型石油跨国公司陆续进入巴西。巴西石油管理局自 1999 年以来采取招标方式进行石油天然气勘探开发和生产,加速了石油天然气的开发与利用。根据巴西国际能源局预测,到 2008 年,巴西石油日产量将从 2006 年的 180 万桶增加到 240 万桶,2011 年将达到 280 万桶。[②] 巴西实现了石油自给,并从 2006 年起成为石油净输出国。巴西对替代能源的研发与利用也取得了突破性进展,在生物汽油、生物柴油、甘蔗酒精的开发利用方面处于世界领先地位。

巴西国有企业的改革开始于 1990 年,是 20 世纪 90 年代巴西经济改革的重要内容之一。这一改革分为两个阶段。第一阶段所涉及的企业主要是钢铁、肥料、化工等领域。到 1994 年 7 月为止,巴西政府已拍卖 26 个企业,收入 80 亿美元。8 月份另有 11 个企业被拍卖,价值 8 亿美元。[③] 第二阶段从 1994 年 9 月份开始。这

---

① 参见中华人民共和国驻里约热内卢总领馆经商室:《巴西加速石油工业发展》,2003 年 7 月 8 日,http://riodejaneiro. mofcom. gov. cn.

② 参见《巴西石油自给有余成为石油输出国》,中国—拉丁美洲经贸合作网,2006 年 7 月 16 日,http://www. china-latin. com.

③ 参见刘士余,李培育:《巴西的经济改革与政策调整及启示》,载《管理世界》1995 年第 3 期。

一阶段的特点是规模大，外资参与多。包括巴西飞机制造公司、里约电力公司等特大型国有企业被拍卖。巴西钢铁、铁路、电力、飞机制造等部门国有企业的私有化进展较快。尽管巴西国有企业的私有化面临着各种阻力，总体进程较为缓慢，但巴西的国有企业通过私有化大大提高了生产效率。许多私有化了的国有企业扭转了亏损严重、效率低下的局面。巴西钢铁部门在 1993 年 9 月率先完成了私有化，精简了机构和人员，降低了生产成本，生产效率得到很大提高。例如，巴西国营全国钢铁公司 1985—1993 年亏损额高达 20 亿美元，1994 年私有化后第一年便扭亏为盈，盈利达 8.77 亿美元；巴西钢板产量最大的生产厂家——国民钢铁公司在 1993 年 4 月实现了私有化，1994 年钢产量即达 460 万吨，营业额比 1993 年增加了 1 倍；米纳斯吉拉斯钢铁公司私有化后利润大量增加，利润额从 1990 年的 1100 万美元上升到 1994 年的 4 亿美元。其他工业部门在私有化后也取得了较快发展。例如，巴西航空工业公司于 1994 年 12 月实现私有化后投资 3 亿美元，与 12 家外国企业合作，研制出载客 50 人、时速 790 千米的 EMB—145 新型中短程客机，提高了国际竞争力。①

　　步入 21 世纪后，巴西政府提出了"新工业政策"，主要内容包括：提高巴西产品的附加值使其更具有竞争性；吸引外国直接投资，重点是加大在半导体、软件、医药、资本货等产品领域的投资；提高技术水平、拉动就业，提高经济效益和促进"巴西制造"的名牌产品。提高技术水平的核心是提高巴西吸收消化在生产过程中的高新技术，使巴西工业在全球市场上更具有竞争力。

---

　　①　参见焦震衡：《巴西工业从衰退走向复苏的原因》，载《拉丁美洲研究》1997 年第 4 期。

2004年5月,巴西政府公布了2004—2007年发展计划草案,其宗旨是开创巴西发展的长期模式,推动巴西社会体制的深层改革。相应的政策包括发展生产以增加就业,鼓励投资,发展大众消费市场,促进社会平等,缩小地区间的不平衡,克服外贸的脆弱性,形成可持续发展环境等。其中的经济发展战略要求巩固大型企业、扶持中小企业,吸引外国直接投资;引进和鼓励项目投资,包括长期见效项目,实现国际收支平衡,增强未来支付能力。

(二)重视发展科学技术,推动高科技产业发展

几十年来,巴西历届政府都比较重视发展教育和科技。目前已逐步建立起一个学科齐全的科学研究、技术开发和人才培养的现代科学技术体系,在农业科技、生物技术、航天航空等领域取得了引人瞩目的成就。

1968年,巴西正式把科学技术纳入国家发展计划。此后,又制定了1973—1974年第一个科技发展计划和1975—1979年科技发展计划,巴西进入全面建设科技体系时期,建立了一大批大专院校、科研机构和国家实验室,为巴西科技事业的发展奠定了基础。

1985年,以萨尔内总统为首的文官政府上台后,更加重视发展科技,进一步明确了科技是经济发展的基础,重申加强科学研究和技术开发的重要意义。他提出要从下述几个方面提高科技水平:要求大部分科学团体参加国家确定的优先项目和计划,在项目执行期间,既要考虑科学进步的要求,也要兼顾培养和稳定科技人才;扩大技术自主能力,发展和推广适合本国条件的独创性技术;鼓励引进适用技术,加强对引进技术的消化能力;对民族企业的科研活动给予财政支持;适应科学发展的要求,开辟新的科技领域,开发具有出口潜力和国际竞争力的技术;合理协调工业化生产和劳动就业之间的关系;针对社会需要安排研究计划,以能源、农牧业、社会发展与福利为研究重点;加强区域开发,联邦政府支持州一级或地区研究发展中心的科技活动。

巴西政府于1988年颁布了《新工业政策法》。《新工业政策法》强调科技对经济发展的主导作用,抓紧建立和完善新的科技管理体制,调整国家与私人工业企业之间的关系,改变国家垄断一切、对企业干预过多或限制过严的模式,同时通过调整税收的方式,促使私人工业企业加大对新产品研制和开发的投入。制订《新工业政策法》的目的是促使科学技术为国家经济发展服务,使研究与开发活动为工业发展服务,并使研发成果更有利于转化为商品,提高工业产品的科技含量和竞争力。为使科学技术更直接地为工业生产服务,巴西政府于1989年1月将科技部与工商部合并,组成工商科技发展部。经过多年的努力,特别是由于巴西政府制定了新的科技和工业政策,使巴西成为拉美科技活动规模最大的国家。

20世纪90年代,巴西科技政策开始进行战略性转变,以适应国家经济发展模式的转型。1990年,巴西制定了国家科技发展新5年计划(1991—1995年)。计划的总方针是全面提高国家技术能力,积极调整产业结构吸收外资,发展高技术产业;突出重点,加强战略基础研究,促使科研部门与企业密切合作,加速科研产品市场化进程。1995年,巴西又制定了1996—1999年科技发展战略,并在此基础上制定了科技发展政策和鼓励发展民族高科技的一系列政策措施。其主旨是:鼓励本民族的科学技术在全球化经济竞争中谋生存,求发展;把科技活动融入社会经济活动之中,促使知识创新迅速向各产业扩散;推动科技活动为企业参与国际竞争服务,为产业的结构调整升级服务。

为了弥补科技投资的不足,巴西政府鼓励国营和私营企业增加对科技活动的投入。巴西政府在鼓励企业增加科技投入的同时，还对发展科技和从事科研的企业实行优惠政策，如减少或免除所得税，从所得税中扣除用于培养科技人才的费用，为企业提供发展科技的低息贷款等。在政府的优惠政策刺激下，许多企业成立了研发中心，担负起研究和开发新产品的重任，提高了产品的竞争力。

巴西一方面加强本国的科研工作，另一方面重视引进国外先进技术并加以消化吸收，将之视为提高本国经济发展速度和科研能力的重要环节。例如，石油工业部门从法国引进了海上采油软管，大大提高了海上采油能力；巴西同中国、安哥拉、印度、乌拉圭、厄瓜多尔、危地马拉等国在石油工业领域建立了技术和服务方面的联系；巴西军火工业部门先后从美国、英国、法国、意大利等国引进了一系列先进技术。巴西政府要求引进技术的企业设立专门研究机构进行消化吸收，国家工业产权局设立的新技术设施基金，也专门用于支持引进技术的消化与创新。20 世纪 90 年代，巴西政府简化了引进技术的审批手续，并减免了进口设备原料的所得税，对引进技术资金不足的企业给予低息贷款。1995 年，巴西建立出口加工区，以吸引外国投资和获得国外先进技术。①

步入 21 世纪后，巴西致力于提高自己的科技竞争能力，主要采取了下述一些科技发展战略与政策：

第一，召开全国科技创新大会，制定十年科技发展战略。2001年 7 月，巴西科技部发表了关于科技创新的绿皮书，该书提出了巴西在 21 世纪初 10 年国家科技发展战略及指导方针；9 月，巴西科

---

① 参见中国科学技术信息研究所：《巴西科技政策的发展及特点：重视扶持引进》，载《科技日报》2004 年 6 月 14 日。

技部和巴西科学院在巴西利亚召开了全国科技创新大会,会议旨在确定未来十年巴西科技发展的指导方针和发展战略。

第二,加大科技创新支持力度,大力支持石油和天然气、水利、交通运输、矿产、空间、计算机技术、电信、生物技术、航空、纳米、卫生以及农业等重点领域的研究与开发活动。2000 年,巴西总统签署了"社会信息发展计划",该计划实施以来成效显著,推动了巴西软件产业的快速发展。2001 年,巴西软件产业市场销售收入约 70 亿美元,其中 50% 为软件产品销售收入,50% 为软件服务收入,软件出口约 1.5 亿美元。巴西的软件产业发展水平较高,尤其在金融、电信、电力、汽车、冶金等行业应用软件开发上具有先进水平,有些领域达到世界领先水平。巴西大力实施基因组计划,发展生物医药技术,巴西在热带病的免疫研究和药物开发方面成绩显著。此外,为扶持纳米技术的发展,巴西科技部和国家科技发展理事会于 2001 年制定了纳米科技计划并拨出专项资金,重点扶持纳米材料、纳米生物与化学以及纳米机器 3 个领域的科研项目。

第三,制定科技发展计划,大幅增加科技投入。21 世纪初,巴西政府推出了若干领域科技发展的重点规划和促进计划,如"2000—2003 年科技发展 4 年计划"、"新千年研究所计划"、"十大行业研究开发基金计划"以及"绿—黄计划基金"计划等。1996—2000 年,巴西科技投资累计达到 150 亿美元。巴西《科技进步法》规定,巴西全国对科技的投入必须保持每年 5% 的增长率。

第四,制定培养和吸引创新人才战略。巴西科研具备一定的基础和实力,近年来高级创新人才的培养大幅增长。为吸引优秀人才回国工作,巴西科技部还制定了"博士扎根特别计划",旨在通过奖学金和津贴等方式鼓励高级科研人员留在国内企业和科研机构工作,以解决巴西人才流失问题。

第五,扩大国际合作。巴西是国际空间站最后一个参加国,承担了6个重要组件的研制。巴西的航空工业也具有相当的实力,能够独立设计并成批生产7种型号的飞机,多年向发达国家和地区出口。①

(三)推进南美一体化,应对全球化带来的挑战

巴西政府认为,全球化已成为世界发展的趋势,但全球化在一定程度上是不平衡的,给发达国家带来的好处远远多于发展中国家,应采取有效措施,积极应对全球化的挑战,尽量减少其负面影响。巴西积极推动南美一体化合作,启动欧盟与南共市的自由贸易谈判,在世界贸易组织和美洲自由贸易区谈判中坚持自己的主张,力求趋利避害,为巴西国内产业的发展创造良好的外部环境。

20世纪90年代,在经济全球化和区域经济一体化的有力推动下,南美大陆的一体化异常活跃,安第斯共同体(简称"安共体")和南方共同市场(简称"南共市")这两个地区经济集团内部的经济合作和贸易活动都得到空前的发展。作为南共市的大国,巴西出于自身发展战略的考虑,积极推动南美一体化合作,希望南美大陆的两个地区经济组织合并,构筑一个以巴西为首的南美共同市场。在巴西的积极推动下,2000年8月底,首届南美国家首脑会议在巴西首都巴西利亚举行。在这次会议上,与会的12国总统一致认为,南美国家只有通过地区一体化,才能加强本地区经济实力,应对经济全球化带来的挑战,增强与其他经济区域的谈判实

---

① 参见胡智慧:《巴西21世纪科技发展战略与政策》,载《2003科学发展报告》,科学出版社2003年版。

力。在此基础上,各国首脑们提出要建立一个属于南美国家自己的共同空间。与会首脑还宣布,南美两个地区经济集团安共体和南共市从 2002 年 1 月起逐步开放贸易,构筑涵盖整个南美大陆的自由贸易区。经过两年多的谈判,安共体与南共市于 2004 年 10月签署了自由贸易协定,为南美国家共同体的成立奠定了坚实的基础。2004 年 12 月 8 日,第 3 届南美国家首脑会议在秘鲁历史古城库斯科举行,与会的南美 12 个国家的国家元首和总统代表签署一项声明,宣布成立南美国家共同体。这是南美地区一体化进程中具有重大历史意义的里程碑事件,它必将促进南美大陆的经济和政治发展,推动拉美地区一体化进程向前迈出一大步。

巴西参加了美洲自由贸易区的组建谈判,认为这有利于巴西经济的未来发展。但是,巴西主张拉美各国的市场开放应与其经济发展水平相适应,美洲自由贸易区的组建进程应遵循谨慎、循序渐进和平衡的原则,反对设立时限;主张优先深化南方共同市场和其他拉美次区域一体化集团的建设,加强各次区域一体化集团之间的联合。

巴西主张积极发展同欧盟国家的经贸合作关系。在"开放的地区主义"思想指导下,巴西努力促成南方共同市场与欧盟就建立自由贸易区进行谈判。1995 年 12 月 25 日,南方共同市场与欧盟在马德里正式签署了《地区间合作的框架协议》。1999 年 6 月28 日和 29 日,首届欧盟—拉美加勒比首脑会议在巴西里约热内卢举行,发表了《里约声明》和《行动计划》,旨在进一步加强两地区政治、经济和文化等领域的联系,促进贸易自由化与领域合作,为彼此间的资本流动和生产性投资创造良好环境。

(四)开展"巴西竞争性论坛计划"

"巴西竞争性论坛计划——世界级的巴西"是巴西政府为推

动巴西产业发展,提高巴西产业竞争力而开展的计划,它是加强巴西政府与企业界的沟通与对话,及时采取有效措施的重要桥梁和手段。

巴西竞争性论坛的组织活动方式是通过政府、企业、工人一起制定行业发展目标规划和行动,并制定新的工业发展政策,此外,还共同对所选择行业的有关机遇、挑战和破除阻碍生产力发展瓶颈的方法达成共识。航空航天、冶金、医药、纺织、服装、塑料、电子、木材家具、皮革制鞋、空运、旅游等行业都设立了行业的竞争性论坛,每个论坛都根据本行业的特点对行业的具体问题进行诊断,对企业采取的措施进行研究分析,除对企业提高竞争力的成功经验加以总结外,还要提出进一步提高竞争力的战略方案。竞争性论坛计划的主要宗旨是在国际市场范围内提高巴西生产部门和行业的竞争能力。除航空航天、旅游业外,其他行业的竞争性论坛计划由巴西发展工商部负责组织协调。巴西政府对开展竞争性论坛非常重视。2003 年 2 月 17 日,巴西总统卢拉在巴西议会致辞时特别强调,需要加强竞争性论坛计划,更有效地推进巴西经济贸易发展。

第三节　巴西产业结构变动对我国的启示

伴随着工业化的推进和经济的发展,在政府的积极引导下,巴西的三次产业结构已接近发达国家水平,服务业增加值和就业人口在巴西国内生产总值和总就业人口中所占比重均超过了 50%,软件、生物技术、飞机制造、电子、电信等高新技术产业实现了快速发展,钢铁、汽车、石油、化工等制造业成为带动巴西经济发展的重要力量。巴西产业结构变动的经验对我国具有重要的借鉴意义。

一、产业结构调整以市场机制为主导，同时发挥好政府的引导作用

在巴西产业结构调整升级的过程中，市场机制发挥了主导作用，巴西政府也发挥了重要的引导作用。在工业化的初级阶段，巴西政府一直推行以"进口替代"为特点的工业化发展道路，加强国家对经济的干预，积极发展国家资本主义，集中力量优先发展汽车等对巴西经济具有刺激和带动作用的主导产业，为巴西经济发展和产业结构调整奠定了坚实的基础。20世纪80年代末以来，巴西政府适应经济全球化和区域经济一体化的新形势，实行经济体制改革和经济政策调整，强调减少政府直接干预，充分发挥市场竞争机制的作用，推动巴西经济向外向型经济转型，加大科技投入力度，使巴西经济摆脱了衰退，飞机制造、石油化工、软件、生物工程等一批新兴产业部门迅速崛起，服务业在国民经济中所占比重继续提升，优化了巴西的产业结构。巴西的经验表明，在产业结构调整升级的过程中，要根据经济发展阶段和发展环境，处理好政府与市场之间的关系，既要发挥市场在配置资源方面的基础性作用，同时也要发挥好政府在产业结构调整方面的引导作用，选择切合实际、富有成效的经济发展战略和政策。

二、以现代科学技术为支撑推动产业发展

巴西历届政府都比较重视发展教育和科技，目前已建立起一个学科齐全的科学研究、技术开发和人才培养的现代科学技术体系。在以现代科学技术为支撑推动产业发展方面，巴西的很多政策措施都值得我们学习，比如：把科技活动融入社会经济活动之

中,促使知识创新迅速向各产业扩散;推动科技活动为企业参与国际竞争服务,为产业的结构调整升级服务;在引进国外先进技术的同时,重视掌握、消化和创新。巴西政府要求引进技术的企业设立专门研究机构进行消化吸收,国家工业产权局设立的新技术设施基金,也专门用于支持引进技术的消化与创新;加大科技创新支持力度,通过"社会信息发展计划"、"纳米科技计划"等重点发展信息、生物、纳米等技术;制定培养和吸引创新人才战略,通过奖学金和津贴等方式鼓励高级科研人员留在国内企业和科研机构工作。发展现代科学技术,提高现代科学技术与产业发展之间的融合度,推动自主创新,是当前我国产业结构调整中面对的紧迫任务,我国应学习借鉴巴西以现代科学技术为支撑推动产业发展的有益经验。

三、积极吸引外国直接投资

巴西原先是一个单一的农业国,为推进工业化,优化产业结构,巴西政府采取了一系列优惠措施吸引外资流入,积极承接国际产业和技术转移,推动了本国汽车、石油、医药等工业的发展和壮大,并带动了大批相关产业的发展。巴西经济从"进口替代型"向"外向型经济"转型后,巴西政府采取了吸引外资的优惠措施,如外资企业享受与民族企业同样的待遇,向外资开放原先由国家或民族企业垄断的金融、电信、能源、运输等重要领域,加大在半导体、软件、医药、资本货等重点领域吸引外国直接投资的力度,以此带动巴西经济的发展,提高巴西工业在全球市场上的竞争力。"雷亚尔计划"的成功,通胀率的大幅度下降,也使巴西的投资环境大为改善。在国内投资增加的同时,外资也源源不断进入巴西。实施"雷亚尔计划"前,巴西每年吸引的外国直接投资额,仅在10

亿至 25 亿美元之间。实施该计划后,巴西吸引的外资额逐年攀升,成为美国、中国、英国、法国之后吸引外国直接投资最多的国家之一。表 14—6 显示了 20 世纪 90 年代以来巴西吸引外国直接投资情况。

表 14—6　20 世纪 90 年代以来巴西吸引外国直接投资情况

年份	外国直接投资金额(亿美元)	年份	外国直接投资金额(亿美元)
1991	8.29	1999	275.64
1992	8.21	2000	298.76
1993	5.41	2001	210.42
1994	24.16	2002	187.54
1995	25.92	2003	101.40
1996	76.65	2004	181.66
1997	153.11	2005	151.93
1998	285.02		

资料来源:中华人民共和国驻里约热内卢总领馆经商室。

　　20 世纪 90 年代中期以来,巴西能源、通信、金融、交通运输等部门成为外国直接投资的热点,服务业在外国直接投资中所占比重一直超过制造业(见表 14—7)。外资投向的转变与巴西产业政策的引导有关。巴西政府认识到,为了最大限度地利用全球化带来的机遇,必须调整产业结构,扩大服务业和基础设施在国民经济中的比重。创造良好的引资条件,积极引进外国直接投资,引导外国直接投资的投向,是巴西快速推进工业化,调整优化产业结构的一条成功经验。

表 14—7　近 10 年来巴西外国直接投资领域分布(%)

	1995	2000	2001	2002	2003	2004
服务业	66.9	64.0	59.6	56.4	53.6	52.8
工业	30.9	33.7	33.3	40.2	34.9	41.9
农牧业	2.2	2.3	7.1	3.4	11.5	5.3

资料来源:巴西中央银行。

不过,在吸引外国直接投资、举借外债时要考虑本国经济的承受能力,避免因偿债能力不足而陷入债务危机。在此方面,巴西有惨痛的教训。1964—1979 年,巴西的经济政策是以负债发展理论为指导的。1968—1973 年实行超需求借贷,即借贷额超过为平衡国际收支的需求量,巴西借贷规模过大,并且巴西政府将大量外债投入到周期长又不能直接创汇的公路、水电、核能建设上,因而导致外债越来越多、偿债越来越困难的情况,为经济发展留下了隐患。1974—1978 年成为借新债还旧债阶段,1979 年以后成为借新债不足以还旧债阶段。在债务危机、恶性通货膨胀的共同冲击下,巴西经济在 20 世纪 80 年代陷入了衰退。在积极吸引外国直接投资的同时,我国应吸取巴西的经验教训,注意控制风险。

四、注重经济与社会的可持续发展

首先,要让社会绝大多数人分享发展与改革的成果。工业化的推进使巴西经济得到长足发展,但巴西长期忽视社会发展,人民生活水平未得到相应提高,大多数巴西人未从经济发展中获益。在经济发展过程中,巴西政府采取了"先增长,后分配"的发展战略,这一战略造成社会分配的极度不公,贫富差距惊人。1960 年,巴西最富有的 20% 的人口的平均收入是 20% 最贫困人口平均收入的30倍,而到1999年,这一比例扩大到74倍。2001年年底,巴西仍有5400万人生活在贫困线以下。另外,由于国家过度干预经济,将大部分资金投入工程和基础设施建设,忽视了对社会的投入,造成"经济的巨人,社会的矮子"的局面。收入分配的不合理和贫富差距的拉大、经济社会不同步导致社会问题日趋严重,最终导致了巴西政治和社会的不稳定,经济的持续快速发展、产业结构的调整也难以为继。在此背景下,巴西政府调整了经济社会发展战略和分配政策,纠正忽视社会发展和收入分配的倾向。如实施零饥饿和家庭补助金等社会救济计划。这一计划经长期调查摸底后已开始逐步落实,目前已有近千万人受益。此外,巴西还采取了一些有利于弱势群体的措施,如加大基础教育投资,改善中小学教育质量等。在我国经济发展中,要吸取巴西的经验教训,争取让社会绝大多数人分享发展与改革的成果,维护社会的稳定。

其次,不能只注重经济发展速度,一定要注重经济社会的可持续发展,注重经济发展的质量和效益。巴西在取得经济发展奇迹的同时却埋下了隐患,最终导致在20世纪80年代陷入了债务危机、恶性通货膨胀、经济衰退的泥潭,教训可谓惨重。另外,在经济发展过程中,要注意保护生态环境,节约利用自然资源。要协调好工业化和城市化之间的关系,使城市化合理而不是过度发展,否则会带来一系列的社会问题。

第三,采取正确的发展战略,应对人均GDP达到1000美元后经济发展面对的困难。从国际经验来看,人均GDP达到1000美元后经济社会发展面对的困难增多,只有客观认识面对的经济形势,采取正确的发展战略,才能实现经济的持续快速发展。在人均GDP达到1000美元后,尽管巴西政府也采取了一些宏观调控措施,但未能采取得力措施应对当时面对的挑战,导致巴西经济长期停滞不前。目前,我国人均 GDP 已经达到 1000 美元,工业化进入了中后期,经济发展中面对的矛盾和困难会更多,我国必须坚持不懈地进行探索与创新,采取正确的发展战略,走出一条适合我国国情的发展道路。

五、大力发展服务业

在西方发达国家的工业化历程中,工业在国民经济中所占比重先是逐渐上升,但在到达一定高点之后,在工业化中后期又趋于下降,第三产业的增加值和就业人数都超过了工业。巴西经济发展中也呈现出了这一特征。目前,服务业增加值和就业人口在巴西国内生产总值和总就业人口中所占比重均超过了50%,在巴西经济发展中具有举足轻重的地位,带动了巴西国民经济的发展。

2000 年以来,我国服务业保持了较快增长态势,服务业内部结构有所改善。不过,在服务业较快发展的同时,服务业总量偏小、结构欠合理、服务水平不高、国际竞争力不强等方面的矛盾仍然较为突出。今后应进一步转变思想观念和经济发展理念,提高对发展服务业特别是现代服务业重要性的认识;继续推进服务业体制和机制改革,逐步解除现有的不合理的政策性限制,积极承接有利于我国服务业发展的各种形式的服务业国际转移;改善服务业发展的软环境,推进服务业标准化、规范化工作,有效促进我国服务业加快发展,优化我国产业结构。

主要参考文献:

1. 苏振兴、张宝宇等:《巴西经济》,人民出版社 1983 年版。

2. 刘李胜等:《中外支柱产业的振兴之路》,中国经济出版社 1997 年版。

3. 陈芝芸等:《拉丁美洲对外经济关系》,世界知识出版社 1991 年版。

4. 苏振兴、徐文渊主编:《拉丁美洲国家经济发展战略研究》,北京大学出版社 1987 年版。

5. 张森根等:《拉丁美洲经济》,人民出版社 1986 年版。

6. 中国汽车技术研究中心:《世界汽车工业发展年度报告 2000》2001 年 5 月。

7. 巴西商业联合会、政府网站等:《2005 年巴西主要社会和经济指数》2006 年 7 月 12 日。

8. 中华人民共和国驻巴西使馆经商处:《巴西近来宏观经济数据》2006 年 11 月 2 日,http://br. mofcom. gov. cn.

9. 中华人民共和国驻里约热内卢总领馆经商室:《巴西经济 2004 年回顾 2005 年展望》2005 年 4 月 16 日,http://riodejaneiro. mofcom. gov. cn.

10. 中华人民共和国驻里约热内卢总领馆经商室:《巴西加速石油工业发展》2003 年 7 月 8 日,http://riodejaneiro. mofcom. gov. cn.

11. 中华人民共和国驻里约热内卢总领馆经商室:《巴西吸引外国直接投资一览》2003 年 3 月 19 日,http://riodeja-neiro. mofcom. gov. cn.

12. 童炳强:《南美一体化从梦想到现实》,载《拉丁美洲研究》2005 年 4 月第 27 卷第 2 期。

13. 焦震衡:《巴西工业从衰退走向复苏的原因》,载《拉丁美洲研究》1997 年第 4 期。

14. 吕银春:《对巴西经济奇迹的再认识》,载《拉丁美洲研究》1994 年第 4 期。

15. 李明德:《巴西科技体制的发展和研发体系》,载《拉丁美洲研究》2004 年第 3 期。

16. 来有为:《对巴西汽车工业发展中政府作用的研究》,载《拉丁美洲研究》2001 年第 6 期。

17. 俞剑平、王东、孙金霞:《论巴西的对外开放与投资环境重构》,载《商业研究》2001 年第 3 期。

18. 刘士余、李培育:《巴西的经济改革与政策调整及启示》,载《管理世界》1995 年第 3 期。

19. 江时学、杨志敏:《拉美国家人均 GDP 接近 1000 美元时面临的挑战》,载《求是》2004 年第 12 期。

20. 胡智慧:《巴西 21 世纪科技发展战略与政策》,载《2003 科学发展报告》,科学出版社 2003 年版。

21. 中国科学技术信息研究所:《巴西科技政策的发展及特点:重视扶持引进》,载《科技日报》2004 年 6 月 14 日。

22. 李远:《巴西科技发展政策及对经济的影响》,载《全球科技经济瞭望》1999 年第 9 期。

23. 罗承先:《巴西石油工业的发展历程和现状》,载《当代石油石化》2004 年第 11 期。

24. Holm - Nielsen, Michael Crawford and Alcyone Saliba (ed) , *Institutional and Entrepreneurial Leadership in the Brazilian Science and Technology Sector Setting a New Agenda*, World Bank discussion Papers, the World Bank, Washington D. C. ,1996.

25. Institute for Applied Economic Research of Brazil, *Brazil at a Glance*, 2005.

26. Glauco Arbix, *Lula's new Brazil: a time of transition, a time for reassessment*, 2005.

策划编辑:侯　春
责任编辑:李椒元
装帧设计:曹　春
责任校对:高　敏

图书在版编目(CIP)数据

世界产业结构变动趋势和我国的战略抉择/卢中原主编.
-北京:人民出版社,2009.2
ISBN 978－7－01－007509－9

Ⅰ.世… Ⅱ.卢… Ⅲ.产业结构-研究-世界 Ⅳ.F113.1

中国版本图书馆 CIP 数据核字(2008)第 178533 号

世界产业结构变动趋势和我国的战略抉择
SHIJIE CHANYE JIEGOU BIANDONG QUSHI HE WOGUO DE ZHANLUE JUEZE

卢中原　主编

人民出版社 出版发行
(100706　北京朝阳门内大街 166 号)

北京市永乐印刷厂印刷　新华书店经销

2009 年 2 月第 1 版　2009 年 2 月北京第 1 次印刷
开本:880 毫米×1230 毫米 1/32
字数:462 千字　印张:20.25

ISBN 978－7－01－007509－9　定价:48.00 元

邮购地址 100706　北京朝阳门内大街 166 号
人民东方图书销售中心　电话 (010)65250042　65289539